王者的荣耀

李兆庆◎著

拖雷家族

上

中国国际广播出版社

|目 录|

第一章

立储隐患

　　毋庸置疑，挥师西征花剌子模之际，成吉思汗经过反复权衡，决定废黜蒙古"幼子守灶"的传统，量才用人，擢升更具有治国理政才能的三子窝阔台为继承人，使四子拖雷与蒙古帝国的汗权失之交臂。冒着被瓦解、受辱的危险，励精图治、忍辱负重，直到三十二年后，拖雷长子蒙哥才成为继成吉思汗、窝阔台、贵由之后蒙古帝国的第四任大汗，拖雷家族才重新成为蒙古帝国权力舞台上的主角。

　　当然，这一切的一切都得益于拖雷主妻唆鲁禾帖尼的深谋远虑以及危急时刻驾驭全局的能力，倘若没有她在关键时刻力挽狂澜的手腕，成吉思汗所铸就的蒙古帝国极有可能在创建几十年后毁灭于黄金家族分支争夺汗权的纷争之中，而之后蒙哥、忽必烈能否登上汗位也是一个未知数。

　　时间回溯到公元 1219 年，成吉思汗亲率蒙古精锐骑兵二十万（这是蒙古帝国自建国以来最大一次集合，尽管如此，兵力仍然比敌人少一半），声势浩大地向花剌子模开拔，开始了纵横万里的西征之路。

　　在西征前召开的忽里台会议上，成吉思汗对诸子及万户长、千户长、百户长进行了任命和分派，对以前制定的札撒、律令和古代习惯重新做了规定。这些都是蒙军西征的最后准备事项。

虽然成吉思汗驰骋疆场大半生，但决意征伐花剌子模是开启他一生最重要的战端。之前，他横刀策马统一蒙古诸部，又挥师南下攻克金朝的中都，都是在蒙古草原或草原延展地域冲锋陷阵。而此次征伐的花剌子模路途遥远不说，还要涉足伊斯兰教的圣地，对雄踞东方的蒙古帝国而言，感到未知和神秘。另外，花剌子模屯兵的数量强于蒙军数倍之多。看来，此次劳师西伐兵力强大的花剌子模，胜败难料。

万事俱备，只欠东风。此次蒙军西征是机遇与危险并存，战功与流血同在。成吉思汗尽管身体健如松柏，但毕竟是年过花甲的暮年英雄了，对此，他身边的诸臣、妻妾，大都心怀忐忑而不敢言。

西征前夕，成吉思汗与各妃子一一话别。西征前最后一夜在也遂皇后的宫帐内留宿（蒙古帝国多位皇后并立，正妻为后宫之主）。这个阿鲁孩塔塔儿人首领也客扯连之女，生于怯禄连河畔的曲雕阿兰的妃子，作为成吉思汗的第三侧妃，不仅花容月貌，当世无双，而且颖悟殊伦，胆识过人，敢于直谏，深得成吉思汗的宠爱。她的智慧、手腕、品德不仅影响着成吉思汗，也影响着蒙古历史的走向，她应该是蒙古帝国继诃额仑之后第二个伟大的后宫管理者。

成吉思汗后妃成群，除正妻孛儿帖外，较为知名的是也速干、也遂和忽兰。因忙于征伐，很长时间没在也遂的宫帐内留宿了。是夜，也遂枕着成吉思汗粗壮的胳膊，觉得这是一种久违的曼妙。

过了很久，也遂望着寝帐黑黝黝的顶端，幽然轻叹一声，说道："大汗，你出征在即，不知何时凯旋，臣妾有句话，不知该不该讲。"

见也遂欲说还休，成吉思汗爽朗一笑，鼓励她说："我们都老夫老妻了，有啥该不该讲的，爱妃但说无妨。"

也遂调整了一下有点儿紊乱的呼吸，忧心忡忡地说："大汗已近年迈，天气暑热，何苦跋山涉水御驾亲征啊，倒不如把西征之事，交付于诸位虎狼般的皇子去完成。"

闻听也遂时刻关心自己的安危，成吉思汗心里翻腾起一股热浪，说："朕不随军西行，总感觉寝食难安，况且朕身体矫健，尚能应付征途上的舟车劳顿。即使遭遇不测，也不枉在世上创一番丰功伟业。"

见成吉思汗西征的心迹已决，也遂蹙眉，默然含泪说："此番西征万里，大汗要翻越无数座高山，涉过无数条大河，此系天下万民的命运。自古道，兵凶将危，倘若大汗高山似的金身轰然倒地，绩麻般的民众，将托付给谁管辖？那些雀群般聚集在你麾下的臣子，又将由谁来统领呢？大汗帐前四位杰出的王子，打算由谁来继承你的千秋伟业呢？此事关乎着国运亨通，不知道大汗想过没有？我说的这些话，也正是众位王子、兄弟以及诸臣们比较关心的问题。臣妾所言有不妥之处，还望大汗多多海涵。"

成吉思汗沉吟了半天，随后把泣不成声的也遂重新搂在怀里，十分动情地说："爱妃虽是女流之辈，但心怀兵戈铁马、江山万壑，胸怀之广是很多男人都无法企及的。朕的兄弟、王子以及大将木华黎都不敢进谏如此良言，时间也就蹉跎而过。今晚因你的提醒，使我醍醐灌顶，心情安泰。"

见成吉思汗采纳了自己西征前立储的建议，也遂长舒一口气，说："能为大汗分忧解难，臣妾倍感荣幸。"

年近花甲的成吉思汗一味拓疆扩土，将马蹄所到之处划为蒙古帝国的疆域，而把重中之重的立储事宜抛在脑后。临行在即，由于也遂的适时提醒，成吉思汗经过深思熟虑之后，认同也遂的真知灼见。在西征前夕，成吉思汗觉得很有必要把立储之事安排妥当，以备不虞。

见立储之事已尘埃落定，成吉思汗感激似的翻身把也遂抱住，一边亲吻她，一边伸开粗糙的大手在她凝脂般的胸部和腹部间来回游弋。女人对蒙古男人而言，就像战马、弯刀和荣誉，须臾不可或缺。在成吉思汗挑逗般的爱抚之下，也遂的身体软塌下来，伸开双臂环绕在他的脖颈上。由于战事频繁，成吉思汗好久没和也遂亲热了，她的身体微微地抖动不已，在他耳畔小声挑逗着："成吉思汗，我的雄鹰……"

成吉思汗用灼热的目光打量着也遂，她浑身好像燃起蓝幽幽的炭火，害羞地想拉过被角遮住脸……

翌日，成吉思汗下令在不儿罕山大营召开一场盛大的御前会议。参加者有其弟弟、四位王子和千户以上身份者，一起商议立储事宜。因事关重大，甚至连屯兵中原主持对金作战的木华黎国王也接到诏谕，从千里之外的中都风尘仆仆赶来赴会。

等诸位齐聚在金帐之中，成吉思汗用黄褐色的眼睛环视一下众人，开宗明义地说："因为朕不是靠继承祖先的汗位，而是靠自己的军事实力和智慧攻打的天下，所以未曾想过确定继承人的问题。因也遂爱妃及时提及，朕今日特意把诸位召集在一起把此事定下来。"

等成吉思汗言明用意，帐内凝滞的空气骤然升级。立储一事事关大局，这关系到蒙古帝国的国运命脉与生死存亡，也关系到子孙后代的宠辱荣衰，即便久经沙场的宿将，抑或权高位重的老臣，都不免三缄其口，噤若寒蝉，不敢轻易触碰这根高压线。

再说，成吉思汗四位嫡出的儿子，即术赤、察合台、窝阔台、拖雷，他们随着成吉思汗东征西伐，浴血奋战，为蒙古帝国疆域的拓展立下卓越功勋。他们个个英武神勇，睿智超群，不知道哪一位王子能有幸继承汗位，把成吉思汗的丰功伟业发扬光大。这是此次御前会议的焦点。

对四子的秉性，大家都心知肚明，次子察合台在疆场上能征善战，英武彪悍，但他生性鲁莽，凶残狠毒，不是继承汗位的合适人选。三子窝阔台，论战功和勇敢都不如两位兄长，较之他们，他对成吉思汗的心思能洞察秋毫，为人也比较随和，从不参与兄弟之间的争端，且对汗位表现出过于成熟的冷静。四子拖雷是成吉思汗最疼爱的儿子，自幼跟随父汗征战四方，在排兵布阵上几乎深得父汗真传，是一名出色的三军统帅，然而杀气太重，动辄屠城。蒙古传统就有"幼子守灶"的说法，看来，拖雷无疑是成吉思汗最有希望的继承人选。

另外，长子术赤又是一块在立储的河流中无法回避的硬石，他凭借王兄的身份及显赫的战功，都彰显出当仁不让的优势。但在成吉思汗眼里，他缺乏雄伟的政治抱负。成吉思汗曾经问过自己这四个儿子长大后准备做什么，其他三人都表达了自己的雄心壮志，只有术赤说自己长大后希望能自由自在地放马，一种颜色的马放满一个山头。术赤这个极具有童心的愿望，令成吉思汗极不高兴。不过这并不妨碍他在战场令敌人胆战心惊的事实。其实术赤是成吉思汗四子中作战最骁勇的一个，在花剌子模首都玉龙杰赤便施展了他嗜杀的秉性。这个几乎在众人的唾弃成长起来的王子，究竟是不是成吉思汗亲生骨肉的阴影，一直尾随着成吉思汗漫长的一生……

成吉思汗曾这样评价四子，他认为，如果一个人"爱金钱、财富、安逸和高贵的风度"，那就应该去追随窝阔台，如果一个人"想学会待人接物、知识、勇敢和使用武器"，那么就该去追随拖雷，而如果一个人"极想知道扎撒、必力克和如果守国的法规"，那就应该去追随察合台。①

在攻城略地上，几乎战无不胜的一代天骄成吉思汗，第一次在立储问题上陷入深深的苦恼。

对初创的蒙古帝国而言，立储问题事关大局，剪不断理还乱，没人胆敢轻易启口。大家把充满疑窦的目光聚焦在成吉思汗的脸上，静心等待他的圣裁。

成吉思汗把诸子逐一打量了一番，最后把目光落在长子术赤的脸上。他首先征询术赤的意见。长子继承王位，也是帝王之家沿袭下来的一贯作风。

成吉思汗把脸转向术赤，问道："你是长子，父汗要听听你的见解。"

这个问题来得似乎有点儿迅猛，术赤一下子愣在那里，不知道如何回答。除了白痴，没有哪个王子是不想成为储君的。即使术赤心里藏匿着一万分成为储君的渴望，总不能大言不惭地在诸王面前毛遂自荐吧。成吉思汗这句看似平淡的发问，其实静水流深，首先把术赤的成储之路给堵得死死的。思忖了片刻，术赤稳了稳紊乱的情绪说："立储之事关系到蒙古帝国的千秋大业，

---

① 班布日. 雄踞欧亚——蒙古四大汗国［M］. 呼和浩特：内蒙古人民出版社，2015：94.

该由父汗定夺！"

成吉思汗说："你身为长子，该说说自己的想法。"

瞬息之间，众人把目光全都聚焦在术赤身上。术赤脸色变得煞白，低头不语，几欲启口，不知所言。

"父汗！"没等术赤开口，次子察合台却抢先叫嚷起来，当众质问成吉思汗："你为什么先问术赤，莫非有意立他为储吗？你如果把蒙古帝国的汗位委任给这个从蔑儿乞人处捡来的野种，我们兄弟岂甘心居于他之下？"

此言一出，语惊四座，金帐内诸臣子如同遭遇雷击般呆若木鸡，无言以对。术赤究竟是不是蔑儿乞的野种，好事者私下里说说也就罢了，作为同胞弟弟却置兄弟手足之情于不顾，在大庭广众之下，信口质疑，岂不贻笑大方，有伤兄弟之间的感情。

原来，成吉思汗的母亲诃额伦本是蔑儿乞部人客赤烈都的妻子，在娶亲途中被成吉思汗的父亲也速该抢来为妻。蔑儿乞部首领脱黑脱阿一直对此耿耿于怀，为报也速该兄弟的抢亲之仇，率部抢走了成吉思汗正妻孛儿帖和也速该别妻。不久，客赤烈都病故，又强迫孛儿帖成为其弟赤列格儿之妻。为了夺回孛儿帖，成吉思汗联合克烈部脱斡邻可汗和札答兰部札木合，三部联军战胜了蔑儿乞人，夺回了孛儿帖。在回军路上，术赤降生了。尽管成吉思汗承认术赤是自己的长子，但别人对术赤的血统产生了怀疑。

此刻，闻听此言，成吉思汗像突然挨了一刀，颓然的脸色瞬间衰老了十岁，瘫坐在汗椅上，目视前方，一言不发。

察合台瞪着黑漆漆的眼睛，继续高声说道："父汗难道忘了？当年我额吉曾被蔑儿乞人掠去，在回来的路上生下的术赤，难道他……"

面对二弟察合台的公然侮辱，沉默寡言的术赤突然像一头受伤的花斑豹，怒吼着跳跃起来，一把揪住察合台的衣领，火冒三丈地说："父汗从来都没对我的身世有任何异言，你凭什么说我是从蔑儿乞人那里捡来的野种？你有何德何能自以为强于我？你不过脾气暴躁，行为专横略胜一筹罢了。今日，当着父汗和众人的面，我与你比赛射箭，我若败在你手里，我就把大拇指割掉；我同你摔跤，我若败在你脚下，我就死在倒下的地上，永远不再起来。"说着，术赤把目光转向成吉思汗，"父汗，愿听你圣旨裁夺。"

术赤亮出宝剑，扭着察合台的衣领，要去帐外进行格斗；见此情景，察合台也不甘示弱地拔出宝剑。兄弟俩准备用性命做代价进行一次生死决斗。

见火气旺盛的术赤和察合台两兄弟欲在大帐前兵戎相见，若不加以制止，势必造成流血事件。博尔术和木华黎两位成吉思汗帐前的双璧，实在看不下去了，便越众向前，一个拉住术赤，一个拉住察合台，连劝带拉，终于把相持不下的两兄弟拉扯开了。

虽说一场间不容发的流血事件被及时制止了，但汗帐里的气氛更加窒闷了，察合台的师父阔阔搠思走出列队，来到察合台面前，严厉地批评道："察合台，你怎么能在众目睽睽之下信口胡言呢？你们出生之前，草原诸部兵刃相向，相互厮杀，民不聊生。你贤淑明慧的额吉不幸被蔑儿乞人掳去，是那个不幸的时代所结出的一枚苦果，你这样公然辱骂自己的额吉，怎么能对得起你额吉那颗酥油般火热的心，乳汁般圣洁的心啊！你们兄弟四人难道不是一母所生的同胞骨肉吗？你怎么可以再向额吉的伤口撒盐，徒然增加她内心的痛苦啊？难道你们不是同出其腹而生，同饮其乳而长的吗？"

阔阔搠思身为辅佐成吉思汗次子察合台的大将，目睹眼前的一切，长舒一口气，继续说："你们英明的父汗，为了建立蒙古帝国，不惜披荆斩棘，马不离鞍，枕戈待旦；你们的额吉紧裹固姑冠，严束短衣裙，宁肯自己忍饥挨饿，也要让你们吃饱穿暖，把你们呵护在怀里，如今你们长大成人，娶妻生子，能策马横刀在疆场上杀敌建立功勋了，你们怎么能信口开河呢？她不仅是你们的好额吉，也是蒙古帝国十分贤明的皇后，她的心犹如太阳般澄明，她的胸怀犹如大海般广阔。"

阔阔搠思一席语重心长的话，把术赤和察合台这两只好斗的小公鸡，说得低头不语了，各自在心里为刚才偏激的言行而忏悔不已。

成吉思汗沉默了很久，等脸上的怒意渐渐消退，心情平静了一些，才训斥察合台："术赤是父汗的长子，你的亲哥哥，你怎么能用如此恶毒的话语来挫伤他的心呢？以后不许再如此放肆！"

听到父汗威严的训斥，察合台低头讪讪地说："是的，父汗，儿臣已知错。要论才力，大哥术赤在我们兄弟四人中略胜一筹，但仅凭才力未必能够服众。今后我愿与大哥一起为效命父汗而赴汤蹈火在所不辞。窃以为，三弟窝阔台性情醇厚，处事严谨，如果由他继承蒙古帝国的汗位，定不负父汗所托。"

成吉思汗暗自思忖，若是长子次子主动放弃继承汗位的权利，三子窝阔台倒是立储的最佳人选。他素来冷静理智，顾全大局，举手投足流露出帝王风范。

于是，成吉思汗又征求术赤的建议，问道："术赤，让窝阔台继承汗位，你有啥意见吗？"

术赤尽管与汗位失之交臂心有不甘，见成吉思汗点头应允了，自己再忤逆，也挽回不了既定的事实，倒不如顺水推舟送个人情，想到这里，说道："父汗英明。既然二弟察合台提议了，我们两人一起为父汗效忠，愿意推举窝阔台为汗位的继承人。"

立储之事已定，成吉思汗怒意消弭，脸上露出久违的笑容，说："作为父亲，甚为你们俩兄弟识大体顾大局的举动而骄傲。天下之大，你们何愁没有分封的土地呢，朕要把域界辽阔的蒙古帝国分封下去，由你们分域镇守，统治自己的万民与草原。过去众人拥戴父汗为可汗时，阿勒坛、忽察儿也曾信誓旦旦地议定，但光说不算。以后你们要牢记今天的誓言，和睦相处，一心一意地敬奉窝阔台做大汗。父汗要特意把阿勒坛、忽察儿的子孙分给你们，放在身边，希望引以为戒。"

成吉思汗见长子术赤和次子察合台都立下誓言，微微点头，随后把目光定格在幼子拖雷的脸上，问道："拖雷，你是守灶的幼子，父汗想听听你的想法。"

拖雷知道，作为父汗的幼子，自己上面有三个兄长，继承汗位的事无论如何也落不到自己头上，便颇为慷慨地说："除父汗之外，三哥是我心中的一尊神。我绝对服从你的旨意，长守在父汗指定的兄长左右，时刻提醒他所遗忘之事，在他睡着时叫醒他。做他的随从与马鞭，协助他征战四方，为他短兵搏战，直至自身听到长生天的召唤！"

本来十分棘手的立储之事，就这样富有戏剧性地初步定夺，成吉思汗这才问窝阔台，对此事有何看法。

窝阔台神色泰然，稍微挺胸收腹，站直了略显肥胖的身躯，坦诚地说出了自己心中的顾虑："承蒙父汗的恩赐，兄弟的谦让，立我为汗位的继承人。这时，我既然不能拒绝父汗的圣恩，今后理当鞠躬尽瘁，不辱圣命。我最担心后嗣不才，不堪继承，用青草包裹着牛也不吃，用脂膏包着狗也不吃，就怕出现这样只配去射罕答孩，去打田鼠的无能之辈。除此之外，没有什么顾虑的。"

对四个儿子的表态明志，成吉思汗甚感满意，朗声宣布："传旨天下，拥立窝阔台为蒙古帝国汗位的继承者！"

话音刚落，汗帐内掌声雷动，欢呼雀跃，诸将众臣都暗自庆幸蒙古帝国的储位尘埃落定。

其实，从成吉思汗果断确定汗位继承人一事可以看出，他极力克服对幼子拖雷的偏爱，决定打破传统旧俗，把三子窝阔台选定为蒙古帝国汗位的继承人。史称窝阔台"量时度力，举过无事"，为人正直、公正、谨慎、善断，在四兄弟中具有较高的主政水平。在蒙古帝国初创的背景下，成吉思汗拟定他为继承人，彰显出一代天骄心系国家命运的远见卓识。

事实证明了成吉思汗的远见卓识，其选择是正确的。窝阔台执政期间，制定法令，完善驿站，马踏残金，西征东欧，经略中原，一时间使欧亚大陆动荡不安。

关于蒙古帝国汗位继承者的问题，看起来是明确了，但远远没有真正解决。其实，兄弟四人私下里都在打汗位的主意，但仅凭一个人的力量是远远不够的，兄弟之间便优化组合。察合台和窝阔台关系较好，术赤一看形势于己不利，就和拖雷卷在一起。之后一段漫长的时间，兄弟诸系之间上演了一幕又一幕的夺权悲剧，这是成吉思汗无法预料的。

随后，成吉思汗环视左右诸臣，说："立储之事就这么定了，诸臣也请确定一位继承人出来。合撒儿使其一子承继，阿勒赤歹使其一人承继，斡赤斤使其一子承继，别勒古台使其一人承继，同时我也使一子承继汗位。对于我的圣旨，不要间断，不要贻误，不要失错，诸侯万民一定凛尊奉行。窝阔台的后代中若真出现了'用青草包裹着牛也不吃，用脂膏包着狗也不吃'的不才之辈的话，我们黄金家族就不会出现一两个力挽狂澜的英雄豪杰？届时可以择贤继立。"

说完，帐内又响起一阵炸雷般的掌鸣声。

等掌声渐渐稀疏下来，成吉思汗大手一挥："诸位回去好好准备准备。明天一早，向花剌子模开拔。"

即日，成吉思汗又遣使者至西夏索兵协助蒙军攻伐花剌子模。此时，夏主李安全已谢世，夏神宗李遵顼继位。西夏归属于蒙古帝国，不过是李安全的权宜之策罢了，哪里还能够认真履行。到了下一代国主继位，肯定就不买上一代国主的账，隔手不打人。

到了西夏，蒙古使者便以成吉思汗的口吻命令李遵顼："你不是说过要做我的右手吗？现在我要去征讨花剌子模，报切断我黄金绳索之仇。请你做我的右翼即日出兵！"

蒙古帝国到底是大国，李遵顼盛情招待了使者，委婉地说："我夏朝现在国穷兵弱，力量不够，实在无力出兵相助！"

等使者返回蒙古帝国，把西夏拒绝发兵一事禀报给成吉思汗后，他怒道："他敢违我命令，待我先征服西域，再去拿他问罪！"

当晚，等忽里台会议结束后，拖雷怀着失落的心情返回自家的大斡耳朵时，主妻唆鲁禾帖尼正如围场中惊慌的麋鹿，在帐内囊囊踱步，一张俊美的脸上挂着焦灼的神色。终于把拖雷盼回来了，但从丈夫静若止水的脸上，看不出来任何结果。拖雷今年才二十六岁，由于长时间在战场上饱受血雨腥风的洗礼，看起来比实际年龄沧桑得多。

唆鲁禾帖尼并非蒙古人。她是克烈部王罕 ① 的弟弟札合敢不的女儿，1203 年成吉思汗剿灭克烈部后，客列亦惕部无疑成为其马首所向。不幸的是，唆鲁禾帖尼与姐姐失旭真、妹妹亦巴合被父亲札合敢不弃于乱军之中。姐妹三人像迷途的羔羊，躲在草丛中抱头痛哭，不知所措。后来，她们被蒙军搜出来，带到成吉思汗面前。大汗问了一下她们的身世，像分配财物一样把她们进行了分配，成吉思汗纳亦巴合（《元史》称亦八哈别吉）——尽管不久又将她赏赐给了帐前的将军主儿扯歹，把失旭真赐给长子术赤，把出身高贵、聪明漂亮的唆鲁禾帖尼赐予最挚爱的幼子拖雷。

见拖雷脸色憔悴地回到帐中，唆鲁禾帖尼脸色略微开霁，关切地问道："立储的结果出来了吗，父汗究竟选谁为汗位的继承者？"

拖雷没有直接回答唆鲁禾帖尼关切的问题，先把悬在腰间的蒙古刀解下来缓缓放好，又脱下笨重的盔甲，在火炉前坐下来，烤着手，说："父汗把汗位传给了三哥窝阔台。"接着，把发生在忽里台会议上察合台质疑术赤血统是否纯正而引发的争执描述了一遍。

唆鲁禾帖尼听后，不解地问："父汗怎么出人意料地一改祖制的'幼子守灶'制度，把三哥窝阔台拥立为蒙古帝国的汗位继承人呢？再说了，你长年影子般跟随父汗在疆场上冲锋陷阵，立下的卓越战功并不比三哥少，并且常常以出奇的智谋赢得父汗的赞赏。另外，父汗打心底喜欢你，常在诸王和将士们面前夸奖你。为啥不把汗位传给你，这事真让人费解。"

拖雷长叹一声，黯然说道："你所言极是，这个疑问我思考了很久，也

---

① 原名脱斡邻勒，金朝封他为"王"，故称历史学家们更为熟悉的"王汗"。

没想出结果。"

"我估计，父汗把汗位传给谁，早有定夺。他在忽里台会议上让你们各自发表看法，只不过走个过场而已，来试探一下你们心里的真实想法。"

"你这样认为？"

"是啊。这次父汗根本就没把个人能力和性格作为立储的标准。他认为谁能处理好你们兄弟之间的关系，在保持政治稳定的基础上，能否把蒙古帝国的国脉发扬光大，谁就是一名合格的汗位继承人。"

唆鲁禾帖尼素以深谋远虑和智勇超群见长，她机智果断的手腕在黄金家族有口皆碑。拖雷百思不得其解的立储问题，被她三言两语给点化了。

拖雷不好意思地抓挠了一下后脑勺，讪讪地赞许说："对夫人在看待问题上有如此独具慧眼的聪明才智，我深表敬佩，自叹不如。"

入夜，等家人都歇息了，拖雷在自家空荡荡的大帐里踱来踱去，睡意全无。忽然，他双膝跪在父汗成吉思汗的画像前，痛不欲生地说："父汗，自从你在汗帐里宣布三哥窝阔台为新汗继承人的那一刻，我知道你的守灶人完了。我从小敬畏你如神，最听你的话，长年累月地跟随你冲锋陷阵，可你倒狠心，把汗位留给了三哥窝阔台，我知道自己完了，今生都没有翻身的机会。论领兵布阵，论谋略智勇，三哥哪里是我的对手。你从小那么喜欢我，可你为什么偏要把汗位留给三哥呢？"

正当拖雷抒发一腔胸臆时，唆鲁禾帖尼悄悄走进来，发现拖雷跪在成吉思汗的像前痛哭流涕，急忙委身跪下，用充满希冀的语气断然说："高瞻远瞩的父汗立储既定，可并不代表以后拖雷家族的后世子孙要永远与蒙古帝国的汗位失诸交臂。谋事在人，成事在天。机会永远垂青有准备之人。"

拖雷用衣袖抹擦一下泪眼，不解地望着一脸坚毅的妻子，颇为迷惑地问道："此话怎讲？"

　　"很简单啊。父汗如此安排，或许是由于他老人家偏爱拖雷家族。也许过不几年，万能的长生天会有另一种安排。"

　　听完唆鲁禾帖尼鞭辟入里的分析，拖雷沮丧的心情才略微有点儿释然。见她也跪在父汗像前，拖雷弯腰拉起她的手，轻叹道："时间不早了，起来休息吧，为汗位之事让你身心不宁，我于心不忍。"

第二章
征伐域外

经过半年的充分准备，1219 年夏，各路蒙军在额尔齐斯河上游集结，举行了庄严而盛大的西征誓师大会。蒙军将从斡难河畔出发攻打遥远的花剌子模，世界征服者的历史纪元即将拉开序幕。

只见斡难河畔上的蒙军一队队兵马排列整齐，将士铠甲鲜明，旌旗密布飘荡，戈戟森然，骄阳高悬，雪亮的戟刀闪着寒光，和衣甲上幽暗的掠影交相辉映，透出凛然的寒意和无尽的肃杀之气。除了旌旗猎猎作响和战马偶尔发出几声咴咴的嘶鸣外，整个校场上鸦雀无声。

耶律楚材有诗赞曰：

> 车帐如云，将士如雨；
> 牛马被野，兵甲辉天；
> 远望烟火，连营万里。

随成吉思汗西征的还有从金国得到的治天下匠耶律楚材，二皇后忽兰妃，孙子斡儿答、木阿秃干、拔都、蒙哥、莫图根等。

只见忽兰妃披红挂绿，众星捧月般夹杂在银亮的盔甲之间，她那清丽脱俗的容颜闪烁着耀眼光芒，宛如镶嵌在绿叶丛中的一枝独秀。

在誓师大会上，成吉思汗只做了简短的动员，因为他亲率蒙军西征，此举也大大鼓舞了蒙军的士气。祭旗甫毕，突然狂风大作，天空黑云密布，刚才还是艳阳高照，现在全不见了，转眼间鹅毛大雪纷然飘落，大地一片银装素裹，不消半日，积雪已深达三尺。

一向素敬天地的成吉思汗见此反常情景，怏然不快地说："时值五月炎热天气，为什么忽然下起大雪来？"

话音刚落，耶律楚材从旁边闪出来，煞有介事地仰望了片刻天象，语气坚定地说："大汗，请尽管放心西伐。这场五月之雪，正是克敌之兆，此次西征必定大获全胜。"

成吉思汗见耶律楚材把这场五月之雪说成克敌之兆，深信不疑，当即命其随营整军经武，以备顾问。

是年五月，远赴域外的蒙军宛如一条春天解封的铁流，浩浩荡荡地向西蜿蜒流去，途经乃蛮部旧址，直指阿尔泰山。随军西征的蒙哥感觉整个草原在颤抖不已，宛如天雷缓缓滚过。

当浩浩荡荡的蒙古大军向西开拔时，在草原上玩耍的忽必烈望着马背上祖父成吉思汗渐渐远去的背影，久久不愿离去。那副世界征服者威武彪悍的背影，给少年忽必烈留下刻骨铭心的记忆，使其花费毕生的精力去仿效、超越。

谁也未曾料到，四十五年后，忽必烈会把成吉思汗攻克的前金朝中都改建成举世闻名的国际大都城（西方人称为"汗八里"），最终成为第五任蒙古帝国大汗和大元帝国的始皇帝，而且成为与其祖父成吉思汗相媲美的伟大帝王。

蒙古西征军经过阿尔泰山时，时值盛夏，风景秀丽，青松翠柏绿树成荫，各色鲜花竞相绽放，芳香四溢，蜂飞蝶绕，幽静的山涧里不时传来悦耳的鸟鸣声。向上仰望，只见山峦叠起，峰顶白雪皑皑，和薄薄的云翳相连在一起，分辨不清是云是雪。平视四周，树草交织，花红叶绿，松涛起伏，四周鸟语花香，极为曼妙。好一派生机盎然的奇幻景观，秀丽的景色大大舒缓了蒙军在征伐途中的疲惫。

随从成吉思汗西征的耶律楚材把沿途景色浓缩至笔端，欣然写道："天兵大举西征，道过金山。时方盛夏，山峰飞雪，积冰千尺许。上命斫冰为道以度师。金山之泉无虑千百，松桧参天，花草弥谷。从山巅望之，群峰竞秀，乱壑争流，真雄观也。自金山而西，水皆西流，入于西海。噫，天之限东西者乎！"

金山即阿尔泰山，古时又称金微山，这一段记述了西征蒙军翻越阿尔泰山时的情景。其中"自金山而西，水皆西流"之句，说的是额尔齐斯河从东南往西北流，最后注入斋桑湖。

蒙军翻越阿尔泰山时，峡谷两岸陡峭险峻，积雪常年可见，上接云天，仰视无际，但见白皑皑成一片。冰柱高悬，犹如无数猛兽的獠牙利齿，狰狞可怖，参差不齐地横陈在蒙军西行途中。自幼生长在草原上的蒙古骑兵在马背上欣赏着自然界的鬼斧神工，赞不绝口。

前行不远，地势变得平坦起来，气温骤降，地面覆盖着光溜溜的冰层，多雪涧凌溪，到处布置着沦堕的危险。至于悬崖的边缘，更是惊险万分，脚下稍有不慎，人马就会失蹄，或者坠入万丈悬崖，摔得粉身碎骨。空中云雾雪气弥漫升腾，刚踏入山路，暴风雪便迎面扑来，扑打在脸上，凛冽如沙。为抵御风寒，蒙军将士不得不把随身携带的所有衣物裹在身上，再用布料包裹住马蹄，以免打滑失蹄。加上风雪乱飞，虽穿着厚裘，也抵抗不住严寒的侵袭。

此外，爬山途中，加上雪崩不断，纵使蒙军将士在疆场上跃马横刀，所向披靡，但在神秘莫测的大自然面前，仍显得力不从心。

前行不远，看见河畔南隅耸立着一座突兀而立的山峦。爬山时，随着山势升高，雪山上空气逐渐变得稀薄，大多数蒙军将士开始头痛、恶心、呕吐、步履维艰，越靠近山顶，这些反应越强烈。由于雪道上根本无法策马疾行，所以蒙军不得不牵着马小心翼翼地上山。远远望去，缓缓牵马爬山的蒙军就像撒落在山道上的羊粪蛋蛋，艰难地向上蠕动。加上路滑，行军速度极为缓慢，一天也走不了多远。当成吉思汗攀缘到山顶，发现大河拐弯处有一片长十余里、宽三四里的开阔地，脱口赞道："好一块多尔布尔津。"

于是，成吉思汗传令蒙军在此安营扎寨，当夜色降临时，气温骤降，蒙军选背风的地方，把行军携带的毛皮铺在冰面上，席雪而眠。造饭时，也无干燥处可驻，只好悬釜而炊。

随后，成吉思汗命窝阔台，带领先锋军手持凿冰的利器，在前面凿冰开拓道路。冰路陡峭，不敢有丝毫的差池，稍有不慎将跌入万丈深渊，尸骨无存。十多万骑兵，数十万匹战马，外加运输军需的牛车，以最快速度通过这条蒙军将士用生命铺就的冰路，把常年积雪覆顶的阿尔泰山远远地甩在背后。前行数日，气温才渐渐升高，地势也越来越低，爬山时的高原反应不治而愈。

下一站，蒙军行至乌鲁木齐和伊犁之间的天险要道果子沟。新疆果子沟亦名塔勒奇沟，或称塔勒奇山峡，是一条北上赛里木湖、南下伊犁河谷的著名峡谷孔道。该沟在古时为我国通往中亚和欧洲的丝路北新道的咽喉，素有"铁关"之称。果子沟以盛产野果而得名，沟内峰峦耸峙，峡谷回转，松桦繁茂，果树丛生，野花竞放，飞瀑涌泉，风光秀丽。古人赋诗赞其"山水之奇，媲于桂林，崖石之怪，胜于雁岩"。

成吉思汗见盘绕在山腰的路径紧贴着曲折迂回的悬崖峭壁，道上怪石林立，车马大军根本无法通行。成吉思汗立即下令西征部队驻扎在天山脚下，命二子察合台率军，凿石修道，伐木为桥，始成车道。这支先锋军在察合台的带领下不畏艰险，奋勇劈开山石，修筑栈道，经过日日夜夜的艰苦努力，这曲折迂回的天险路，光桥梁就架设了四十八座。桥的宽度，可容两辆车并行。

直到三年后的 1222 年，丘处机去西域见成吉思汗时通过该隘口，他的随徒李志常在《长春真人西游记》里写道：

金山东畔阴山西，

千岩万壑攒深溪。

溪边乱石当道卧，

古今不许通轮蹄。

同年秋天，成吉思汗率领蒙军到达巴尔喀什东南的海押立时，当地首领阿儿思南在合牙里黑（今勒普辛斯克市与科帕尔市之间）与成吉思汗主力军合流。不久，另外两支人马相继赶到——畏兀儿亦都护巴尔术和阿力麻里国王黑勒纳黑特勤的人马。这三支人马的加盟，使蒙军力量空前壮大，蒙军一度到达二十万。

当时，花剌子模除拥有四十万兵力外，还拥有威猛无比的战象队，再加上在本国领土上交锋，抵御二十万蒙军，并非难事。虽说蒙军在数量上不占优势，但其军威严整，纪律严明，是一个强有力的战斗群体。而花剌子模拥有的兵力在总体数量上占绝对优势，但其组织松散，训练不足，士气低落。孰胜孰败，难以预料。

由于花剌子模建国时，得益于突厥和康里部落的有力支持，进而形成一个实力强盛的军事贵族阶层。加上康里部落的母后秃儿罕可敦把持朝政，把军权都下放到麾下的军事贵族手中，他们依靠太后的支持，处处抵制摩诃末的集权。在大敌压境之际，各打各的小算盘，不能一致对外。国王摩诃末担心集中兵力与成吉思汗对垒时，趁后方空虚，获得母后支持的军事贵族会纠结兵力趁机夺权篡位。

在蒙古大军压境之际，花剌子模上层矛盾剑拔弩张，众朝臣各执己见，争吵不休。有人建议应该在阿姆河畔集结，以逸待劳，倾全部兵力迎击蒙军；有人提出应诱敌深入，在河中各城市中坚守；有人主张退至哥疾宁，如出师不利再退往印度。结果喋喋不休的争吵，让摩诃末心慌意乱、犹豫不决，竟选择愚蠢的分兵防守的方式，给蒙军留下集中兵力分而歼之的空隙。

摩诃末竟将部分主力部队分配到新都和旧都防守，大部分主力驻守在自己所在的不花剌城，以便两边相互策应。他采取的战术以防守为主，避免同蒙古骑兵进行野战。这种消极的战略部署，简直把唾手可得的胜利拱手相让。等两军正面交锋时，尽管花剌子模的兵力在总体数量上占绝对优势，但在每一个单独据点上的人数要比蒙军少，暴露给蒙军集中优势兵力各个击溃的机会。

当时，花剌子模拥有两座都城，新都叫撒马耳干，位于花剌子模东部；旧都叫玉龙杰赤，位于花剌子模西北部，皇太后秃儿罕可敦驻屯旧都。除了这两座都城外，花剌子模还有一座最繁华的城市叫不花剌城，位于新都和旧都中间，国王摩诃末便驻扎于此。

蒙古西征军借助马匹的速度，且牧且行，当年九月初，便从锡尔河中游的讹答剌附近攻入花剌子模国内。锡尔河为中亚境内最长的内陆河，全长三千零一十八公里，发源于帕米尔高原，流经图兰低地注入咸海。上游由两条河汇成：北支纳伦河源于天山山脉南脉北麓的吉尔吉斯斯坦东部，自东向西横穿吉尔吉斯斯坦流入费尔干纳盆地；南支卡拉河源于吉尔吉斯斯坦境内的费尔干纳山西南麓，流入费尔干纳盆地后与纳伦河汇合后始称锡尔河。

蒙军兵锋直指讹答剌城。城中守将就是去年斩杀成吉思汗所派商队的亦纳勒术。像他的国王摩诃末一样，亦纳勒术严重低估了蒙军骑兵的军事实力，以为把蒙古商队斩杀后，把财物洗劫一空，就会凭空获取一笔横财，血光之灾会随着时间的流逝而销声匿迹。这是他一厢情愿的想法而已。成吉思汗会把这笔账牢牢地记在他头上，等待时机加倍清算。

当亦纳勒术闻报二十万蒙军如黄河决堤潮水般涌向讹答剌城时，这个平时傲慢得像只小公鸡的家伙，一下子慌了手脚，连忙把洗劫来的财物分给摩诃末国王及其姑姑皇太后秃儿罕可敦，祈求他们派兵增援。

另外，国王摩诃末有一套匪夷所思的处事方式：凡是给他带来好消息的信使，一律重赏；凡是给他带来坏消息的信使，一律拉去喂虎。此举，未免有掩耳盗铃、自欺欺人之嫌。于是，上行下效，当时花剌子模形成一种独特的处事准则：当有好消息时，大臣和官员争先恐后争当信使，向国王摩诃末禀报；而坏消息来临时，大臣和官员避犹不及，唯恐灾难降临到自己头上。

于是，国王摩诃末每天都沉浸在愉悦的心情之中，几乎没遇到过任何烦心事，因为每天都有各种好消息接踵而至。

他哪里知道，当初的不义之举，竟会招来蒙军的铮铮铁蹄和雪亮弯刀的惩罚。当气势如虹的蒙军快要兵临花刺子模的重镇讹答刺城下时，尽管早已获悉密报的朝中大臣们吓得心惊肉跳，而国王摩诃末却一直被蒙在鼓里。

当接到讹答刺城的守将亦纳勒术火速派人禀报蒙军来犯的军情时，摩诃末才获悉蒙军将首攻讹答刺城，遂答应了亦纳勒术派兵增援的请求。他先调集五万兵力开赴讹答刺城，随后派遣大将哈刺察再率领一万人马，进一步巩固讹答刺城的防御工事。

派往讹答刺城的援兵前脚刚走，成吉思汗的使者后脚便到达花刺子模国的新都撒马耳干，向国王摩诃末下达战书，严厉谴责其背信弃义等不义之举。随后，蒙军继续西进，抵达花刺子模最东面的讹答刺。蒙军怀着为商队和使臣雪恨的满腔仇恨，把花刺子模的边城讹答刺包围得风雨不透。大军疾如旋风，快似闪电，像从四面八方涌来的洪水般集结于城下，鳞次栉比的营盘，装备着褐色铠甲的军队，宛如一望无垠的蚁群，俨然把讹答刺城当成一块骨头来啃光。

在哈刺察的协助下，亦纳勒术把讹答刺的城堡、外垒和城墙重新加固，把该城主要兵力都集中在坚壁清野上。当一切部署就绪，亦纳勒术登上城头，举目向四野眺望，看到的情景让他吃惊得紧咬下唇。只见城郊的旷野上，几乎变成一片雄狮师旅的海洋，刀枪剑戟斧钺钩叉如林般在阳光的照耀下反射着银亮的光芒，万千铠甲一片铮亮似浩渺宽广的河面上起伏的波浪折射的光亮。咴咴嘶鸣的战马，怒吼的蒙军勇士，充塞其间。

想不到杀死四百多名蒙古商人，却招惹来二十万蒙古雄军的讨伐，从中能窥探到成吉思汗复仇之心的决绝。这时，亦纳勒术才幡然醒悟，后悔当初不该捅蒙古帝国的马蜂窝，套子下得似乎太大了点。

尽管成吉思汗对攻打讹答剌城高度重视，但攻打一座小小的城池根本用不了那么多的兵力，遂毅然根据对方的防御部署，决定兵分四路：由成吉思汗的次子察合台、三子窝阔台率领一支军队，以攻克讹答剌城为第一目标，然后溯河而上，横扫完锡尔河中游驻军；由成吉思汗长子术赤率领另一支五千兵马的小股兵力沿锡尔河而下，扫荡昔格那克、讹迹邗、巴耳赤邗、真德，然后溯河而上，与另外三支兵团会师；由阿剌黑、速亦客秃、塔孩率领一支军队，沿锡尔河上游南下，攻占浩罕城；由成吉思汗和幼子拖雷率领蒙军主力直取重镇不花剌城，直捣花剌子模国都城撒马耳干，切断国王摩诃末向被围困的各城派遣援军的通道，使其首尾不能兼顾，左右无法互援，以达到集中蒙军优势兵力各个击破的目的。

此外，派往锡尔河上游的五千蒙军在术赤的率领下很快占领了别纳客忒，围攻忽毡。忽毡的守将帖木儿灭里在进行了顽强的抵抗之后，眼看不能挽回兵败的局势，便乘小船顺锡尔河仓皇而逃。

第三章
拔除讹答剌城

　　按照既定的作战部署，察合台和窝阔台两兄弟执行了攻克讹答剌城的重要任务。第二天傍晚时分，成吉思汗与幼子拖雷的中军，以哲别与速不台为先锋，也踏上了进军不花剌之路。

　　讹答剌城位于奇姆肯特市的阿雷思河和锡尔河右岸的交汇处，北接钦察草原，距离库车约有五百里，是花剌子模的东方重镇，也是商人前往伏尔加河、乌拉尔、大波斯、近东及东罗马帝国的必经之路。去年，蒙古帝国派遣的一支四百多人的商队，就在此城被守将亦纳勒术残忍斩杀、财物被洗劫一空。

　　当闻报蒙军来犯的消息后，昔日不可一世的摩诃末也在加紧备战。讹答剌城的军事防御工事异常坚固，城中又分内城和外城两层。护城河宽阔深邃，加上粮草充沛，守军多达十一万余，各种器械准备充足。该城守将是亦纳勒术，副将是国王摩诃末临时派来增援的大将哈剌察。

　　时序刚步入初秋，团团围定讹答剌城之后，蒙军在察合台和窝阔台的指挥下，向讹答剌城发起了总攻。蒙军从四面攻击城门，伺机打开通往城内的通道。城中守将正是挑起战端的罪魁祸首亦纳勒术，知道成吉思汗不会轻易饶恕自己，只能进行殊死抵抗。

讹答剌之战是极其残酷激烈的。进攻的一方怀着为被斩杀的四百多名同胞复仇的怒火，马刀箭镞上凝聚着仇恨，往城内尽情倾泻；坚守的一方是挑起战端的肇事根苗，自知城陷之日，也就是自己的死期，故背水一战，血战到底，誓与坚守的城池共存亡。

坚守在城堡上督战的亦纳勒术不敢有丝毫的倦怠之心，日夜督军轮流坚守。即使在月黑风高的夜里，也派遣将士在城墙上巡逻和监视，一班疲惫了，换上另一班，生怕让蒙军钻了空隙。每逢遇到蒙军攻城时，城内守军便拼命抵抗，丝毫没有心慈手软，远处的蒙军，用箭镞射击；靠近城下的蒙军，用滚木和砖石狠狠砸击。

疾如旋风的蒙军空袭战术，在这里不能施展。在第一轮的较量中，蒙军付出了惨重的伤亡代价，败下阵来。察合台和窝阔台及时改变战术，由短期强攻改为长期围困，分散开蒙军兵力，把讹答剌城围裹得里三层外三层，固如铁桶。星陈棋布的蒙古营帐，宛如雨后蘑菇般排列在讹答剌城的周围，站在城墙上俯瞰下去，只见彩旗招展，蔚为壮观。

同时，蒙军派出小股兵力，对讹答剌城周围的城镇乡村进行清洗。以蒙军阵营为中心向四周呈放射状，造成方圆十里民不聊生。

讹答剌城内的守军不时看到城郊附近的村落里升腾起粗硕的烟柱，随之，火光冲天，把半边天都映得通红一片。接下来是战马的嘶鸣声，百姓饱尝蒙军马刀后的号啕声，妇孺的悲鸣声，小儿受到恐吓后的悲啼声，各种声音交织在一起，像一条吐着芯子的毒蛇，不时噬咬着守军的神经。等蒙军大获全胜班师回营时，看到被捉来的百姓用长绳捆起手臂串联起来，排成长队，像一串长长的糖葫芦，被押至蒙军阵营中。

蒙军铁骑所经之处，攻城略地，杀人如麻，无数人人头落地，化为人间冤魂。许多王公贵族望风而逃，不敢与蒙军正面交锋，致使许多城池均落入蒙军手中。那些顽强抵抗的城池，都遭到蒙军的残酷报复，城池被夷为平地，幸存者被屠戮殆尽，讹答剌城墙外附近的村镇荒无人烟，赤地千里，该城几乎变成一座孤立无援的岛屿。

为了减少蒙军兵力的伤亡，察合台接受随征炮手指挥官的建议，在讹答剌城周围堆筑土台，在土台上架设瞭望用的望车，蒙军在望车里居高临下，侦察城内守军的动向，及时反馈给蒙军将领。构筑土台，劳动量大，而且周期长，但在攻城不力的情况下，倒不失为一种无奈之策。

好在，亦纳勒术和哈刺察一心死守讹答剌城，不敢滋生突围的想法。他们知道，一旦突围，他们的坐骑根本跑不过疾驰如风的蒙军坐骑，该城的步兵和百姓会在顷刻间毙命于蒙军的马刀之下。与其开城突围被蒙军杀戮，倒不如在此坚守，多活一天是一天，估计时间一久，等蒙军的军需粮草供应不上，见攻城无望，他们便乖乖退兵东还。

这仅仅是讹答剌城内守将的想法而已，他们完全忽视了蒙军正四处抢夺城外百姓的口粮和家畜，以供军需所用。加上城郊有大片优质的牧场，可供蒙军牧马之需。其实，在围困讹答剌城期间，蒙军的日子过得很滋润。

由于蒙哥首次亲临前线，脑海里滞留着父亲拖雷给他讲过战场上炮火轰鸣、箭矢横飞、哭号连天的残酷场面，而对两位伯父察合台和窝阔台指挥的作战方案倍感费解。他曾多次央求窝阔台，应向讹答剌城发起主动攻伐，窝阔台都会用手在他头上摩挲着搪塞道："吃饱喝好不想家，你放心好了，到嘴边的猎物是跑不掉的。"

窝阔台所言，是蒙军将士在战争中惯用的伎俩。把讹答剌城团团围困住，并不急于攻克，而是在喝酒吃肉睡女人的享乐中，渐渐消耗它的元气。如果猎物濒死前没有进行过垂死挣扎，那么身为猎手的蒙军将士完全没有乐趣可言。就像调皮的猫咪在抓住老鼠后先要玩弄戏耍一番，等把老鼠折磨得奄奄一息了，才意犹未尽地大快朵颐一番。

等土台构筑起来，在讹答剌城外一字排开，蒙军便在土台上架设强劲的床弩、火炮、抛石机、火油筒等攻城器械，以便控扼讹答剌城。进攻又开始了，只见巨大的石块，雨点般的箭矢和蒺藜火球交织成一张密集的网络，一股脑儿地倾泻到城内。城内的房屋被引燃后，一时浓烟四起，烈火冲天，惊天动地。讹答刺城的守城将士简直被蒙军的新式武器吓得魂飞魄散。

在蒙军围攻讹答刺城期间，蒙哥依然体会不到战争的残酷，最喜欢看的就是火炮轰击讹答刺城墙和守城将士百姓的游戏。

床弩又称床子弩，是在唐代绞车弩的基础上发展过来的，将两张或三张弓结合在一起，大大增强了弩的张力和强度。张弩时用粗壮的绳索把弩弦扣连在绞车上，由几名彪悍的战士合力摇转绞车，张开弩弦，安好巨箭。放射时，由一名士兵用大锤猛击扳机，机发弦弹，把箭射向远方。其弹射力和杀伤力远远超过单人使用的擘张、蹶张或腰引弩。

围攻讹答刺城时，察合台和窝阔台最开心的事，就是站在高高的土台上瞭望蒙军的远程火炮将讹答刺城变成一片火海。城内建筑基本以木质为主，在多晴少雨的秋天，火借风势迅疾蔓延开来，很容易烧掉半条街道。蒙军连日的围攻，导致城内很多座粮仓在烈火中化为灰烬，葬身火海的兵士和居民不计其数。数日过后，方圆几里的空气中还弥漫着一股粮食和人肉掺杂在一起的熟香。

副将哈剌察尽管是一名久经沙场的宿将，但从来没有遭遇过如此残酷的攻城场面，在城堡上方呼啸而过的巨石和蒺藜火球的威力无比，纵然再坚固的城池，也招架不住它们凛然的攻势。使城中大多数粮仓被火舌吞噬，城内十多万兵马的粮草问题成了迫切之事。外援的道路又被蒙军拦腰截断，国王摩诃末纵然想派增援军力，也是有心无力，唯有望洋兴叹。

留攻讹答刺城的蒙军从四面八方顽强攻城；守城的讹答刺士兵据力死守，决战到底。双方坚持了近五个月，一直呈割据之势。转眼到了1220年二月，围困日久，城内的物资开始匮乏，军粮一时跟不上，眼看陷入断粮的绝境，讹答刺城的居民变得绝望起来，士气变得十分低迷。

副将哈剌察本来想助亦纳勒术一臂之力，阻止蒙军的攻伐，见败局已定，自己也没有跟随亦纳勒术一起殉葬的义务。是亦纳勒术的不义之举引来蒙军的围攻，由他自己去对付吧。一天，哈剌察在拜见亦纳勒术时劝道："大帅，眼看蒙军铁了心将讹答剌城围困到底，该城迟早会被攻破。与其等城破之日，城中兵民全部惨遭杀戮，倒不如主动投降，或许还能给军民留一条活路啊。"

哈剌察所言属实，但亦纳勒术心里十分清楚，自己是这场战争的祸首，也是破城之后蒙军的众矢之的。再说，蒙军把讹答剌城围裹得严严实实，也切断了他突围的后路。如若拼死一搏尚存一线希望，开城纳降只有死路一条。既然降也死，战也死，何不与蒙军血战到底，倒也落个以身殉国的一世英名。

想到这里，亦纳勒术阴沉着脸，冠冕堂皇地对哈剌察说："倘若我们不忠于自己的国王，我们如何为自己的变节而辩白呢？"

哈剌察见亦纳勒术不听劝阻，一意孤行死守讹答剌城与蒙军死扛到底，也不再多费口舌，但他与蒙军平日无冤近日无仇，不想引火烧身。是夜，为了保全性命，哈剌察率领本部一万人马悄悄打开讹答剌城门，企图借夜色突破蒙军的包围圈，溜之大吉。

孰料，这一万人马刚出了城门，就被早已戒备的蒙军，杀得节节失利，哈剌察被蒙军活捉。蒙军趁机从虚掩的城门里杀入讹答剌城。

蒙军围攻了五个月，损兵折将，浪费多少器械都没能拔除的城池，却因哈剌察的逃跑，蒙军乘虚而入一举攻克了讹答剌外城，真是咄咄怪事。

哈剌察被押到蒙军阵营中，察合台和窝阔台进行了审讯，哈剌察都如实一一回答，从他嘴里挖凿出大量的军事情报。察合台本想赦他不死，但一想到蒙古四百多名商人就在该城惨遭杀戮，禁不住怒发冲冠，训斥道："你既然不忠于自己的主子临阵脱逃，又怎么指望你忠于我们呢？"

因讹答剌城分内城和外城，此刻蒙军攻入外城，还未完全攻克讹答剌内城。蒙军攻入讹答剌外城后，抓紧肃清外城，将城内的居民和尚未来得及逃进内城的士兵，赶绵羊般统统赶出城外，同时命令弩兵、火炮手和突击队相互配合，全力攻伐内城。

在守城方面，亦纳勒术倒是视死如归，誓不投降，与蒙军血战到底。

他率领两万余名坚强的勇士退守内城与蒙军作殊死较量，只要有一个人一息尚存，他们就战斗不止，直至与蒙古人同归于尽，也无一投降。

由于街巷逼仄，蒙军骑兵很难施展开战术，察合台不得不把部队化整为零，与困兽般的讹答剌城内的残余兵士进行街战、巷战。最后，讹答剌城内守军组成五十人的敢死队，用身体抵御蒙军的利刃，情景极其悲壮，蒙军战士也造成极大的伤亡。

为此，两军都付出沉重的伤亡代价，阵亡将士的尸体横七竖八地堆积在一起，充塞着大街小巷，残缺的弓箭和两军的旗帜散落得到处都是，混杂着泥土的血水变得污浊不堪，向低洼的地面缓缓流淌。一阵风贴着地面徐徐拂来，刺鼻的血腥味便在空气中弥漫开来。浓郁的气息刺激得蒙哥几乎呕吐。

收尾的战斗又持续了将近一个月，死守内城的讹答剌城军民，战死一半，饿死一半，最后仅剩下亦纳勒术和两名士卒，站在屋顶上继续与蒙军对峙，丝毫没有投降的迹象。倘若花剌子模的将领都像亦纳勒术视死如归，奋勇杀敌，蒙军能否最后获胜都是一个未知数。

察合台下达了活捉亦纳勒术的命令，所以蒙军不能用弓箭射杀他。他的两个士卒被蒙军射杀后，所有的抗蒙力量都被平息了。最后，只剩下亦纳勒术一人仍在继续拼死顽抗，命令宫女帮他递砖头、石块，他不断往下砸蒙军，蒙军又死伤数名。

直到砖头、石块都统统用光了，数名蒙军一拥而上，将亦纳勒术五花大绑。连日的短兵相接，亦纳勒术已累得全身虚脱，似乎连从房子上面跳下来的力气都消耗尽了。

持续了近半年的攻坚战终于落下了帷幕，窝阔台下令洗劫了讹答剌城，除了工匠、技师外，屠杀了所有守城的士卒和百姓，最后将城墙拆除，壕沟填平，所有防御工事均被夷为平地。从此，这座锡尔河的繁华都市从此变成一片荒原。

蒙哥目睹了战争的残酷性，让他感到莫名的恐怖和不安。夹杂在蒙军的队伍中，与讹答剌城内的守军短兵相接时，他体会到了战争的杀伤力。火炮点燃木质结构的房屋发出的焦煳味，箭矢飞驰时发出一连串尖锐的鸣叫声，石块落地时升腾起的尘土味，横陈在街头巷尾的残缺不全的尸体任由热血长流，溜街风中席卷起的血腥味，还有冷兵器在阳光的照耀下散发出的铁质味，所有的声音和气息纠缠在一起，刺激得他浑身打战。

跟随父亲察合台多次奔赴战场的莫图根早已对战争的残酷性司空见惯。每次攻城的时候，他总是对蒙哥格外照顾，看到蒙哥把身体暴露在敌军的箭矢之下时，总是提醒他俯下身子，避免蝗虫般箭矢和石块的射击。

察合台把杀人越货、挑起战端的肇事者亦纳勒术押送至成吉思汗的营帐里，听候发落。看到这个滋事的杀人恶魔，成吉思汗气得两眼直冒烈焰，牙齿咬得咯吱直响，几缕花白的胡须跟着颤颤抖动。

成吉思汗愤怒地问道："你不是欲壑难填、人心不足蛇吞象吗？好，我成全你，让你携金带银，体体面面地踏上黄泉路。"

说罢，成吉思汗在撒马耳干城郊外的库克撒来，命人将金银化成溶液，一滴滴一勺勺地注入亦纳勒术的七窍之中，表示对贪财者的严惩，也为被斩杀的数百名商人、使者一雪前耻。

这场马拉松似的讹答剌之战，从1219年九月中旬开始，一直持续到1220年二月才宣告破城结束，共花费了五个多月的时间，其周期之长在蒙军攻城的战例中实属罕见。

探究其原因的话，主要有以下三点：

一、讹答剌城本身防御坚固，十一万守军，兵力充沛。守军和守将拼死守城。

二、蒙军初次西征，攻击中亚地区城堡的经验不足，初战比较慎重。

三、在战役部署上有围点打援的意图。后来发现花剌子模增援不力，就变围攻为牵制，分散兵力来攻击讹答剌城周围的城镇。

第四章

初露峥嵘

讹答剌城被蒙军攻克后，对花剌子模所产生的震动是不容忽视的，同时也大大激励着其他各路蒙军将士攻城略地的斗志。

就在察合台、窝阔台率部围攻讹答剌城时，各路蒙军对花剌子模的全境展开总攻势，重大捷报频频传来。

术赤率部沿锡尔河左岸行军，攻克的目标是毡的州内的昔格纳黑城。术赤是宅心仁厚之人，不忍杀戮，希望通过和平手段来解决问题。他先派畏兀儿部人名叫哈散哈只的穆斯林作为使者，去诏谕昔格纳黑城军民投降。

《孙子兵法》云："不战而屈人之兵，善之善者也。"意思说，让敌人不战而降，是上上策。术赤希望通过使者的外交手段，实践所谓"善之善者"的战术。

带着术赤的授意，哈散哈只入城拜见了昔格纳黑城的守将，一再重申蒙军只是借城而过，并无结兵攻伐挑衅之意，希望大帅不要采取任何极端的敌对措施。孰料该城守将拒绝开城献降，并把蒙军使者哈散哈只杀死。哈散哈只的死，加速了昔格纳黑城的毁灭。

　　凶讯传到城外的蒙军阵营里，术赤闻报不由得怒火中烧，立刻下达了攻城的命令。他命令工兵架设云梯，昼夜攻城不息。另外，还组织炮军和床弩兵狠狠地射击昔格纳黑城墙上的守军，趁机掩护梯队攻城。

　　术赤亲临坐镇指挥督战，轮番攻伐不止，七天后终于夺取了昔格纳黑城。

　　这次术赤没有心慈手软，对昔格纳黑城实施了屠城。蒙军潮水般涌入城内后，挥舞着手中的利刃，将该城的兵民全部屠杀干净。蒙军疯狂的举动，仅仅是为使者哈散哈只一人复仇。术赤这种杀鸡儆猴的疯狂举动，大大震慑了其他城市的守军，使他们不敢负隅顽抗，望风启门而降。

　　攻陷昔格纳黑城之后，蒙军乘胜继续向南前进，连续攻占了锡尔河下游、昔格纳黑与毡的之间的讹迹邗和巴耳赤邗。由于前车之鉴，那两座城市没有进行大规模的抵抗，所以无情的兵燹没有降临到这些城内居民的头上，实属不幸中的万幸。

　　紧接着，术赤又率军进攻额失纳思城。由于该城守军绝大部分由各种流氓组成，他们作战时毫无章法可言，横冲直撞，大部分被杀，所以额失纳思城没费多少周折即被攻克。

　　毡的是花剌子模的重镇，位于锡尔河下游，该城守将是忽都鲁汗，胆小怕死，不能委以重任。当术赤挥师连拔四城的消息传入毡的城后，闻讯的忽都鲁汗犹如惊弓之鸟，连夜渡过锡尔河，横穿沙漠，逃到花剌子模的旧都玉龙杰赤寻求庇护。

　　守将带领军队不战而逃，为术赤军和平占领毡的城创造了有利条件。守将望风而逃，毡的城的守军成为一片散沙，丧失了与蒙军抗衡的组织能力。为此，术赤便再次派遣成帖木儿为使者，出使该城去降服毡的军民。

　　第二天，太阳从东方升起，稚嫩的阳光照在毡的城墙上，把即将走进毡的城的成帖木儿笼罩在内。成帖木儿放缓了脚步，沐浴着朝阳，暖流迅速传遍他的全身，映出他刚毅和坚定的面庞。鉴于不久哈散哈只去诏谕昔格纳黑城的军民未果反而被杀的事实。面对此次出使任务，成帖木儿生死未卜，今日迎着朝阳进城，不知道能否再顶着阳光走出城来。

　　带着术赤的使命，成帖木儿来到毡的城中，刚启口对无头苍蝇般的军民申明此行的目的时，便遭到愤怒群众的围攻，叫嚣道："杀死这个妖言惑众的人，不要让他在这里信口雌黄！"

　　"他是一条蒙古人喂养的哈巴狗，把他抓起来，让他成为第二个哈散哈只！"

　　在不绝于耳的谩骂和恐吓声中，甚至闪出几名年轻气盛的毡的人来，他们挥舞着手臂，伴随着情绪升级，一步步逼近，想把成帖木儿捆绑起来。但大多数人还是很理智的，他们企图阻止这次流血事件的发生，以免牵扯全城军民都跟着饱受蒙军的杀戮。

　　看着群情激愤，眼下形势险些失控，昔格纳黑城杀使的事件即将上演，成帖木儿把众人召集在一起，沉着冷静地大声说："我作为一名使者，当一只脚迈进贵地的城门时，就没想着再回去。但我一个人死不足惜，可此城被攻破后必将会发生十分残酷的屠杀事件，造成血流成河，尸体成山。前几天，昔格纳黑城杀死使者哈散哈只的消息，想必大家都略有所闻。哈散哈只是死在屠刀之下，但斩杀他的人也没有什么好下场。不仅挑衅者死了，连无辜的百姓都牵连着遭受灭顶之灾。眼下，你们唯一的出路，就是打开城门向蒙军投诚。"

　　在成帖木儿的一番慷慨陈词下，群众的抗议声渐渐微弱下去。人群中有人大胆地高声质问："假如我们献城归降了蒙军，是否就避免了被屠城的惩罚呢？"

　　见整体紧张局势有了松动的迹象，成帖木儿才暗暗松了一口气，衣衫已被冷汗浸透。成帖木儿心中窃喜，但仍板着面孔，严肃地说："我向你们郑重承诺，只要开城献降，蒙军绝不会滥杀无辜，我保证全城军民的性命无虞。"

　　成帖木儿一番慷慨激昂的劝降演说，收到了意想不到的效果，群众激愤的反抗情绪渐渐平缓下来，对他的保证非常满意，随后放他安然无恙地离开毡的城，但并没有打开城门迎降蒙军。回营后，成帖木儿把此行劝降的情况禀报给术赤。他认为毡的居民软弱无能，意见分歧，情绪不稳，攻占此城犹如信手拈来。

既然不弃城臣服，那就督军攻城，别无他路。于是，蒙军在术赤的指挥下，开始攻占毡的城。

等蒙军兵临城下，由于毡的城内守军缺乏组织者，自恃城高池深，毡的人没做任何战前的防御准备，觉得只需关紧城门，就会万事大吉。他们心存疑窦，这么高的城墙，蒙军莫非能插上翅膀飞上来不成。等蒙军填平了护城河，架设撞城器和云梯时，一面用火炮发射撞击城墙的巨石，一面沿着高高的云梯往城墙上攀爬。因为没有抵抗，蒙军很轻易地爬上墙城，打开城门，蒙军的大队人马开进毡的城。站在城头上饶有兴趣地观看蒙军攀城表演的百姓才倏然收回兴致勃勃的心思，如马蜂炸窝般乱作一团，又如鸟兽般四处逃散。劫后余生的居民除工匠外，都被编入军籍。

毡的城的军民在惊奇中丢失了自己的城市，毡的很快被蒙军占领。蒙军兵不血刃便攻破了该城，在历次攻城史上伤亡率最低。

鉴于毡的城内的军民没有任何反抗，更没造成蒙军伤亡，术赤信守诺言宽恕了他们，但强迫居民放弃该城七天，任由蒙军在城内肆意洗劫后才离开。

撤军之前，术赤任命阿里火者为毡的城的管理者。阿里火者在花剌子模长大成人，早年四处游走贩进卖出，在蒙古帝国崛起之前就投至成吉思汗的麾下效力，也是蒙古帝国的元老之一。他在此留任后，清正廉洁，爱民如子，深得毡的城居民的拥护和爱戴，直至终老。

在术赤率军肃清完锡尔河下游障碍的同时，由阿剌黑、速亦客秃、塔孩率领的五千名蒙军挺进锡尔河上游地区，向位于塔什干西面的别纳客忒城正式发起总攻。守军坚持三日，终于支持不住。攻下别纳客忒城后，蒙军言而无信，留下城中军民，把驻守该城的突厥雇佣军全部屠杀。将城中工匠、技师编为蒙军各队，然后驱赶着城中居民前去围攻忽毡城。

忽毡城（今塔吉克斯坦列宁纳巴德）位于费儿干纳盆地东边，城市分内外城堡。内堡建在锡尔河中央的沙洲上，它将河道一分为二，全长两千八百公里的锡尔河为其提供了天然的屏障，每秒一千三百多立方米的流量让它成为一支天然的守备队，是一座易守难攻的城堡。

阿剌黑等率军攻打忽毡城时，遭遇到该城守将帖木儿灭里（即"铁王"之意）的奋勇抵抗。帖木儿灭里是花剌子模著名的突厥勇士之一，不仅骁勇善战，而且足智多谋。在蒙军兵临忽毡城下之前，他已经做了焦土迎敌的准备。对蒙军来犯，唯一的选择是以战止战，给蒙军以当头棒喝。既然蒙军攻克了长期围困的城市，居民惨遭杀戮，倒不如拼死一战。

见拒不投降，八万蒙军把费尔干纳前的忽毡城围困得密不透风，该城守将帖木儿灭里毫无惧意，指挥着一千名精兵粉碎了蒙军一次又一次的进攻，率部抗击蒙军达数月之久，给蒙军攻城的突击队造成很大伤亡。

见多日强攻未能奏效，蒙军便采取一种残酷无情的攻城策略。他们把四处搜掠来的花剌子模百姓组成攻城的第一方阵，每个百姓手持一根木棍，在蒙军骑兵队的胁迫下向忽毡城发起猛烈的攻击。蒙军"凡攻大城，先击小郡，掠其人民以供驱使"，这是他们惯用的伎俩。后面紧跟着手持弓箭的蒙军勇士督战，见谁跑慢了就放一箭。这个方阵里自然有守城将士的家人。守军见自己的家人充当着蒙军的肉盾，不忍心用箭射杀他们，军心渐渐浮动。

倘若再不改变策略，一意孤行下去，就会遭到兵败如山倒的悲剧，城门随时有被蒙军攻溃的危险。在这千钧一发之际，该城守将帖木儿灭里登上城墙，振臂高呼："我们锋利的弓箭不是用来对准亲人的胸口，而是要对准杀戮成性的野蛮民族。与其坐以待毙，不如起而伐之。不想被蒙军破城后斩杀的花剌子模的勇士们，请跟着我突围出去，绕过我们的亲人，去射杀骑在马背上的侵略者。"

在众人皆醉时，能唯我独醒，实属不易。倘若还能振臂高呼，让茫然不知所措的别人也能清醒，尤为可贵。

说罢，帖木儿灭里率先冲出城门，紧接着，不少花剌子模的勇士们也纷纷突出。被蒙军骑兵押解着走在前面充当肉盾的花剌子模的百姓，看见自己的军队掩杀过来，甚感欣慰地闪出一条道来，让后面尚未反应过来的蒙军暴露在帖木儿灭里及众将士的刀斧弓箭面前。

帖木儿灭里以身作则，挥舞着手中的武器带领着精神抖擞的勇士们，杀气腾腾地冲入蒙军阵营。遇到蒙军挥剑便刺，挥刀便砍，但见血红飞溅，无数懵懂的蒙军顷刻间毙命，忽毡城外染成了血红一片。待惊慌失措的蒙军看清帖木儿灭里率部不过千余人，正要调整阵形进行反扑时，早已预备好退路的帖木儿灭里迅速组织精锐部队乘船转移到锡尔河心的小岛上。

在这座小岛上，帖木儿灭里事先修筑了许多坚固的城堡，不仅囤积着大量的粮食和器械，还准备了十二艘大战舰和十几只小船。为了防止蒙军火攻，船身上盖了一层毡子，毡子上涂满混合着醋的淤泥。毡子外面只留一些小窗口，用作瞭望和射击。

等蒙军将领阿剌黑率领蒙军赶到锡尔河畔时，远远地望着这些城堡，由于距离尚远，只能望河兴叹。为了尽快歼灭帖木儿灭里，阿剌黑急命调来火炮、床弩来攻打城堡。但城堡在火炮的射程之外，一阵砰砰巨响之后，数十块几十斤重的石头发射出去，纷纷落入河心，溅起几米高的水柱。像抛石机、弓弩等器械射程更短，更奈何不了它。

见蒙军束手无策，帖木儿灭里还不时派遣小船靠近岸边，用弓箭射杀蒙军。这些小船的外表被淤泥和醋处理过后，箭射不透，把油火泼在船身也燃烧不起来，蒙军简直拿它们无计可施，只有被动挨打的份儿。而且他经常在夜间搞游击战术，毫无规律可循，把蒙军搞得疲惫不堪，连夜间睡觉都不踏实。

基于帖木儿灭里率部要顽抗到底，成吉思汗便命阿剌黑、塔孩部增援两万名蒙军和五万名战俘，让这支援军来帮助阿剌黑等攻城。五万名战俘被编成班相连，分别由蒙军官率领，从三华里以外的山地运来石块，开始填塞河流，以阻挠帖木儿灭里部乘船偷袭的行为。

等蒙军用石块筑成通往锡尔河中央的长坝，一点一点向河心延伸时，大大缩短了城堡的距离，火炮发射出去的石头渐渐能击中城堡的墙壁，使帖木儿灭里由积极的进攻变成了消极的防守。

帖木儿灭里知道倘若再僵持下去，必将招来全军覆灭的危险。一天夜里，把城堡中的伤员、粮草、辎重装上船只，沿水路向锡尔河下游悄然撤退。

第二天早晨，蒙军发现河心小岛上船去堡空，但为时已晚，急忙调遣轻骑策马沿河两岸进行追击。

依锡尔河而建的别纳客忒城，已被蒙军占领。他们在锡尔河下游处的中央架设起一条粗大的铁链，企图阻挡帖木儿灭里的船队。但计划赶不上变化，帖木儿灭里指挥着小舰队无畏地冲撞过去，凭借船只强大的冲击力撞断了铁链，继续顺流而去。当沿河两岸策马赶来的蒙军骑兵飞驰追赶时，每逢蒙军骑兵出现在射程之内，帖木儿灭里就把船只迅速驶向目标，发射几支连珠箭，马上的蒙军骑兵便中箭应声落马，一直漂流到毡的和巴耳赤邗境内。

真是强中更有强中手，帖木儿灭里率领的这支船队，竟然让在疆场上所向披靡的蒙军黔驴技穷。可惜民众超亿的花剌子模国，像帖木儿灭里这样的英雄寥若晨星。

这时，驻军在巴耳赤邗城的术赤接到飞马来报，帖木儿灭里从锡尔河上游撤退要路经此城，而蒙军已在河下游结船为桥，组成一道拦阻防线，并架设好火炮、床弩等杀伤力很大的武器，还在锡尔河两岸部署重兵把守，严阵以待，准备把这支顽强的军队一网打尽。

当帖木儿灭里的船队像离弦之箭，顺流而下，隐约看见前面有一座浮桥拦住去路时，知道有蒙军重兵设伏。在驶入巴耳赤邗的领域时，帖木儿灭里立即命令士兵将船只停靠在岸边，舍船登岸，骑上快马，疾驰而去，把在下游设伏的蒙军晾在一边。

见帖木儿灭里弃船纵马而逃，蒙军仍穷追不舍，帖木儿灭里命辎重队伍先行一步，亲自率领几名将士殿后。他对蒙军没有丝毫的畏惧之感，一马当先挥舞着兵器杀退蒙军，待辎重队伍走远了，方才快马加鞭撵上前军。

帖木儿灭里足智多谋，花样翻新地与蒙军较量了数天，人马伤亡数量剧增，辎重也落入蒙军之手。最后，连身边的几名士卒也壮烈牺牲，他仍倔强不降。他手里就剩下三支箭，其中还有一支无镞箭。

　　这时，三名蒙军策马追来，帖木儿灭里掉转马头，等他们渐渐走近，他把那只断箭放在弓弦上，几乎没有瞄准箭便离弦而去，准确地射中了一名蒙军勇士的眼睛。中箭的蒙军骑士捂住受伤的眼睛，大声惨呼着应声落马，生死不明。另外两名蒙军骑士见状吓了一跳，这家伙简直是神人啊，箭不虚发，他们跟随成吉思汗南征北战多年，神箭手也见多了，但像帖木儿灭里拥有如此精湛箭术的，还是第一次见到。

　　见另外两名蒙军被自己的箭术给震慑住了，帖木儿灭里蛮有把握地说："我手里还有两支箭，但舍不得用。你们俩人要想保命的话，赶紧撤回吧。"说罢，便掉转马首扬长而去。这两名蒙军骑兵慑于帖木儿灭里的箭法，迟疑了片刻，没敢追击。

　　帖木儿灭里催马向西奔去，穿过"红砂区"的荒漠，只身逃回花剌子模旧都玉龙杰赤。以后跟随著名的摩诃末国王的大王子札兰丁继续从事抵抗蒙军的战争，因在疆场上大显身手而名噪一时。

第五章
不花剌城

当术赤率领三路蒙军在锡尔河畔攻城略地、围剿花剌子模军时，成吉思汗与幼子拖雷率领蒙军主力横渡锡尔河，进攻目标是当时伊斯兰世界最大的城市之一不花剌城（今乌兹别克斯坦布哈拉）。他们一路顺风顺水，并未遇到太强的抵抗，畅通无阻。

春末夏初的某一天深夜，涉过锡尔河的蒙军在成吉思汗的率领下试图从西南横渡广阔无垠、渺无人烟的基吉尔库姆沙漠。这是直径几百公里的无人沙漠，是举世公认的绝对不可能轻易穿越的天然屏障。

千百年来，这片绵延六百公里宽的红沙瀚海，上无飞鸟，下无走兽，复无水草，天空呈现浑浊的蓝色调，一抹淡淡的烟雾在遥远的地平线上缓缓飘移。其恶劣的自然环境条件和反复无常的气候因素，使无数沙漠旅人和商客望而却步。

唐代诗人杜甫有诗为证：

落日照大旗，

马鸣风萧萧。

涉足沙漠前，每位蒙军将士都用羊皮囊备足饮用水，避开中午的炎炎烈日，昼伏夜行。展现在蒙军眼前的是漫无边际的荒漠和戈壁滩，一片浓艳的红色，偶尔也会有一棵干枯的胡杨树、一座风化的山冈跃入眼帘。待到近时，看到的只是水流曾经侵蚀过的人畜枯骨，被风吹响，发出尖锐的嗯哨声，让人滋生悲凉之感。狂风旋起，飞沙像阵雨般迎面袭来，几乎要把人和马吞噬。

行军途中，耶律楚材被一路的美景刺激得诗兴大发，赋诗道：

寂寞河中府，遐荒僻一隅。

葡萄垂马乳，杷榄灿牛酥。

酿酒无输课，耕田不纳租。

西行万余里，谁谓乃良图。

其中，诗歌的后两句把成吉思汗率军西征的立场暴露无遗。

当声势浩大的蒙军队伍穿越红沙漠，实施远距离大纵深穿插迂回，抵达努腊达市时，适逢深夜时分。这支似乎从天而降的蒙军的出现，使花剌子模举国上下皆为震惊，蒙军穿越红沙漠的奇迹可与拿破仑越过阿尔卑斯山的壮举媲美。不同的是，拿破仑的帝国在之后开始走向没落，而蒙古帝国在吞并了花剌子模之后走向巅峰。

蒙军主力横穿红沙漠，以逐日追风般的速度突然兵临咱儿纳黑城下。咱儿纳黑是锡尔河西岸的一座堡寨，其废墟在今塔吉克斯坦共和国境内的卡拉库尔湖附近，是从讹答剌通向不花剌、撒马耳干的咽喉之地。

第二天一早，咱儿纳黑城的居民感到大地在剧烈地颤抖，看到天空中尘土飞扬，黄沙蔽日，使白天变得漆黑如夜。他们在蒙军气吞万里如虎的气势震慑下几乎丧失了抵抗的勇气。看到蒙古大军如海洋般把咱儿纳黑城围拢得严严实实，他们更是惶恐万状地躲进城堡，紧闭城门，不敢直面这支蝗虫般黑压压的兵团。

先礼后兵，是成吉思汗一贯的用兵之道。他派遣伊斯兰学者答失蛮哈只卜为使者，到咱儿纳黑城劝居民开门投诚。

当答失蛮哈只卜揣着成吉思汗招降的使命进入咱儿纳黑城时，在针对是战是降的立场上，咱儿纳黑城的居民发生了严重分歧。有的居民主张抵抗到底，誓死据守咱儿纳黑城；有的居民则希望开启城门投降，避免一场血光之灾。与术赤派遣成帖木儿出使毡的城的遭遇大致略同，咱儿纳黑城的主战派纷纷拔刀抽剑，以二龙戏珠的阵势将答失蛮哈只卜团团围住，寒光闪闪，跃跃欲试，想血刃于他。倘若情绪稍微失控，后果将不堪设想，答失蛮哈只卜将血溅咱儿纳黑城。

为了阻止事态进一步升级，把成吉思汗的招降政策贯彻给咱儿纳黑城的军民，答失蛮哈只卜清了清嗓子，沉毅冷静地对居民们晓之福祸，他说："我是你们的兄弟，奉成吉思汗的命令充当使者，要把你们从死亡的深渊和血流成河的屠杀中拯救出来。成吉思汗率领百万雄师在城外磨刀霍霍伺机而动，倘若你们不顺从他的汗意，须臾之间，你们的城池将被夷为平地，你们的鲜血将汇聚成河流。若听从我的劝告，服从大汗的旨意，你们的生命才能得以保全。是降是战，你们认真考虑一下吧。"

在做出决定之前，他们经过再三权衡，城内的军民最终接受了答失蛮哈只卜的恳辞，选择投诚。面对成吉思汗的几万大军，绝大多数人不想拿自己的脑袋去试法蒙军雪亮的马刀。胳膊拧不过大腿，尽管有极少数人反对投诚也掀不起大的波浪。

见咱儿纳黑城军民的情绪逐渐平和，选择和平的意见趋于统一，答失蛮哈只卜建议他们打开城门，迎接成吉思汗的君临，听候他的调遣。随后，城中领袖带上礼物，出城去向成吉思汗表达臣服之心。

成吉思汗见他们真心投诚，赦免了他们的死罪，并和颜悦色地安慰一番：

"你们选择向蒙古帝国投诚实为明智之举，没有忤逆大汗的旨意。你们以后成为蒙古帝国的子民，就受到大汗的福荫。放心好了，这座城中，朕不会伤害一个人，也不会抢劫你们的一羊一马。"

接着，成吉思汗下诏，要求咱儿纳黑城内的所有居民，都到城外集合，拆除城墙和护城河，青壮年被征发至"哈沙儿"队伍中，剩下的男女老少则各自回家。

成吉思汗不费一枪一炮，就把咱儿纳黑城纳入蒙古帝国的版图。

安顿好咱儿纳黑城的军民，成吉思汗派部将晃豁坛氏的塔亦儿把阿秃儿为先锋，为主力军开道，他们穿过一条小路，率先兵临讷儿城。

蒙军途经城郊园林时，在夜里伐木为梯，骑马扛梯前进，故行军异常缓慢。讷儿城的守军以为他们是商旅马队，没有放在心上，等兵临城下时才发现是蒙古大军，只见战马嘶鸣，旌旗蔽日，盔甲耀眼，慌忙紧闭城门。有了前面和平占领咱儿纳黑城的先例，成吉思汗又遣使者去劝谕讷儿城的军民投降，旨在停止无谓的厮杀和内耗。

面对蒙军兵临城下的事实，讷儿城人的心理是矛盾的，一方面，他们不相信成吉思汗亲自率领蒙军远道而来；另一方面，他们也害怕蒙军手中的弯刀和弓箭。他们感到不知所措，有人主张开城纳款投诚，有人主张紧闭城门拼命抵抗。经过使者多次往返劝说，最终达成投诚的协议。讷儿人将充盈的粮草献给成吉思汗，以资证明向他臣服；塔亦儿把阿秃儿则避开讷儿城绕行。

针对这一举止，成吉思汗并不满意。当讷儿人出城向蒙军奉献粮草时，成吉思汗将该城交给即将抵达的速不台掌管。在速不台强大的武力面前，讷儿人唯命是从，乖乖交出城池。成吉思汗则答应不伤讷儿城一草一木。讷儿人倾其所有，投成吉思汗所好，终于保全了性命。除献出所得财物以外，讷儿人还选出了六十人前去帮助蒙军攻打不花剌。

由于蒙军的招降政策，也大大提高了行军速度，此次要攻伐的目标不花剌已遥遥在望。

1220 年春，成吉思汗的中路军到达不花剌城下。

不花剌即今乌兹别克斯坦文化名城布拉哈，其伊斯兰教文化十分发达，不花剌的意思是"学问的中心"。西方学者每每谈起这座城市时，言谈中便流露出深深的敬仰之情，"它的四方有博士和律师的灿烂光辉做装饰，它的周围有高深学识的珍宝做点缀"。

不花剌分为内外两城，外城高大，城墙坚如磐石，四周设有十二座城门。同其他绝大多数城市相反，该城的城堡不是建在内城里，而是建在内城外。连接内城和外城的渠道四通八达，渠水引自泽拉夫尚河。干渠名曰"输金河"，渠名在这个干旱的地区是意味深长的。不花剌城所拥有的水渠网，布局十分巧妙，有水闸，也有蓄水池，足以保证全城用水的分配和供应。

该城地理位置十分优越，控扼中西咽喉要道，作为花剌子模新都撒马耳干的西方屏障，一旦切断，就意味着中断了玉龙杰赤与撒马耳干之间的联络，并隔绝锡尔河沿岸被围困各城堡的外援。所以就双方而言，不花剌之役是事关胜败的关键一战，不容小觑。

此时，不花剌城守将为阔克汗率部将哈迷的布尔、舍去治汗和怯失力汗等，统率骑兵两万（一说三万）据守此城。花剌子模国王摩诃末倾国之力把富有作战经验的将领统统放在不花剌，足见对不花剌的重视程度。

阔克汗本是蒙古人，其所属部落被成吉思汗征服后，为了逃避追杀，从蒙古草原逃至西辽，后来投靠了摩诃末。他原本是摩诃末的一名马夫，在一次战斗中，摩诃末兵败，战马受伤，阔克汗毅然背着摩诃末渡过阿姆河，回到国都玉龙杰赤，因救驾有功被摩诃末提升为大总管，并备受摩诃末的信任。因此被派往不花剌充当两万守军的主将，委以重任。

成吉思汗计划利用蒙军骑兵所擅长的野战，与 1212 年秋哲别攻克辽阳城的战术千篇一律，先让蒙军将不花剌城从东、北、南三个方向严密包围，故意围三缺一，在西城不设一兵一卒，引诱守军从西面出城后逃逸，此时，蒙军换乘快马，手挥利刀，追击敌兵，把他们歼灭在逃逸的途中。

《黑鞑事略》中载："其阵利野战，不见利不进，动静之间，知敌强弱，百骑环绕，可裹万众，千骑分张，可盈百里，摧坚陷阵，全藉先锋，衽革当先，例十之三，凡遇敌阵，则三三五五四五，断不聚簇为敌所包，大率步以整而骑宜分，敌分亦分，敌合亦合，故其骑突也，或远或近，或多或少，或聚或散，或出或没，来如天坠，去如电逝。谓之鸦兵撒星阵，其合而分，视马策之所向；其分而合，听姑诡之声以为号。自迩而远，俄顷千里。"

蒙军对布兵摆阵之策已熟烂于胸，成吉思汗命令诸将按既定好的作战方案列好阵势，将不花剌城围困得里三层外三层。当该城守将阔克汗看到城外像波涛滚滚的阿姆河水般汹涌而至的蒙军，将不花剌城从三个方向包围起来，摆出长期困城的阵势时，他心里猛地抽搐起来。

凭经验，阔克汗感觉大事不妙，估计蒙军主力到了，估计围城的阵势少说也要十多万人马。以自己麾下区区三万人马，加上贪生怕死的居民，要想捍卫此城，无异于九天揽月。

联想到嗜血如命的蒙军攻破此城后，肯定会手挥屠刀大开杀戒，不仅自己和麾下三万勇士要血溅城墙，连城内的居民也要跟着遭殃，这座名满中亚的文明古城会在战火的吞噬下毁于一旦。

经过反复苦思冥想和斟酌得失后，觉得为了不使名城涂炭，守将阔克汗决定放弃此城，带领三万人马败走首都撒马耳干，伺机将功赎罪。守军走后，城内居民肯定会成为和平使者，打开城门投降蒙军，倘若成吉思汗能高抬贵手的话，此城灿烂的文明和古老的文化会得以保全。

退路已定，守将阔克汗内心的恐惧才渐渐消散，跌宕起伏的思绪也日趋平静下来。为避免夜长梦多，他打算在今天夜里率部突围。

半夜时分，随着成吉思汗一声令下，伺机而动的蒙军从东、北、南三个方向猛攻不花剌城，故意把不花剌城的西面空置起来。但见，蒙军阵营中炮石纷飞，成排的火箭射入城中，砸死、砸伤守军不计其数。在火力和炮石的掩护下，突击队把云梯搭在城墙上，轻盈如猿的蒙军登上云梯，向城头攀缘而上。

而哲别和速不台率领三万蒙军铁骑兵挥戈待命，等城门大开，守军潮水般逃逸时，可以在运动中追而歼之。

本来打算在半夜逃跑的阔克汗，见城下蒙军骁勇善战，攻势凛然而凶狠，如果不马上打开城门逃跑，一旦城池被攻破，就失去了逃跑的最佳良机。两军对垒正酣，他命人通知仍坚守在城头的守军，与蒙军血战到底，誓与该城共存亡。他则带上心腹亲信一万余人，以出城扩编新军为由，离开不花剌城，向阿姆河方向仓皇逃窜。

阔克汗作为花剌子模国的一代名将，在逃跑的途中做梦也没想到，他付诸行动的举措，恰好落入成吉思汗设好的圈套。阿姆河水潺潺流动的声响，刚刚被料峭的溜河风送入疾驰在逃跑队伍前面的士卒耳畔时，负责侦察城西敌情的哲别和速不台挥师旋风般追来，开始一场蒙军骑兵轻车熟路的歼灭战。

他们迅速呈扇形散开摆出进攻阵势，分成几路纵队，将出城逃逸的阔克汗军严密包抄起来，一个时辰不到，蒙军便打了一个漂亮的歼灭战，将从不花剌城逃出的一万守军鏖杀殆尽。守军阔克汗数次突围均没成功，最后在混战中死于蒙军的刀枪之下。

当不花剌城内的军民获悉一万守军在阿姆河畔被蒙军斩尽杀绝的凶讯时，他们心灵深处最后一根精神支柱轰然倒塌了。倘若再对峙下去，城破之后，他们的下场必然同一万守军的下场一样。

第二天，当新鲜的太阳从东方的地平线上冉冉升起，被一万守军遗弃的不花剌人开启城门，他们派出伊斯兰教的长老、学者等社会名流，至成吉思汗行营献城乞降。

成吉思汗在拖雷、耶律楚材及众将士的簇拥下，由不花剌城的绅士名流引领着，脸上挂着入侵者淡淡的笑意，缓辔驶入这座被称为"伊斯兰的圆顶"的城内。看到大街两侧耸立着的具有浓郁中亚风格的建筑，中间高起洋葱式圆圆的殿顶，两旁高耸云天的瞭望塔。这些建筑内外全部用小块瓷片、玉石贴满繁丽的图案、经文，甚至镶金饰银，蒙古将士们都为这座城市的富足美丽而叹为观止。

一座巍峨壮观的宫殿式建筑引发了成吉思汗的好奇心，他从马背上跳下来，用马鞭梢指了指这座清真寺，问跟随在身后的学者。

"这是摩诃末的宫殿吗？"

"不，大汗，这是真主的殿堂。"

尽管学者回答得实事求是，成吉思汗从说话的语气中察觉到一丝藏匿在骨子深处的傲慢，看来是身降心不降啊。

成吉思汗登上几级台阶，猛然转身呵斥道："大汗的战马饥饿已久，快去弄些草料来，让它们美美地饱餐一顿。"

他故意指派几位心高气傲的绅士去做这个差事，尽管这些人不屑于做与自己身份不相符的事体，但在成吉思汗目光如炬的怒视下，只得讪讪遵旨，弓背弯腰赶紧搬来谷物，放在成吉思汗坐骑的鼻子下。坐骑估计饥饿已久，见谷物一到便嘶鸣几声，张嘴撕扯了一缕谷物，饶有兴趣地嚼食着。

随后，蒙军命人把盛满美酒的袋子搬到清真寺的大院子里，他们开始纵饮，传杯递盏，逸兴横飞。酒至酣处，还把不花剌城内的歌姬找来，命她们载歌载舞，以助酒兴。

等吃饱喝足后，醉醺醺的成吉思汗从城里出来，把城内全体军民召集到不花剌伊斯兰教文化中心的广场上，微颤着步履登上讲坛，发表演讲，谴责花剌子模国王摩诃末的背信弃义：

"你们知道，你们已经犯下了滔天大罪，你们的君臣已经犯下了大罪。如果你们要问我说这些话的证据，我可以告诉你们，因为我是长生天派来惩罚你们的。如果你们没有犯下滔天大罪，长生天会阻止大汗西行的步伐。"

这是成吉思汗对不花剌的居民宣扬的一种征服者的理论。成吉思汗绝对没想到的是，在他征服不花剌三十多年后，他的孙子、金帐汗国的统治者别儿哥，却在这座城市皈依了伊斯兰教。

演讲结束后，成吉思汗把不花剌城内的富人遴选出来，希望他们能捐献出自己的财产。经最后确认，共选出二百八十人，其中一百九十人是本地人，其余是在此经商的外地人。

成吉思汗对他们循循诱导，说："不必说你们地面上的财产，只把埋在地下的东西告诉大汗就行了。"

这些富人只好坦白交代，叫来各自管家，带领蒙军去把埋藏在地下的金银珠宝全部挖出来。

即便如此，不花剌城的战斗还远远没有结束。不花剌的康里的四百余骑兵拒不投降，他们退至内堡，不停地袭击蒙军，誓与蒙军决战到底。

见多次晓谕未果，成吉思汗果断命令蒙军对这批反抗者发起强攻，两军酣战在一起。堡外，蒙军用威力巨大的猛火油柜的器械向堡内喷射火药，烧毁城门。堡内守军则拼命向外发射弩炮和火油桶，造成少量蒙军的伤亡。一时之间弓箭嘶鸣着齐飞，火药喷射着火舌以迅猛的速度带着强风吼着嗓子呼啸而过，煞是壮观。

最终，堡内守军弹尽粮绝后再也坚持不住，堡前的沟壕被石头与战死的士卒的尸体填平了。蒙军占领了堡前斜坡，放火烧毁城门，又把堡内守军据守的房屋引燃，火势像吐着芯子的赤练蛇向外蔓延游弋，两个时辰之后，堡内燃烧成一片火海，地上腾起的烟尘也是红的，天上翻滚的云彩也是红的。火势猛烈，所有人开始感到死亡的脚步正渐渐逼近，胸口仿佛要胀开，肉体在燃烧。那四百余名守军无一人临阵脱逃，均葬身于火海之中。大火之后，残垣断壁中间突兀着那些高大的石头建筑，其余被夷为一片平地。

为了报复抵抗过蒙军的不花剌军民和为战死的蒙军将士复仇，成吉思汗命骑兵肃清内城的军民，都统统赶到城外，按比例分给军士，比鞭梢高的孩子，以及不花剌三万余名战士均死在蒙军的屠刀之下。同时抽调一批青年壮丁组成先锋掩护队，也即充当炮灰队伍的"哈沙儿"队，全部驱赶至撒马耳干城下。在不花剌经过一场空前的浩劫后，蒙军将这座美丽的城市付之一炬，这座昔日繁荣的城市变成了"平坦的原野"。

多年后，幸免于难的不花剌人回忆起这段经历时，依然谈虎色变："他们来了，他们掘地挖宝，他们纵火焚烧，他们杀人，他们抢掠，然后他们离去了。"

花刺子模的军事重镇不花刺的陷落，致使花刺子模新、旧都之间交通阻断，东西部间的互相支援也被切断，花刺子模国立刻呈现出瘫痪状态，为最后花刺子模国的迅速沦陷，埋下了伏笔。

第六章

撒马耳干

　　占领不花剌城后，成吉思汗派人向前去征服讹答剌及其他城镇的术赤、察合台、窝阔台传令，驱赶着各自的"哈沙儿"队前来会师，共同商议攻伐河中府撒马耳干城的具体事宜。至此，短短几个月的时间，成吉思汗成功实现了剪除羽翼、扫清外围的战略方针，不但充实了蒙军力量，而且成功地利用花剌子模的人力、物力，采用借兵于敌的英明决策，堪称军事上的奇迹。

　　现在失去屏障的撒马耳干城陷入孤立无援的境地，像一头形影相吊的巨兽，孤注一掷，正遭到一群潮水般不断涌来的群狼围攻。

　　修建在泽拉夫尚河谷地上的撒马耳干，亦称寻思干、薛迷思干，今撒马尔罕城，乃乌兹别克斯坦第二大城市，位于阿姆河与锡尔河之间，被誉为"肥沃的土地"。在城郊开凿了网络稠密的水渠，引自泽拉夫香河水加以灌溉，密布的水渠网为整个地区提供了充沛的水源，使之拥有"石如珍珠，土若麝香，水似醇酒"的肥沃土地，以延续辉煌灿烂的绿洲文明。该城是一座宏伟壮丽的城市，街道两侧华丽雄伟的殿堂鳞次栉比。耶律楚材说："寻思干者西人云肥也，以地土肥饶故名之。"

关于撒马耳干最早的记载可追溯到公元前 5 世纪，善于经商的粟特人把这里建造成一座美轮美奂的都城。公元前 4 世纪，当马其顿帝国的亚历山大大帝攻占该城时不禁赞叹说："我所听说到的一切都是真实的，只是撒马耳干要比我想象中更为壮观。"

1210 年，摩诃末与屈出律合兵推翻西辽后，该城一度为花剌子模所有，后来摩诃末将首都从玉龙杰赤迁至该城。

当蒙军铁骑涉足花剌子模国境时，国王摩诃末便将撒马耳干作为军事防御的核心设施。虽然城内守军多如繁星，为防患未然，摩诃末又调集十一万重兵据守该城，其中六万突厥人，由母后秃儿罕哈敦的弟弟秃孩汗统领，另外五万为大食人（伊朗人）。全是国王摩诃末在花剌子模国中精心挑选的精锐之师。不仅如此，他还为该城守军配备了二十头貌似凶神的战象。这些战象力大无穷，轻轻一卷，就能把一棵大树连根拔起。身披花花绿绿的铠甲，能在冲锋陷阵时，掩护步兵的人身安全。

重兵据守，又有象军助阵，为有备无患，摩诃末仍不敢掉以轻心，又督促十万居民和守军一起加固城防，加高城墙，挖深护城河，更换四扇城门，并在城外加筑了若干条外垒防线。就屯兵布防而言，撒马耳干城可谓铜墙铁壁，坚不可摧，号称为"难攻不落之城"。为了支持撒马耳干城的保卫战，国王摩诃末下令预征了三年的税赋，横征暴敛导致百姓怨声载道，苦不堪言。

蒙军抵达讹答剌时，撒马耳干城修缮城池和外垒，以及拥有海量驻军和战象的消息，已四下传开。大家都一致认为，攻占该城需要成年累月的时间，且不说它拥有坚固的内堡了。但是，成吉思汗反复告诫众将："什么城墙！城墙的强大，只有赖于防御者的勇敢才行。"

成吉思汗坚信通过随军而载的火炮和床弩等大型器械，不日便能将该城攻破。在围攻讹答剌城和不花剌城的战斗中，日渐成熟的蒙军工程兵彰显出所向披靡的攻坚力量。连金国都城中都都阻挡不了蒙军的铁蹄，况且一个小小的花剌子模首都撒马耳干。对成吉思汗来说，撒马耳干已是囊中之物，唾手可得。

从撒马耳干军事防御软件和硬件设施上来看，有重兵据守，加之城高池深，真可谓固若金汤，无力可摧。但是，国王摩诃末的心理防线已在成吉思汗的军威面前不攻自破。然而，信心是一个阵前将士能否取胜的关键因素。

当前方败下来的将士，向国王摩诃末描述了讹答剌城和不花剌城被攻陷的惨景时，摩诃末就像乃蛮部的太阳汗闻听札木合绘声绘色的描述一样，尚未交锋，便对成吉思汗的铁血手段和蒙古的虎狼之师已胆怯三分，竟然不敢轻易出战。

据史书记载，摩诃末笃信命运，星相家们告诫他，在厄运的星宿没有走掉之前，为谨慎起见不宜对蒙军采取任何军事行动，"星相家们这些话也是使他的事业更加陷于紊乱的原因之一"。兼听则明，偏信则暗，此言不虚。面对压境的蒙军，他脑海中充塞的慌乱和忧愁已使他的思维险些短路，不能做出正常的判断。在理智不健全的情况下，他在布阵列兵时，做出被动挨打的架势，分兵驻守各个堡垒，各自为战，相互之间组织不成一个有机整体，因为行动不一致便给蒙军留下各个击破的良机。

最为要命的是，摩诃末的畏战情绪没有藏匿在内心深处，而是在光天化日之下暴露无遗，使守军和居民大为沮丧，抗战士气一蹶不振。

有一天，摩诃末去撒马耳干的防御工事巡视时，见城壕与护城河之水相连，以为聋子的耳朵摆设，竟信口开河说："前来攻伐我们的蒙军，只要扔下他们的马鞭，这条壕沟将会被夷为平地。"

在视察黑沙城的防御工事时，居然又对百姓们散布谣言，说："自谋活命之计吧，蒙军是无法抵抗的！"

大长蒙军志气，大灭自己威风的言论，像瘟疫一样在军中迅速蔓延开来。撒马耳干城中军民抗战的情绪一落千丈，还未真正与蒙军交锋，该城内便笼罩着一种消极悲观的厌战阴影。什么誓守此城，什么与蒙军决战到底，都统统见鬼去吧，赶紧活命要紧。

当蒙古西征军已涉足河中地区的消息传至撒马耳干时，摩诃末甚至凭借第六感感觉到蒙军铁蹄踏及地面时所造成地动山摇的气势，顿时魂飞魄散，于惊慌中召集朝中文武百官，商议应敌之策。

花剌子模的将领们在蒙军压境之际，迅速分成主战派和逃跑派。主战派认为应该重点布兵防守呼罗珊和伊拉克，结集一切可用之兵，共拒阿姆河沿线；逃跑派主张退守哥疾宁，倘若形势剧变，可逃至印度。

逃跑派的主张充分迎合了摩诃末的怯战心理，摩诃末认为逃跑才是上上策，正面迎敌只有死路一条。

一名主张弃城逃跑的大臣建议："敌人刚打下不花剌城，士气高傲，现在与他们交锋，肯定受挫。微臣以为，他们来自漠北草原，肯定水土不服。先避其锐气，时间一久便会把他们拖垮。到那时，只要动用一小股兵力，就能稳操胜券……"

还未等这位大臣把应敌之策讲完，摩诃末的长子札兰丁反对说："这与其说是应敌之策，倒不如说是安抚内心的恐惧，换取片刻的安宁。时间能把敌军拖垮的话，只不过是痴人说梦罢了。"

"当然，勇气在战争中是一个因素，"摩诃末接过札兰丁的话说，"同时也要掌握一种策略。暂时回避一下蒙军凛冽的锋芒，待到把蒙军拖得人困马乏时，我们再集中优势兵力搞歼灭战，也不失为一种良策。怎能说是痴人说梦呢？"

主张逃跑的大臣见国王摩诃末帮着自己说话，忙迎合道："就是，国王陛下真是英明果断。"

札兰丁见君臣二人像演双簧，臣唱君和，配合默契，气得暴跳起来，争辩道："父王，我们平日向百姓索取赋税，当蒙军来犯时却弃城而逃，这种消极颓废的迎敌之策，怎么对得起黎民百姓？养兵千日，用兵一时，用兵之日，大军不上战场，那要军队有何用？"

"你……"摩诃末被长子的话击中七寸，语塞气噎，一时不知如何应对。

"父王。"一心想和蒙军在战场上正面抗衡的札兰丁继续建议道，"我们应该在阿姆河畔与侵略者血战到底。即使败北，也可以给社稷和百姓一个明确的交代。"

一心逃亡的国王摩诃末根本不听从札兰丁的苦劝，把头摇得像拨浪鼓，训斥道："你年幼无知。凶神恶煞的蒙军挥师中亚，是带着天神阿拉的旨意，来惩罚斩杀蒙古使者的罪人，靠我们绵薄的军力，怎么能抵挡得住？不要再说了，你作为我的儿子，必须服从我的命令。我现在决定：撤往阿姆河南岸。"

"父王，请派兵于我，让我与蒙军决一死战……"

"你速去镇守我们的旧都玉龙杰赤，千万不能落入蒙军之手。我整顿好兵力，会命人前去增援你。"

就这样，蒙军兵锋尚未抵达撒马耳干城下时，作为统帅的摩诃末却率领守军主力匆忙弃城而逃，只留下四万兵力驻守此城。

然而，成吉思汗并不知道撒马耳干城里发生的争执，他潜意识里认为，撒马耳干城内的守军人多势众，犹如繁星，城堡坚不可摧。他断定，撒马耳干城虽说守军众多，城堡坚固，但迟早会攻破而入。

撒马耳干就耸立在眼前了，蒙古骑兵像一把铁钳向撒马耳干的两侧包抄过去。为了对"难攻不落之城"周围的地势有个清晰的了解，成吉思汗率领博尔术、哲别、速不台等诸将及其四子拖雷，离开蒙军大本营，用两天时间绕撒马耳干城墙和堡前斜坡"巡视城池，观察墙垣、外垒和城门"。方获悉，撒马耳干城外三面环山，唯有城西是一马平川的平原，遂决定把主战场放在城西的平原上，利于蒙军实施最擅长的野战。

不久，闻听国王摩诃末率兵临阵脱逃的消息后，成吉思汗一面抓紧安排攻城前的准备工作，一面派遣两名大将哲别、速不台各率精锐骑兵一万昼夜驰骋，追击摩诃末。并特意交代，对摩诃末要穷追猛打，纵然追至天涯海角，也要将其置于死地。最后，成吉思汗好不怜悯地说："他们最好的去处，就是坟墓。"

于是，哲别、速不台不敢怠慢，指挥着一支草原铁骑，奉命追击摩诃末，日夜兼程朝他逃逸的方向追去。显然，这是一段疯狂而壮丽的远征史诗。

攻城和夺取城门的策略已定，成吉思汗便命令从各地征讨的"哈沙儿"，统一着蒙军服饰，打着蒙军旗帜，每十人一队，混杂在蒙军队伍中，齐聚撒马耳干城下。但见战旗蔽日，兵马如海，鼓噪马鸣，震天的声浪险些把撒马耳干城给掀到天上去。

城内的守军站在城堡上，触目所见，城外蒙军兵马如潮似海，遥遥无际。

接着，成吉思汗又传令攻城军队在城郊休息三天后，等各项攻城设施准备妥当后，便下令环攻撒马耳干城。这座壮丽的城市，在蒙军和"哈沙儿"的团团包围之下，瞬间变成了一只孤立无援的困兽，做着最后的挣扎。

蒙军各队兵马各就各位，等成吉思汗下达了攻城的命令后，便以磅礴的气势从四个方向同时发起酣然总攻。在笳号呜呜的长鸣声中，投石机和床弩齐发，一时炮石和箭镞暴雨般倾注城内，炮石所触之处，城垛破坏，守军伤亡。但撒马耳干的守将勇猛异常，比讹答剌和不花剌城的守将勇敢多了。他们冒着箭矢和床弩的射击，死守城头，用弓箭还击强渡护城河的蒙军突击队，抛下滚木和巨石，砸击破城的蒙军工兵无数。

城内守将阿勒巴儿汗率领一彪人马杀出城来，与蒙军血刃相搏，双方伤亡甚重。是日，撒马耳干守军不断组织突击队出城实施反击，与蒙军展开肉搏。第一回合的交锋，两军势均力敌，直杀到晚涛时分，扔下上千名尸体和伤兵，他们把蒙军俘虏带进城里。

见常规战术不能轻易取胜，花剌子模人使出撒手锏，把战象投入战斗之中。

战象是古代很有趣的兵种，顾名思义就是以大象作为主要作战武器。其实就是利用战象的巨大身躯、厚实皮肤以及尖锐象牙来攻击。因为只有公象才有象牙，所以多半采用公象作为冲锋陷阵的工具。战象周身披挂着厚重的铠甲。这种铠甲都是以厚牛皮为内衬，外面密集地披挂着多层鱼鳞状或块状铁或钢制甲叶。到中期巅峰时期，战象除披挂铠甲外，象体防御力最差的胸部和腹部已经被整块的厚度达 3 毫米以上的钢制板状胸、腹甲保护起来。象腿上也被带活动护膝的钢制甲胄保护起来。象头也装有钢制护面，甚至连象鼻子上也装备有锁子甲。

躯体魁梧的战象一旦投入战斗中，难于驾驭，这是一个致命的缺点。从各种战例上来看，战象的使用，并未收到预料的效果。其结果也耐人寻味，既有一些成功的战例，又有更多失败的记录。

胜败悬于一线，不知道花剌子模人借助二十头战象的威力，能否击溃骁勇彪悍的蒙军。撒马耳干守军在身披铠甲的战象的掩护下冲出城门，这些庞然大物昂首阔步向蒙军阵营冲撞过来。随着笨拙的身躯渐渐逼近，蒙军的坐骑似乎嗅到空气中危险的气息，变得骚动不安起来，咳咳地打着响鼻，四蹄刨地，发出胆怯的嘶鸣声。

等战象走进射程内，蒙军诸将士沉着冷静，将架设好的各种火器，猛烈地朝象军射击。野兽都怕烈火，战象也不例外。在箭矢如雨的射击下，被火舌灼伤皮肤的战象不再恋战，急忙掉转笨拙的身躯，企图冲回城里，但跟在它们身后的守军，躲闪不及，被踩死在脚下。

见自己的撒手锏都奈何不了蒙军，撒马耳干城内的军民不免愁肠百结起来，感觉破城的悲剧像每天升起的太阳一样，迟早会到来。

撒马耳干城的守军有不少突厥人，毕竟突厥和蒙古乃同一种族，基于血缘方面的考虑，他们更倾向于成吉思汗。在该城守将秃孩汗的带领下，他们伺机打开城门向填平护城河的蒙军投降。

守城将士一降，城内居民也不敢蛮战，只好随波逐流一起投降。祈祷过后，军民打开撒马耳干的城门（西北门、祈祷门），迎接蒙军入城。另外大食人守军，有的投降，有的逃逸，只有少数人在主帅脱盖罕的率领下，退守内城。

浩浩荡荡的蒙军开进城内，首先要做的，就是立刻督促百姓拆毁城墙和外垒，填平壕沟，直到骑兵可以自由驰骋为止。随后，投降的居民被押往城外集合，听候发落。只有曾出城去晋见成吉思汗的伊斯兰教首领，及其受他们保护的人都免于出城。享受这一特殊待遇的大概五万余人。随后，成吉思汗通过传令官颁发布告："匿藏者格杀勿论！"

布告一经颁布，视财物为粪土的人，首先把藏匿在隐蔽处的财物挖出来交给蒙军。而那些侥幸蒙蔽过关的藏匿者，财物被搜出来后，都统统死在蒙军的屠刀之下。

撒马耳干的外城被夷平后，蒙军开始向内堡发起进攻，并切断向内堡供水的渠道，一点一点把内城守军逼向绝路。内城守军也陷入混乱之中，吓得心胆俱裂，既不敢挺身抵抗，又不能转身逃跑。一天夜里，阿勒巴儿汗率领一千多名敢死队，冲出内堡，经过一阵死战，杀开一条血路，乘着夜色掩护逃出撒马耳干城，投奔他们的国王摩诃末去了。

翌日凌晨，蒙军对内堡残余的守军发起猛烈的进攻，双方经过一阵暴风骤雨般的矢石往来。晚上，蒙军夺下城门，攻入内堡。失去藏身之处的居民和勇士则转移阵地，避入大清真寺内。即便如此，他们也不准备投降，毅然用弓弩和火炮筒与蒙军对峙。最后，蒙军利用石油纵火焚烧，大清真寺被焚烧倒塌。战火过后，只见残壁残垣，搏斗过的战场上血迹斑斑，到处是无头的尸体、烧焦的帐篷，狼藉一片。国王摩诃末精心挑选的守城主帅脱盖罕也没有幸免于难，在乱军之中丧命。

内堡守军被蒙军悉数歼灭之后，成吉思汗下达肃清内城和外城的命令。男女居民以百人为一群，在蒙军的监视下被赶到城外。接着，蒙军张贴出告示，倘若有人执意藏匿不出，搜出后就要他流血丧命。随后，蒙军把技术工匠留下来，将临阵叛变的三万多康里、突厥将士全部杀害，其中包括国王摩诃末朝廷的二十多名大臣。又征伐三万名壮丁，将受降者的头发剃成蒙古式样，被收编入军。剩下的人交出二十万巨额赎金后，才免于一死。

象奴指挥着战象去觐见成吉思汗，请求发给战象食物。成吉思汗迷惑不解地问他们，战象养驯前靠什么为生。他们回答说，原野上的草。于是，成吉思汗下令放掉战象，让它们自己去寻找食物。战象获得自由后，最终因饥饿而死。

经过短短八天的时间，花剌子模的首都撒马耳干就被蒙军攻破了，这座曾经富庶而繁华的城市，被夷为一片废墟。

最后，成吉思汗委任契丹人耶律阿海味达鲁花赤，镇守撒马耳干城。

第七章

玉龙杰赤

在完成对河中地区的征伐后，成吉思汗派术赤、察合台率军前去征讨花刺子模国旧都玉龙杰赤。临行前，成吉思汗承诺将玉龙杰赤划为术赤的封地。自己则做进军呼罗珊的准备。

派他们兄弟俩去攻伐同一座城市，是成吉思汗用人方面的失策。前文已讲过，术赤与察合台素来不和，两人因立储之事差一点儿在金帐内兵刃相向。虽然最后经过劝说，当面给成吉思汗保证和好如初，那都是表面文章。实际上，察合台还一直在暗中和术赤较劲。察合台曾一举攻克讹答剌城，活捉挑起战端的亦纳勒术，交给成吉思汗处理，自以为战绩辉煌，在诸将及兄弟之上，根本不愿意听从术赤的发号施令，更不愿意为夺取他的封地卖命，尽管出征前当众发过誓，不敢顶撞父汗的命令。

玉龙杰赤位于土库曼斯坦的西北部、阿姆河的南面，横跨阿姆河而建，人口稠密，商业繁荣，伊斯兰教义化盛行，是一座美丽而富饶的城市。隶属于土库曼斯坦的达绍古兹州，毗邻与乌兹别克斯坦接壤的边境，距离首都阿什哈巴德四百八十公里。与不花刺及撒马耳干一样，凭借布局巧妙的渠道系统使这里拥有一方沃土。

当时人们称赞说："时运变化前，它属于地域良善、主诚仁慈一类地方。它的四角供当代的伟人作歇肩之用，它的领域是容纳现代奇珍的府库；它的宅邸放射各种崇高思想的光辉，它的州邑、郡县，因贵人光临而成为许多玫瑰园。"

时值 1221 年春夏之交，是玉龙杰赤一年中最美丽的季节，树木蓬勃，花团锦簇。因地处要冲，屡经兵燹，盲目荒凉，该城因周围诸城的纷纷陷落，几乎成为一座孤岛。得知蒙军来犯的消息时，玉龙杰赤像一位在深闺中醒来的名门淑女，睁开惊恐的睡眼，怀着畏惧之心，不知道怎样对付这支来犯的虎狼之师。

闻报蒙军挺进的确切消息后，玉龙杰赤城的主人，国王摩诃末的母后秃儿罕哈敦，这个集狂妄、愚蠢、胆怯于一身的老女人，不敢留守玉龙杰赤与前来进犯的蒙军对峙。尽管之前，当成吉思汗打听到她一直与国王摩诃末存在权力上的冲突时，希望和她结盟，均遭到严厉拒绝。秃儿罕哈敦不顾大将忽马儿的苦苦相劝，执意带领诸嫔妃、王子和后宫随从逃至祃桉答而境内的城堡，使近百万居民的玉龙杰赤因群龙无首而陷入一片混乱之中。

此时，城内尚驻守着九万多名康里士卒组成的精锐之师，但城中无主，难以调兵遣将，发号施令，负责国政和公务，并在他的带领下抵抗预料不到的暴力，在驻守该城时困难重重。

眼看蒙古大军压境，刻不容缓，留守的众将士便一致推举身为皇室亲属的忽马儿为诺鲁思王（即一日之王），同时对九万多名守军划分防区，统一部署，加固城防，稳定局势，誓与蒙军血战到底。作为花剌子模的发祥地，玉龙杰赤的守城将士的抗战之心空前高涨，远远超过蒙军此前在花剌子模境内所征服过的任何一座城市。

术赤、察合台率领五万蒙军直逼玉龙杰赤城下，为慎重起见，成吉思汗还特遣在疆场上驰骋多年的宿将博尔术、脱仑和合答尔等将领参与对玉龙杰赤的攻伐。等蒙军对玉龙杰赤城构成包围之势，在城外周围结下环形营垒，各色营帐宛如巨大的花朵，盛开在玉龙杰赤城郊。术赤和察合台兄弟二人便策马绕城巡视，查勘地形，寻找排兵布阵的契合点，为攻取玉龙杰赤做好充足准备。

但玉龙杰赤城墙高大挺拔，护城河水深湍急，城里居民近百万，不仅如此，还屯有九万多精锐军。倘若强攻的话，蒙军损兵折将不说，也不一定能在短时间内攻取下来。针对这种情况，术赤主张广施仁义，希望不费一箭一炮便让该城军民缴械乞降。

主意已定，术赤遂遣使去诏谕城内军民，使者策马赶到城下，双手捂在嘴边，高声仰首对城上军民晓谕道："蒙古帝国的大汗成吉思汗已将玉龙杰赤作为封地赐予大太子术赤，他希望这座美丽的城市保持完整如初，免得像讹答剌和不花剌城那样遭受屠城的悲剧。为了证明大太子殿下一片赤诚之心，已经下令蒙军保护市郊居民的生命财产安全，望城中速降，以免滋生不测。"

听完使者的晓谕，城中守军一时之间，主降的、主战的各持己见，互不相让，争论十分剧烈。主降者提出了国王摩诃末逃入里海之前曾发来的手谕："汝等应感余恩，一如感余父祖之恩。兹为爱汝等计，特致劝告之词，设力不能御敌，最良之策莫若乞降。"主战的军事贵族们知道蒙军素来言而无信，即使开城投降，也逃脱不了遭受屠杀的悲惨下场。因此他们推举了母后秃儿罕哈敦的近亲忽马儿为守城统帅，由他率领全城军民抵抗蒙军。最后，经过喋喋不休的争论，意见达成一致，城中军民决定不向蒙古人投降，决心与城池共存亡，死拼硬守，能坚持多久就坚持多久。

察合台的汗国在撒马耳干，所以攻伐玉龙杰赤的目的在于破城后掠劫财物，对于玉龙杰赤的毁与存丝毫不顾。另外，他对术赤的招降之策嗤之以鼻，认为是忽悠小孩子的把戏，不可能在守军那里奏效。

见招降不成，术赤便于心不忍地部署各部蒙军强攻玉龙杰赤城。由于该城四周遍布着沙漠和沼泽，没有充当火炮炮弹的山石，蒙军便大肆砍伐城郊的桑树，将其锯成小段并削出尖锐的弹头，形状颇似现代的炮弹，在水里浸泡后以增加其重量，充当火炮的炮弹用来抛射守军。

一如既往，察合台和术赤每天派数名蒙军士兵都用许愿和恐吓的攻心术，威迫和利诱来瓦解城内守军和居民的心理防线，话不投机时，彼此射几箭。

同时，术赤又命"哈沙儿"队，昼夜不息地搬运沙土，来填塞城外壕沟，拆毁各项城防设施。十天后，壕沟被填平，外围的防御设施全部拆毁。

最后，充当炮弹的桑树段准备充足，援兵从毡的等地陆续抵达，蒙军立即向玉龙杰赤城发起冲锋和进攻。一声雷霆般的呐喊后，蒙军把桑树段和箭矢倾泻进城里。接着，蒙军督促"哈沙儿"队在阵前开路，带着攻城器械的工兵断后，逼近城墙四角，以拆毁外垒的根基，把潮湿的泥土暴露在阳光下，试图打开一角缺口，遣兵入城。

玉龙杰赤城头的守军也不甘引颈待戮，怀着一腔愤怒之情，将滚木和礌石狠狠地砸向掘城的蒙军工兵，甚至不惜砸死走在阵前的"哈沙儿"队员。城外的蒙军炮手、弩兵和弓箭手呐喊着，箭矢、桑木像冰雹、陨石一样从天而降，纷纷倾泻进城里。势均力敌，双方均有伤亡。

经过多天的努力，蒙军工兵终于摧毁了外垒的根基，在城墙下掘出一个个缺口来。蒙军突击队通过这些缺口鱼贯而入，与城头上的守军短兵相接。等打开城门，蒙古骑兵也趁机冲入城里，与从城头上撤下的守军在街巷里展开白刃战。蒙军骑兵野战的优势在逼仄的街巷中难以施展，付出了惨重代价，最终也没能彻底拿下玉龙杰赤城。

一计不成又生一计，术赤命令改用火攻，用弓弩发射浸蘸过石油的火箭，把城内的房屋、住宅、守军一起烧毁。城中守军一面全力同蒙军血战，一面从阿姆河中取水灭火。蒙军连攻数日，玉龙杰赤的东城才勉强肃清，但城池大部分被毁，房屋及室内财物基本上化为一片废墟。

在火攻无效的情况下，如何彻底攻取这座城池，对付城中那些宁死不屈的军民，是蒙军要直面的一个棘手问题。

他们发现，玉龙杰赤是一座横跨阿姆河的城池，东西城靠一座桥梁贯通。由于该城被蒙军包围，水源被切断，城内军民的全部生活用水均取之于阿姆河。只要占据这座桥梁，也就拿捏住了玉龙杰赤人的命脉。

于是，术赤从军中精心挑选三千名蒙古勇士，组成突击队去完成夺桥的重任。在箭矢如雨、桑木横飞的掩护下，三千名蒙军勇士经过强攻终于占领了桥头。但被围困在城中的军民也深知此桥所担负的重任，一旦此桥落入蒙军之手，断绝水源后直接威胁到该城军民的生死存亡。于是，玉龙杰赤的守军潮水般涌向桥头，包围了三千蒙古勇士，向他们进行疯狂的围攻。

这场短兵相接的争夺战，从中午一直持续到日影西斜时分，两军伤亡惨重，不时有士卒惨叫着从桥上坠入水中，扑通一声，泛起一朵殷红的水花。守军采用车轮战术，一波一波的敢死队员轮番上阵，将围困起来的三千蒙军全部歼灭，使对岸守军的士气大振。

在蒙军付出惨重伤亡的事实面前，察合台更不拿术赤当哥哥，撇着嘴挖苦道："大白天去送死的话，玉龙杰赤一百年也攻不下来。"

接连受挫的蒙军，造成西征以来最为惨重的损失，加上察合台的热嘲冷讽激起术赤心中因战事不利而堆积起来的怒火。

"你说风凉话也不怕大风扇了舌头，难道凭借你这个胆小鬼就能把此城拿下来吗？"

俩人针尖不让麦芒，摩拳擦掌恨不得立刻单挑。左右将士见状，七手八脚把小公鸡般英武好斗的兄弟俩拉开了，才避免了一场内讧。

看来，相互鄙视的种子早已在兄弟俩的心田上长成一棵参天大树，嫉恨和疑虑已成为一条横亘在兄弟俩之间难以逾越的天堑鸿沟。

其实，蒙军攻伐玉龙杰赤城不利的表面原因是城内军民奋勇抵抗，其实质原因是术赤和察合台面和心不和。他们各执己见，不能政令如一，致使诸多战事进展不顺。军中各种指令与成吉思汗颁布的札撒法令执行紊乱，使蒙军蒙受很大损失。因两位主帅意见分歧，导致部队斗志涣散，作战协调性不一致，最终的结果直接影响整个战局向前推进。以致两军相持七个月，城内守军杀死的蒙军战士的尸骨堆积如山，玉龙杰赤硬是没有攻下。

事已至此，两位王子各自派人向成吉思汗禀报战况时纷纷指责对方，对目前进展不顺的战事也相互推诿。当军报传至蒙古帝国汗帐里，成吉思汗闻报大怒，后悔当初自己用人不当，贻误诸多战机，为把损失降至最低，立即命皇储窝阔台前往玉龙杰赤担任攻城统帅，统辖两个兄长及全军，克日攻下玉龙杰赤，不得有误。

窝阔台素以足智多谋、雄才大略而著称。当他星夜策马疾驰，抵达玉龙杰赤城下就任统帅，一方面采取温和的态度缓和两位兄长的怒意，另一方面手腕强硬地施行统帅的职权，重新整顿兵力部署。在他的统一调度下，数万蒙军重新团结为一个整体，势力倍增，开始准备对玉龙杰赤城展开最后的攻坚战。

在窝阔台的指挥下，又开始了新一轮的攻城战，蒙军将士齐心协力投入战斗中，当天就将旗帜插上玉龙杰赤的城头，进入城内，与城内守军民展开巷战。城内守军边退边战，节节防御，甚至连被围困在城内的男女老少都士气高涨地手持武器纷纷投入抵御蒙军的保卫战中，与守军并肩作战。蒙军利用喷火的石油焚烧街区的房屋、住宅，都变成吞吐着火舌的海洋。在冲天火焰的映照下，蒙军踏着满城守军的尸体，浴血奋战。

经过七天酣战，城内全部军民退至尚未燃烧的三个街区。见胜利无望，玉龙杰赤城迟早沦陷。守军才派遣一位名叫阿老丁·哈牙锡的教长去乞求术赤的宽恕和赦免。

因蒙军遭受了重大伤亡后，即将沦陷的玉龙杰赤才派使者前来乞降，气得术赤暴跳如雷，破口大骂。

术赤对玉龙杰赤内城守军伸过来的橄榄枝，置若罔闻，继续攻伐，一直酣战到落日时分。

窝阔台不想再让蒙军做劳而无功的损耗，劝阻术赤说："既然他们已经愿意投诚，继续攻伐必定损伤我们人马，不如先答应他们投降的请求，然后再处罚他们好了。"

于是，蒙军便快然答应了守城军民投降的请求，当晚，坚守了八个月之久的玉龙杰赤完全陷落了。

术赤强压着胸中的怒火，命人将全城军民驱逐城外，把工匠、妇女和儿童均分，兄弟三人各得一份。其余的男性居民被分到蒙军帐下，最后全被枭首。传言，五万多蒙古士兵每人分配杀二十四人的任务。

最后，作为对玉龙杰赤城内军民抗拒不降的严惩，处世比较圆滑的窝阔台，既不得罪术赤，也不得罪察合台，改火攻为水攻。窝阔台下令掘开护卫阿姆河的河堤，引水淹没了全城，庐舍尽毁。大水冲入城市，摧毁了城中残存的房屋，一些藏在城中的居民全部淹死。"其诸城之陷，杀民或潜匿，或遁走，或藏积尸中，而得免。惟花剌子模（即玉龙杰赤城）之人免于兵者尽溺于阿姆河水中。"

昔日繁华壮丽的花剌子模旧都，变成了一片汪洋中的废墟。

攻下玉龙杰赤城后，却引来成吉思汗对三位太子极为不满。首先对术赤和察合台之间的内讧，导致围攻玉龙杰赤进展缓慢，贻误战机，甚为不满。其次，在窝阔台的指挥下，拔除玉龙杰赤城后，术赤等三位太子私分城郭和俘虏，既没有分给其他将士，甚至没有向成吉思汗贡献一部分，这进一步加深了成吉思汗的愤怒之情。

在窝阔台的指挥下，拿下玉龙杰赤城后凯旋，三位太子前来拜见成吉思汗，准备向他汇报战果。但十分恼火的成吉思汗，连续三天拒绝见他们。见此情景，三位太子吓得惶恐不安，不敢前去通报。

怕成吉思汗和三位太子僵持下去，影响整个蒙廷的稳定，老将博尔术劝说："大汗已经调兵遣将攻伐了倔强的玉龙杰赤城，占据了他们的城池，俘虏了他们的百姓，捷报传来，蒙古帝国臣民上下，都欢欣鼓舞，大汗为什么要发怒呢？三位太子殿下虽然擅自瓜分了土地和俘虏，行为不合情理，但都是大汗的儿子，他们所拥有的一切，到头来都属于大汗所有。况且他们已经知错，在金帐外止懊悔不已，您宽厚为怀，宣他们入帐吧。"

听完博尔术的一席话，成吉思汗才怒气稍息，宣术赤、察合台、窝阔台入帐，对三位太子拍案怒骂不止。他们面对成吉思汗的怒斥，吓得汗流浃背，不敢仰视。

左右文武大臣见状，向成吉思汗凑道："三位太子殿下年轻气盛，初次领兵打仗，像需要调习的雏鹰一样。如今，三位太子殿下第一次立功，假如大汗不给予奖励，反而一味责骂的话，恐怕会挫败他们的上进心。现在到处都是我们的敌人，大汗为何不令他们戴罪立功呢？"

经过一番劝解，成吉思汗心中的怒火才渐渐平息。

而实际上，攻克玉龙杰赤城之后，术赤开始疏远父汗和兄弟，一直待在他的封地——玉龙杰赤地区，未参加这次远征后的任何征讨。

第八章
亡命天涯

花剌子模国王摩诃末因狂妄自大，在部将亦纳勒术血洗四百五十名蒙古商人后，没有及时采取补救措施，又破罐子破摔，继续斩杀前来交涉的使者，最终招来一场灭国之灾。当成吉思汗自率一支虎狼之师压境时，摩诃末原先那副趾高气扬、不可一世的姿态不见了，吓得胆战心惊、魂飞魄散。当闻知蒙军兵犯花剌子模国旧都不花剌城时，尚未与蒙军对垒，便率众弃城仓皇而逃，惶然如丧家之犬。

国王摩诃末逃出不花剌城，带着三个儿子、几名妃嫔和部分心腹，一路向南阿姆河方向逃窜。他们渡过阿姆河后，发现了奉命前来追击的哲别率领着蒙军轻骑的身影出现在河对岸，正准备渡河。

花剌子模士兵见状，吓得抱头鼠窜，随身携带的军需物资洒落一地，几万主力如惊弓的鸟雀般迅速逃离，留在摩诃末身边的兵力越来越少。加上不花剌、撒马耳干城失陷的消息纷至沓来，惊闻蒙军暴行的摩诃末如丧考妣，禁不住蹲在地上号啕大哭。动摇军心后，一些王侯、贵族又各自领兵弃他而去。摩诃末在亡命天涯的途中，孤独如影相随。

哲别率领蒙军横渡阿姆河时，没有船，以牛皮作舟，树枝作桨，把军械服装藏于其中，扎紧牛皮口，然后系于身，手捉马尾或马鬃，随马游泳渡河。随后，哲别一军影子般沿着摩诃末逃跑的踪影穷追不舍，即便躲入山林，越过山谷，也像旋风般追逐过去。蒙军志在必得的气势，使摩诃末惊魂未定，昼夜逃窜不止，不敢在一个地方长时间滞留。

某晚，正沿着阿姆河躲避着哲别轻骑围剿的摩诃末，突然发现速不台率领的第二支追击队伍又出现在河对岸，隔河相望。夜色中，速不台命每位将士点燃三支火把，在阿姆河滩上来回游弋。

只见阿姆河对岸人影绰绰，星星点点的火把犹如盛夏夜幕上漫天繁星，把夜色下的阿姆河面辉映得流光溢彩。犹如惊弓之鸟的摩诃末误以为成吉思汗亲率大军已到，连夜向南巴里黑方向逃窜。抵达巴里黑之后，他担心被蒙军所俘获，又奔向呼罗珊，呼罗珊又称"霍拉桑"，意为"太阳升起的地方"，这里山河绮丽，景色销魂，但摩诃末无福消受如此美景，他在这里喘息未定，又被追杀的蒙古铁骑的喊杀声吓破了胆，只好继续逃到尼沙布尔。

哲别、速不台率领三万蒙军精骑，紧紧咬住摩诃末的尾巴不放。为保证蒙军顺利把摩诃末缉拿归案，成吉思汗还特意颁布一份用畏兀儿文字书写的公告，一式多份，由他们沿途张贴和交予地方守军。公告如下：

> 各地守将、领主和百姓须知，天已命朕主此天下从东至西的大帝国。凡臣服于朕者均可幸免于难，凡胆敢抵抗朕之大军者，连同妻儿老小及全体属民，悉将成为刀下之鬼。

尽管手持生杀予夺大权，为避免在追击途中耽误时间，哲别、速不台率领的蒙军并没有攻城略地。沿途只掳掠必需的良马、牲口和粮食，不恋战围城，因为成吉思汗派给他们一件要事去办，就是要追杀摩诃末。

追逐途中，成吉思汗的女婿脱忽察儿经受不住财物的诱惑，竟然以身试法，大肆劫掠财物，被成吉思汗撤职。

大军经过巴里黑时，受到该城知名人士敬献礼物，而没有去城内骚扰，很快率军西进。越过呼罗珊，经今伊朗、伊拉克境内，追到祃椾答而（伊朗里海南岸省名）境内。当他们获悉国王摩诃末的母后秃儿罕可敦带着嫔妃、王子和后宫也逃到祃椾答而境内的哈伦堡时，他们立即分兵围困哈伦堡，主力则继续追击摩诃末。

哈伦堡置身于群山沟壑之中，林茂溪深，荫翳蔽天，易守难攻。因为哈伦堡所处的山中，平时阴雨连绵，比较容易得水，所以居民平时都没有储藏水源的习惯。为了迫使秃儿罕可敦一行尽快投降，哈伦堡被围困的蒙军切断了水源，加上一连几个月滴雨未下，居民口渴难耐，迫使秃儿罕可敦向蒙军献堡投降。

投降的翌日，突然天降甘霖，众人皆感叹不已，哈伦堡的沦陷实属天意。

随后，蒙军将摩诃末的母后、妻子、女儿、孙子悉数拿获后，送至成吉思汗的汗帐前，听候发落。成吉思汗赦免了秃儿罕可敦的死罪，将其幼孙全部杀死，四个女儿分别嫁给从前被杀的商人之子和察合台等人。秃儿罕可敦后来被成吉思汗带回蒙古草原，直到 1233 年在哈拉和林去世。

摩诃末在与日俱增的恐慌中逃到西北的可疾云。在那里，他的一名唤作鲁克那丁的儿子，集结三万人马。倘若摩诃末尚能指挥这三万人马进行反扑，是极有可能击溃追击的蒙军的。然而，摩诃末又放弃了最后一次反攻的机会，带着诸子、妃嫔和心腹跑到可疾云西面的诸堡去避难。

在路上，摩诃末与跟踪而来的小股蒙军狭路相逢。所幸有惊无险，这一支陆续开过来的蒙军，并未认出迎面疲惫而来的是一直追击的摩诃末的队伍，把他们当成一支普通的花剌子模兵马。蒙军向对方射了几箭，射伤了摩诃末负重的马匹。魂飞魄散的摩诃末策马疾驰而去，才避免被蒙军生擒活捉。

无论摩诃末辗转到何地，都始终摆脱不了被蒙军追杀的厄运。他觉得陆地上遍布蒙军骑兵追逐的身影，没有一块属于自己的安身之地。最后，逃至临终前的藏身之地——宽田吉思海（今天里海）的阿必思浑岛上。哲别和速不台追至海边，因为没有摆渡的船只，只得兵分两路，沿宽田吉思海的海岸包抄过去。

站在宽田吉思海边，国王摩诃末看着跟随自己逃出来的将士，死的死，逃的逃，此时仅剩下几位贴身侍卫。痛恨自己当初不听从长子札兰丁的建议，一味地逃跑，竟然落得如此悲惨的下场，心情沮丧到极点。遥想当年大权在握时锦衣玉食，香车宝马，出行则众护卫开道，场面是何等的风光无限；如今他衣衫褴褛，亡命天涯，有何颜面再去面对被蒙军蹂躏的臣子、属民和妃子啊。他绝对没想到，在他生命中最后的日子里，失去了权力，失去了快乐，失去了自由。

当哈伦堡沦陷的消息传至宽田吉思海的小岛上时，摩诃末得知嫔妃遭受凌辱，几个儿子被蒙军斩杀，母后在异族的政权下沦为俘虏，他昔日把酒言欢的皇室沦为一片废墟，急火攻心之后突然变得神智错乱起来，行为狂躁，表情狰狞可怖，胡言乱语，不思饮食，且对随身侍卫都深感恐惧。又闻听哲别、速不台正督促工匠建造船只，准备起锚渡海围攻小岛，他的精神防线彻底崩溃了。

摩诃末年岁已大，加上连惊带吓，而阿必思浑岛上的饮居条件十分恶劣，这个平时锦衣玉食的国王不久便患上了肋膜炎，一病不起。

花剌子模国王摩诃末持续高烧，病情日益严重，茶饭不进，预感到自己将不久于人世。一日，他从昏迷中醒来，连忙把一路相随的几个儿子和几位大臣召至身边，流着眼泪把传国宝剑系在札兰丁的腰间，悲戚地说："非札兰丁不足以复国！"

在风烛残年的最后关头，摩诃末是否为自己当初的狂妄自大愚蠢颟顸而悔恨终生，给国家与臣民造成的巨大损失而哀痛欲绝？呜呼哀哉，不得而知。

接受了传国宝剑，等于继承了花剌子模国的王位。新上任的花剌子模国王札兰丁叩头流血，发誓重振雄风，为父王和皇室成员报仇。札兰丁身材低矮，面容黝黑，却膂力过人，骁勇善战，在危难之际，被老花剌子模国王摩诃末立为继承人。

1220 年十二月，一个阴寒的冬夜，摩诃末忧愤而死。仓促之间没有送老衣装殓，只用他的旧衣简单包裹一下便草草埋葬。其实，值得庆幸的是摩诃末没有死在蒙军弯刀之下，得以保全尸身。

老国王摩诃末病故后，一路苦苦循迹前来的名将帖木儿灭里也万念俱灰。其实，他耳闻目睹摩诃末一味逃跑的斑斑劣迹，知道亡国是迟早的事。他跋山涉水追随国王，只是要报答其知遇之恩。

虽在建国初期，摩诃末曾开疆拓土，但他遇敌不战而退的弊病，使蒙古人都鄙视他，这种胆怯懦弱的做派，在战史上竟然没给他留一席之地。倒是这个窝囊透顶的犬父有个英勇盖世的虎子，那就是札兰丁。札兰丁的身上洋溢着领袖智慧和军事才华，可以与成吉思汗帐前任何一位蒙军大将相媲美。

1221 年初，新上任的花剌子模国王札兰丁率领着残余部众，和名将帖木儿灭里离开宽田吉思海，返回旧都玉龙杰赤（当时，术赤、察合台和窝阔台尚未征服该城）。黎民百姓看到新继位的国王札兰丁和诸王重返旧都，都欢呼雀跃，抗蒙热潮空前高涨。他改变摩诃末一味逃跑的做法，主动出击蒙军，并略有斩获。

札兰丁受任于败军之际，奉命于危难之间，甫一继位，立刻在玉龙杰赤城内组织全线抗蒙的复国运动。当时，城内集结着九万突厥康里部队，但军权却被牢牢地控制在前王储斡思剌黑及其后母等突厥、康里人手中。其后母想让自己的亲生儿子斡思剌思黑继承王位。摩诃末在世时，她便利用摩诃末对自己的宠爱，挑唆废掉札兰丁的储君之位，改立斡剌思黑为王储。

现在蒙古大军来犯，致使国王摩诃末狼狈逃窜，临死前废掉前王储斡思剌思黑，仓促间把札兰丁扶上王位，她自然是牵萦于心。加上札兰丁智勇双全，秉性刚毅，是花剌子模国上层的主战派，当然不甘心大权落入别人手中，事态延续下去对突厥、康里尤为不利。后母把札兰丁视作眼中钉、肉中刺，以除之而后快。

另外，后母还担心札兰丁战胜蒙军后，再找自己算账。便趁札兰丁出城作战之际，伙同支持自己的将领发动宫廷政变，欲秘密派出心腹，去谋害札兰丁。身处险境的札兰丁探听到这一阴谋后，只带领三百余人，与帖木儿灭里一起，匆匆逃离玉龙杰赤城。

新国王札兰丁和名将帖木儿灭里离城而去，导致玉龙杰赤城有兵无将，虽说该城守军众志成城，与蒙军对峙八个月后，终于被皇储窝阔台放入阿姆河之水，淹没成一片废墟。

逃离玉龙杰赤后，札兰丁和帖木儿灭里向呼罗珊一带进发时，在奈撒一带与七百余名戍守沙漠南界的蒙军巡逻队酣然相遇。札兰丁毫不畏惧，发起主动出击，小试牛刀，打败蒙军，奔至你沙不儿。

随后，札兰丁的两个弟弟斡思剌黑和阿里逃出玉龙杰赤，一路追随札兰丁。第二天，在路上，他们遭遇被札兰丁打败的蒙军，全部人马被杀死。

札兰丁辗转你沙不儿，回到父王最初敕封给他的采邑哥疾宁。他现在是花剌子模的新国王，暂时以哥疾宁为国度，很快便稳住了国内动荡不安的局势，打开了局面。他以新国王的身份，招兵买马，收罗人心，继续进行轰轰烈烈的抗蒙运动。

其中，较大的一股兵力便是驻扎在哥疾宁的康里贵族阿明灭里率领五万人马来投，同时，另外一位大臣赛甫丁也率四万人马前来投奔札兰丁。数月之后，札兰丁很快招募近十万兵马。这支兵马一部分是突厥的雇佣军，一部分是阿富汗土著士卒。渐渐兵将云集，虽偏于一隅，但已成为牵制蒙军的一股新生兵力。

第九章
重整旗鼓

随后，麾下兵马倍增，抗蒙之心空前高涨的札兰丁率领部队，进驻八鲁湾（今阿富汗喀布尔北），并不时遣兵主动出击，击败蒙军，小胜不断。札兰丁的胜利，在呼罗珊一带引起海啸地震般的轰动，抗蒙浪潮风起云涌，遭受蒙军屠杀过的民众纷纷揭竿而起，汇聚在札兰丁的身边，誓与蒙军决一死战。

之前，蒙军骑兵驰骋草原，风驰电掣，堪称攻无不克，战无不胜，几乎没有吃过败仗，如今接连失利。这使成吉思汗极为震撼，他非但没有惩罚战败的将领，反而对札兰丁的英武赞叹不已，羡慕地说："假如朕的儿子如此神勇，何愁马蹄不能踏碎世界？"听了他的话，矗立帐下的蒙古战将们一个个面红耳赤，身上犹如被抽了几鞭。

当花剌子模新国王札兰丁在南面哥疾宁城渐成气候的消息传至蒙军汗帐，成吉思汗急忙召集诸子、诸将共同商讨应对之策。蒙古帝国断事官失吉忽秃忽自告奋勇，愿意带兵南伐札兰丁势力。于是，成吉思汗命失吉忽秃忽统领三万人马，南下征讨札兰丁一军。

假如说去年成吉思汗派遣术赤和察合台攻伐玉龙杰赤城遣将失策的话，这次派遣从未独立统率过大军的失吉忽秃忽南下，显然又走了一步错棋。他完全低估了札兰丁的实力，竟派遣善于勘狱断案的失吉忽秃忽担当此剿伐重任。

成吉思汗喜欢这个口齿伶俐、断事公允的养弟失吉忽秃忽，有意让他在西征战场上树立新功，所以派他去执行这个看似简单的差事。然而，世上的事就像爱情，有时候并不是一厢情愿。

失吉忽秃忽想当然地认为花剌子模国旧主摩诃末已故，大批大批的军民被蒙军戮杀殆尽，摇摇欲坠的花剌子模国已然成为一截根腐茎枯的朽木，不费吹灰之力就能把它连根拔起。他见别的蒙军将领攻伐花剌子模国诸城均势不可挡，这次奉命南征札兰丁简直易如反掌，信手拈来。所以，在行军路上，失吉忽秃忽完全沉浸在胜利后班师回营的幻想之中，根本没考虑与札兰丁交锋时如何排兵布阵。

失吉忽秃忽初战失利没有任何悬念，在没有知彼知己严重违反蒙军作战原则的前提下，盲目出兵，与札兰丁率领的九万大军对峙于哥疾宁城以北的八鲁湾城。

这就是令花剌子模人为之骄傲的八鲁湾之战。两军酣战一整天，难分胜负。等日薄西山，两军都收兵回营。

夜间，失吉忽秃忽见札兰丁的军马强盛，唯恐蒙军在气势上败于敌军，忽生一计，命令每位骑兵的马背上捆绑一个毡子做的假人，放在蒙军阵列的后面，到了临阵厮杀时，前面的骑兵与敌军酣战在一起，便把驮着假人的马匹，成排成列地向前推进，借此给敌军施压。

次日一早，札兰丁军中的将领看见蒙军排成两列，果然疑为有其他蒙军骑兵前来增援，慌忙建议札兰丁暂时后退，以避其兵锋，庞大的队伍中出现短暂的波动。札兰丁鼓励部将道："我们的人马是蒙军的三倍，为何要怕他们？听从我的指挥，一定能够取胜。"

于是，札兰丁把九万骑兵分为左、中、右三军，左翼由部将阿克格拉指挥，右翼由帖木儿灭里率领，自率中军，成扇状把蒙军团团包围起来。

失吉忽秃忽也将三万蒙军骑兵分成三个万人方阵，一字排开，向札兰丁的军队发起风吹花落般的冲杀。野战是蒙军最擅长的战术，并在大大小小的疆场上运用娴熟，并屡屡取胜。但出师不利的失吉忽秃忽在这里遇到了克星。

针对疆场上坑洞密布、沼泽遍地的情况，札兰丁果断命中军将士们全体下马，将缰绳系于腰间，发挥弓箭远程射击的威力，同时，命左、右翼迂回包抄，把蒙军团团围住。实践证明，札兰丁这一战术赢得胜利。

第二轮战斗马上又开始了，失吉忽秃忽组织蒙军骑兵发动总攻。然而，札兰丁却组织弓箭手万箭齐发，密集的箭镞蝗虫般飞向蒙军阵营，冲到前面的蒙军骑兵全部被射落马上。在凛冽的强压之下，受对方箭矢的阻隔，蒙军骑兵挺进的阵势被压下。

然而，取胜心切的失吉忽秃忽不甘心阵前的蒙军骑兵死伤无数，想孤注一掷挽回败局，又企图组织第二轮攻势，但为时已晚。札兰丁见主动迎击的时机已到，忙命中军全体勇士飞身上马，吹响了冲锋的号角，向蒙军进行全面反扑，喊杀声震天动地。阿克格拉指挥着左翼，帖木儿灭里率领着右翼，行动迅捷，已经像一对禽类的巨翅，呈合拢之势。札兰丁凭借骑兵将士数量上的优势，拉长战线，试图包围蒙军，以便瓮中捉鳖，全部歼灭。

见疑兵之计早已被敌军识破，进退两难的失吉忽秃忽只好硬着头皮率领蒙军骑兵奋力突围。但无数敌军像大河的浪头，一波接一波地掩杀过来，锐不可当。失吉忽秃忽见战况于蒙军不利，再不突围尚有全军覆灭的危险，便命令部下视其战旗所指的方向撤退，亲自擎着大旗，率领余部，杀开一条血路，冲出包围圈。

见蒙军纷纷溃逃，札兰丁乘胜挥师追杀，三万蒙军骑兵几乎全部被歼，军需器械马匹，均落入花剌子模军之手。失吉忽秃忽仅带少数骑兵成功突围，向巴鲁湾背面的山林中狼奔豕突，甚为狼狈。

八鲁湾之战是成吉思汗西征以来遭受的最大的一次失败，也是唯一的一次失败，三万蒙军骑兵仅剩数百人。消息传开，被蒙军占领的城镇纷纷频举反旗，杀死蒙军戍将，蒙军受到前所未有的挫折。

当失吉忽秃忽几乎全军覆灭的噩耗传至成吉思汗帐前，他抑制住心中的怒火，冷静地对失吉忽秃忽说："这次失败当引以为戒，从中吸取教训，下不为例。"

一味自责也挽回不了既定的败局，必须迅速重拳出击，把崛起的札兰丁一军扼杀在摇篮里。等其羽翼渐丰，再去征讨实属不易。防止夜长梦多，成吉思汗迅速调集十万大军，率领四个儿子，向哥疾宁城进军。尽快连根拔除札兰丁这股新兴的反蒙势力，是眼下的重中之重。

取得八鲁湾之战的胜利后，札兰丁班师回营，迅速返回哥疾宁。在庆功酒宴上，大获全胜的札兰丁喝得酩酊大醉，命人把四百名蒙军俘虏拉出来，带到伊斯法罕附近，把他们捆在马尾巴上拖着在城里游街示众，以取悦城中居民。

成吉思汗率军，交替换马，日夜兼程，流星赶月般向哥疾宁城疾驰而去。到达八鲁湾战场时，内心十分愧疚的失吉忽秃忽把当初两军交锋的战况解说给成吉思汗听。

随后，成吉思汗把诸子、诸孙召集到汗帐里，把失吉忽秃忽全军覆没的噩耗告诉他们，以带有几分敬佩的语气说："札兰丁在家散人亡的打击下，一直保持着昂扬的斗志，辗转到达加兹尼后，向所有伊斯兰国家求救，并集结约三万军队，进驻八鲁湾城，出击蒙军大获全胜。希望你们兄弟四人也应当学习一下札兰丁的勇武之举。"

"我伸出小拇指就能轻易碾死札兰丁。"成吉思汗话音刚落，脾气暴躁的察合台首先跳出来叫嚣道。"要不我现在带领蒙军去收拾他，用缰绳把他牵到父汗脚下，让他亲吻你的靴子。"

"有机会让他领教一下我的厉害。"拖雷冷冷地表态。

"父汗是长他人志气，灭自己威风。"窝阔台撇了撇嘴，轻蔑地说道，"我们经受过狂风暴雨般的战争洗礼，难道还怕札兰丁的毛毛雨不成。"

见父辈们都慷慨激昂地发表感言，木阿秃干、莫图根和蒙哥也激动地心潮澎湃。蒙哥高声喊道："恳求祖汗立即发兵，让札兰丁尝尝我们蒙古刀的滋味。"

成吉思汗见诸子和诸孙都在汗帐前指天为誓立挫札兰丁，纠结的心扉也舒展开来，说："前事不忘，后事之师。好了，带我去八鲁湾，祭奠一下三万蒙军将士的亡灵。"

在八鲁湾，成吉思汗跪在一个土堆前，身后依次跪着诸子和失吉忽秃忽等。成吉思汗将一大碗马奶酒洒在土堆前，泪眼迷离，声音悲怆地说："我情同手足的兄弟们，昔日与我放牧牛羊、追逐猎物、冲坚毁锐，今天带着赫赫战功，蒙古将士的荣耀，永远地躺在八鲁湾。可是，当有一天，我回到三河源头的蒙古草原时，如何向你们的父母妻儿交代啊？我辜负了你们的亲人对我的深深期望。"

成吉思汗说完泪流满面，身体如秋风扫落叶般颤抖不已，伟岸的身躯朝土堆俯下去。身后的诸子和失吉忽秃忽也随着叩头不已。

祭奠完毕，成吉思汗和失吉忽秃忽等驱马站在高处，开始巡察蒙军惨败的战场，并严厉地指责失吉忽秃忽把战场选在溪涧深沟交错、凹凸不平的地带的失误，而且在指挥作战时生搬硬套战术，完全被虚幻的胜利冲昏了头脑。想当初他在疆场上布阵作战时，百骑环绕可裹万众，千骑分张可盈百里。在这样坑坑洼洼的地形上，怎么能让三万蒙军簇拥在一起作战呢，不被消灭才怪呢。他严肃地指出，以后失吉忽秃忽应该把心思用在汗廷政事上，冲锋陷阵的事由诸将代劳。

然而，当成吉思汗率军旋风般驰达哥疾宁城下时，却扑了个空，札兰丁早已离开该城，移师他处。

尤为遗憾的是，札兰丁的军队没有经受住暂时胜利的考验，在瓜分战利品时发生内讧。在八鲁湾大捷中，札兰丁的部将灭里克汗与阿格拉克因为争夺一匹蒙古骏马，争吵得情绪失控后，灭里克汗挥舞马鞭抽了阿格拉克一下。加上身为主帅的札兰丁处理争端不公，导致阿格拉克心生怨恨之情在一天夜里，阿格拉克率领自己所有部众，离开哥疾宁城，向印度白沙瓦奔去。

札兰丁的兵力失去一半，再也没有强大的实力与蒙军抗衡，战争的结局不言而明。札兰丁不敢和成吉思汗直接交锋，闻听蒙军兵犯哥疾宁城的消息后，只好撤出哥疾宁，向申河岸边逃去。打算凭借印度河为天堑防线，与蒙军隔河而望，长期对峙。

成吉思汗根本没有留给他对峙的机会。当闻知札兰丁已弃哥疾宁城而逃的情报后，成吉思汗便舍城而去，不容他有丝毫喘息的机会，昼夜挥师穷追不舍。沿途连夜吃掉了札兰丁的后续部队，渐渐逼近其主力军。随后，蒙军随即向印度河岸作新月形包围了尚未来得及渡河的札兰丁一军。

蒙军追风逐日般的反攻速度令札兰丁骇然一惊，他的人马倘若再仓促过河，只能在混乱中被蒙军全部歼灭。前有印度河，后有蒙军追兵，在走投无路的严峻形势下，札兰丁只好命令部属排开阵势，在印度河岸与蒙军拼死一战。

此时，策马爬上一面山坡上的成吉思汗，一声令下，蒙军对札兰丁一军发起凌厉的攻势，并命令众将士禁止放箭射杀，一定要活捉札兰丁。在诸将的指挥下，蒙军的新月形包围圈逐渐缩小，剑拔弩张，步步紧逼札兰丁。

两军对接后，蒙军凭借一股锐气，凶神恶煞地抡圆大刀，与札兰丁的人马酣战在一起。顷刻间，战马嘶鸣，利刃相撞，厮杀声像一张大网把整个战场笼罩起来。箭矢如蝗似雨交错往来，缀有红缨的长矛横冲直撞，雪亮的马刀在微曦中划出一道惊艳完美的弧线。

札兰丁和帖木儿灭里指挥着将士们全力御蒙，正难解难分之际，谁知失吉忽秃忽以赎罪之心率部，奋勇杀入札兰丁右翼帖木儿灭里的阵营中，将其所部两万余人歼灭十之八九。帖木儿灭里虽然骁勇彪悍，但孤掌难鸣，眼看士卒不断倒在蒙军的刀斧之下，依然力战不退。

两军均有伤亡，只听厮杀声不绝于耳，刀光剑影不时划破长空，血溅起四五尺高，战场上血流成河，黏在马蹄上污浊一片。

在蒙军重重包围之下，札兰丁和帖木儿灭里犹如两头困兽，在蒙军阵列中横冲直撞，自晨至午，屡次试图突围，均以失败而告终。看到部众人马被蒙军斩杀无数，仅剩下七八百骑。两人纵然身怀武功盖世，也架不住蒙军人多势众的车轮战术，杀掉一个，另一个冲上来，杀退一波，另一波又涌上来。此时，两位悍将因连续挥舞刀剑，胳膊近乎发麻，铠甲已被淋漓的汗水湿透，禁不住气喘吁吁起来。因长时间冲杀，此时胯下坐骑已累得精疲力尽，重重地喷着白气，雄壮的脖颈上汗水沁沁，浑身战栗不已。

蒙军的轮番进攻，使他们疲惫不堪。时间一久，帖木儿灭里渐渐招架不住，退至印度河畔。这时，有一支蒙军拦截在前面，见丢盔弃甲的帖木儿灭里赶来，便策马挥枪迎上前去。身心俱疲的帖木儿灭里躲闪不及，被一枪挑下马来。

此时，札兰丁的右翼军所剩无几，见主帅被斩，马上成为无头苍蝇，在战场上误打误撞，被蒙军一阵猛砍，顷刻间无数人头落地，喷射出的血迹染红河滩。

最后，札兰丁见突围无望，便舍弃自己精疲力竭的坐骑，纵身跃上一匹从身边掠过的无主骏马，手持利剑，像一头怒狮，驱马冲入蒙军阵营一阵猛砍，逼迫向后撤退。札兰丁从蒙军撤退的空当里杀出，突然掉转马头，策马向一个濒临印度河的悬崖上飞驰而去。蒙军紧跟其后向悬崖上涌去，企图上前活捉他。

在这险要关头，马上的札兰丁紧拽缰绳，背负盾牌，手持花剌子模国战旗，在马臀部狠狠一击，怒目金刚般怒吼一声，随即像一道闪电从两丈高的悬崖上跃入波涛滚滚的印度河里。战旗迎风招展，连人带马在半空中划过一道弧线，状如天神。他的一些追随者统统被蒙军杀死，飞溅的鲜血使河水尽赤。

成吉思汗和诸将士都被这扣人心弦的一幕，惊讶得嘴巴半天都合不拢，眼看疲惫不堪的札兰丁被生擒，孰料他跳崖潜逃，令蒙军空欢喜一场。

等蒙军众将士从愣怔中回过神来，追至岸边。只见札兰丁一手紧握缰绳，牢牢地骑在马背上，一手高擎着那面战旗，正在印度河浪涛汹涌中向对岸泅渡而去。札兰丁还不忘回头向已经来到岸边的成吉思汗挥了挥手。

诸将士被札兰丁这个近乎挑衅的动作激怒，纷纷手持弓箭，打算把札兰丁射溺在河里，成吉思汗连忙制止住他们的行为。或许是英雄惜英雄的心理作祟，成吉思汗有意放札兰丁一条生路，看着他从容登岸，飞马而去。在讨伐花剌子模国以来，札兰丁是唯一打败蒙军的统帅。成吉思汗对败北的札兰丁采取宽容之心。回头对察合台、窝阔台和拖雷说："为父者须有这样的儿子。因逃脱水和火的双旋涡，他将是无数伟绩和无穷风波的创造者。一个俊杰焉能不重视他？"

札兰丁成功泗河逃脱后，成吉思汗命令窝阔台借调查户口之由，把陆续返回哥疾宁城内的军民大肆屠杀，仅剩工匠、妇女，留军待用。

至此，整个中亚，甚至包括帕米尔高原，还有今天的阿富汗、伊朗、伊拉克，以及俄罗斯境内的伊斯兰地区，都被蒙古帝国悉数收入囊中。征服中亚地区对成吉思汗来说是一件里程碑式的史诗事件。在此之前，成吉思汗仅在蒙古草原上驰骋往来，只拥有东方的广阔疆域，而中亚是伊斯兰地区，对于蒙古人来说属于西方。既然西方大门已经敞开，离欧洲也就不远了。花剌子模的覆灭标志着成吉思汗开始成为当时东西方的共主，标志着蒙古帝国开始在国际舞台上崭露头角。

其实，当时花剌子模国拥有四十五万兵力，是蒙军的三倍，如果指挥得当，顽强抗击，战争的胜负实在很难预料。一些事件在历史上反复重演，但不存在假设。

然而，札兰丁与蒙军的较量，还远远没有结束。此后，札兰丁由印度回到波斯，又拉起一支队伍重振雄风，伺机继续对抗蒙军。很快夺得起儿漫（在撒马尔罕与布哈拉之间）、伊斯法罕等地，被花剌子模旧将和各地诸侯拥戴为王。其后四五年的时间里，札兰丁进取阿塞拜疆全境，占桃里寺，侵谷儿只，攻巴格达，恢复了许多原先被蒙军攻占的领地。

1228年，察合台率蒙军进至伊斯法罕，札兰丁战败，单骑突围。蒙军退后，他仍不重视防范强敌，继续进行抢掠和扩张战争，并出兵攻占起拉特，侵犯罗姆苏丹国（位于小亚细亚）。1230年，被罗姆苏丹领导的各国联军击败于额尔占章，被迫议和而还。这时，蒙古大将拔都奉窝阔台汗之命统兵征讨札兰丁，直取大不里士，札兰丁仓皇逃遁。1231 年八月十五日，札兰丁死于迪亚儿别克儿山中。这是后话了。

至此，除了花剌子模的东部地区、伊朗的大部分地区，以及阿富汗西部地区外，蒙军完全占据了中亚的河中地区，也就是今乌兹别克斯坦全境和哈萨克斯坦西南部。

一举全歼了花剌子模新国王札兰丁的将士后，成吉思汗与术赤、拖雷率蒙军主力南下哥疾宁。途经客儿端塞，围攻一个月，两军激战多次，方才攻克。拿下客儿端塞后，蒙军继续前行，越过兴都库斯山，兵临八米俺城附近的范延堡，在此遭遇到在此据守的花剌子模的残余势力的抵抗。

派使招降是蒙军在西征途中惯用的伎俩之一。然而，当成吉思汗派使者前去招降范延堡时，被顽固的守军义正词严地拒绝了，没留丝毫回旋的余地，看来一场攻城战不可避免。

见招降不成，只有靠武力征服。该堡城墙高厚坚固，成吉思汗命幼子拖雷率领一支人马前去攻城。蒙军动用床弩、火炮等大型攻城器械，范延堡守军也使用弓箭、檑木、滚石，与蒙军酣战在一起，难分胜负。

在蒙军看来，像稳如泰山的中都、撒马耳干城都被悉数攻取，范延堡这座弹丸之城更不在话下，几乎没什么悬念，便被蒙军攻陷了。

在攻城的过程中，成吉思汗最喜欢的孙子、察合台长子莫图根，不幸被范延堡的守军一箭射中胸口，因流血过多，身死含哀。

莫图根少年骁勇，弓马娴熟，精于骑射。在诸孙之中，成吉思汗最钟爱莫图根。他经常挂在嘴边的一句话是，在诸子中，最像他的是拖雷；在诸孙中，最像他的是莫图根。在莫图根幼小的时候，成吉思汗就把他带在身边。一支锐利的箭矢射进莫图根的胸膛，几乎可以说，他替蒙哥挨了这一箭。

此次爱孙莫图根不幸阵亡，成吉思汗悲恸异常，悲泪不止。拖雷及诸将把莫图根从一辆勒勒车上抬下来，放入成吉思汗的汗帐里。他挥退众人，想和爱孙单独待一会儿。

众人噤声悄悄退出帐外，汗帐里显得空旷高大起来，只剩下成吉思汗和爱孙莫图根的尸体了。他环顾左右看看，确信再无其他人了，才跌跌撞撞地把健硕的身躯伏在莫图根的尸体上，热泪长流，喃喃自语道："莫图根啊，我的好孙子，年迈的爷爷还苟活在世上，你生命华美的山水长卷刚刚铺展开，怎么就突然离开……"痛失爱孙的悲痛险些将他击倒，身体颤抖得如同风中颤动的鸟翼。稍停片刻，成吉思汗继续哭诉："莫图根，狠心的爱孙啊，你怎么舍得撇下年迈的爷爷走那么早，你是想念太祖母了吗，你就不再牵挂我这个爷爷了吗？长生天为什么偏偏收去你花朵般的生命啊？"

此时，在帐外为莫图根的早逝而伤心欲绝的还有蒙哥。他跑到军营外面的一处僻静的草地上躺卧下来，感到虚脱般的身体有气无力，凝望着瓦蓝的天空半晌不语。在战场上对他很照顾的莫图根，教他杀敌技巧和如何利用掩体躲避射击的莫图根，竟然被一支流矢夺去了生命。是的，在天灾人祸前面，人的生命是如此脆弱，简直不堪一击。

死亡面前人人平等。跟随蒙军在疆场上浴血奋战的几年间，蒙哥一次次目睹了蒙军将士和敌人的死亡。但是他没有真正思索过死亡的含义，他们的死亡仿佛是蒙哥眼中一道狰狞的风景。直到莫图根的死亡，给他提供了一次直面死亡问题的机会。

失吉忽秃忽的败报又碰巧此时传来，失意之事接踵而至，成吉思汗气得怒发裂眦誓将范延堡城攻下，以给阵亡的爱孙莫图根祭灵。当务之急，便督促蒙军围攻范延堡，亲负矢石，冲锋陷阵，城上城下，积尸如山，蒙军乘机积尸作梯而上，将城攻破，随后奋勇杀入。

为了给孙子报仇雪恨，成吉思汗命蒙军屠城，连牛羊犬马都丧命于蒙军的马刀之下，不留一畜，不留一物。尚不甘休，竟将城垣尽行拆毁，该城被夷为平地，此地至今尚无人烟。这座城被命名为卯危八里（意为歹城），也被后人称为"诅咒之城"。

此时，察合台尚不知道儿子·莫图根已在攻夺范延堡时中箭丧命的噩耗，成吉思汗命令任何人都不能把消息透露给他。他怕察合台作为死者的父亲，承受不住中年丧子的打击。然而，纸终究包不住火，成吉思汗担心察合台迟早会得知这一消息。

一日，成吉思汗见察合台从哥疾宁回到蒙军大本营之后，便把四个儿子召集在宫帐内，宴饮正酣时，成吉思汗猛然把酒樽狠狠地撩在桌子上，佯装大发雷霆，怒斥道："你们一个个都长大了，翅膀变硬了，拿父汗的话当耳旁风。"

四个儿子闻听此言，面面相觑，脸色煞白，不知道父汗所言从何说起。都停止进食，把头埋在桌子上，检讨自己的过失。

察合台见成吉思汗正对自己怒目相视，惶惶不安，来不及拭擦脸上浸出的汗水，俯首检讨道："父汗，如果我的行为对您的话有所拂逆，甘心情愿受死。"

"我无论吩咐什么你都听，对吧。"

"是。有长生天为证。"

这时，爱孙莫图根可爱的面容又浮现出来，成吉思汗心中一股钻心的酸楚之情涌上鼻腔。他面露悲悯之色，仍怒不可遏地说道："那你就听从父汗的吩咐，你儿子·莫图根血洒疆场，你在你的儿子中再选一个王位继承人吧。朕命令你不许哭，更不准悲伤。"

察合台闻言，只觉得天旋地转，眼前一片漆黑，差点儿昏厥过去，想不到这一切居然是真的。他想为爱子的突然离世而号啕大哭一场，但毕竟不敢违背父汗的命令，便把丧子的巨大悲伤深深压抑在心里，克制着擦擦眼睛，最终没让泪水夺眶而出。

等酒局散了，察合台才借故告别父汗及诸兄弟，偷偷跑到一个空旷寂寥的野外，放声大哭一场，直哭得天昏地暗、听者心颤。窝阔台从后面轻轻地拍着他的肩膀，劝慰他节哀顺变。

第十章
西行漫记

　　临西征花剌子模国之前，成吉思汗考虑到生死未卜，怕自己百年之后，诸子因争夺汗位而引发无谓的争端，便以妃子也遂的建议，成功选立皇储。加上前几日，又痛失爱孙莫图根，让他直面身边亲人的生死。

　　早在 1219 年五月，蒙军西征途经乃蛮故地时，有一位善作鸣镝的汉臣刘仲禄曾向成吉思汗进献过医药，并随口向他提及金国有一位名震中原的道教首领，名叫丘处机，已经三百多岁。他博古通今，才能超群，不但有治天下之法，还有长生不老之术，建议他把丘处机召至帐前擢升为国师，协助自己安邦定国治天下，也可借问长生不老之道，一举两得。

　　刘仲禄，即刘温，金国人，后投降蒙古，为成吉思汗的近侍官。因制作鸣镝、进献医药而被成吉思汗所赏识。

　　再说，身为道教宗师地位的丘处机，拥有着类似高级萨满教一类的人物的威望。成吉思汗在初始阶段就是依靠萨满首领豁儿赤、通天巫阔阔出等人宣称天神命铁木真"为普世之君主"才登上汗位的。

　　丘处机为山东栖霞人，号长春子，出身汉族，十九岁到宁海昆仑山出家，拜全真道祖师王重阳为师，是著名"全真七子"之一。全真七子随王重阳一起弘扬道教全真派，丘处机在王重阳仙化后入磻溪、龙门穴居，历时十三年，方才"真积力久，学道乃成"。后来，他能够继往开来，把全真教发扬光大，成就一番不朽的慧业，振起一代的宗风，成为全真龙门派创始人，绝非偶然。

丘处机继承了王重阳所创全真教的宗旨，掌教时间长达二十四年，期间他在政治和社会上积极发挥自己的影响，使全真道乃至整个道教的发展都进入了鼎盛时期。当时中原百姓信仰全真教，随处可见。其推行范围之广，传布速度之快，十分惊人。

丘处机身为全真教领袖，在当时的地位和声望极高，因拒绝接受女真族完颜氏的统治，退隐山林聚徒布道，不问时事。丘处机不仅仅是一位高道，更是一位情操高雅、满腹经纶、通晓古今的有志之士。

1216 年，两年前迁都汴京（今河南开封）的金朝在危急关头想借助在社会上有一定影响力的全真道一举定乾坤，便屡次下诏请丘处机赴朝，他亦婉言谢绝宣宗的诏命，不肯前往。

1219 年八月，丘处机在山东莱州昊天观讲道时，宋朝使者请他出山，他仍旧岿然不动。

同年，求贤若渴的成吉思汗派遣近侍臣札八儿和宣使刘仲禄备轻骑素车、携带手诏和金牌，去栖霞崇山峻岭之间，恭请丘处机出山，又演绎了一个帝王虔诚躬迎、礼贤下士的故事。

金牌铸有八字："如朕亲行，便宜行事。"成吉思汗在请人草拟的手诏上曰：

　　制曰：
　　天厌中原骄华太极之性，朕居北野嗜欲莫生之情，反朴还淳，去奢从俭，每一衣一食，与牛竖马围共弊同飨。视民如赤子，养士若弟兄，谋素和，恩素畜，练万众以身人之先，临百阵无念我之后，七载之中成大业，六合之内为一统。

非朕之行有德，盖金之政无恒，是以受之天佑，获承至尊。南连蛮宋，北接回纥，东夏西夷，悉称臣佐。念我单于国千载百世以来，未之有也。然而任大守重，治平犹惧有缺，且夫剞舟剡楫，将欲济江河也；聘贤选佐，将以安天下也。朕践祚以来，勤心庶政，而三九之位未见其人。

访闻丘师先生，体真履规，博物洽闻，探赜穷理，道充德著，怀古君子之肃夙，抱真上人之雅操。久栖岩谷，藏身隐行。阐祖师之遗化，坐致有道之士，云集仙径，莫可称数。自干戈而后，伏知先生犹隐山东旧境，朕心仰怀无已。岂不闻渭水同车、茅庐三顾之事？奈何山川弦阔，有失躬迎之礼。朕但避位侧身，斋戒沐浴，选差近侍官刘仲禄，备轻骑素车，不远数千里，谨邀先生暂屈仙步，不以沙漠悠远为念。或以忧民当世之务，或以恤朕保身之术，朕亲侍仙座，钦惟先生将咳唾之余，但授一言，斯可矣。

今者，聊发朕之微意万一，明于诏章，诚望先生既着大道之端，要善无不应，亦岂违众生小愿哉！

故兹诏示，惟宜知悉。

这份行云流水般的手诏，显然是在成吉思汗的授意下，出自耶律楚材之手。字里行间，除了成吉思汗崇拜敬仰丘处机的学问见识的高古博雅之外，还有请他传授长生不老之术之意。成吉思汗在拥有强大的军事实力和辽阔的疆土域界之后，探究长生不老之术已经成为他暮年的迫切愿望。

接到成吉思汗手诏的这一年，全真教领袖宗师丘处机已经七十二岁高龄了，尽管已过了古稀之年，还是被成吉思汗的诚意所打动，应邀赴中亚的蒙军行营中与其论道，开始又一次"外修真功"的重大实践。

在此之前，丘处机审时度势，觉得金廷将亡，南宋孱弱，他不肯把自己的命运与它们牵连在一起，便欣然接受了成吉思汗的应召。

1220 年，丘处机在札八儿、刘仲禄陪同下，带领赵道坚、尹志平、夏志诚、王志明、张志素、宋道安、孙志坚、宋德方、于志可、鞠志圆、李志常、綦志清、杨志静、郑志修、孟志稳、何志清、潘德冲十八名弟子，离开布道传教的栖霞山，自莱州北行。然后，离开宣德（今河北宣化），取道漠北西行，前往中亚谒见成吉思汗，开始他长达四年、行程数万里的西行壮举。这是中国宗教史上一个划时代的重大事件，也是丘处机得以实现自己理想与才干的重大举措，历史意义极为深远。

一路上，徒弟李志常把前往西域沿途的风土人情、山川道里、沿途所见、风俗人情、其间经过等地域，兼及丘处机生平、言行、途中诗作，持之以恒地记录下来，并在于丘处机亡故后，编撰成册，刊行天下，就是那部著名的《长春真人西游记》。这本专著不仅是研究 13 世纪漠北、西域史地及全真道历史的重要文献，而且也是一部弥漫着浓郁西域风情的地理游记。

中国历史上曾出现过两次著名的西行：一次是唐朝僧人玄奘穿越一百多个小国，西行印度求取佛经；另一次就是丘处机历时两年，行程数万里到达成吉思汗驻扎的也儿的石河流域（今额尔齐斯河），传道授业。

数日后，丘处机一行抵达燕京。西溪居士孙锡有幸目睹丘处机的风采，在传世的典籍中激动地写道："始得一识其面。尸居而柴立，雷动而风行，真异人也。与之言，又知博物洽闻，于书无所不读。由是，日益敬其风，而愿执弟子礼者，不可胜计。"

当丘处机在燕京听说成吉思汗已率军西征，加上年岁已高，担心消受不了长途跋涉中的颠簸和风尘，不想再前往西域，等成吉思汗班师回来，再来朝见。为此，他写了一份《陈情表》，由札八儿遣使者送往成吉思汗，《陈情表》中说：

登州栖霞县志道丘处机，近奉宣旨，远召不才。海上居民，心皆恍惚。处机自念谋生太拙，学道无成。辛苦万端，老而不死。名虽播于诸国，道不加于诸众人，内顾自伤，衷情谁测，前者南京及宋国，屡召不从，今者龙庭，一呼即至。何也？伏闻皇帝，天赐勇智，今古绝伦，道

协威灵，华夷率服。是故便欲投山窜海，不忍相违。且当冒雪衔霜，图
其一见，盖闻车驾只在桓抚之北，及到燕京，听得车驾遥远，不知其几
千里。风尘滉洞，天气苍黄，老弱不堪，切恐中途不能到得，假之皇帝
所，则军国之事，非己所能。道德之心，令人戒欲，悉为难事。遂与宣
差刘仲禄商议，不若且在燕京德兴府等处，盘桓住坐，先令人前去奏
知。其奈刘仲禄不从，故不免自纳奏帖。念处机肯来归命，远冒风霜，
伏望皇帝早下宽大之诏，详其可否。兼同时四人出家，三人得道，惟处
机虚得其命。颜色憔悴，形容枯槁，伏望圣裁。龙飞年三月日奏。

在此驻留期间，丘处机受到宣德州西北方朝元观施主耶律秃花元帅的邀
请，便由燕京前往宣德州，驻留两个月，一面向当地居民宣讲道教等，一面
等待成吉思汗从西域发来的复函。期间作诗：

　　清夜沈沈月向高，山河大地绝纤毫。

　　唯余道德浑沦性，上下三天一万遭。

宣使刘仲禄见丘处机滞留不前，以为他有意提额外条件，便自作主张建
议邀一些漂亮的处女一同西行。没想到这个建议激怒了丘处机，阻止刘仲禄
说："齐人献女乐，孔子去鲁。余虽山野，岂与处子同行哉？"

宣使刘仲禄见讨好不成，反遭一顿奚落，急忙派飞马将实际情况告知成
吉思汗，则再次下诏恳切催促丘处机继续西行。两个月后，才收到成吉思汗
从邻近印度的边境，遣使邀请丘处机继续西行的诏书，原诏曰：

　　成吉思皇帝敕真人丘师省，所奏应召而来者，具悉。惟师道逾三
子，德重多方。命臣奉厥元缥，驰传访诸沧海。时与愿适，天不人违。
两朝屡召而弗行，单使一邀而肯起。谓朕天启，所以身归。不辞暴露于
风霜，自愿跋涉于沙碛。书章来上，喜慰何言。军国之事，非朕所期。

道德之心，诚云可尚。朕以彼酋不逊，我伐用张，军旅试临，边陲底定。来从去背，实力率之固然。久逸暂劳，冀心服而后已。于是载阳威德，略驻车徒。重念云轩既发于蓬莱，鹤驭可游于天竺。达摩东迈，缘印法以传心。老氏西行，或化胡而成道。顾川途之虽阔，瞻几杖以非遥。爰答来章，可明朕意。秋暑，师比平安好。旨不多及。十四日。

在第二份诏书的感召下，丘处机不顾年迈体衰，继续踏上西行之旅，"崎岖数万里之远，际版图之所不载，雨露之所弗濡"，去遥远的西域谒见成吉思汗。

时值金秋十月，宣德州的气温骤然降至冰点，丘处机听从宣使刘仲禄建议，在龙阳观度过漫长的严冬，待明年春暖花开时节，再度西行。翌年二月八日启程西行时，众道友在宣德州西郊为丘处机饯行，他们拦住丘处机的马首，热泪盈眶地问道："师父要到万里之遥的西域去，何时才能再见面呢？"

丘处机沉吟一下，回答说："行动不是人所能决定的，再加上远走异域，信仰是否契合，都不一定呢。"

众人见得不到确切的答案，不肯善罢甘休，说："师父哪能不知呢，请您预先告诉弟子。"

丘处机不得已，才意味深长地说："三年回来，三年回来。"

与诸弟子倾泪惜别后，丘处机一行从宣德州出发，过野狐羚、抚州，取道鱼儿泊。四月一日，应留守大本营的成吉思汗的幼弟斡赤斤的邀请，来到他的营地。此时，冰雪消融，新草萌芽。"时有婚嫁之会，五百里内首领，皆载马湩助之。皂车、毡帐成列数千。"

斡赤斤在帐篷内以蒙古帝国最隆重的礼仪接待了丘处机，寒暄之后，便开门见山地问："今日目睹真人仙容，实乃三生有幸啊。敢问真人，像我们这凡间俗人，如何修炼延年益寿之术？"

丘处机思忖片刻说："必须斋戒十五天之后才能听讲。"

于是，双方约定在斋戒十五天后传授延年益寿之术。到了相约授道之日，突然下起鹅毛大雪，纷纷扬扬，煞是壮观。按节气本不该降雪的四月中旬，却一反常态，突然降雪，斡赤斤大为惊慌，认为自己抢在汗兄成吉思汗前面得知长生秘术而引起了天怒，急忙去见丘处机，说："可汗派遣使者不远万里邀请师父问询养生之术，我这个做臣弟的，岂敢抢先呢？"

不过，既然有幸面见真人，却没有讨教到养生之术，实为一件憾事。斡赤斤心有不甘地说："不过，真人见罢大汗东归时，还劳烦师父从这里经过。"

丘处机点头应允，表示东还之日，一定再来拜访，方与斡赤斤话别。

四月十七日，临行前，斡赤斤送给丘处机数百头牛马、十辆大车，供他在前往西域拜谒成吉思汗的途中食用和驱使。

告别了斡赤斤，丘处机一行回溯成吉思汗的故乡克鲁伦河河谷，过长松岭，渡石河，来到哈拉和林附近的一个斡儿朵。这里居住着汉、夏两位皇后，待宣使刘仲禄事先禀告后，才奉旨过河。在斡儿朵驻留几日，每天食用着酥油、奶酪等食物，临行前并奉送御寒的皮具。

丘处机一行西行至金山附近的阿不罕山时抵达镇海建筑的蒙古第一座城——镇海城（今蒙古人民共和国科布多省城之东），受到因患有气喘病，奉成吉思汗之命带领万余名女真、汉族俘虏在此驻兵建造粮店的蒙军将领镇海的热情款待。当他们到达雪山北面的田镇海八剌喝孙时，受到汉族工匠擎着旗幡、华盖、香花，热情相迎。

期间，又有金章宗的两个妃子徒单氏、夹谷氏和金国公主的母亲钦圣夫人袁氏，在异域见到中原道人，喜极而泣。她们紧紧握住丘处机的手，情不自禁地哭诉，说："过去常常听说师父道业德行和高风亮节，遗憾的是不能一见，没想到居然在这里与师父有缘相见。"

丘处机所经之处，随处可见蒙军率领着从中原俘获过来的汉族男女躬身屯田耕种的劳动场景。乡村沃野千顷，房舍整齐划一，满坡遍野的秋庄稼长势喜人，等待着下镰收割。相较之下，这里庄稼的成色，比中原的丰收景象毫不逊色。能在荒漠之地目睹熟悉的景色，丘处机恍如置身于中原腹地。

　　见到前来拜会的蒙军将领镇海时，丘处机在异域看到丰收的景象，竟挪不动步了，欲在此驻留几日，尽赏遍地丰收的景象，央求道："我年事已高，因大汗两道诏书的敦请，才不远几千里来到阿不罕山。在沙漠中能看到秋天成熟的庄稼，使我心情大悦。我打算在此过冬，等待可汗回来，你们意下如何？"

　　宣使刘仲禄人微言轻，对丘处机的恳请不敢定夺。镇海低下头，面露难色，可他并没有回绝丘处机，思谋了一会儿，解释道："今日刚接到可汗的敕令，'各个地方的官员如果遇到丘真人经过，不要稽缓他的行程'。大概可汗迫切希望早点儿见到长春真人吧。丘真人假如在此滞留不前，那就是下官的罪过了。"

　　"哦，这样啊，那贫道就不难为镇海大臣了。"

　　"可汗还有令，让下官率领部分将士护送真人到西域。"

　　闻听此言，丘处机摇摇满头华发说："这可使不得，眼下庄稼已经成熟在即，怎能因为贫道西行而贻误庄稼的收割呢？"

　　镇海见丘处机视庄稼比自己的人身安全还重要，笑笑说："贻误不了收割庄稼的，这里的农事我都安排妥当，请道长尽管放心好了。"

　　见镇海大臣护送之意已决，丘处机不好再婉拒，索性恭敬不如从命。在镇海大臣及一百名蒙军骑兵队的护送下，丘处机一行十余人沿着阿不罕山西行，随行的有两辆车、二十多名蒙古驿站的骑兵。

　　九月九日，西行队伍到达回纥的昌八剌城。城内的畏兀儿王与镇海大臣是好朋友，闻知丘处机将至的消息后，畏兀儿首领部族和回纥僧人等都在城门外列队迎候。丘处机一到，畏兀儿王和诸人趋步迎上前去慰问。携手入城后，在高台上设斋宽待，依次就座，与他们把盏举杯，一同畅饮葡萄酒。饭后，进献西瓜。西瓜分量很重，超出一般秤的称量范围。

　　短住几日后，丘处机作别畏兀儿首领及众人，穿越白骨甸沙漠的小分支，沙粒很细，遇风能流动起来，宛若河流中的波浪。遗憾的是，随行的车辆深陷于流沙中，马匹停滞不前，众人在流沙中行走，感觉步履维艰。丘处机一行用一昼夜的时间，才穿越这片浩瀚无际的沙漠。加上环境恶劣，饥寒交迫，丘处机的随行弟子之一赵九古病逝于沙漠中。

翻越过阿尔泰山，继续西行，沿着山中六七十里的山间小路。这是成吉思汗三太子窝阔台随蒙军西征时曾在赛里木湖和伊犁河谷开凿的道路，挪移山石，砍断荆棘，疏通道路，架木搭成的四十八座桥梁。桥面不宽，仅够两辆车并排行走。

九月二十七日，一行人到达阿里马城。"阿里马"是当地人对苹果的称呼，大概因这里盛产苹果，这座城市才因此而得名。这里气候宜人，温暖如春，水草丰盈秀丽，遍布着各种果木。对长途跋涉的行者来说，风景美如天堂。

此城是佛教和伊斯兰教的分界点，这是丘处机路过的最后一座佛教城市，再往西行就是一个令人完全陌生的伊斯兰世界了。在阿里马城，丘处机受到铺速满国王和蒙古塔刺忽只带领随从的迎接。在此驻留数日，得到的各种供应远远超过以前。

第十一章

一言止杀

在阿里马城休憩一段时间后，队伍向西一连走了四天，才到达答剌速河。仲冬十八日，丘处机等人来到撒马尔干城城北。太师移剌阿海和蒙古、回纥的将领纷纷带着美酒佳肴到城郊迎接，并搭建起大帐，便于停驻车马。因道路不通，一行人马滞留于此度过整个漫长的严冬。

时值，成吉思汗在阿富汗境内歼灭残余势力，在繁忙的战务中，一直对丘处机的行程念念不忘。翌年四月中旬，成吉思汗遣使对丘处机说："真人来自日出之地，跋涉山川，勤劳至矣。今朕已回，亟欲闻道，无倦迎我。"

接着，又让快马传旨给宣使刘仲禄说："尔持诏征聘，能副朕心，他日当置汝善地。"又传谕大臣镇海说："汝护送真人来甚勤。余惟汝嘉，仍敕万户播鲁只。以甲士千人，卫过铁门。"

与此同时，还命令万户博尔术率领一千名全副武装的蒙军勇士，一定要与刘仲禄、札巴儿火者会师后，亲自护送长春真人前往自己的营地。

丘处机接到成吉思汗的旨意后，即刻动身启程。由博尔术率领蒙军、回纥一千余人护送着丘处机一行穿过铁门关，翻越过大山，渡过乌浒河，经由巴里黑，到公元 1222 年四月五日，距离巴米安城郊外的地平线上出现一小撮移动的人马，蠕动如蚁，如焦墨勾勒的轮廓。人马中间簇拥着一辆马车，端坐在马车上那位须发如银的老者便是万里西行、终于抵达目的地的丘处机。

听到丘处机一行即将抵达的奏报后，成吉思汗激动万分，出城十余里，亲自率众迎接这位跋涉千山万水而来的中原道人。其实，令成吉思汗倍感骄傲的另一层原因是，在此之前，金、宋两国皇帝纷纷下诏令丘处机出山共商国是，都被他一一拒绝了。

成吉思汗见丘处机已步入耄耋之年，仍健步如飞，一袭道袍罩着羸弱的身材，鹤发童颜，三缕银须随风飘逸，言谈举止中洋溢着仙风道骨。等一行人走近时，紧走几步迎上前去，伸开双手紧紧握住丘处机久久不放。把近在咫尺的丘处机打量了一番，成吉思汗笑着说："今日有缘见到真人尊容，实乃三生有幸。真人数次回绝他国的相邀，唯独回应我的邀请，今远行逾万里而来，大汗很是嘉许。"

丘处机双手作揖，回答说："山野之人奉诏前来拜见大汗，实乃天意使然！"

寒暄完毕，在众人的簇拥下，二人相偕，缓步入城。为了便于和丘处机朝夕相处，随时交谈，成吉思汗已命人在金帐东面搭建起两座帐篷，以供丘处机师徒栖身之用。当晚，成吉思汗在庞大的金帐内为丘处机师徒十余人接风洗尘。

休息一夜，丘处机感到精力充沛，精神矍铄。饭桌上摆着丰盛而精美的早膳。成吉思汗单独召见丘处机，俩人边吃边聊，大有相见恨晚之意。

等用完早膳，成吉思汗急切地询问："真人，此次远道而来，给朕带来长生不老之药了吗？"

丘处机没有刻意隐瞒，以哲学家的口吻据实相告，说："世间有诸多方法可供延年益寿，绝对不存在长生不老之药。"

成吉思汗之所以把丘处机从万里之外的中原召来，无非是希望获得道教一代宗师炼制的长生不老之药。企图和秦皇、汉武一样，希望永葆青春，永世坐享人间荣华富贵。不过成吉思汗在听到丘处机所言后稍有不悦，却并没有生气，相反，他还盛赞了丘处机的坦率不欺。

接着，丘处机又给成吉思汗布道延年益寿之术，短命之人皆因"不懂卫生之道"，而卫生之道以"清心寡欲为要"，即"一要清除杂念，二要减少私欲，三要保持心地宁静"。

后来，成吉思汗问镇海大臣："真人应当拥有一个什么样的名号呢？"

镇海想了想，连忙奏道："有人尊称他为师父、真人、神仙。"

思忖片刻，成吉思汗说："从今以后，可尊他为神仙。"

以后，成吉思汗赐予这位杰出的道人丘处机一个荣誉称号"活神仙"，礼遇优厚。

时值盛夏，热浪滚滚，酷暑难耐，丘处机跟着成吉思汗以及文武群臣，乘车到雪山（今阿富汗兴都库什山）结庐避暑消夏。

随后，成吉思汗曾数次向丘处机问道。四月十四日，成吉思汗命令镇海、刘仲禄、阿里鲜做谈话记录，同时在宫中命令三位亲信侍从做记录。临近问道日期时，却被一件突发事件把计划打乱。快马飞报说，回纥山贼兴风作浪，扬言向蒙军宣战。成吉思汗决定御驾亲征，于是把丘处机问道的日期初定为十月初。

三天后，由宣差杨阿狗率回纥首领带着骑兵千余名，改道返回旧日馆舍。途中翻越大山，镶嵌在山中的石门，看上去刀削般整齐陡峭，触目惊心的山壁断层上苍石青峻。山中水流湍急，蒙军骑兵鞭策着驴子过河，很多驴子被水流冲倒溺死。水边横躺的尸体，随处可见，估计附近是管辖要隘，刚被蒙军攻破大开杀戒所致。

出了峡谷，水边的死尸和周围如画的美景，显得格格不入，大大刺激了丘处机的神经，他便赋诗两首：

其一

水北铁门犹自可，水南石峡太堪惊。

两崖绝壁摏天笋，一涧寒波滚地倾。

夹道横尸人掩鼻，溺溪长耳我伤情。

十年万里干戈动，早晚回军复太平。

其二

雪岭皑皑上倚天，晨光灿灿下临川。

仰观峭壁人横度，俯视危崖柏倒县。

五月严风吹面冷，三焦热病当时瘥。

我来演道空回首，更卜良辰待下元。

他的诗意和情绪为成吉思汗所察觉，这对成吉思汗早日停止西征，决定班师，是否起了督促作用，犹未可知。

丘处机刚来觐见成吉思汗的时候是三月底，当时草木葳蕤花自开，马羊肥硕。等奉召回来，已是四月，芳菲尽，花束凋零。

九月二十八日，成吉思汗完成巴里黑的平叛班师回营，又命大臣镇海征询丘处机见面的时间："是现在见面，还是先稍微歇息一下呢？"

丘处机想借机为民请命，说："希望现在入见。另外，在中原，道教首领面见皇帝时，从来不行跪拜之礼，进帐后只屈身作揖。"

大行不顾细谨，大礼不辞小让。大臣镇海决定接受丘处机的建议，主随客便。随后，丘处机在镇海的引领下，来到设于巴里黑以南的兴都库什山的御帐里，拜见了成吉思汗。

成吉思汗给丘处机赐座后，问道："道长所居住之地供应充沛吗？"

丘处机将着齐胸的银发，朗然一笑说："自出发以来由蒙古、回纥和太师供给所需。近来食物、用度稍有困难，由太师独自承办。"

翌日，成吉思汗派近侍官合住给丘处机传旨说："真人每天到宫帐中用膳，可以吗？"

丘处机处于宗教原因，婉拒了成吉思汗的美意，以哲人的口吻说："我是在山野中修行的道人，习惯以风露为食，旷野为庐，安静独处远胜于军营中的喧嚣。"

成吉思汗也不见怪，以宽容明智的态度，再次给予丘处机闲云野鹤般的自由自在。

秋天，成吉思汗班师北返，丘处机也伴军随行。途中，成吉思汗派人多次赐予丘处机葡萄酒、时令瓜果、新鲜蔬菜食用。

十月十五日，成吉思汗一行到达阿姆河与撒马耳干城之间时，命人设帐斋戒，灯烛辉煌，屏退左右侍女，召见丘处机入帐布道。只有阇利必、大臣镇海、宣使刘仲禄在宫帐外侍候。丘处机和耶律阿海、阿里鲜进帐，坐下来建议道："刘仲禄往返数万里，大臣镇海远程护送几千里，也可以进帐一起听贫道讲道。"

成吉思汗对丘处机的建议百依百顺，于是乃召刘仲禄、大臣镇海两人进帐。丘处机的布道，成吉思汗命太师耶律阿海翻译成蒙古语奏告。

十月十九日夜，成吉思汗再次宣召丘处机论道，龙颜大悦。

十月二十三日，又一次把丘处机请入帐内。礼仪如初，成吉思汗洗耳恭听，命令左右做记录。成吉思汗叮嘱左右说："神仙三次讲养生之道，很合朕意。你们不要把师父之言泄漏到外面去。"之后，成吉思汗命人写成汉字，有不忘道法之意。

除了史料上记载的三次正式会见外，丘处机扈从成吉思汗东归时，屡次对他讲解道法。

十一月初，丘处机奏明成吉思汗撤回围绕在身边的蒙古随从人员，向成吉思汗辞行，希望自己返回中原。成吉思汗依依不舍，要求他多逗留些时日，有不明之处再作咨询。

十一月六日，丘处机布完道，趁机说："山野之人修行已经很长时间了，喜欢静处。在御帐前起居活动，军马杂乱，令我精神苦闷。从现在起，请大汗让我重返山野吧。这样的话，我就深受大汗的恩典了。"

见挽留无果，成吉思汗再一次欣然同意了丘处机的请求。等丘处机退出宫帐后，他派人来追问："真人需要秃鹿马吗？"

丘处机婉拒了成吉思汗的好意，说："谢谢您的美意，不用了。余粮多的话，就施舍给饥民吧。"

时值仲冬过了一半，雨雪交加，地脉方才通透，在这个时节翻越天山是一件十分危险的事。成吉思汗利用天气不便，让丘处机改期再东归中原。丘处机见盛情难却，只好答应再住一些时日，等天山的冰雪消融了，再启程东归。

十二月二十八日，适逢天上传来滚石般的雷声，成吉思汗又问道："天上雷鸣，是何现象？"

丘处机回答说："雷者，畏天威也。此非奉天之道也，常闻三千之罪，莫大于不孝者，天故以示警之。今闻国俗多不孝父母，帝乘威德，可诫其众。"

听完丘处机的劝告，成吉思汗欣然宣布："神仙是言，正合朕心。"他召集诸子、诸王、蒙古贵族，要他们听从丘处机的意见，又派人将仁爱孝道的主张遍谕各地，以便教化万民。

1223 年二月七日，丘处机觐见成吉思汗，又旧事重提东归之事，说："我离开中原已经三年了，约定三年回去。能够重返中原，是我的心愿。"

成吉思汗见丘处机归心似箭，不便执意挽留，便说："朕也准备班师东行，我们一同上路吧。"

丘处机重返中原之心，不想再无期限地拖延下去，解释道："如果贫道能先行一步的话最好。我西行的时候，汉人曾问我归期。我曾回答说'三年'。现在大汗所要咨询的问题我已经解答完毕。"为此，丘处机再次坚决地向成吉思汗辞行。

成吉思汗见丘处机归心似箭，火急火燎，一天也不想拖延，说道："稍等三五天，我的太子们就回来了。此外，真人讲的一些道理，朕还有几处没明白，等朕明白了，师父就可以启程东归了。"

后来，在两人朝夕相处的日子里，丘处机不时拿身边的小事来劝谏成吉思汗。

二月八日，成吉思汗在东山脚下狩猎时，射中一头大野猪，却马失前蹄，跌倒在地，野猪却站在一旁不敢贸然攻击。丘处机便趁机入谏成吉思汗说："上天之道，好生恶杀，现在大汗年事已高，应当尽量减少外出狩猎的次数。大汗从马上跌落下来，是上天的告诫；野猪不敢上前，是上天的庇护。"

嗜杀成瘾的成吉思汗对丘处机的话深信不疑，欣然应允说："朕已深深地反省了，神仙劝诫我的话是非常正确的。我们蒙古人从小就骑马射猎，现已习以为常了，所以不能一下子停止。尽管如此，神仙的话我将铭记在心。"随后，又吩咐左右道："只要是神仙劝我的话，以后都要照办。"

二月二十四日，丘处机又趁机向成吉思汗奏请东归之事，成吉思汗赏赐很多牛马等物，丘处机师徒一概谢绝。成吉思汗见状，问通事阿里鲜："神仙在汉地有多少弟子啊？"

阿里鲜回答说："甚众。神仙西行时，我在德兴府龙阳观中曾看到官府在催征督办差发。"

当即，成吉思汗颁赐一道圣旨，上面加盖御宝。让神仙门下弟子都依令免征钱粮税赋。任命河西人阿里鲜为宣使，蒙古带、喝剌八海为副使，一起护送丘处机东归。

针对全真教而言，丘处机西行所取得的最显著的成果，就是成吉思汗免除他们服差役的特权，全真教得以大行其道。但这并不意味着成吉思汗对全真教情有独钟。这一年，成吉思汗在布哈拉接见了伊斯兰教的法官和宣教师，听他们讲解了伊斯兰教的要义和条规，也深表赞许。在撒马耳干，成吉思汗同意伊斯兰教徒恢复公共祈祷，并接受法官教长们的请求，免除他们的赋役。

三月十日，丘处机一行辞别了成吉思汗，踏上东归的路途。答剌汗以下的官员都纷纷奉上葡萄酒、金贵果珍夹道为丘处机送行，送行队伍绵延几十里长。最后，临别之际，众人泪雨纷飞，不舍之情溢于言表。

谁知，从此两人天各一方。但长春真人丘处机的逆耳忠言，却时时回荡在成吉思汗的耳畔。

矢志东还的丘处机，在返回中原的途中仅用了四个月的时间。成吉思汗宣差札八相公传旨说："自神仙去，朕未尝一日忘神仙。神仙勿忘朕。朕所有之爱愿处即住。门人恒为朕诵经祝寿则嘉。"

丘处机回到燕京，驻太极宫尊为"大宗师"，被人们称为"帝者之尊师，亦天下之教父"，受命掌管天下道门。从此，丘处机利用成吉思汗授予的"掌管天下道门大小事务，一听神仙处置，宫观差役尽行蠲免，所在官司常切护卫"特权，在黄河流域大建全真教宫观，"自燕齐及秦晋，接汉沔，星罗棋布，凡百余区"。他利用宫观广发度牒，安抚了大批无以为生的流民，使之加入全真教，从而免除了他们承担的苛捐杂税。

另外，丘处机在北京建长春宫（今白云观），作为全真教大本营，弘扬全真教、广建道观，掌管天下道教，又在各地建立道观向全国推广道教。后来，在元朝政府的支持下，一时间全真教达到"古往今来未犹如此之盛"的兴旺局面。

1227 年五月，成吉思汗诏令天下出家善人都隶属于丘处机，并赠"金虎牌"，以"道家事一切仰'神仙'处置"，即诏请丘处机掌管天下道教，丘处机取得相当于蒙古国国师的地位。凭着虎符玺书，丘处机还解救了大批中原人，使两三万被蒙古掠夺为奴的人重获自由。至此，丘处机一生的事业达到顶点，大大超过了其师父与师兄弟。

1227 年（蒙古太祖二十二年、金朝正大四年）农历七月初九日，丘处机在仙化于长春宫（原名天长观），瑞香氤氲整个北京城三日，世人称奇。

第十二章

兵指欧洲

当成吉思汗率军横扫花剌子·模国取得胜利后，蒙军诸将士雀跃欢呼，以为战争戛然而止，可以返回漠北草原上一劳永逸地坐享胜利果实了。但成吉思汗很快否认了他们这一肤浅的想法，认为征服地区还不太平，一个使者在三四百名骑兵的护送下才能上路，这意味着战争远远没有结束。

为了取得永久性的胜利，成吉思汗命令哲别和速不台率领蒙军铁骑开山凿石、越过大和岭（高加索山）踏入欧洲大陆远征钦察、斡罗斯，铸就历史上震惊世界的第一次远征。通过这次远征再次印证了蒙古骑兵战无不胜、攻无不克的神话。同时，对欧洲持续一个多世纪的浩劫噩梦已然形成，并彰显出它不容忽视的雏形。

远征钦察的导火索，要回溯到钦察部藏匿了蔑儿乞部的首领忽都。前文已交代，忽都早就被速不台消灭。当成吉思汗向钦察部索要时，钦察部国王自然交不出来，这就为哲别、速不台的远征创造了借口。

这次，哲别、速不台奉成吉思汗之命，统领蒙军铁骑两万，以遮天蔽日般的阵势向高加索山一带挺进。从此，一场以追击逃敌为借口，以屠杀、掠夺为目的远征狂飙迅速席卷了西亚和南俄罗斯一带，所向披靡。

在远征途中，他们大力宣扬成吉思汗的一贯主张，对于主动降服的城市，只需缴纳一定数额的军资财物便轻易放过。倘若遇到胆敢反抗的城市，蒙军一旦破城之后，便大肆杀戮，鸡犬不留，全城夷为平地，植种上牧草。

这支远征军向前推进的过程中，首先洗劫了以生产奇异装饰陶瓷而闻名世界的剌夷城，后来，该城再也没有从这次灾难中恢复生机。

此时，一些逊尼派穆斯林教徒邀请他们去毁掉什叶派穆斯林的中心城市库木。库木是德黑兰南面的一座重要城市。在外敌入侵之际，花剌子模人不是忘记前嫌，携手共同抗敌，而是念念不忘宗教派别之争，欲假借外敌之手诛除异己分子，手足相残。此次征伐，蒙军只为攻城略地，乘机抢夺财物，显然对这些宗教派别的冲突丝毫不感兴趣。

库木城被屠后，哲别又挥军攻打哈马丹。哈马丹的阿老倒剌表示投诚，蒙军索取了丰厚的赎金，在该城安插了一名蒙古长官后，便扬长而去。这时，哲别得到消息说，花剌子模国的军队正在速扎思集合，于是派兵向速扎思挺进，试图歼灭他们。

后来，他们又破坏了赞詹，并占领了可疾云。可疾云城内的军民对蒙军进行了顽强的抵抗，两军在城内发生了白刃战，结果两军共阵亡五万余人。蒙军攻陷可疾云城后，丝毫没有手软，可疾云人遭受了屠城的惩罚。

拔除可疾云后，哲别、速不台继续挥师踏上远征之旅，开始进攻阿塞拜疆。统治阿塞拜疆的是阿答毕地方王朝，首都在第比利斯。哲别、速不台西征时，阿塞拜疆的阿答毕名叫月即伯。月即伯年老昏聩，不理朝政，整天浸泡在酒色之中，压根儿不想组织兵力与蒙军抗衡。当听到蒙军向第比利斯进军的快报时，他立即带领心腹、亲信、宫女躲到一边避难去了，把与蒙军讲和的权力托付给城中的贵族、官吏。这些贵族、官吏向城民勒索大批财物、马畜、衣服等作为向蒙军缴纳的赎金，于是第比利斯城得到了一份成吉思汗的文告，没有遭到蒙军的滋扰和屠杀。

带着丰厚的战利品，哲别和速不台退出阿塞拜疆后，打算在里海之滨的阿拉斯河和库拉河的入海口附近的木干草原上过冬。当他们途经谷儿只国时，遭遇到一万多名谷儿只骑兵的迎击。谷儿只是位于今天格鲁吉亚的一个基督教王国，当时谷儿只由吉奥尔吉三世统治，正处于鼎盛时期。为了保护首都第比利斯，勇敢的谷儿只骑兵在国王吉奥尔吉三世的率领下，在梯弗里斯附近迎战蒙军。

蒙军利用最擅长的骑兵野战之术，在佯装败北的情况下，诱敌深入，当把谷儿只骑兵拖得疲惫不堪时，再突然掉转马头进行反攻，一举把谷儿只骑兵打得溃不成军。蒙军本想乘胜一举攻克谷儿只城，但发现谷儿只境内丛林茂密，道路曲折，行军困难，才没敢继续贸然深入，适可而止。

1221 年春，哲别和速不台率军从谷儿只返回阿哲儿拜占，进攻该地区最漂亮的城市蔑剌合。该城主为一女王，住在鲁因的思，因而城中无人率众抗蒙。蔑剌合城的居民很自觉地拿起武器捍卫自己的利益，同蒙军展开激战。在攻占几日无果的情况下，蒙军拿出撒手锏，把伊斯兰教徒作为"哈沙儿"驱赶至阵前，充当肉盾，退者立斩。激战多日，该城沦陷，平民、贵族悉数被杀，并把带不走的所有东西均付之一炬。

不久，哲别、速不台闻报花剌子模的奴隶者马剌丁阿必额等人在哈马丹发动叛乱，杀死了蒙军长官，并将亲附蒙古人的阿剌倒剌囚禁在哈里惕堡内。于是，蒙军重新进军哈马丹，着马剌丁阿必额出来迎降，蒙军把以他为首的叛变者全部处死。

同年秋，蒙军挥师北进，第三次兵临第比利斯城下。阿塞拜疆国王之子哈木失表示归降，蒙军将玺书和木牌发放给他。

在哲别、速不台的统领下，蒙古远征军一路杀戮屠城、奸淫烧掠、浴血向前，接着，又北上入侵阿塞拜疆北面的失儿湾王国。该国东濒里海，南临库拉河，首都为沙马哈城。该城被攻破后，蒙军洗劫了沙马哈城，并驱走了许多俘虏。

然后，他们进军打耳班城，也就是今俄罗斯达吉斯坦共和国古城杰尔宾特，在里海西滨，北逾高喀斯山之间狭窄的交通要冲，该城是一座大城，号称铁门关。公元 5 至 6 世纪为阻挡匈奴及其他游牧部落南侵，波斯在此也建过宏大的城墙，素有"阿塞拜疆长城"或"波斯长城"之称。昔日的确有道铁门，当铁门关闭时，人马难以飞越。

为了顺利通过打耳班城，哲别、速不台玩弄权术，佯称要与设里汪国王讲和，让设里汪派人来缔结和约。应蒙军要求，打耳班城派出十名身份高贵的使者前来谈判。没想到，蒙军杀死了其中一名使者，然后对其他九名吓得战战兢兢的使者说："你们只要将通过打耳班的道路告诉我们，就放你们一命，否则就杀掉你们。"

担任使者的设里汪贵族为了求生，马上引领蒙军沿着山谷绕过设防坚固的打耳班隘道。于是蒙军顺利偷渡打耳班城，越过高加索，进入阿速部与钦察部的地域。

蒙军铁骑驰骋下的钦察草原，是进入捷列克河和库马河及其支流所流经的广大草原。这片草原向北伸展，同广阔无垠的俄罗斯草原接壤。坦荡如砥的绿色像一道绿色长廊向远方无限延伸，与镶嵌其中的色彩缤纷的野花相映生辉，羊群和马匹游牧在绿海之中，像一方绿色的世外桃源。

"钦察"是东方人对他们的称呼，古斡罗斯编年史称他们为"波罗维赤"，拜占庭编年史及拉丁文文献称他们为"库蛮"。钦察多数人过着游牧生活，一部分人已渐渐向定居的农业劳动过渡。

在绿色的钦察草原上纵马驰骋，蒙军倍感亲切，恍如重返漠北草原。不像在伊朗和中原等古老文明的农耕地区，陌生的庄稼和裸露的土地，使他们总滋生出去国怀乡的漂泊之感。在这里，几乎所有的一切和漠北草原上如出一辙，寒暑分明的气候，野花、牧草等植被，还有大草原的辽远广阔。

但是，当蒙军离开高加索山区进入牧民区的时候，即遭到钦察和阿速等高加索各部落联盟的悍然抵抗，该联盟人多势众，两军争战激烈，势均力敌，蒙军死伤甚众。

原来，在高加索北麓的钦察草原上，除钦察部族外，还居住着阿兰、阿速、列兹基人、契尔克斯人等弱小的部族。其中的钦察部是哲别、速不台攻伐的主要目标。

钦察人也叫库曼人，其领地在第聂伯河（包括克里米亚半岛）以西，东北为伏尔加河中游地区直抵不里阿耳，东南到乌拉尔河辽阔的波罗夫草原上。钦察人的祖先是突厥与萨尔马特人等融合而成，大部分人信奉伊斯兰教，少部分人信仰基督教。

值得一提的是，钦察人不仅在战场上彪悍威猛，在外交上极善于施展手腕，把权术谋略玩弄得十分娴熟。

居住在高加索北麓的阿兰部获悉蒙军来侵的消息后，便派使者去游说钦察部的首领忽滩，极力陈明唇亡齿寒的利害关系，要求组织联军，一致对抗来犯的蒙军。因阿速部与阿兰人属于同一种族，忽滩接受了阿兰部使者的请求，忙派自己的弟弟玉里吉率领大军前去御敌。玉里吉指挥着组织好的联军占领了高加索的制高点，以逸待劳，专等蒙军的到来。

阿兰人和钦察人的联军抗蒙，并没有给他们带来预想中的胜利，而是不断扩延的灾祸。

面对这些实力强大的部族联盟，没占到丝毫便宜的哲别、速不台便巧妙地采用了反间计。他们派使者曷思麦里对钦察部的首领玉里吉，说："你们钦察人不也是和我们一样以游牧为主的部落吗？为什么要帮助我们共同的敌人阿兰部族，而反对成吉思汗麾下的兄弟部落呢？"除了和蒙古人一样属于突厥，为了使钦察人保持中立，曷思麦里承诺愿意攻伐阿兰部族之后，分给钦察人部分战利品。

结果，钦察人听信了曷思麦里的甜言蜜语，贪图蒙军的财物，便弃盟军而去，致使阿兰人的势力锐减，大大缓解了蒙军的压力。失去了钦察人支持的阿兰人被蒙军一举击溃。哲别和速不台乘胜追击钦察人，将其击溃，钦察大将玉里吉也死在乱军之中，蒙古人夺回了战利品。

从这个战例上可以看出，当时蒙古人不但骁勇善战，而且诡计多端。蒙军把钦察人赶出草肥水美的钦察大草原后，在那里度过了一个漫长的冬天。

遭受蒙军袭击的钦察人被迫离开驻地，西迁至生活在伏尔加河与第聂伯河之间的另一部钦察人处，希望在他们的帮助下，伺机咸鱼翻身。

第十三章

钦察联军

1223 年春，蒙军在哲别和速不台的率领下，继续追击钦察人，在克里米亚半岛攻取了萨波罗什城。在上天无门入地无路的情况下，钦察人被迫出城迎击，由于首领不战而逃，导致钦察军无法统一行动，被蒙军打得丢盔弃甲，致使许多人命丧马下。走投无路的钦察军无奈向第聂伯河方向仓皇逃窜。

驻扎于第聂伯河的钦察各部，分部游牧，各立可汗，众汗中以忽滩汗威望最高。当他获悉蒙军兵锋所指第聂伯河的钦察营地时，急忙派使者向俄罗斯人求援。领地位于莫斯科东北的苏兹达尔公国的勇士密赤思腊是忽滩汗的女婿。忽滩汗利用公婿关系，积极促成女婿及其他俄罗斯公国形成强大的军事联盟，一致对抗蒙军。

蒙古时期的斡罗斯国土并不大，东面不过抵达伏尔加河的支流斡迦河，河东面世居着不里阿耳人，南部与钦察部落接壤。

于是，由基辅公国、契尔尼戈夫公国、加利西亚公国的联军八万，在第聂伯河畔拉开战幕，准备与两万多人的蒙军决战。

哲别和速不台审时度势，在强敌逼迫之际，时刻保持着冷静的头脑，他们退而不战，不与敌军发生正面交锋。直把敌军拖到实在不耐烦了，或者各个军团彼此拉开距离时，才抓住机会发动悍然痛击。

为了迅速瓦解俄罗斯联军的势力，聪明狡黠的哲别和速不台故伎重施，派十名使者对苏兹达尔公国的勇士密赤思腊，说："因为钦察部窝藏了大汗的仇敌，所以大汗才派哲别、速不台前来兴师问罪。这与俄罗斯诸部没有直接关系。现在，钦察部的罪魁祸首忽滩逃至贵国，贵国理应将其主动交出来才是。速不台将军派我等使者前来致谢。"

来使的话音刚落，忽滩从帐后走出来，气愤地吼道："纯属胡扯。这是敌人的缓兵之计，分明是讹诈，我们哪里窝藏他们大汗的什么仇敌？前些日子，玉里吉正因为听信他们的花言巧语才导致全军覆没，丢了性命的。我婿万万不可被他们的三寸不烂之舌所迷惑。"

闻言，勇士密赤思腊立马吩咐手下，血刃十名蒙军来使。要知道，四年前的花剌子模国王摩诃末，就是因为杀害蒙古使者才引火烧身的。

随后，勇士密赤思腊率万余兵力，在第聂伯河口附近的迦勒迦河渡河集结完毕，向东方推进，伺机迎战蒙军。恰好遇到蒙古将领哈马贝率领一支数十人的骑兵侦察队，沿着奥连什耶城前来哨探，被俄罗斯军团杀得片甲不留。

哲别闻报后，发现敌军兵力强盛，立即命令蒙军主动向后方的草原撤退。勇士密赤思腊以为蒙军胆怯，便挥师追赶蒙军十二天。

是年五月三十一日，轻敌冒进的勇士密赤思腊率领部分俄罗斯联军和钦察军行至迦勒迦河时，见蒙军已在东岸摆开阵势，便在西岸扎住了阵脚，与蒙军主力隔河对峙，两军发生了一场大决战，就是历史上有名的迦勒迦河之战。

当时，斡罗斯各公国的联军兵力总数大约十万，分成南北两大阵营。北大阵营由勇士密赤思腊指挥，南大阵营由基辅公国罗曼诺维奇指挥，双方约定，从迦勒迦河的上下游同时东渡，使蒙军顾此失彼，从而打乱其部署，获取胜利。这个战术听起来蛮不错的，但整体组织却零散不堪，加上缺乏统一指挥，每一路军都各自为战，随意退出战场，这就为此战败北埋下隐患。

北阵营的勇士密赤思腊傲慢轻敌，加上他为岳父报仇心切，基辅公国罗曼诺维奇指挥的联军尚未到达时，他便匆忙命令队伍东渡，与蒙军在铁儿山发生正面交锋。

两军从日出一直战到日落，不分胜负。正要鸣金收兵回营以待明日再战时，速不台忽然看到俄罗斯的军团中飘扬着钦察部的旗帜。于是，刹住回营的阵脚，立即挥舞着精锐骑兵向钦察军猛扑过去。

钦察军本来就被蒙军骁勇善战的杀伤力和飙风迅雷般的攻势吓得肝胆俱裂，加上经过一天的战斗已经体力不支，看到蒙军又挥舞着利刃向自己的营地疾驰过来，纷纷退避不已，一时阵脚大乱。刹那间，厮杀声和哭喊声乱成一锅粥。钦察军一经溃败，也牵连到勇士密赤思腊的军团，顿时慌乱起来，兵败如山倒，根本刹不住阵脚。

勇士密赤思腊见兵败如决堤之水，唯恐自己的军团也招致灭顶之灾，急忙渡河西走，并将船只凿沉，使来不及渡河的兵卒都做了蒙军的刀下鬼，人马溺死者不计其数。勇士密赤思腊也顾不上南大阵营的安危，率领残兵败将仓皇逃逸。

蒙军渡河后，直接包围了南大阵营基辅公国的军营。待蒙军把南大阵营团团围住之后，俄罗斯联军还蒙在鼓里。幸亏基辅公国罗曼诺维奇作战经验丰富，迅速组织兵力奋勇抵抗，才避免被蒙军一口吃掉。围攻三日后，随着蒙军的包围圈渐渐缩小，俄罗斯联军的伤亡人数剧增，但蒙军将士也有不同程度的伤亡。

蒙军见短时间内难以取胜，为了避免部众无谓的伤亡，速不台又想出一条诡计，派使者去包围圈中面见罗曼诺维奇纳贿议和，蒙军使者说："尊敬的罗曼诺维奇大公阁下，我蒙军兵刃所向的敌人是忽滩。苏兹达尔公国的勇士密赤思腊是忽滩的女婿，他们派兵增援也合情合理。可是，诸位大公与忽滩有何干系，与蒙古帝国有何宿仇，非要插手此事，与我们蒙古帝国为敌？请你们不要进兵挑起战端。我们蒙古人是不怕打仗的，但是要把道理讲清楚。"

罗曼诺维奇正因势穷力蹙而为无破敌之计甚感为难时，见蒙军来使向自己递过来和平的拐杖，便决定利用投降来换取自己的身家性命，其他诸公也欣然应允。于是，罗曼诺维奇要求蒙军留下他及其两位女婿的性命。蒙军表面上答应他的要求，但当基辅大公放下器械，打开营门，等候蒙军前来接受投降时，蒙军却违背诺言，执意要为被俄罗斯斩杀的使者复仇。

当诸公一起走出营门迎接蒙军时，便被挥舞着战刀的蒙军骑士杀的杀，砍的砍，死伤无数，惨不忍睹。经此一劫，俄罗斯诸公共亡六人，负伤七人，兵马损伤八九万。

蒙军大获全胜，举办庆功酒宴。蒙军将俘获的罗曼诺维奇、诸位大公及将士捆绑后放倒在地上，在他们身上再搭上一层木板。然后，哲别、速不台等诸将在木板上，一边欢呼雀跃，一边喝酒畅饮，为他们的胜利进行狂欢。待酒阑席散时，罗曼诺维奇、诸位大公及将领在蒙军将领的欢呼雀跃中悲惨丧命。

尽管按照蒙古习俗，出于对钦察王室贵族的尊重，才让罗曼诺维奇等诸公不流血而死。至今，每谈及老罗曼诺维奇大公被蒙军残害致死的历史，仍让乌克兰人思之心痛。诺夫哥罗得在编年史上表示万分愤慨："许多的人被杀死了，哀号悲泣之声遍于城乡各处。"

对蒙古帝国来说，迦勒迦河战役只是一次无关紧要的战斗；而对斡罗斯而言，这次战斗将是十五年后其被全面攻击的前奏。但是，当蒙军西征满载而归后，斡罗斯没有吸取教训，做好抵御下一轮入侵的准备，而是重新投入毫无休止的内讧之中。

当时，弗拉基米尔的尤里大公尚未来得及率军抵达迦勒迦河，从而完整地保存了军团实力。蒙军满足于教训了几个诸位大公，没有攻伐尤里大公，使其免遭一劫。

随后，蒙军长驱直入斡罗斯境内，沿途无人抵抗。蒙军在斡罗斯南部肆意烧杀掠夺，从第聂伯河进至黑海北岸，一直进军到克里米亚最大的港口苏格德亚，抢夺克里米亚半岛上热那亚人的店铺及海量的财物。

蒙军在斡罗斯南部大肆奸淫烧掠的暴行，继而引起斡罗斯全境震动。蒙军战无不胜攻无不克的神话风靡一时。当蒙军来到基辅王朝的旧都诺夫哥罗德城时，城中居民料不能敌，竟高举着十字架出城乞免一死。蒙军斩杀殆尽，死者万余人。此后，蒙军并没在那里久留。

这时，时序已进入冬季，俄罗斯的冬天严寒逼人，滴水成冰。境内大大小小的河流都冰封在一起，蒙军铁骑在平滑如砥的冰原上来往如风，行动更加自由。

1223 年底，蒙军又在察里津附近越过冰封的伏尔加河面，进入卡马河流域的不里阿耳境内。由于上游降雨，接纳了更多的溪水，导致卡马河畔宽阔的河面暴涨。桀骜不驯的河水如蛟龙吐着白沫，翻腾着浑浊的浪花，不断拍打着两旁的土岸，向前奔腾而去，不时响起河岸坍塌声。坍塌的河岸坠入河中，在激流的河水中打着旋，冒几个泡，很快被河水席卷而去。

不里阿耳人又叫保加尔人，他们属于东南欧保加利亚。这个民族信奉伊斯兰教，属于突厥种族，世居在今喀山森林山区的卡马河与上伏尔加河交汇处。他们经济发达，生活富裕，平时主要向波斯和花剌子模输出皮货、蜂蜡和蜂蜜等特产。为了保护自己的家乡免遭蒙军的荼毒，不里阿耳人纷纷拿起武器抵抗来犯的蒙军，最后被蒙军诱入包围圈里，伤亡甚众。

随后，蒙军又降服了里海滨海地区的撒克辛人，进至康里部，康里部首领带兵来拒，战败后也归降了蒙古。

哲别、速不台以两万余人的兵力追击花剌子模的摩柯末，又扫荡高加索山脉南北，破斡罗斯联军，转战三年，征服十四国，破城四十余座，歼敌近十七万余人，行程五千余公里，以极小的代价取得了极大的战果。他们对高加索地区及南部罗斯的进攻是战略武力侦察，也是后来拔都第三次西征欧洲的前奏。

尤其在 1223 年的迦勒迦河战役中，斡罗斯北军渡河与蒙军激战时，斡罗斯南军目睹北军覆没而拒不增援，成功采取诱敌深入、各个击破的战术。后来，蒙军破斡罗斯北军，再攻伐南军，南军抗守三日后乞降。

最后，哲别、速不台率领蒙军渡过叶密立河，班师锡尔河北草原，与成吉思汗的中路大军会师，哲别奉命留守钦察草原。这次奔袭转战三年多，除了废墟和尸体，没有给钦察草原留下任何东西。对蒙军而言，完成了一次火力侦察，哲别、速不台横穿伊朗西部、高加索、斡罗斯，熟悉了地理环境，摸清了他们的军事力量，为后来拔都西征提供了有益的借鉴。

东归途中，一天，蒙军夜宿在铁门关，哲别半夜听到了战马的嘶鸣声，声音来自他骑乘的一匹西域马。以防不测，他随即奔出大帐，见马夫死在马槽边，知道可托生死的坐骑已被盗走。他义愤填膺，牵来另一匹马前去追赶，盗马贼听见追兵赶来，便弃马而逃。至此，哲别并没有罢休，弯弓射箭击毙贼首，众贼分路逃窜，可他没有停止追赶，被一个贼人的冷箭射中。

绝命前，哲别对老战友速不台说："当年射伤铁木真汗的黄马，伤了大汗的肩膀，大汗宽恕了我，使我怀着一颗感恩的心，驰骋疆场数十年。可这次，依旧是为了一匹心爱的坐骑，终致丧命……"停顿片刻，又说："自己恩怨心思太重，是我做人的失策，比起成吉思汗来，真是惭愧啊。"

曾经威震蒙古草原，痛击金国，横扫花剌子模，西辽、钦察草原的征服者，被成吉思汗喻为"神箭"的哲别陨落了，享年五十岁。他没有能够再一次回到漠北草原上，回到大汗的帐前。

哲别的英年早逝，是继木华黎之后，对成吉思汗又一记闷雷般的打击。哲别的死讯传来，他声泪俱下，喃喃自语，一天没有吃饭。命人将哲别的尸体运回漠北草原，以国葬之礼厚葬，并敕封其子生忽孙台为千户，以继承父业。哲别有七子，后来都在伊利汗国效力，其幼子斡鲁思曾在阿八哈汗时任四怯薛之长。

成吉思汗征战西域七年，在众妻妾中仅让忽兰随行。忽兰生有一子阔列坚，因为其母得宠，被成吉思汗视为嫡子。但是成吉思汗却没有给阔列坚封地，这让忽兰念念不忘，在成吉思汗面前寻死觅活要其给予封地并改立此子为嗣，而成吉思汗的观点则是，不给其封地是避免受到诸子的妒忌，至于改立为嗣更是不可能的事。

后来，在屯兵花剌子模国时，由于忽兰水土不服，加上突染瘟疫，失去了活泼鲜嫩之色。原来那副桃花脸，虽然不失其细腻，但色泽却大为减退。或许预感到生命将熄，每天吵着要返回漠北草原，并扬言说如果成吉思汗不回去，她自己单独回去。成吉思汗见她返意已决，便不再勉强。不幸的是，在班师返回的路上，忽兰不治而亡。

随后，成吉思汗又诏谕术赤，命他就花剌子模海（今咸海）、宽田吉思海（今里海）以北的钦察故地及布加里亚国的边境地区为封地。对尚未被蒙军攻伐的西北部，也要伺机进取，随时荡平。直至术赤去世时，整个钦察草原也只是他名义上的封地，因为大部分草原并没有被彻底征服。

另外，随着西征战事向纵深推进，不仅激起当地人民的反抗加剧，蒙军将士的反战情绪也在蔓延。

是时候该返回蒙古草原了，1224 年春，成吉思汗率领伟大的蒙军将士们，履过土拉河上的厚冰，昼行夜宿，渡锡尔河返回蒙古帝国。途中进行了规模宏大的围猎活动，蒙军将士们在驱马持弓的叫嚣声中洗涤了常年征伐的疲惫。

把猎场设在中亚豁兰塔石，长子术赤派兵从钦察草原驱逐着成群结队的野兽迤逦东来，至少也有一个月的路程，其规模之大，是难以想象的。从耶律楚材的《扈从冬狩歌》中能领略到围猎场面的浩大：

　　　　天皇东狩如行兵，自旄一麾长围成。
　　　　长围不知几千里，蛰龙震栗山神惊。
　　　　长围布置如圆阵，万里云屯贯鱼进。
　　　　千群野马杂山羊，赤熊白鹿奔青獐。
　　　　壮士弯日殒奇兽，更驱虎豹逐贪狼。

不过，作为长子的术赤，却从此留在了自己的封国，永远没有重返故乡漠北草原。术赤于 1227 年去世后，其次子拔都在此封地基础上建钦察汗国。

第十四章
出师不利

1225 年二月，成吉思汗率领着攻无不克、战无不胜的蒙军将士们，终于回到了蒙古帝国的首都和林。

早春的草原，尽管春寒料峭，薄冰覆盖，但在略显柔和的空气中，蒙古人已嗅到春天的气息。枯败的野草根部钻出来星星点点的生命，细细的针尖般嫩黄的草茎被溜河风吹的绿意盎然，像刚降临世间的婴儿，带着懵懂的生命触及这个陌生世界的怯意和羞涩。土拉河的边缘，冻透的泥土变得湿淋淋的，带着被春天唤醒的朦胧睡意。沉默了一冬的河水，又开始在大地轻吟浅唱着草原牧歌。

西征蒙军的凯旋，使漠北草原上升腾起一片吉祥喜庆的气息。鸟儿围绕着帐篷飞舞欢鸣，白鹤展开双翼直冲云霄，牛马骆驼羊也纷纷欢叫着迎接满载而归的蒙军勇士们。

留守大本营的四弟斡赤斤带领着留驻蒙古草原的勇士们，以及大皇后孛儿帖带着诸位打扮得花枝招展的皇后妃嫔们，纷纷走出帐篷前来迎接归来的蒙古英雄们。

几乎每天，都有腰悬王牌，背挂串铃，骑着疲惫不堪的驿马的传信兵跑来报告成吉思汗的行程。在热切的期盼中，仅有一两天的路程了。

土拉河畔的草原上，人山人海，到处载歌载舞，欢声笑语的声浪冲击着一草一木。阔别草原的勇士们，经过几年漫长的等待，终于迎来了与朝思暮想的亲人们团聚的一刻，激动之情溢于言表。成吉思汗的脸上，也露出难得一见的笑意。

迎接成吉思汗率领蒙古西征军凯旋的人群中包括成吉思汗幼子拖雷的两个儿子，十岁的忽必烈和八岁的旭列兀。为讨祖父成吉思汗的欢心，在原乃蛮部边境的爱蛮·豁亦之地，少年忽必烈与弟弟旭列兀当众表演了一场打猎竞赛。蒙古人的孩子可以说是在马背上长大的。从小就驱马驰骋，张弓搭箭，角逐草原。结果，忽必烈射中一只野兔，旭列兀射中一只黄羊。

按蒙古旧俗，草原的孩子第一次射获猎物时，长辈们要为他们举行"牙哈拉迷失"的隆重仪式，即将初获猎物的鲜血拭在长辈的拇指上，以示无愧于马背民族的后嗣子孙。成吉思汗不顾归途中的舟车劳顿，亲自为两名爱孙主持这个仪式。

仪式开始了，只见忽必烈轻轻地抓住祖父的手，极有礼貌地把兽血涂在成吉思汗的拇指上；而旭列兀的动作过于粗鲁蛮横，他紧紧地抓住祖父的手，把成吉思汗的拇指扳得生疼。此粗鲁的举止令成吉思汗颇为反感地说："这个坏蛋险些将我的手指掐断！"

这次拭指仪式，让忽必烈兄弟永远铭记在心，尤其是两人分别成为第五任蒙古大汗和伊利汗国大汗时，他们或许才真正领悟到当年拭指时成吉思汗欲将其征服伟业薪火相传的心愿和寓意传授下去的用意。

忽必烈是成吉思汗幼子拖雷的第四个儿子，因系正妻唆鲁禾帖尼所生，又是四名嫡子中的次子。唆鲁禾帖尼共育有四子，即长子蒙哥、次子忽必烈、三子旭列兀、四子阿里不哥。其中，蒙哥和忽必烈都做过蒙古帝国的帝王；旭列兀在西亚开创了伊利汗国、西南亚的征服者，于 1258 年灭阿拉伯帝国；阿里不哥于 1260 年在蒙古本土被部分蒙古宗王贵族推举即位，并和忽必烈争夺汗位达四年之久。由于她的四个杰出的儿子都做过帝王，所以她被尊称为"四帝之母"。

有关忽必烈的童年、所受教育以及早期生活的资料，在《黑鞑事略》中有着详尽的记载："他们的骑射活动是从孩提时代开始的，他们将自家的孩子用绳子缚束在一块木板上，再将木板绑在马上，就这样骑马随母亲出入。三岁时就将其直接用绳索绑在马鞍之上，手执缰绳，跟从众人在草原上驰骋。四五岁时开始使用小型弓箭和短矢来练习射箭。待其长大成人，就可以四时从事田猎活动了。"这种军事化般的训练，引导了当时蒙古少年当然包括忽必烈在内的普及教育的风向标，使得蒙古民族弓马娴熟，成为驰骋草原勇猛善战的牧民骑士。

早在成吉思汗统率蒙古骑兵攻克金国中都（今北京）不满百日的欢庆活动中，满载大量战利品凯旋的成吉思汗见到了刚出世不久的孙子忽必烈。抱起婴儿，端详良久，他惊诧地说道："奇怪啊，我们黄金家族的孩子的皮肤都是火红色，而这个孩子却生得黑黝黝的，显然像他的舅父们（唆鲁禾帖尼是突厥克烈部人，这里所说的'舅父们'，应指突厥后裔的克烈部男子）。"孙子的出生为成吉思汗带来极大的愉悦。随后他告诉唆鲁禾帖尼，要为小忽必烈找一个好乳母去精心喂养。

遵照成吉思汗的提议，把尚在襁褓中、带有一半突厥血统的小忽必烈交给了乃蛮族人末哥的母亲撒鲁黑养育。她是拖雷的次妻，即将分娩。两个月后，末哥出生。为了精心而专注地喂养忽必烈，撒鲁黑将刚出生不久的末哥交给别人抚养，而她甘愿用自己的乳汁哺育忽必烈。她心地善良，视忽必烈为己出，竭尽全力地抚养和看护他，直到忽必烈长大断乳为止。长大成人的忽必烈对撒鲁黑的养育之恩，倾注了许多的尊重和感激，与末哥保持着良好而融洽的关系就是最有力的证明。

不过，有一点是毋庸置疑的，由于拖雷大部分时间都在跟随成吉思汗东征西讨，忽必烈在乳母撒鲁黑及母亲唆鲁禾帖尼等人的抚育下，在鄂嫩河畔的蒙古草原上渐渐长大。小小年纪的忽必烈不仅射骑精湛，而且孝顺有礼，深受大人们的喜欢。

举行完"牙哈拉迷失"仪式后，当成吉思汗的目光在周围的人群中环视后，没有发现长子术赤的身影，脸上的笑意顿时消失。

"术赤啊，无论四起的谣言怎么涂抹，我宁愿相信你的身体中流淌着我的血液。"

术赤身为长子，没有得到王储的继承权，耿耿于怀。加上封地又远，这两件事成为他的一块心病，郁郁寡欢，后来就病倒了。成吉思汗返回蒙古草原时，沿途几次叫术赤来相会，他均没有及时前来，术赤这种举动让成吉思汗倍感失落。

在成吉思汗命人去质问术赤时，却迎来了术赤派来的人马，双方一起走进大帐拜见成吉思汗。原来术赤要求留在花刺子模，因病未能亲自前来，特意派一彪人马向成吉思汗献纳贡物，略表寸心。

当时，成吉思汗闻听此言，心里纳闷，长子术赤时值壮年，怎么会生病呢？估计病情不轻，否则他也不会推辞拒来朝见。

带着难以释怀的疑窦之心，成吉思汗向一位从花刺子模派来押送贡品的名叫札里乞的蒙古人打听术赤的情况，说："术赤得了什么严重的病症，都没来朝见朕？"札里乞曾在术赤身边担任过侍卫，对术赤的情况应知晓一二。

"禀报大汗，据小人所知术赤王爷没得什么病啊！"

"果真没病？"

"真没生病，我来的时候，还看到术赤王爷带领大队人马忙着狩猎呢。"札里乞说得有板有眼，不容置疑。

札里乞的一席话如同一河泛滥的冰水不断撞击着成吉思汗的心扉，使他几乎寝食难安。当他欲派窝阔台和察合台作先锋，执意率兵去征讨术赤时，却突然得到钦察草原上派来的快马来报：术赤已病逝于花刺子模。

当问及死因时，才得知术赤生病已久，一直卧床不起，那次行猎实则术赤的部将所为。

　　成吉思汗险些被老年丧子的巨大不幸给击倒，他柔软的父爱之心像被一把锋利的匕首狠狠捅了一下，血流不止，头晕目眩，揪心的刺痛使他体力难支。长子玉树临风的身影倒塌在钦察草原上，他在孤独和绝望中死去，身边没有威严的父亲和慈爱的母亲陪伴着；而这个背影，也永远阻隔了英雄迟暮的父亲那一双已经浑浊的泪眼，隔阂了他与父亲之间的依恋。

　　逝者孤独的背影已走远，但术赤的音容笑貌清晰如昨，烙印在成吉思汗的脑海中。成吉思汗记得，术赤和几个弟弟很小的时候，他曾问他们有什么理想。次子察合台说，他要使敌人的妻女泪流满面，让男人俯首称臣；三子窝阔台说的话更讨他的欢心，他说想把父汗的事业发扬光大。而最后，问及长子时，术赤说长大后希望能自由自在地牧马，一种颜色的马放满一个山头，另一种颜色的马放满另一个山头。当时成吉思汗听了很不高兴，批评他缺乏大丈夫的雄心壮志。

　　这时，成吉思汗忽然想起了札里乞那个满嘴胡言的混蛋，他为什么污蔑术赤组织人马正在围猎呢？为什么欺骗朕的长子装病呢？难道要趁机离间他们父子之间的关系，在长子流血的心田上再撒上一把盐吗？朕险些听信了这个小人的谗言，欲动兵讨伐长子，幸亏在也遂妃的冒死劝阻之下，方才罢休。他下令要将札里乞捉来治罪，他却早已逃得无影无踪了。

　　丧子之痛钝锯般割扯着成吉思汗的心扉，接连几日，他都没有踏出金帐半步，不愿让将士看到他脸上挂着老年丧子的哀伤。

　　术赤死时四十九岁，有十四个儿子。长子鄂尔达，次子拔都。鄂尔达自知才能不及弟弟拔都，加上兄弟俩又友爱，所以将继承父位的权力让给了他。也许上天是为了告慰术赤那颗孤独的灵魂吧，让其次子拔都成就了一番西征的伟业。

　　随后，成吉思汗把据有的疆域分封给四子：今巴尔喀什湖以西至咸海、里海的广大地区，封给长子术赤；今阿尔泰山以西、阿姆河以东的广大地区，包括天山南北的西辽旧地，封给次子察合台；今俄罗斯境内的叶密立河流域及霍薄地区，封给三子窝阔台；蒙古族的发祥地鄂尔浑河、克鲁伦河一带的蒙古本土，留给守灶的幼子拖雷。

四年后成吉思汗逝世，暂由四子拖雷监国。四年后黄金家族的权贵们奉遗命共同推举成吉思汗三子窝阔台为大汗，对此，拖雷起了巨大的作用。窝阔台即位后，便分给拖雷大片东方的土地，扩大了昆仑的疆域。

疆域分封完毕之后，大蒙古国的汗廷暂时进入一段平静无战的日子。

1226 年春，成吉思汗决意征讨西夏，对其进行一次毁灭性的打击。陪同他征伐西夏的是三子窝阔台和幼子拖雷。这次随军而行的，还有他的宠妃也遂皇后，就像上次西征花剌子模时候带着忽兰一样。

西夏已是被蒙古帝国降伏的国家，但乘蒙军倾全国兵力攻伐花剌子模，而导致后方兵力空虚之际，西夏蠢蠢欲动，暗地里滋生出对蒙古帝国的不敬之举。

当时，成吉思汗正集中兵力西征，无暇顾及西夏，只是命令木华黎在南下征金的同时，亦进兵西夏。

蒙军在木华黎的统率下，渡过黄河进入夏境，直抵夏都中兴府，夏神宗李遵顼闻知蒙军铁蹄将至的谍报时，仓皇出奔西京，留太子守中兴府。西夏马上遣使请降，此时，成吉思汗正挥师讨伐花剌子模，不为已甚，应允其投降，于是命令退兵。

几年后，夏神宗李遵顼因附蒙攻金之策连遭失败，成吉思汗又屡遣使指责，不安于位。遂李遵顼传位于次子李德旺，自称上皇。李德旺继位后，改变国策，主张联金抗蒙，趁成吉思汗远征西域之际，遣使联络漠北诸部，企图结为同盟，抗御蒙古帝国，以固西夏。于是，夏、金两国订立盟约，互称兄弟之国，各用本国年号，表示地位平等，两双手紧握成一只拳头，形成一股反蒙势力。当然，这一切都是背着成吉思汗的耳目暗箱操作的。这一重要战略决策若能实现，必将对蒙古帝国构成严重威胁。

成吉思汗闻报西夏有异图，只有拆散夏、金联盟，才能摆脱四面楚歌的被动局面。时值木华黎去世，遂命刚刚继任的木华黎之子孛鲁率兵由河外攻伐沙州，但久攻不下。于是命令军队乘夜暗暗挖掘地道，不料被西夏守将籍辣思义发现，夏军向地道中放火，致使许多蒙军工兵因窒息而死在地道中。随后，孛鲁与刘黑马迂回进攻银州。西夏守将盐府塔海出战，兵败被俘，蒙军攻破银州，击杀夏兵数万，掳掠牲口、牛羊数十万。孛鲁令都元帅扼守要地，自率军还。

夏献宗闻银州失守，漠北诸部溃散，无力抵抗，遣使至蒙军中再次请降，承诺以子为人质，以取信蒙古帝国，在这种情况下，孛鲁奉命撤军，沙州围解。

西夏屡降屡叛，出尔反尔的行径早已让成吉思汗恨之入骨，甚至怒发冲冠。仅在西征时西夏不肯出兵，其君臣竟然在众目昭彰之下，奚落讥讽自己，使他心怀愤然之意，不肯轻易善罢甘休。

为此，蒙军班师漠北草原的当年秋天，时值弓劲马肥、士气高昂之际，成吉思汗不顾七年西征的劳顿，以六十五岁高龄，亲自率十万大军西伐。三子窝阔台、四子拖雷随军而行，开始发动了对西夏的第六次毁灭性的攻伐。

出征之日，天气晴朗，艳阳高悬，此时虽是初春天气，料峭的寒意扑面而来，但也掩饰不住万千军旗猎猎作响和蒙军勇士们高涨的士气。

成吉思汗骑着一匹红鬃烈马，外罩一袭长袍，袍边不时被凛冽的寒风翻卷起来，在怯薛军的簇拥下，他策马走在队伍的前列，口须和颚须皆已雪白，但精力依然充沛，眼睛像猫一样泛着锐利的光亮，如一尊天神。

紧随马后的是伴驾随征的也遂皇后。也遂皇后是当年消灭塔塔儿部时获得的，如今已四十开外，胯下一匹乌骓马，身披锦纹软甲，再配上她挺拔的英姿，巾帼不让须眉。

这次远征，尚未出征便出现不利之兆。

十万蒙军声势浩大地向西夏开去，将士们晓行夜宿，按部就班地向前挺进。一路上，且行且牧，既发泄一下猎兴、消弭行军途中的乏味，又保证将士们品尝到鲜美的野味，一举两得。

不日，进入西夏地界，当蒙军行至一个叫阿儿不合的地方。东部是连绵起伏的山脉，周围被茂密的森林所覆盖，中间零星地点缀着少量的绿洲和牧场，此间常有泼风般的野马披散着长长的鬃毛一晃而过。这是一个天然的大猎场。

见此情景，酷爱行猎的成吉思汗早已按捺不住内心的狂喜，一时猎兴大发，把之前中原道人丘处机让他"节制行猎"的忠告远远地抛在脑后。于是，成吉思汗下令蒙军暂停前进，开始纵马围猎。

成吉思汗的怯薛卫队包围了一座山头，三面围拢得风雨不透。只留一个小缺口，成吉思汗立马在缺口中间，当被驱赶的猎物沿着缺口向外逃逸时，成吉思汗可以享受射猎的乐趣了。

一时间，号角起鸣，呐喊四起，在若干射猎队的卖力驱使下，藏匿在密林深处觅食的一群三百多匹的野马，被驱赶出来。只见分布在漫山遍野的野马奔跑不停，扬起四蹄，咻咻地嘶鸣着，尾鬃扯平，电光火石般向外突围。其他三面都被蒙军的射猎队员所围拢，这群野马屡次突围不成功，动作迟疑的被套索套住，多数掉转马头向成吉思汗的方向疾驰而来。

骑在红鬃烈马上的成吉思汗宛如一块巨石岿然不动，见野马群腾起滚滚的烟尘，宛如决堤的洪水向这边俯冲而来，他按捺不住心中的喜悦，手持弓箭，瞄准其中一匹野马，准备张弓射击。

成吉思汗胯下的红鬃烈马，虽久经沙场，但被万马齐喑的阵势所惊厥，烈马突然受到惊吓，眼中流露出恐慌之色，高扬起前蹄嘶鸣不已，马蹄一阵扑腾，他措手不及，被掀翻到马下。

尽管身体健壮，毕竟是上了岁数的老人，加上坚硬的山石地，这一下摔得可不轻。呻吟不已的成吉思汗试图爬起来，但腿脚不听使唤，努力了几次都没成功。

见此情景，附近的部将慌忙赶过来，对这突如其来的变故，大吃一惊。连忙七手八脚把成吉思汗从地上扶起来，搀进中军大帐。成吉思汗当晚就发起高烧，迫使进攻西夏的行军计划受阻。

翌日一早，也遂奉成吉思汗之命，召集各位将领和亲王议事，说："大汗昨晚高烧不退，神志不清。共同商议一下，对西夏的作战计划如何开展？"

　　蒙力克的儿子脱仑扯儿必提议暂缓出师，说："西夏是一个有建筑的国家，不能移动的营地在这里，他们又跑不掉。我们不如暂且撤军，等可汗退烧后，再来攻取也不迟。"

　　脱仑扯儿必的建议入情入理，各位将领和亲王都一致同意。于是，也遂皇后把议事结果禀报给成吉思汗。他听诸将之言后，沉吟了一会儿说："暂时停止进攻可以，但不能马上班师。西夏若知道蒙军出兵讨伐，如今尚未交锋便退军，岂不耻笑朕临阵胆怯了。朕暂时在这里休养，现在可以遣使去中兴府，且看看他们君臣如何答复，然后再决定进退。"

　　耶律楚材见状，也进言道："来日方长，何必争这一时之短长！"

　　翌日，蒙古使者策马受命径往西夏国度中兴府而去。使者见到献宗李德旺，以成吉思汗的语气怒斥道："你们曾发誓要做朕的左右手。但朕起兵西征时，遣使邀你出兵助战，你们不仅没有履行诺言，拒绝出兵，反而恶言相讥。现在西征结束了，该朕兴师问罪的时候了。"

　　李德旺懦弱异常，听到蒙古使者传达的成吉思汗的声讨之言，竟然吓得两股战战兢兢，冷汗如雨，便推脱说："当时相讥的恶言，并非出自我的口。"

　　站在李德旺身后那个成事不足败事有余的西夏大臣阿沙敢不，倒是勇气可嘉，站在蒙古使者的面前，拍着胸脯说道："相讥之言，是我说的。你回去告诉成吉思汗，若想厮杀，我军在贺兰山列阵恭候；若想要金银绸缎，请到我们银川、西凉来取。欲战欲抢，悉听尊便。"

　　面对军力强大的蒙古帝国，西夏大臣不甘屈服，其勇气可圈可点。但阿沙敢不只顾逞一时口舌之勇，却没有认真权衡夏、蒙两国的军事力量的悬殊，错过了与蒙古帝国议和的重要良机，反而把西夏推向灭亡的深渊。

　　被赶出西夏的蒙古使者返回蒙军大营，向成吉思汗详细奏报了出使的经过。成吉思汗听后勃然大怒，面对西夏大臣阿沙敢不的无端挑衅，全然不顾因坠马而继续侵袭他的病痛，决意将攻伐西夏的战斗进行到底。

　　见此情景，也遂皇后和诸将还要阻谏，躺在病榻上的成吉思汗挥挥手，怒不可遏地说："听彼出此大言，易可退耶？即死也，亦应就其言而 伐之。朕决意与之战！"

成吉思汗指天发誓，要长生天作证：长生天汝其知之。方见西夏君臣之言，在他心中引起的羞怒如此之大。不灭西夏，誓不还师。

第十五章

辉煌落日

　　年迈的成吉思汗不顾身心交瘁，立下不灭西夏誓不还师的决心，极大振奋了蒙古全军将士的士气和信心，从而加速了西夏的灭亡。

　　1226 年夏，成吉思汗随即挥师大举进攻西夏。当时，西夏主要兵力部署在贺兰山东麓，而西线的防御力量相对薄弱。成吉思汗主张先击破各个孤立之敌，然而聚集优势兵力歼敌主力，最后重拳出击，直捣中兴府。

　　根据这一军事战略部署，蒙军兵分两路。成吉思汗亲率蒙军主力为东路军，由三子窝阔台担任统帅，幼子拖雷随征，从东北方向进入西夏境内，逼近贺兰山；大将阿塔赤率西路军，出兵沙州；次子察合台率预备队担任后援总指挥。

　　成吉思汗指挥着东路军，利用一天一夜的时间，攻取了西夏北方重镇黑水城，从而打开了进攻西夏的咽喉之地。阿塔赤率领西路蒙军攻占沙州时，遭遇到顽强抵抗。蒙古大将忽都铁穆耳见强攻不利，便写信招降沙州。沙州西夏守将见双方势力悬殊，便设下诈降计，派使节到蒙军前请降，并准备牛肉、美酒犒劳蒙军，暗中设下埋伏。忽都铁穆耳和归附蒙古帝国的西夏籍将领昔里钤部前来受降。忽然伏兵四起，忽都铁穆耳方知中计，急忙翻身上马，打算突围，谁知战马被绊倒，导致马腿受伤，西夏兵卒正要上前擒拿，昔里钤部连忙将自己的战马让他骑乘，忽都铁穆耳才得以逃脱。昔里钤部也乘夏兵追赶忽都铁穆耳时，突出重围。

此次蒙军出师失利，激怒了西路军统帅阿塔赤，他集结蒙军前往围攻。沙州军民虽然进行了艰苦卓绝的抵抗，但终因众寡悬殊，在没有什么外援的情况下，沙州城遂被攻破，守城将士大多数力战而死。蒙军攻克沙州后，向东进攻肃州，又遭到西夏军民的顽强抵抗。在蒙军诱降之下，肃州党项世家举立沙率众献城投降。但得到战报的成吉思汗仍因久攻不下而怒气未解，下令屠城。蒙军部将昔里钤部本为肃州人，是举立沙同一家族的同辈兄弟，请求赦其亲族家人，最后只留下昔里钤部族人 106 户，其余城中军民统统杀光。

随后，东、西路军合力攻取甘州。甘州西夏守将是曲也怯律。其子察罕，早在十几年前就投奔了成吉思汗，被收为养子。察罕因屡立战功，擢升为大将。此时察罕也在围攻甘州的蒙军阵营中，他派使者带信劝父亲投降。其实，曲也怯律早已萌生降意。甘州西夏副将阿绰暗中联络军中将领三十六人，杀死蒙古使者和曲也怯律全家，率领城中军民死守甘州，致使蒙军久攻不下。成吉思汗闻报后，立即率军从避暑地奔赴甘州，东、西两路蒙军在甘州城外会师，合力攻城。虽然甘州西夏副将阿绰等人率众拼死抵抗，最后城被攻破，阿绰等三十六人皆战死。成吉思汗怒而欲屠全城，被察罕谏止，甘州百姓才免遭屠戮。

攻克黑水城后，成吉思汗率领蒙军主力直指贺兰山。贺兰山脉地近河套，北起巴彦敖包，南至毛土坑敖包及青铜峡。山势雄伟，若群马奔腾。蒙古语称骏马为"贺兰"，故名贺兰山。

西夏大臣阿沙敢不也敢说敢为，在山下列阵与蒙军对峙，可惜夏军的战斗力已今非昔比，交战不久即败退。

阿沙敢不率领西夏残兵败将逃至山顶，又依傍贺兰山扎寨继续与蒙军对垒，想把山顶守住。蒙军再次发动强攻，置生死不顾，齐拥上山，任凭阿沙敢不矢石俱下，冲入寨中，将西夏兵将杀死大半。阿沙敢不见大势已去，便弃了贺兰山落荒而逃。西夏军营帐、骆驼等军需尽为蒙军掠获。成吉思汗为了发泄心头之恨，下令将俘虏中的精壮士卒全部屠杀，赢弱者则分发给蒙古将士为奴。这时天气已经暑热，成吉思汗病体未愈，便携带着也遂皇后往楚珲屯兵避暑，等待与西路军会师。

1226年初秋，河西走廊地区只剩下一座孤城西凉府（凉州）。在蒙军的全力进攻下，西夏守将见孤掌难鸣，遂献城投降。西凉府一失，整个河西走廊均沦陷于蒙古帝国的掌控之中。当蒙军攻占河西诸州的消息传至西夏王宫时，六十四岁的西夏太上皇遵顼惊厥而死。

七月，在位仅四年的西夏第九代皇帝献宗德旺也惊悸而卒。德旺一死，西夏朝廷顿时乱作一团，因其无子，乃由南平王李睍（xiàn）继位，改元宝义，充当大夏国第十代皇帝，也就是末代皇帝。

十一月，成吉思汗率兵沿黄河北上，又进军夺取西凉府与绰罗和拉各县城，越过黄河，围困灵州，深入西夏腹地。由于灵州是中兴府的重要门户，关乎着中兴府的安危，西夏新主李睍亲率五十营倾国之兵十万驰援，试图与蒙军抗衡。蒙古骑兵在冰封的黄河上驰骋冲杀，战况十分惨烈，夏军遭到惨败，夏将佐里等战死，灵州失守，兀纳刺城也被蒙军攻克。灵州城守将为神宗前太子德任，被蒙军俘虏，坚贞不屈被处死。德任之子惟忠，年方七岁，见城破父亲被杀，也求从死，蒙军将士不忍杀害而留其性命。

至十二月，成吉思汗攻取灵、盐二州后，又遣大将阿鲁术督军进围中兴府，由成吉思汗最得力的两个儿子窝阔台和拖雷亲自驱师攻打。末帝李睍遣兵驻扎于合刺合察儿地与蒙军英勇作战，两军势均力敌，难分高下，为此蒙军做好了长期围困中兴府的打算。等"相持既久，必绝食或乏薪火，不容不动，则进兵相逼。或敌阵已动，故不遽击，待其疲困然后冲入"。经过一年多的攻伐，西夏境内的主要城镇均被蒙军攻克，西夏主要兵力被歼，末帝李睍坐困中兴府，愁肠百结，西夏的灭亡近在眼前。

1227年二月，成吉思汗见西夏国力孱弱不足为患，便留下部分兵力继续攻克西夏国都中兴府，自己率军南渡黄河攻入金积石州，随后又破临洮府及洮、河、西宁三州。

此时，西夏正处于"春寒，马饥人瘦，兵不堪战"的绝望境地。末帝李睍忽闻蒙军士有数万人患疫病，欲乘机偷袭。后又得报耶律楚材用攻破灵州时缴获的大黄治病，使蒙军无恙，夏兵遂不敢出。

被蒙军围困半年之久的中兴府，早已粮尽援绝；军民因患病无治，完全丧失了抵御能力。末帝李睍瑟缩在中兴府中，吓得战战兢兢，眼看城被攻破，国势濒危，一筹莫展，忙召集文武百官共商御蒙之策。谁知满朝文武与都城内的贵族都藏匿在土窟中，只有三朝老臣右丞相高良惠鞠躬尽瘁，对国是事必躬亲。

高良惠"内镇百官，外厉将士"，坚守都城，自冬入夏昼夜亲自策马在城头上巡逻。部属官吏都劝他以身体为重，他感叹说："我世受国恩，不能芟除祸乱，使寇深若此，何用生为？"终因年事已高，劳累过度而死。末帝李睍三次到他的灵前痛哭，中兴府城笼罩在一片悲泣哀伤之中。

就在这一年的五月间，成吉思汗回师隆德（今宁夏西吉境），因天气炎热，到六盘山避暑。他见夏国已孤立无援，拒不出降，便派御帐前首千户察罕赴中兴府向末帝谕降，又一次遭到拒绝。

六月，雪上加霜的是，夏国境内发生了一场强烈地震，导致多处宫室房舍塌毁，瘟疫流行。也大大动摇了西夏军民的抵抗意志，西夏王遣使向驻军于六盘山的成吉思汗乞降，西夏的国运终于走到了尽头。成吉思汗要夏主李睍亲自出降，末帝李睍处于山穷水尽的境地，无奈之下只好拜辞宗庙社稷，携同夏国的大臣李仲谔、嵬名令公等文官武将至六盘山来，奉"图籍"向成吉思汗请降，并献上九类金银器皿格九件、九九八十一名童男童女、八十一匹骟马骆驼及其他九九之数的国宝稀珍。

在西夏国王拜见之时，成吉思汗令他们在汗帐外行礼，没有掀开帐帘。行礼完毕，将夏主李睍拘于帐中。但提出宽限一个月的请求，"以备贡物，迁民户"而后亲"自来朝谒"。此时，成吉思汗染上了伤寒，驻跸在清水县（今甘肃清水）西江养病，佯装答应西夏末帝的请求，暗中仍然做着屠城复仇的准备。

成吉思汗将夏主李睍拘留三日，令他改名为失都儿。到第四日，将其杀死，并将其子孙也一概加刑。

出于一时的愤懑，成吉思汗不顾坠马跌伤还拖着病躯伐夏，使他的健康受到极大损害。一年多的征战操劳，几乎耗尽了体内的积蓄，两度驻夏休养也未能使他的病体恢复健康。同年夏，成吉思汗的病势日渐严重，他也自知难以康复，便执了也遂皇后的手，泪语说："我要和你长别了。"

也遂皇后闻言，早已哭得泪人般，泣不成声。

成吉思汗见也遂泪流满面，脸上带着微微的笑意安慰说："你也不用过度悲伤，天下没有不散的筵席，有什么可悲伤流泪的？你可叫众臣诸子进账，朕有要事相告。"

除长子术赤客死在西域外，次子察合台当时率领后备军驻守漠北草原，不在西夏战场。于是，派人将驻兵于附近的三子窝阔台和幼子拖雷招至病榻前。另外有速不台、博尔术、哈撒儿、别勒古台、帖木格、也遂皇后等人，耶律楚材在做笔录。

成吉思汗坐在病榻上，惨白的脸上不时渗出豆大的汗珠来，也遂皇后手持绢帕不时擦拂着。见众人都到齐了，成吉思汗强作笑颜，说："在长生天招我回去之前，有几件事要交代一下。"

群臣诸子皆称遵谕。成吉思汗用虚弱的目光在窝阔台和拖雷脸上扫视一下，缓缓说道："承蒙长生天的福佑，朕已经为你们建立了一个庞大的蒙古帝国。从帝国中央到达边陲之地，骑马都需要一年的行程。倘若你们想守住这个国家，兄弟之间则需同心同德，一起御敌，一心一意为你们的亲人、朋友和庶民增加富贵。你们兄弟中由一人继承汗位，我死后，由窝阔台继任汗位，不得违背朕的遗命。"

众人带着哭腔，声音沉沉地应道："是，大汗。"

成吉思汗让耶律楚材把遗命记录在案，喝了几口奶茶，稍微缓歇了一下，继续说："把疆域图标拿来。"

成吉思汗戎马一生，建立蒙古帝国，战功显赫，灭西辽、西夏及花剌子模等诸国，留下唯一的遗憾，就是没能实现灭金的夙愿。

于是，也遂皇后将绘制在兽皮上的疆域图铺陈在成吉思汗面前。成吉思汗指着疆域图标，说："金精兵在潼关，南据连山，北限大河，难以遽破。金急，必征兵潼关。然以数万之众，千里赴援，人马疲惫，虽至弗能战，破之必矣。"（六年后，蒙古帝国第二任大汗窝阔台命弟弟拖雷具体实践了成吉思汗的"临终遗言"，整个战争进程几乎都是按照他的部署向前推进的。窝阔台指挥蒙、宋联军，直捣大梁城，他对部下说："毁朕父祖者，乃金国人也。汝等可分取金人。彼之好之弟，可令其执鹰而为奴仆之役；其好女子，可令其为汝等之妻室整裙而为女仆！"金哀宗自杀，金军精锐几乎全军覆没，金国灭亡。）

成吉思汗向拖雷密授完攻取河南的战略部署后，伴随着一阵剧烈的咳嗽。见大汗体力不支，连咳带喘，耶律楚材和速不台等人要暂行告退。成吉思汗却强打着精神说道："最后一件事，那就是灭夏方略。"

众人皆疑惑："西夏不是已经投降了吗？"

成吉思汗老谋深算地说："每饮则言，殄灭无遗？以死之、以灭之。"

成吉思汗病危之际，西夏国都中兴府正在陷落。成吉思汗把带病继续征战才导致他病入膏肓的怨恨，全清算到西夏人的头上。

由于耶律楚材劝阻成吉思汗减少杀戮，颇有效果，他临终前，曾经对窝阔台说："此人是天赐我家，以后军国庶政，都可以委托于他。"

天不假年，1227 年 7 月 12 日，成吉思汗溘然长逝于甘肃东部山区渭河北面的清水县行宫，享年六十五岁。

一代天骄成吉思汗，永远阖上了那双智慧的眼睛。像一名真正的勇士，在血染的疆场上结束了自己浩瀚如海的一生。他像一只白尾鹰，自由飞翔在苍穹之中，能从空中俯瞰永远也看不够的漠北草原和斡难河。

溘然长逝的成吉思汗唯一的遗憾就是没能亲眼看到中兴城的被屠。他死后第三天，中兴府的军民全部出城归降时，他的诸子和诸将遵照他的钢铁遗嘱，血洗了西夏。铁骑所到之处，血流成河，白骨蔽野。

曾威震一方，在中国历史上辉煌过一百八十九年的西夏王朝，自李元昊称帝，共传十主，计一百零九年，就此灭亡，党项族也从此消失在历史长河中了。只有贺兰山下一座座高大的土筑陵台——西夏陵，仍然默默矗立在风雨之中，展示着神秘王朝的昔日辉煌。

草原上摆开一溜长长的送葬队伍，人人表情肃穆，凄凉的挽歌随风飘荡。

蒙军卫护着一辆用十二头牛驾引的双轮灵车，车上载着成吉思汗的遗体。要把这位世界征服者的灵柩从甘肃的六盘山运到蒙古的圣山——肯特山去安葬。

成吉思汗的遗体存放在一个独木棺内。所谓独木棺，就是用整段木剖为两半，按死者身体的大小从中镂空，将遗体放进去之后，两半合拢，刷上几遍油漆。橡木制作的灵柩上里面用黄金镶饰得十分华丽，外面镶嵌着三道金箍。

遵照遗命，死讯秘而不宣。一路之上，怯薛军在漫长的途中见人杀人，见畜杀畜，一路上不知要残害多少生灵。

灵车在诸王和将士的恸哭声中缓缓前行，一位名叫客列古台的蒙古将领追随着成吉思汗的灵车，用撕心裂肺的哀声呼唤远行的灵魂：

　　呜呼，我主！
　　你是万民头顶掠过的雄鹰，
　　昨天，你岂非还翱翔在天宇？
　　呜呼，我主！
　　灵车咿呀呀地行，
　　今天却要载着你何处去？
　　呜呼，我主！

贤妻爱子世所罕，

你真的忍心离之而独去？

呜呼，我主！

忠臣良将愿为你效命，

你一朝弃之而不觉可惜？

呜呼，我主！

矫健的雄鹰展翅飞于天顶，

那不就是昨日你之伟岸躯？

呜呼，我主！

如骏马般跳跃狂奔行，

怎的倒地不起在须臾？

嫩绿的青草正逢春雨，

竟一夕暴风雨中被摧折？

六十五载征战擎大纛，

今将仁纛一统享太平，

何以离纛转身去，

你真的就此长眠而不起？

当灵车行至木纳格时，前面就是浩渺无垠的沙漠，车轮突然陷入地面，停滞不前了。用五匹骏马帮着拖拽，加上护卫的将士，一齐用力推拉，都无济于事，灵车像生了根，纹丝不动。

于是，善唱的客列古台又继续嘶哑着嗓子，呼唤成吉思汗的英灵：

呜呼，我主！

一代人杰，

天之骄子，

受长生天之遣，

降临人世，

你要抛弃最忠实的百姓吗？

你要离开最勇敢当将士吗？

你有——

富饶美丽的家乡，

还有我们贤德无双的圣后，

坚如磐石之政权，

精心制订之札撒。

昔日如星散落的百姓，

今已十户为一体。

凡此一切之一切，

均在漠北之草地！

你有——

威严之宫殿，

心爱之嫔妃，

华丽之金帐，

正义奠基的社稷！

凡此一切之一切，

均在漠北之草地！

斡难河畔迭里温孛勒答合，

印下你孩提时代之足迹，

那里是你生长的土地，

那里的泉水曾将你哺育！

那里有众多蒙古兄弟，

那里有你的臣属、家族与亲戚。

凡此一切之一切，

均在漠北之草地！

可曾记九足白旄之大纛，

隆隆雷鸣之鼙鼓，

声震千里之号角，

清韵悠长之牧笛，

克鲁涟河畔之青草，

是你荣登汗位之宝地！

凡此一切之一切，

均在漠北之草地！

孛儿帖圣后，是你结发之爱妻，

盛友如云，终生不渝之友谊，

天下一家，团结伟大之民族，

强盛无匹，巩固安定之社稷！

凡此一切之一切，

均在漠北之草地！

呜呼，我主！

你为何要放弃蒙古之百姓？

只因此地之风和日丽？

难道唐兀百姓更合你的心意？

抑或西夏王后娇媚使得你欣喜？

呜呼，我主！

我等无能再为你去做盾牌，

但求运回你高贵无比之躯体，

将你不朽之躯交予你爱妻，

以慰渴望悬念百姓之心意。

呜呼，我主！

魂其来兮，请就行，莫迟疑！

一曲歌罢，纹丝不动的灵车再度咿咿呀呀行进起来，送葬的队伍继续沿着漠北方向缓缓前行。经过数日的灵魂还乡，成吉思汗的灵柩才到达克鲁伦河上游的大营。此后，成吉思汗驾鹤西去的消息才得以公开。以孛儿帖为首的皇后嫔妃，宗室亲王和驻留漠北草原的将士们悲声长鸣，整个草原都被这一层淡淡的灰暗色的哀伤所笼罩着。

成吉思汗的灵柩停放在孛儿帖的斡儿朵中，并长久地停留在此地，接受蒙古帝国各地的吊唁者的哀悼。萨满教徒在斡儿朵周围卖力地做着法事，驱赶拦路的恶魔，引导成吉思汗的灵魂升到长生天。

诸位公主、亲王和将领们，收到监国拖雷发出的讣告后，纷纷从这个大帝国的四面八方赶来吊唁。他们连续驰骋数日，来不及拴好汗流浃背的战马，便扑到大汗的灵柩前，号啕大哭着来为这位伟大的草原英雄送行。有些离老营太远的部落，在路上颠簸三个月，才陆陆续续赶到这里为恩泽后世与富贵的人致以崇高的敬意。

除先离成吉思汗而去的术赤外，察合台、窝阔台和拖雷的眼泪都流干了，沙哑着嗓子，累日厮守在父汗的灵柩前。

旷日持久的哀悼仪式结束后，人们将包裹着成吉思汗遗体的灵柩运到肯特山去安葬。在肯特山的一个向阳的山坡上，那是成吉思汗生前为自己选择的墓地（具体位置，众说纷纭，不可确指）。

相传，成吉思汗率领蒙军西征时，途经鄂尔多斯草原的肯特山，目睹这里水草丰美，不时有花鹿出没，美景怡人，一时陶醉其中，留恋之际不慎失手将马鞭掉在地上，随从要拾马鞭时，被成吉思汗制止住了，即吩咐左右说："我死后可葬此地。"

成吉思汗入殓时，戴盔披甲，紧握金剑，威仪的神色显得格外庄重。

安葬仪式由奉命监国的拖雷主持。这是一个声势浩大的安葬仪式，又是一个极为血腥的仪式。当灵车缓缓移动起来，紧随其后的是四十名衣着鲜亮、珠光宝气的陪葬处女和一匹装饰一新的宝马。诸子、诸孙和公主哭诉着送死者上山。

生长着茵茵绿草的地面上已被掘开一个大大的土坑，置放着成吉思汗的灵柩、四十名处女和一匹宝马。葬礼由守灶的幼子拖雷主持，他首先向成吉思汗的灵柩敬酒，孝子贤孙公主纷纷磕头，每人再对着灵柩望最后一眼，才用土将墓穴填平。

下葬后，蒙军又出动上万匹战马，在墓地上来回奔跑，将墓地踏平，直到看不出埋过人的痕迹为止。随后，为首的将领命令八百名士兵将造墓的一千名工匠全部杀死，随后，这八百名士兵也遭到灭口，最终成吉思汗的秘葬之地，成为天机被带进了坟墓之中。

这时，将士们唱起《出征歌》和《苏鲁锭歌》，高亢的歌声盖过悲悲戚戚的哭泣声，在人们模糊的泪眼中涌现出成吉思汗身跨红鬃烈马、手持红缨长矛，在疆场上冲锋陷阵的威武形象。此后，苏鲁锭就成为蒙古族的骄傲，成为蒙古战神的象征。

成吉思汗死后没有留下陵寝和宝鼎，只在他墓地周围插箭镞为墙，围成一个方圆三十里的禁区，设骑兵昼夜守卫。罗马教廷使节说："除了被委派在那里看守墓地的看守人以外，没有一个人敢走近这些墓地。"

翌年，成吉思汗秘葬的地方被青草覆盖，与茫茫大草原融为一体，连送葬者也不能辨别墓地的具体方位了，蒙军才全部撤走。

墓地被踏平之后，蒙古人在墓葬地当着母驼的面，把一只驼羔杀死在墓地上，血深深地渗入泥土里。第二年来祭拜时，把这头母驼牵来，在杀死驼羔的地点，母驼就会悲痛地哀鸣。这样，祭拜的人就能找到墓葬的确切地点。

若干年后，等母驼一命呜呼后，这里已无人知晓，后来人更不知具体葬于哪座山间。

倘若如此，一生没有离开过马背的一代天骄成吉思汗，在13世纪的历史舞台上用六十五年走完短暂的人生之旅后，饮马长河、逐鹿中原、耀兵域外后，成吉思汗便与他土生土长的漠北草原紧紧拥抱在一起，把自己疲惫的身心化作一抔泥土，并用灵魂作终生的厮守。

第十六章

拖雷监国

早在 1219 年，成吉思汗西征前夕，听从也遂妃的建议，在忽里台会议上公然宣布三子窝阔台继承蒙古帝国的汗位。但按照汗位继承惯例，大汗即位时必须通过忽里台会议的承认。因成吉思汗驾崩后，蒙古帝国战端频启，无暇召开忽里台会议，暂由忽必烈的父亲、成吉思汗的幼子拖雷临时监国。

所谓监国，就是临时代理国政，行使大汗的权力，发号施令，统领国家一切事宜。监国拖雷为病逝的成吉思汗主持了大约为期三个月的葬礼仪式。按照蒙古人的习俗，幼子拖雷继承了蒙古帝国最精锐的铁骑，包括六十多个千户军。不仅如此，还掌控着成吉思汗留下的四大"斡耳朵"，并镇守着蒙古帝国的中心漠北汗都故地。而明确为汗位继承人的窝阔台只继承了四个千户军，相差悬殊。

正是这种亲中选贤的推举制和幼子守灶的军政大权继承制，才导致蒙古帝国和元朝的汗位转移、皇位继承问题上引发出一系列宫廷政变。事实上，也正是由于监国拖雷所拥兵力势力强大，窝阔台才在成吉思汗去世两年后正式继承汗位，行使汗权。

　　身为监国的拖雷并没有拥权自重，而是遵照成吉思汗的遗愿，在近三年的时间里筹划和组织由蒙古诸王召开的忽里台会议 [1]，以推举成吉思汗遗命的三子窝阔台继承汗位。

　　筹备工作从 1227 年夏至 1229 年秋，持续了两年之久，汗位虚悬两年，由掌握实权的拖雷摄政，无法不让蒙古诸王猜疑与忐忑。外加一些图谋异志的蒙古宗王兴风作浪，成吉思汗诸子不时出去镇压一下。连日战事不断，也延迟了忽里台会议的召开。

　　尽管有成吉思汗的遗命，但胸有城府的窝阔台只得到了一个蒙古帝国继承人的虚名，没有一个合法化的地位，于心不甘。臆想中的汗位必须在忽里台会议上经过众人推戴才有望实现，否则，全都是镜中月水中花，有名无实。此时，窝阔台更是表现出"宽厚仁爱"之心，不但耐心十足，还频频派遣爱妃乃马真向拖雷夫妇坦诚"歉让"之意。"拖雷兄弟战功卓绝，也颇具大汗风范，难怪你的三哥一直坚持谢拒荣登蒙古帝国的汗位。"

　　眼看着成吉思汗已辞世一年多了，至今仍由幼子拖雷监国，忽里台会议悬而未决，不早确定继承者，将后患无穷。

　　窝阔台忍了两年，眼巴巴地望着拖雷，期盼他替自己主持忽里台会议，正式把汗位交给他。可是拖雷迟迟不见行动。窝阔台便四处散布谣言，说："虽然父汗临终前把汗位安排给我，但我的二哥（大哥术赤已去世）和小叔斡赤斤都比我德高望重，更具有资格继承汗位。尤其我的四弟，是父汗生前最喜爱的幼子，对蒙古帝国的领域扩张上，战功可比日月。再说，蒙古自古就有'幼子守灶'的传统。"

　　这番话里有话，柔中含刚，为自己拉拢来不少拥护者。使许多人纷纷把矛头指向监国拖雷，认为他身为监国，不该心怀异志，好不容易在大家心目中树立起来的良好形象丧失殆尽。时间越长，拖雷越被指责得厉害。

_____

[1]　忽里台会议是蒙古帝国建立前及建国初期推选大汗的大型集会。同时拥有决定或宣布重大军事行动、分派征战任务、宣布新定制度的权力。该制度起始于成吉思汗，大约在忽必烈时被废除。

另外，拖雷府中的将士们都吵吵嚷嚷着劝他索性和窝阔台摊牌，究竟鹿死谁手，还是个未知数。退一步来说，就是继承不了蒙古帝国的汗位，起码能与窝阔台平分秋色，也比趴在别人脚下俯首称臣强万倍。

高贵而忠孝的拖雷闻言，拔刀训斥道："比起高瞻远瞩的圣主来，你们不过是目光短浅的土拨鼠而已。倘若再有胆敢非议圣主遗命者，杀无赦。"

在蒙古部落刚刚兴起时，成吉思汗曾对兄弟、诸王说过："取了天下，各分土地，共享富贵。"等统一了蒙古草原并开始向外扩疆拓土，建立蒙古帝国之后，成吉思汗兑现自己的诺言，他采取分封诸王和千户、万户的领地制来赏赐把辽阔的疆域、属民分封给其家人和部下，实施了"大汗直辖与诸子诸弟分领的复合体制"。以蒙古帝国王廷（三河源头）为中心，将王廷以东的地区分封给弟弟们，其中同父异母弟别勒古台在斡难河、怯绿连河中游，有人户一千五百；三弟合赤温在金边墙外的兀鲁灰河（今内蒙古东乌珠穆沁旗乌尔盖河）和合兰真沙沱一带，北接别勒古台的分地，东至合喇温山（今大兴安岭南脉），南抵胡卢忽儿河（在今西乌珠穆沁旗），人户五千；四弟斡赤斤和赡养的母亲在大兴安岭以东，一直蔓延至嫩江、松花江一带，人户一万。后来，成吉思汗又把王廷以西的疆域分封给了诸子：长子术赤在也儿的石河以西，咸海、里海以北，向西至马蹄所到之处；次子察合台在别十八里（在今新疆吉木萨尔县境内）以西至阿姆河，驻地在阿力麻里（在今新疆伊犁哈萨克自治州霍城西十三公里处）；三子窝阔台在叶密立河（今新疆额敏河）流域和按台山（今阿尔泰山）附近，当时都拥有人户四千。

耶律楚材很明白，他们在自己的封地里都相当于一个独立的国王，都在觊觎着蒙古帝国的汗位。除此之外，对成吉思汗把汗位传给窝阔台深表不服，认为自己最有资格成为蒙古帝国新汗的人有：成吉思汗同母最小的弟弟斡赤斤，成吉思汗已故长子术赤（已于成吉思汗逝世前的 1225 年病亡于钦察汗国）的次子拔都，成吉思汗最年长的儿子察合台，还有既是蒙古帝国的守灶者又在监国的拖雷……

在把继承人推上蒙古帝国汗位的关键时刻，耶律楚材凭他的威信和相才，发挥了中流砥柱的作用。

成吉思汗曾指着耶律楚材对窝阔台说："此人赐我家，而后军国庶政，当悉委之。"

耶律楚材字晋卿，号玉泉老人，法号湛然居士，蒙古名为吾图撒合里。他出身于契丹贵族家庭，生长于燕京（今北京），世居金中都（今北京）。当金朝宫廷仍在中都时，就声名日隆。蒙军攻占燕京，成吉思汗问耶律楚材："你的祖先之仇得报，金朝已经灭亡，你是否高兴？"耶律楚材回答说："我的父亲和祖父都在金廷任职，我怎么可能怀有二心，把我的君主和父亲看作仇人呢？"据格鲁塞《草原帝国》记载："占领北京后，在愿意支持蒙古统治的俘虏中，成吉思汗选中一位契丹族王子耶律楚材，他以'身长八尺，美髯宏声'博得成吉思汗的喜爱，被任命为辅臣。这是幸运的选择，因为耶律楚材融中国高度文化和政治家气质于一身。像回鹘大臣塔塔统阿一样，他是辅佐亚洲新君主的最合适的人。"

成吉思汗获悉耶律楚材才华横溢、满腹经纶，遂派人向他询问治国大计。不久，耶律楚材随成吉思汗西征，常晓以征伐、治国、安民之道，屡立奇功，备受器重。又随成吉思汗征伐西夏，谏言禁止州郡官吏擅自征伐杀戮，使贪暴之风稍微收敛。耶律楚材在成吉思汗、窝阔台汗两朝任事近三十年，多有襄助之功。

在这次暗流涌动的争夺汗位的战争中，耶律楚材深知成吉思汗的遗命，确定窝阔台为汗位的继承者，于是联合察合台拥立窝阔台。

耶律楚材先去游说察合台。察合台也为新汗继承人尚未即位之事而焦灼不安，刚喝了不少酒，在帐篷里走来走去。术赤死后，他在成吉思汗诸子中年纪最长，按照蒙古习俗拥有即位的优先权。他今年四十六岁，和拖雷很像，但形容憔悴，举止傲慢，脾气火爆。

耶律楚材步入帐篷，施着蒙古礼，对察合台朗声说道："在下耶律楚材拜见二王爷。"

"耶律大人，你因何事来访？"察合台停下来，盯着耶律楚材问。

"大汗驾崩两年之久，汗位悬而未决，不知二王爷有何打算？"

"也是，我在考虑该由谁来继承汗位更合适？"

"遥想当年立储，大汗是听从您的主张才决定的。如今，大王爷术赤已死，您在大汗诸子中年纪最长，明德惟馨，您的一举一动，事关蒙古帝国的江山社稷的稳定啊。如不早日定夺，恐怕夜长梦多，于蒙古帝国的社稷百姓不利。"

倘若知道术赤早死，察合台怎么可能举荐窝阔台，想起这件事，他就后悔不迭，说："这是大事，不宜草率决定，要三思而后行。"

"很多人私下里议论，二王爷自己想做蒙古帝国新汗，我认为完全是无稽之谈。二王爷是讲信誉之人，昔日自己提名窝阔台为新汗继承人，今天又与他争抢，岂不是言而无信之举？另外，论实力，四王爷拖雷和大王爷术赤的次子拔都均手典重兵，倘若真抢夺起汗位来，恐怕也难以如愿。"

听到耶律楚材鞭辟入里的分析，察合台若有所思地点点头，没有言语，重新在帐篷里踱着步。

见察合台活络了许多，耶律楚材趁机建议，说："微臣以为，二王爷只有拥立三王爷窝阔台为新汗，不改初衷，才显得大公至正。"

察合台猛然转过身来，直视着耶律楚材，问："这真是无二之选吗？"

耶律楚材直视着察合台的眼睛，坚定地点点头，说："长生天之意，谁也无力改变。"

察合台跌坐在椅子上，双手捂脸，舒出一口长气，才缓缓说："那就依耶律大人之计，拥立窝阔台为新汗吧。"

说服了察合台后，耶律楚材又去做监国拖雷的思想工作，说："四王爷，您是大汗生前最信任的皇子，麾下军马最多，实力最大。您必须尽快召开忽里台会议，把窝阔台推上汗位。蒙古是个骁勇善战、崇尚英雄的民族，违背父命会被人们视为小人所为。您肯定不想失去大家对您的尊敬和崇尚，望您三思啊。"

拖雷听罢，说："现在还不是召开忽里台会议的时候，待另择一吉日再说吧。"

耶律楚材连忙说："没有比现在更合适的日子了，在下夜观天象，见紫微星大亮，乃是长生天兆示蒙古帝国，不久将有新汗继位。"

拖雷知道耶律楚材身为蒙古帝国的重臣，从来不随便说话，他还是幽怨地说："父汗生前曾说，你是长生天赐给我家的。我从来待你不薄，为什么要和我过不去呢？"

耶律楚材捋着胸前飘逸的长须，爽朗笑着说："在下若真是长生天赐给黄金家族的，也将属于整个家族，而不是仅仅属于其中的一位。"

目光犀利的拖雷心中猛然一沉，顿时绷紧了脸，紧锁浓眉，愤然说："你竭力推荐我三哥窝阔台继承汗位，对吧？"

耶律楚材挺了挺胸，说："确实如此，因为有三位王爷在场的情况下，微臣把成吉思汗的遗嘱实录在册的！大汗生前有恩于我，在下必须肝脑涂地予以报答。所以，我不能因为你身为监国就见风使舵，做出违背大汗旨意的事情来。"

拖雷没有启口，心已乱如麻，怒视着耶律楚材叫道："你可知道固执下去的后果吗？"

耶律楚材面无惧色，大义凛然地说道："大不了一死，也好早日拜见大汗。可你百年之后，将如何面对自己的父汗呢？"

见耶律楚材搬出父汗来弹压，拖雷再也不好意思借故拖延了，同时也不敢违背成吉思汗的遗命，才语气平和地答应耶律楚材，利用忽里台会议来解决问题，把三哥窝阔台推上汗位。

在耶律楚材苦口婆心的劝解下，拖雷郁结的心扉才稍微释然，另外，冰雪聪明的正妻唆鲁禾帖尼及时伸了一把手，把他从痛苦的泥沼里搭救出来。"英明溥博，圣善柔嘉"的唆鲁禾帖尼在成吉思汗死后，在由谁继承新汗问题上把握得恰到好处。

晚上，从套脑上流泻进来的月光投射到寝帐内，拖雷心事满腹，躺在床上辗转反侧，困意迟迟不来。这自然逃不脱妻子的火眼金睛。拖雷从身后搂抱着唆鲁禾帖尼，抚摸着她光滑的小腹，悄声说起耶律楚材提议尽快举行忽里台的事情来。

唆鲁禾帖尼断然表决："拖雷，耶律大人所言极是，你尽快把汗位交给三哥窝阔台吧。"

拖雷心有不甘地说："我迟迟没有召集诸臣召开忽里台会议，不是只想到我头上的王冠和荣耀，想到咱们的后世子孙能享尽人间荣华……"

唆鲁禾帖尼转过身来，直视着拖雷疲惫的脸色，说："迟早要召开忽里台会议的，你是继承不了汗位的，因为有圣主的遗命在前。即使拖延再久，你也要把汗位交给三哥窝阔台。你没感觉到三哥窝阔台因登不上汗位已经表现得急不可耐了，再僵持下去，不知道会闹出什么乱子。"

拖雷一把扳过唆鲁禾帖尼的肩膀说："难道就别无他法了？"

唆鲁禾帖尼幽然轻叹一声，低低地说："三哥窝阔台胜任新汗后，倘若清正廉洁，蒙古帝国定会繁荣昌盛，黎民百姓安居乐业；倘若穷奢极欲，民不聊生，长生天自会另有一番安排的。"

"那什么时候召开忽里台会议为好？"

"尽快。"

"好吧，尽快。"

第十七章
窝阔台汗

　　察合台和拖雷认为耶律楚材的建议很有道理，便决定在成吉思汗二周年祭奠前后举行忽里台会议，拥立窝阔台继承汗位。

　　接到传信兵的飞马快报后，分封在各地的蒙古诸王都携带着家人、侍卫乃至大军，从四面八方奔赴汗廷所在地大斡耳朵。为了安置前来参加成吉思汗二周年祭奠和忽里台会议的人们，拖雷命人新立起数百顶帐篷，因为人员过多，还是捉襟见肘，远远不够用。这大大出乎拖雷的预料。

　　各路诸王极少按拖雷只带家人、侍卫不超过千人的要求，尤其窝阔台、斡赤斤、拔都、察合台都率领着浩浩荡荡的蒙军。窝阔台军、斡赤斤军各四万，察合台军三万、拔都军两万五千，都已自备了帐篷、食物等生活用品。看阵势不像是来祭拜和参会，倒像是奔赴前线。他们打着"战士们都深深怀念成吉思汗而要求前来祭奠"的幌子，其实是靠兵力争夺蒙古帝国的汗位。

　　无奈之下，拖雷只好在大斡耳朵周围重新划定地盘，安排各路军马歇息，又部署麾下的兵力和四支怯薛军，昼夜加强警戒，防止黄金家族成员发生火拼。

最先到达的是斡赤斤，最后到达的是窝阔台。按照唆鲁禾帖尼既定的计划，把陆续抵达的诸王及家人、侍卫，一一请到父汗的金顶汗帐里，大摆宴席为其接风洗尘；第二天，带着诸子去其驻地，以施家人之礼，馈赠金银珠宝，再次宴请，礼遇周到细致，不再赘述。

在为成吉思汗举行祭祀仪式的前三天，监国拖雷率领数十万人众，或骑马，或步行，或坐着勒勒车离开大斡耳朵，前往位于西北四百里外肯特山一个向阳山坡上的成吉思汗墓地进行祭拜。

七月的草原风光旖旎，各色野花争相竞放，草丛中惊起的鸟儿不时鸣叫着弹射到高空之上。远处，一群咆哮的野马追风赶月般呼啸而过，身上迎风摇曳的鬃毛和尾巴披散开来，在阳光的照射下熠熠生辉。眼前的草原美景，犹如一幅天然壁画，充满着无穷的神奇和魅力。

肯特山到了，遍地覆盖着绿草杂树，可哪里是成吉思汗的埋葬地呢？

走在队伍前面的那头母驼终于止步不前了，俯首嗅着地面上的青草，嘴里发出凄惨的哀鸣声。这便是成吉思汗的埋葬地。于是，拖雷与前来祭拜的人们纷纷下马，开始哭拜。

1229 年夏末秋初，终于在鄂嫩河和克鲁伦河的曲雕阿兰之地隆重召开忽里台会议，来决定蒙古帝国的第二任大汗的归属。拖雷在河边一块空旷的平地上，建起一顶能容纳上百人的豪华大帐，帐内铺着绣有花卉、猛禽等图案的毛毡，大帐居中央二尺高台上摆放着一把用鹿角、骨头连接成的座椅，这便是成吉思汗生前的汗位，最终选出的大汗将被扶到鹿椅上。

见时间已到，拖雷便以监国的身份朗声向众人宣布道："今日推选蒙古帝国的新汗，汗位不管由谁来坐，都不能破坏了规矩。下面请蒙古帝国的代言人阔阔搠思宣布一下章程。"他把目光转向阔阔搠思，示意该由他登场发言了。

见被拖雷点卯，已进入花甲之年的阔阔搠思站起身来，环视一下众人，高声说道："想必在座的各位都胸有定见了吧，大汗生前已经指定三王爷窝阔台继承汗位。成吉思汗是长生天派来统领万民的可汗，是蒙古草原上最圣明的共主，知道由谁来继承汗位才能使蒙古帝国繁荣兴旺。大汗的遗诏是万万不敢违背的。"

"大汗确实是万民的可汗，大汗的遗诏也不可违背，"按赤台剔着阔阔搠思的刺儿，理由十足地反驳道："但大汗只是提议由三王爷窝阔台继承汗位，并没有指定，至于谁……"

失吉忽秃忽神色凛然，对按赤台怒目而视，吼叫着："大汗西征花剌子模前夕就宣布了三王爷窝阔台为下任蒙古帝国的新汗，是当着众人的面说的。按赤台，你怎么说大汗没有指定，意欲何为？"

"既然新汗已经指定，我们何必再召开忽里台会议呢，岂不是多此一举。我窃以为，应当像以往忽里台推举新汗或部落长那样，凭借威望和军力胜出。"

"论威望，应该由斡赤斤接任。"

"拔都作为成吉思汗长子的继承者，拥有雄厚的兵力，也可以继承新汗。"

"拖雷监国两年，励精图治，同样是新汗的最佳人选。"

见几方争吵剧烈，各有道理，胜券在握的耶律楚材也不多言，捋着长髯静听与会者的发言，他时而点头赞许，时而摇头轻叹。

由于发生了激烈的争论，导致忽里台会议开了一月有余仍没有结果，蒙古贵族们"每天都换上不同颜色的新装，边痛饮，边商讨国事"，好像光专注于吃喝，就是不决定由谁来继承汗位。随着时间的推移，候选人日益明朗化，像秋季枯河中的石头渐渐浮出水面，主要集中在拖雷、窝阔台、察合台及成吉思汗的幼弟斡赤斤、术赤次子拔都身上，甚至还有人建议请地位最尊贵的成吉思汗二弟哈撒儿即位。

接下来开始分化、集中，汗位的候选人逐渐向拖雷和窝阔台两方靠拢。

整个会场爆发出一片"拖雷汗，拖雷汗"的吼声，气势如虹，支持窝阔台的人数处于劣势，声音单薄，明显底气不足，窝阔台也无奈，气得脸色发绿，险些甩袖离去。

哈撒儿首先弃权，并没有表态支持哪一方即位，直到窝阔台派牙老瓦赤去面见哈撒儿后，才终于表态支持窝阔台。

继而拔都弃权。其父术赤和拖雷感情甚笃，另外，其母必克秃忒迷失旭真与唆鲁禾帖尼是亲姐妹，拔都义无反顾地表示支持拖雷。

接着弃权，并鼎力支持拖雷的是斡赤斤。他今年四十八岁，身体强壮如牛，一贯骄横自满，除了成吉思汗，不把任何人放在眼里。

最后察合台弃权，他表示将全力以赴支持窝阔台，这样窝阔台和拖雷旗鼓相当了。这使几个支持拖雷的关键人物，别勒古台、拔都、阿刺海别、速不台及阿答赤等十分焦灼乃至恼火，出言不逊，甚至后来有人拔刀相向。

尽管在忽里台会议上，拖雷一再表示谦让，但他们矢志不移，执意坚持自己的立场。眼看天色已晚，只好压着火气，宣布："今天的会议就开到这里吧，再给大家多留一些考虑的时间，明日继续。"

等与会者陆续散去，唯独耶律楚材留下来。拖雷从鹿椅上站起来，扭动一下发酸的脖颈，极不耐烦地说："有话直说吧。"

耶律楚材闻言，迈着碎步走到拖雷面前，认真地说："在下昨晚夜观星象，又以太乙数推算，结果相同，不敢不把结果告知四王爷。"

拖雷愣怔了片刻，知道耶律楚材不打妄语，说："说吧，啥事。"

耶律楚材压低声音说："明日即为拥立新汗的最后吉日。倘若错过明天，蒙古帝国将会大乱而导致民不聊生，再也不会有新汗产生。"

耶律楚材在蒙古帝国中素以占卜之术最为人敬重，拖雷听了他的一席话，惊诧不已，点头应允下来。喃喃说："错过明天……民不聊生，真的假的？"

耶律楚材望着拖雷充满疑惑的目光，用力点点头，随后，步出大帐。

翌日上午，大帐内，拖雷继续主持忽里台会议。由于会期实在太长，大家脸上都挂着倦怠之气，都希望尽快有个结果，好各自打道回府。

拖雷环顾一下与会者，内心思潮涌动，激动地说："在最后拥立新汗继位之前，我要以监国的身份说几句话。"

嗡嗡嘤嘤交头接耳的议论声消失了，大家安静下来，把脸转向他，侧耳聆听。

拖雷接着说："蒙古帝国在成吉思汗的统领下，能走到今天，除了用他手中的弯弓和马刀去四处征伐外，再就是我们拥有任何一个国家都无法比拟的不折不扣的执行力，即我们对成吉思汗的命令要彻头彻尾去执行。只有如此，我们的蒙古帝国才铁铸般坚不可摧，能够千秋万代永远姓孛儿只斤。"

许多人都不约而同地赞许道："所言极是。"

停了片刻，拖雷把悲悯的目光投向帐顶，长吸一口气，陈毅地说："既然大汗生前选择三哥窝阔台来接替汗位，而没有选择我，也没有选择今天在座的任何一位，这正是大汗超群的睿智所在。他看出三哥窝阔台在治理国家、团结兄弟等方面，要高于我们一筹。"

除了耶律楚材，其他与会者全都愣住了，包括窝阔台在内，都几乎不敢相信此言竟然出自拖雷之口。

"来吧！"拖雷面带微笑，向窝阔台挥了挥手，高声喊道："我雄才大略的三哥窝阔台，请走上前来，坐在鹿椅上吧。让我们为蒙古帝国终于产生了一位新汗而欢呼吧。"

窝阔台的心中豁然开朗，面对诸多宗王的推戴，嘴里谦让着说："虽然有大汗的遗诏命我继承汗位不错，但我上有兄长、叔父，特别是四弟拖雷战功赫赫，又身为监国，比我更配授予大权和担当此任，理应接管蒙古帝国的一切……"

拖雷说完走下台来，和察合台、斡赤斤、耶律楚材一起，拉住窝阔台的手，把他扶上虚悬多日的鹿椅。从那一刻起，窝阔台便成为蒙古帝国的第二任合罕，尊号为合罕。

于是，按蒙古旧俗，诸王及与会者摘冠后，把腰带搭在肩上，察合台率领皇族学着耶律楚材的架势施稽首礼。这一拜，窝阔台在拖雷监国两年之后，终于登上了蒙古帝国大汗的宝座。监国拖雷跪在窝阔台的脚下，低头高高举起成吉思汗玉玺，献到窝阔台的手里。这是 1229 年 9 月 13 日（乙丑年八月廿四）的事。

窝阔台面南坐在鹿椅上，手握着父汗的玉玺，望着跪在脚下的察合台、拖雷、耶律楚材等诸王，再次意识到自己真的成为蒙古帝国的第二任新汗。这之前，他对自己能否顺利登上汗位，心里实在没底，更没想到当上大汗极其容易。

等窝阔台登上汗位时，耶律楚材为了使忽里台开得威严庄重，让所有宗亲都能恭敬顺从，便拉着察合台的手说："王虽兄，位则臣也，礼当拜。王拜，则莫敢不拜。"另外，他又对众人说："合罕是长生天的骄子，在蒙古草原上拥有至高无上的权力。南朝无论是女真还是汉人，都对皇帝最为尊崇，行稽首大礼。我建议，以后我们朝见可汗时，以官爵高低为序排列，任何人不得僭越，如何？"

认为耶律楚材说得极有道理，察合台懵懂地点点头。在蒙古礼俗中，只有战俘、奴隶、罪犯才施跪拜礼。

在窝阔台即位仪式上担任司仪的耶律楚材换上礼服，站在窝阔台身边高声喊道："诸王与那颜即行参拜大礼！"

于是，诸王率领着那颜等数百人一齐跪倒在汗台下，模仿中原皇帝登基礼仪，进行三跪九叩大礼，山呼："合罕万岁，万岁，万万岁。"

与此同时，全体与会者、外国时节共同向窝阔台汗行参拜礼。

事后，察合台抚着耶律楚材的手，怀着感激之情，说："你想得真周到啊，真是我们蒙古帝国的社稷之臣啊！"

黄金家族中第一次汗位纷争，在窝阔台即位后才一度平息。可是，这样的结局在术赤和拖雷两系的族人中留下不满情绪，为以后的汗位之争埋下了隐患。

第十八章

慷慨赏赐

　　窝阔台被拥立为蒙古帝国第二任大汗的第六天上午卯时，由长子贵由主持，把象征着蒙古帝国权力的成吉思汗处理政务的金帐和孛儿帖就寝的金帐，挪移了原地。这两座金帐装饰完全相同，都是金顶、圆形、围罩着毛毡，四椽高达一丈二，中心高达二丈五，地盘直径五丈多，坐落在好多木轮上，由二十头体魄健壮的黄牛分作两排拉着，缓缓移向西北八里的窝阔台家族驻地。

　　这一吉时是耶律楚材推算出来的，五天后的登基大典仪式烦琐而细致，包括各种礼仪、程序的制定及训练、彩排，等等，他和拖雷等人昼夜忙碌着。

　　此刻，被群牛缓缓拉动的两座金帐后面紧跟着扬眉吐气的贵由，贵由身后一左一右是负责护卫的两名怯薛歹。接着是耶律楚材和诸王、那颜，每排十人，步履整齐地跟随在金帐之后。最后一排是由一万名怯薛军组成的队列，也是每排十人，骑在马上，披甲持锐，威风凛凛。

　　这是首次把中原的仪式引入蒙古草原，显得威严肃穆、整齐划一，与平时蒙古草原上每逢喜庆节日时载歌载舞、喝酒叫嚣的气氛迥然不同，惹得附近的百姓纷纷驻足观看。

大概用了两炷香的时间，两座金帐终于停留下来，二十头牛被卸去牵走，由专人伺候。

窝阔台从金帐里走出来，眼睛被高悬的秋阳照得有点儿不适应，等用手揉搓了几下，才看清金帐的高台下毕恭毕敬地等候着几个人。拖雷牵着窝阔台的左手，察合台牵着右手，斡赤斤扶着腰部，肃穆地走向鹿椅，礼仪虽然显得烦冗，但窝阔台心里十分受用。他身体肥硕，却精神抖擞，眼睛犀利，端坐在鹿椅上，颇具帝王风范。

察合台和拖雷，按照耶律楚材教的礼仪，认真地向鹿椅上的窝阔台跪下行礼，高声喊道："合罕万岁，万岁，万万岁！"

所有的诸王、那颜、部下也纷纷仿效察合台、拖雷，纷纷跪下，向窝阔台高声颂扬："合罕万岁，万岁，万万岁！"

刹那间，一大片誓死效忠的人群全都俯身跪拜在窝阔台的脚下，像深秋的田野里被砍伐后的庄稼，看上去蔚为壮观。端坐在鹿椅上的窝阔台看到众多弓起的脊背，以及整整齐齐伏在地上亮光光的脑门，心里像羽毛般轻轻拂过，带着丝丝的暖意和惬意。

其实，窝阔台是一个性格难以琢磨的复杂人物。连成吉思汗评价他"爱金钱、财富、安逸和高贵的风度"。史料中浓墨重彩地记载了窝阔台度量宽宏、公正慷慨的一面。在赏赐财物方面，几乎胜过了前辈。因为窝阔台天性慷慨大方，为人仁爱好施，喜欢广播恩泽。他把来自蒙古帝国远近各地的东西，常常不经司账和稽查登录就散发一空。

在慷慨乐施面前，窝阔台一视同仁，无论对商人、贵族、工匠、穷人，都一概如此。这足以证明当时汗廷帑藏充实，以满足他挥霍之需，但真正从他那里获益的仅是贵族和商人。

在登基大典仪式结束后，窝阔台接下来的一个举动简直令人瞠目结舌。他取出钥匙，打开蒙古帝国的宝库，看到宝库里堆积着如山般的金银财宝。原因很简单，成吉思汗率领蒙军横扫欧亚大陆，不仅占领广阔的地盘。铁蹄所至之下，数十个王国的珍宝被搜刮而来。历史上，再没有任何一个人像成吉思汗那样，有机会拥有如此巨额的财富。

成吉思汗生前，每次胜利返回蒙古草原后，这些满载而归的战利品，除按战功大小把一部分分给在疆场上厮杀的将士及诸王、那颜等，剩余的都分门别类储藏在宝库中，并委任重兵昼夜把守。成吉思汗像蒙古帝国的缔造者一样，把用麾下将士的生命换取的财富，都悉心珍藏着，似乎是他一生奋斗的全部证明。但在还没来得及消费享用时，便撒手人寰。

这一天，为了表达对其拥护者的谢意，窝阔台对所有参会者说："守着这些金银财宝有啥用啊？随后传旨遍告臣民，想得到金银财宝的人，就赶快来宝库里任意拿走。"

于是乎，这些参会者中，有支持他的，也不乏反对他的。此时，当初的反对者也变成拥护者，都成为他的臣民。得到窝阔台的旨令后，他们便成群结队地涌入蒙古帝国的宝库，像在集市上争抢白送的货物一样，争相选取金银财宝，最终每个人都满载而归。

这些从战场上掠获来的不计其数的财富为窝阔台提供了阔绰、慷慨的物质奖励，不过是在骆驼身上拔几根毛而已。窝阔台在心里敬佩起积累下海洋般财富的成吉思汗来，正是得益于父汗的先见之明，才解决了如何奖励大家这个棘手的难题。

随后，窝阔台又命人把成捆成捆的蟒纹绸缎抬出来，裁剪成合适的尺寸，披在马和骆驼上，营造出登基大典的喜庆气氛。不仅如此，他还让人把金碗、银筷、镶着宝石的酒樽都统统搬出来，充当露天宴席的器具。用完也不及时收回，谁用过的归谁所有。

夜幕时分，当车轮般的夕阳降落在草原西方遥远的地平线上时，秋风习习，送来草原草木植物成熟的馨香。盛大的露天宴席开始了，无论男女，身上胡乱缠着绣着美丽花纹的丝绸，显得不伦不类，把装满马奶酒的酒坛一缸一缸地抬出来，等星星点点的篝火遍布在附近草原时，手持酒碗的人们便围着火堆跳起欢快的舞蹈，吃着手扒肉，喝着马奶酒，不亦乐乎。乳白色的马奶酒在碗里荡来荡去，酒香夹杂着烤肉的香味在草原的上空弥漫开来，草原上形成了一片欢乐的海洋。

吃完了肉喝完了酒继续载歌载舞，等唱累了跳累了再吃再喝，直到烂醉如泥，脚下打绊了，歌唱不成调了，便一个个倒在草地上酣然入睡，不知不觉间，天光大亮。

拖雷带着一身酒气，悒悒不乐地回到自家的斡耳朵里。倒不是因为自己没有登上新汗之位，而是窝阔台甫登上汗位，便挥霍无节，把成吉思汗用生命换来的财富大度地散尽，借以收买人心，令他十分疼惜。在他掌握实权摄政监国的两年里，克勤克俭地保护着这些财物，不该花的坚决不花。就像他节省下来，只为这一刻让窝阔台尽情挥霍，收买人心一样。

其实，挥霍的当场就有很多大臣曾劝窝阔台不要这样肆无忌惮地挥霍金钱，可窝阔台却回答道："你们太不聪明了，财物不能保我辈不死，而我辈死后又不能复生，聚财何益？不如散财寄于民心！"在窝阔台看来，金银财宝皆为"浮云"。

知道拖雷今天去参加窝阔台登基大典仪式，肯定喝多了酒才回家，唆鲁禾帖尼便准备好一碗咸奶茶。拖雷刚步入帐内，唆鲁禾帖尼便把咸奶茶递给他。拖雷吹拂着飘溢在奶茶上面的茶沫，刚想探头喝时，二十一岁的蒙哥风风火火地闯进帐来，手持一个碗底刻有"大唐贞观"字样的鎏金碗，显摆似的在他们面前晃了晃，说："额吉、阿瓦，你们看看我今天在宝库里得来的宝贝。"

拖雷喝了一口奶茶，极不耐烦地扭头训道："一个破碗，就值得你如此高兴吗？"

蒙哥的个头已超过拖雷，不解地望着他说："阿瓦，您今天怎么了，这是新任的合罕赏赐的，我当然高兴了。"

旁边的忽必烈看到拖雷的脸色阴沉得更加厉害，忙把欲言又止的蒙哥拉到一边，把中指往嘴巴上一捂，做了个噤声的姿势。

等拖雷喝完奶茶，唆鲁禾帖尼又倒了一碗咸奶茶递过去，看着忽必烈把嘴伏在蒙哥的耳畔正悄声嘀咕着什么，忍不住咯咯地笑了起来，把疑窦丛生的拖雷拉到椅子上坐下，说："我认为在这件事上，你不如蒙哥做得好。"

"何出此言？"拖雷把茶碗重重地往桌子上一撤，叫嚷道："我拖雷家虽然说不上富甲一方，但也不差那一个金碗。你没发现三哥拿着父汗积攒的基业在收买人心吗？倘若父汗地下有知，不知作何感想。"

"其实，你这是吃河水管得有点儿宽了。"唆鲁禾帖尼说，"三哥又不是三岁的孩子，他既然继承了汗位，他愿意处理蒙古帝国的东西就由他处理好了，关我们啥事。"

拖雷没有说话，持起桌子上的空茶碗，赌气似的又往嘴里倒了一口。

唆鲁禾帖尼继续开导，说："另外，靠你的鼎力相助，三哥才荣任新汗，你要表现得高兴点。你整天阴郁着脸，他以为你对他即位心怀怨恨呢。"

第十九章
耶律楚材

窝阔台在位十二年期间，在蒙古帝国的政治、经济、军事等领域都不乏建树。确如成吉思汗所见，他身怀治国经世之才。执政初始，即下令大赦天下，宣布严格遵行成吉思汗生前颁布的札撒执行，对于成吉思汗死后的犯罪者一律赦免，以后的犯罪者仍依法严惩。

灭西夏之后，窝阔台感觉汗位已经巩固，颁行自己制定的一系列扎撒律令。另外，他又在蒙古帝国的疆域上广设驿站，连接四面八方，方便各地使臣、商贾往来，促使商贸流通，赋役的征发，以及政令军务的迅捷传达，减少惊扰百姓。他还派人掘井取水，以利于百姓在原来荒无人烟的地面定居畜牧。

不过窝阔台的注意力主要集中在蒙古本土，不大注意改善漠北以外征服地区。《元史·太宗纪》称他"有宽宏之量，忠恕之行，量时度力，举无过事，华夏富庶，羊马成群，旅不赍粮，时称治平"，显然是溢美之词。

此外，还进一步严密了宿卫制度，不仅加强上级对下级的管理，更注意保护普通卫兵的权益，使他们免遭头领的欺凌。他说："各班长对于和他共同巡查的所属护卫不得以首长自居，任意打罚。他们如果违犯法令，送到我这里来，可杀则杀，可罚则罚。如果自以为是首长不禀报我，而动手动脚责打了我的护卫，若以拳打的，还之以拳打，以杖击的，还之以杖击。"这一条律令，足以保护了普通护卫的自身权益。

此时，中原大部分地区已划入蒙古帝国的版图，熟谙中原旧制的耶律楚材日益获得重用。他深受汉族文化的熏陶，深深为汉族先进的封建文明所折服。他认为，天下可以马上得之，不可以马上治之。要想治理好国家，必须以"以儒治国"思想为宗旨，积极致力于中原封建统治秩序的恢复，尤其注重社会经济的恢复发展。在施政治国方面，窝阔台比较开明，决心采用"汉法"。耶律楚材便成为他帐前重要的参谋和助手，在进行改革的过程中，提出了许多建设性的建议。窝阔台对此言听计用，制定了一系列重要的政策和措施。

当时的礼仪典章都很简单潦草，耶律楚材进一步完善了蒙古帝国的法律制度和政治制度，并先后两次在忽里台会议上颁行大札撒，规范宗室、诸王和可颜们的行为。

蒙古帝国的统治范围扩大到中原以后，刑事案件大大增加了，情况也复杂得多了。为解决实际问题，耶律楚材便提出《便宜十八事》作为临时法律，在全国颁布实施。其略言："郡宜置长吏牧民，设万户总军，使势均力敌，以遏骄横。中原之地，财用所出，宜存恤其民，州县非奉上命，敢擅行科差者罪之。贸易借贷官物者罪之。蒙古、回鹘、河西诸人，种地不纳税者死。监主自盗官物者死。应犯死罪者，具由申奏待报，然后行刑。贡献礼物，为害非轻，深宜禁断。"帝悉从之，唯贡献一事不允。

此外，耶律楚材还多次建议窝阔台选拔儒生做官，说："制造器物的必然选用技术好的工匠，而治理国家则必须选用儒臣。选拔儒臣，不是一朝一夕之事，大汗必须早作打算。"

窝阔台依计，在第二年，派出宣课使到各郡县筹划事宜，开经义、辞赋、论三科取士，先后得士四千余人，有四分之一的人免除奴籍，成为自由人。

　　长期习惯于游牧生活的蒙古贵族，一路南侵，占领了中原广袤的疆土，面对高度发展的封建农业经济一筹莫展，对于农业生产在国计民生中所起的重要性也缺乏基本的了解，以至有些蒙古贵族建议，杀尽汉人，将中原农业区变成牧场。1230 年，近臣别迭上奏说："虽得汉人亦无所用，不若尽去之，使草木畅茂，以为牧地。"这一杀戮汉人、变农田为牧场的建议一旦实施，对于饱受战争破坏的中原社会经济无疑将是致命的打击。

　　耶律楚材驳斥了这种看法，对窝阔台说："陛下将南伐，军需宜有所资，诚均定中原地税、商税、盐、酒、铁冶、山泽之利，岁可得银五十万两、帛八万匹、粟四十余万石，足以供给，何谓无补哉？"

　　窝阔台对耶律楚材的话将信将疑，命令他试行以观其效。于是授命耶律楚材负责建立税收机构，选任税官。这样，一场摧残中原农业经济的倒退活动被及时阻止，河北、山东、山西几千万人的性命得以保全。燕京、宣德（今河北宣化）、西京（山西大同）、太原、平阳（山西临汾）、真定（河北正定）、东平、北宁（内蒙古宁城）、平州（河北卢龙）、济南等十路课税所建立起来。

　　耶律楚材深知要统治中原非用中原的制度不可，而熟知汉法统治之道的是儒士。在他负责征收赋税的过程中，先后选用了二十多名汉人担任税使和副使。1230 年，他在中原辖区设十路，每路都任命正副课税使，都由中原儒士来担任。名单如下：燕京陈时可、赵昉；宣德刘中、刘桓；西京周立和王贞；太原吕振、刘子振；平阳杨简、高廷英；真定王晋、贾从；东平张瑜、王锐；北京王德亨、侯显；平州夹谷永（女真人）、程泰；济南田木西、李天翼。这是蒙古帝国最高统治集团大批任用汉人儒士的开端。

　　与此同时，耶律楚材还奏请窝阔台批准"长吏专理民事，万户府总军政，课税所掌钱谷"。即把行政、军事与征税分开，使课税使隶属中央，不受各地行政、军政长官的节制。次年秋天，窝阔台到达西京，十路课税使将征收来的粮食、簿籍及银子、布帛等进呈合罕，窝阔台这才信以为真，对耶律楚材说："你没有离开我左右，却能收到这么多钱粮，使国用充足，金国朝臣中还有像你这样的人才吗？"

耶律楚材非常谦虚地回答说："汴梁的大臣都比我有才能，我因为没有什么本领，当时才留在中都，结果为陛下所用了。"

窝阔台对耶律楚材的才德更为赞赏，于是在 1231 年，才郑重任命耶律楚材为必阇赤（即中书令），成为蒙古帝国的第一任宰相，让他掌管军国大政，全权负责赋税征收事宜。

连年征战，迫使很多百姓背井离乡，居无定所，他们或投靠豪强地主为私属，或避难于山林中，致使不少州县"百不存一"，造成大量土地荒芜，社会经济遭到严重破坏以至凋敝不堪。如何尽快恢复战争造成的创伤，把战乱造成破烂不堪、千疮百孔的国家重新振兴起来，是摆在窝阔台面前一个非常重要和艰巨的任务，因为这是关系到蒙古帝国政权能否巩固统治的大问题。

为此，耶律楚材担任中书令后特别注意保存劳动力。同年，窝阔台将率军征伐河南之际，耶律楚材便劝谏不要屠杀当地百姓，可以把他们迁往山后之地，在那里开采金银、栽种葡萄，既可贷其不死，又可提供皇室必需品，何乐而不为呢。窝阔台便以计下诏："逃难之民，若迎军来降，与免杀戮。"这个诏令一下达，便遭到少数蒙古贵族的极力反对，他们说："逃民们急则降，缓则走，不把他们杀掉，终为敌人所用，还是不要宽宥，完全杀掉为好。"耶律楚材贯彻窝阔台的诏令，并建议制造数百面白旗发给降民，让他们回到蒙军控制的州郡进行农业生产。据说，这一办法的实行，保全了大量逃户的性命。

按照蒙古惯例，凡在攻城之际，敌人以武力抗衡者，城破之后，都要饱受屠城的惩罚。1232 年，蒙军大将速不台即将攻克金国的都城汴京府（今河南开封），派人向窝阔台奏请说："此城抗拒持久，我军死伤甚多，城破之后，应尽屠之，以示惩罚。"耶律楚材闻讯急忙劝阻道："将士暴露数十年，所欲者土地人民耳，得地无民，将焉用之？"窝阔台听后犹豫不决，不知道该如何决定。耶律楚材趁机又说："凡弓矢甲仗、金玉等匠及官民富贵之家，皆聚此城中，杀之则一无所得，是徒劳也。"窝阔台终于点头称是，下达一道诏令："除皇族完颜氏之外，其余民众皆赦免。"据说，当时因避兵乱居于汴京城中有一百四十七万多人，都幸免于难。此后，蒙军且攻陷城池只诛首恶，不再屠城，几乎成为定制。

蒙古灭金后，掳获了大量俘虏，蒙军北撤时，逃亡者十之七八。窝阔台降旨：收容逃民及供给他们饮食者，全家处死；一家犯法，全乡社连坐。此令一下，百姓皆惶恐不安，无人敢收留逃民，致使饿死于路上的逃民不可胜数，耶律楚材劝谏窝阔台取消此项禁令，他说："现在西夏已经灭亡，百姓都是陛下的臣民，他们还能逃到哪里去呢？怎么能因为一个俘虏，而连坐处死数十百人呢？"窝阔台幡然醒悟，立即下令解除此禁令。

在蒙古伐金的战争中，诸王将校不但劫掠财货，且掳掠人口，将包括士大夫在内的大批民户据为私属，也就是驱口，动以万计。驱口的身份很低，任凭主人在集市上驱使买卖，毫无人身自由可言。这种由先进的封建生产关系倒退为落后的奴隶制的生产关系，不仅严重摧残了劳动力，而且极大影响了国家的财政收入。因此，灭西夏之后，耶律楚材奏请括户：寄留诸郡的驱口"并令为民，匿占者死"。由此，大批驱口被释放为良民，成为国家编户，劳动者身份地位的改善，有利于其生产积极性的提高，对于社会经济的恢复发展起到有力的促进作用。

1236 年，括户完成后，窝阔台根据蒙古旧制，准备实行"裂土分民"的分封制，将新占领的中原地区的州县及百姓分封给诸王勋臣。这种分封制与中原地主制经济及长期实行的封建中央集权制不相适应，且较之后者是严重的倒退。耶律楚材及时提出，裂土分民，诸王勋臣拥有封地上的全权，结果势必产生尾大不掉的弊端，严重威胁中央政权。应由国家选派官吏，征收赋税，以一部分税收颁赐诸王勋臣，诸王勋臣不得过问地方的行政事务，不得擅自征税征兵。窝阔台欣然采纳了耶律楚材的用经济上的赏赐代替土地人口的分封的建议，并责成他负责制定新的赋税制度。

耶律楚材主张轻徭薄赋，宽恤民力，恢复发展中原的社会经济。1234 年，在括户工作进行时，蒙古大臣忽都虎等人曾提出"以丁为户"，即按丁征税。耶律楚材说："自古以来，在中原都没有实行过以丁收赋的办法。

如果强制执行，人民必将逃散，赋税就颗粒无收。"

得到窝阔台的支持，于1236年颁布了新税制，包括三个方面：一、户税，每二户向国家缴纳丝一斤、每五户向诸王勋臣（封主）纳丝一斤。二、地税，上等田每亩纳粮三升半、中田交三升、下田交二升、水田交五升。三、商税，税率为三十分之一，盐引四十斤收银一两。这一税制，遭到蒙古贵族的普遍反对，认为这个税率定得太轻了。耶律楚材则置朝臣反对于不顾，坚持实行新税制，说："法定税额虽然较轻，但执行中难免有贪利多收的弊端，并且还会有以聚敛邀功之人。从这个角度讲，现在的赋税可算是相当重了呢。"这种轻税薄赋的政策，对恢复北方社会的发展生产起到促进作用。

耶律楚材当政时，还主持制定了钞法、均输条例，统一了度量衡等。这些实际的经济工作，也有助于促进中原社会经济早日步入正轨。

成吉思汗西征时，打通了中原通向西域的商路，大批西域商人涌入中原，不少人为蒙古贵族经商牟利，故二者关系密切，一些西域商人凭借蒙古贵族势力，发放高利贷，年息百分之百，一锭银十年后本利可达一千零二十四锭，时称羊羔息，为之倾家荡产者居多。为此，耶律楚材奏请窝阔台以官银代百姓还债。并规定今后"子母相侔，更不生息"。即利息和本金相等后，便不能再加收利息。在一定程度上抑制了高利贷的发展。

从1230年，在中原开始征税，后打下河南，灭掉西夏，1236年颁定课税数额，到1238年，税额已由五十万两增加到一百一十万两。巨额的财富大大刺激了统治阶级的贪欲。于是，一种苛剥百姓的包税制——扑买制乘机抬头。起初，一些不良商人乘机与蒙古贵族勾结，以一百四十万两银子扑买全国盐、酒、差发、廊房、地基、水利、桥梁、渡口及猪鸡等项课税。耶律楚材认为：这些贪利之徒，罔上虐下，使怒归于上，利归于己，危害极大。于是，奏请废除弊政，窝阔台准其奏。

但是，耶律楚材在劝谏窝阔台实施汉法的道路上，并非一帆风顺的。他的政治改革一开始便遭到蒙古守旧贵族的大力反对。如，燕京留守后方的长官石抹咸得卜竟以旧怨，诬告耶律楚材"率用旧亲，必有二心"，务欲杀之而后快。当然，窝阔台也不是对耶律楚材全都计合谋从。到窝阔台晚年，回鹘译史安天台与右丞相镇海相互勾结，将国家赋税征收权以二百二十万两银子扑买给西域商人奥都剌合蛮。耶律楚材获悉后坚决反对，他向窝阔台极力辩谏，声色俱厉，言与泪下。但此时，窝阔台整日沉湎于酒色，不理朝政，早已失去昔日明君的睿智，耶律楚材的抗辩已无济于事了。窝阔台生气地斥责说："你难道想搏斗吗？""你想要为百姓痛哭吗？"有时甚至下令把耶律楚材捆绑起来，这些不尊重与信任的表现，大大妨碍了耶律楚材"以儒治国"理想的彻底实现。

1236 年春天，诸王宴集万安宫，窝阔台对诸王说起即位以来，所做过的一件件大事，多次提及耶律楚材的名字，把很多功劳都归功于他。

窝阔台刚说完，耶律楚材连忙说："这都是合罕的圣明给蒙古帝国的子民降下的福音，我只不过在其位谋其政罢了，哪里有功劳可言？"

窝阔台走下御座，来到耶律楚材身边，对他说："我所以推诚任用你，是圣汗的遗命。我岂敢不从命？你的功勋可昭日月，像山一样高，像海一样大，是大家有目共睹的。没有你，蒙古帝国没有今日，中原没有今日，我今日高枕无忧，在这里和大家开心地说笑，尽情地喝着美酒，也全是你的功劳啊！所以，今天我当着诸王、那颜的面，敬你一杯酒，表达谢意！"

窝阔台说着，从侍臣手中接过酒壶，为耶律楚材斟满酒。见蒙古帝国的合罕亲自为自己斟酒，耶律楚材激动地双膝跪下，双手把酒盅举过头顶。

然后，窝阔台举觞与耶律楚材碰了一下，一饮而尽。

第二十章

继续伐金

虽然即位时一波三折，但窝阔台荣任蒙古帝国第二任大汗后没有反攻倒算，而是秉承父汗的遗志，继续组织规模宏大的领土扩张的征伐，需要用不逊于成吉思汗的武功来证明自己是一个合格的继承人。

成吉思汗戎马一生，战功显赫，灭西辽、西夏及花剌子模等诸国，铸造蒙古帝国。唯一的遗憾，就是没能实现灭金的夙愿。临死前，曾留下遗言说："金精兵在潼关，南据连山，北限大河，难以遽破。金急，必征兵潼关。然以数万之众，千里赴援，人马疲惫，虽至弗能战，破之必矣。"这是成吉思汗伐金十六年的经验总结，要后继者利用宋、金两国的矛盾，把用兵重点移到金的西南，然后直捣汴京，一举拿下金国。

窝阔台即位两年后，为完成成吉思汗的遗命，号令十余万蒙古铁骑，启动了具体的伐金战略。金国虽然在成吉思汗时期，遭到了沉重的打击，但毕竟国力雄厚。面对内忧外患的危局，完颜守绪即位后便进行了大刀阔斧的改革。对内，大胆任用完颜合达、完颜陈和尚等抗蒙有功将帅，起用胥鼎等文武兼备的致仕官员，征集各族抗蒙兵卒，贬黜诛戮奸臣，招降武仙等地主武装，以增强抗蒙力量；对外，改变宣宗对夏、宋的战略，并遣使与西夏、南宋议和停战，停止截杀渡淮南下的红袄军，以集中兵力，抗御蒙古进攻。另外，对金军进行了整编，组建了一支十几万人的精兵，分为十五都尉，作为直接隶属于枢密院的战略机动部队。除此之外，还拥有军队二十余万人，精兵四十余万，并占据了大片河山。由于主持伐金的蒙古将帅木华黎刚死，成吉思汗正忙于西征的战事，金国的元气逐渐得到恢复。显然，窝阔台灭金并非轻而易举。

在 1229 年，窝阔台命朵忽鲁为先锋军，挺入金境，围攻金国重镇陕西庆阳。窝阔台希望他能在伐金的序幕开启之际，取得大捷。万万没想到，第二年（1230）正月，就传来伐金先锋军失利的凶讯。朵忽鲁率领蒙军围困庆阳后，欲扩大战果，又驱动八千名蒙军直指大昌原（今河南省灵宝市西部）抢粮时，不幸遭遇金国忠孝军提控完颜陈和尚指挥的三百名金兵伏击，几乎招致全军覆没，连朵忽鲁都血染疆场。金军一路猛追，解了庆阳之围。这是蒙、金交锋以来，金军首次取得的大捷。

大捷后以功授定远大将军、平凉府判官的完颜陈和尚志骄意满地对遣返的一名蒙古百户长说："我军兵精粮足，你回去告诉你们大汗，敢与我战就来吧！"

这一来，大大激怒了窝阔台。闻报后，他恼羞成怒地说："且让他们继续狂妄，然后才会败得更惨！"

1230 年秋，窝阔台率军南伐，拖雷、蒙哥皆跟随其后，随行的蒙军将领还有三子阔出、重臣失吉忽秃忽、野里只吉带。长子贵由留守汗廷大斡耳朵，管理后方诸事。

三十余万蒙军兵分三路，携带着军需粮草及攻城、渡河等辎重，浩浩荡荡向南挺进，吹响了伐金的号角。经过漫长的行军，蒙军走出漠南草原，进入山西，攻克天成堡等要隘，又渡过黄河，再连拔韩、蒲两城。

当时，金国平章完颜合达、参政移剌蒲阿率领十几万机动兵力，把行省移至阌乡（今河南灵宝市西部），以备潼关，一时难下。年底，蒙军便进入陕西境地，与主儿扯歹部会师，围攻金国重镇凤翔。

凤翔县古称雍，是周秦发祥之地、嬴秦创霸之区、华夏九州之一，地处关中平原的渭北黄土地上，北高南低，南望渭水，北依雍山，西近灵山，东靠扶岐山。相传秦穆公之女弄玉善于吹笛，引来善于吹箫的华山隐士箫史，知音相遇，终成眷属，后乘凤凰飞翔而去，唐时取此意更名凤翔。

另外，凤翔是宝鸡的门户。宝鸡附近的大散关是汉中通往关中的要道，要进入汉中谷地，必须占领宝鸡，要占领宝鸡，就要占领宝鸡的门户凤翔。由此可见，凤翔对金国而言，尤为重要。

1231 年正月，完颜守绪得到蒙军围攻凤翔的急报，急忙诏令镇守潼关的完颜合达挥兵去解凤翔之围。完颜合达命副帅移剌蒲阿从阙乡提兵驰援，随后自己也率军抵达渭北。当他们遥见蒙军旗帜漫山遍野，遮天蔽日，心生怯意，没敢上前，上奏完颜守绪说："蒙军势盛，不可轻进。"

金哀宗完颜守绪十分着急，又遣使晓谕："凤翔被围既久，守军将要招架不住，可以领车出关与蒙军稍稍交手一番，以减缓凤翔方面守军的压力，牵制一下蒙军。"二人得诏后，便硬着头皮领兵出关，蜻蜓点水似的与蒙军打了一小仗后不敢久留，立马收军入关，任凭凤翔失守。

正值完颜合达、移剌蒲阿不知该如何向完颜守绪交代时，蒙古老将速不台连拔小关、卢氏、朱阳后，向潼关方向攻伐而来。完颜合达抓住这个机会，派完颜陈和尚率领忠孝军一千人，都尉夹谷浑率军一万人前去救援，结果以少胜多，竟然击败蒙古大将速不台，潼关未能攻克。窝阔台闻讯后，斥责了速不台，让他将功补过，并加大了进攻力度。

四月，蒙军经过半年的围攻，凤翔陷落。经过腥风血雨般的大肆屠戮，昔日繁华秀美的凤翔城，变成城垣残破，白骨堆积，城内的街巷里人迹稀少，如同千年古墓般寂静。京兆城内的守军不战而逃，潼关以西的各地相继落入蒙军囊中。潼关城中由完颜合达把守仍严，连续攻伐的蒙军被完颜合达连连挫败。见潼关久攻不下，窝阔台决定退军，另觅新路北返。

夏天，在官山九十九泉（今内蒙古卓资北灰腾梁）避暑的窝阔台，在汗帐里召集拖雷、察合台、失吉忽秃忽、野里只吉带、阔出以及耶律楚材、粘合重山、镇海、阔阔搠思、塔察儿等人商讨如何加快拔除潼关的步伐。

相持之间，名叫李昌国的金国降将向拖雷提议，说："金朝迁都汴京快二十年，他们所依恃为安的，正是潼关人守和黄河天险，如果出宝鸡入汉中，不到一个月即可赶到唐州和邓州，如此，则金国可灭。"

拖雷深以为然，马上把李昌国的建议转告给窝阔台，两人一拍即合。

于是，窝阔台做出了三路攻金的战略部署：斡赤斤率领左军由济南西进；拖雷总领右路军自凤翔渡渭水，过宝鸡，入小潼关，涉宋人之境，沿汉水而下，对汴京形成包抄之势；自统中军自碗子城南下渡河，拔除河中府，再向洛阳挺进，进逼汴京。希望明年春天，三路军会师于汴京。

伐金的策略既定，是年秋天，窝阔台率领二十六万中路军离开西京，浩浩荡荡南下直奔金国的河中府而来，将其包围后，开始攻城。河中府的守将是元帅左监军杨沃衍，率领十万守军奋勇抵抗。河中府已坚守了一个多月，守军杨沃衍见损兵折将过半，蒙军攻势迅猛，不再蛮战，弃城南逃。十二月，河中府沦陷。

接着，驻守黄河防线的金国中京留守、恒山公武仙见蒙军来势汹汹，加上杨沃衍已弃城南逃，上行下效，也率部向南逃至汴京。

对金国而言，河中府的地理位置尤为重要，背靠关陕，南阻黄河，被称为"国家基本所在"。当平阳、太原等地相继失守后，河中府成了金国在黄河以北的唯一战略据点。河中府的沦陷，使得金国所依凭的黄河天险不复存在了。

1231 年十二月中旬，窝阔台率领中军冒着严寒，沿着中条山东进，潼关至孟津以上黄河河道高山峡谷首尾相接，与中条山隔河相望的是崤山，大军出解州、夏县，穿过王屋山直奔孟津关。孟津关以下，黄河渐入平川，水面转阔流速渐缓，是古时抢渡黄河的捷径。

元旦这天，先遣部队抵达河清县境内，为了避免暴露行踪，战马衔枚，行军中不点火把，靠朦胧的星光夜行，向孟津渡口疾驰而去。二更天，队伍靠近了富平津渡口，夜黑风硬，劲吹的溜河风很快带走了军士身上在行军途中积蓄的热乎气儿。向黄河对岸望去，看不见一盏灯，平静的黄河犹如一条巨蟒卧在长堤间。

驱马耸立在长堤上的将军张荣，脸上挂着一丝笑意，用马鞭向对岸一指，下达了过河的命令，占领对岸渡口，迎接蒙军大军过河。于是，这支蒙军先遣队冒着凛冽的溜河风，在光滑的冰面上，迅速奔向渡口。凑着河面的冰层泛着白皑皑的光芒，骑兵们都牵马在冰层上翼翼步行。其实，他们高兴得太早了，河面只结了二三里宽的冰层。当骑兵牵着马在冰面上向河南岸走去时，未到河心，忽听哗啦一声，走在最前面的骑兵忽然尖叫一声，连人带马都滑入冰冷的河水中。冰封太薄，无法施救，只好眼睁睁看着在冰水中挣扎的人马向东漂浮而去，很快不见了踪影。

见前面冰薄有危险，过河的大军退潮般，从渡口退出河面。将领张荣勒住马，望着冬夜下的冰河，茫然失措，无计可施。

随后，窝阔台在几位诸王、那颜的簇拥下勒马于河堤之上。张荣连忙趋步上前，双手抱拳施礼，说："禀报大汗，黄河并未全部冰封，士兵有不慎落水者，是否可以高举火把继续过河？"

窝阔台听后，在马背上轻轻摇了摇头，说："此计不错，但不足取。倘若对岸金兵望见火把，会蜂拥而至，破坏我们过河大计。"

张荣左右为难地说："摸黑过河危险，点燃火把又怕招惹来金军，这可如何是好？"

置身于黄河渡口却无法过河，窝阔台也心焦如焚，新年都到了，竟未完全封河，天气一旦转暖，后果更不堪设想。最令窝阔台堪忧的是，拖雷率领的右军已在黄河南岸与金军酣战，中军却在黄河北岸打转转，至少不能予以支援。

思忖间，黄河对岸的邙山上忽然出现无数火把，火把辉映下的津口出现许多魑魅魍魉的人影。以防不测，窝阔台命令全军在此安营扎寨。大帐刚扎好，窝阔台马上召集诸将共议过河之策，安排张荣、史天泽、肖乃台等亲自分段遣军寻找过河捷径。

翌日中午，窝阔台把耶律楚材招至汗帐中，借问过河良策。君臣相见后，窝阔台面带忧色，问道："耶律丞相，蒙古中军被阻隔在黄河以北，朕着急上火啊。耶律丞相饱读诗书，是否有过河良策？"

作为窝阔台的幕僚，耶律楚材在行军余暇，读过几本有关黄河的典籍，见大汗发问，目光渐亮，回答说："黄河流经孟津河段全长一百五十余里，史书记载名气较大的渡口有六七个。微臣曾读过金国大帅完颜宗翰所著的《平宋录》，自称当年是从白坡渡口率兵过河的。"

窝阔台闻言，惊讶地说："耶律丞相知识渊博，果不其然。此处居然有白坡渡口？"

"有啊。"耶律楚材若有所思了片刻，说道："白坡又名平阴津，是黄河上著名的古渡口，也是洛阳的戍守要塞。九曲黄河奔流到孟津段，出了济源坡头村附近的峡谷，水流变缓，河道也变宽分叉，岁旱时可徒步过河。"

"白坡渡口距此多远？"

"十余里路。"

于是，窝阔台号令全军在白坡渡口过河。河面冰薄，怕禁不住大军，耶律楚材建议在冰面上铺设一条数百米长的云梯。等河中心冰面上的云梯铺设完毕，神龙般的蒙军队伍像层层密密搬家的蚂蚁，沿着云梯一点一点向河南岸延伸。

大雪弥天，等蒙古中军在风雪中渡过黄河后，轻取偃师，又破荥阳，前面就是距汴京城一百二十余里的郑州城了。

郑州地处黄河南端，在山陕高原与平原交界处，上古时代属九州中的"豫州之域"。商朝开国帝王成汤居亳，即今郑州商城，为建城始。灭殷后，西周周武王将其弟叔鲜封于管（今郑州市区）。春秋初期，郑武公将国都自阳翟迁至新郑，后改称郑州。

1232 年正月十一，从新郑东奔郑州的路上。郑州为金朝重镇，屯有重兵，原以为有一场恶战。不料，金朝守将马伯坚请降，蒙古中军不费吹灰之力将其拔除。这时，窝阔台接到快马奏报：哈撒儿已病危，命次子移相哥率军五万，与斡赤斤率领的左军合兵十万，抵达济南府，正在围攻。

与此同时，拖雷率领的四万右军，其中骑兵一万五千，直奔陕西宝鸡而去。右军先锋按竺迩先以武力攻破南宋阶、成、凤、西和四州、天水军，以及七方、武休、仙人三关。随后，为了加快进入金国境地的步伐，拖雷派部将搠不罕带数十骑，奔赴宋营去见宋朝大散关守将张宣，请求假道灭金。蒙军无端破除南宋五州三关的行径，使张宣在一怒之下，派人诱杀搠不罕。

拖雷大怒，紧紧抓住这个把柄，亲自率领一支轻骑攻破了大散关，擒斩了张宣。随即长驱直入汉中，进一步袭击四川，纵兵大掠而归。在蒙军的重压之下，驻守兴元的宋将只好让开大路，派兵引领着蒙军出饶风关。拖雷军从金州（今陕西安康）东进，取房州、均州。十二月，渡过汉水，进入邓州境内，兵锋直指大梁。

邓州告急。完颜守绪得报蒙军南下假道南宋的急报后，急忙下诏将完颜合达、移剌蒲阿军调防邓州，伺机阻拦直指汴京的蒙军兵锋。谁知这正中了拖雷的调虎离山之计。他们在邓州之西的禹山险隘设伏精兵二十万，以待来犯的蒙军。拖雷军在这里受挫，蒙哥率领的先锋军在这里损失了一千余人。此时，拖雷率领的马步兵卒已经死伤将近四千。拖雷见金军人众势多，又扼守有利地势，不敢与金军决一死战，便将步军分成十几股，悄悄分头北进，去三峰山之间的豪岗上设伏，只留下少数人马迷惑对方，而以主力抄掠金军后方。

蒙军撤出邓州后，"泌阳、南阳、方城、襄、郏至京诸县皆破，所有积聚焚毁无余"，烧毁了金军囤积的大量粮草物资，以势不可挡之速向汴京驰去。

第二十一章

马踏残金

　　1232年正月，完颜合达派出多路谍马打探拖雷军主力的动向，发觉拖雷军主力已经转移，害怕他们乘虚偷袭汴京，急忙跟着向北追赶，途中遇到杨沃衍、武仙两军，合兵步骑三十五万，继续追赶拖雷军，疾驰汴京进行救援。

　　拖雷已经选定了位于汴京西南、许昌西北的钧州（今河南禹县）南面偏西的三峰山作为剿灭金军主力的战场。三峰山，也叫文峰山，在禹州城南八里处，三峰屏列，翠色怡人，自古为禹州胜景之一，名曰"三峰晓青"。最高峰为西峰，海拔大约有三百三十米，山势较为平缓。

　　但金军人多臃肿，行军略微迟缓。偏偏拖雷亲自率领五千名铁骑兵埋伏在后面，采取避实就虚、灵活多变的战术，不断偷袭北上的金军。金军前进时，他们就在后面袭击，射箭攻击；等金军掉头还击时，他们又迅速撤离，就这样走走停停，害得金军没有休息的时间，极大地限制了金军的驰援速度。致使金军军需物资损失极为惨重，昼夜不得休息，等到达钧州地面时，已经疲惫不堪。

　　就在金军抵达钧州的次日，已经攻占郑州的窝阔台派口温不花前来与拖雷取得联系。拖雷约窝阔台率领中军南来三峰山，堵住完颜合达及杨沃衍、武仙等金军的退路。对此，窝阔台极不情愿，怕拖雷夺取此功，急忙遣三子阔出率两万骑兵昼夜驰赴。后来证明，阔出还是晚到了一步，拖雷抢先动了手，这让窝阔台怀恨在心。

偏偏天公不作美，正月十四、十五两天，接连下了两天大雪，风雪交加，导致行军的土路变得泥泞不堪，史称"须臾雪大作，白雾蔽空，人不相觑"。面对面都看不见，这样大的雪相当罕见，上天又一次眷顾了蒙古人。中午时分，右军的元帅拖雷走出军帐，迎来了他戎马生涯中最难忘的一个雪天。他登上三峰顶，向远处眺望，只见浅灰色的云层低低地笼罩在山头上，连降两日的雪把粗壮的青松都压弯了腰。到处是茫茫的大雪，天地间一片洁白。

蒙军长期生活在严寒多风雪的蒙古高原上，早已习惯了酷寒气候。而金兵早已不再是一百年前生活在长白山的女真人，因长期生活在中原地带过着安逸富足的生活，从未饱受过严寒和风雪的洗礼。而蒙军都穿着羊皮大衣，真丝内衣，牛皮盔甲，装备较好，习惯在寒冷的天气里作战。困在大雪中的金军十分凄惨，营帐被烧，身上披着铠甲，已经三天没吃过饱饭了，加上天寒地冻，士兵僵立于雪中，枪槊结冻如椽，"金人僵冻无人色，几不能军"，已经完全失去了战斗力。

正月十五元宵节这天，雪霁初晴，灿烂的阳光将三峰山照得清清楚楚，将在雪地里或站或卧瑟瑟发抖的金兵也照得清清楚楚。此时，口温不花率军与拖雷军合兵，蒙军兵力依然没超过五万，而金军则有步兵十三万，骑兵二万，是蒙军的三倍还多。

蒙军在三峰山周围像口袋一样包围起来，等金军饿到第三天时，拖雷一声令下，向处于崩溃边缘的金兵发起围攻。蒙军犹如天将神兵，史载"大破之，追奔数十里，流血被道，资仗委积，金之精锐尽于此矣"。整个三峰山简直被号角声、火炮声、进军的呐喊声震动了。

完颜合达刚集合完营中士兵，就听到西南的败兵如山洪暴发般传递过来，溃逃的金军高声喊道："快跑吧，蒙军杀过来了。"

看到眼前的这种阵势，完颜合达手持大刀，跨在马上，焦急地吼道："兄弟们，不要惊慌，快拿起武器，随本将一起斩杀蒙军。"但为时已晚，潮水般汹涌而至的败军冲乱了刚刚集结完毕的队伍。完颜合达紧拽住战马的缰绳，气得哇哇大叫，可败军如洪，他连马头都难以掉转，在慌乱的人流中左冲右突了一番，才夹杂在败兵中逃遁而去。

完颜合达见大势已去，急忙召集移剌蒲阿商量如何突围，哪知移剌蒲阿早已不知去向，只有完颜陈和尚等人紧紧跟随着他。完颜陈和尚环顾一下地势，劝完颜合达不要朝钧州方向逃跑，会进入蒙军的圈套。不过以当时的形势分析，死守三峰山可能会导致全军覆没，逃入钧州城也许还有一线希望。于是，完颜合达和完颜陈和尚率领数百名残兵败将，沿着缺口向钧州方向溃逃，声如山崩。

金军被围攻的冰消瓦解，丢弃在战场上的武器盔甲堆积如山。见时机已到，蒙军三面包围，单独让开一条通往钧州的路，放金军北走。早在山路两边埋伏着蒙军，只等溃败的金军潮水般从这条山路上流过时，乘势夹攻，加快了金军的败亡速度。

这时，老谋深算的速不台劝谏拖雷，让他暂缓进兵，等窝阔台大军到了再一起攻打。速不台的用意很明显，是让拖雷把大功让给窝阔台，既保证一举消灭金军，又不至于功高震主给自己惹来祸患。

拖雷对速不台善意的提醒置之不理，认为战机稍纵即逝，未等阔出王爷赶来的援兵，便下达了向金军进攻的命令。于是，数万名蒙军发出"哦嗬、哦嗬"围猎般的叫嚣声，手持利刀和强弓，如狩猎般，向流水般的金军掩杀过去。二十万溃败的金军，比围场中的惊兽更加可怜，他们相互践踏，夺路溃逃，丢盔弃甲，如麦田中的稻草人一样任由蒙军屠戮。鲜血飞溅在雪地上，像绽开的朵朵红梅，格外触目惊心。

移剌蒲阿在逃奔的途中不幸被蒙军擒获，怒骂不止，被蒙军斩首。武仙率残部一万余人从西北突围，藏匿于邓州山中。钧州城外，史天泽在道路两侧设伏的弓箭手，见败军的潮流汹涌而至时，一声令下，箭矢如雨向金军倾泻而去，步兵一批一批倒下，侥幸没倒下的步兵，大多数被后面骑兵的马蹄踢飞。能够突破数道重围，成功逃入钧州城内的只有浑身披甲的骑兵。这里面包括完颜合达、杨沃衍各率数百骑北逃，经过拼杀，两人相继进入钧州城。

蒙军没有给完颜合达、杨沃衍留下过多喘息的机会，将钧州城团团围住。这时，阔出的增援部队也赶到了，加入攻伐钧州的战斗行列。

钧州城里只有几千名败兵，哪里能抵抗的住蒙军迅猛的攻势！二月下旬，钧州城被蒙军攻破，完颜合达在巷战中力竭被俘。拒降的金兵被蒙军搜集在一起，用乱箭射死，惨不忍睹。

完颜陈和尚没有趁乱突围，因其麾下的忠孝军已经全部被俘，即使突围成功也无颜面见完颜守绪。他与蒙军进行巷战，最后被俘。完颜陈和尚对蒙军士兵说："我是金国大将，要见你们大将谈点儿事情。"

完颜合达和完颜陈和尚的头盔丢失，甲胄染血，披头散发，变得狼狈不堪，被蒙军骑兵数人推搡着，押解到府衙上。拖雷正坐在府衙内的白虎皮椅子上，见完颜合达被押上来，仰天长笑说："完颜合达元帅，昔日阵前不也是威风八面吗，怎么落到今天的下场，你手典的二十万金军呢？"

拖雷的冷讥热嘲，把完颜合达彻底激怒，猛然抬头，用布满血丝的眼睛瞪着拖雷，冷笑道："拖雷，你好了伤疤忘了疼，你被我军围困在三峰山上的滋味如何。不是你外有援兵，我军粮草屡次被速不台劫持的话，现在接受审讯的应该是你。"

拖雷面无怒意，饶有兴趣地打量着完颜合达，像猎豹打量着一只捕获来的猎物，说："领兵布阵不存在那么多假设，事实胜于雄辩，不知完颜元帅临死前有何想法？"

完颜合达昂首凛然说道："大丈夫死则死耳，何饶舌，不过我倒想见识一下速不台将军。"

没想到完颜合达临死前提这个要求，不明就里的拖雷指着身边的一员衣甲鲜亮的将军，笑道："速不台将军，完颜合达元帅临死前见你，是不是有托孤的嫌疑？"

　　速不台被点卯，应声起身，趋步向前，指着完颜合达，说："大名鼎鼎的完颜元帅，我屡劫你军粮草，难道你要去阎王那里，告我一状不成？"

　　完颜合达傲慢地打量了一下速不台，冷笑道："你被称为常胜将军，徒有虚名。将军还记得陕西蓝田倒回谷之战，就不想见见把你打得落花流水的将领的真面目，他就是与本帅一起被俘的完颜陈和尚。"

　　闻听此言，速不台心有余悸地望了一眼目光如炬的完颜陈和尚，1230年的倒回谷之战令他不忍缅怀，缄默其口。

　　拖雷见速不台面露难色，不再言语，对完颜合达晓之以理，说："金国本已病入膏肓，随时都有灭亡的危险，完颜元帅何必为此卖命。本王替天行道前来讨伐，念及你是个帅才，只不过生不逢时，你可愿意为蒙古帝国效力，饶你不死。"

　　见拖雷要放自己一条生路，完颜合达低头沉思良久，不时用余光瞅瞅身旁完颜陈和尚的态度。

　　完颜陈和尚见完颜合达犹豫不决，卖身投蒙的心迹已然暴露，便破口嚷道："合达元帅，杀则杀耳，有何畏惧？"

　　见自己的生路被完颜陈和尚堵死，完颜合达被他的舍生取义的精神所撼动，遂收回投蒙之意，抬头对拖雷凛然说道："我身为金国元帅，享受金廷俸禄，今日被俘，只速求一死。"

　　尽管拖雷有万般不舍，见完颜合达央求赴死，怏然地挥挥手，被侍卫拉出去枭首。

　　一起被蒙军擒获的完颜合达被戮，府衙内仅剩下完颜陈和尚。速不台佩服完颜陈和尚的将才，心犹不舍，抱拳对拖雷说："完颜陈和尚为稀世勇将，微臣恳请王爷刀下留情，日后为蒙古帝国所用。"

　　对此，完颜陈和尚毫不领情，横眉冷对，怒目直视着速不台，大骂道："速不台，不劳驾你白费口舌了，我身为金国大将，岂能变节偷生，要杀就杀，要剐就剐，我若皱下眉头，老子就不是完颜陈和尚。"

　　见完颜陈和尚赴死之心已决，拖雷忍不住说道："完颜陈和尚，识时务者为俊杰，要想活命唯有投诚。"

完颜陈和尚怒发冲冠，厉声道："想得美，我生为金国人，死为金国鬼，何须废话，动手吧。"

"完颜陈和尚，给你留条生路你不走，偏要往刀口上撞，休怪本王不客气了。"拖雷被骂，拍案而起，怒吼道："来人，先斫足折胫，看看他的嘴还硬不硬。"

几名彪悍的侍卫走上前，把完颜陈和尚按倒在地，只见刀光凛然一闪，咔嚓一声，双脚被齐崭崭地砍断，喷涌而出的鲜血溅了一地。完颜陈和尚忍着剧痛，仍然咬牙切齿地说："拖雷，你这个伺机谋权夺位的叛臣逆子，虽然眼下你威风凛凛，但我绝不会放过你，即使到了阴曹地府也要啖你肉，喝你血。爷爷不幸落到你手里，算我倒霉，你还想要什么，尽管来取就行，两只脚算什么。"

拖雷被完颜陈和尚的诅咒所激怒，不由得怒火填膺，吼道："把他的舌头割下，嘴豁开，看他还骂不骂？"

数名侍卫扑上前，撬开完颜陈和尚的嘴，用尖刀割下舌头，豁口从口部沿着双耳直接抵达脸部，鲜血淋漓，一脸的狰狞可怖。完颜陈和尚喷出一口鲜血，依然怒目而视，至死不绝。拖雷佩服他的忠义，以酒洒地祝祷："好男子，他日再生，当令我得之。"

同年六月，当完颜陈和尚在前线英勇就义的事迹传入金廷，完颜守绪为表彰其忠烈义胆，诏赠镇南军节度使，并塑像立褒忠庙，刻石立碑纪其事迹。

多年以后，元代郝经留有一诗，凭吊三峰山之战：

三峰山行

短兵相击数百里，
跃马直上三峰山，
黑风吹沙河水竭，
六合乾坤一片雪。

万里投会卷土来，

铁水一池声势接。

丞相举鞭摔沾言，

大事已去吾死节。

彦章虽难敌五王，

并命入敌身与决。

逆风生堑人自战，

冰满刀头冻枪折。

一败涂地直可哀，

钧台变作髑髅血。

二十万人皆死国，

至今白骨生青苔。

三峰山之战，导致金国损兵折将近三十万，精锐几乎丧失殆尽，骑兵尽灭，其中阵亡、逃溃、投降约各占三成，尤其金国砥柱般的将领完颜陈和尚、完颜合达都血洒疆场。经此一战，蒙军取得了灭金决定性胜利。金国除了屯扎于汴京城内的四万守军外，再也没有雄厚的兵力与蒙古帝国抗衡了。

三军会合后，开始对金国都城汴京的攻伐。窝阔台见到拖雷后，竖起大拇指，夸赞道："如果没有你，不可能打这场漂亮的大胜仗。这次伐金，你是首功。"

拖雷谦虚地说："哪里，哪里，此次大捷全靠大汗运筹帷幄、指挥有方。"

这时，诸王及随军将士立即爆发出雷鸣般的掌声，齐呼道："拖雷战神！战神拖雷！"

拖雷自恃英勇善战，锋芒毕露，不肯把战绩留给窝阔台，使窝阔台的汗位受到严重威胁。窝阔台纵使再宽宏大量，绝不会冒着丧失汗位的危险。因此，三峰山大捷给拖雷带来的唯有死神的降临。

此后，蒙军乘胜追击，连下金国黄河以南十余州郡，兵锋直指汴京城。

完颜守绪不敢怠慢，急忙调遣潼关守将徒单兀典、纳合合闰、完颜重喜等率兵驰援。援军十一万、骑兵五千，从虢调军粮数十万斛，用二百余艘船沿渭河运入同州、华州、阌乡。徒单兀典在奔赴邓州的途中，遭遇蒙军的袭击。行至铁岭（今河南卢氏县北部），战不能战，退不能退，完颜重喜首先降蒙，被立斩于马前，几日后，徒单兀典、纳合合闰均被蒙军骑兵擒杀，十余万金兵不战而溃。

四月，拖雷见大势既定，从河清县白坡渡河南下，在郑州与窝阔台会合。窝阔台派速不台、塔察儿等将领率军十万继续围攻距东北一百五十里的金国都城汴京，后则与拖雷北返，经真定、中都，然后北出居庸关，赴官山避暑。

窝阔台动身北返前遣使进入汴京城将谕降的文书送到完颜守绪手里。文书曰："你所仰仗的不过是黄河和完颜合达，现在我渡过黄河，杀了完颜合达，你只有投降了。"

当拖雷在三峰山歼灭金军十五万兵力的消息传来时，完颜守绪知道败局已定，眼看着祖宗创下的江山社稷就要断送在自己手里，他心里五味杂陈，说不出的滋味。其实，完颜守绪正如自己所言，并没有犯过大的错误。但作为一国之君，倘若生逢盛世外无忧患，可以平平庸庸，不需要多么高超的治国之术，但生在乱世，又缺乏励精图治、力挽狂澜的铁腕，逆转金国灭亡的命运，就是一个天大的错误。

可是完颜守绪接手完颜珣的皇位时，正值金国国力式微之际，而蒙古帝国正处于强盛时期。完颜守绪想摆脱灭国的命运，黔驴技穷。他知道相持下去，也不会有好下场，便封荆王完颜守纯的儿子完颜化可为曹王，令尚书左丞李蹊把曹王作为人质送往蒙军阵营，并派使者议和。

然而，老将速不台连日攻城不止，不敢有丝毫松懈。先命俘虏及妇女用柴草填平护城河，又在开封城外筑起城围一百五十里，城上设有垛口楼橹，并有深达一丈左右的壕沟。城围外每隔三四十步设有一个兵铺，每个兵铺派百余兵力昼夜把守，将周长一百二十里的汴京城围得层层叠叠。

窝阔台下令攻城，将制造的石炮运到汴京城下，城池每角放置石炮百余门，交替发射，昼夜不息。蒙军炮火齐鸣，发动了进攻，发射的炮石数不胜数，"不数日石几与里城平"。几十斤重的炮石，如无数只昏鸦，掠过云头，向汴京城垣上飞去，所落之处，声震寰宇，砸得城垣上烟雾缭绕。

由于汴京城池为五代时周世宗修筑，用牢虎土叠墙，坚硬如铁，虽饱受炮石的轰击，城池墙壁略微损伤，并没有洞穿。加上完颜守绪命大臣白撒、赤盏合喜等人分守四城，并亲自走出端门激励守军士气，军民备受鼓舞。城内守军则使用当时最先进的火器震天雷、飞火枪，使蒙军造成极大伤亡，战况之惨烈，无法用语言描述。与蒙军连续血战十六昼夜，城内外尸积如山，依然牢不可破。

速不台见久攻不下，便与金国议和。完颜守绪派户部侍郎杨居仁出城犒劳蒙军，除了丰盛的酒肉外，还有琳琅满目的金银、绸缎等珍稀物品。速不台方指挥蒙军退守在黄河、洛水之间，对汴京做战略包围之势。

第二十二章

蒙宋灭金

完颜守绪性格内向，执政伊始，只有二十五岁，为挽回因连年征伐、国力式微的弊病，与西夏和南宋停战、和解，专力抗击蒙古帝国，并趁蒙军大举西征之际，收复中原失地。没料到，窝阔台即位后便拒绝和好，战事接连失利，使他力图振作的雄心成为泡影。

随着三峰山之役以彻底惨败而告终，金军精锐之师随之土崩瓦解。此后，形势大坏，河南诸多州郡的败局如雪山崩溃之势，无力回转，加上失去黄河屏障，在华夏大地上屹立了上百年的金国呈现亡国之兆。

这时，金国大量难民涌入汴京城内，使城内人口一下子增加到两百多万。金军坚守了近一年，在 1232 年五月，发生瘟疫，五十日后，从各城门运出的死者多达九十余万人（尚未把贫穷不能丧葬者包含在内）。

此时，整个中原一片骚动，金国灭亡在即。金朝大诗词家元好问在《癸巳五月三日北渡三首》中对金朝的"国难"有过精准的描述：

道旁僵卧满累囚，过去旃车似水流。

174

　　红粉哭随回鹘马，为谁一步一回头。

　　随营木佛贱于柴，大乐编钟满市排。

　　掳掠几何君莫问，大船浑载汴京来。

　　百骨纵横似乱麻，几年桑梓变龙沙。

　　只知河朔生灵尽，破屋疏烟却数家。

　　是年七月，窝阔台派使臣唐庆携带三十余人进汴京招降，要求完颜守绪去帝号，向蒙古帝国俯首称臣，并且要求完颜守绪亲赴蒙军阵营议降。完颜守绪托病卧床不起，在病榻上接见了唐庆。使者唐庆感觉手握窝阔台的诏令，对完颜守绪态度蛮横，出言不逊。金国飞虎军头目申福、蔡元等一怒之下，把唐庆及随从三十多人杀得干干净净，于是，议和又陷入僵局。

　　八月，金国参政事完颜思烈、武仙等率兵从汝州（今河南临汝）入援汴京，在郑州西的京水被蒙军击溃。此后，汴京城内仓库匮乏，粮食一度发生短缺，出现人相食的惨象。年底，风声鹤唳的完颜守绪再也无法忍受粮尽援绝的煎熬，兵力虚弱，汴京几乎厮守不住。于是他在大庆殿召集朝臣共同商讨迁都避难之事，命令右丞相赛不、平章政事白撒、右副元帅讹出、左丞相李蹊、元帅左监军行总帅府事徒单百家等率军扈从，留下参政完颜奴申、枢密副使兼知开封府习捏阿不、里城四面都总领完颜珠颗、外城东面元帅李辛、南面元帅术甲咬住、西面元帅崔立、北面元帅孛术鲁买奴等留守汴京。

　　十二月二十五日，完颜守绪与太后、皇后、妃子、公主等皇室成员，在六七万兵力的保护下北渡黄河，偷偷逃往归德（今河南商丘市）。蒙军并未放弃围攻汴京城。

　　完颜奴申为贵族子弟，登策论进士第，仕历清要，只是他性格懦弱，见金主完颜守绪弃汴京而走怕城内守城军帅通敌，便选择心腹亲信监视诸帅，遂命乌古孙卜吉为都点检，对胆敢触犯法律的市民当街处死。外城东面元帅李辛飞扬跋扈，完颜奴申因他曾带兵犯上作乱，借故处死，把他的头颅悬于东门。

西面元帅崔立素与李辛交好，见李辛被完颜奴申杀害，免不了心生兔死狐悲之感，担心自己受到李辛牵连，而遭受完颜奴申的惩处，伺机发动兵变。他知道汴京监狱关押着一个名叫药安国的囚犯，二十多岁，孔武彪悍，曾任岚州招抚使，因犯罪被关押在汴京监狱，出狱后穷得没有饭吃。崔立便暗暗结交他，每天送他大鱼大肉吃。药安国喜欢吃，其心很快被崔立俘获后，与他一起谋划兵变之事。

机会来了，1233 年正月，金国西面元帅崔立与同党孛术鲁长哥、韩铎、药安国等发动政变，率两百名甲士闯入尚书省衙大门，杀死完颜奴申、枢密副使完颜习捏阿不、左司郎中纳合德辉、御史大夫裴满阿忽带、左副点检完颜阿散等人。

随后，崔立昭告汴京百姓曰："我因为两位丞相闭门无谋，今天杀了他们，给你们一城的百姓请求保全性命。"百姓闻言，都纷纷拍手称快。

处决了执政的大臣，崔立又带兵径直闯入仁寿宫。仁圣太后（王氏）刚宽衣睡下，侧耳听见寝宫外哭号声乱成一锅粥，如掉进冰窖一般，从头凉到脚，便隔着窗户颤抖着声音问："你们难道打算杀害哀家不成？"

"太后莫惊。"崔立立于窗外，拱手自报家门："我乃西面元帅崔立，完颜奴申等人意欲谋反，已被微臣诛杀，请太后尽可放心。今金主已弃汴京而去，城内无主，百姓怨声载道，人鬼恫伤。太后宜下诏，以救全城百姓。"

仁圣太后见崔立语气强硬，没有回旋余地，又推窗见士兵个个如怒目金刚，手持刀剑上鲜血直流，没有后路可走，忙问道："崔将军，你觉得让太后立谁为主？"

崔立朗声回道："卫绍王之子完颜从恪，其妹岐国公主现为成吉思汗的哈敦，让他执政可以改善蒙、金两国关系，微臣请太后立他。"

于是，仁圣太后起身提笔拟下谕旨，以完颜从恪为监国，赐崔立为太师、军马都元帅、尚书令，孛术鲁长哥为御史中丞，韩铎为副元帅兼知开封府事，折希望、药安国、张军奴为元帅，师肃为左右司郎中，贾良为兵部郎中兼右司都事。

崔立此人，"性淫狡，常思乱以快其欲"。二月四日，崔立穿着帝王的衣服，带着仪仗卫队到汴京城西南青城去拜见速不台，洽谈请降事宜，轻易谈拢。崔立约降蒙军后，马上派人烧掉汴京城墙上的楼橹防具。还假借蒙军的旨命，亲自"拘审"随金哀宗出逃的官员妻女，随意奸污，每日淫乱数人。还尤显不足，他又禁止城中的嫁娶之事，曾经因为一个女人连杀数人。

不久，崔立又把梁王及宗室近亲囚禁于宫中，派心腹之人看守他们，限制他们的行动自由。他又把荆王府作为自己的私人府邸，取出所藏珍宝把玩它们。他对悖于己者刑讯劫掠十分残酷，百官皆惊悚任其差遣。

速不台率兵进入汴京，驻扎在宫城南门外的青城。崔立又指使士兵，在城中帮助蒙古兵搜掠金银财宝，拷打折磨官员百姓，百毒备至，导致汴京城中百姓苦不堪言。温屯卫尉的亲属一共八人，不堪他的荼毒，均自杀身亡。完颜白撒夫人、右丞李蹊妻子都被劫掠而亡。市民都说："攻城之后七八天，开封府死了一百多万人。恨不得能早早地预料到这些，却要遭受这些不幸！"

速不台遣急使飞马向窝阔台奏请屠城之事，耶律楚材听说后忙劝谏窝阔台禁止杀戮，不过"罪止完颜氏"。处死了梁王、荆王和诸宗室男女五百余人。原来，当耶律楚材获悉速不台向窝阔台奏请屠城的消息后，便竭力谏阻，痛切地向窝阔台陈述了屠杀政策所造成的恶果，说："蒙军将士们不惜抛头颅洒热血，攻下汴京城，图谋的是什么，不仅仅是城池、土地，更重要的是人。如果把市民都屠杀干净，那城池和土地又有什么用呢？"

窝阔台微微皱了一下眉头，说："金国君臣，是我们蒙古帝国的世仇、宿敌，不屠杀对不起曾饱受他们蹂躏的列祖列宗。攻伐期间，他们动用震天雷、火炮，致使我军伤亡甚重，不屠城何以威慑惩戒？"

耶律楚材急忙叩首，说："汴京乃金国朝都，一旦屠城数十年难以恢复。汴京乃人才汇集之地，全国最好的制造弓矢甲仗、金玉器皿的能工巧匠，学者元好问都在城中。还有无数擅理诸务之人，品学兼优之士，日后皆可为大汗效力。若将他们全都杀掉，蒙军岂不是徒劳一场，一无所获。"

窝阔台最终被说服，点头说道："诚如耶律丞相所言，汴京破城之日，除皇族完颜氏之外，余者赦免不问。"

据说，由于耶律楚材的及时谏阻，使当时避兵乱居于汴京城中的一百四十七万多人，避免了一场极其严重的屠杀。

四月，崔立押解着金国两宫的皇太后、梁王、荆王以及诸宗室等五百多人北行，装了三十七辆大车，押往蒙古草原送俘蒙古。"次取三教、医流、工匠、绣女皆赴北。"有少数王爷、王妃不甘受辱，在途中寻了短见。

眼前的一幕，不免让人想起一百多年前北宋汴京沦陷前后的惨状。历史是一出不可思议的大戏，长江后浪推前浪，一个个朝代轮番粉墨登场，"茹毛饮血，殆非人类"的女真崛起后在黄龙府灭辽国，如今在汴京，被汉化的金朝，又被纵马而来的蒙军践踏在铁蹄下。

孰料，螳螂捕蝉黄雀在后。蒙军开入汴京城后，正赶上崔立在城外逼迫金室皇族北上。蒙军"先入其家，取其妻妾宝玉以出"，知道家室遭劫的消息后，崔立"闻讯大哭"，却无可奈何。

1233 年六月，因归德局势恶化，完颜守绪又逃往蔡州（今河南汝南）。蔡州地近南宋，城池虽经修缮，但城外无高山峻岭依为屏障，虽说四面环水，由于连年征战，河南境内的农业生产遭到极大破坏，粮食已经发生短缺，如长围下去，蔡州只有死路一条。此时，蒙古前线的粮食也严重短缺。

蔡州城内安排停当，金哀宗以完颜仲德为尚书右丞，总领省院事；以张天纲为权参加政事；以完颜中娄室负责枢密院事。其由于当时蒙军距离蔡州很远，蔡州城日渐晏安，金哀宗也松懈下来，竟有心思修建宫舍，派人四处拣选美女。完颜仲德切谏，乃止。也幸亏这位完颜仲德，夙兴夜寐，遣使诸道，终于又在蔡州聚集万余精兵，"兵威稍振"。

一直驻守归德的金国主将石盏女鲁欢怕城内兵士太多粮食不够，建议把这些聚集的金军遣出城去，分别派往徐州、陈州、宿州等地就食。金哀宗心不情愿，身边好不容易搜集起那么多兵士，如果遣散他们，以后再聚也难。但他又不敢得罪石盏女鲁欢。只得留下元帅蒲察官奴的忠孝军四百五十人和马用部下七百人在城中，其余诸军皆遣出城去。

九月，蒙军都元帅塔察儿派使节至襄阳约南宋一起合攻蔡州。襄阳知府史嵩之（史弥远之侄）马上提兵配合蒙军攻打唐州，金国守将战死，城降。宋军进逼息州，当地的金将忙遣快马向蔡州求援。金哀宗无奈，只得又分出五百名兵士增援息州。

穷愁之余，完颜守绪一方面整顿军马，修缮器械；另一方面派遣皇族阿古岱以乞粮为名赴宋朝陈述唇亡齿寒的道理，说："蒙古灭国四十，以及西夏，西夏灭亡后到了大金，大金灭亡后必然危及大宋。唇亡齿寒，这是自然的道理。"由于金、宋两国之间的历史积怨太深，阿古岱的恳切之言并没有打动宋朝坚硬的心扉，求援遭到拒绝。迫不得已，完颜守绪下令斩了官马给守城将士食用。

经过连年征战，蒙军也感到极度疲惫，还饱受粮食紧缺之苦，希望尽快结束这场战争。九月，蒙军都元帅塔察儿被金军击败于城下，士气一度低落。塔察儿一面修筑堡垒以防金军突围，一面变"假道于宋"为联宋伐金的计划，同时还希望宋朝能支援一些粮食，因为蒙军所到之处可谓寸草不生。于是，窝阔台命使臣王檝南下京州和湖州，与宋朝的京湖制置使史嵩商议合兵夹击金国之事。窝阔台应允在灭金之后把河南之地全部归还宋朝。

其实，早在成吉思汗时代，蒙军就希望与南宋结盟，共同讨伐金国。但南宋还记得"海上之盟"的教训，双方虽有使者来往频繁，却并没有形成实质上的盟约，更谈不上出兵助战。不过形势逼人，金国被灭已经是迟早之事。

十月，史嵩把此事奏报给宋廷。宋理宗赵昀召集诸臣在朝廷上讨论时，都觉得机不可失，应当接受蒙古帝国的邀请，命令京湖制置司出兵。只有淮东安抚使赵范进所持观点不一，说："宣和年间，海上订定盟约，开始约束得很严，后来终于惹祸，不可不引以为鉴。"

宋理宗赵昀以为向金朝复仇的大好时机来了，还能得到大片土地，真是一箭双雕，便命令史嵩派邹伸之担任使者去蒙古帝国回信，说宋朝愿意出兵援蒙伐金。蒙军围攻蔡州长达三月之久，眼看粮草告罄，难以完成继续围城的重任。十一月，正在紧要关头，宋朝大将孟珙、江海率领两万大军和三十万石粮草出兵助蒙灭金。

见南宋集兵联蒙灭金，金国不甘束手就擒，一天夜里，金军将领娄室集结了两万骑兵前来阻击，意图阻止宋蒙联军的计划。等接近宋营时，但见营内旌旗招展，漆黑无光，也不见士兵走动。娄室驱马直奔中军大帐，帐内烛光荧荧，烛光下似孟珙的身影在挑灯夜读。娄室持刀向案几前紧走几步，走近一看却是一个稻草人，才知中计，惊呼："快撤。"

话音未落，只听见军帐外号角连天，杀声四起，箭如飞蝗，伏兵袭来。娄室慌忙策马撤出军帐外，在明晃晃的火把下，孟珙手持大刀，率领宋军掩杀过来，拦住了娄室的退路。

孟珙骑在马上，大刀一举，指着恐慌不已的娄室，大声喝问道："娄室，本帅料定你今晚会来劫营，现已被困，还不快快下马受降，免你一死。"

娄室大吼一声，催马挺矛来战孟珙，说："孟珙看矛，我娄室岂是贪生怕死之辈？"

娄室仗着孔勇之力，挺着铁矛上前迎战孟珙，两人激战在一起。两马交错，刀矛闪烁，如雪花当空飞舞。几个回合后，在孟珙娴熟的刀法面前，娄室渐露破绽，稍不留神，孟珙一刀扫向娄室的头部，头上战盔被砍落，头发散开，吓得娄室不敢蛮战，拍马夺路而逃。

见娄室败走，孟珙手典大刀仰天长笑，笑得娄室两股战战。孟珙说："娄室，你已被宋军包围，死路一条，看你还能蹦跶到几时？"

四周厮杀声擎天撼地，火光冲天，把黑夜映得亮如白昼，也不知道宋军人马究竟几何。娄室身陷囹圄，刀架在脖子上了，也要垂死挣扎一番。孟珙岂肯轻舍，率军紧紧追赶，可怜金兵，原本抱定力挫宋军之意，孰料反被杀得七零八落。娄室率领残部抱头鼠窜之际，夜空火把四起，又斜刺刺冲杀过来一支宋兵。见退路已堵，娄室坐在马上，连自刎的心思都有。

适逢危难之际，一彪人马从宋军背后掩杀过来，手起刀落，杀出一条血路。来者是完颜仲德，怕娄室轻敌，便率兵出城接应，正好搭救娄室于危难之际。

此次，宋军一举击溃前来阻击的金军，一直追杀到高黄坡，擒其偏裨八十七人，斩首一千二百级。

十一月初五，宋军进驻蔡州城南，孟珙入蒙军阵营与塔察儿相会。蒙古是尚武的民族，因而塔察儿对孟珙消灭武仙军大加赞扬，拉着他一起打猎、喝酒，两人英雄惜英雄，结为安达。

并一起焚香举杯盟誓："我们虽然地处南北，人居两地，但相互仰慕，此次相聚共议伐金大计，约为兄弟，请长生天为证，共同遵守盟约，誓不相负。"

两军开始合作。一天，金军忽然开启蔡州东门出城迎战，想杀出重围。孟珙断其归路，擒拿金军偏裨将校八十余名，其余大多淹死在汝河里。孟珙断定蔡州城内已经断粮，特叮嘱宋军："当尽死守住阵地，严防金军突围。"他还与塔察儿画地为守，以防交战时宋、蒙两军发生误伤。

十二月初六，宋军经过殊死攻伐，进逼蔡州城南边外围立栅。初七，孟珙命令诸将夺取制高点柴潭楼，楼上金军奋起抵抗。柴潭楼巍峨高大，直插云霄，视野开阔。楼上安装有床弩、火炮等器械，射程可达千米。另外，河面上布满铁锁，使宋军不得近前。每次攻伐，都丢下数百具尸体，失败撤回。

为了尽快拔除柴潭楼，减轻宋军伤亡，孟珙身先士卒掘开柴潭堤坝，将潭水顺着明渠放入汝河，用柴薪填平潭池，然后再攻取柴潭楼。十日后，柴潭干涸。孟珙见时机已到，亲自驱师攻伐柴潭楼。镇守此楼的金国将领忙哥亲冒矢石，手持令旗督战。忙哥不幸被宋军射毙坠楼而亡。主将虽死，楼上的守军依然矢志抵抗，箭如雨下，使宋军依然无法登楼。

一计不成另生一计，孟珙派遣宋兵冒着雨矢把干燥的柴草抱到楼下，直到柴草高达数米，才命人纵火烧楼。在冬日凛冽的寒风中，点燃柴草后，瞬间燃起熊熊大火，火光冲天。可怜坚守此楼的数百名金兵，或跳楼摔死，或被活活烧死，被宋军一锅端了。

与此同时，蒙军也掘开蔡州城西的练江，逼近城下。柴潭和练江是蔡州城墙外的两道天然屏障，失去了护城河保护的蔡州城，宛如一座孤岛，已呈现衰亡之气。加之城中粮尽，外城已被攻破。蔡州形势急剧恶化，金朝覆亡已是指日可待。

攻城的战斗拉开了序幕，无数宋、蒙士兵抬着云梯，推着攻城车，潮水般涌至城下，部分士兵口衔钢刀，沿着云梯或绳索，向城头上奋力攀缘。环城设置的火炮愤怒地吐着火舌，把数十斤重的炮石抛向城垣，所触之处，声若滚雷，火星四溅，被炮石击中的守城士兵血肉横飞，倒在火光之中。

在险峻的形势下，蔡州城内守军在完颜仲德的率领下，积极防务，昼夜在城头上督战，命令士兵用火球、震天雷、弩箭狠狠还击，使凛冽的攻势没有丝毫进展。

翌日，又开始了第二轮的攻势。在火炮的掩护下，云梯搭在东城、西城、北城，宋、蒙士兵腰悬腰刀，手持盾牌，冒着滚木礌石，奋力攀城。

为刹住宋、蒙联军凛然的攻势，蔡州城上守军又动用了新的防守武器，将大锅炼制的滚油往城下攻城兵卒的身上泼洒。滚油落到士兵身上，伴随着数缕滋滋有声的青烟，迅即一阵阵烤肉的香味随风传到城头，许多士兵抽搐着身体发出鬼哭狼嚎的惨叫声，直接从云梯上栽下城去，落在地上直打滚，痛不欲生。这种防守方式，不但令攻城部队受到很大伤害，而且极具威慑力，使攻城陷入胶着状态。

孟珙派出道士制止这种极端的防御行为。入夜，金将义率领五百死士出南门拼命，宋军进攻受阻。听说友军有难，塔察儿令汉军万户张柔率敢死队二十余人逾沟突城，被城中金军用钩连枪捉去两人。连张柔也被钩住。孟珙见状，立即率前锋冲出，飞剑斩断钩子，救下张柔一命。

时间进入 1234 年。宋军在蔡州城外欢度新年，被围困在城内的金国军士却已经到了极限。蔡州已被围攻三个月，城中粮尽。初春的第一场雪，纷纷扬扬地落在蔡州城上，掩盖了城内外力战而死的士兵尸体。

正月初五，史载"黑气压城上，日无光"。初九，宋、蒙联军又发起攻坚战，遭到城内金军的顽强抵抗。蒙军在西城外城凿开了五个大洞，军队才蜂拥进入内外城墙之间的开阔地，直到晚上竟没有丝毫进展，只好重新撤出城外。在南门酣战多时的宋军，也没能登城。

初九夜，完颜守绪见大势已去，难有回天之力，遂下诏禅位于宗室完颜承麟。起初，完颜承麟执意推却，但招架不住完颜守绪的苦苦哀求，说："将江山社稷托付给你，这也是迫不得已。朕身体肥胖，不能策马出征。万一城陷，必难突围。考虑到你平昔身手矫健，而且有将才谋略，如国有幸逃脱的话，可延续国祚，这是朕的一片心意。"

见完颜守绪把话说到这个分儿上，完颜承麟泪眼巴巴地哀求道："皇上，这副千斤重担，微臣担任不起啊。"

完颜守绪命掌玺官取来玉玺，用颤巍巍的双手放到完颜承麟手中，说："朕已无力率领诸臣突围，你身强力壮，就成全了朕的一片苦心吧，担起突围的重任，大金王朝尚有一线希望。这样，朕可以了无牵挂地走了。"

"微臣不愿偷生，愿与皇上一起赴死。"

"不，为了延续完颜家族的一丝血脉，朕不许你死，这是朕下达的最后旨意。"

"微臣，遵旨！"

翌日，完颜承麟受诏即皇位。即位大礼还未举行完毕，南城已被宋军攻破，竖起了南宋旗号。接着，在四面夹攻下，宋军攻入南门，蒙军攻破西城，双方展开激烈巷战，吼声直刺云霄，震天撼地。金军将士顽强抵抗，巷战持续了一昼一夜才渐渐平息，几乎全部战死或自杀殉国。金、蒙、宋三军将士的尸体层层叠叠地铺排在街巷中，一眼望不到尽头，血火杀气弥漫天地，尸体堆积的地方，血水汇成溪流，染红了皑皑的雪地。

金哀宗完颜守绪见在劫难逃，不愿做蒙古的阶下囚，遂含泪自缢于幽兰轩。刚刚即位史称"末帝"的完颜承麟闻知金哀宗的死讯，率群臣恸哭不已。当日，传位大典刚开始不久，即接到宋蒙大军攻进城内的战报，刚即位的完颜承麟急率兵出门迎敌，展开巷战，唯不敌宋蒙联军，遂退守子城，后被冲进来的乱军杀死。至此，金国自1115年阿骨打建国，传到完颜守绪，经历十个皇帝，立国有一百二十年，终于亡于南宋、蒙古联军之下。

金朝宰相完颜仲德率领最后一千多名金兵与宋、蒙两军展开激烈的巷战，终因体力不支，边杀边退。获悉金哀宗完颜守绪自缢的消息时，完颜仲德仰天叹息："我的君上已经驾崩，我还何以为战呢？我不能死于乱军之手，将投汝水自溺以追随我的君上！诸君可善自为计。"说完，完颜仲德纵身一跃跳入水中自杀。剩余的金军将士满身鲜血，泪流满面，相互劝道："完颜相公能死国，难道我辈不能吗！"于是随从将领与五百余名金兵一起跳入汝水中以身殉国。

宋、蒙两军，经过两个月的并肩作战，终于成功伐金。两军一南一北离开蔡州。庞大的蒙军在白色大纛的带领下，向北逶迤而去。

孟珙带着完颜守绪一部分烧焦的骨骸返回南宋首都临安复命，赵贵诚命祭祀皇家祖庙。一百余年的血海深仇，终于得报，全国上下一片欢呼。

第二十三章
拖雷之死

　　成功灭金，完成了当年成吉思汗的遗愿，为先祖俺巴孩汗被金国钉死在木驴上的惨剧报仇雪恨，也大大提高了窝阔台在蒙古帝国政坛上的威望，他再也不用担心别人背后议论他靠成吉思汗的遗诏登上了现成的汗位。1234年五月，他在达兰达葩之地召开由诸王、那颜参加的会议，颁布了他自己制定的新札撒，又为严密宿卫制度做了新规定。同时，他着手一个新的征服计划，就是伐宋和西征。

　　早春，窝阔台得报金国灭亡的捷讯，率领众朝臣和怯薛军到起辇谷萨里川，向成吉思汗祭拜、告捷。然后，他又带领众人去不儿罕山狩猎，由耶律楚材、蒙哥等人随从。

　　顺便提一下，窝阔台在灭金前后还侵略了高丽。高丽与蒙古帝国的关系可以上溯到 1218 年，成吉思汗派哈真统帅大军追击契丹叛军进入高丽，高丽国王派遣将军赵冲领军协助，并向蒙军提供了粮草。

　　1219 年，江东城守敌投降，哈真与赵冲举行盟誓，蒙古与高丽约为兄弟之国。此后，蒙古帝国每年遣使到高丽索要各种物品（从毛皮、绸缎到笔墨纸砚无一不要），高丽国小民困，物产薄弱，敌视蒙古帝国的情绪逐渐升温，摩擦不断。于 1225 年，蒙古帝国的使者在出使高丽返回的途中被杀，自此，蒙古帝国与高丽之间连续七年断绝信使往来。

窝阔台即位后，以高丽斩杀使者为由，于 1231 年八月命撒礼塔率蒙古大军讨伐高丽。1232 年六月，高丽王举反，杀死蒙古帝国所置达鲁花赤七十二人，为避免蒙古帝国的伺机报复，高丽权臣崔怡决定迁都江华岛。

1235 年春，蒙古帝国灭金后，命唐古与洪福源率军再征高丽，至 1237 年先后占领龙冈、咸从等余城。高丽王请降，但不亲赴朝觐，只遣使入朝。蒙古帝国则一再促其还都陆上，履约朝觐，然而高丽王总是拖延不动。

1238 年五月，高丽人赵玄习、李元祐等率领两千人迎降，窝阔台命居东京，受洪福源节制。十二月，高丽国王遣将军金宝鼎、郎中赵瑞章向窝阔台上书请罪。因此，1240 年蒙古帝国又派兵攻克昌州、朔州等地。1241 年高丽王以族子为己子入质，高丽又臣服于蒙古帝国。一直到忽必烈即位后，蒙、高两国的关系才趋于稳定。

窝阔台率领蒙军通过五年的浴血奋战，眼看要把残金踏在铁蹄下，完成了连成吉思汗都没有完成的伟业，在蒙古帝国的征伐史上，写下了浓墨重彩的一笔。但窝阔台一直开心不起来，眉头紧锁，满腹心事。细心的耶律楚材发现，窝阔台有点儿憔悴了，棱角分明的脸上新添了几道皱纹。

其实，窝阔台亲自率军伐金，就是希望通过卓越的战功作为提高自己在蒙古帝国中的政治威信，在安排进攻路线时，是别有用心的。此次假道于宋能否成功是伐金胜利的关键，倘若假道成功了，主力大军与假道军队的策应和配合，从腹背夹击金军；倘若假道失败了，主力大军与假道军队首尾不能相顾，有被金军吞并的危险。

窝阔台把这次伐金最重要的路线交给拖雷率领的左路军来完成。要假道宋境，绕过金军严密设防的潼关——黄河防线，然后直击金朝都城汴京。金主完颜守绪肯定不会甘愿洗颈就戮的，命完颜合达率领十五万精兵去围追堵截，另外，宋朝也不会轻易假道给拖雷，必定兵戎相见。令人意想不到的是，如此重大的军事使命，窝阔台仅仅交给拖雷一支区区四万人的偏师去执行，即使拖雷再用兵如神，都会应接不暇。即使拖雷假道成功，挥师抵达汴京城外，兵将也会在伐金途中消耗殆尽。

在实际的伐金战争中，让拖雷以少量的兵力去完成如此重大的攻伐任务，足以表明窝阔台有借刀杀人之嫌。当拖雷假道于宋的同时，窝阔台理应向潼关——黄河防线发起进攻，以牵制金军的主力阻止拖雷南下。而窝阔台却足足花去四个月的时间去围攻河中府（陕西永济市），随后，又是一个月按兵不动，在拖雷多次遣使催促的情况下，才开始南下，完全颠倒了主师主攻与偏师突袭的概念，几乎把拖雷推到悬崖的边缘，其用心极其险恶。

孰料，窝阔台的算盘完全打错了。拖雷竟以奇制胜，一路所向披靡，率领的左路军非但没被金军消耗干净，几乎扩大了原来兵力的六倍，现在手握二十五万重兵。尤其三峰山一战，竟以四万兵力击溃金军三十五万精锐之师的胜利而收场，几乎将金国的主力一网尽扫。

适逢三峰山大战伊始，窝阔台派三子阔出急忙驱师赶去援助，本来是想与拖雷合兵围歼金军，分得胜利的一杯羹，但拖雷为了抓住有利战机，不等阔出的援军赶到便提前向金军发动了进攻。这样，三峰山大捷的功劳全归功于拖雷，窝阔台虽口头上夸拖雷战功赫赫，心情却抑郁失落。

此事像一块磨盘，压得窝阔台已经连续几天没睡好觉了，即使在短暂的睡眠中，也是噩梦连连，使他白天浑身乏力，无精打采，提不起精神来。

1232 年五月，窝阔台在官山避暑，汗帐驻扎在阴山脚下。围绕在汗帐周围，一座座白色的帐篷如雪莲花般绽放在山下。此时，阴山的背阴处，残雪斑驳陆离，燕子俏丽的身影不时掠过冰雪消融的湖面，湖边绿草萌芽，料峭的北风中夹杂着暮冬的寒意，真正的春天还远远没有到来。

累年的伐金总算告一段落，君臣都可以长舒一口气。为奖赏功臣，窝阔台将出征将士云集在大汗金帐内，大摆酒宴犒赏他们。按照旧俗，窝阔台将一路斩获的金银财宝等战利品，以战功高下进行赏赐。金帐内，唱名赏赐，分发多寡不一的金银锦缎，其乐融融。

　　这期间，窝阔台突然染上莫名其妙的重病，他自己声称心如鬼魂抓挠般绞痛难忍。消息传出，扈从的文武诸臣不胜惊慌，四处延药，百般调治，均不见好转，病势反倒越来越重。蒙古人素来讲究迷信，无奈之下，只好请来萨满巫师阔阔搠思为他祈祷。

　　在装饰的金碧辉煌的汗帐高大汗门的侧门里，窝阔台盖着一床锦缎花被，卧于龙榻上。闻听窝阔台忽然病重的消息，忙从漠北草原赶来的脱烈哥那正跪在帘内，暗自垂泪，默默祈祷窝阔台的龙体早日康复。

　　帘子外摆着一张几案，几案上摆满了酒、菜、干鲜果品。铜香炉里插着一炷点燃的香，袅袅的香烟颤颤抖抖地向帐顶升去。拖雷走进汗帐，见帐内呼啦啦跪下一片人，都是近日为窝阔台病情加重而殚精竭虑的皇子、诸臣、那颜等，连忙挨着铁木哥跪下，悄声问道："大汗病情如何？"

　　此时，大家都心情沮丧，也不是说话的地方。铁木哥不想多言，见拖雷相问，用嘴努了努正准备作法的萨满，说："现在不宜说话，萨满正准备作法。"

　　众人中只有耶律楚材神色坦然，一点儿也不着急，他已用太乙数推算过了，窝阔台的寿数未尽，这次的病情奈何不了他。

　　只见年迈的萨满阔阔搠思穿着缕缕条条的神衣，面蒙玛虎面具，披头散发，正在作法禳灾。他点燃一炷香后，举到额前，拜了三拜，双眼紧闭，嘴中念念有词。随着手中的招神鼓，"咚咚咚"一通鼓点之后开始跳起招神舞，阔阔搠思浑身扭动，轻盈地跃起、落下，脚步扎实稳健，时而如大雕伏击，时而如白鹿觅食，时而如陀螺般旋转不已，呈现出当下内在觉知的纯粹状态。

　　大约过了半炷香的时间，阔阔搠思忽然躺在地上，眉头紧皱，像是在承受内心巨大的痛苦。蓦然，老态龙钟的阔阔搠思像个行动轻盈的孩子，一个鲤鱼打挺从地上跃身而起，一手摇晃着招神鼓，一手挥舞着神刀，围绕着几案虚张声势地雀跳不已，像一个上紧发条的木偶人。

　　众人都睁大了惊恐的眼睛看着阔阔搠思近乎夸张的举止，笼罩在脸上的忧伤一扫而光。

感觉把在场所有人都唬得差不多了，再说长时间的舞蹈，身体也消受不了，阔阔搠思停了下来，用衣袖擦了擦额头上渗出的汗水，才用神谕般的语调对窝阔台说："合罕在中原征战多年，烧杀抢掠，屠戮过重，触怒了黑风山山神，要拘走合罕审问。"

窝阔台试探性地说："我们杀猪宰羊，愿意以最丰盛的牺牲来祭奠黑风山山神，能否饶恕朕呢？"

阔阔搠思缓缓地摇了摇头，说："合罕罪孽深重，非祭奠能免的。"

窝阔台额上覆着一块湿毛巾，脸色铁青，有气无力地问。"如此说来，我的病没有救了？"

阔阔搠思说完，双手一摊，表现出一副无奈的架势，说："也不是没有破解之计，至少要有一位亲王肯向长生天发誓，愿意替窝阔台汗去死，即可感动长生天，保全合罕的性命。"

这一招十分毒辣，但能在道理上讲得通。对于一个极度迷信的蒙古族来说，若能保住合罕的性命，可以不择手段。

窝阔台脸上掠过一丝惊慌的神色，问道："如何替合罕去死？是自尽吗？"

阔阔搠思耐心地解释说："不必！只要把合罕的灾病涤除在木杯中，合罕的病自然就能除去。如果有人喝下木杯中的咒水，就可以代替合罕去死。"

一直跪在龙榻旁的脱烈哥那，泪水婆娑地猛插一句："萨满，合罕作为草原万民之主，身染重病，在关键时刻，草原上的每个人都有义务为他献出生命，不是吗？"

脱烈哥那的话音刚落，窝阔台的三子阔出，语气坚定地说："我是合罕之子，愿意喝下木杯里的咒水，替父汗去死。"

阔阔搠思连忙摇摇头，说："三皇子阔出并非与合罕是一奶同胞，不行，不行。即使喝下咒水，长生天也不会显灵的。"

在诸位亲王中，窝阔台留守漠北草原，当时只有拖雷随军。窝阔台便命人把跪在汗帐内的拖雷叫到身边，神色凄然地说："四弟，我已经病入膏肓了，恐怕将不久于人世。"

拖雷跪在地上，施过稽首礼。自窝阔台即位后，兄弟之间已是君臣名分。见窝阔台又唤自己"四弟"，拖雷十分感动，急忙安慰说："三哥偶染小疾，三五日就会好的，何出此言？"

见游过来的鱼儿试图张口吞噬鱼钩上的诱饵，窝阔台佯装气喘吁吁地说："方才萨满为我祈祷，上天怪罪，定要拘我而去，若我不去，说除非有一个亲王代我去才行。现在随军的亲王只有四弟你，可军中无我尚可，无你是万万不行的。所以为兄只好把你叫到跟前，交代一番，我去之后，四弟要……"

看到三哥窝阔台被重病折磨得气息奄奄的神色，拖雷心里一阵绞痛，不等窝阔台把话说完，极其诚挚地说："当日，父汗在我们众兄弟中，特意选你做了大汗。知子莫若父，你的才德，自然高于我们。我曾说过，忘记时要你提说，睡着时要你唤醒。如果你一病不起，倘若蒙古草原失去了合罕，这么多的百姓由谁来管理？还有谁提我唤我？"

脱烈哥那从帘内跪爬出来，移至拖雷面前，恳求道："四弟，看在与大汗一母同胞的分儿上，求求你救救大汗吧。"脱烈哥那说着，给拖雷一连磕了几个响头。

被脱烈哥那逼到绝路上，拖雷望着她说："我出征数年，杀戮甚重，神明降罚，理应殛我，与合罕无关。我愿意替三哥去死，去侍奉长生天。"

拖雷说着，不容窝阔台搭话，便转身吩咐侍臣："快去把阔阔搠思叫来。"

"窝阔台汗终于有救了。"见拖雷上钩，脱烈哥那重新趴在龙榻前喜极而泣。

这时，阔阔搠思端来一木碗水，放在几案上，紧闭双目，双手合十，口中念念有词。过了一会儿，把手伸向窝阔台方向抓了一把，放进木碗里，接着又抓了一把，又放进木碗里。

阔阔搠思望着拖雷，用手指了指木碗说："这就是涤除了合罕灾病的咒水，请拖雷四王爷喝下，合罕定会起死回生。"

在众人惊诧目光的注视下，拖雷转身跑出帐外，跪倒在地，仰望着苍天，悲悯地央求道："明察秋毫的长生天啊，您高高在上审视着芸芸人世，不要错怪合罕。我杀戮太重，我的双手沾满了花刺子模人的血、西夏人的血、中原人的血。冤死的灵魂在叫嚣、在呐喊，催促我这个罪孽深重的人尽快去见长生天。这一切的一切都是我造成的，与合罕无关。另外，我代替合罕死后，由我造成的罪孽不要再殃及我的子孙后代，让他们都茁壮成长为无愧于成吉思汗的后代子孙，无愧于孛儿只斤家族的成员。"

拖雷说完，连连叩头不止，直到额头上鲜血直流，瞬间染红了脚下的小草。

起身后，拖雷返回汗帐中，用犀利的目光直视着阔阔搠思，问道："这一木碗咒水，果真能救合罕的性命？"

阔阔搠思躲开拖雷质疑的目光，心虚地低下头，说："喝了吧，拖雷四王爷，大汗必将龙体康泰，我用项上的头颅做保证。"

拖雷在众目睽睽之下，端起那木碗咒水，送到嘴边。

"不要！"耶律楚材差点儿伸手制止，在窝阔台威严的目光恫吓下，他又把即将发生的天大秘密生生咽回腹中。

拖雷启口，仰头咕咚一声，一饮而尽。病榻上的窝阔台伸出手，做了个阻拦的姿势，大声喊道："四弟，别喝！"

但为时已晚，等拖雷把木碗倒扣过来，朝众人晃了晃。窝阔台从龙榻上滚落下来，朝拖雷身边爬去，口口声声喊着："我的好四弟，你太傻了。"

喝下一木碗咒水，拖雷顿时感觉如饮酒般，只觉得头晕目眩。拖雷迟疑了一下，赶紧走过去，扶住了窝阔台。接着，两人紧紧地拥抱在一起，像久违的少年时代的场景。窝阔台望着拖雷的脸，虚颤着声音问道："四弟，你没事吧？"

毒性隐隐发作，拖雷忍着腹中的绞痛，伸出一只手来，握紧拳头发出"咔吧咔吧"的关节脆响声，凄然一笑说："你看我不是好好的吗，现在照样能刺杀一只老虎。"

　　说完疾步跑到自己的寝帐中，至夜间，当蒙军行至阿剌合迪思小村落时，便奄然而逝。时间是 1232 年五月，时年三十九岁。

　　窝阔台闻讯匆匆赶来，跌跌撞撞地跑到拖雷的寝帐里，拉着他的手，煞有介事大放悲声："四弟啊，你醒醒，你这是为朕而死的啊。"

　　窝阔台哭得看起来很真诚，一点儿也没有演戏的成分，任谁也劝不住。哭得两溜鼻涕悬挂在鼻翼下颤颤悠悠，哭得眼泪肆意奔流，把脸颊涂抹得湿答答的，有几次差点儿背过气去。等东方欲晓时，窝阔台命阔阔搠思为死去的拖雷超度亡灵。

　　说白了，这一切祸根都源于蒙古帝国至高无上的汗权，撷取了仍不放心，随着成吉思汗的遗诏渐渐遗忘，窝阔台的羽翼日益丰满，无端的猜忌和怀疑开始在蒙廷间蔓延。加上拖雷功高震主，使汗权受到严重威胁，最终导致手足自残。这是成吉思汗生前绝对没想到的，但进行了世世代代的绵延轮回。倘若成吉思汗在九泉之下洞察到窝阔台和阔阔搠思合演的这出双簧的秘密，不知有何感想？

　　拖雷的葬礼和成吉思汗的极其相似，众人"用梡木二片，凿空其中，类人形大小合为棺，置遗体其中，加髹漆毕，则以黄金为圈，三圈定"。梡木做的棺木里，拖雷的身上放着火连、小刀、金饭碗、弓箭等生前用品。

　　阔阔搠思选出一个起灵吉日，窝阔台率领群臣叩拜长生天，乞求拖雷的灵魂升入长生天的身旁；叩拜完毕，窝阔台在拖雷的棺木前酹酒，拖雷之子蒙哥、忽必烈给拖雷焚香，全军向拖雷拜祭，过程极其肃穆。

　　阔阔搠思让拖雷喝下涤除窝阔台灾病的一木碗咒水后，窝阔台的病情显著好转，不久就痊愈了。用系着白绫的骏马把拖雷的棺木运回蒙古草原前，窝阔台操着因操办拖雷的葬礼而略显沙哑的嗓音，对速不台说，拖雷的死，让他很悲伤，他已经没有心思把负隅顽抗的汴京城拿下。他让速不台留下，来完成这项艰巨的任务，他要亲自把拖雷的棺木护送至蒙古草原进行安葬。

　　把伐金的指挥权交给老将速不台后，窝阔台、蒙哥、阔出及诸王护送着拖雷的棺木缓缓北移。

随行的人们念及着拖雷生前的忠诚而恭顺，默默地流着泪。大军的行进速度很慢，抵达汗廷大斡耳朵时已经是八月初。

拖雷的遗孀唆鲁禾帖尼在次子忽必烈的陪同下，率领着拖雷家族成员远远地迎接。二十多天前，忽必烈奉窝阔台的命令返回漠北草原，给母亲唆鲁禾帖尼带来了父亲拖雷的死讯。这一记晴天霹雳并没有把唆鲁禾帖尼击倒，她强忍着心中的悲痛，向忽必烈详细询问了拖雷死前的过程。

两年前，拖雷作为蒙军将领挥师南下，本该衣锦还乡，受到草原百姓的顶礼膜拜，现在却变成一具冷冰冰的尸体躺在棺木里，唆鲁禾帖尼无论如何都不能接受这个残酷的事实，也不相信忽必烈带回拖雷去世的噩耗。这期间，唆鲁禾帖尼"痴坐寝帐数日，滴乳未进，若化去一般"。

此刻，一见到裹着拖雷尸体的棺木，感觉天塌地陷，像迎接世界末日的到来，坚强的唆鲁禾帖尼两腿发麻，身体一晃便跌坐在地上号啕大哭起来，哽咽着说不出一句完整的话来。十七岁的忽必烈怀着丧父的悲伤，满含热泪，蹲下身体，担心母亲出事，便凑过去轻拍着母亲喘息不畅而颤抖不已的肩膀，试图说几句劝慰的话，却一句也说不出来。

唆鲁禾帖尼痛哭不已，一双丹凤眼笼罩着一层愁云，苍白的脸庞上失去昔日的光泽。加上诸子一起悲泣，汗廷大斡耳朵附近的草原上，哀乐低旋，天地含悲。缠绕在灵车上刺目的白绫，吸引了附近牧民百姓自发走出帐篷，无声地呜咽着，迎接蒙古英雄的归来。

夜色如水，唆鲁禾帖尼在白纱飘动的灵堂里，默默为丈夫拖雷烧羊饭，高大森然的棺木前的几案上摆放着牛肉、马肉、马奶酒等供品，案上的火盆里燃烧着纸钱，轻烟缭绕不绝，弥漫着各种供品的油腥气。不远处的旷野里不时传来饿狼的嗥叫声，为空旷的灵堂罩上一层肃杀之气。

远处和林城里灯火通明，烟花带着嘹亮的哨音直窜上高空，兀自盛开，将都市的夜空装扮的璀璨多彩。潮水般的鞭炮声一浪一浪地涌来，不用猜想，现在城内的街巷里肯定火树银花，游人如织。唆鲁禾帖尼知道那是为迎接窝阔台大军的凯旋，准备的庆典仪式的一部分。热闹是他们的，拖雷家族什么也没有。

在失去丈夫拖雷的夜里，唆鲁禾帖尼感到悲伤无助，唯有绵延不绝的泪水簌簌流下，打湿了俊美的脸颊。在朦胧的泪眼中，依稀出现两个男人的身影，他们是一母同胞的亲兄弟，一个是丈夫拖雷，一个是窝阔台。为了争夺汗位，使从小吃着一对奶头长大的两个男人彼此相煎，除非倒下一个，另一个才会感觉安然无虞。现在好了，替成吉思汗守灶的幼子拖雷倒下去了，另一个正在群臣的陪伴下举杯相庆。拖雷啊拖雷，根据妻子唆鲁禾帖尼对你多年为人仁厚的秉性来判，你一定遭受了窝阔台的毒手。

阴郁的夜色中，唆鲁禾帖尼银牙一咬，眼里闪着冷色，对着漫长的黑夜暗暗发誓："窝阔台啊，窝阔台，不要高兴得太早了，不信等着瞧，终有一天，这笔债务要由你的子孙加倍偿还。"

第二十四章
唆鲁禾帖尼

临近拖雷的葬期，拖雷家族笼罩在巨大的悲哀中。拖雷嫡、庶子共十人，都衣不解带地趴在灵堂下守灵。自窝阔台南征归来，唆鲁禾帖尼的身影没有出现在夹道欢迎的队伍中；窝阔台回来多日，也没有前来祭奠死去的四弟拖雷，细究一下，两件事连在一起有点儿蹊跷。使与拖雷家族关系较为密切的诸王都纷纷避而远之，怕招惹是非，不敢轻易近前。

一天夜里，灵堂两厢跪满了层层叠叠悲痛不绝的家人，唆鲁禾帖尼着一身玄衣，脸色带着失血过多的苍白，用红肿的眼睛环视一下哀痛的众人，告诫："拖雷王爷的葬期将至，今晚闻报窝阔台要率领诸王前来祭奠，大家一定要言慎事敏，不得出现任何纰漏。"

刚吩咐完毕，一个侍卫急急火火进来禀报："窝阔台汗率领诸王已到王府门外，请四王妃速去接驾。"

听到窝阔台汗将至的奏报，拖雷家族成员上上下下，都心里凛然一惊，身为一家之主的唆鲁禾帖尼更是心跳加速，身体有点儿发软，事发过于突然，她稳了稳慌乱的神色，命令众人："眼下最要紧的，大家赶快出门列队迎接大汗。"她边吩咐边与拖雷次妻撒鲁黑、领昆跪在灵堂外，等待窝阔台大汗的莅临。

灵堂里数支胳膊粗的白色油脂蜡烛在暗自叹息垂泪，拖雷棺木前的火盆里放着一叠纸钱燃烧正旺，灰蝶儿般的纸灰袅娜着升上空中，在穿堂风的吹拂下灵幡肆意舞动。窝阔台在诸王的簇拥下走进拖雷的灵堂，看到蜡烛闪闪暗暗的光芒下，地上跪着一大片影影绰绰迎驾的家人，他们身上都彰显着莫名其妙的恐惧，像一群待宰的羔羊。跪在最前面的是拖雷寡妻唆鲁禾帖尼，她弯腰匍地，在曼妙的身体玄衣的包裹下，丰腴的脊背呈现出一道美丽的弧线。她脸色煞白，身体抖动得很厉害，像肆虐的秋风调戏的一枚秋叶，颤抖着声音说："大汗与诸王深夜光临拖雷王府，臣妾有失远迎，还望陛下恕罪。"

四弟拖雷被自己鸩杀后，拖雷家族便像一群失去领头羊的羊群，显得凌乱不堪，但愿唆鲁禾帖尼能担当起领头羊的重任，带领拖雷家族成员走出困境。想到这里，窝阔台的心里五味杂陈，启口说："弟妹，一家人不必多礼。今晚，朕带领诸王前来祭奠一下四弟拖雷，有劳四王妃在前面领路。"

唆鲁禾帖尼见险情已过，叩完头，站起身来，右手一伸做了个请的姿势，说："大汗及诸王有请。"

唆鲁禾帖尼在前面侧身引路，窝阔台汗和诸王紧随其后，穿过匍匐在地的众人。灵堂正中，在烛光的映照下，森严摆放着盛装着拖雷尸体的箍有三道金圈的棺木。诸王耸立在拖雷的棺木面前，表情肃穆，浮想联翩。

自从踏进拖雷王府的那一刻起，窝阔台心里便笼罩着一层愁云忧雾，感到十分压抑。走到拖雷的灵柩前，放下身为蒙古帝国第二任大汗的身份，双膝一曲，端端正正地跪下，从司仪手中接过一炷香，亲自点燃后，在拖雷灵位前稽首三行礼，礼毕将香插在香炉内，才泣涕如雨，哀痛欲绝地哭诉道："拖雷四弟啊，你是我的好兄弟。记得父汗在世时，你曾对他宣誓：'长守在父汗指定的兄长左右。时刻提醒他所遗忘之事，在他睡着时叫醒他。做他的随从与马鞭，协助他征战四方，为他短兵搏战，直至自身听到长生天的召唤。'你死时，我尚在病中，没有机会照顾你，现在兄长来探望你了。本该由我去见长生天的，你却代兄长去死，让我今生今世都难以安心啊。"

诸王见状，也纷纷跪下，随着窝阔台一起哀伤流涕，来吊唁拖雷。

受灵堂内凄婉的氛围所感染，头顶着点点华发的察合台，捶胸顿足，也动情地哭泣道："拖雷四弟，二哥来晚了一步，咱们在世上做兄弟没有做够，愿你一路走好，来世咱们再做兄弟。"

此时，伴随着烧羊饭的爆裂声，灵堂外萨满们的铜鼓声和嘹亮的爆竹声，以及拖雷子孙家人的失声痛哭声，使祭奠仪式一度抵达高潮。

见窝阔台一行悼念完毕，唆鲁禾帖尼脸上挂着泪珠，跪着移前几步，劝窝阔台道："大汗，请节哀顺变吧，拖雷已死，我们活着的人应该好好活着。父汗生前曾叮嘱拖雷，要他做大汗的影子，他能替大汗而死，是他莫大的荣幸，连臣妾都倍感欣慰。大汗万不可过于伤心，兄长能亲自来吊唁拖雷，已令他含笑九泉。臣妾再多言几句，大汗乃草原万民之主，要少饮酒，莫伤了身子。"

唆鲁禾帖尼一席肺腑之言，说得窝阔台已泪水涟涟，窝阔台动情地说："弟妹，朕也希望拖雷兄弟在地下好好安息，今后你生活上若有困难，就写折子告诉朕，朕帮你分忧解难。"

唆鲁禾帖尼闻言，连忙跪下叩头不已，颔首称谢道："大汗能如此关照拖雷家族，臣妾谢主隆恩。"

窝阔台丢下一句"朕要亲送拖雷四弟归葬萨里川"，便在诸王的簇拥下离开了拖雷王府。

翌日清晨，太阳将万道光芒泼洒在蒙古草原上，那一刻，万物葱荣，鸟鸣花红，草木一片青翠盎然。和林城东城门敞开着，道路两旁站满了领到旨令前来为拖雷送行的百姓。在众人翘首以待下，临近中午时分，载有拖雷棺木的灵车才缓缓驶出拖雷王府。

灵车缓缓驶出和林城东城门，紧随其后的是众多诸王送葬的帐车、勒勒车，一辆接着一辆，绵延不绝，排起数里长的队伍。灵车前，骑着骏马的萨满，手里牵着一匹金灵马在前面引路。

一身素衣的窝阔台站在一辆由数十匹骏马拉的巨型帐车上，一脸的凝重，朝着跪拜在道路两旁的百姓拱手致意。

送葬队伍在起起伏伏的哀悼声、骏马的嘶鸣声和车轮辚辚声的陪伴下，朝着起辇谷的方向进发。临近萨里川时，每隔数十里，便耸立着事先搭起的祭棚。先是成吉思汗时代"四俊"（木华黎、博尔术、博尔忽、赤老温）开国元勋家设的祭棚，接着是诸位公主、驸马设的祭棚，再往前是东路诸王、察合台等设的祭棚。真是长亭更短亭，何处是归程？

每座祭棚内都设有饮食，送葬队伍每到一处，都要在拖雷灵前举行祭奠仪式。

诸王、那颜哭着送葬，蒙古将士们唱着颇为悲壮的《出征歌》，歌声激越高亢：

> 祭罢黑色的大纛，
> 擂起牛皮的沉鼓，
> 骑上红脊的快马，
> 披挂钢铁的甲胄，
> 握紧有柄的环刀，
> 扯开有扣的弓弦……
>
> 勇敢的蒙古人出发了，
> 我们的马蹄，
> 踏碎敌人的城垣；
> 我们的刀下，
> 躺着无名的骸骨；
> 长生天庇佑着毡帐勇士，
> 扬起的马鞭，让整个世界惊叹……

　　高亢的歌声逐渐掩盖了高高低低的哭泣声，眼前浮现出拖雷生前跨着骏马、手持蒙古弯刀、纵横驰骋、奋勇冲杀的威武形象。

　　在凄厉的牛角号声，拖雷的金棺缓缓放入深深的墓穴中。唆鲁禾帖尼带领着诸子祭酒、号啕大哭。他们伤心欲绝的情绪使窝阔台备受感染，跪在墓穴边，再遥送四弟拖雷一程，从此便阴阳相隔了。

　　在一个巨大的土坑里，安置着拖雷的棺木，不封不树。掩埋之后，地面上隆起一个蓬松的坟包。接着，驱赶着上万匹骏马来回驰骋，直到把坟包踏平为止。踏平后，当着一头母驼的面，宰杀一头驼羔，然后把母驼牵走，差专人饲养起来。到第二年或以后的祭日寻找墓地的时候，就把母驼带到驼羔被杀的附近，当母驼嗅出驼羔的血腥之气后，便站立昂首嘶鸣不已之处，就是拖雷的埋葬地点。

　　千百年来，孛儿只斤家族的成员都实行这种特殊的葬礼，他们没有留下陵寝和宝鼎，也避免盗墓者的滋扰。

　　拖雷归葬萨里川后，拖雷王府便迁至哈拉和林城新建的王府内。尽管拖雷已经安息，但他的死因像一个巨大的谜团笼罩着拖雷家族成员。当唆鲁禾帖尼带着诸子翘首企盼着久别的拖雷从伐金战场上凯旋时，他们不是迎来团聚的喜悦，而是亲人猝死的悲痛。

　　除了在拖雷的葬礼恸哭一场外，唆鲁禾帖尼当着众人表现出坚强的一面。她带着四个嫡子和拖雷两位前妻生下的六个庶子，像参加与自己不相干人的葬礼。唆鲁禾帖尼神情呆滞，惨白的脸颊上挂着泪痕，明显憔悴了许多。

　　安葬完毕，痛定思痛，家臣和诸子对拖雷的突然暴死开始质疑了。蒙哥刚回到家里，忽必烈和旭烈兀突然跑过来质问他父亲究竟是如何死的。

　　蒙哥心里那道尚未愈合的伤疤，又重新被揭开结痂的老皮，从鲜嫩的伤口里，冒着鲜血。

　　其实，扶着父亲拖雷的棺木返回汗廷大斡耳朵的当天，蒙哥试图把父亲的死因告诉母亲唆鲁禾帖尼，被她厉声制止了，说："什么也不用说了，失父的悲伤也不要从脸上表现出来，眼下最重要的是安葬好你的阿瓦，让他入土为安。等你阿瓦的葬礼仪式举行完毕，我们再谈此事。"

现在父亲已经入土为安了，开始审视父亲扑朔迷离的死因也不为过。等忽必烈和旭烈兀质问时，蒙哥才发现，原来质疑父亲死因的人不在少数。不过，尽管蒙哥对父亲拖雷的死因心照不宣，今天也要三缄其口，除了母亲，谁也不能告诉。倘若让年轻气盛的忽必烈和旭烈兀知道了事情的真相，他们不仅报不了父亲的仇，说不定还会闹出别的乱子，倘若再搭上家族几个成员的性命，自己岂不成了家族的罪人了？

想到这里，蒙哥稳定了一下纷乱的思绪，才凄然说道："我不是早已说过了吗，阿瓦是替合罕得病死的？不要再纠缠此事了。"

没想到忽必烈却把握十足地说："阿瓦的死很值得怀疑，不像你说的那么简单。"

连旭烈兀也愤然说道："阿瓦的身体很好，他还不到四十岁，怎么会说死就死呢？闻听从前线回来的几位将军说，阿瓦是代替合罕被长生天召去的，我不信。还有人说，阿瓦是中毒死的，我觉得很值得怀疑。"

此刻，蒙哥尽管很理解两位兄弟的心情，但依然没有一吐为快，他张开双臂搂着忽必烈和旭烈兀的肩膀说："事情到此为止，不要再深究下去了，都听我的。阿瓦已经入土为安了，我们要茁壮地活下去，才对得起他的良苦用心。"

善于思考问题的忽必烈冷静地分析道："阿瓦生性好饮，岂止一碗酒，就是两碗、三碗也奈何不了他，想想这事就感觉不对头。"

这时，脾气暴躁的旭烈兀突然挣开蒙哥的胳膊，摸起一把平时练武用的蒙古弯刀就要往帐篷外闯，嘴里叫嚷着："我一定要问问合罕，我们的阿瓦究竟是怎么死的，不然，活着太憋屈了。"

单凭旭烈兀和一柄蒙古弯刀去闯汗廷，无异于以卵敌石，甚至连拖雷家族其他成员都要受到株连。旭烈兀的冲动可谓是一时痛快，但它所带来的后果将不堪设想，造成的后遗症也是永久无法弥补的。形势所迫，现在必须要隐忍，蒙哥和忽必烈合力才缴了旭烈兀的械，把他按在椅子上耐心劝说了半天，他剧烈起伏的胸膛像一把拉动的破风箱，才勉强答应不再因为父亲的死去质问合罕。

蒙哥一直在寻找合适的机会，把埋藏在心底的秘密告诉母亲唆鲁禾帖尼。当拖雷的葬礼仪式结束后，回到自己的寝帐里，唆鲁禾帖尼内心巨大的悲伤才喷薄而出。为了不在孩子们面前暴露自己脆弱的一面，她把脸埋在被子里压抑着声音低泣，直哭得全身颤抖，五脏六腑掏空般难受。一连三天，她都不吃不喝，默默地垂泪。

白天，唆鲁禾帖尼偶尔会到帐篷外的草原上坐坐，呆呆地望着天空中过往的云翳或哗啦啦飞过的鸟群。连日来，痛失丈夫的悲伤使她面容枯槁、眼眶深陷、形销骨立，与之前丰腴美丽的形象判若两人。

面对纷乱的世事和下落不明的未来，唆鲁禾帖尼有时真想提前结束眼下痛不欲生的生活，到另一个世界里陪伴相亲相爱的丈夫拖雷。但转念又一想，丈夫拖雷含冤而死，此仇未报，她死也不甘心。另外，尽管拖雷走了，但留下十个儿子，羽翼未丰，更没有建功立业，她怎能放心撒手人寰。

思索了几天，唆鲁禾帖尼才想明白这个问题：逝者已逝，活着的人更应该坚强面对未来。她眼下唯一要做的是擦干眼泪，像草原的野草一样顽强地生活下去，也使拖雷能含笑九泉，也为了诸子的前程。她要擦干眼泪，带着孩子们在漠北草原一隅忍气吞声地活下去，把并不明朗的希望寄托在他们身上。

此时，除次子早夭外，拖雷留给唆鲁禾帖尼十个儿子，其中年龄最大的蒙哥才二十四岁，其他依次是撒鲁黑可敦所生的次子术里客，领昆可敦所生的三子忽睹都，唆鲁禾帖尼所生的四子忽必烈、五子旭烈兀、六子阿里不哥，其他妻子所生的七子拔绰、八子末哥、九子岁哥都、十子雪别台，凡事"皆决于唆鲁禾帖尼"。忽必烈是年十七岁。

蒙哥虽然多次经历战争的洗礼，也结婚成家，其实还是个未长大的孩子；忽必烈也长成一个英俊志毅的少年，但在处理家族事务上，笨手笨脚，不像那么回事。其他的如旭烈兀、阿里不哥都不是省油的灯，别说指望他们帮自己处理家族事务了，不在外面惹是生非，她就烧高香了。唆鲁禾帖尼把振兴拖雷家族的希望寄托在长子蒙哥身上。

拖雷走后，振兴家族的重担落在唆鲁禾帖尼单薄的肩膀上了。过去很多天，她才从丧夫的现实和悲痛中缓过神来。清检一下像弥漫着烟幕弹般的种种疑点，直觉告诉她，那一木碗咒水肯定是事先下毒的。接下来另一个不得不直面的问题就是，究竟是谁指示萨满下毒谋害了拖雷？这是一个极其危险而敏感的政治问题，再执意追究下去，会剑指蒙古帝国最尊贵最有权势的窝阔台。

蒙哥看着母亲唆鲁禾帖尼的气色比前几日好多了，是该把心中的秘密告知她的时候了。一天晚上，蒙哥走向母亲唆鲁禾帖尼的寝帐。靠近寝帐门口时，里面悄无声息，只从寝帐的缝隙中透射出牛油蜡烛忽明忽暗的光线，由于家里出事，帐内显得阴沉沉的，不知道母亲歇息了没有。这段时间，丧夫的悲痛简直将她击垮，幸好母亲又重新振作起来，渐渐从家族中笼罩的愁云惨雾中走出来。

在父亲拖雷倒下去的瞬间，蒙哥几乎在一夜之间长大成人了。在几位兄弟中间，数他年龄最大，父亲死后，他就是家里顶天立地的顶梁柱了。身为蒙古汗廷名宿拖雷的长子，面对早已落魄的家庭，蒙哥自然要肩负起重振拖雷家族的重任，替母亲分忧解难，团结诸兄弟，一致对抗外界给予的压力，使这个失去半边天的家庭早日步入正轨。

蒙哥轻轻拍了拍寝帐的门，唆鲁禾帖尼闻声警觉地问道："是谁站在帐外啊？"

"额吉，是孩儿，蒙哥。"蒙哥压着声音，回答说。

"进来吧，帐门开着呢。"

得到母亲的同意，蒙哥掀开帐门走进去。母亲的眼睛红肿着，显然又想起父亲拖雷，刚刚哭过，蒙哥进门前，偷偷抹去泪痕。

"坐吧。"母亲唆鲁禾帖尼侧坐在牛油蜡烛旁的暗影里，掩饰着慌乱的心情，指了指一把椅子，轻声吩咐着。

"额吉，我是来告诉您阿瓦死因的真相的。"

"你阿瓦去世时，你亲眼看到了吗？"

"那倒不是，等我见到阿瓦时，他已经喝下那一木碗咒水去世了，可我觉得事出蹊跷。"

闻听此言，唆鲁禾帖尼心里蓦然一惊，加重语气问道："此话你还对谁说过？"

蒙哥信誓旦旦地回答说："除了额吉，我对谁也没说过。前几天，忽必烈和旭烈兀硬想从我口里打探阿瓦的死因，我也没说。"

见蒙哥把事做得天衣无缝，唆鲁禾帖尼很欣慰地舒出一口长气说："蒙哥真长大成人了，说话做事都知道把握分寸了。"

"我觉得现在时机尚未成熟，倘若闹得全蒙古草原上的百姓都知道我们在质疑阿瓦的死因，这事一旦传入合罕的耳朵里，那么我们孤儿寡母的命运将不堪设想。"

"蒙哥你这样想，我深感宽慰，说明你经历数次战争的洗礼，真的成为拖雷家族中最大的男人。"唆鲁禾帖尼想想又说，"某些事情是靠莽撞、弯刀和拳头解决不了的，要动用脑子，把事情的来龙去脉分析清楚，才能放长线钓大鱼。"

"额吉能否讲得明白一点？"

"你阿瓦不仅把合罕扶上汗位，并凭借卓越的战功，留下'拖雷之功，著在社稷'的赞誉，尤其在伐金的三峰山战役中，率领一支区区四万兵力的偏师，横扫金军主力三十万，这场战争的胜利含金量可想而知，合罕虽然口头上赞誉你阿瓦，但闹心到了极点。面对如此强悍又功劳卓著的弟弟，要动自己的汗位，不是不可能，并且一动自己胜算不大。"

"想不到额吉作为一个局外人，把如此诡秘莫测的宫廷斗争分析得头头是道，我佩服您洞若观火的眼力。"

"以后，你该知道自己如何做了吧？拖雷家族成员的身家性命都掌握在你手里，说话做事更要谨慎，千万不要让把柄落在别人手上。"

"阿瓦的死已成前车之鉴，我们必须先忍辱负重，在合罕眼里表现出软软弱弱，使合罕轻视了，然后才能夺回汗位。"

听了母亲一番劝慰，一直沉浸在仇恨中的蒙哥，也感觉到事态的严重性，不解地问："夺回汗位？"

唆鲁禾帖尼眼睛有些湿润，语调略微激动地说："是的，能否夺回来，现在不好说，但事在人为嘛。不过需要耐心等待，现在要把这个念头烂在肚子里。做大事的人要有度量，忍气吞声也是一种度量。"

唆鲁禾帖尼的一席话令蒙哥大为吃惊，他想不到看似美丽温柔的母亲居然有如此远大胸怀和目光。

母子交谈完毕，蒙哥从母亲的帐中出来，冷风拂面，心情依然沉重。现在父亲拖雷不白之死的大仇未报，几个兄弟尚幼，家里一旦出了事，连个当家人都没有。眼下诸王都在作壁上观，窝阔台的表现虽好，一看就是在演戏，以后不知道又要生出什么幺蛾子，想到这里蒙哥浑身不由得打了个寒噤。

为躲避灾祸，实现拖雷家族夺回汗位的伟大目标，唆鲁禾帖尼决定信奉伊斯兰教，在诵念一句句清真言的过程中，使自己的心性变得日趋平和宁静。

第二十五章
大汗"垂怜"

拖雷拥有许多妻妾，唆鲁禾帖尼作为正妻被同时代誉为当时最伟大的妇女之一。希伯来医生巴·希伯尔思引用该时代的一首诗描述她为"如果我发现女性中还有别的妇女像她，我会说女性远远超出男性"；波斯史学家拉施特誉其为"世界上最聪明的妇女"。

因而，无助与寂寞并没有把外表看似柔弱的唆鲁禾帖尼击垮，有着"寡妻执政"的蒙古传统迅速把她塑造成拖雷家族的一家之主。她靠着聪明和才干，严格教育子女，管理拖雷家族的政务，笼络人才，维护、巩固拖雷家族的实力。她爱护属下臣民，对违法官员和军士加以严惩，她领地内百姓的处境比其他宗王领地上要优越。

与年轻时守寡的婆婆诃额伦属于同类型的典范，拖雷死后，唆鲁禾帖尼用坚强的肩膀独自承担起抚育幼子、料理家务、管理政务、统率军队的重任。她以身作则，严加管束孩子们，使几个儿子都成为"汗和具有智力的人物"，她不仅教授他们文化和政治准则，并以宗教的宽容态度，教育他们懂得德行和礼貌，注意培养他们的能力。她协调拖雷诸妻妾彼此尊重，和睦相处，还精心守护着拖雷遗留下来的将士和兵马。在加强自身实力的同时，唆鲁禾帖尼还积极争取外援。她常常延揽人才，"以恩惠和手腕把战士和被征服的外国人吸引到自己方面来"。并借助与拔都之母必克秃忒迷失旭真的同胞姊妹关系延续着拖雷系与术赤系的友好和睦，"亦与拔都相亲厚"。所有这一切的一切，都为日后伺机夺取蒙古帝国的汗位夯实基础。

尽管如此，势利的族人们开始对拖雷家族日益疏远了，很多人先后掠走马匹羊群，离开拖雷系的封地，去投奔更有实力的靠山。苛刻的命运和严酷的现实使唆鲁禾帖尼变得愈加独立，而年届四十的她也有足够的智慧和实力来维持这种独立。

然而，这种卑微而金贵的独立，也时常被人为因素蓄意打破。殷实的拖雷家族遗产作为拖雷系强大的物质基础，由唆鲁禾帖尼全部掌管起来，这使身为蒙古帝国大汗的窝阔台内心颇不平衡。

从伐金战场上返回蒙古草原之后，几乎在所有场合每逢提及四弟拖雷的死因，窝阔台都是声泪俱下："与拖雷兄弟永别使我痛苦万分，因此我宁愿喝醉，希望把忧思之苦暂时忘却。"

这种作态，不仅使窝阔台得到了仁君的美名，也把毒杀拖雷的事实掩饰得滴水不漏。

拖雷的寡妻唆鲁禾帖尼心想，拖雷死则死矣，也不能复活。暂时笼罩在窝阔台汗权保护伞下，起码拖雷家族是安全无虞的。

尽管窝阔台满口的仁义道德和兄弟手足之情，而实际上对弟弟的遗孀都干了些什么呢？拖雷去世后，其家族的兵马和部众，都听从唆鲁禾帖尼的号令。但窝阔台始终对拖雷系掌管着成吉思汗六十多个蒙古千户怀有嫉妒之心，常常想方设法予以剥夺和肢解，借机削弱拖雷家族的军事实力。

不久，蒙古汗廷下达一个诏令，将拖雷家族最精锐的三千骑兵擅自转赐给窝阔台的儿子阔端。

针对这一诏令，就像一盆冷水浇到红彤彤的火炉里，立马乱了阵营。接到诏令后，拖雷家族的将领们感到十分气愤，纷纷请求唆鲁禾帖尼去向窝阔台要回军士。将领们在唆鲁禾帖尼面前哭诉道："按照成吉思汗的诏敕，我们是属于拖雷家族的，合罕虽然是合罕，也无权私自更改圣主的诏敕将我们赐给阔端。这三千骑兵又不是圣主赐给合罕的，是圣主生前诏令给拖雷家族的，合罕这样做，岂不是违背成吉思汗的诏命呢？"

"就是啊，拖雷刚去世不久，合罕就迫不及待地伸手瓜分他的军队，再说，拖雷是替合罕死的。合罕如此做，岂不是卸磨杀驴吗？"

"对，真有点儿欺人太甚，不行就让我们手中的弓箭和马刀去答复他们吧。为了拖雷家族的荣誉而战！"

看到拖雷生前培养的兵将如此忠诚，唆鲁禾帖尼心里充满着激动和欣慰之情。尽管拖雷死了，这些曾跟随他在疆场上浴血奋战过的勇士们，却依然维护着拖雷家族的荣誉。但她并不希望勇士们对拖雷家族的义举被窝阔台知道，否则这次擅自转赐肯定是拖雷家族灾难的开始。从另一方面说，合罕之所以把这三千骑兵从拖雷家族中划走，欲意是削弱拖雷家族的军事力量，怕她掌控着蒙古帝国大部分精锐部队，想造合罕的反，简直手到擒来。

唆鲁禾帖尼最终以大局为重，没有去向窝阔台讨要，反而安抚将领们，说："这支骑兵是先汗赐给先夫的，是先夫最为倚重的一支兵马，突然从我们的封地划走，我们当然于心难舍，众家臣诸子也不理解。但是我知道，军队和我们本来同属于大汗，他是一国之主，他所下的命令都是正确的。别说三千骑兵，就是把所有人都统统调走，我们也不会说出半个'不'字。不服从大汗，就是犯上作乱，我不想看到拖雷家族的子孙们背上这样的恶名。"转身又安慰那些长官道："你们到阔端王子那里去吧，他是个宽厚的王爷，不管你们在哪里，我们还是蒙古帝国的子民。"

见唆鲁禾帖尼绝念已定，众将领虽然甚感失望，但无力更改这个看似严酷的事实。唆鲁禾帖尼的顺水人情，使阔端感激不尽。祸福未知，没想到偷鸡不成反蚀把米，倒把阔端推到对方阵营里去了。

唆鲁禾帖尼以大海般辽阔的胸襟和超人的聪明才智应对了窝阔台家族拒诏诛杀的险恶用心，平息了这场风波，维系了对窝阔台汗权的服从，并加深了阔端和拖雷家族的情谊。事实证明，在后来的某个关键时刻，阔端的友谊有力地臂助了拖雷家族的脱颖而出。

一波方平，一波又起。不久，窝阔台又降下诏令，欲命唆鲁禾帖尼改嫁其长子贵由，从而将拖雷系属部并入自己的家族系统，试图鲸吞拖雷家族庞大遗产，并保证汗位的顺利继承，避免窝阔台的子孙和拖雷的子孙爆发冲突甚至战争。

按照蒙古草原上的旧俗，弟娶寡嫂，子纳父妾，都是天经地义的。一个寡妇，除了直系亲属外，任何成年男人都可以娶她。何况又是蒙古帝国最高权贵合罕的诏令呢，更何况她下嫁的是合罕的长子贵由，是一位位高权重的王爷。唆鲁禾帖尼几乎没有理由拒绝。

可是，唆鲁禾帖尼心里明白，倘若她嫁给贵由，拖雷家族真算彻底垮了。其实这是一个披着政治外衣的阴谋而已，贵由身边美女成群，不可能看上比他年长许多被他唤作婶子的女人。

无风不起浪，对于在蒙古草原上风传的消息，唆鲁禾帖尼有些不信，可又不容她不信，她感觉头大如斗，眼冒金星，险些晕倒在地。蒙古草原上流传已久的习俗就像一棵参天大树，是她这样蚍蜉般的小人物所撼动不了的，唯有乖乖听天由命。看似外表坚强的她，眼睛蒙上一层雾霾，有泪水夺眶而出的冲动。

面对窝阔台公然"赏赐"的侮辱，她恨丈夫拖雷死得太早，使十几口的孤儿寡母失去翼护，也恨骑在拖雷家族的脖子上作威作福的所谓强者，现在还不是撕破脸皮与他们对抗的时候，只有略施心计，看能否躲过这场厄运。

几天后，当窝阔台的宠臣阿蓝答儿把诏书下达到拖雷王府时，面色苍白的唆鲁禾帖尼双手接旨后，紧闭双眼，仰头向天伫立，似乎在等待冥冥中落下某个虚无的答案。

在长时间的沉默中，阿蓝答儿与拖雷家臣诸子的目光在冰冷地对峙着，一场肉搏剑拔弩张。性子暴躁的旭烈兀难以咽下这口恶气，欲拔刀与阿蓝答儿一行拼个鱼死网破，被忽必烈用严厉的眼神给制止住了。

此时，蒙古包外的草原深处传来悠扬舒缓的马头琴声，伴着一曲天籁般的蒙古长调。久久回荡的歌声似一贴镇静剂，使唆鲁禾帖尼在瞬间理清杂乱的思绪，答案呼之欲出。她早已看透他们的伎俩，知道无力与合罕的诏令抗衡，只有婉言谢绝。想到这里，她苍白的脸色渐渐恢复了平静，缓缓睁开眼睛，直视着阿蓝答儿，平静而谦恭地予以回绝："大汗的美意我心领了，我怎能违背大汗的诏令呢？贵由正值年轻有为之际，又身为蒙古帝国的中流砥柱，要找一个年轻貌美的少女做王妃。臣妾已人老珠黄，儿女们尚小，承蒙他看得起我这个婶娘。"

"谢主隆恩！"阿蓝答儿刚想启口，被唆鲁禾帖尼及时伸手制止住了，她抹去腮边的泪水，说："但我有一个愿望，我必须抚养拖雷的孩子们，把他们带到成年和而立之时，竭力使他们受到良好的教育，彼此不分开，相互不离弃，从他们的同心同德中得到一丝安慰，日后好让他们为大汗尽忠！请将我这个卑微的愿望带给大汗吧！再等几年吧，如果那时贵由王爷还看得上我这个婶娘，长生天给我启示的话，我一定会认真考虑这桩美满的婚事。"

这是唆鲁禾帖尼的婉拒，既给足了窝阔台汗的面子，又申述了自己不嫁的理由。除了窝阔台一家外，她这一举止在黄金家族赢得了一片褒扬声，使他们再也不敢小觑这个貌似平凡的女人了。

一计不成又生一计。乃马真皇后像一条吐着信子的眼镜蛇，依然贼心不死，还准备亲自出马逼迫唆鲁禾帖尼乖乖就范，命人传话说："女人一旦失去了丈夫，就成了草原上随风滚动的飞蓬，况且你正值壮年，如何熬过以后漫长的日子。"但唆鲁禾帖尼闻讯乃马真皇后的歹毒之心后，先发制人地派人转达她誓不他嫁的决心："不劳皇后大驾了，我对拖雷的忠诚和抚育孩子们的责任是不可推卸的。既然拖雷可以为大汗饮咒水而死，那么必要时我会为拖雷而死！我的丈夫拖雷在天上等我，人到了这个地步，世上还有什么可留恋的呢。"

乃马真皇后见唆鲁禾帖尼拒婚的态度异常决绝，加上"贵由未曾坚持"，这场打着逼嫁的幌子而试图肢解拖雷遗产的闹剧便不了了之。唆鲁禾帖尼靠自己的机智聪慧挽救了整个拖雷家族，对这两件事，一件谨慎从命，一件婉言推辞，终于使窝阔台的阴谋没有得逞，也避免了拖雷系被窝阔台瓦解或削弱的危机，依然十分艰难地维持了拖雷家族的独立。

诸王、那颜都持观望的心态等着观看一出好戏，没想到开场的锣鼓尚未敲响，便被唆鲁禾帖尼以四两拨千斤之力轻松化解了。一场黄金家族的内讧，像一场三月的桃花雪，注定在太阳下存留不了太多时日。

在蒙古帝国的历史河流中，拖雷时代已画上了一个句号，今后唆鲁禾帖尼咬紧牙关带领儿女们挺起一方天空，前方的路上依然荆棘遍布，她不知道今后还要经历多少次风雨。在以后的十五年中，唆鲁禾帖尼始终没有再婚，倾注全部精力抚养诸子，并取得了显赫的成绩，为自己赢得了聪慧贤德和教子有方的声望。

无论何时，唆鲁禾帖尼在对诸子的教育上十分严格，恪尽做一位严母的职责，禁止儿子违反法令和札撒。

为了改变阿里不哥狂傲不羁的秉性，不惜专门从内地请来真定名儒李槃予以施教化，在皇族中开创以儒为师的先河。1241 年，当窝阔台去世，汗位虚悬，在乃马真摄政的五年里，法纪混乱，很多宗王贵族滥发牌符征敛财物，唯有唆鲁禾帖尼和儿子们没有这样做，没让乃马真抓住一点儿把柄，也为拖雷家族赢得了无上的声誉。

拉施特称赞道："在这段大位虚悬时期和这场混乱之中，每个人都向各方面派出急使……只有唆鲁禾帖尼别吉和她的儿子们除外，他们总是遵守法令而行，丝毫不违背大法。"

唆鲁禾帖尼凭借其高瞻远瞩的卓见，巧妙地运用拖雷家族的实力和诸王之间的派系纷争，从而使自己的四子在新一轮的汗位争夺中处于优势地位，为汗位最终由窝阔台系向拖雷系转移铺平了道路。

继诃额伦和孛儿帖之后，又有一位伟大圣洁的母亲出现在蒙古草原上。唆鲁禾帖尼的韬光养晦，终于为个个出类拔萃的儿子们赢得汗位。后来，长子蒙哥和次子忽必烈都做过大元（大蒙古国）的帝王，三子旭烈兀在西亚开创了伊利汗国，幼子阿里不哥后来统治了蒙古本土，四个儿子的建功立业，与唆鲁禾帖尼的严格教育和献身精神是分不开的。在唆鲁禾帖尼的扶持下，拖雷家族进入了"唆鲁禾帖尼时代"。

第二十六章
宋蒙交战

　　1234 年正月，宋、蒙合力灭金后，窝阔台没有兑现当初伐金后将河南归还宋朝的诺言，仅将陈州（今河南淮阳）、蔡州东南一隅划给宋朝，以北归附蒙古帝国。当时，宋国鉴于兵力、财力明显弱于蒙古帝国，便没有坚持而同意了。随着天气转热，考虑到粮草不足，窝阔台将蒙军主力撤到黄河以北，造成河南境内布放空虚。黄河南岸只留下大将速不台和塔察儿两支机动部队，其余的守备部队都是原金兵降顺蒙军后被改编的汉军。

　　宋、蒙两军隔河对峙，虽然都没有大动作，但平静的边境线上看似波澜不惊，实则暗流汹涌。

　　六月，见蒙军主力撤到黄河以北，知扬州的淮东安抚使赵范、淮东制置使赵葵兄弟俩认为光复时机已成熟，打算上疏皇帝宋理宗赵昀请求出战，提出"踞关守河"，即"西守潼关、北依黄河"与蒙军对峙，收复东京开封府（今河南开封）、西京河南府（今河南洛阳）和南京应天府（今河南商丘）三京在内的中原地带的建议。此建议的历史依据确凿，因为金国就是凭借潼关——黄河防线与蒙古帝国对峙二十余年，迫使蒙军不得不借道南宋以转攻金国后方。

这个建议一经提出便遭到刚获得重用的真德秀、枢密院副都承吴渊、淮西总领吴潜等多数大臣的极力反对，他们一致认为已经被战乱变成一片焦土的中原一带无法提供足够的粮草，再加上南宋军队缺乏骑兵，机动力有限，无法防御漫长的黄河防线。另外，也怕造成借口使蒙军再度向南宋宣战。

对此，参议官邱岳也持反对意见："方兴之敌，新盟而退，气盛锋锐，宁肯捐所得以与人耶？我师若往，彼必突至，非惟进退失据，开衅致兵，必自此始。且千里长驱以争空城，得之当勤馈饷，后必悔之。"

随后，这道奏折被送往南宋的都城临安（今浙江杭州），宋理宗赵昀召集众臣商议此事，参知政事兼知枢密院事乔行简等人以为不合时宜："方今境内之民，困于州县之贪刻，扼于势家之兼并，饥寒之氓，常欲乘时而报怨，茶盐之寇，常欲伺间而窃发。萧墙之忧，凛未可保。万一兵兴于外，缀于强敌而不得休，潢池赤子，复有如江、闽、东浙之事，其将奈何？夫民至愚而不可忽，内郡武备单弱，民之所素易也。往时江、闽、东浙之寇，皆藉边兵以制之。今此曹犹多窜伏山谷，窥伺田里，彼知朝廷方有事于北方，其势不能以相及，宁不动其奸心？臣恐北方未可图，而南方已先骚动矣！愿坚持圣意以绝纷纷之说。"

于是年六月，在赵氏兄弟的力主下，又有右丞相郑清之赞成，好大喜功的宋理宗赵昀还是"嘉其忠壮"，认为蒙古帝国根本不重视河南之地，又有喜寒苦暑的习性，天气炎热，可以侥幸取胜。在没有经过蒙军许可的情况下，于是便命令赵范、赵蔡迁移主管黄州，约定吉日进兵。又命令庐州（今安徽合肥）知州全子才召集淮西军万人赴汴京，试图光复三京之地。

南宋帮助蒙古帝国消灭金朝，是假借蒙军之手教训金朝，竟然又重蹈历史覆辙，又迅速成为蒙军讨伐的目标。某些人就是不吃一堑长一智，就是理所当然地看待问题，让历史都颇感无奈。

1234 年六月，宋理宗赵昀派遣大将全子才、赵葵等兵分三路，挥师"三京"。时值盛夏季节，在蒙军伐金时，曾经决开黄河大堤企图水淹金军，结果导致黄河水势泛滥，水深及腰甚至有没过人的地方，给宋军北上和运粮造成诸多不便。

宋将全子才率领淮西兵首先由庐州直赴汴京而来。此时，汴京的守将正是那个投降变节的崔立。

据守汴京的都尉李伯渊、李琦等守将平素被崔立所欺，暗中图谋报仇，闻讯全子才的军队将到，就和他联络向其投诚。便假装召集崔立开会商议如何严守城池的事宜时，见崔立骑马赶来，没有披甲执锐，李伯渊迎上前去，拔出匕首便刺。匕首刺入崔立的胸部，血流如注，崔立从马背上滚落下来，摔在地上痉挛而死。

随后，李伯渊将崔立的尸首拴在马尾上，在军前大声陈词，说："崔立镇守汴京城期间，烧杀抢掠，鱼肉百姓，恶贯满盈，前无古人后无来者，该当杀戮吗？"

大家齐声呼应："该杀、该杀！按照他生前的罪恶，一寸一寸凌迟都不为过。"

于是，便割下崔立的头悬挂在承天门上来祭奠完颜守绪，而把他残缺的尸体陈列于市，任由汴京军民们一块一块地切割，"争剖其心生啖之"，顷刻间便被分割完毕。

李伯渊率兵出城迎接宋军，全子才整顿完军队方入城。接着，宋权兵部尚书、荆湖制置使兼淮东制置使赵葵也率领淮东兵马由滁州取道泗州开赴汴京。两军会师后，兵分几路取下没有守兵防守的洛阳、郑州。另外，所得州郡，早被蒙军洗劫一空，俱为空城，城中百姓稀少，无粮可借，只有采蒿和面，做饼充饥。

不过，在攻打洛阳时遇到了麻烦。当宋将徐敏子围攻洛阳时，发现洛阳竟然是一座空城，不费一刀一枪，凭空捡了一座城池，心里美滋滋的，没容多想，便兴冲冲地冲进洛阳城里。谁知，这竟然是蒙军特意设下的一个圈套。在洛阳城南的龙门，蒙军将领塔察儿派大将刘亨安突袭了宋将徐敏子的军马，被打得丢盔弃甲，狼狈不堪，虽说伤亡不大，也只好突围逃命，转而南向由钧州、许州、蔡州无功而返。

在得知南宋北伐的消息后，蒙军不敢怠慢，急忙调兵南下渡过黄河，并重拾水淹中兴府的计策。掘开黄河大堤，水淹大梁城，宋兵多被溺亡。

占据汴梁的徐敏子，也因汴京被淹，粮饷难以为继，加上内外交困，缺乏骑兵，赵蔡、全子才多次催促史嵩之押运粮草过来，迟迟不见踪影，才被迫撤兵南归，因一番规划成为画饼。致使宋军夺取的诸多州郡又纷纷被蒙军收入囊中。赵范首先上表弹劾，诏令赵葵与副元帅全子才各降官一秩。

此事发生在南宋端平元年，史称"端平入洛"。它不仅没有实现南宋"守河据守，收复三京"的军事部署，反而为蒙古帝国南侵留下把柄。其实，宋、蒙既已接壤，南宋必然成为蒙军下一步攻伐的目标，不管南宋采取什么措施，都阻止不了蒙军继续南侵的铁蹄。"端平入洛"的轻举妄动，只是加快了蒙军南侵的速度。

年底，蒙古帝国派遣使者王檝到临安，严厉指责南宋"开衅渝盟"，破坏和约的行为。宋廷自知理亏，满朝文武官员噤若寒蝉，无言以对。王檝北返后，宋廷君臣慌乱成一团。尽管蒙古帝国找到出师南伐宋朝冠冕堂皇的理由，因这一年发生多处天灾，导致收成锐减，军备不足，蒙军没有马上用兵南宋。另外，南宋虽然行将就木，但百足之虫死而不僵，几百年的文明沉淀使那里的每一寸河山都是盘龙卧虎之地。

面对汴京、洛阳之败，使宋廷诸臣之间相互推诿，交口斥责，但宋朝君臣并没有从中吸取教训，及时应对亡国的危机。在计无所出的情况下，又重新走上议和的老路，期望用屈辱的求和来保全自己。

第二年（1235）春，宋理宗赵昀派遣使臣程芾带着重礼去蒙古汗廷的大斡耳朵去解释收复失地的行为，遭到窝阔台的拒见。灭宋的计划像一坛窖藏多年的老酒，现在终于找到开启的借口了。

南宋在蒙古汗廷吃了闭门羹后，知道与蒙军之间要不可避免地发生一场恶战，为抵御蒙军南侵，宋理宗赵昀当务之急把战将孟珙从蔡州调至襄阳。孟珙出身将门，是岳飞的部属孟林之孙，多年的军旅生涯，锻炼了他对战场形势极其敏锐的观察力，金朝灭亡后，他成为南宋抗击蒙军的重要将帅人物。孟珙刚赴襄阳便招募了一万五千名中原健儿，分别驻扎在汉北、樊城、新野、唐州、邓州，名镇北军，以备蒙军的进攻。

之前，宋廷因孟珙"破蔡灭金"，功绩卓著，加封官爵。当孟珙在襄阳忙于组建镇北军以备蒙军南侵时，枢密院命他赴临安（今浙江杭州）议事。宋理宗赵昀对孟珙非常器重，召见后夸奖道："你是名将之子，忠诚而又勤恳，破蔡灭金，功绩卓著。"孟珙则说："这都要归功于宗庙社稷的威灵，陛下的圣德，和三军将士的努力，臣何力之有？"见孟珙不居功自傲，宋理宗很高兴，又咨询"恢复大计"时。孟珙回答说："希望陛下宽民力，蓄人才，等待时机。"

"端平入洛"事件使宋理宗赵昀对宋、蒙战局的发展陷入迷茫之中，当问及是否与蒙古帝国和议时，孟珙掷地有声地回答："臣是一介武士，当言战，不当言和！"宋理宗听后，给予孟珙丰厚的赏赐，并任命他知黄州（今湖北黄冈），节制黄、蕲、光三州及信阳军的兵马。

1234 年秋，窝阔台在答兰答八思建立的万安宫里举行由诸王、那颜参加的忽里台会议，确定了征服南宋的战略方针。明年春，窝阔台再次召开忽里台会议，决定西征与南征并举。这说明，蒙古帝国并没有一举灭宋的打算，只是重在掠夺人口财物。当时，从东到西，蒙、宋两国交界线绵延近三千里，如果兵力在数目上不占优势，无明确的主攻方向，短期内是不可能征服地域广阔的南宋。同时，加上深入淮河河网和巴蜀山地，不利于发挥蒙军骑兵野战的优势，又缺乏水军、战船和渡河经验，未能实现战争企图。后来，灭宋战争又持续了四十多年，原因固然很多，但与窝阔台侵宋时的策略有直接关系。

1235 年夏天开始南征，蒙军兵分三路：西路军由窝阔台次子阔端和都元帅塔海统帅，汉军万户刘黑马等从征，攻取四川；东路军由宗王口温不花及察罕率领进攻江淮；中路军由窝阔台三子阔出率领进攻汉水及长江流域。窝阔台派两个儿子领兵伐宋，是期望二人都能建立卓越功勋，特别是三子阔出，将来要继承汗位，没有非凡的战功是难孚众望。同时命粘合重山、杨惟忠随行，担任军中中书省事，要他们每攻下一城，注意搜求儒生、典籍、药材等目标，对耶律楚材的建议，窝阔台欣然准奏。

战初，三路蒙军南下，宋廷上下闻之大惊失色。自此，南宋黄河、淮河以南的半壁江山将要饱受蒙军铁蹄的蹂躏，成为宋、蒙两国的逐鹿之地。

同年六月，阔出与失吉忽秃忽、口温不花、塔思以及汉将石天泽、张柔等诸将与驻守黄河沿线的塔察儿会合后，渡河南下。宋将全才子、赵葵在夺取"三京"铩羽而归后，宋廷命令他们屯兵唐、邓（今属河南）等地，以抵御蒙军南侵。谁知，尚未交锋，他们便弃城南逃，使蒙军轻易攻下唐州、枣阳、光化军（今湖北老河口西北）。

当时，驻守襄阳的军队分北军和南军，北军的权利凌驾于南军之上，南军积怨已深，愤然难平，导致混乱纷争。由于襄阳的守将京湖安抚制置使兼襄阳知府赵范的安抚工作不力，致使北军将领王旻和李伯渊纵火焚烧城郭仓库后，叛宋降蒙。另外，南军将领李虎等又乘机大肆掠夺，把财物席卷而去，导致郢州落入蒙军之手。不久，襄阳守军发生内讧，将领王旻投降蒙古帝国，结果襄阳被拱手相让给蒙军。

宋将赵范玩忽职守，贪恋美酒佳肴，等蒙军叫嚣着厮杀过来时，他还醉得迷迷瞪瞪的。见形势紧急，部将慌忙将他喊醒，来不及披甲持锐，便带领着残部逃出襄阳城。之前，赵范曾向宋理宗上疏"收复三京"的建议，溃败而归后，仍然把镇守襄阳的重任交给他，结果又把襄阳给弄丢了。

襄阳是南宋镇守疆域的重镇，自岳飞收复以来经过一百三十多年的繁衍生息，城中官民多达四万七千多口，仓库里储备的财宝和粮食不少于三十万，武器装满了二十四座仓库，金银盐钞不在其内，兵不血刃，便落入蒙军手里，使宋军蒙受的损失十分惨重。

1236年十月，阔出命塔察儿率领中路军攻打南宋的蕲州（今湖北蕲春）。宋廷急命屯兵黄州的孟珙驰援蕲州。想想几年前在蔡州城下结下的兄弟之情，现在孟珙和塔察儿却要在战场上兵戎相见，颇有点儿各为其主的无奈感。塔察儿对孟珙排兵布阵的能力一清二楚，不愿跟他过多纠缠。孟珙刚到，塔察儿便撤围而去，准备转攻江陵（今湖北荆州）。

江陵是长江中流的一座重镇，南宋的襄阳府丢失后，京湖制置司便移至此处。蒙军如果攻占了江陵，既可以西攻川蜀，又可以沿江东进，还可以南下湖湘，后果将不堪设想。宋廷命令沿江、淮西制置使组织救援，"众谓无逾珙者"。

这时蒙军在枝江、监利编造木筏，准备渡江，危急的形势刻不容缓。孟珙的部下，包括他本人都是荆襄一带人。听说老家被蒙军踩了，部将们都义愤填膺，摩拳擦掌，纷纷要求"返家复仇"。孟珙深知力量悬殊，所以强按心中的怒火，先命部将张顺率领先锋军渡过长江，以控遏蒙军。随后，又命人将铁链横在江面上，使蒙军的木筏寸步难行。

这时蒙军兵分两路，一路围攻复州（今湖北沔阳），一路在枝江监利县编筏窥江。

接着孟珙施展疑兵之计，以少示众，白天不断变换旗帜和衣甲颜色；晚上将江陵的百姓虚张火把，沿江排开数十里，摆出一副大军来援的阵势。蒙军不知虚实，顿时惊慌不已，赶紧撤退。孟珙立刻传令出击，一直打到长江北岸的蒙军阵营里，将蒙军的渡江器具全部烧毁，连破蒙军二十四座营寨，抢回被俘的百姓两万多人，遏制了蒙军的凛然攻势。

无奈之下，蒙军只好怏怏撤军。由于孟珙扭转了长江中游的战局，封爵随县男，擢为高州刺史、忠州团练使、知江陵府兼京湖安抚副使。不久，又授鄂州诸军都统制。

1237 年十月，蒙军再度南侵入犯汉阳境地，宗王口温不花直捣淮甸。蕲春守官张可大、舒州（今安徽潜山）守官李士达、光州（今河南潢川）的守官董尧臣望风而逃，不战而退。蒙军合兵这三州人马、粮食和器械攻打黄州（今湖北黄冈）。由于黄州地区所在的长江一段，江面非常狭窄，很容易被突破。作为淮西的军事重镇，一旦黄州失守，蒙军就可以饮马长江了，所以黄州一战对南宋来说至关重要。

张柔部在黄州城西的大湖中夺取大批船只，顺流下达长江边。宋将万文胜援战不利，荆鄂都统孟珙奉史嵩之的命令，紧急从鄂州率水师火速驰援。两军先激战于江上，继而对垒于城下，蒙军以火炮攻城，孟珙督促城内军民坚守。战斗持续到翌年春天，蒙军损失严重，没有占到半点儿便宜，遂撤围而去。当奋战时，孟珙严肃军纪，曾斩贻误军情者四十九人。

在围攻黄州期间，蒙军还北上攻伐安丰（今安徽寿县南）。宋朝安丰知军杜杲善于守城，早就做好抗蒙的准备。杜杲凭借丰富的守城经验，积极防御，根据蒙军如何摆布，然后随机应变地进行抵抗。事先制作了千百间串楼，列于濠岸。串楼用周长二三尺的栗、枣、榆、槐等硬木作竖木，埋进土里五六尺深，高达一丈有余，上面装上横木，中间设有放箭的窗口，下面筑有羊马墙，每座串楼上可摆放三门火炮。串楼的坚固度是普通城楼的三倍，而且制作方便，杜杲制作了几百个，一溜排开布置成防线，哪座串楼被蒙军击毁了就在原位上置换一座新楼上去，就如同一道移动城墙。

蒙军也不轻易示弱，在城外筑起一道六十华里的围城，又在围城上建起几座比串楼还高的高台，借以牵制城内。道高一尺魔高一丈，杜杲命守军把浸油的茅草点燃后，发射过去，来焚烧蒙军的高台。另外，杜杲又在串楼里面筑了七层雁翅，来防御蒙军炮火的攻击。蒙军开始炮轰时，都被雁翅阻挡过去，反射到蒙军阵营。杜杲精湛的防守技术，让蒙军非常吃惊，感觉遇到了强硬的对手。

经过长时间的围攻，蒙军终于用石头在安丰的护城壕沟河上填出二十七道坝桥，可以直接攻击安丰城，但杜杲马上派宋兵攻夺并扼守住护城壕沟内侧的二十七个桥头。蒙军又组织了一批敢死勇士，身披十余层牛皮做的厚甲，连面部都罩住，向宋军发动冲击。杜杲又利用铠甲再严密也不能完全遮住眼睛的漏洞，挑选了一批宋军中的神射手，使用一种特制的小箭，专门射击蒙军的眼睛，杀伤了许多蒙军中的敢死勇士。

随着蒙军攻城时间的拖长，各路宋军援军也接近安丰，不仅得到池州都统制吕文德援军相助，又与邻境寿春（今寿县）界上的余玠军配合，粉碎了蒙军的多次进攻，并把蒙军的火炮、攻城器械等来不及撤走的器具全部摧毁，蒙军遭受严重打击。蒙军围城三个多月，死亡一万七千多人，与黄州之役的结果相同。后来，受孟珙的节制，京西湖北路陆续收复光化、信阳、郢州、襄阳等地。

蒙古东路军攻伐安丰失利后，窝阔台仍不肯善罢甘休，继续厉兵秣马，积极备战，于 1238 年秋，由马步军都元帅察罕率领大军，再次攻伐宋朝淮西。西夏人察罕早年曾跟随成吉思汗，参加过攻金、西征、伐西夏的经历，作战经验丰富。他的军队由多个民族组成，号称八十万，进围庐州（今安徽合肥），欲克庐州后，造舟巢湖（今安徽合肥南），以窥长江，宋朝为之震动。宋朝参政史嵩之急招杜杲镇守淮庐州，蒙军虽然攻势凛然，人多势众，所携带的攻城工具比围困安丰时多出数倍，但并没有取得傲人的成绩。

杜杲灵活防守的同时，还趁机开城出击，屡次击败蒙军。并且操练水师扼守淮河，派出其子杜庶及统制吕文德、聂斌等，分守在要隘之处。致使蒙军伤亡惨重，倒在城下的尸体有二万六千具，损失辎重器械数不胜数。见屡攻不克，蒙军只好移军东进，攻陷滁州（今安徽滁州）时，万户张柔的鼻子被飞石击中；至天长县（今安徽天长市）时，遭到知招信军余玠的截击；攻伐泗州（今江苏盱眙西北）时，被城周濠水所阻，激战多时不克。察罕军虽小有暂获，但锐气已减。相对而言，南宋军队的战斗力有所增强。察罕见屡战不利，于是快然率军北撤。

我们来看看阔端率领的西路军在攻伐巴蜀之地时所取得的成绩。1235 年八月，窝阔台次子阔端率领的西路军由凤州（今陕西凤县东）进入河池（今甘肃徽县），连破阶州、西和州等城。

九月，破沔州（今陕西略阳）时，南宋知州高稼力战而死。又进围南宋四川制置使赵彦呐屯兵于青野原，宋御前诸军都统制曹友闻讯驰援，击退蒙军。蒙军两支南伐队伍继续南下，一支攻文州、阶州，一支趋大安，意欲入四川。赵彦呐督促诸将拦截，曹友闻镇守阳平关（今陕西宁强西北）驱师援助，适逢暴雨，他立令步骑直冲前去左右夹攻，喋血十余里，蒙军败退。

十月，阔端率大军抵达巩昌（今甘肃陇西），早先已向蒙古帝国纳款的巩昌便宜都总帅汪世显叛宋降蒙，并引军南下入蜀，不到一月，属于成都、利州及潼川（今三台）三路的府州军都被攻陷。西蜀全境，仅存夔州（今奉节）一路及潼府路所属的顺庆府（今四川南充）。

阔端在成都屯兵几日，又移兵北攻文州，知州事刘锐昼夜据守，搏战一个多月，援兵迟迟未到。刘锐知道等待他的是城池沦陷的结局，便命人让自己家人全部吞服毒药。家人一向知书达理、遵守礼法，没有违抗。甚至他六岁的儿子在服药时，还下拜接受。等全家都服毒身亡后，刘锐含泪把他们的尸体全部聚集在一起，付之一炬，并且把所有公家和私人的金钱、布锦、诰命等全部投入火中，然后自刎而死。后来蒙军破城后，一起殉难的军民有数万人。

1236 年八月，阔端以塔海为元帅，汪世显为先锋，率领蒙军及西夏、女真、回回、吐蕃、渤海等附属国军队五十余万人马出大散关南，攻克武休关（今四川留坝县南），击溃南宋兴元戎司都统李显忠的军队后，又从兴元向西抵达大安。大安介于兴元府和阳平关之间，是蒙军进攻四川的交通要道。宋制置使赵彦呐见状急忙调遣扼守沔阳（今四川勉县东）的利州都统制曹友闻率军赴大安救援。曹友闻认为大安地势平坦，无险据守，利骑兵攻战，不利步兵防守，建议仍扼沔阳险地，威胁蒙古军后方，使其不敢长驱入蜀。赵彦呐不纳，一日发七道令牌，逼迫曹友闻转守大安。

九月九日，曹友闻退至大安。十六日，因兵力有限，曹友闻与众人商议，大安无险可守，唯鸡冠山一堡可守，但无粮无水，如果能坚持五日，可有转机。诸将以为假如坚守不战的话可以坚持五日以上。派其弟、四川制置司帐前总管曹友万，率军一万趋鸡冠隘（今陕西勉县西南）守御；自己率领着精锐万人连夜渡过汉江，在阳平关附近的溪流两岸设伏。事先约定，等蒙军来到，内以擂鼓举火为号，外呼杀声以响应，两面夹击。

部署既定，二十二日，蒙军果然分批推进阳平关，曹友万、刘孝全等麾兵战于关外，自辰时战至未时，蒙军大败。日落时分，曹友万等敛兵入鸡冠隘堡，蒙古军围堡数层。

二十七日，曹友闻探知蒙军已在大安大掠，又亲率精兵三千束装趋阳平关。孰料行二十里后，突然暴雨如注，道路泥泞，夜暗难行，人马疲乏，加上准备不足，给养匮乏，士兵包括一些将领怨声载道，部将吕嗣宗建议等天明再走，曹友闻考虑到鸡冠隘堡原定坚持五日，现已八日，一旦城破，守军将走投无路，于是责备说："敌人知道我伏兵在此，迟缓必失良机。"遂拥兵齐进。到达水牛岭时，兵分三路潜入蒙军营地，转战至拂晓，连破数十座阵营，血流二十里，尸体在阳平关外堆积如山，直插阳平关。鸡冠隘堡之曹友万等将，闻鼓声率军出堡夹击。西川的军队素以绵袭代替铁甲，此时尽被雨湿透，不利于徒步战斗。

二十八日黎明，转战至回回寨，阔端欲走时，汪世显从大安率军赶来，蒙军的军力得以加强。阔端分骑兵为百十队，轮番向宋军攻击。鏖战多时，宋军击杀蒙军过半，终因寡不敌众，战斗力锐减。在突围过程中，曹友闻中流矢，下马步战而死。曹友万仅存五百人逃入堡中。

二十九日，曹友万、刘孝全等见赵彦呐没有增派援军过来，城中无粮，才连忙率军突围，转战至龙门（今阳平关附近之龙门洞）时全部战死。

十月十八日，阔端命令三百名蒙古骑兵打着李显忠的旗号进入成都城内。四川安抚制置副使兼知成都府丁黼等误以为是从前线败回的宋兵，便张榜纳贤，等弄清来者是蒙军骑兵时，才匆忙上前迎战。

翌日，蒙军蜂拥而至，成都沦陷，守将丁黼死于巷战中。

随后，阔端纵兵四处掠夺，内地州郡大多不战而破，"凡四川府州数十，残其七八"。一月内，几乎半个四川落入蒙军囊中。

1240 年，宋廷任命孟珙为四川制置使，为抵御蒙军南犯，上疏长江上流的备御宜为三层藩篱：创制副司，移关外诸军一统于夔州（今四川奉节白帝城），负责守卫涪州南面以下江面，为第一层；修备鼎州、澧州为第二层；修备辰、沅、靖、桂四州为第三层。并分别派遣将官守治。他指出，此举乃保"江西"之策。使长江上游川湖一带的局势大为改观。孟珙任京湖制置时，挥师西上，与蒙军激战于归州（今湖北秭归），又在巴东击溃蒙军，终于遏制住蒙军冲出长江三峡的图谋。

1242 年十二月，余玠被宋理宗赵昀任命为四川最高军政长官，肩上褡裢里装了一串沉甸甸的官印：兵部侍郎、四川制置使兼知重庆府，负责四川防务。余玠赴任后，带着对宋廷做出"愿假十年，手挈四蜀之地，还之朝廷"的承诺，积极革除弊政，广纳贤良，采纳播州人冉进、冉璞建策，依钓鱼山构筑钓鱼城，徙十余万战卒、百姓于城中，又采取依山制骑、以点控面的方略，奏请临安朝廷，按"三江八柱"的全川整体防御构想，先后筑青居、大获、钓鱼、云顶（今四川南充南、苍溪东南、合川东、金堂南）、苦竹隘、得汉、白帝、运山等十余城，并迁郡治于山城。又积极调整兵力部署，移金州（今陕西安康）戍军于大获；移沔州（今陕西略阳）戍军于青居；移兴元（今陕西汉中）戍军于合州（今合川东钓鱼城），共同防守内水（今涪江、嘉陵江、渠江）；移利州戍军于云顶，以备外水（即岷江、沱江）。诸城依山为垒，据险设防，屯兵储粮，训练士卒，经数年建设，逐步建成以重庆为中心，以堡寨控扼江河、要隘的纵深梯次防御体系，边防稍安。

这一防御系统支撑起迁都临安的南宋江山，与入侵巴蜀的蒙军麋战百次而不殆，真可谓千秋之功。

1246 年春，蒙军大将塔塔歹帖赤分兵四道入蜀，余玠继多次战胜蒙军进攻之后，针对蒙军骑兵善驰突长野战的特点，依靠新建立的山城防御体系，重创蒙军。1250 年，余玠在积极防御的同时，并主动出击，调集四川各路精锐，誓师北伐。以一部兵向陇蜀边界出击；自率主力，取金牛道向汉中进发，三战连捷。1251 年四月，余玠率领十万大军进占汉中西之中梁山，潜军烧毁汉中至大散关（今陕西宝鸡西南）的栈道后，率军围汉中数重，昼夜急攻。蒙军修复栈道，各路援军会至。见久攻不克，兵老师钝，只好撤军。1252 年，汪德臣、帖哥火鲁赤为配合忽必烈攻打大理城，率军攻伐嘉定（今四川乐山），余玠又率军击退蒙军，四川抗蒙形势日渐好转。

1253 年，因余玠与统制姚世安素来不和，姚世安便以宰相谢方叔为援，谢方叔和参知政事徐清叟等向宋理宗诬告，攻击余玠独掌大权，却不知事君之礼。宋、蒙战争不断加剧，宋理宗既需要武将拼死守卫边境，又担心他们拥兵自重、酿成剧变，就像赵匡胤发动陈桥兵变一样，尤其是巴蜀之地，最易让将帅"坐负险固、轻视朝廷""抗天子之令，吐不臣之语"。于是，在奸臣的诋毁下，宋理宗做出了一个堪称丧心病狂的决定。他发出一道金牌，让余玠赶紧进京，就像当年发金牌把岳飞从前线上紧急召回临安一样。召余玠进京的金牌发出去不久，朝廷便收到了从重庆发来上报余玠病情的奏报。接到余玠重病消息的第十天，宋理宗又签署了一道命令：让余晦接替余玠担任蜀帅。简直晴天霹雳般的灾祸，使余玠愤懑成疾，于是年七月在四川被迫服毒自杀。次年，朝廷权奸削去余玠生前职务并迫害其家属和亲信，其部下王惟忠也被诬告潜通蒙军而处死。余玠死后的损失很快便彰显出来：四川战局很快发生逆转，宋军防线日渐恶化，更因为宋廷自毁长城之后，还如此诋毁、攻击已故功臣，宋军将士深感寒心，士气低落。

第二十七章
西征开拔

    1235 年，窝阔台召集诸王首次在蒙古帝国首都哈拉和林举行忽里台会议，决定发动蒙军第二次西征。据说，窝阔台本想御驾亲征钦察草原，蒙哥以"有事可由子弟服其劳"为由进行劝阻，使他放弃了亲征的打算。

    与蒙军第一次西征的目标定为中亚和西亚不同，蒙军第二次西征的目标则是伏尔加河以西的欧洲地区，也就是钦察、斡罗斯、孛烈儿（今波兰）和匈牙利（马札尔）等里海以北未服诸国。西征计划按照窝阔台提出的"长子出征人马众多，威势盛大"的建议，决定由诸王、万户、千户、百户、那颜及公主、驸马的长子统兵远征，这是历史上绝无仅有的一次全部由长子为帅的远征，故称"长子出征"，也称"拔都西征"。

    "西征是黄金家族的荣光与梦想，是父汗当年设想的统一世界的伟大目标。父汗戎马一生怀抱征服世界的愿望而饮恨六盘山，朕即位后期待着这一天的来临。"在忽里台会议上，窝阔台说。"这次派遣长子出征的意见是察合台兄提出的，察合台曾说：增援速不台可令诸皇子的兄长出征。如果以长子出征，则兵多将广。兵多了就表现威力强大。那里的敌人多，敌国广；那里的国家百姓也厉害，据说愤怒的时候能用刀砍死自己，而武器也很锐利。依照察合台兄这样谨慎的话，所以派遣长子出征。"①

西征的目标既定，窝阔台又审时度势，决定推举年仅二十七岁的拔都为西征大元帅，麾下西征军由四个军团组成，分别由四系诸王的长子统帅：

第一军团是术赤系的拔都军团，拔都自任主帅，其长兄斡儿答、五弟昔班和六弟唐兀惕率军从之。

第二军团是察合台系军团，由察合台的长孙不里为主帅，其叔贝达尔率军从之。不里就是随从成吉思汗征伐花剌子模时战死于八米俺的察合台的长子莫图根之子，故以长孙继父位。

第三军团是窝阔台系军团，由窝阔台的长子贵由为主帅，窝阔台汗第六子合丹、孙海都率军从之。

第四军团是拖雷系军团，由拖雷长子蒙哥为主帅，拖雷第七子拔绰率军从之。

根据战争的实际需要，窝阔台还任命老将速不台为副元帅，实际为前线总指挥，协助拔都主持全面军务。速不台就是成吉思汗帐前的"四狗"之一，英勇善战，屡建功勋。当时，速不台正和木华黎之子孛鲁一同经略中原，因其战功赫赫，实战经验丰富，又曾和哲别并肩在钦察草原地区与斡罗斯军队酣战多日，熟悉钦查草原的地理环境，故特意把他从中原召回，随拔都一起西征。

在蒙军西征大军中，除四个集团军外，成吉思汗的庶子阔列坚也参加了此次远征。阔列坚为亲王，自有其封地和军队，因为阔列坚自己统率一军，不隶属于上述四个集团军。

拔都作为一位年轻的宗王摇身变成蒙古西征军的最高统帅，内心的荣光和骄傲在滋生暗长的同时，肩负的西征重担迫使他忐忑难安。在接到统领蒙军西征的任命后，他一个人爬到不儿罕山，向长生天汲取战无不胜的力量。学着祖父成吉思汗当年的样子，他摘下帽子，把腰带挂在脖子上，五体投地，

① 杨讷.世界征服者——成吉思汗及其子孙［M］.北京：华夏出版社，1997：69.

虔诚地跪拜上苍。他弓下身子，回忆起祖父和父辈在战场上所取得的无限辉煌，也乞求长生天赋予他所向披靡的力量，乞求祖父成吉思汗赐给他一个西征的壮举，乞求攻无不克的蒙军荡平即将开拔的西方世界。

虽然贵由也率军西征，但他心里充满着怨气。作为整个蒙古帝国的最有资格的继承人选，这次西征连胜任西征军最高统帅的资格都被剥夺了，只是一个职位无足轻重的随从而已。想到这里，他更是火气攻心，心想拔都有何德何能，其父术赤身上是否流淌着成吉思汗的血脉都难以定夺。论年纪，他比拔都大；论地位，他是堂堂蒙古帝国第二任大汗的长子，在黄金家族中的地位是举足轻重的。越想越来气，贵由经常一个人躲在帐内喝酒解闷，喝多了，用板子抽打看着不顺眼的士兵，在蒙古百姓中的口碑极差。

经过一年多的精心准备，蒙古西征军四大军团集中兵力十五万，相约来年即 1236 年，在伏尔加河下游草原全部集结完毕。秋天，正在中原攻略的速不台从中央兀鲁思整军出发，率领着自己的兵马前来与拔都在亦的勒河（今伏尔加河）中游的不里阿尔会合。拔都召开首次作战会议，研究部署作战方案。

在军事会议上，与会将领一致认为此次西征面临两大亟待排除的威胁，右边的保加尔国，左边的钦察部，应先兵分两路，进攻保加尔国和钦察部，扫除两翼的威胁，然后集中兵力进攻斡罗斯。于是决定，兵分两路，由速不台率不里军攻打保加尔国，蒙哥率第四军及贵由军攻打钦察部。

保加尔国创建于公元 7 世纪，位于里海以北、乌拉尔山以西的伏尔加河与卡马河滨交汇处。该国是斡罗斯东南的屏障，是蒙古西征军进攻斡罗斯的必经之地。保加尔国人中突厥人占据很大比例，另外还有部分芬兰人和马扎儿人，他们最终融于今天俄罗斯的楚瓦什人和鞑靼人之中而销声匿迹了。

保加尔国首当其冲受到蒙军西征军的入侵。1236 年秋，速不台和其子兀良合台统领蒙古先锋军五万，率先向斡罗斯诸公国东面的保加尔国发动了攻伐。当时，保加尔国的兵力不足五万，与蒙军势均力敌。

这并不是他们首次交战，早在 1223 年五月，哲别和速不台率领的蒙军与钦察军、斡罗斯军在迦勒迦河大战中，击溃数倍于己的钦罗联军，震惊了欧洲。钦察草原的百姓议论纷纷，认为自己的罪恶招致了上帝的不满，上帝又派来一位类似"上帝之鞭"——匈奴人阿提拉式的人物来惩罚自己。

1236 年冬，速不台率领蒙古西征军的先锋部队，渡过札马里河（今乌拉尔河），在亦的勒河畔（今伏尔加河）中游交战。与速不台大军对垒的是保加尔国国王卡布杜拉，及其盟友摩尔多瓦大公普加兹组成的联军。保加尔国联军在河边列阵，以逸待劳，做了充分的动员和准备，但在速不台指挥的蒙军面前，一触即溃，狼狈逃回城里。获胜之后，速不台指挥蒙军迅速将这座防守坚固的城市包围得密不透风，不给保加尔人留下任何喘息的机会，接着凛冽的攻伐风起云涌，面对蒙军虎狼般的攻势，保加尔人建立起来与城共存亡的钢铁意志在瞬间崩溃了。

经过四十五天连续的攻伐，蒙军平定了保加尔国全境，由于保加尔人没有接受速不台谕降的命令，城内数万居民惨遭杀戮，他们的财产被洗劫一空，这座美丽富饶的城市被付之一炬。

根据俄罗斯编年史记载，"蒙古人攻陷了这座伟大的城市（约有十万人口），并屠杀了包括修道士和婴儿在内的所有人。他们抢走很多东西，并一把火烧掉了这座城市，让这块土地变成了鬼蜮。"

1237 年春夏之交，在速不台率军攻伐保加尔国时，蒙哥带领着西征军，正猛烈地征讨钦察人。居住在札牙黑、亦的勒两河之间至黑伯里山的钦察军首领忽鲁速蛮先派遣使者向蒙军纳款乞降，等蒙军抵达后，其子班都察归顺了蒙军。但钦察军的另一首领八赤蛮却拒不投降，而是率领部众长期出没于伏尔加河下游的密林深处，不时偷袭蒙军，并屡屡得手，劫持到蒙军军需辎重后立即逃窜。加上他居无定所，又经常转移住居，所以蒙军费劲九牛二虎之力，还是对其一无所获。

屡次受到八赤蛮的骚扰，蒙军决定派重兵予以围剿。蒙哥命令蒙军包围了八赤蛮藏身的一座森林，进去搜捕时，发现了一个当天早晨撤走营地的痕迹：破损的车辆和四周人畜的粪便。在这堆破烂中，他们搜索到一位生病的老妇女。经过审问才获悉，八赤蛮带军刚刚撤离此处，逃到海里一座海岛上去了，而且八赤蛮劫持来的牲口和财物也搬到该岛上去了。蒙哥立即带领蒙军追到海边，适逢落潮，水浅可渡。蒙哥见状大喜道："这是上帝给我开的一条路！"

蒙军突袭了该岛，没有丝毫设防的八赤蛮在发觉前被俘，其部众在一个时辰内全部被灭。蒙军掠走他们的妻子儿女为奴，另外，还抢走很多贵重的战利品，然后蒙军班师。河水开始流动，当蒙军通过后，它再重新恢复，无人伤亡。

当被蒙军生擒的八赤蛮带到蒙哥面前，拒不下跪，说："我也是一国之主，岂肯苟且求生？况且我也不是骆驼，为什么非要给你下跪？"

蒙哥见劝降不成，便让弟弟拔绰将他腰斩。蒙军把钦察人打败之后，有部分钦察人投降了蒙军，另外四千名左右钦察人在首领忽滩的带领下，向西逃往匈牙利。

至此，钦察东部，伏尔加河沿岸的各部族，全部平定。

第二十八章

兵犯罗斯

经过数月的攻伐才逐步扫除左右两翼的威胁，也基本上肃清钦察部外围力量，至此，里海及太和岭以北诸地全部纳入蒙古帝国的版图。蒙军集结于伏尔加河东岸，准备渡河。

1237 年秋，拔都召集蒙古诸王会议，再一次誓师，决定出兵斡罗斯（13 世纪的斡罗斯不等于今天的俄罗斯，它仅包括第聂伯河中游地区，今天乌克兰首府基辅）。决计"自北向南"展开攻势，先拔掉军事力量相对薄弱的北斡罗斯，再集中兵力攻克以基辅为中心的南斡罗斯。

当年，哲别和速不台孤军深入，用火与剑征服了高加索地区，他们当时的任务主要以侦察和掠夺为主，并没有投入巨大的精力来管理这些驯服的百姓和土地，所以，等哲别和速不台的狂飙突进结束后，欧洲人又把这些土地和百姓重新收复，没有做好充分迎接蒙军再次掠夺的准备，而是重新陷入与教皇的无休止的内讧之中。

斡罗斯的历史起源于东欧草原上的东斯拉夫人，也是后来的俄罗斯人、乌克兰人和白俄罗斯人的共同祖先。但斡罗斯的建立者，却是来自西欧的诺曼人。862 年，以留里克为首的瓦朗几亚人平复了东欧平原斯拉夫人的暴乱，成为诺夫哥罗德大公，建立留里克王朝。879 年，留里克死后，其族亲奥列格继承大公之位，于 882 年，在征服的以基辅为中心的第聂伯河到伊尔门湖之间的土地上，建立了以基辅为中心的罗斯公国，其统治者称为大公，国家称作罗斯。随后，鲁克里将国土分为数国，分封诸子而治，以基辅为都城。10 世纪，罗斯从附近的东罗马帝国接受了东正教，在雅罗斯拉夫统治时代逐渐强盛。

到 11 世纪中叶，由于各个城邦贵族势力日趋强大，基辅罗斯公国的大公已经无法维持统一。到 12 世纪初，统一的基辅罗斯公国分裂成一个个以城邦为中心的小公国。其中较大的公国有弗拉基米尔公国、梁赞公国、诺夫哥罗德公国、切尔尼戈夫公国、佩列亚斯拉公国等十三个国家。而弗拉基米尔公国取代基辅公国成为各大小公国名义上的共主。

其中北斡罗斯主要有三个大公国组成：梁赞国、弗拉基米尔大公国、诺夫哥罗德公国。他们由南向北依次排列。在不久的将来，蒙古人像在菜园中摘菜一样把它们一个个收入篮中。

多年来，各个小公国之间互不隶属，各自为政，形成了十分松散的割据状态。同时，公国之间摩擦不断，自相攻伐，无力抵御外敌入侵。遥想 1223 年，当成吉思汗派遣哲别和速不台为了追击花剌子模国王摩诃末时，曾进入钦察草原，以区区两万蒙古骑兵横扫欧亚大陆，各公国本来约好联军抗蒙，双方在迦勒迦河畔展开大战时，由密赤思老大公率领的罗斯北军被蒙军打的人仰马翻，而率领罗斯南军的洛曼诺维奇却隔岸观火，按兵不动。结果，罗斯北军遭到蒙军的肆意杀戮，几乎全军覆没。蒙军乘胜挥师渡河，再围攻罗斯南军，轻松将密赤思老大公和他的军队悉数歼灭。此战，罗斯联军损兵七万，有六位王公被处死，七十位贵族阵亡。

现在，拔都率领十五万蒙古西征军踏入钦察草原，罗斯诸公国是否将迦勒迦河战役引以为戒，团结一致对抗蒙军呢？

此时，已进入深秋季节，从北极海长驱直入的西北风，把秋天的落叶吹拂得纷纷扬扬，在北斡罗斯的天空中乱舞。浩浩荡荡的西征大军，兵锋直指北斡罗斯。阵容十分庞大，整个大军数量多达三十万，其中蒙古军占一多半，其他附属国及钦察人组成的联军占一少半。

蒙军队伍集结于伏尔加河东岸，准备渡过这条被斡罗斯人称为"母亲河"的河流，突破钦察草原上的第一道防线。

伏尔加河发源于斡罗斯的西南部，全长三千六百九十千米，是欧洲最长的河流，也是世界最长的内流河，自北向南流入里海。伏尔加河在俄罗斯的国民经济和人民生活中起到非常重要的作用。

当蒙军来到河边，只见伏尔加河面宽阔浩渺，水流湍急，从来没见过大河的蒙古骑兵被这条惊涛拍岸、气势滔天的蓝色大河所震惊，他们不顾长途跋涉的劳顿，也不顾队列纪律的约束，纷纷策马向河边跑去，当他们看到浪涛排空，一泻千里的河水时，赞叹不已。

统帅拔都骑着一匹白马，在怯薛军的簇拥下，也来到河边。他策马走到岸边一块突起的高地上，望着奔腾汹涌的河水，不由地皱起威严的眉头。如何让三十万西征军安全渡河，看来是一个十分棘手的问题。

时值深秋，伏尔加河对岸的丘陵上覆盖着一片小树林，在秋阳的照射下，呈现出凋零前最绚丽的景色，这是俄罗斯油画中经常撷取的素材。与画面极不协调的是，耸立着两座直插云霄的瞭望塔，这是河对岸的斡罗斯人所建，是严阵以待的钦察主力军用来眺望河对岸的蒙军动向所用。

拔都传令：全军休息三日后，即刻渡河。不从军令者，杀！渡河迟缓者，降职！

渡河的命令下达后，各路蒙军迅速忙碌开了，纷纷谋划渡河的办法。当然，遇河搭桥是一件难事，缺乏木料不说，就是有足够的木料，在短短的三天也不见得能搭建起一座大桥。另外，因缺乏足够的舟楫，结舟为桥也并非易事。

蒙军对大量的军需粮草做了防水处理，又大量宰杀牛羊，剥下整个皮囊，吹气后制作成皮筏，再用木杆制成桨。由于牛羊有限，没有足够数量供蒙军渡河所需。老将速不台便从上游一个小国家借来一千多艘二十桨的大船，船上配有衣衫褴褛的船夫，他们裸露着晒成古铜色肤色的脊背。负责军中辎重的渡河事宜，大大提高了蒙军的渡河速度。

在一个秋日的早晨，东方欲晓，伏尔加河两岸的森林里还笼罩着一层淡淡的秋雾。东岸则布满了等待渡河的蒙军，他们背着各自打好包的行装，身后牵着三四匹马，整装待发，准备渡河。

速不台把自己的坐骑——一匹黑鬃黄褐战马也牵到河边，他挠了挠光滑如缎的马脖子，用脸贴着毛茸茸的马头，附在马耳边嘀咕了几句说："老伙伴，这次你要带着群马过河，小心莫被河水冲走啊。"然后抚摸了几下战马宽阔的脊背，像在鼓励一个不谙世事的孩子，最后在马屁股轻拍了一巴掌："去吧！"褐色战马便纵身跃入水中，咴咴地打着响鼻，舒展开四肢向河对岸缓缓游去。

群马泅渡伏尔加河的场面颇为壮观，上下几十里的河面上，全是漂浮着竖起的马耳朵和昂首直立的马头，它们用四肢不停地划着水，奋力向河对岸游去。启动的船只和皮筏、捆绑在一起的原木，几乎是与马匹同时开始渡河的。大船上的船工喊着号子，甩开健硕的臂膀，卖力地滑动着白色的木桨，溅起一束束白色的浪花，严重影响着马匹游泳的视线。

看到蒙军和战马黑压压的身影正渐渐朝西岸逼近，对奴役和侵略的恐惧瘟疫般在伏尔加河对岸守军的内心深处弥漫开来。十四年前，哲别和速不台的大肆杀伐的惨痛还依然在他们的记忆深处呐喊着，现在，蒙军射出的箭镞正飞蝗般朝着他们的身体突奔而来。

河西岸漫长的沙滩上，散布着仓皇逃窜的人们，拖儿带女，肩膀上的包袱里背着为数不多的细软，在如蚁般的蒙军面前，他们惊恐地大声嘶叫着，纷纷朝城里跑去，寻求庇护，祈望城市坚硬的城墙能够阻挡蒙军的铁蹄和马刀。由于斡罗斯人放弃抵抗，蒙军在抢渡伏尔加河时，几乎没有遭受任何阻力。

整整三天时间，大船上的船工有条不紊地分批摆渡蒙军将士和物资，伏尔加河两岸到处都是奋力划桨的身影和上岸的身影，以及人欢马叫的嘶鸣声，喧嚣盈天。登上河岸的蒙军陆续增多。一匹匹湿淋淋的战马被蒙军士兵拉上河岸，明媚的阳光下，成千上万匹蒙古马，犹如无比鲜艳的锦缎晾晒在河岸上。战马抖动着身上的水珠，由于被凉水浸泡的缘故，不时打着响鼻。

1237 年秋，蒙军全部人马都渡过伏尔加河，经过短暂的休整，首先要进攻的便是斡罗斯的第一个公国——梁赞。

第二十九章
攻伐梁赞

作为一座古老的城市，梁赞城建在奥卡河（亦的勒河右岸大支流，源出中俄罗斯高地北端，在下诺夫哥德州汇入亦的勒河）右岸的一处悬崖上。从地理位置上看，该城市易守难攻。另外，城墙分内城和外城，城市四周被高高的土墙环绕着，土墙外侧插满了一排巨大的木桩，木桩上泼水成冰，光滑无比，根本无法攀登。内城是由巨大的柞木围成的栅栏，城内高耸林立着百年橡木建成的塔楼，囤积着足够的粮草。从理论上分析，布防坚固的梁赞城足以抵御蒙军的攻伐。

这天，晨曦微绽，一簇簇淡淡的朝霞响箭般不断穿透混沌的空间，使沉浸在黑暗中的天地万物，不断显露出生机勃勃的模样，与绚丽的朝霞一起辉煌在清晨的露珠。就在这天早晨，城中心广场旁教堂顶端的钟声不合时宜地响起来了。钟声穿过城市寒冷的上空，把市民们从甜美的睡梦中惊醒，仿佛有一种不祥的预感促使他们尽快离开温暖的被窝，走出家门，朝城市中心的广场集合。

没多久，广场上便陆续挤满了一脸焦虑的人群，除了几天前在教堂附近聚集的部分战士外，大多都是梁赞市民。他们相互打探着此次聚集的原因，令人失望的是，都没有得到明确的答案。

在市民们正纳罕时，鲜于露面的梁赞国国王尤里大公英格列瓦维奇出现在大家面前，一脸疑惑的人群从尤里大公严肃的脸色上捕捉到事态的严重性。等广场上众人的议论声渐渐微弱，最后消失了，尤里大公满含忧虑的眼色扫视了一下广场上黑压压的人群，弯腰向人民鞠了一躬，才用疲惫的声音说："梁赞的子民们，你们知道吗，今天如此紧急地敲响教堂的大钟，是因为梁赞城要面临一场来自东方草原的灾难。制造这场灾难的凶手是鞑靼人。他们没有信仰，他们长着苍狼般的利齿和爪子，他们啖人肉喝人血，他们打算荡平我们的城市，奸淫我们的妻女，掠走我们的财富，把我们的男人像奴隶一下驱来赶去。现在，上帝要求每个十六岁以上的年轻人，都带上斧头和刀剑，入伍参军，保卫梁赞城，把那些野蛮的、以拔都为首的鞑靼人驱赶出钦察草原。"

面对蒙军压境，在动员全民操起武器积极参战的同时，尤里大公还积极加固城防。命人往建在缓坡上的城防上每天浇一层水，水在寒冷的天气里迅速冻结成冰。几天下来，缓坡上结了一层又厚又滑的覆冰。在上面缓步行走都困难，更不要说进攻了。

先礼后兵，是蒙军一贯的外交手腕。拔都率领蒙古西征军攻打梁赞城时，也不例外。他派出使者进行劝降，试图不费一枪一箭，把梁赞城收入囊中。孛鲁欢、兀良合台及一名女萨满师充任了此次出使梁赞城的使者。

三位蒙军使者被几名梁赞城的义勇军带到尤里大公所在的台阶上。尤里大公坐在高高的椅子上，广场上刚刚听完尤里大公演讲的人群尚未散去。

头戴一顶破皮帽子的孛鲁欢先向尤里大公敬了一个礼，开口说："大公陛下，我们今天出使贵国，是希望你们能放弃手中的武器，接受我们蒙军统帅拔都的领导，让世界之王拔都保护你们的地位和财产完整，保护贵国的子民免遭涂炭。贵国的臣民，不要再犹豫了，赶快打开城门，用你们的面包和牛羊犒劳远道而来的蒙古大军吧，否则，我们挥师长驱直入，像消灭波洛维茨人一样消灭你们，让你们沦为蒙军的奴隶……”

尤里大公见孛鲁欢竟然提出如此过分的要求，不满地说："你们的要求太过分了，这是我们显然不能接受的，看看这些家伙究竟想要干什么吧。"

见晓谕没有取得实质性的效果，愣了片刻，孛鲁欢接着说："你们每个人都要献出所有一切的十分之一，要缴纳全部财产的十分之一，你们梁赞自上至下，无论百姓或诸侯，马匹，每种颜色也要缴纳十分之一。也就是说，每十匹白马或者花马，都要向我们进贡一匹。每十个男子中也要出一个男子为蒙军服务……"

孛鲁欢的话尚未说完，便彻底激怒了聚集在广场上的百姓，有几名梁赞士兵发出哇哇呀呀的抗议声，甚至有几名脾气暴躁的武官，手持利刃冲过来，三名蒙古使者危在旦夕。这时，担任警卫的兀良合台冲上前去，赤手空拳与他们搏斗一番，他们没占到任何便宜，脸上挂着怒气愤愤退下。

尤里大公挥挥手，让几名武官退下，对孛鲁欢说："我们要是战败，梁赞的臣民全部沦为蒙军的奴隶，那时候，梁赞所有的土地财富，都归你们的拔都汗所有，比这十分之一，岂不是更多吗？请你们拔都大汗自己带着刀剑来取吧！"

等尤里大公把三名蒙军使者打发走，立即派使者向梁赞北边的弗拉基米大公和诺夫哥罗德公国求援，希望北斡罗斯三个公国联合起来，共同对付入侵的蒙军。意想不到的是，弗拉基米大公借口需要军队防守边境，拒绝发兵救援。当蒙军的兵锋直指梁赞国时，他们非理性地敷衍这一请求，他们一边坐山观虎斗，一边假蒙军之手灭掉梁赞，其用心极其险恶。

没等来邻国伸来的援助之手，尤里大公终于放弃了最后一丝侥幸，决定凭一国之力，与蒙军抗衡到底。

为了拖延蒙军进攻的时间，尤里大公派儿子费奥多公爵赴蒙军营地与拔都汗进行谈判，为了表白此次出使的诚心，他们装满了四十辆大车赠送给蒙军的礼物，还精心挑选了十一匹品种优良的骏马，但由于他断然拒绝将国色天香的妻子送给拔都当人质而被杀害。

1237 年十二月一个寒冷的清晨，梁赞城内教堂顶端的钟声又激越地敲响了，在钟声的召唤下，所有市民纷纷踏着积雪，忍受着寒风的鞭挞，又聚集在广场上。他们对这钟声的骤然响起并不感到意外，因为他们从各种渠道获悉蒙军将要攻打梁赞城的消息了，知道蒙军的使者来过梁赞城，甚至大公最勇敢的儿子费奥多公爵赴蒙军阵营面见拔都，考验他们的时刻果真来临了。尤里大公一身戎装，骑着一匹枣红马，面色严峻地望着市民们，他策马缓缓回到队列正中间，开始发表讲话。

想到一座座坚固的城堡即将被蒙军的铁蹄踏破，凶悍的钦察军被击溃，尤里大公感觉后背一阵冰冷，额际沁出细密的汗珠，不时抬起袖口擦拭一下。由于恐惧，造成他思维短路，思考了好大一会儿，才对站在广场上黑压压的市民说："梁赞的子民们，英勇无畏的战士们，现在我们手持武器站在凛冽的寒风中，忍受着暴风雪的肆虐，这一切的苦难和折磨，都是野蛮的鞑靼人带给我们的。他们已经占领了波洛维茨人的土地，但他们胃口巨大，并未就此感到满足，正虎视眈眈地盯着我们的城池，想奴役梁赞的子民。我们都是崇尚自由的英勇战士，只要体内有一腔热血尚存，就绝不容忍他们高高在上，对我们耀武扬威。是时候了，拿起我们的武器，拿起我们的弓箭、刀枪，拿起我们的锄头、镰刀，背上盾牌，和来犯的鞑靼人决一死战。投掷出去我们手中的长矛，射出去我们弓上的利箭，抛出去城墙上的滚木礌石，直到我们疲惫的身躯轰然倒下，流尽最后一滴鲜血。"

尤里大公的这番动员演讲很成功，慷慨激昂的一席话一下子把梁赞子民保家卫国的情绪点燃到极点，他们振臂高呼："战！战！战！为自由而战！把鞑靼人驱除出钦察草原！"

寒风肆虐的广场上继续回荡着尤里大公慷慨激昂的声音："上帝将为我们必胜的信念和不屈的勇气而感动，上帝会福佑梁赞的子民，上帝将为我们必胜的信念和不屈的勇气而感动，上帝会福佑梁赞的子民。"

"我们积极参军，保家卫国！"广场上许多市民高声叫嚷着。

随后，梁赞城开始进入紧急的备战状态，远远近近的钟声飘荡在村落和城镇的上空，各地的贵族领主们都奉命积极召集农民，在梁赞城内结集。

为防患于未然，守军又在城防上泼了一层水，使其变得更加坚固。坚守在城墙上的战士紧握手中的标枪，把箭搭在弓上，伺机射杀来犯的蒙军。间不容发的战争把梁赞市民紧紧团结在一起。白天，所有梁赞人都被组织起来进行军事演习，广场成为练兵场，广场上空军歌嘹亮，闪亮的刀剑映着明晃晃的日光。铁匠炉前火花四溅，炉前的风箱不知厌倦地发出啪嗒啪嗒的抽动声，正不分昼夜锻造兵器；木匠们被集中起来，打造守城的器械；老人和孩子不停地搬运石块砖头，充当投掷器；妇女们烧开了一锅锅的热水，等待蒙军来犯时兜头浇下去。

一天早晨，淡淡的晨雾还未来得及散去，蒙军的大队人马便出现在梁赞城守军的视野里。守军大声疾呼："蒙军前来攻城了，拿起手中的武器吧。"

据守各段的守军在教堂顶端钟声的召唤下，惊呼着冲出各个角落纷纷拿起武器，奔向城头防守的位置。

蒙军的先锋军骑着低矮的战马裹挟着狂野的叫嚣声，高擎着的刀剑映着阳光折射出冷冷的光芒。转眼间，率先抵达梁赞城下，勒住马缰让喘着粗气汗水淋漓的战马紧急减速。疾驰的战马突然被缰绳勒住，猛然跃起前蹄，长嘶一声，停了下来，后蹄荡起高高的雪屑。

冬天的缘故，蒙军穿着落满征尘的羊皮袍子，袍子外罩着一层鱼鳞状的衣甲，后背的弓囊内插满箭镞。平时为了连续行军，他们除了胯下的坐骑外，马后还跟着几匹从马。他们皮肤黝黑，鼻子扁平，眯缝着眼，大多数是罗圈腿，脸上涂抹着触目惊心的图案。这些宛如天外来客般的蒙军汇集在梁赞城下，足以令梁赞城军民的心脏加速快蹦出胸腔。

骤然停止的战马扬起很高的雪尘，这些在梁赞城下越聚越多的蒙军骑兵抬眼望时，简直傻眼了：只见梁赞城墙外结成一个大冰块，只留下一排箭孔。城外的木桩徒手根本攀缘不上，蒙军遭受重大挫折。

拔都见僵持下去，损兵折将于己不利，便断然下达撤兵的命令。

　　见蒙军对梁赞城束手无策，城墙上的守军发出一片胜利的欢呼声，他们一边额手相庆，一边诅咒蒙军赶快滚出钦察草原。但是，梁赞守军近乎肤浅的得意维持不了几天，就被严酷的现实击碎。

　　第二天，蒙军又抵达梁赞城下，没有立即投入攻城的战斗，而是迅速包围了梁赞城，绕着城墙四周用木栅筑起了一道长围，断绝城中军民的退路，使梁赞人在心理上产生极度的恐惧感。这不像在攻城啊，倒像在狩猎。

　　一种世界末日即将来临的恐怖感，引起梁赞城内市民的一度恐慌，在愤怒和狂热中，不时有橐橐赶来的守备队加入守城的行列，城外前来攻城的蒙军队伍越来越大。

　　见不可强攻，拔都便另辟蹊径准备攻打梁赞城。在老将速不台的陪同下，拔都与贝达尔、贵由、别儿哥、不里等诸将策马绕着梁赞城巡视一圈儿，试图找到城防的薄弱点，有利于蒙军渡过护城河。看到被梁赞人泼成一个大冰块的城池，确实易守难攻，完全靠人力攻伐，真奈何不了它。

　　回到帅帐，拔都先派出几支小分队把梁赞城周围的村落洗劫得干干净净，撤退时还不忘纵火烧掉整座村庄，在火柱冲天和妇幼的号叫声中，不断给梁赞城内的守军施加心理压力，使他们不战即溃。

　　另外，蒙军把从梁赞城周围村庄里俘虏来的百姓驱赶到战场上，他们被剥光了身上的棉衣，只穿着一条单薄的裤子，在挥舞着皮鞭的蒙军士兵的监督下，砍伐又粗又大的橡木为蒙军赶造攻城的云梯和破城锤。

　　在逼迫俘虏赶制云梯的第二天，蒙军又驱赶着梁赞百姓把一百台弩石机运到城下。这种攻城机射程远，打击力强，精准度高，威力无比，能把巨大的石块远远地抛向城墙，再坚硬的城墙都承受不住，在巨大的响声中，城头微微颤抖，砸碎的残渣四处飞溅。城墙上的守军看到这如旗杆耸立的庞然大物，都不知道这种器械派上哪种用场。倒是那些在凛冽的寒风中单衣薄衫的梁赞百姓，动作稍微迟缓，就引起蒙古监军疾风骤雨般的鞭挞，引起他们巨大的同情心。

　　等造好云梯，抛石机才真正发挥威力，一百台抛石机像一百头咆哮的巨兽，不停地把巨石和燃烧的石油弹、毒气弹抛向梁赞城内。巨石、石油弹和毒气弹准确地落在城头上的岗哨楼和守军身上。所到之处，城堞上的守军不断倒下，石油弹在岗哨楼上粉碎开来，喷射出条条火舌，把木制岗哨楼引燃后，火光冲天，加上毒气弹爆炸后，产生巨大的烟雾，释放出难闻的气体，给梁赞城内的守军造成极大的伤害。

由于风雪肆虐，石油弹爆炸后释放出来的威力受到抑制，但城上的守军还是领教了蒙军的新式攻城战术。此时，梁赞城内守军的意志简直到了崩溃的边缘，被蒙军凶猛的炮火简直压得抬不起头来，他们像无头苍蝇般慌乱地躲闪着，浑身颤抖着不断把桶里的水泼向冲天的大火。手忙脚乱中，踢翻了准备对付蒙军的开水，把自己人烫得嗷嗷直叫。在蒙军还没有发动总攻前，梁赞守军先乱了阵脚，这是蒙军最希望看到的效果。

经过几天的轮番攻击，蒙军驱赶着充当"炮灰军"的战俘们，扛着云梯，开始向梁赞城发起了总攻。异常勇猛的蒙军战士，把云梯架设在城墙的不同方位，冒着城上箭矢、滚木礌石和开水的袭击，他们挥舞着马刀恐吓着战俘往云梯上攀登。蒙军的进攻并未真正奏效，当他们开始登城时，怕搬起石头砸自己的脚，抛石机不得不停止发射。

尽管与蒙军直面肉搏的梁赞城上守军的心情紧张到极点，他们依然紧握着武器，紧盯着沿着云梯向上攀爬的蒙军战士。第一批冲上来的是在后面蒙军的鞭子或马刀的恐吓下下的战俘，是梁赞人的同胞。这些人都是被蒙军从各地抓来充当肉盾的战俘，他们若想逃跑或动作稍微迟缓点，就被后面的蒙军射杀或砍翻，为了活命，他们不得不沿着云梯拼命往上爬。

此刻，一个二选一的难题摆在梁赞守军面前，要么狠心用手中的箭头或刀剑对准自己亲人的胸膛，要么放他们上来，紧随其后的蒙军会趁机突破防线，爬上城墙。接下来的战斗血腥而乏味，眼看战俘已爬到云梯顶端，身体前倾着试图攀登城墙时，守城的梁赞人把亲情抛在脑后，眼睛一闭狠心把刀剑刺向自己同胞的身体，把滚木礌石抛下去，把一瓢一瓢的开水泼下去，被击中的肉盾惨叫着，从云梯上翻滚下去，扑通坠城的声音听得人惊心动魄。

接下来，蒙军不断沿着云梯往上攀爬，梁赞城上的守军便挥舞着手中的斧头，不停地砍去。有人手持木杆把云梯上的蒙军战士挑下去。少数登上城垣的蒙军，在城上守军合力围攻下，被杀戮的蒙军士兵的尸体像一片轻飘飘的树叶从城头上落下来。在哈气成冰的天气里，守军的手冻得麻木不堪，身上溅得血迹斑斑，拖着疲惫的身体拼命迎击着蒙军一波接一波的攻伐。

在持续多日进攻与防守的攻坚战中，老人、孩子也没闲着，他们忙碌着往城墙上搬运武器、石块、水以及烧锅的木柴。女人们分工明确，有人不停地烧开水，有人把开水从城头上泼下去。

战斗一直持续了五天。彪悍的蒙军战士手持马刀沿着云梯一直往上冲，守株待兔的梁赞守军将冲上来的蒙军砍翻。五天五夜，死者不计其数，战俘们几乎都沦为梁赞守军和蒙军手下的炮灰，蒙军战士死在攀登的云梯上，梁赞守军则死在阻止蒙军攀缘的城墙上。蒙军人数众多，看不到明显的减员，但人数有限的梁赞守军减员十分严重，众多义勇军牺牲在守城的岗位上，无奈之下，一些年弱体衰的老人或健壮的女人不得不补充进来。而蒙军依然像打了鸡血，斗志盎然地向上冲杀，三十三万的兵力，轮番攻城，自始至终保持着充沛的战斗力。

坚守了五天五夜，因守军减员，岗位不能及时更替，导致守军身心疲惫，梁赞城已危在旦夕。许多守军情绪低落地坚持在守城的岗位上，他们的心情与灰蒙蒙的天空一个色调。

第六天，见梁赞城仍不可攻破，机关用尽的蒙军把破城锤推到战场上。一根顶端包裹着铁皮的原木，牢牢捆绑在巨大的勒勒车上，在数人合力推动下，借助惯力狠狠撞击城门，威力十足。但看上去威力无比的破城锤在梁赞城的橡木门面，使急于破城的蒙军有点儿黔驴技穷，因为梁赞城城门被撞碎后，蒙军发现城门里面居然被梁赞人用砖石堵死了。

于是乎，更多的兵力和云梯，持续不断地投入攻伐梁赞城的激战中。他们知道，经过累日苦战死守，梁赞城内的守军已经损耗得差不多了。在弯刀和弓箭的压迫下，蒙军终于通过云梯爬上梁赞城残破不全的城墙，几名幸存的梁赞守军还试图上前制止，但由于连日奋战使他们的体力透支殆尽，没有几个回合，便倒在蒙军的弯刀之下。

没费多少周折，梁赞守军被蒙军肃清了，更多蝼蚁般的蒙军挨挨挤挤地通过云梯沿着梁赞城楼上的缺口登上城墙，坚守了五日的梁赞城彻底沦陷了。蒙军进入梁赞的街道后，便开始了残酷的屠城，他们见到梁赞人就杀，见到财物就抢，见到房屋就烧，以此来报复梁赞人的不投降和这五日来蒙军在战斗中的惨重损失。

在蒙军血腥的镇压下，梁赞守军已无还手之力，来不及为他们死去的亲人哭泣，也没有力量保护家园和妻儿，在逃生欲望的驱使下拼命躲藏着，但不管他们躲藏在哪里，仍然会被蒙军发现，用利刃把他们赶出来，再幸灾乐祸地杀掉。

梁赞城内的反蒙力量锐减，尤里大公还在顽强地与蒙军死拼着，尤里大公儿子费多尔漂亮的媳妇也跟在公公身后积极督战。

指挥着蒙军厮杀的老将速不台看到尤里的美人后，忍不住色念滋生，想把她抢到手享受一下艳福，恨不得立即把尤里大公藏身的钟楼攻破。速不台夺美心切，又集合更多的蒙军把钟楼团团围住，亲自督战猛攻。

躲藏在钟楼里的尤里大公一家及贵族们，看到被蒙军包围得密不容针，未免心慌意乱，稍微一疏忽，蒙军便乘虚而入，把尤里大公的儿子费多尔捉拿住，押送到速不台面前。速不台审问费多尔后，才得知尤里大公后面的漂亮的女子，是他的妻子。

楚楚动人的美女近在咫尺，速不台便心怀鬼胎地怂恿费多尔："你倘若把你妻子叫下来，我便饶你不死。"

明知速不台不怀好意，费多尔略有迟疑，速不台晃晃手中的弯刀，恐吓说："快喊，不然你的小命难保。"

思忖片刻，急于求生的费多尔为了保命便仰首望向钟楼，呼唤妻子的名字，让她下来。工夫不大，听到丈夫费多尔在楼下的召唤声，费多尔的妻子窈窕的身影出现在钟楼上。只见她双眉冷对，面若冰霜，俯视着费多尔，大声斥骂道："费多尔，你叫我下楼干什么？梁赞城内百姓的死已不足惜，你殉城，我殉夫吧！"

闻听费多尔的妻子要殉夫，速不台赶紧仰首和颜悦色地相劝道："你若下楼见我，我便饶你们夫妇不死，让你们好生活着。"

见速不台给自己下诱饵，费多尔的妻子冷笑着说："鞑靼狗！你把我看成什么人了？别人随你凌辱，我却不能，我死也绝不放过你。"

见看似软弱的妻子在凶神恶煞般的蒙军将领面前正气凛然的口吻，费多尔羞惭地耷拉着头，嗫嗫嚅嚅地说："要不你下来吧，否则，我会被他们杀掉的。"

见丈夫费多尔想拿自己的贞节换取苟且偷生的权利，费多尔的妻子忍不住柳眉倒竖，对她丈夫怒吼道："在外敌入侵面前，死不足惜。整个梁赞城都落入鞑靼人之手，全城男女老少都要悲惨地死去，难道我们还要屈辱地苟活下去吗？"

闻听此言，速不台恼羞成怒，马刀一挥，把费多尔斩成两截。速不台身边的蒙军士兵也涌上前去兵刃相加，雪地上顷刻间只留下一片模糊的血肉。

尚未来得及擦去马刀上的血迹，只听扑通一声，费多尔的妻子从钟楼上纵身跳下，摔得血肉模糊，当场殒命。尤里大公见儿子和儿媳双双惨死在眼前，脆弱的心灵砥柱豁然坍塌，心里痛苦到极点，也拔刀自刎。

速不台见掠得美人归的愿望落空，无处泄愤，竟下令屠城，把城中的百姓杀得干干净净。一场无休止的燃烧和屠杀，从早上一直持续到傍晚，将梁赞城焚烧成一片焦土；经过一天的屠杀，梁赞城内血流成河，再也没有一个喘息的生灵。

一场发泄私愤般的屠杀结束了，蒙军除了把成群的牲畜、大量的布匹毛皮、成筐的金银财宝用勒勒车运回蒙古草原外，还要把阵亡战士的灵魂一起带回故乡，与他们的先祖见面，与他们伟大的长生天见面。他们通过火葬，为蒙古帝国的强盛发达而鞠躬尽瘁的战士搭建一条通往天堂的路径，让这些躺在异国他乡凛冽的寒风中的战士们能早日升上天国，坐享荣华。

在梁赞城的广场上，蒙军把附近房屋的门窗檩条拆下来铺满一地，木头上摆满了蒙军阵亡战士的尸体，然后，点燃浸泡过油脂的棉絮火把，为他们举行葬礼。

但是，梁赞人的反抗却远远没有结束。当蒙军离开梁赞城的时候，一个出生于梁赞贵族之家的勇士，叶甫帕吉亚·科洛普拉塔，在梁赞国灭亡了，梁赞城被毁了，梁赞居民被杀得干干净净后，他召集了一千七百名梁赞人，跟踪在蒙军后面，在苏兹达尔赶上了蒙军，向他们发起了突然袭击，给蒙军以"无情打击"。他们以一当十，以十当百，与蒙军死战到底，最后全部壮烈牺牲，无一生还。

蒙军被科洛普拉塔率领的梁赞人打了个措手不及，没有防备，损失了很多兵力。结果是毫无悬念的，这粒星星之火还没有形成燎原之势，便被蒙军及时扑灭了，但这一千多名临危不惧的梁赞人让蒙军付出了惨重的代价。

拔除梁赞国后，蒙军的兵锋直指弗拉基米尔公国和诺夫哥罗德公国。

第三十章
保卫之战

1238 年二月，蒙古西征大军攻占梁赞国后，一路北下，向毗邻的弗拉基米尔公国发动进攻，当初它断然拒绝了梁赞的求援，现在面临蒙军雪亮的马刀时，也是孤立无援，只有引颈待戮的份。

当蒙军入侵梁赞城时，尤里大公曾派弟弟到弗拉基米尔公国向格奥尔基公爵求援。格奥尔基公爵非但见死不救，反而出言不逊地说："早知现在，何必当初。一帮东方的游牧民族就把你们吓成这样，难道你们都是吃干饭的吗？你们现在想起我们来了是不是有点儿晚了，以前为什么不和我们和平相处呢？为什么非要等豺狼来了才想起来拿起长矛呢，再说了，我可不是你们的长矛啊。"

尤里大公的弟弟见格奥尔基公爵无动于衷，恳切地说："从波洛维茨人那里传来消息说，鞑靼人不可小觑，他们的力量十分强大，因此，需要我们钦察草原上的子民联合起来，才能渡过难关。请发发慈悲派出您战无不胜的军队吧，连梁赞的义勇军也交给您统领，奉您为统帅，来共同对付野蛮的鞑靼人。"

面对邻国的苦苦哀求，格奥尔基公爵依然一副铁石心肠，极其轻蔑地说："你们梁赞的事情，自己想办法解决吧。倘若鞑靼人打到我这里，我们坚固的城墙就足以抵御他们进攻的铁蹄，他们拿头撞也撞不开，又何必杞人忧天呢？"

格奥尔基公爵固然有骄傲的资本，因为弗拉基米尔公国在当时北斡罗斯三个公国中兵力最为雄厚，今天俄罗斯的首都莫斯科就在这个公国之中，在当时也是一座举足轻重的城市。加上梁赞国和弗拉基米尔公国的宿怨很深，正好假蒙军之手，来教训一下梁赞国。蒙军兵犯弗拉基米尔公国，这不是眼下考虑的事情。格奥尔基公爵想当然地认为，蒙军入侵的意图，收获点儿战利品就会掉转马头东归。他甚至还信誓旦旦地向大臣们保证："游牧民族只不过贪图点儿东西，我们慷慨大方地送给他们一些皮货，再赏给他们一些上等好马，再给他们一些诸如鲑鱼和蜂蜜般的美食，他们就会乖乖东撤。我们物产丰富，送给他们这点儿东西，也不会穷到揭不开锅的地步。倘若真与蒙军动手打起来，我们坚固的城墙足以抵挡蒙军的铁蹄。"

尽管格奥尔基公爵对自己公国坚固的城防信心倍增，但还没有自大到失去理智的地步，在蒙军入侵之前，他派兵巩固防范措施，转移城里的贵重物资，充实军需用品，还厉兵秣马，扩充军队，号召所有的青壮年都参军入伍，以抵御外敌入侵。

倘若格奥尔基公爵还拿当年的经验来揣度这次蒙军入侵的目的，那将大错特错了。此次蒙军西征是带着更大的野心来犯，收获丰富的战利品是一方面，他们的终极目标是想把钦察人灭掉，在钦察草原上建立自己的国家。

随着梁赞城被蒙军夷为平地，梁赞人被蒙军杀得浮尸蔽野，格奥尔基公爵坚强的心理防线像被雨水浸泡的土墙一样慢慢坍塌下来，当初狂妄自大的傲慢态度一扫而光。在蒙军兵锋直指弗拉基米尔公国时，尚未对垒，他却在危急关头临阵脱逃。理由听起来冠冕堂皇，要带着他的侄子们去伏尔加河流域，找一个合适的地方建立一个军事基地，并在那里集结一支最强大的抗蒙力量，等蒙军围攻弗拉基米尔公国时，他们便从背后向蒙军发起攻击，一举全歼蒙军。

一天黎明时分，格奥尔基公爵带着两个侄子和数百名义勇军战士准备偷偷出城。公爵夫人得知此事后，不解地质问丈夫："你怎么忍心把亲爱的人扔在这座即将被鞑靼人围困的城里呢？要死大家死在一块儿好了。"

面对妻子的质疑，格奥尔基公爵佯装镇静地拍拍夫人的肩膀，安慰道："我们要好好活下去，怎么会死呢？我出城是想凭借威望和影响力组建一支军队，你放心吧，很快会打回来的。你如果也走了，别人以为我们的国家没指望了，会导致军心大乱，怎么能防御蒙军呢？"

明知格奥尔基公爵在狡辩，公爵夫人没有再抱怨自己丈夫临阵脱逃，而是不顾半夜三更，把厨师们都叫起来，让他们给丈夫格奥尔基公爵赶制一些路上食用的干粮。他们告别时，公爵夫人眼中满含热泪，却没有哭出来，深深地向丈夫鞠了一躬。

在漆黑的夜里，格奥尔基公爵乘坐雪橇经过城镇的街道时，怕别人认出来，他竖起熊皮大衣领子。当他们一行经过城门口时，格奥尔基公爵却吩咐身边的骑士不要告诉守门人自己离开的事实，但守门人从熊皮大衣领子里那双慌乱的眼睛里认出了公爵本人，望着他们仓皇逃窜的背影渐渐消失在夜色里，嗤之以鼻道："生怕城门夹住他们的尾巴，脚底下抹油，逃得比兔子都快。"

出了城门，格奥尔基公爵一行马不停蹄，一路向北逃窜。为了赶路，他们轮番换乘马匹，直到在位于西奇河边的任吉村停歇下来。该村被茂密的森林环绕着，四周沼泽密布，平时雾气缭绕，不易被人发觉。

虽然，格奥尔基公爵的次子弗拉基米尔公爵快马加鞭，终于在蒙军队伍抵达前到达了莫斯科，但连弗拉基米尔公爵在内一共才十二个援兵，这恐怕是中外历史上人数最少的增援部队了。

在弗拉基米尔公国内，莫斯科是一座新兴的商业城市。透过挺拔险峻的城墙，可以看到城内众多木质结构的建筑，小阁楼、顶着洋葱尖的教堂，以及鳞次栉比的平板房，显然它还是一座有待进一步发展的小城。城外有一条天然的护城河从城前缓缓流过，天冷的缘故，护城河水早已结冰。城墙的土坯上围上了木板，从布防上来看，有点儿像刚刚被蒙军攻破的梁赞城，不过这里的市民没有给城墙上浇水。

尽管莫斯科刚建立不久，但物流中转站的枢纽位置已初露端倪，到阿拉伯和德意志从事商业贸易的各国商人都云集于此，在市场上能看到琳琅满目的稀奇外国货物，有从阿拉伯人和保加尔人收购的香料、干果、生姜等，有来自德意志的呢绒和布料、葡萄酒，还有大量的金银饰品。

弗拉基米尔公爵已抵达莫斯科，也初步做好了迎战蒙军的防御工事，但没想到拔都率领的西征军来得如此迅疾。此时，莫斯科城内的市民尚未意识到危险正朝自己逼近。护城河边还是异常热闹，男人们还在从冰窟窿里挑水，勤劳的女人们仍在河边搓洗着衣物被单。城门大敞四开着，车来车往，络绎不绝，没有大敌压境前近乎压抑的平静。

等莫斯科城外护城河对面出现蒙军队伍时，这种片刻的热闹才被打破。护城河边、通往城门的大路上，忙碌的市民乱作一窝蜂，丢下手头的工具，急火火地逃窜。没人指挥，这种慌乱的局面维持不了多久就戛然而止。城门紧闭，护城河边空无一人，胡乱丢弃着来不及收拾的衣物和工具。刚才集市般的热闹场面，一下子变成墓场般的死寂，沉静得让人倍感压抑。接下来，就是蒙军和莫斯科城内守军之间的对峙了。

据志费尼在《世界征服者史》记载："它（指莫斯科）的居民多如蚂蚁和蝗虫，而它的四周，树木和茂林密布，以致连一头蛇都不能穿过。"

蒙军开始攻打莫斯科城了，城内守军躲在坚固的木板后面，进行殊死抵抗，剧烈程度丝毫不亚于梁赞人。城内市民们被组织起来轮番守城，他们始终保持着充沛的体力，能保证把沿着云梯往上攀爬的蒙军战士推下去。徒劳地攻打了四天，没有丝毫进展，恼羞成怒的拔都汗命令运来攻城器械。

第五天，凶猛无比的攻城器械派上了用场，从不同角度向莫斯科城内发射火箭，火箭前端捆绑着浸过油脂的棉絮，点燃后能持续燃烧。当火箭射中木质结构的建筑，立即燃烧起来。火势非常迅猛，莫斯科城很快变成一片燃烧的火海。由于城内市民有限，派不出更多人手去施救。天空被浓烟给遮蔽了，看不到任何飞鸟的影子。

在火海的炙烤和火箭的双重攻击下，莫斯科城内守军很快被推到山穷水尽的悬崖边缘，渐渐招架不住蒙军的攻势，莫斯科城眼看有沦陷的危险。没有丝毫的悬念，城门被攻破了，大批的蒙古骑兵涌入城中，纵马四处奔驰，穿过烟尘滚滚的街道，哄抢战利品，或者肆意砍杀城里的守军和居民。

他们满载后迅速撤离，除了收获甚丰的战利品外，有的蒙军战士的马背上还绑着几个啼哭不已的孩子，有的战士驱赶着几名白皮肤大眼睛高鼻梁、身材高大的斡罗斯女人，还有的战士俘获了几名滞留于莫斯科的威尼斯、德意志的商人。他们的货物早已被蒙军哄抢一空，他们被绳子串在一起，在蒙军侍卫的驱使下，带到在莫斯科城外的护城河边观战的拔都面前。

看到这些商人因货物蒙受损失而脸色沮丧，拔都便宽慰他们说："收起你们沮丧的心情吧，从今往后，不要分什么威尼斯、德意志还是斡罗斯，你们都在蒙古帝国的保护之下，你们效忠的对象只有一个，那就是蒙古帝国。我会给你们足够的自由，让你们安全地在我的国度里经商，任意买卖商品。请相信我，不久的将来，你们将会财源滚滚。"

不幸的是，格奥尔基公爵派来保卫莫斯科的次子·弗拉基米尔公爵也沦为蒙军的俘虏。随着弗拉基米尔公国全境沦陷，宣告了北斡罗斯被蒙军征服。

破城的第三天，蒙军已把莫斯科城洗劫一空，搜索一切他们感兴趣的东西，然后把房屋付之一炬。大掠而归的蒙军战士在莫斯科的广场上集合，排列成队，然后把战死疆场的蒙军战士的尸体，放在篝火上焚烧，使他们的灵魂升入天堂，与长生天汇合。

第四天，蒙军把莫斯科城蹂躏完毕后，便迅速撤离了。除了袅袅的残烟外，城里城外一个人影都没有。

数年后，罗马教皇的使者加宾尼在经过北部俄罗斯草原的时候，发现这里是一片荒无人烟的地方，城市都被摧毁了，"无数的死人骨头和骷髅躺在地上，就像马粪一样"。

第三十一章
科洛姆纳

科洛姆纳距莫斯科城只有一百公里左右。拔都率领蒙军围困莫斯科城之前，科洛姆纳就被阔列坚的部队围困很久了。

科洛姆纳是一座非常坚固的堡垒，与前面两座被蒙军沦陷的梁赞城和莫斯科城一样，都是以土坯砌成城墙，城墙外再围上木板。科洛姆纳的独特之处，就是城墙外的木板外面，还包裹着一层铁皮。此外，科洛姆纳城门异常牢固，城门外表也包裹着一层铁皮，木头与木头之间由纯铁铸造的铆钉牢牢钉死。

自从蒙军围困科洛姆纳城以来，按照蒙古帝国亲王阔列坚的命令，不急于攻城，而不时派出小股蒙军进行骚扰，使城内守军痛苦不堪，由于时刻保持着高度戒备状态，得不到充足的休息，精神萎靡不振。

负责守卫科洛姆纳城的是弗拉基米尔公国王格奥尔基公爵的王子勿塞夫洛托，他奉父之命率兵增援。援军在途中得知也烈赞城沦陷的消息，便移师改援科洛姆纳城。

率领蒙军围困科洛姆纳城的将领阔列坚，是成吉思汗的第六子，生母忽兰。他早年的经历，没有留下足够的历史记载。依据当时蒙古人的传统，应该和其生母忽兰住在一起，获得与生母一致的地位，并有权力继承生母的宫帐、属民和财产。他统率蒙军一万人，另外，挟持的五千名钦察骑兵也归他指挥。

一万余名蒙军虽然能把科洛姆纳城围在圈内，但在人数上不占优势，另外，部分蒙军还要分散在附近的村庄里进行抢劫。在围困科洛姆纳城一个多月的时间里，他们已经洗劫并焚毁了十四个村庄和小据点，试图在精神上给守军制造压力。

蒙军兵力薄弱的缘故，围而不攻，城内守军发现这个规律后，经常趁其不备出城反击。当包着铁皮的城门缓缓开启，一小撮斡罗斯骑兵从城里飞奔而出，向驻扎在城外的蒙军阵营驰去。围城的蒙军看到斡罗斯骑兵出城迎战时，也不蛮战，掉转马头立即撤离。斡罗斯骑兵怕进入包围圈，也不妄加追赶。这种主动出击，除了能给蒙军制造短时间的慌乱外，在杀伤力上只起到隔靴搔痒的效果。

阔列坚率领蒙军与勿塞夫洛托大战于城外，勿塞夫洛托战败，退归弗拉基米尔公国。在一次小型战役中，阔列坚不幸中箭毙命。属于阔列坚的大军改由蒙军将领不伦台指挥，继续围攻科洛姆纳城。

科洛姆纳城内的守军拼死抵抗，不畏生死，给攻城的蒙军造成极大伤亡。随着拔都和速不台麾下的蒙军加入攻城行列，很快把城内守军的力量消耗殆尽，然后，破城而入。科洛姆纳城的军民遭到蒙军残酷的屠杀，俘虏一个不留，残酷的屠杀持续了整整三天。

第三天，蒙军在科洛姆纳城内的广场上堆起一大堆木材，把阔列坚的遗体放在木材上焚烧，让他的灵魂返回蒙古草原。同时，还命令四十名斡罗斯美女一起陪葬。

当莫斯科和科洛姆纳城沦陷的消息传至弗拉基米尔城时，弗拉基米尔城的市民吓坏了，他们不敢在城内久留，纷纷乘坐雪橇离开这座即将被蒙军围困的城市，每天有数十辆雪橇载着市民出城，朝城外茂盛的森林里仓皇逃窜，以躲避蒙军的杀戮。这种做法属于无奈之举，因为迄今为止还没有一座被围困的城市能摆脱被蒙军毁灭和屠杀的命运。

二月三日，蒙军开始进军弗拉基米尔公国腹地，迅速包围了弗拉基米尔城。然后，蒙军兵分三路，进攻弗拉基米尔公国全境。西路军从弗拉基米尔城沿西北方向进攻，占领了尤利夫，向西拔除德米特罗夫、沃洛科拉姆克，向北攻下了特维尔，并一路抵达托尔若克。中路军从弗拉基米尔城向北进攻，拿下了苏兹达尔、罗斯托夫。另外，西路军的一支部队从尤利夫向北进攻，攻下佩累雅斯拉夫尔，向西北进发，到达罗斯托夫后，与中路军会师，一起向北进攻，打下了雅罗斯拉夫尔和乌格利奇。

临近中午时分，三三两两的蒙军陆续抵达弗拉基米尔城外，悠然地骑着战马，穿着节日的盛装，好像在集市上闲逛，而不是来攻城的。接着，蒙军和辎重从四面八方汇集过来把城外的田野都占满了。他们一边骑马，一边朝城墙上的守军做出各种侮辱的手势，借以激怒他们。

听说蒙军在城外遛马，弗拉基米尔城内的市民都好奇地聚集在城墙上，饶有兴趣地观看着，还不时用手指指点点，像在观赏一场精彩的马戏表演。

等蒙军准备就绪，一支队伍朝这边开来，最抢眼的是走在队伍前面坐在金马鞍子上的拔都。另外，紧随其后的护卫队装备精锐，看上去威风凛凛。

在拔都的命令下，一名骑花斑马的俄罗斯翻译从队伍中走出来，为达到良好的讲话效果，策马向墙根走了几步，然后把双手拢在嘴上，开始朝城头上的守军喊话："城里的人听着，请不要放箭！伟大的拔都汗率领着战无不胜的蒙军抵达这里。你们的大公格奥尔基呢，他为什么不出来向伟大的拔都汗俯首称臣？为什么不出来进贡，不赶快把城门打开？等待你们的将是不可饶恕的下场……"

还未等翻译把话说完，弗拉基米尔城上的守军有点儿不耐烦了，开始往城下射箭，试图让翻译闭上那张臭烘烘的嘴。一匹马躲闪不及，被箭射中。

在对弗拉基米尔城内的守军劝降无果的情况下，蒙军把在莫斯科城俘虏来的格奥尔基公爵的次子·弗拉基米尔公爵推到城下，命令他来劝说城里守军打开城门向蒙军投诚。

宁死不屈的弗拉基米尔公爵忍受着鞭挞，对城头上的人高声喊道："别听这些骗子的妖言惑众，即使你们交城投降了，他们也不会轻易放过你们，你们一样会被杀戮。坚守城防，宁死不降，这是唯一的出路。"

紧接着，城上的市民和守军也跟着振臂高呼："宁死不降！宁死不降！"

见劝降不仅没有达到预期效果，弗拉基米尔公爵还趁机煽动城上的守军与蒙军对立，翻译气哼哼地挥了一下手，弗拉基米尔公爵便被蒙军砍死在城外。

见劝降无果，二月六日，蒙军运来了笨重的投石机和撞城车，开始做攻城的前期准备。另外，为了防止城内守军和市民逃跑，还像攻打梁赞城一样，绕着城外圈起了一道高高的栅栏。

城内的守军和居民把蒙军的一切行动都尽收眼底，他们知道蒙军很快就要攻城了，兵力悬殊太大，一比二十，城上守军紧握铁矛的手忍不住打战。想坚守弗拉基米尔城是不可能的，他们抱着必死的信念，在开战前相互道别，说着安慰的话。

格奥尔基公爵把守城的重任交给另外两个儿子弗谢沃洛德和密赤思老后，自己却领兵驻扎在莫洛加的支流锡季河上，等待他的两个兄弟乞瓦公和诺夫哥罗德公前来救援。但在他的两个兄弟没有到达时，蒙军便展开了攻城。

二月七日凌晨，蒙军向弗拉基米尔城发起总攻，蚂蚁般的蒙古战士从各个方向涌向城墙。在攻下苏兹达尔后，把捉来的俘虏编成军队中的先锋军，配合攻打弗拉基米尔城的蒙军一起作战。

只见蒙军战士策马飞驰到城墙下，然后跳下马，手持弯刀，灵巧得像爬山鼠，沿着云梯飞速地向上爬。城上的守军和市民剧烈抵抗，先是用弓箭和石块、滚木阻挡蒙军的进攻，等弓箭、石块和滚木用完时，便挥舞着手中的兵器砍刺沿着云梯爬上来的蒙军。等手中的兵器卷了刃，折断了手柄，就用拳头和牙齿进行还击，直到肉搏到精疲力尽的地步，便抱着蒙军从城墙上滚下去，同归于尽。

整个战斗进行得十分激烈，蒙军凭着数量上的优势，使城内守军减员厉害，很快阻挡蒙军攻城的守军的身影越来越少了。

城门口处，蒙军士兵正挥舞着皮鞭，驱赶着数名俘虏拼命地推着包着铁皮原木的撞城车，狠狠地撞击着城门。城上的守军狠狠地阻止他们的行为，一拨俘虏倒下去，另一拨俘虏替换上来，轮番撞击着城门，甚至连城墙都在轻微地颤抖。尽管城上的守军仍然发疯似的向城下扔东西，但于事无补，城门已岌岌可危。终于，在俘虏推着撞城车轮番疯狂的撞击下，橡木城门终于开裂了，脱离了城墙，慢慢向后倒下来，在巨大的轰鸣声后，一股巨大的冲击波席卷着尘埃升腾而起。一时间，蒙军士气大振，欢呼叫嚣着驱马持刃向城里杀去。

仅仅两天后，即二月八日，弗拉基米尔城被破，格奥尔基公爵的两个儿子战死疆场。格奥尔基公爵的夫人率领着眷属、主教及城中贵族女人全部蜷缩在大教堂的乐座中避难。他们排着长队，依次走到手持剪刀的大主教面前。大主教从他们每人头上剪下一缕头发，以示剃度。按照当时习俗，剃度后等待死神的降临。

中央广场北侧是一座石砌建筑的大教堂，比城墙不知要坚固好几倍，教堂高高的尖顶像一把利剑，直刺云霄。教堂的门紧闭着，蒙军无法破门而入，只听到里面隐约传来一阵阵的歌声。蒙军便朝教堂里喊话，答应降者可以免除一死，但无一人应答。于是恼羞成怒的蒙军，把教堂附近房屋的栅栏拆卸下来，堆积在教堂门口，然后点燃了这些木材。

很快，毒蛇般的火焰跃动着越升越高，火苗伸出长长的舌头从门缝里钻进教堂。教堂里的滚滚浓烟从窗户里冒出来，教堂很快烧成一座红彤彤的炉子。

拔都和诸位将领骑在马上，饶有兴趣地观看着被烧成炉子般的教堂。

接着，教堂里的女人受到烈火的炙烤，不时传出歇斯底里的尖叫声，随着火势越来越大，浓烟越来越浓，尖叫声被压制下来，变成零零星星的啜泣声，最后一片静寂，只有木板在火焰的吞噬下发出毕毕剥剥的爆裂声。

在教堂里避难的女人都被熏晕了，直到听不见里面的动静了，蒙军士兵立即扑灭了火，急不可待地冲入教堂，把里面熏晕的女人们一个一个拽出来，扔到广场上，把她们怀里的孩子夺过来，丢到周围燃烧着的房屋里活活烧死。接着，他们扒光女人身上烧得残破不整的衣衫，肆意蹂躏。

于是，弗拉基米尔城便毁于一旦。

一个月之内，蒙军连续攻掠了沃尔日斯基、戈罗杰茨、科斯特罗斯姆科伊·加里奇、佩列斯拉夫列、罗斯托夫、雅罗斯拉夫、尤里耶夫、季米特洛夫等城，沦陷的城市均遭到不同程度的破坏和洗劫。

三月四日晚，拔都派布鲁代指挥中军，突然对驻扎在锡季河畔森林中的格奥尔基公爵发起袭击。由于阳光只能透过茂盛的枝叶投射下来，林中积雪没膝。蒙军抄森林的小道前进，涉过沼泽，包围了格奥尔基公爵率兵驻扎的任吉村落。

此刻，斡罗斯人根本没料到蒙军会发贸然动突袭，得到警报后，他们急忙向插着黑色旗帜的新建的白房子走去。直到四周传来数千匹战马踏击大地的轰鸣声，斡罗斯人才吹响号角，准备战斗。

战斗的序幕在冰面上仓促开启，格奥尔基公爵率领几百名士兵迎战蒙军，搏杀的场面十分惨烈。与蒙军相比，斡罗斯人的力量过于悬殊，格奥尔基公爵试图带着麾下的士兵从村子东面的森林里逃走。但蒙军没有给他留下这个机会，海水般的蒙军向他们涌来，冲断了他们之间的联系。

刚开始时，格奥尔基公爵用金线绣着耶稣圣像的旗帜飘扬在战场的上空，成为蒙军猎获的最显著的目标，随着斡罗斯战士不断身亡，那面黑色的旗帜也颓然倒下。而这面旗帜的主人，格奥尔基公爵身中数箭，也倒在伤者和死者中间。

蒙军将领不伦台靠银色铠甲和红色的靴子，辨认出格奥尔基公爵的尸体，用一把快刀，割掉了格奥尔基公爵的头颅。随后，他用一根细皮筋穿过格奥尔基公爵的耳朵，结实地把他的头颅拴在马尾巴后面，格奥尔基公爵的花白卷发和黑色长胡子随风抖动。

一个背国弃民独自逃生的国王，最后仍逃脱不了被蒙军杀戮的惩罚，身首异处。实力强大的弗拉基米尔城就这样悄无声息地消失在征伐之中。

俄罗斯历史学家卡·马可在《历史摘录》中写道："1238 年，尤里二世在西奇河畔被击败，与许多显贵人士一起牺牲在战场上；俄罗斯此后二百五十年的命运就这样被决定了。"

翌日，蒙军另外部队攻占托尔若克。期间，蒙军分兵四出，攻陷罗斯托夫、雅罗斯拉夫、戈罗杰茨、尤里也夫、德米特里也夫、沃洛克诸城。

第三十二章
卯八里克

　　三月中旬，锡季河战役之后，拔都挥师继续北上，向北斡罗斯境内的大公国诺夫哥罗德挺进。诺夫哥罗德是斡罗斯境内一座最古老的城市，是古斡罗斯的发祥地。它位于黑海和芬兰湾的水路交通线上，船运交通异常发达，这座城市不仅是一个杰出的文化中心，也是一个发达的商业中心。

　　适逢春暖花开，天暖雪融，造成蒙军行军途中泥泞不堪，沼泽密布，不便蒙军的骑兵和步兵通行。甚至有一天，老将速不台骑着马在雪层覆盖下的泥潭边行走时，突然薄薄的冰面被他的马蹄踩裂，连人带马摔倒在泥水中。黑鬃黄褐色的战马惊恐地挣扎着，在泥水里越陷越深。旁边的蒙军士兵顿时慌了，赶紧用力将几条套马索扔过去，其中有两条分别套在速不台伸出的手和脖颈上。数名蒙军战士合力把速不台从泥潭里拉出来，然而他心爱的战马却永远消失在泥潭中了。

　　眼睁睁地看着自己最忠实的坐骑被泥潭吞噬了，身上沾着湿漉漉泥水的速不台，用力挣脱蒙军的束缚，想向前再看自己的坐骑最后一眼。几名蒙军老兵怕他一时想不开跳进泥潭里与坐骑一起合葬，便团团围住速不台，用力按住他，让他冷静一下。

拔都见此情景，不敢再贸然举兵北伐了，连鼎力支持他的老将速不台都搞得如此狼狈，差点儿命丧其间。再执意走下去，蒙军不被斡罗斯人打败，也会被斡罗斯的沼泽吞噬掉。于是，蒙军索性改道南下，抄掠了斯摩凌斯克、契尔尼科夫等地。"除了诺夫哥罗德是仅有的例外，俄罗斯全境都迅速遭到蹂躏，田地荒芜，城镇破坏，全国居民陷于因亚洲人的征服而引起的无法形容的恐怖之中。"

在攻打科泽尔斯克小城时，城中军民同仇敌忾，进行了殊死反击，使蒙军吃尽苦头。小城守将瓦希里是个血性男儿，他毫不畏惧，闻知蒙军将至的消息后，积极浚宽护城河，巩固城堞，广积粮草，厉兵秣马，准备了强弓毒矢。等蒙军抵达护城河边时，瓦希里便率领着守军打开城门冲出城外，不等蒙军反应过来，就命令弓弩手一起放箭。箭头上浸有毒药，射入肌肤，便一命呜呼，没有治愈的希望。

速不台率兵攻城，被城内守军一阵猛射，不能近前半步；蒙哥率兵又到，也被城内守军射退，不能近前。无奈之下，蒙军还像攻打梁赞城、弗拉基米尔城一样，只好在城外筑起一道长长的围栏，截断他们出入和外援的通道，使其不战自乱。

但科泽尔斯克小城被蒙军连续围困了二三十天后，城内依然镇静，看不到丝毫慌乱的情绪。拔都见久攻不下，欲退兵攻伐其他城镇，久经沙场的老将速不台实在咽不下这口恶气，发誓一定要拿下此城，为死去的蒙军战士报仇。在他的督促下，蒙军越过护城河，把云梯搭在城墙上准备强攻时，孰料城上抛下几块重达数十斤的大石头，还夹杂着火箭，使攻城的蒙军伤亡惨重。

城内守军死守，城外蒙军猛攻，老将速不台率军围困这座城市已达五六十日，蒙军伤亡三四千人，都无法攻克。气得阵前总指挥速不台暴跳如雷，一边向西征总部求援，一边与蒙哥谋划破城之策，最后商定沿用里应外合之计。

城内守将瓦希里见蒙军悄然退去，以为蒙军见此城久攻不下，弃城而去，便率部冲杀出去，想打个措手不及。但蒙军风驰电掣，任他如何奋力追赶，都追赶不上，只能无功而返。蒙军也不追赶，只是原地待命。两日后，蒙军又如潮水般涌到城下，兵马比之前多了数倍。这是统帅拔都命令不里和合丹带来的援军。人马倍增，信心也倍增，蒙军迅速包围小城，又展开新一轮猛烈的攻击。

守将瓦希里得知蒙军的援兵已到，前来攻城，恐怕城中混入敌兵，便叮嘱守城军民小心提防，严阵以待。蒙军连续攻伐了三日，因城内守军防备森严，没有得手。到了第三天夜里，接连两天两夜没有歇息，瓦希里觉得精神困乏，便躺在床榻上略微休息，忽然看见城里火光冲天，出门巡视时，才发现城门大开，蒙军呐喊着蜂拥而入。

原来，速不台命数名蒙军士兵乔装成科泽尔斯克小城守军模样后，混入城中待命。只因城内守军接到瓦希里的指示，昼夜实行严查，没有可乘之机。又过了三日，等到城内守军的意志渐渐松懈，才纵火后打开城门，放蒙军入城。

速不台和蒙哥的计谋获得成功，科泽尔斯克小城轻易落入蒙军之手。

眼看大势已去，再阻拦已经来不及了，瓦希里只好手持武器率领部众与蒙军拼死鏖战。一直酣战到天亮，身边的部众多数惨死在蒙军的利刃和箭矢之下，尚存的寥若晨星，环顾左右，尸横遍野，血流成河。瓦希里不敢恋战，正准备跃马逃走，在这千钧一发之际，忽听得弓弦一响，一支箭如闪电般朝他飞驰而来，躲闪不及，射中肩膀。他大叫一声，身体晃了晃，从马背上栽了下来。蒙军一拥而上，捉住了瓦希里，把他投入血河中淹死。

在攻伐这座小城时，拔都不幸被毒箭射中腿部，这个箭伤伴随他一生，最后竟因此而丧生。另外，蒙军损失了四千多名战士，其中包括三名万户长的长子。因此后来蒙军称科泽尔斯克小城为"卯八里克"（蒙语意为"恶城"）。

科泽尔斯克小城沦陷后，拔都下令将城中所有居民包括婴儿全部杀死，不留一个活口，简直把城墙和外垒荡为平川。

1238 年，由科泽尔斯克向南便进入钦察草原西部的波洛维茨草原。钦察汗忽滩被击溃，率领残部逃往马札儿（今匈牙利）境内。蒙古西征军在波洛维茨草原进行休整和补充兵力，计划进攻南斡罗斯。期间，他们与波洛维茨人、切尔凯思人发生了军事冲突。

1239 年，蒙军再次侵入莫尔达瓦等地，火烧穆罗姆纳、戈罗杰茨，穿过克里亚兹马。

当时，斡罗斯南部的诸公在外有强敌入侵的紧急关头，仍然相互争权夺利，内讧不断，不能团结一致对敌。乞瓦王雅罗思老见其兄格奥尔基公爵一家满门尽绝，在蒙军撤退后，立即奔赴弗拉基米尔公国，宣布继承其兄的大公之位，兼并其他附属城镇。而契尔尼科夫王米开勒也乘机进取乞瓦，兄弟二人之间出现裂痕，就在为争夺大公位时大动干戈。春天，拔都率领蒙古西征军从亦的勒河出发，开始向南挺进，先攻占了佩列亚斯拉夫、契尔尼科夫两城，之后围攻基辅。

第三十三章

摧毁基辅

　　基辅曾做过三百多年的南斡罗斯都城，后大势北移，虽两都并建，还是以弗拉基米尔为上邦。该城靠近第聂伯河及黑海，它建造在河边的几处山丘上，绿树丛中掩映着金碧辉煌的建筑，它凭借优越的地理位置，与东罗马帝国进行贸易往来，因此经济十分富庶。要想占领南斡罗斯，必须先攻下基辅。

　　拔都率军围攻基辅前，曾派遣蒙哥率领先遣部队，侦察城外周边地势。蒙哥侦察后发现第聂伯河防守甚严，且河水尚未冰冻，蒙军不能渡河。他挥鞭立马于扯耳尼哥崖岸，向对岸远眺，只见基辅城隐约在望，城内三十座教堂林立，金塔摩天，蔚为壮观。蒙古人称其为"金顶王之邦"。为了保全这座美丽的城市，蒙哥曾派遣使者前去基辅城内劝降，希望对方能在兵不血刃的情况下归降蒙军，不料基辅守军杀掉进城劝降的蒙古使者，拒不受降。

　　此时，尚在基辅城内的契尔尼科夫王，被蒙军这种阵势吓得不战而栗，赶紧逃离此城前往波兰告急去了。见城中守将不战临阵脱逃，城中军民又从摩棱斯克公国请来一位贵族执政。可是，加利西亚大公丹尼尔却想趁机控制基辅，将那位贵族赶走，派遣自己的将领德米特尔公爵，上任执政，率领基辅军民进行抗蒙。

1240 年秋，拔都见劝降无效，便率领蒙军西征主力，与诸路军汇合后，集中全力围攻基辅城。

蒙军阵容方面，据俄国人记载："鞑靼人的无数兵车声、牛和骆驼的鸣叫声、马嘶声及野蛮人的凶恶的喊杀，众声喧腾，以及同在城内的人彼此说话都听不见。一个被俘的鞑靼人列举参与围城的蒙古诸王，在那里面有拔都本人、他的兄弟斡儿答（斡儿多）、拜答儿、不里、合丹、不者克（即拔绰）、蒙哥和贵由。还有位在诸将之首的速不台把秃儿，另外有一个将军叫不鲁勒台。这两人曾征服博尔恰霄和苏兹达尔全境。"

是年冬，等第聂伯河冰封后，拔都率领蒙军渡过河面，后勤战士将攻城器械运往城外，又围筑长堤，准备对基辅发起强攻。蒙军在里亚德城门外安放了几台攻城器，昼夜不停地轮番轰击，轰垮城墙后，蒙军攻入城内，城内守军爬上城墙废墟进行还击。城内守将德米特尔公爵率部在城堡中与蒙军展开激战，被拔都汗从木楼上一箭射中头部，侍卫们急忙将他抬回宫中。蒙军利用这一机会，抓紧发起猛攻，一时扭转战机，于十二月六日，攻入基辅城内。

基辅城内的守军，冒着石林箭雨，抢修豁口，但没有成功。双方展开巷战，短兵相接，兵刃相向，终日不绝。只见"断矛残盾随处皆是，羽箭遮天蔽日"。

城中守军失去旧寨，便又抢筑新寨，不肯轻易服输，节节抵抗，遭到蒙军的猛烈攻击，最后退到教堂附近继续还击。蒙军占领了上风之后，守军便躲进教堂里，爬上屋顶继续抵御。最终教堂顶端支撑不住，墙崩柱折，坍塌下来，军民死伤如麻。

一连用了七天，蒙军才肃清基辅城内最后抵抗的守军。环顾左右，各条街巷里，到处都是凝固的血迹和杂乱无章的尸体。

德米特尔公爵受伤而未死，受俘后被带到拔都面前，拔都因念及其对国家和人民的忠勇，将其赦免。

1246 年二月，罗马教皇英诺森四世的特使，圣方济各会修士卡皮尼，在初访蒙古帝国首都哈拉和林的途中，曾经过基辅，在《出使蒙古记》中描绘了基辅沦落六年后的情景：

> 他们（指蒙古人）攻陷基辅后，将城中居民处死了。我们经过这里的时候，看见遍地都是遗骸和头骨。基辅曾经是一座大城镇，人口十分密集，但现在几乎成了空城。这里只有两百间房屋，居民完全成为奴隶……鞑靼人（指蒙古人）摧毁了整个罗斯国。当基辅的居民们看见我们的时候，他们都高兴地过来看我们，他们向我们表示祝贺，好像我们是从地狱中逃出来的。

另外，加宾尼还专门提到了俄罗斯最大的城市基辅受到的摧残：

> 他们围困了俄罗斯的首都基辅，在长期围攻这座城市以后，攻陷了它，并把所有的居民杀死。当我们行过那个地方时，我们看到无数死人的骷髅和骨头，遍布大地。基辅过去是一座很大的和人口稠密的城市，但是现在它几乎什么也没有了，因为在那里目前剩下的房子还不到二百所，而居民们则完全处的奴隶地位。鞑靼人从那里继续前进，一面进军，一面战斗，破坏了整个俄罗斯。

1240 年底，基辅沦陷后，斡罗斯的政治中心开始向莫斯科转移。

一个月后，也就是 1241 年初，蒙古西征军继续向南进发，攻取钦察草原西部地区，钦察人失去了立足之地。钦察部的首领忽滩战败后，率领四千余户的人口和四万钦察军来到匈牙利边境避难。忽滩先派一个使团去面见匈牙利国王贝拉四世，请求获准在匈牙利定居，条件是他们愿意集体皈依基督教，四万钦察军也听从贝拉四世的调遣。

匈牙利国内的贵族们却反对钦察人来匈牙利定居，他们怕收留了这些被蒙军攻伐的钦察人，会招惹蒙军的打击和报复。他们的理由是："这个民族民风粗野，习俗又是游牧式的，与其说他们是些和平居民，还不如说他们更像敌人的先头部队。不能相信他们！他们是蒙古人的奸细！他们不是我们的保卫者，他们会出卖我们！"

然而，贝拉四世却坚信，只要善待这些钦察人，他们将会成为一笔财富。尤其是他们拥有四千余户的人口与四万兵马的军队。自己手里一下子多出四万军队，军事力量强大了许多，雄霸欧洲的梦想指日可待。于是，利令智昏的贝拉四世仍然一意孤行，不顾贵族们的集体反对，决意收留那些钦察人。后来时间证明了一切，这群钦察人非但没有成为贝拉四世雄霸欧洲的军事助力，反而成为蒙军攻伐匈牙利的导火索。

在 1239 年的复活节，贝拉四世亲赴边境，迎接忽滩及其部众，并热情款待。遗憾的是，真应了贵族们的先见之明，从拉德奈关进入匈牙利大平原不久，钦察人便暴露了偷窃成性、为非作歹的恶习，他们不理智的行径引起匈牙利居民的强烈不满，继而产生了对贝拉四世的憎恨。

拔都汗获悉忽滩率领的残部在匈牙利境内定居后，便致信贝拉四世要求他拒纳钦察人，否则兵戎相见。错误估计形势的贝拉四世断然拒绝了拔都这一无理要求，为蒙军攻伐匈牙利留下了把柄。

在近两三年的时间内，蒙古西征军打下了不里阿耳、钦察和半个斡罗斯，占领了比蒙古帝国还要辽阔的土地，战功显赫。

父辈之间的仇恨，在成吉思汗家族的第三代子孙中继承下来。在一场庆功宴上，贵由、不里和拔都发生了一场激烈的冲突。

为了感谢那些出生入死的蒙军将士们，共享这些成绩和荣光，拔都汗在哈里克斯公爵府举行庆功宴以犒赏三军。规模宏大的宴会还没有正式开始时，身为统帅的拔都自认为比在座的宗王们年长，便先喝了一两盏酒。这本是一件小事，却成为贵由等把他们看成低人一等的理由。于是，贵由和察合台之孙不里悻然离开宴会，拂袖而去。

都是血气方刚的年轻人，火气很旺，一点就着，他们一边走，一边怒目相视，启齿辱骂拔都："拔都与我们同样高低，为什么先饮酒？他只配与长胡子的老婆子比高低，我要用脚后跟踹他，用脚板踏他。"

这还不善罢甘休，贵由又说："我们把那些带弓箭的老婆子（指拔都）的胸膛打烂。"

大将野里知吉带的儿子哈儿哈孙也跟在贵由后面为虎作伥，声言："给他们接上一条木头尾巴，不断地揍他。"

不里出言更加不逊，甚至污蔑拔都汗并非真正的黄金家族成员，因为拔都的父亲术赤就是篾儿乞的私生子。结果，这次庆功宴被他们闹得不欢而散。三个人离开宴会后，便擅自离开了西征队伍返回蒙古帝国。

对他们恶意攻击和目无军纪擅自离队的行为，拔都心里非常窝火，由于贵由身为窝阔台的长子，自己不好处理，但实在咽不下这口恶气，便派旭烈兀将宴席上发生的冲突如实禀报给了窝阔台。

窝阔台正为蒙军第二次西征所取得的辉煌战绩而心情舒畅时，没想到长子贵由给他惹下如此祸端。他勃然大怒，把贵由找来痛骂道："我听说，你在西征途中，经常打人，把士兵的屁股都打烂了。你这样做，岂不是伤害了他们的尊严，挫伤了他们的士气？你以为，是你一个人征服了钦察？父汗成吉思汗说过'人多势众，水深溺人'。征服钦察人的战功是速不台和哲别两人先前打好了基础，也是大家共同努力的结果。这次出征，你仅仅获得了几个俘虏，和他们比起来，你连山羊的蹄子都没有捞到一个，你就这样狂妄自大、惹是生非了。要是没有别人劝住我，有你好看的！"

哈儿哈孙以普通将官的身份竟敢公然辱骂亲王，按札撒理应当斩。骂完儿子贵由，窝阔台又骂哈儿哈孙："还有你这个狂徒哈儿哈孙，你在跟谁学？竟然也敢骂我的亲人？按理，哈儿哈孙应当斩首。但是，如果我下令杀了你，别人会说我偏心。所以，把贵由和哈儿哈孙一块派出去！"

不里是察合台的孙子，窝阔台不便处理，便对拔都说："派人去告诉我的二哥察合台，听凭他处理自己的孩子吧。"

为了替拔都出气，窝阔台决定把长子贵由流放到边远之地。但窝阔台此举并非出自真心，只是为了避免事态扩大化不利于黄金家族成员的团结，才被迫演出一场苦肉计。看到窝阔台的火气很大，在场的近臣纷纷劝说道："成吉思汗曾有言'军旅之事断于外，家中之事断于中'。贵由等人的事情属于军旅，应由拔都判决为宜。"

这几句话说得十分得体，一来不使窝阔台为处分贵由为难；二来又好像给足了拔都面子。实际上作为西征统帅的拔都，总不能为这次口舌之争而重罚皇子贵由吧。

所以，见有人求情，窝阔台马上借坡下驴，改流放为口头警告。随即命旭烈兀赴西征军传他的口谕：贵由立刻回到军中，向拔都认罪，否则将流放远方，永不叙用。

窝阔台训斥了贵由一顿，又让他返回欧洲战场上去了。因为阔出死后，窝阔台有意将年幼的爱孙失烈门定为接班人，贵由必须抓紧机会，再立战功，为自己赚取足够的政治资本，以免成为被窝阔台遗弃的人。后来，贵由、不里、蒙哥都参加了匈牙利战役，后面乃马真皇后摄政时，贵由还没有从欧洲战场上撤回来。

拔都对窝阔台这种偏袒的处罚行为甚为不满，由此，贵由和拔都兄弟之间结下了深仇大恨。

第三十四章

进攻波兰

随着斡罗斯境内各公国的相继沦陷，地处中欧的波兰、匈牙利成为蒙古西征军下一个入侵的目标。

波兰北部与尚未信奉基督教的普鲁士交界，东边和伽里赤国相邻，南隔喀儿巴迁山与匈牙利为邻，西接卜兰登不儿和西里西亚两地。西里西亚虽没有并入波兰，但已成为它的藩属国。

波兰成立的时间较短。10 世纪中叶，以格涅兹诺为中心的波兰部落逐渐统一了其他部落。966 年，神圣罗马皇帝鄂图一世确认皮亚斯特家族的梅什科一世为波兰公爵，开启了皮亚斯特王朝的统治。当时，波兰面积约为二十五万平方公里，人口不足百万。

1025 年，博莱斯瓦夫一世（梅什科一世之子）趁神圣罗马帝国皇帝亨利二世去世而引发内乱的机会，加冕为波兰国王。从此，波兰一跃成为一个强大而统一的国家，获得了政治与领土的独立性。但好景不长，博莱斯瓦夫一世去世后，在神圣罗马帝国的干预下，刚刚获得独立不久的波兰很快卷入动荡不安的旋涡中。直到 1106 年，博莱斯瓦夫三世重新统一波兰，到博莱斯瓦夫三世死后，波兰进入封建割据时期，长达两百年之久。

有趣的是，1139 年，当博莱斯瓦夫三世去世后，波兰被分割成五个公国：西里西亚、大波兰、马佐夫舍、桑多梅日和克拉科夫。博莱斯瓦夫三世有四子，把西里西亚、大波兰、马佐夫舍、桑多梅日和克拉科夫交给四个儿子统治。他承认长子瓦迪斯瓦夫作为波兰王国的代表，享有最高政治仲裁权，这些小公国内部的分崩离析为蒙军入侵创造了极为便利的条件。

住在克拉科夫的瓦迪斯瓦夫是波兰名义上的国王，统治着桑多梅日和克拉科夫两个公国。实际上，其堂叔亨利控制着靠近波兰和德国边境地区的西里西亚，地盘最大，实力最强，被称为西里西亚的亨利二世。

1241 年春，蒙军继续西进。他们分为两支，一支由拜答儿与速不台的儿子兀良合台率部攻伐波兰中部的沃尔博日、中北部的宛茨卡（今大波兰省境内），然后挥师南下，围攻波兰西南部的弗罗茨瓦夫，另一支由拔都和速不台率领侵入匈牙利。

当时处于分裂状态的波兰名义上的君王是瓦迪斯瓦夫——博莱斯瓦夫三世的长子，他年轻气盛，娶匈牙利国王别剌之女为妻，因发誓不再娶妻，得了个"贞义王"的美誉。虽然瓦迪斯瓦夫想重振祖业，但蒙军的入侵没有给他留下足够的时间来振兴波兰。

二月十三日，拜答儿军涉水渡过维思秃剌河，攻破桑多梅日，长驱直入，抵达克拉科夫城郊，大掠而去。由达克拉科夫总督沃齐米日率领一支波兰军紧随其后，在波剌涅兹附近重创蒙军，战俘趁混战四散逃亡，藏匿在附近茂密的森林里。等蒙军发现对方军力不多时，整理阵形再度还击，但为时已晚。

这件事在哈吉·拉希姆的《旅途札记》中写道：

> 我请求无所不见、无所不知的安拉给我以足够的力量和技巧，以便如实地描述威严的拔都汗发动的这一场在"日落之国"诸部土地上进行的史无前例的征讨史实，阐明他在入侵和粉碎惊慌失措的对手过程中获得辉煌成就的原因。

早在拔都汗围攻基辅的日子里，他就派遣右翼部队政府临近地面，同时侦察清楚他下一步可能遇到的是一些怎样的敌对力量。

有一支蒙古部队一路上摧枯拉朽，一直打到卢布林城，而后带着大批掳获物返回主力部队。

其他各支部队渡过已经封冻的维斯里查河，折向富庶的大城克拉科夫，其中有一支蒙古部队被克拉科夫的弗拉基米尔将军所率领的军队击败。弗拉基米尔将军率领的军队在夜间冲击敌人围困下的城堡，扑向正在酣睡的蒙古人，将他们驱散。全体居民放弃克拉科夫，临走时他们放了一把火，结果全城立刻从四面八方开始焚烧起来。①

三月十八日，蒙、波两军酣战于赫梅尔尼克。由于波兰军中有许多临时征调来的百姓，没有进行过正规的军事培训，严重缺乏战斗力，加上指挥不一，因此战幕刚启，就被蒙军打得落花流水，主将阵亡。蒙军凶残的杀戮和势如破竹的战斗力一度使整个波兰惊恐不安。

得知蒙军铁蹄将至的消息后，国王博莱斯瓦夫四世护着妻儿老小先是迁到喀儿巴迁山下的桑德志城以避祸乱，后来又迁至莫拉维亚境内的修道院中。另外，波兰城内的贵族大多逃往匈牙利、德国躲避战火的滋扰，而那些穷苦百姓纷纷抛弃家产，只能躲入山林或沼泽地带，乞求上天的保佑。

蒙军入侵克拉科夫城时，守城的将领波兰大公博列斯拉夫血洒疆场，其少数部众逃到莱格尼察外，几乎全部被歼。三月二十四日，拜答儿与合丹率领的一支蒙军攻陷了这座空城，然后把克拉科夫付之一炬。接着，蒙军向西里西亚方向进军。当时，奥得河上的桥梁均被波兰军拆掉，蒙军就在刺迪博儿附近乘坐木筏或游泳渡河，兵锋直指西里西亚的都城弗洛茨拉夫。当城内居民看见蒙军远远袭来，为防止城内的财物落入蒙军之手，便纵火焚烧了这座城池，与守军一起退守河州中坚堡。蒙军围攻数日未破，分兵扫荡苦札维

① ［苏联］瓦西里·扬. 外国人眼中的中国人：成吉思汗后世子孙［M］. 王冠辉，黄慧婷，译. 北京：东方出版社，2014：191.

亚后，向里格尼志进发。

西里西亚的公爵亨利二世惊闻两部溃败的消息后，为了争取足够的时间来集结军队，主动放弃了西里西亚地区最大的城市——弗罗茨瓦夫，向西撤往莱格尼察。在那里，亨利二世集结起自己的军队及莱格尼察各部盟军，兵力已达三万，分为五个军部来抗击蒙军。第一军为日耳曼、波希米亚、波兰三个国籍的人组成；第二军为大波兰的志愿军与不罗姆阿鲁人、克拉克军合编而成；第三军为斡彭、拉迪贝尔的军队组成；第四军为日耳曼条顿骑士团；第五军为西里西亚的精锐部队及波兰精英士兵组成，外国士兵以日耳曼人为主，由亨利二世亲自指挥。

根据波兰历史学家拉法尔的记载，除了上述已经集结完毕的兵力外，亨利二世还期待他的小舅子——波希米亚国王瓦茨拉夫一世增派援军。他答应带来一支五万人的援军。

较之蒙军，尽管德、波联军在兵力数量上处于优势，但是，武器装备十分陈旧，加上军力编制上也严重失衡，与蒙军交锋后，没占到半点儿便宜。这次蒙军的主将为察合台的长子拜答儿，为对抗德、波联军，也分为五个军部。

四月九日，亨利二世、诸王侯、基督教长等，举行完弥撒仪式后，率领三万大军冲出莱格尼察城迎战蒙军。当亨利二世经过圣母玛利亚教堂时，一块石头恰好从教堂屋顶上落下，差点儿击中亨利二世的头部。这认为是神的警告，至少是一个出师不利的征兆。

两军在距城一程之地的奈思河灌溉平原上摆开阵势。日耳曼人依仗人多势众，恃勇轻进，首先向蒙军将领拜答儿率领的蒙军发起进攻。蒙军先锋佯装不敌败退，来引诱波兰军，而波兰军以为获胜，便紧紧地尾随其后。当时波兰军的装备十分陈旧，加上步兵居多，缺少盔甲的掩护，赤裸着上身作战。最后，波兰这支步兵队伍，渐渐远离主力部队，进入蒙军设计的包围圈内，蒙军便从四面八方进行围剿，在巨石的轰击下，日耳曼人走投无路，顷刻间全部阵亡。

经此一战，骑士团指挥官与亨利二世皆战死。亨利二世本可以逃出围剿，但被他佩戴的徽章出卖了，成为蒙军围攻的显著目标。蒙军士兵用长矛把亨利二世戳下马后，波兰军残部想涌向前来救驾，被蒙军士兵杀退，蒙古将领拜答儿用利剑砍下他的首级。

突然，战场上火炬通明，只见蒙军的大纛旗上，悬挂着一颗血淋淋的首级，那便是战死疆场上的亨利二世的头颅。波兰残兵看到后，无心恋战，大骇溃败，作鸟兽散去。

这一次波兰军伤亡惨重，蒙军为了统计死亡人数，每杀一人就割下一只耳朵，最后竟然收获了九大皮囊的耳朵。波兰被荡平后，还是没有找到契尔尼科夫王的尸身。

蒙军撤退后，波兰人花了好几天的时间去寻找亨利二世的尸身。由于首级被砍掉，衣服变得破烂不堪，如大海捞针。直到亨利二世的遗孀透露了亨利二世身体上的一个特征：他的左脚有六个脚趾，才找到他的尸身。

亨利二世阵亡和波兰军队溃败的消息，简直震荡了整个基督教世界。德乌戈什的编年史记载了罗马教皇格里高利九世所写的号召组织一支十字军帮助波兰解围的文字：

> 我们的心被很多事情困扰，如令人关注的圣地问题，威胁迫害教堂的问题，罗马帝国的困境，但是，说实话，当我们知道自己身处何世，我们忘记了这些问题，甚至忘了我们自己。因为这些鞑靼人（指蒙古人），基督教之名几乎被忘记。此念已刺入我们的骨髓，困扰我们的心智，让我们如此痛苦和焦虑。

蒙军在奈思河灌溉平原战役中大获全胜后，把亨利二世的头颅挑在枪尖上，故意传给里格尼茨城内的军民看，但城内守军和居民誓死不降，蒙军无奈，只好按照拔都的命令，焚掠附近村落后，返回拉季波尔，入侵摩拉维亚，大肆烧杀后，又挺进波盖米亚。

获悉蒙军来犯的消息后，波盖米亚国王维亚切斯拉夫抛开手头烦琐的事务，专司准备保卫事宜，他派遣捷克统帅雅罗斯拉夫来援。雅罗斯拉夫是一员有勇有谋的骁将，他见敌众我寡，便严令不得在城外开阔地作战，只需固守斡勒木志城和卜林城即可。蒙军抵达后，并不急于攻城，而是凭借精湛的射技来射杀城墙上的守军，于是雅罗斯拉夫下令把假人排布在城墙上。蒙军不知是计，一时箭矢如蝗，假人身上布满了箭。

时间一长，蒙军识破计谋，便停止围攻，增设兵力在城外严防敌军前来救援，抽调部分兵力洗劫附近村镇，借以激怒城内守军，但雅罗斯拉夫并没有轻举妄动，看着蒙军在眼皮底下为所欲为。

蒙军见守军坚守不战，便放松了警惕。六月二十四日，雅罗斯拉夫见有机可乘，在夜幕的掩护下，留下部分兵力守城，亲率五千名步兵和五百名骑兵向沉睡的蒙军扑去。尚在睡梦中的蒙军来不及采取防范措施，饱受重创，伤亡甚重。

翌日，蒙军在奥洛莫乌茨城下为血洒疆场的蒙军战士举行了火葬，他们将拜答儿和其他阵亡战士的尸体放在篝火堆上焚烧，为了祭奠这些不幸死在异国他乡的蒙古士兵的灵魂，被驱赶着搬运木头的俘虏被统统杀害后陪葬。

1241年六月二十七日，蒙军失去主将后，解了斡勒木志城之围，与进军匈牙利的拔都主力部队合军，里格尼茨城侥幸逃过一劫。

蒙军在里格尼茨城受阻，经过长达三周的酣战，终于攻占了奥帕瓦地区，打开了通往摩拉维亚的道路。他们先后占领了奥帕瓦、普舍罗夫、里托夫里、伊耶维奇基等城市，烧毁和摧毁了格拉迪谢、拉伊格拉德和其他地方著名的古修道院。

经验可知，只要是蒙军无法攻克某座城市时，他们便借口收到拔都的撤兵命令，而解除对这座城市的围攻。

至此，南斡罗斯宣告平定。

第三十五章
征伐中欧

见南北斡罗斯尽入彀中，作为蒙古西征军的统帅拔都志在必得，将蒙军集结在加里西亚境内休整，接着挥师直指欧洲中部。在中欧，蒙军直面的主要国家是匈牙利王国和波兰王国。

欲加之罪何患无辞，蒙军攻伐匈牙利的借口是蒙古人的仇敌钦察人忽滩躲在其境内受到庇护。

匈牙利境内三面环山，险扼四塞，地势险要。其都城建在多瑙河畔，分东西两部，河东为佩斯特，筑有离宫，乃贝拉四世驻地；西部为布达（后称布达佩斯）。地理因素决定，匈牙利与波兰巢倾卵破，两国联姻，利害一致。

与历史较为肤浅的波兰不同，匈牙利有着悠久的历史根基。其前身是罗马帝国境内的一个省份——潘诺亚行省。罗马帝国灭亡后，之前入侵西罗马帝国的许多民族，如哥特人、汪达尔人等，都纷纷迁移于此。匈人是其中之一，他们在阿提拉的领导下，建立起强大的匈人帝国。匈牙利这个名字可能来源于此，但也有很多学者认为应该来自属于突厥的欧诺古尔人。

匈人帝国解体后，被日耳曼部落统治了将近一百年，接踵而至的是阿瓦尔人，统治这里近两百年，期间，斯拉夫民族开始渗入。摩拉维亚人、保加尔人、波兰人和克罗地亚人都曾经企图推翻阿瓦尔人，但直到查理曼才将其成功击败。查理曼死后，东法兰克王国逐步衰落，形势对斯拉夫人的崛起极为有利，大摩拉维亚领袖斯瓦托普鲁克雄心勃勃地企图建立一个摩拉维亚王国，但是马扎尔人的到来结束了这一地区的纷争。

约四十万游牧民族的马扎尔人在首领阿帕德的带领下，从乌拉山西麓和伏尔加河湾一带向西迁徙，于 896 年在多瑙河盆地定居下来。在 9 世纪末进驻潘诺尼亚平原。1000 年，这些马扎尔人建立了匈牙利王国，国王是伊什特万一世。

当时匈牙利的领土十分广阔，东达乌拉尔河，南抵多瑙河，西起德意志，北至波罗的海，还包括奥地利一部分领土。匈牙利虽然地域广阔，但也和波兰一样四分五裂，众多诸侯各自为政，均不受国王管辖。

蒙军入侵时，匈牙利国王是贝拉四世，即位刚刚六年，正在实行打压大贵族，恢复王室权威，避免封建割据的政策。他骄傲自大，根本没把蒙军放在眼里，在风口浪尖上能为被蒙军征讨的钦察人的首领忽滩和四千名钦察人提供庇护就是最好的证明。

拔都率军还没有进入匈牙利境界时，先派遣一个投降过来的英国人作为使者出使匈牙利，进行交涉。以拔都的口吻要求贝拉四世必须交出收留的钦察人，并且打开城门向蒙军投降，否则将入侵匈牙利。

然而，贝拉四世并没有被使者的话吓倒，非但不答应，还把使者扣留了。导致事态进一步激化的是，贵族封建主不加思索地杀死了蒙古使者，彻底激怒了拔都，导致事态没有回旋的余地。

另外，国王贝拉四世显然高估了自己的军事实力，命重兵誓死扼守住喀尔巴阡山峡各条隘口，显然忘记曾经签署的"黄金法令"。当时，安德鲁二世任匈牙利国王时，因迫于国内贵族们的压力，曾签署过"黄金法令"。法令规定赦免贵族和教会的所有税赋，还规定国王不能强迫贵族们参战，贵族们也没有自助战争的义务，如果国王违反了法令，贵族们有不服从的权力。

另外，蒙古帝国的窝阔台也给贝拉四世写了一封措辞强烈的信件：

> 大汗我是长生天的使者，已从长生天那里得到了权力从大地上救治你们的恶劣行为，否则就要消灭你们。可是，你们却讳疾忌医。在我派出 30 名使者之后，你们为什么不做出答复？你为什么不派出一个使者或发出一封信，我对你——匈牙利国王感到不胜惊奇！我知道你是一个强大富强的国王，拥有大量的军队，统治着一个大国，因此，你才难以接受我的权威。我还知道你还隐匿了我的一些臣民——钦察人。把这些人交出来吧，别结怨结仇。钦察人居住的是帐篷，所以他们易于收拾行装，背叛我逃走，你们却住在房屋和城镇中，你们怎么可以逃出我的手心呢?！你们等着瞧吧！

这封信足以说明蒙古人在外交礼仪上，也是讲究先礼后兵的，为了保证蒙军在西征路上的畅通无阻和减少蒙军战士的伤亡，身为高贵的蒙古帝国大汗的窝阔台不惜降低身价与贝拉四世直接交涉，但收效甚微，这成为蒙军攻伐匈牙利最光明正大的理由。

闻听蒙军来犯的消息，贝拉四世派军砍伐了一些百年大树，横七竖八地阻塞在山间小路上，以为这样就可以有效阻止蒙军来犯的铁蹄。

蒙军翻过塔特尔山，进攻匈牙利王国时，拔都下令焚烧阻挡在小路上的树木，结果匈牙利居民从升腾起的黑色浓烟中获知，蒙军真的来了。

很快，拔都和速不台制定了兵分三路的战略部署：拜答儿率领一二路军经过喀尔巴阡山峡侵入匈牙利西北；老将速不台率领第四路军从摩尔达维亚侵入匈牙利东南；拔都亲率第三路军从拉维里奇山口（位于今乌克兰西南）向匈牙利国都长驱而入，以断绝匈牙利援兵的后路。

三月十二日，拜答儿率领一二路军在拔除匈牙利守军后，迅速突破隘口，向匈牙利境内挺进。三月，在西多罗夫与克拉科夫大公博列斯拉夫四世的军队悍然相遇并歼之，博列斯拉夫四世携带家眷逃入捷克避难，接着拜答儿先后蹂躏桑多梅日和克拉科夫及附近乡野，挥师直指西里西亚。

西里西亚公国的地域大部分在波兰境内，小部分在今天德国和捷克境内。在布达城内，贝拉四世召开紧急军事会议，在不考虑如何御敌的情况下，匈牙利的地主和一些贵族们则公开宣称："既然是国王贝拉四世因接纳钦察人而招来蒙军入侵的祸端，那现在就让他一个人去同蒙军作战吧！既然他把属于我们匈牙利居民的国土让给钦察人居住，那就让钦察人来帮助他好了。"

就在贝拉四世召开的军事会议上，与贵族们争论不休而浪费时间的时候，拔都扫除了驻扎在喀尔巴阡山守卫山隘的匈牙利军队，通过蒙卡奇山口和翁瓦尔山口，以破竹之势，铁蹄已踏入匈牙利境内。

闻知败讯后，贝拉四世忙遣在布达城的将领火速返回军中，集结队伍，向佩斯特城聚集。又从阿尔卑斯和斯特里哥尼亚召集自己的军队，渡过多瑙河，巩固城防，厉兵秣马。再送信给钦察首领忽滩，邀他共同抵御蒙军。还向全国各地派遣使者手持带血的宝剑，号召所有诸侯贵族起兵勤王前来驰援。

部署完毕，以防不测，贝拉四世忙把家眷和国库钱财送往北方靠近匈牙利的边境地带（不幸的是，那些国库钱财随即被奥地利大公趁火打劫，掠夺而去），曾向神圣罗马帝国求援，但遭到拒绝，而北面的波兰被拜答儿攻陷，西南的摩拉维亚则被合丹占领，无处求援的他只好坐镇佩斯特城中，集中全部十四万兵力，准备等诸军到齐后，与蒙军进行决战。

拔都率军在抵达布达城外半天路程的地方安营扎寨，麾下只有七万兵力，是匈牙利军的一半，不敢贸然发动强攻，而是派出部分军队洗劫城郊村野，还派出几支灵活的骑兵去挑衅城内守军。但贝拉四世禁止匈牙利人出城反击，只管坐等援军。

见贝拉四世长时间避而不战，引起前来助战的大主教乌哥兰的鄙视。大主教认为国王贝拉四世胆小怯懦，加上蒙古骑兵数量有限，便主动请缨要求出城杀敌。于是，大主教置国王的命令而不顾，擅自率少数塞尔维亚军队出城迎战蒙军。

见枯等多日的布达城门终于打开，蒙军因袭旧例，佯装败退。乌哥兰大主教不知是计，引兵奋力追击，乌哥兰的重装骑兵不慎进入一片沼泽地中，结果身披重甲的匈牙利战士，陷入沼泽而完全失去了机动。这时，蒙军骑兵迅速掉转马头，将他们团团围住，用箭雨一一歼灭。匈牙利军血流如注，乌哥兰带领三名骑兵亲信勉强脱险。

贝拉四世没有埋怨乌哥兰的损兵折将，而乌哥兰却憎恨贝拉四世没有及时出城派兵增援，才导致全军被歼的败局，心中愤然难平。他把这一切都归功于国王擅自收留忽滩所造成的恶果，于是遣手下士兵四处散布谣言，说那些躲在匈牙利境内避难的钦察人，实际上是蒙军的间谍。这个谣言像飓风一样迅速传遍全国。

结果，贝拉四世将率领钦察援军赶到的忽滩投入监狱，折磨致死。其余的钦察人也遭到匈牙利人的袭击，少数幸存的钦察人劫掠了匈牙利南部的村镇，逃入保加利亚境内，国内一时大乱。这样，匈牙利不仅损失了一支熟悉蒙军的战斗力量，而且招致许多纷扰。贝拉四世本来指望钦察人组成军队与蒙军抗衡，至此希望完全落空。

随后，贝拉四世遣使者带着忽滩的首级，到蒙军阵营中去谢罪，请求蒙军退兵。殊不知蒙军索取忽滩只是个借口而已，劫掠匈牙利才是本意。拔都收下忽滩的首级，依然没有退兵。

四月份，匈牙利的各路援军陆续在佩斯特城内结集，大约四十万人，贝拉四世见兵多势众，好像吃了定心丸，打算摩拳擦掌与蒙军较量一番，这就是后来发生的著名的"赛育河战役"。

蒙军围困布达城长达两个月之久无功而退。有一天，蒙军阵营里忽然传来激越的号角齐鸣声，拔营起寨，场面十分忙碌。接着，蒙军引兵东退，据守在赛育河东岸。时值初夏，喀尔巴阡山的积雪已经消融，山瀑飞跃，溪水高涨。蒙军驻扎之地，三面环水，地险易守，对匈牙利军的一举一动，都尽收眼底。

不久，匈牙利军在赛育河西岸布阵，距离蒙军阵营大约五英里。开战伊始，在赛育河西，贝拉四世不敢懈怠，和诸将视察了战场，发现附近有一座石桥，担心夜间蒙军通过此桥前来偷袭，便派出一千精锐坚守。又命将士环车为营，悬盾其上，俨如堡垒。这里没有森林的遮蔽，加上地势开阔，一举一动，全暴露在蒙军的视野中。

几天后，拔都见有机可乘，决定乘夜进攻，派昔班率军一万去夺桥，然后兵分两路：拔都自率一军一路过桥，从正面攻击匈牙利军；老将速不台指挥一路军涉渡赛育河，迂回到匈牙利军的侧后面发起突袭，以呼应正面的拔都军。

昔班在赛育河东岸设置了七台投石机，击退桥上的匈牙利守军后，迅速占领了石桥，掩护着拔都的主力军飞速过桥，朝匈牙利阵营杀奔而来。在拔都军猛烈的强袭下，导致匈牙利军惊慌失措，阵营中一片混乱，士兵开始如潮水般溃散而去。

次日黎明时分，只听见三声炮响，在赛育河和替索河交汇处，老将速不台从后侧向匈牙利阵营发起进攻。两军前后夹击，将已经设防的匈牙利大军阵营团团围住，匈牙利军立刻乱成一团。刹那间，火炮、飞石、弓箭、刀枪，雷雨般射杀过来，匈牙利军虽人多势众，但也被能征惯战的蒙军杀得狼狈不堪。

鉴于此，敢于与蒙军一决雌雄的只有贝拉四世的弟弟罗克曼公爵、大主教乌哥兰和德国骑士团的首领了。结果，他们两次英勇的出击都被蒙军击溃，损失惨重，无力改变必败的战局。虽然有贝拉四世的鼓励和罗克曼、乌哥兰身先士卒的表率，都不足以促使德意志封建主率兵出营作战了。

就在罗克曼率领匈牙利人与蒙军英勇厮杀的时候，一些如惊弓之鸟的封建主们却带着贴身护卫，擅自撤离了坚守的岗位，兀自逃命。其他匈牙利军为了逃命，也纷纷仿效。见此情景，贝拉四世心中弥漫着惊恐不安的情绪，积蓄起来力战必胜的信心渐渐散去。

蒙军见匈牙利军败迹已露，故意网开一面，也不追赶，放任逃逸。这正是拔都和部下最希望看到的有利战机，他们故意不断其退路，等待匈牙利军败退时发起冲锋。

由于匈牙利士兵争相从阵地上逃脱，造成阵地范围逐渐萎缩，为了阻止蒙军的射杀，便把帐幕连接起来。见匈牙利军失去反抗能力，蒙军便趁机杀入匈牙利营地，挥刀砍断绳索，掀翻营帐。匈牙利军敌不过蒙军，便慌忙夺路逃命，但因营帐连接过密，绳索阻挠，绊住许多匈牙利人的手脚，造成诸多兵士纷纷被俘。

见时机一到，拔都督促全军发起冲锋，迫击逃跑的匈牙利军，一路追杀无数。贝拉四世带领着几名贴身侍卫，试图阻止败兵的逃跑，可是溃兵如洪，也无济于事。现在，匈牙利军的悲剧开始了，拔都率军在赛育河西岸屠杀溃逃的匈牙利士兵。精疲力尽的步兵再也跑不动了，首先遭到屠杀，然后精疲力尽的骑兵，也被杀死。整个赛育河滩尸横数十里，河水尽赤。

此战，蒙军大获全胜，以七万人的兵力，战胜了匈牙利四十万人的军队。

见乌哥兰大主教力战而死，贝拉四世乔装成士兵，在部众的簇拥下，从蒙军围攻的薄弱处单人独骑向奥地利方向狼狈逃窜。但是，趁火打劫的弗雷德里克将他们囚禁起来，直到贝拉四世答应支付大量金币，并割让三个郡给奥地利后，才释放了匈牙利王室成员。但弗雷德里克贪心不足，还派兵劫掠匈牙利边界诸州。之后，贝拉四世见难以满足弗雷德里克贪欲的胃口，便逃往亚得里亚海东岸的特罗吉尔城堡中藏身。直到蒙军退去，才离开此地。

最后，拔都率领蒙军主力乘胜追击，攻下了布达城，将溃逃的匈牙利军各个歼灭。至 1242 年五月，拔都西征军已经占领了整个匈牙利。

匈牙利历史学家老安德鲁在《蒙古人入侵匈牙利里：1241 年》中记载了当时的情况：

> 蒙古人消灭了沿路上的一切生灵，不论是人，还是牲畜。横尸遍野，直到佩斯仍然可见，"就像采石场里的石头一样"。成熟的作物和储存的粮食都被付之一炬。房屋化为教徒。结果，人们不得不自相残食。

蒙军占领了匈牙利人的营地之后，缴获了匈牙利国王的一枚金国玺，献给拔都。拔都耍了一个花招，便叫出俘虏的匈牙利人，命他以贝拉四世的名义向全体匈牙利人下一份诏令：

> 不必惧怕这些凶恶残暴的蒙古人，不要离开你们的住处，鉴于蒙古人发动突然袭击，我们不得不放弃自己的营地。但是我们相信，在上帝的辅助下，我们很快就会再次拿起武器，向上帝祈祷吧，乞求他帮助我们打垮敌人。
>
> 国王　贝拉

参与起草这份诏令的，还有几名被俘的德意志贵族，如何在诏令上加盖国玺，都得到他们的指点。然后，拔都命人将此诏令大量复写，差俘虏向各地匈牙利人中广泛散发。

许多原来打算逃亡的匈牙利人被伪造的国王的诏令所欺骗，大家信以为真，便心安理得地待在自己家里，结果，这些可怜的人都沦为蒙军的刀下鬼。

匈牙利军失利后，贝拉四世成功突围逃走，蒙军乘胜攻下几乎无守军的布达城，一攻即克，尽屠其民，然后抢光烧尽大掠而去。

八月，一支蒙军兵锋直指维亚纳新城附近，当时城中仅有戍兵五十、弩手二十。奥地利公和波希米亚王等合兵来御，蒙古退兵，另图新路。十二月，拔都率军踏冰渡过多瑙河，在圣诞节攻取匈牙利另一大城格兰。

赛育河战役之后，拔都将蒙军暂时集结于赛育河畔，驻营休整。期间，拔都分派达鲁花赤（也就是地方军政长官），主治各地，以敛民赋，而供军需。

战役之后的事，哈吉·拉希姆在《旅途札记》中写道：

> 这次战役之后，拔都汗宣布昔班为匈牙利王国的国君。蒙古"公爵"被派往各地，他们同时也是各地的最高法官，他们的任务是为蒙古人征敛马匹、畜群、贡品、武器和衣服。

一些地主显贵自愿为蒙古人效劳，当上了"公爵"。命令百姓不要抵抗蒙古人、向蒙古人献上贡品，老老实实留在自己家中的那纸贝拉国王的伪诏，正是这些人帮助散发的。

在蒙古人统治时期，最初阶段匈牙利人的日子过得还算平安，但是不久之后由蒙古人充当的"公爵"便开始要居民们给他们献上美女，用畜群献贡。而后，他们又要各村男女老少携带新的珍贵礼物去谒见他们；他们收下礼物之后，却把敬献礼物的人残忍地杀死。

拔都汗是否知道此事，不得而知。即使知道，这对他来说也是区区小事，不足挂齿。他心中只有一个想法，那就是：继续前进，追上那个从他手中逃出，并向匈牙利人宣布自己要归来、要光复匈牙利王国的贝拉国王。[①]

1241年冬，合丹奉拔都之命，完成对斯托里戈尼和古兰的攻伐之后，又接到追击匈牙利国王贝拉四世的命令。1242年春，合丹率兵抵达克罗地亚，为了避开蒙军的兵锋，贝拉四世又急忙躲到亚得里亚海的海岛上的一座小小要塞特罗吉尔。他仍担心蒙军的跟踪袭击，又渡海到达仅与陆地相隔的一个岛屿上藏匿起来。

合丹率军沿着亚得里亚海，包围了克里兹撒后，得到贝拉四世撤走的情报，便迅速解围后，到达托拉乌，与贝拉四世藏身的岛屿遥遥相对的海岸驻阵。闻知蒙军一路追杀的消息后，贝拉四世离开岛屿，又带着家属和财宝、随从逃到一艘威尼斯的商船上，耐心等待蒙军退兵的消息。

同年三月，合丹由于追杀不到贝拉四世，便把兵锋转向太尔马齐亚，攻克了卡达罗、苏阿基奥、多留斯托等城，经过塞尔维亚（今天的南斯拉夫），便引兵东还，与拔都合军。

虽然漂泊在海上，贝拉四世抗蒙的决心依然昂扬，他从船上向匈牙利百

---

① ［苏联］瓦西里·扬. 外国人眼中的中国人：成吉思汗后世子孙［M］. 王冠辉，黄慧婷，译. 北京：东方出版社，2014：213.

姓发出谕示，鼓励他们不要一蹶不振，灰心气馁，要坚信在不久的将来会把祖国从强盗手中拯救出来。

不仅如此，贝拉四世还多次派使者谒见罗马教皇、德国皇帝腓特烈二世及法国国王路易九世，请求他们的援助。在西征蒙军的淫威下，这些国家都处于水深火热之中难以自保，怎么可能再向这个在海上漂泊的匈牙利国王伸出援手呢？因此，贝拉四世仅仅得到了一封罗马皇帝的回信，教皇在信中仅仅向那些奋力抵抗蒙军入侵的匈牙利战士表示"祝福"而已。

安德鲁在《蒙古人入侵匈牙利：1241 年》一文中说："蒙古军队只要经过哪里，哪里的被杀之人和牲畜就会成为秃鹫、野狼和鬣狗所吞食的腐尸。人倒在什么地方，尸体就倒在什么地方。腐臭的尸体的气味在大气中弥漫了一年之久。"

第三十六章

游猎饮酒

　　此时，窝阔台已经进入人生的低谷，建功立业后竟莫名其妙地日益消沉起来。似乎对巍峨挺拔的大殿、金碧辉煌的万安宫、暖香扑鼻的寝宫都统统不感兴趣，反倒忙于在汗廷附近修建寺庙和教堂。昔日，铁蹄踏金、发动"拔都西征"、两王子攻宋的英雄本色都成为过往云烟。他在不断酗酒和亲近妖娆美姬中打开欢乐的地毯并踏上了纵欲的道路。

　　此后，窝阔台几乎丧失了励精图治、开疆拓土的雄心壮志，他开始坐享太平，派朝中大将率军攻伐，而自己长期隐没于深宫中，"专事娱乐，沉湎于游猎饮酒"。他从小就"爱好娱乐和饮酒"，晚年尤甚，每饮必彻夜不休，疯狂的豪饮对其健康造成了极大的伤害。为此，二哥察合台便以兄长的身份专门指派一名使者跟随在窝阔台身边，限制他饮酒的杯数。无奈之下，窝阔台只得采取迂回方式，把小杯改为大杯来喝，使得杯数保持一致。最终察合台的一片良苦用心，并没有达到令窝阔台戒酒的目的。

　　察合台执行札撒是为了公正，平时非常注意维护窝阔台的威严。一次，察合台和窝阔台骑马而行，因为多喝了几杯，察合台过于兴奋，便和窝阔台打赌赛马，最后察合台赢了。到了晚上，察合台醒酒后，猛然想到："怎么能容许我与合罕打赌并让我的马超过他呢？这是一件大不敬的行为。别人见到此事，也会粗鲁无礼起来，这就造成很严重的结果。"于是，第二天一早，察合台带着自己所有的臣属，跪到窝阔台的寝帐外请罪，要求窝阔台"或杖或杀，由他判决"。窝阔台对二哥察合台的举动很感动，连忙表示："这是哪里的话？你是我的兄长，值得对这样的小事介意吗？"但察合台仍然对自己的过错进行了惩处，向窝阔台进献了九匹好马补过。

朝政逐渐荒疏，有时一连五天，窝阔台都没有召见群臣，造成许多国家要事积压。耶律楚材几次催请无果，心急如焚。从当值的怯薛长口中得知，这是窝阔台日夜与后妃狂乱暴饮的结果。

耶律楚材早就发现，窝阔台嗜酒如命，越喝越甚，即使在狩猎时也经常喝得酩酊大醉，三四天不醒。他多次苦苦相劝，但收效甚微。在多次劝说无效的情况下，他便手持铁质酒槽对窝阔台说："合罕看到了吧。这个酒槽铁口，由于长期遭受酒的侵蚀，已经裂口变形。坚硬的铁制品都被酒侵蚀，人的脏器远不如铁坚硬，长此以往，哪有不损伤的道理呢？"

窝阔台闻言立即醒悟，抚摸着布满斑斑锈迹而变得表面凹凸不平的酒槽铁口，缓缓抬起头来，用温情的目光注视着耶律楚材，激动地说道："兀图撒合里，用心良苦，手持这个活生生的案例来劝说我戒酒。但我生为蒙古草原的子孙，让我戒酒是不可能的。但我发誓，从今天开始，我每顿只喝三杯。"

既然对耶律楚材发过誓，窝阔台果真这么做了。第一顿饭就因为喝下三杯酒太少，饭也没吃好。像大多数蒙古草原健儿一样，窝阔台也喜欢胡吃海喝，每次能喝上三五斤酒，这三杯酒也就是几两，怎么能满足他的酒瘾呢？

窝阔台一连几天因为饮酒太少而精神显得萎靡不振，不要说去狩猎，即使在汗廷处理政务都提不起精神。整天琢磨如何既不辜负耶律楚材的好意，又能满足自己的酒瘾。

机会来了，戒酒第三天后，成吉思汗的幼弟斡赤斤拿来三只特大号的酒杯，每杯至少能装下一斤酒。三个酒杯显得威武雄壮，神气极了。窝阔台喝酒多年，还真没用过如此大号的酒皿呢。

窝阔台一看，会心地仰天大笑起来，笑声中洋溢着对这位叔叔的感激之情和理解之意。

斡赤斤解释说："蒙古人喝酒是长生天的旨意，难道因为一个中书令，就让我们所有蒙古人把自古以来的喜好都丢弃吗？"

窝阔台拿起一只大号酒杯前前后后看了一遍，不断点头，甚感满意地说："还是叔叔理解侄子的嗜好。"

斡赤斤建议说："试试这个酒杯，看看效果如何？"

窝阔台便把三只大号酒杯并排摆放在大案上，吩咐道："斟酒。"

一位侍臣应声赶到，抱起一个酒坛，向这三只酒杯里一一斟满酒。顿时，寝宫里飘逸着芳香甘醇的酒香，窝阔台紧闭双眼，很陶醉地深吸了一口。感慨万千地说："除了江山社稷、美女宫娥，朕现在就喜欢美酒了。"

窝阔台端起一杯酒递给斡赤斤，说："叔叔请！"

碰了一下杯，两个人咕咚一声喝下去。以后，窝阔台秉性难改，没过几天就故态重发，每天仍然喝得醉醺醺的，谁也管不住他，依旧射猎饮乐，荒怠朝政。窝阔台的破戒几乎伤透了耶律楚材的心，他又耐着性子劝阻了几次，但窝阔台依然我行我素。到晚年更是溺情酒色，每饮必彻夜不休。

酒能乱性，色能迷人，几千年来，人们一直对酒和色抱有很深的成见。酒和色，是一对孪生体，连在一起就更糟糕透顶。倘若帝王整日沉湎于酒色之中，可能导致国破身亡、江山易主的后果。

窝阔台在尽情豪饮的同时，依然不忘四处广征美貌民女，填充他的寝宫，供自己娱乐。窝阔台一生仅皇后就立了六位，其他妃嫔数量之多可想而知。即便如此，他仍没有感到满足。1237 年六月，窝阔台准备"简（检）天下室女"，下诏给中原各地达鲁花赤，但凡年龄在二十岁以下者，不论婚否，只要美艳如花，都要送来填充他的后宫。

耶律楚材问询后一惊，赶紧上奏道："陛下不是前几天刚选了二十八位美女，差不多够用了吧，再次选拔，必定会扰民。"

窝阔台盯着耶律楚材，冷冷地说："耸人听闻，不至于那么严重吧！"

耶律楚材挺直了身体，朗然说道："中原腹地，长期饱受金国朝廷、贪官污吏的压榨，导致民不聊生。幸亏合罕发去几路大军，使各地日趋安定，饱受连年战乱的百姓终于逃出兵燹之灾、战火之难，安居乐业，百姓都在感念合罕救离水火之恩，以种植庄稼、纺织绸缎以报万一。此时，倘若下诏广选天下美女，必将扰民，请合罕三思。"

窝阔台听后，有点恼火，愤然说道："这有什么扰民的，选美之诏一下，几日便可完事。"

见窝阔台执意将选美之事进行下去，耶律楚材继续劝说："合罕试想，二十岁以下、十五岁以上的女子，大多都已婚配、生子，过着相夫教子的幸福生活。若被达鲁花赤选中，必定遭遇别夫离子、骨肉分离之痛，是何等的撕心裂肺。十五岁以下的女子，尚且年幼无知，正处于绕膝玩耍的年龄，怎会离开父母，心悦诚服地前来服侍合罕呢？那样的话，合罕在百姓心中大救星的形象必将毁于一旦。"

窝阔台吞咽了一下口水，仍不甘心放弃，说："被选入我的寝宫里的美女，是她们前世修来的福分，是她们父母乃至整个家族的荣耀，怎么会不心悦诚服呢？"

耶律楚材耐心劝说："合罕所言极是。但黎民百姓都是蝼蚁之人，眼界只有井口那么大，每天都在为一日三餐而奔波劳碌。各地达鲁赤花接到诏令后，限期完成选美任务，肯定不会耐心劝导，极有可能会挨家挨户去搜罗美女，势必导致百姓的群起而反抗，达鲁赤花依仗合罕赋予的权力，不惜动用武力弹劾，这样势必激起民愤，造成天怒人怨。"

听了耶律楚材的劝谏，窝阔台考虑良久，嘴上没法反驳，心里却对耶律楚材颇为反感，表示"可罢之"。尽管此事被暂时搁置下来，但窝阔台准备"简（检）天下室女"的消息却不胫而走，闹得世人皆知。消息传至蒙古斡亦剌部时，斡亦剌部落的人担心自己的姐妹、女儿掉进火坑，急忙把尚未出嫁的女子连夜许配给族人，甚至不需要彩礼、不筹办酒席，直接送到男方家里。众人见状群起而效尤，从而出现了数千名女子集体出嫁的"惊婚"场面。

闻讯后，窝阔台气得暴跳如雷，羞恼交加，这简直是对他好色成性的污蔑，对他公然的拂逆和背叛。在他看来，已经明确撤销了"简（检）天下室女"的诏令，就够仁慈为怀的了，而蒙古斡亦剌部却对他汗权的公开挑衅，让他忍无可忍。于是，他做了一件惨绝人寰的事，来发泄自己的愤懑之情。

窝阔台竟然传令将所有已经出嫁的都被从婆家追回，连同未来得及出嫁的七岁以上的女子一律召回，这样少女的人数达到四千，全部集中在一个山谷里。然后，命令一支虎狼之师开入山谷里，让他们随意奸淫、践踏这些女子……

第三十七章

生命终结

因为一时之怒，窝阔台在处理"惊婚"事件中所干的非人性的兽行，与他平素宽厚、仁慈的形象形成了极大反差，既招致了不少怨言，也损坏了他的声誉。此后，窝阔台一不做二不休，索性用放纵来宣泄心中的窝火，把游猎、狂欢和酗酒当成了伴侣。在大量酒精的作用下，致使窝阔台的身体每况愈下。

早在1237年二月，他游猎回来，收获甚丰，心情愉悦，便贪杯畅饮起来，导致病情突然加剧。经太医诊治，报称"脉已绝"，过了几天，他"少苏"，但"已不能言"。在药物的辅助治疗下，休整了几十天后，窝阔台病情大为好转。从鬼门关转了一圈回来后，他嗜酒的习惯有增无减。

1241年秋天，哈拉和林仍然酷热难耐。在稍微枯黄的草木丛里，蚊子依然肆虐成灾，每逢黄昏时分，便在草原的上空交织成蔚为壮观的蚊阵。汗宫里香烛昼夜不停地燃烧着，但对蚊子起不到任何作用。穿多了衣服嫌热，穿少了被蚊虫叮咬，让人们不胜其烦。

窝阔台刚从月儿怯避暑消夏回来不久，哈拉和林的酷热和蚊子使他又刻不容缓地离开此地，打算先去古薛纳兀儿斋戒、祭天，再到汪吉避寒、狩猎，把行程都安排得满满当当的。

十一月，隆冬将至，窝阔台率众先在古薛纳兀儿斋戒十四天，祭拜完长生天后，便奔赴东南汪吉河畔的昔宝赤城（今蒙古国翁金河上游阿尔赫拜协附近）。

昔宝赤城地处今蒙古国翁金河上游，草肥水美，风景宜人，是逃离蚊子肆虐的好去处。地理条件的优势，这里繁衍着各种成群结队的野兽，也是一块面积广袤的天然狩猎场。每年秋末冬初，经过多半年的豢养，野兽们都膘肥体壮，正是狩猎的大好季节。

近年来，由于窝阔台长期沉浸在酒色之中，加上平时缺乏锻炼，身体变得极度虚弱，刚抵达昔宝赤城附近的铧铁钻胡兰山上的狩猎场时，马背上的窝阔台变得蠢蠢欲动，想在此大显身手。在初冬第一场雪的覆盖下，世间万物洁白一片，构成了一方粉雕玉砌的世界。

蒙古人认为山猫野鹿、豺狼虎豹是长生天豢养的牲畜，临狩猎前要组织一个盛大的祭山活动。大萨满在高处点燃了篝火，率领众萨满们跳起舞蹈，口中念念有词。而围场的四周，绣着苍狼图案的金黄色的旗帜，迎着铧铁钻胡兰山下凛冽的寒风猎猎招展。窝阔台一声令下，一场重大节日般的狩猎拉开了序幕。

在那片开阔的狩猎地带上，晃动着一列列铁甲骑士的阵形，号角声、马蹄声、射箭声、呐喊声混合在一起，震撼山野。那声浪一声高过一声，一浪压过一浪，仿佛要将风景秀丽的铧铁钻胡兰山推上那钴蓝色的天空。

这天，窝阔台带着镇海、按赤台、已被免去官职的奥都剌合蛮、年轻英俊的第七子灭里及众怯薛歹。为了保护窝阔台的人身安全，防止他一箭没有击毙的猎物，在求生欲望的驱使下，慌不择路，冲撞了大驾。镇海吩咐两排优秀的弓箭手时刻保护在窝阔台左右两侧，窝阔台一旦射中猎物，弓箭手们及时齐射，迅速把受伤的猎物置于死地。

为了满足窝阔台狩猎的欲望，数万名蒙军骑兵，从数十里外，以拉网般的声势，将各种猎物驱赶进围场里。那些被战鼓声、呐喊声、号角声惊得四处拼命逃窜的野兽，在包围圈里横冲直撞，盲目地寻找着突破口，偶尔从山谷中传来一两声虎啸和狼群绝望的号叫声。此时，围场已经被操刀持矛的蒙军包围得固如铁桶。以后逐渐缩小包围圈，最后抵达窝阔台的行营，待从围歼中依次追射哄撵野兽，由窝阔台亲自向围中猎物射击。当侍卫们闪出一个缺口，包围圈里的野兽便吼叫着，潮水般喷涌而出，腾起遮天蔽日的尘土滚滚而来，十分壮观。

看到如此声势浩大的猎物朝缺口处涌来，窝阔台脸上挂着兴奋的表情，手持弓箭，努力拉满弓，一连朝惊慌失措的兽群里射出好几箭，有几只野兽中箭后倒下抽搐不已。意想不到的是，忽然从野兽搅起的尘土里迎面跳出一头受伤的幼狮，脖颈处顶着一支箭往前冲撞过来，一条细细的血线顺着箭杆淅淅沥沥地流淌着，灭里和两排弓箭手迅速射来密集的箭镞，带着一支箭镞的幼狮身上又增添了四支箭。它仍然没有被制服，继续突奔冲撞，在四面碰壁之后，回过头来猛地朝窝阔台的马前扑去。窝阔台毫无惧色，瞄准目标，开弓射箭，正巧命中幼狮的前额，幼狮才翻身倒地。

受箭的幼狮被疼痛激怒，全身金灿灿的毛皮张开着，喉咙深处发出一声绝望的哀号，长长的尾巴高高竖起，怒目向马背上的窝阔台示威。随即弓箭手又射来一阵箭雨，密集的箭镞使幼狮几乎变成了刺猬，喷涌而出的鲜血顷刻便染红了一大片雪地，像雪地上绽放出几朵绚丽的红梅。

已经五十六岁的窝阔台为自己能射中一只幼狮而龙颜大悦，晚上，回到昔宝赤城行宫里，他命御厨把幼狮炖了，感谢长生天的恩赐，庆祝这场狩猎大获丰收。宴席上，众人在奥都剌合蛮的带领下，轮番为窝阔台斟酒，盛赞他在狩猎场上不凡的壮举，缅怀蒙古帝国在他的带领下所取得的一桩桩丰功伟绩。

众人的称赞像一枚一枚开心果，心情愉悦的窝阔台几乎来者不拒，不知道喝了多少杯酒，直到趴在桌子上不省人事才方休。在奥都剌合蛮和脱列哥那的搀扶下，把窝阔台送到寝宫休息。

翌日，一个炸雷般的消息在昔宝赤城里传播开来：窝阔台死了。一代非常有潜质的合罕，最终为酒色而殒命。

闻讯后，斡赤斤、奥都剌合蛮、脱列哥那及那颜们，都急匆匆地赶到窝阔台的寝宫里，见灭里正伏在窝阔台的尸体上号啕大哭。

当镇海气喘吁吁地跑到寝宫时，为时已晚，发现窝阔台早已停止了呼吸，双眼紧闭，脸色平静如水，像在酣然入睡。合罕果然驾崩了，他跪在地上，声泪俱下地说："合罕昨晚还好好的呢，怎么过了一夜就猝然离世了呢？"

灭里抹去眼泪，抬头怒视着奥都剌合蛮说："莫非你在合罕的酒里下了毒？"

见有人把恶意的矛头指向自己，奥都剌合蛮赶紧扑通跪在地上，说："合罕对小人恩重如山，小人感恩戴德，怎么会在酒里下毒呢？再说，平时合罕经常命小人斟酒，也安然无恙啊。"

这时，窝阔台的族弟按赤台为奥都剌合蛮申辩说："你们不要胡乱猜测了，合罕昨晚喝那么多酒，大家有目共睹。合罕这一生，对蒙古帝国的百姓鞠躬尽瘁，如今被长生天招了去，我们万分沉痛，怎么能诽谤合罕被人害死的，让他的灵魂不得安宁呢？又怎么诬陷一个斟酒的无辜人呢？"

按赤台的一席话，打消了众人对合罕之死的疑虑。

随后，窝阔台驾崩之事将昭告天下。成群的信使骑着驿马，从古薛纳兀儿出发，射向四面八方，通过网络状的驿站，传告给蒙古各地宗王、各属国，传告和宋军交战的前线将领，传告正在欧洲连连告捷的西征军，火速赶回哈拉和林参加窝阔台的葬礼。

1242 年十一月，窝阔台在持续不断的豪饮中走向生命的终点。他酗的是烈酒，并非蒙古传统用马奶酿造的"艾里忽"。他对自己一生做了一个非常精彩的评价："自坐我父亲大位之后，添了四件勾当。一件平了金国；一件立了站赤；一件无水处教穿了井；一件各城池内立探马赤镇守了。差了四件。一件既嗣大位，沉湎于酒；一件听信妇人言语，取斡赤斤叔叔百姓的女子；一件将有忠义的朵豁勒忽，因私恨阴害了；一件将天生的野兽，恐走入兄弟之国，筑墙寨围拦住，致有怨言。"

由于各地诸子、那颜的没有及时赶来，许多将领又远在南宋、欧亚征伐，窝阔台的葬礼远没有成吉思汗、拖雷时举行的风光、隆重。

《蒙古秘史》中有一句出自窝阔台之口的自责之语："朕沉湎于酒，这是朕的过错。"正因为这个不光彩的结局，他没有和父汗成吉思汗一起埋葬在位于蒙古北部的圣山不儿罕合勒敦 ①，而是葬于位于蒙古西陲的准格尔。

如果不是窝阔台的突然暴毙，欧洲未来的历史将被重写。虽然在奥地利和波希米亚联军的强力抵抗下，蒙古铁骑遭到西征以来的第一次失败。但是，蒙古西征大军完全可以重新集结，发动更大规模的进攻。这将会彻底摧毁欧洲的封建体制，欧洲大平原上肥沃的土地将会沦为蒙古人新的"牧场"。另外，蒙军的持续攻伐，必然导致地处东欧和中欧的民族将向"安全"的西欧转移。西迁的民族为了获得生存权，不仅要反抗西欧封建领主们的横征暴敛，还要去掠夺适合耕种的土地。一场欧洲各民族之间的混战将无可避免，富饶的西欧将会被战火毁灭，整个欧洲更将变得一贫如洗。

因为窝阔台的溘然长逝，解救了在蒙军的铁蹄下瑟瑟发抖的欧洲诸国，苟延残喘的南宋也得以再延续几十年。

---

① 不儿罕合勒敦山可能位于肯特山脉的某个区域，在乌兰巴托东北方一百六十公里处，位于伊金霍洛旗的"禁区"。传言中，成吉思汗曾在此山上打猎时，对子嗣表示："将来死后，可葬于此。"后代子孙便遵循他的遗志下葬，并招来一万马匹踩踏、种下万棵植株隐藏，从此这里也成为众人不得靠近的禁地。

第三十八章

惶恐不安

蒙古西征军从 1236 年二月出发，到灭亡匈牙利的 1241 年五月，五年多的时间，蒙军铁蹄穿越波兰、德意志、波希米亚、匈牙利，以雷霆万钧之势在格尼茨之战、卢布林之战、桑多米尔之战、克拉科夫之战、布列斯拉夫之战中，把享誉欧洲的条顿骑兵团和其他大军涤荡得片甲不留，还在赛育河、布达的战役中，致使匈牙利军全军覆没，将东自乌拉岭、西到波罗的海、北接北极海边、南迄地中海的广阔土地收入蒙古帝国的疆域中。

连连告捷的蒙古西征军在赛育河畔暂作休整，借此舒缓一下累日战争的疲惫。拔都对已被征服的匈牙利作为封地让给了其兄斡答儿，并设置了一名达鲁花赤（也就是地方军政长官），并以蒙古大汗的名义在此铸造了钱币。

大家猜测，蒙军下一个入侵的对象肯定是意大利或法兰西了，蒙军骑兵在整个东欧大陆上纵横驰骋，没有遭遇过激烈的反抗，使欧洲许多国君都陷入惊慌失措、惊恐万分之中。在他们眼里，蒙古人是上帝派来惩罚他们的魔鬼。一时谣言四起，他们口口相传，蒙军多如牛毛，队伍占有长达二十天的路程，宽达十五天的路程。每次出征时，后面跟着成群结队的野马，他们来自地狱，长相异于欧洲人。

匈牙利历史学家福马曾在《编年史》中描述过蒙古人入侵时的情景：

这些人个头不高，胸膛宽阔。他们的相貌十分怕人：脸部扁平，不长胡子；鼻子粗而且宽；两只眼睛很小，彼此离得很远。

他们的衣服既可防寒又可防潮，用双层毛皮缝制而成，毛朝外，故像鱼鳞一般。他们的头盔用铁或皮革制成。他们的武器是弯刀和弓箭，他们的箭上安着铁制或者骨制的镞，蒙古人的箭要比我们的箭长四指。他们的旗帜是黑色的，上面飘着几缕马鬃。

蒙古人骑马常常不用鞍子，他们的马匹个头小而结实，惯于长途跋涉，善于忍饥挨饿。这些马虽然不挂掌，但上山下山轻若野羊。连续奔波三天之后，只需休息片刻、饲料少许，也就足矣。

即使是蒙古士兵，对供给品也无甚苛求。他们似乎都经过严格的训练。他们不吃粮食，吃的是肉食，喝的是马奶和血。

蒙古人带着许多俘虏，人数最多的是武装起来的库蛮人。他们驱赶着库蛮人打头阵，如果发现有人敢不拼命冲杀，就把这些人杀死。蒙古人自己是不愿意首先投入战斗的。

几乎没有一条河能够阻挡住他们，不过要渡过大河，还得借助于吹满气的皮筏子或者苇草扎成的小筏子。

他们的行军帐篷用布料或者皮革缝制而成。蒙古大军虽然人数众多，但是他们的营地中却不曾有过怨言，也不曾有过纷争。他们每个人都能吃苦耐劳，英勇奋战。

英国历史学家马修·帕里斯修立也在他的历史著作中描绘过蒙古人：

蒙古人像成群的蝗虫扑向地面，他们彻底劫掠了欧洲东部；焚烧与屠杀使这里变成一片废墟。经过萨拉森人的国度后，他们铲平城市、伐光林木、推倒堡垒、拔掉蔓藤、捣毁公园、屠杀市民和农民。

如果他们偶尔饶恕了某些哀求者，还要强迫这些沦为最底层的奴隶站在队伍的前列，去同自己的邻邦作战。那些假装打仗或幻想逃跑的人，被蒙古人追回后统统杀掉；而为他们勇敢征战的人，却也得不到任何酬谢。可见，他们像对待牲口一样虐待俘虏。

他们野蛮残忍，与其说是人，不如说是鬼；他们酷爱喝血，撕吞狗肉人肉，身穿牛皮，手持铁盾；他们身材矮胖，体格健壮，不屈不挠，战无不胜；他们的背后毫无遮盖，胸前披挂铠甲；他们非常喜欢喝纯羊血，骑高大健壮的马；这些马吃树枝树叶；他们由于腿短，只有借助于三级阶梯才能骑上这些马。

他们没有人类的法律，不懂得任何安慰，比狮子熊黑还要凶猛；他们拥有牛皮船，一般 10 至 12 人一条；他们会游泳，又会驾船，因此，他们能无阻碍地渡过最宽、最急的河流；他们在没有血作饮料时，就喝浊水、泥水。他们配有单刃剑和匕首，是出色的弓箭手，当遇到敌人时，不论男女老幼、地位高低，一概不予饶恕。

他们除本族语言外，不懂得其他任何语言，而他们的语言也无人知道。因为时至今日，没有任何途径可接近他们，他们也未曾离开过自己的国家，所以，无法通过人类的普通交往，了解他们的习俗或人们。他们同妻子一起，带着羊群到处游牧；妻子们也像男人一样学习打仗。因此，他们闪电般地攻入基督教世界，烧杀抢掠，使每个人胆战心惊，无比恐惧。

这几段都是当时持笔者所见所闻的历史记载，具有较强的真实性，后文中说的"血作饮料"中的血应该是马血，并非人血。

1241 年冬，拔都派老将速不台和蒙哥率两支军马渡过多瑙河，继续向西挺进，兵戈所到之处，无不所向披靡，降者如云。欧洲人特别是传教士闻听蒙军西进的消息时纷纷自杀，以逃避上帝的审判。

　　闻知蒙古西征军的铁蹄渐渐逼近的讯息时，神圣罗马帝国皇帝弗里德里希二世要求所有基督教诸侯为共同抵御蒙军而采取联合行动，罗马教皇格里戈利九世也着手召集各国组织十字军，一起对抗蒙军。此时，西欧各国仍然内讧不断，虽然举行过"组织起来对抗蒙古人的谈判"，但"却没有采取任何实际行动"。①

　　正当拔都率领西征军兵锋直指地中海诸国，西欧各国瑟瑟发抖之际，信使把窝阔台在昔宝赤城驾崩的噩耗传至蒙古西征军中。最高汗位的监护人脱列哥那在颁发的诏书中写道：

　　　　远在苍天之上深切关怀蒙古百姓生存之圣祖，已将其爱子、我至亲的丈夫、英勇无比的窝阔台汗招入他无数天兵之中，血管中奔流着圣祖高贵热血之全体人等听着，即刻返回哈拉和林，参加库里勒台选举大汗继承人——广阔无边之蒙古帝国新的主宰。

　　窝阔台是蒙古帝国的第二任大汗，在位十三年中，继承了成吉思汗的丰功伟业，为继续拓展蒙古帝国的疆域，巩固蒙古对北方草原和占领区域的统治，做出了卓越的贡献，被誉为"马上治天下的"第一人。然而，就是这样一位君主，1241 年，却因酗酒而亡。

　　这一突发事件最大的受益者是欧洲人，尤其是匈牙利人。在蒙军铁蹄凛冽的攻击下，匈牙利全境都已沦陷，就在匈牙利人绝望地引颈待戮时，蒙古西征军突然撤走了。

　　1242 年四月，与蒙军诸将讨论了班师东返的利害后，拔都果断下达了班师的命令，蒙军忽然潮水般消退得无影无踪。西欧人百思不得其解，这究竟是怎么一回事。作为窝阔台的侄子和蒙古帝国中流砥柱般的贵族，拔都、合丹等人必须返回蒙古本土哈拉和林，参加忽里台大会，推举窝阔台汗的下

---

① 普兰·迦儿宾行记　路布鲁克东方行记［M］．余大钧，蔡志纯，译．呼和浩特：内蒙古大学出版社，2009：108.

一任继承者。

窝阔台的逝世可谓拯救了整个西欧，使其免遭了一场灭顶之灾。蒙古西征军临撤退时，拔都下令处死了全部俘虏和囚犯，只留下一个千疮百孔的东欧。大约有百分之二十到百分之四十的匈牙利人死于战乱之中。

历时五年的长子西征宣告结束。西欧各国躲过蒙军战火的肆虐，战后的波兰和匈牙利得以在废墟上重建家园。因为这次蒙军入侵，使得很多波兰贵族认识到分裂的危害性，高瞻远瞩的普舍美斯尔二世、瓦迪斯瓦夫·沃凯太克等为国家的统一奔走相告，终于在 1320 年结束了长达一百七十五年的分裂局面，为日后波兰黄金时代的亚盖隆王朝夯实了基础。

另外，侥幸逃过蒙军追杀的贝拉四世迅速带领残部收复了整个匈牙利王国（当时的匈牙利王国包括匈牙利与特兰西瓦尼亚；特兰西瓦尼亚也就是现在的罗马尼亚大半部），先用高价买来种子，分发给百姓，使境内尽快恢复农业生产，好让老百姓丰衣足食，不至于饿死。此举，他做得深入民心。另外，并积极投入国家重建（蒙军的入侵除了使许多建筑遭到严重的破坏外，还造成匈牙利近三分之一的人口损失），同时还在匈牙利边界上筑起一连串的碉堡，以备蒙军再次入侵。

当蒙军入侵匈牙利时，整个国家几乎没有一座石头筑成的堡垒，全都是土筑的工事。这些脆弱的防御系统，是导致匈牙利丧失抵抗力的一个重要因素。现在，贝拉四世在匈牙利国境东边修筑了一批牢不可破的防御工事，虽然这一批防御工事，后来并没有用在防备蒙军上，但却意外成为 15 至 16 世纪匈牙利人抵抗奥斯曼土耳其人入侵的一道牢固的防线。贝拉四世因此获得了"故乡重建者"的绰号，后来匈牙利人民还在英雄广场上为其竖起纪念像。

然而，饱受蒙军重创的斡罗斯各城邦却没有如此幸运，他们还要耐心等待二百四十年才重新获得独立，在这漫长的两个半世纪中，他们必须向拔都及其子孙的金帐汗国俯首称臣。其中，旧俄时代历史学者波克罗夫斯基在 1920 年出版的《俄国历史概要》中提及"罗斯围绕着莫斯科的统一，至少有一半是鞑靼人的功劳"。

　　随后，蒙古西征军全部开到高加索山北面，去平复钦察人的复叛。拔都则留守西方，最终在伏尔加河畔的萨莱城（今俄罗斯阿斯特拉罕附近）建立了统治欧洲二百四十年的金帐汗国。

第三十九章

金帐汗国

长子西征结束后，参战的蒙古帝国四大家族都获利丰厚，而术赤家族是最大的赢家，拔都将父亲术赤留下的领地扩展了将近一倍。

为了更好地管理和控遏西部疆域，拔都将设在额尔齐斯河流域斡尔朵（行宫）——政治中心西移。1243年春，在伏尔加河下游（今俄罗斯的谢里特连诺耶）的东岸，建立了一座城市作为强大的金帐汗国的都城。这座城市名为萨莱城，也就是宫殿。因为有大量的钦察人活跃在汗国中，又称钦察汗国。这个介于西亚和东欧之间的国家，其疆域东自额尔齐斯河西部，西至第聂伯河，南起巴尔喀什湖、里海、黑海，包括北高加索及花刺子模北部和锡尔河下游地区，向北临近北极圈。

另外，拔都将自己的宫殿建在一个狭长小岛北端上游的一座小山冈上。宫殿的台基高约两米，正门朝南，整个宫殿由碧绿或黄色的琉璃瓦砌成，每块琉璃瓦上都烧制着新颖别致的涡形花朵图案和花纹边饰，每个花朵图案中又嵌入纤细精美的赤金花瓣。宫殿顶部耸立着一座小巧玲珑的塔楼，在阳光的照射下显得金碧辉煌，光彩夺目，宛如一堆清秀的篝火，令人心暖目明。

萨莱城的繁华程度，能在一个曾在萨莱城做生意的埃及人的描述中略见一斑：

> 别儿哥将城建于伏尔加河上，这座城位于沼泽地上，没有围墙。那里有一所大的宫殿可供居住，宫殿顶部有一个黄金做成的新月。宫殿四周有围墙、塔和大官们住的地方。这座宫殿是他们冬天居住的地方。伏尔加河比尼罗河大两倍还要多，河上有许多船，驶往俄罗斯人或者斯拉夫人的地方。萨莱城是一个大城，里面有市场、浴室和庙宇，是货物汇集之地。城中央有一个很大的水池，水池里的水从河里来的。不过，这些水不是饮用水，饮用水是用大罐子从河里运来的。运水的人用土坛子装水，然后用大车运进城里卖给居民用。

萨莱城的设计者是中国工匠李通波，他带领三千名汉族匠人，经过九个月的昼夜施工，拔都童话般的宫殿才得以竣工。

从此，金帐汗国才算正式建立，成为一个曾经横亘欧亚大陆，军力强盛、贸易发达的地方，大大影响了斡罗斯和东欧、西亚、中亚等强国的进程，它是当时蒙古帝国的四大汗国之一。斡罗斯诸公国与钦察汗国为藩属关系。

不过，拔都继承父亲术赤的封地并逐渐使之发扬光大，他绝对没有必要另立国号，在他和其子孙的心中，"术赤汗国"是正统的国名。而金帐汗国则是沿袭斡罗斯对其宗主的称呼。事出有因，当斡罗斯诸城邦的大公按时向金帐汗国的可汗缴纳贡税或述职时，都是在钦察草原上一顶巨大而精美的金黄色亚麻布帐篷里处理政务。时间一久，在他们脑海中留下深刻印象的便是那座金顶大帐，于是，"金帐汗"便成为拔都及以后所有汗的统称。金帐汗国便在俄罗斯编年体中替代了术赤汗国。

据历史学家考证，当时萨莱城大约有十万居民，金帐汗国治下的居民是蒙古人和突厥人。跟随拔都西征的蒙古人只有四千余人，主力是较早归附的外族士兵，其中绝大多数都属于突厥人，而金帐汗国统治中心的钦察草原上的土著居民也属于突厥人。所以，这四千多名蒙古人对于数以百万计的突厥人而言，无异于耸立在汪洋大海中的几座孤岛，汗国逐渐突厥化而丧失了蒙古文化的特性也是一件很自然的事。

不过拔都率领的蒙古战士后裔始终是汗国社会的上层阶级，这些蒙古人包括山只斤、许兀慎、弘吉剌、乞颜。汗国人口主要是钦察人、保加尔鞑靼人、柯尔克孜人、花剌子模人，以及其他一些突厥系族群。尤其以钦察人与土库曼人为主。其中蒙古人口有十五万，其他种族人口则多达四十五万。由于蒙古人占少数，逐渐被周围的大量钦察、突厥等突厥部族所同化，"土地战胜了他们种族与天性的禀赋，他们都成了钦察人"。

到 14 世纪前叶，金帐汗国完成了突厥化过程，突厥语和突厥文成为汗国的通用语言和文字，这种语言带有明显的钦察语和乌古思语成分。到 15 世纪，金帐汗国诸汗的公文赦令也都用中亚土耳其语言或者当地钦察语拟就。

另外，拔都的宫殿前面终日燃烧着两座圣火，这是他所信仰的一种叫"萨满教"仪式，以为火具有神秘的威力，可以清除秽物，可以避去毒药等危险。大凡初次去朝见拔都的异邦人，一定要遵照萨满教的仪式，在传教士的引导下跨过两座圣火，宣誓一心服从拔都，再到殿前去拜见。如果穿行的人心怀不轨，就会受到火神的处罚。宫殿中间，拔都和王后并肩坐在中间的汗座上，其弟弟和王子及族中的贵族，都坐在椅子上，众臣则跪坐在地上，男左女右，秩序井然。

在宗教信仰方面，拔都坚持海纳百川的态度，汗国百姓都有自己的宗教信仰自由。汗国里除萨满教外，还有耶稣教、回教、喇嘛教等，受突厥人信仰的影响，蒙古民族信奉的原始萨满教逐渐被伊斯兰教所代替。宫殿周围，教堂林立，寺院散布，会堂井然。当时的萨莱是宗教集合的场所。

教派众多，可在尹宾·巴都塔的文字里得以印证：

> 全城（萨莱城）房屋鳞次栉比，没有一处空地，也没有一块花园。城中有十三座举行礼拜的清真寺。城中居住着不同民族的居民。蒙古人

是其中的统治者，其他还有信伊斯兰教的阿速人，信仰基督教的俄罗斯人和拜占庭人，还有钦察人。每个民族都有自己的居住区，还有自己的市场。从伊拉克、叙利亚等地方来的商人住在专门的商业区，商业区用围墙围起来。

在汗国中，拔都的十三个兄弟及其后裔各有属于自己的世袭封地，也拥有军队，形成了隶属于拔都及其后裔的半独立国。军队分东、中、西三路，左右两翼，中军由拔都直接指挥。兵制是以十进制为单位，最小的单位是十。每个大军团置统帅一人，每一个军事单位，屯兵在某地区。行政上可分为万户、千户、百户、十户。各单位的长官负责管理政务与镇压叛逆。不过，是否对外用兵，要服从拔都的统一调度。

汗国的统治者是通过库里台会议从拔都的后裔中选举出来，可汗以下有宗王，宗王以下有大臣以及一种名为答剌罕的人（意为自由的人，免税），他们的身份是行政和军事长官。不过他们的选举，要事先得到拔都的许可。行政文书使用回鹘文与察合台文，外交文书使用蒙古文，语言是钦察语。

蒙古人作为金帐汗国的主宰者，但在人数上并不占优势，为了维护蒙古人的特权，拔都采取分而治之的政策。斡罗斯诸公国为取得"全斡罗斯大公"的地位而争夺不断，最终则全部听命于拔都。这种做法促使了分裂的斡罗斯公国逐渐走向统一。时间证明，后来莫斯科公国的崛起从某种意义上来说正是蒙古人统治两个多世纪后结出的一颗硕果。

1251 年，刚登上汗位的蒙哥，因拔都拥戴有功，给予了他最大的自治权，促使金帐汗国成为蒙古帝国中领土面积最广阔的藩国，与拖雷家族东西遥相呼应的政治格局。另外，拔都"与所有宗王比起来，是除了他所必须服从的皇帝外，最强大的一个"。

把盟友蒙哥拥立为汗，拔都终于安心地回到金帐汗国，进行了一系列的改革。

首先，拔都对十三个兄弟进行了册封，根据功劳大小赐予大小不一的封地，数在蒙军西征时战功显赫的兄长斡儿答和五弟昔班的封地面积最大。斡儿答的封地在今西西伯利亚、哈萨克斯坦，形成了白帐汗国，起先是臣下，后来实际上处于自治地位。昔班的封地在乌拉尔山以东的鄂毕河与额尔齐斯河之间，建立蓝帐汗国。无论白帐汗国、蓝帐汗国还是其他兄弟的封国，都效忠于拔都的金帐汗国，而非听令于蒙古帝国。

其次，为了方便对斡罗斯诸城邦的统一管理，使斡罗斯王公们永远无法结盟，拔都制定了以夷制夷的政策，册封大公来统治全斡罗斯的制度。所有斡罗斯城邦的大公在即位前，必须在金帐汗国得到大汗的诰命，或者即位时有金帐大汗的特使在场，才得以奏效。为了维护统治，金帐汗国利用手中的诰命权，使用各种手段进行挑拨离间，甚至不惜动用军事手段，鼓动各个公国之间的不和，挑起纷争。在金帐汗国统治期间，很多公国的大公都是在竞争者的诋毁下被金帐汗处死了。

蒙军在征服斡罗斯诸城邦后，拔都并没有将它们划入金帐汗国的直属疆域，也没有派兵占领，而是派驻斡罗斯各地两种行政官员，一是达鲁花赤，一是巴思哈。达鲁花赤负责登记人口，征收什一税和贡赋；而巴思哈则是控制被征服居民的军事长官，要为金帐汗国服兵役和驿役，作战时还要向金帐汗国提供车马、器械及其他军需物资。另外，行政长官除了对斡罗斯诸城邦横征暴敛、搜刮贡税外，还密切监督大公们的行政、财政、军政。大公若想平安无事，唯一能做的就是协助这些贪婪的监督官们搜刮民膏民脂。

在这三条枷锁的禁锢下，斡罗斯诸城邦彻底失去了反抗能力，与金帐汗国保持紧密牢固的藩属关系。

另外，为了发展金帐汗国的商贸，拔都不惜投入大量的人力物力整修道路，维护驿站和商路的整洁，保障与蒙古帝国本土之间畅通，力图把侵占的所有地区昔日的贸易活动尽快恢复过来，并派重兵保护过往商队的安全。后来，历任金帐汗国诸汗，都秉承了拔都汗的治国政策。

第四十章
临朝摄政

　　1242 年，蒙古帝国的第二任大汗窝阔台驾崩后，蒙古帝国汗廷，尤其是窝阔台家族内部陷入严重的内斗之中。窝阔台有七个儿子，长子贵由、次子阔端、三子阔出、四子哈刺察儿、五子合失、六子合丹、七子灭里。前五个儿子均由窝阔台的正妻乃马真所生，是嫡子，按照蒙古传统最具有继承权的，应该是嫡长子贵由和嫡幼子合失。

　　阔端在兄弟七人中，平素不显山露水，显得老成厚道，又是二皇后昂灰的独子。当初成吉思汗曾预见窝阔台次子阔端为窝阔台的继承人，而窝阔台欲立脱列哥那哈敦（乃马真皇后）所生的三子阔出，"这个儿子很聪明，生来是个幸运儿，合罕有心让他作自己大位的继承者"，[①]但阔出年寿不永，于 1236 年死于征伐南宋的军中。于是，窝阔台爱屋及乌地选择了阔出年幼的长子失烈门为继承人。这对于幻想征服整个世界的黄金家族而言，无疑是一个失策的选择。

---

① ［波斯］拉施特. 史集（第二卷）［M］. 余大钧，周建奇，译. 北京：商务印书馆，2014：9.

305

如今马驹般的失烈门年纪尚小，不适合掌控一个庞大的国家，也没有得到乃马真皇后的有力支持。这说明窝阔台也和父汗成吉思汗一样，由大汗来指定继承人，不搞长子继承制和幼子继承制。但乃马真皇后欲立窝阔台的长子贵由为汗。当时，贵由还在西征的军中，没有返回哈拉和林。

这一决定，最终导致了窝阔台家族内部的纷争，最终失去了蒙古帝国的汗位。

乃马真皇后欲立长子贵由为汗，由于未得到窝阔台的遗嘱，故将相国耶律楚材找来商议。她对耶律楚材说："先帝在时，曾意让皇孙失烈门为嗣，然皇孙年幼，长子贵由，又西征未归，你看现在如何是好？"

耶律楚材回答说："先帝既有意向，就应立即让皇太孙即汗位。"

乃马真皇后听后甚为不悦，沉默不语，恰好这时，其心腹奥都刺合蛮进言道："皇孙年幼，长子未归，何不请母后称制？"

耶律楚材连忙说道："这事还需慎重考虑。"

乃马真皇后冷冷一笑，说："暂时称制，谅也无妨。"

耶律楚材欲再进言，见奥都刺合蛮对其怒目而视，也就知趣地闭口不语。而乃马真皇后称制，实际上是一个缓兵之计，耶律楚材因不满乃马真皇后之举，遂称病不朝。

按照蒙古习俗，在新推荐的大汗即位之前，蒙古帝国暂由原大汗的遗孀临朝称制，于是乃马真皇后开始长达五年的摄政生涯。乃马真皇后又称脱列哥那皇后，其前夫是蔑儿乞部长脱脱阿长子忽秃（一说为部长带儿兀孙妻）。成吉思汗击败蔑儿乞后，纳秃儿干为妃，把她赐给了窝阔台。

1242 年七月，乃马真皇后违背窝阔台生前遗命，废黜失烈门，擅自改由自己的长子贵由继承汗位。而窝阔台汗去世时，贵由还在西征军中，于是，乃马真皇后在专摄朝政期间，竭力清除支持失烈门的势力。

拉施特评价乃马真皇后时说："这个皇后不很漂亮，但生来好用权势。……她因为不听成吉思汗的遗嘱，也不听宗亲们的话，在成吉思汗的家族中播下了纠纷的种子。"

耶律楚材预感汗廷将要大乱，心神难宁。一天夜里，他在院子里踱步，仰望天空时，忽然大惊失色。回到屋里，以太乙数推算，朝野近日震荡不宁，整夜未眠。

成吉思汗的幼弟斡赤斤早就对这位侄媳妇临朝称制的做法很不以为然，对立贵由为汗也颇有微词。1234 年五月，西征前线的贵由尚在返回哈拉和林的途中，蒙古帝国的汗位虚悬，斡赤斤见时机已到，率领八万大军开赴哈拉和林，欲发动政变，企图夺取汗位。距此只有四天的路程，使诸王震骇不已。由于事发突然，乃马真皇后"遂令授甲选腹心，至欲西迁以避之"。

耶律楚材连忙建议："朝廷天下根本，根本一摇，天下大乱。臣观天象，必无患也。"于是，乃马真皇后才冷静地制定了应对之策。首先，在军事上调整了防守：派人去迎接贵由、蒙哥，催促二人得报后星夜赶回；还命忽必烈率领大斡耳朵之军积极备战。其次，派灭里、斡赤斤之子斡鲁台将率领怯薛军前往斡赤斤的军中诘问："我们是你的媳辈，仰仗于你，你率兵甲到来何为？百姓和军队都惶惶不安。"（拉施特《史集》）

斡赤斤知道谋反之计已被识破，自知难以获得支持。与灭里、儿子斡鲁台相逢后，斡赤斤一口咬定自己是前来奔丧的，就地设祭，遥拜窝阔台，然后便知趣地引兵退回驻地。但是，斡赤斤这一贸然举动却为他引来了杀身之祸。

摄政蒙古帝国后，乃马真皇后并没有潜心治理国家，而是痴迷于萨满们的各种祭祀活动中，并极力排斥耶律楚材、镇海等汗廷旧臣。

早在窝阔台执政时，乃马真皇后已对汗廷中几位大臣恨之入骨。结怨的原因可能是她企图干预朝政，遭到过这些大臣的极力反对。当时驻波斯诸省长官阔儿吉思，还有牙老瓦赤，因有丞相镇海撑腰，根本不买乃马真皇后的账。现在乃马真皇后掌握着蒙古帝国的最高权力，准备拿这些人开刀，以消旧恨。

于是，乃马真皇后首先派使者到契丹捉拿大臣牙老瓦赤，并企图谋害屡次顶撞自己的前丞相镇海。镇海发现事态不妙，吓得连夜逃到乃马真皇后儿子阔端的封地唐兀。当使者抵达契丹后，牙老瓦赤殷勤相待，拖延了两三天，然后把使者灌醉，他投奔阔端处。乃马真皇后闻讯大怒，派使者去向阔端索要这两人。

阔端答复说："逃鹯之雀，丛草犹能生之，这些人到我这儿来，已在我的庇护之下，要他们回去是不可能；突厥人或大食人都不能作为借口，忽里台即将召开，有罪到时再说，让他们在大会上受到应有的惩处。"

牙老瓦赤的儿子麻速忽是畏兀儿等地的长官，怕受到牵连，也逃往拔都的宫廷寻求庇护。后来，阔儿吉思在赴哈拉和林的途中，因和察合台系的一个宗王出言不逊，被逮至哈拉和林，乃马真皇后趁机将其杀死，派阿儿浑接替了他的位置。

在打击和残害旧臣的同时，乃马真皇后竭力起用她的亲信，任命了一批不学无术的人担任朝廷内部的命官。她最宠信的侍女名叫法提玛。法提玛是波斯徒思人，生于圣城麦什特，蒙军攻破波斯的徒思城时，被俘到哈拉和林，经常接近乃马真皇后，深得宠信，对其言听计从。一朝的局势变化，她在乃马真皇后的纵容下，权倾一时，控制着朝政，凌驾于诸臣之上。乃马真皇后还重用奸商奥都剌合蛮，派他去中原接替牙老瓦赤的职务。

在窝阔台统治后期和乃马真皇后摄政期间，奥都剌合蛮是个红极一时的人物。他由商而官，权势倾朝。《元史》载："皇后乃马真氏称制，崇信奸回，庶政多紊，奥都剌合蛮以货得权柄，廷中畏附之。"1244 年三月，乃马真皇后摄政的第三年，经法提玛建议，索性将蒙古帝国的玉玺交给奥都剌合蛮，并且将盖有御宝的空白诏书专用纸，交给奥都剌合蛮，任由他自行填写，颁发诏令，为所欲为。

当耶律楚材得知蒙古帝国的玉玺落入奥都剌合蛮的手中后，他急忙前去求见乃马真皇后。孰料乃马真皇后却拒而不见。把耶律楚材气得在万安宫中殿门口大放悲声。乃马真皇后听到哭声，才宣他进宫。

耶律楚材见到乃马真皇后，跪倒在地，坚决抵制道："天下者，先帝之天下。朝廷自有宪章，今欲紊之，臣不敢奉诏。"见耶律楚材所言如此决绝，乃马真皇后这才收回了成命。

不久，乃马真皇后又下旨："凡奥都剌合蛮所建白，令史不为书者，断其手。"

耶律楚材说："国之典故，先帝悉委老臣，令史何与焉。事若合理，自当奉行，如不可行，死且不避，况截手乎！"

乃马真皇后听后心情不爽，耶律楚材仍然辩论不已，大声说道："老臣事太祖、太宗三十余年，无负于国，皇后亦岂能无罪杀臣也。"

除了耿直忠厚的耶律楚材外，再也没人敢招惹他们。一旦发现有"不便于民"的事，还是挺身而出仗义执言，无奈孤掌难鸣，所谏被采纳的很少，反而招致乃马真皇后的怨恨，但终因他是先朝勋臣，才不敢进一步加以迫害，便采取了敬而远之的办法，实际上是排挤他，不让他掌权。

在成吉思汗、窝阔台汗两朝任事近三十年，多有襄助之功的耶律楚材渐失信任，眼见奸邪当道，政事日非，心中抑郁不展，忧愤而死，卒年五十五岁。"砥柱中流断，藏舟半夜移"，消息一经传出，倾国悲哀，许多蒙古人都哭了，像痛失至亲一般。汉族的士大夫更是流着眼泪凭吊这位功勋卓著的契丹族政治家、他们的良师益友。蒙古帝国内数日内不闻乐声。正如其同时代人暮之谦在《中书耶律公挽词》中所言：

忽报台星折，仍结薤露新。

斯民感天极，洒泪叫苍旻。

燕京报恩寺的万松老人闻讯，老泪纵横，挥就一副挽联：

从源三载习佛理顺天由命高风亮节浩然正气充寰宇

湛然一生用儒学拓荒拯民极诤巧谏中流砥柱屹万年

燕京都元帅石抹咸得卜却上奏折给乃马真皇后，称："耶律楚材在相位十余年，天下贡赋，半入其家，应该抄没归公。"

于是，乃马真皇后派遣奥都剌合蛮、蒙哥等人抄收耶律楚材的宅第，只发现有阮、琴十余张，古今书籍、字画、金石、遗文数千卷，银子数百两。

乃马真皇后摄政五年间，结党营私，排除异己，任命了一批迷恋巫术的人担任汗廷命官，朝政日益混乱，使成吉思汗的札撒遭到废弃，造成法度不一，硬把一个好端端的朝气蓬勃的国家践踏得乌烟瘴气，乱七八糟。此外，还滥行赏赐宗室和大臣，以取得他们的拥护和支持，为贵由继承汗位创造人为条件。

贵由从西征前线返回哈拉和林后，大权在握的乃马真皇后一心想把权杖移交到长子贵由手里，她便通知诸宗王召开忽里台，准备推荐贵由为蒙古帝国的新汗。

按照蒙古习俗，汗位的继承者还要通过忽里台会议让大家推荐。拔都乃术赤次子、钦察汗国的创建者，很有势力。除了东道诸王，斡赤斤叔叔硕果仅存外，在成吉思汗第三代继承者中，数蒙古帝国第二次西征军统帅拔都年龄最长，但素与贵由不睦。

第二次西征的辉煌战绩，使拔都在蒙古帝国诸位宗王中的威望和地位均达到了巅峰，对蒙古帝国新汗的推举也具有决定性的话语权。加之拔都在各大宗王中势力最大，国土面积最大，又属于成吉思汗的长孙，在所有宗王中分量最重，他权高一切。倘若他不与会，会直接导致忽里台无法召开。

但是，在萨莱城建立了金帐汗国的拔都，却以患脚疾为由，拒绝参加这次会议。人们都知道，真实原因是"由于某种原因生他们的气"。

前文已经交代过，在蒙军第二次西征期间的一次宴会上，贵由同拔都发生过剧烈的争执，遂结下恩怨。按照蒙古人的风俗，地位最高的人在庆祝会上有喝第一杯酒的特权。拔都以为自己年长一些，加上战功显赫，没有多想，遂理直气壮地举起酒杯先喝了第一杯酒。虽然拔都无疑有权这么做，但他并没有做出一丁点儿把这个殊荣推让给他侄子和堂兄弟的表示，贵由和察合台的孙子不里被他这种优越感造成的傲慢所冒犯，盛怒之下，扔下几句侮辱性的语言后便骑马扬长而去。

随后，拔都向窝阔台汗抱怨，向他述说了在宴会上被堂弟冒犯之事。窝阔台支持拔都并且责备贵由道："他只不过是一个臭蛋，竟敢与兄长作对！"命贵由亲自向拔都公开道歉。尽管至此，拔都对蒙羞遭辱之事并没有释怀。

另外，拔都当年曾在窝阔台面前立下誓言，不再与贵由计较这事。现在窝阔台已经去世，他当然用不着再顾及窝阔台的面子，更不情愿推荐自己不喜欢的贵由为汗。几年来，拔都没有参加过忽里台会议，也不派人参加，更没有想过在会议上为术赤一族争取过什么利益。拔都这种消极抵制的行为，造成了蒙古帝国的汗位空悬了五年。因此，一直拖到1246年。

术赤系与窝阔台系的裂痕，遂将永远铭刻在黄金家族的史册上，并由此使蒙古帝国的天平向与拔都关系笃深的拖雷家族倾斜。

由于与贵由关系的极度恶化，拔都极力反对贵由出任蒙古帝国的第三任大汗，以患病为辞，拒不赴会，派遣弟弟别儿哥代其参加，致使忽里台不能如期举行。

因拔都的缺席，富有远见的唆鲁禾帖尼已预感到黄金家族中有一场风暴即将来临。

1246年，乃马真皇后在拔都没有与会的前提下，强行召集各宗王和将领赴都城和林（今蒙古人民共和国哈尔和林）举行忽里台会议。无奈之下，拔都这才派其弟别儿哥代他出席忽里台。只见草原上锦旗飘飘，铁骑往来，不时传来马儿咴咴的嘶鸣，人们仿佛置身于成吉思汗时代的幻境中。

推举新汗的忽里台会议在一个大帐幕中进行。据意大利人柏朗嘉宾说，它足以容纳二千人。帐幕周围树立木栅，木栅周围竖立着一圈迎风招展的战旗，旗上绣着飞鸟走兽的图案。持戟操盾的怯薛军在距帐篷一里开外列成阵势，显得威严肃穆。偶尔有送信的使者，骑在骏马上呼啸而过。

有四千余名异族王侯和各类使者从四面八方汇集于此，打破了蒙古草原上往日的沉寂，他们在远毡圈上依次就座。等与会者来得差不多了，脱列哥那、贵由、唆鲁禾帖尼等才入席坐到中间显要位置上。

会议的盛况是空前的，也是绝后的，因为从此以后黄金家族走向公开分裂，忽里台便失去了原有的光彩。

会议上，蒙古诸王之间争夺汗位的斗争空前激烈，众说纷纭、各持己见。有人认为失烈门曾是窝阔台指定的继承者，应该由他来继承汗位；也有人持反对意见，因晚年的成吉思汗已有意选择窝阔台的次子阔端为继承人，主张选举阔端为汗。由于乃马真皇后操纵大会，最后蒙古诸位宗王以失烈门年幼、阔端羸弱多病为由予以否定，临朝称制的乃马真皇后则力主长子贵由继承汗位。

这次忽里台会议的程序依旧，早已被乃马真皇后笼络收买的与会诸王、那颜一致推举贵由为汗。按照惯例，贵由假意以体弱多病为由再三推让，而诸王、大臣则再三劝进。贵由这才表示同意继承汗位，并提出一个附加条件：如推其为汗，以后汗位必须让其子孙世代相传。这个条件过于苛刻，与会众人未必都能接受，但事已至此，如何另议。于是，与会者立下誓言："只要你的家族中还留下一个哪怕是裹在油脂和草中的人，我们都不会把汗位再给别人。"

贵由听了，心情愉悦，乃即位为汗，时年四十一岁。总体来看，贵由是一个平庸的大汗，其统治既短暂又毫无建树。从此以后，蒙古帝国内部矛盾开始加剧，成吉思汗的札撒和窝阔台的遗命都被统统抛弃，也是导致蒙古帝国走向分裂的重要原因。

拖雷家族中的代表唆鲁禾帖尼和诸子也参加了这次大会，看到前任大汗指定的继承人不算数这一事实，大大刺激了他们争夺下一轮汗位的雄心。

按照蒙古旧俗，汗位应传于幼子，所以拖雷应该是汗位法定继承者。但成吉思汗生前留下遗嘱，要求传位于窝阔台。结果，汗位传到窝阔台一系手中，而与拖雷系失之交臂。唆鲁禾帖尼对拖雷作为成吉思汗的幼子却不能继承汗位之事耿耿于怀，现在又眼睁睁地看着贵由把汗权的接力棒紧紧握在手中，她宽阔的心海里掀起漫天巨澜。

会后，唆鲁禾帖尼决定帮助长子蒙哥夺取汗权。为达到这一目的，她利用拔都和贵由之间的矛盾，进一步拉拢拔都，以壮大拖雷家族的势力。

第四十一章
贵由即位

贵由即位后，乃马真皇后仍在干涉蒙古汗廷政事。为争夺权力，母子间开始失和。数月后乃马真皇后病死于万安宫后，贵由才得以亲政。蒙古帝国经过乃马真皇后五年摄政，滥行赏赐，法制废弛，局势动荡不安。寡言少语的贵由一登上汗位，就开始着手整饬朝政。

贵由早已听说过奥都剌合蛮、法提玛乱政之事。摄政后，不顾母亲乃马真皇后的极力祖护，将二人处死。乃马真皇后生前所崇信的理财大臣奥都剌合蛮被斩首、碎尸；审讯法提玛后，将其陈尸水中。接着又派蒙哥和斡儿答详细审讯了他们的叔祖、成吉思汗的幼弟斡赤斤，要他为自己在乃马真皇后摄政期间犯上作乱而付出惨重代价。黄金家族内部虽然矛盾重重，但在防御旁裔夺权的事体上态度较为一致，结果斡赤斤及其亲信数人以谋反罪处死。

处理完斡赤斤后，贵由又把矛头迅速指向察合台汗国的第二任和第四任大汗哈剌旭烈，之所以当过两次汗，是因为他被废黜后又复位。

哈剌旭烈是察合台长子莫图根的儿子，察合台与窝阔台一样，非常喜欢长子莫图根。由于在成吉思汗西征花剌子模时，精明强干的莫图根立功心切，战死在范延城下。痛失爱子的察合台怀着愧疚的补偿之心，便立哈剌旭烈为继承人，也得到窝阔台的认可。

哈剌旭烈作为察合台的孙子，此时，察合台的其他儿子尚存活在世，面对这个稚气未退的侄子都不大服气。这样，察合台家族进入多事之秋，年轻的哈剌旭烈在连汗位都坐不稳定的情况下，根本腾不出多余的精力去参加1246 年召开的忽里台会议支持贵由为汗了。哈剌旭烈身为察合台汗国的大汗，无故缺席，此事让贵由怀恨在心。

察合台的封地东起畏兀儿地，西至撒马耳干，驻地则在伊犁河的阿力麻里。他是个执法极严的统治者，在世时一直保持着平静的心态。但是，察合台临终时曾留下遗言将封地由其长孙哈剌旭烈继承，亦得到窝阔台的认可。也速蒙哥与贵由关系亲善，以"有子怎能由孙继承"为由，也为了培植拥护自己的力量，加强对察合台汗国的控制。贵由上台后便废黜了哈剌旭烈身为察合台汗国大汗的位置，册立也速蒙哥为大汗，不里也顺理成章地成为察合台汗国的大断事官。这引起了哈剌旭烈的强烈不满。

时间一直延续到1251 年，当拖雷的长子蒙哥成为蒙古帝国的第四任大汗，开始对窝阔台、察合台家族进行全面清洗后，又反过来支持哈剌旭烈返回察合台汗国夺取汗位，使汗位完璧归赵。尤其不幸的是，哈剌旭烈在拿到蒙哥的诏令回国即位的途中，死于非命。其妻兀鲁忽乃到达察合台汗国的首都虎牙思，杀死也速蒙哥。此后，名义上是木儿剌沙为可汗，实际上是兀鲁忽乃监国摄政。她监国的时间长达九年，期间稳定无事，对于蒙古汗廷委派的任务积极完成。1253 年，蒙哥派旭烈兀西征西亚时，兀鲁忽乃派出察合台汗国的军力参战，并在自己的国都热情招待了旭烈兀。

然后，具有领袖才能的贵由起用了其母亲乃马真皇后摄政期间所罢免的官员：牙鲁瓦赤、镇海及麻速忽（耶律楚材已于两年前去世），官复原职。

不仅如此，贵由还对汗位虚悬期间，宗王们的不法行为进行严查，由于拖雷家族没有任何违反扎撒行为，受到贵由的赞颂。针对其他诸王贵族们严重违法乱纪的行为，他重申了太宗窝阔台在位时颁布的一切法令，并且对贵族王公们违法乱纪的行为严惩不贷。这些举措既有利于重振汗廷朝纲，巩固汗位，也有利于维护社会的长治久安。

综观贵由即位后的种种施政，可以看出他还是想在政治改革中大显身手的。贵由给基督教士柏朗嘉宾留下良好的印象："这位皇帝大约有四十至四十五岁，或者更年长一些；中等身材，聪明过人，遇事善于深思熟虑，习惯上举止严肃矜重。任何人没有见过他放肆地狂笑或凭一时心血来潮而轻举妄动，正如一直和他生活在一起的基督教徒们向我们叙述的那样。他宫中的一些基督教徒对我们说他们确信他将会皈依为一位基督教徒。"

好景不长，贵由上台不久，也像其父汗窝阔台晚年那样，整日沉溺于酒色之中，致使他本来极度虚弱的身体无力支撑。于是，他把汗廷政事全部委托于亲信大臣镇海、合答等人执行，而自己则纵情酒色，神游太虚之境。

为了笼络蒙古权贵，贵由还多次下令打开府库，把金银财宝赏赐给诸王、贵戚和大臣，以炫耀他的感念之情。这点上与其父窝阔台同出一辙。甚至有一次，他赏赐出去的银子高达七万锭，以此大肆挥霍，企图宣扬自己的名声超过其父窝阔台。实际上，他为蒙古帝国所做的贡献远不及其父窝阔台和祖父成吉思汗。多次大肆无度的赏赐，给蒙古帝国的财政造成了沉重负担，而后世大汗纷纷仿效，致使国库日耗，其统治也越来越难以为继。

对自己通过忽里台会议被推荐新汗之事，拔都所持的抵制态度，使贵由对其更加增添怨恨和疑惧之情。贵由对反对自己即位、拒不参加忽里台会议的拔都十分怨恨，但他知道拔都军事实力，不敢贸然挥师讨伐。

正是由于拔都从中作梗，才使五年前就可以登上属于自己的汗位，一直推迟到现在才踩在他的脚下。贵由对这个仇恨整整惦记了五年，一直耐心等待进行伺机报复的机会。

1247 年，即位的第二年冬，贵由突然"病倒了""当新春到来时，自作聪明的他说：'天气转暖了，叶密立的空气合乎我的天性，那里的水也对我的病有利。’”于是，乃遣亲信四处散布大汗要率大军"西巡"的消息，到其原来的潜邸叶密立去修养，并派大将野里知吉率兵十万以及带去统领原花剌子模地区的军队。那一带本来属于金帐汗国的辖地，贵由却强词夺理地说拔都的萨莱城离那里太远，鞭长莫及，附属的部落时常滋事生非，所以汗廷另派驻军，其用意可见。隔了仅三天，贵由也率军西去。在途中与野里知吉的军队会合后，继续西进。

这一切并没有瞒过拖雷的遗孀唆鲁禾帖尼的眼睛，在与诸子研判形势后，断定贵由是以西巡的名义征伐拔都。他们决定在这场斗争中支持拔都，以博取他以后的庇护和支持。唆鲁禾帖尼忙遣阿都合飞马西行报知拔都，提醒他早做好准备，贵由已率领大军向金帐汗国推进。

1248 年二月，贵由统率大军进至伊犁河和伊赛克湖之间的阿拉套山中，这里距萨莱城不到七天的路程。

接到确切情报的拔都，忙派出弟弟别儿哥和昔班率领一万人马前去接应贵由大军，以探知虚实。

贵由从东向西推进，昔班由西向东开拔，不久两军在横相乙儿（今新疆青河东南）不期而遇。这种突如其来的相遇，让贵由胆战心惊。心里蓦然掠过一丝不祥之兆，莫非自己偷袭的行动被拔都发觉了？

当晚，为了表示亲近，贵由在帐篷里宴请昔班。酒至酣处，昔班怒目而视贵由，说："请大汗赐教，现在大汗前来疗养贵体，为何一不通知拔都，二还如此兴师动众，恐怕另有隐情吧？"

"大汗说不定几天就回去了，在没有接到诏命之前，不必做什么迎驾准备。"

"有备无患嘛。"

"此话怎讲？"

"毋庸赘言，大汗来此的目的已昭然若揭。不过，我金帐汗国兵多将广，时刻准备着迎击来犯之敌，想在这里占半点便宜都是妄想。"

"昔班，你要造反吗？"

见昔班有备而来，贵由抽出马刀，向昔班劈去。昔班急忙跳出圈外，挥刀迎战。因为事发突然，待大家缓过劲儿来时，两个人都倒在血泊里，同时停止了呼吸。这又成为一桩历史疑案。

1248 年三月，贵由突然仓促离世，时年四十三岁，在位不满两年。

史书上众说纷纭，莫衷一是：《草原帝国》说，贵由是"由于过早地沉溺于酒色而去世"；拉施特的《史集》也载有"贵由生来体质虚弱，他大部分时间患有某种疾病，并且纵情酒色成习致使他的病加重"。

但英国的道森在其《出使蒙古记·鲁不鲁乞东游记》中却持有不同的看法："关于贵由之死，我未能获悉任何明确的说法。安德鲁修士说，他是由于服用了给予他的某些药而死去的，一般怀疑这是拔都干的。但是，我听到的却是另一个故事。贵由曾经召拔都前来朝见，以对他表示臣服，拔都当即举行了盛大的仪式，启程出发。然而，拔都和他的部下非常害怕，因此派他一个名叫思梯坎（昔班）的兄弟先行。当思梯坎到达贵由那里，并且正要向他献盏时，发生了争吵，他们两人互相把对方杀死了。"由此可见，贵由死于拔都之手。

以上两种说法，一说是为拔都奸细毒死；一说与拔都之弟昔班（即思梯坎）在酒醉后争斗，相互把对方打死。

贵由死后，按照其长妻海迷失的旨意，灵柩被运送到其斡耳朵所在地叶密立（今新疆额敏县），后来葬在起辇谷。见有机可乘，唆鲁禾帖尼施展政治家的外交手腕，派出急使向痛不欲生的海迷失及其子忽察、脑忽等表示慰问和吊唁，并送去了衣物、食品和金银。拔都也停止前进，派使者沉痛吊唁贵由的仓促离世，并向海迷失的寡妻海迷失表示了慰问和友好。

两个人的举动显然是别有用心。唆鲁禾帖尼是为了先稳住海迷失，然后再私下里进行各种活动。而拔都代表的术赤系素来与窝阔台家族矛盾纵深，并且拔都与贵由更是彼此视对方为仇敌。拔都显然有更深层的打算。他也许在考虑如何帮助拖雷家族夺得汗权，姑且先让海迷失摄政以便于自己放手准备，放长线钓大鱼。

在蒙古帝国汗权之争中，刚即位两年仅在快意恩仇的报复中略施汗权的贵由尚未来得及展示身手建功立业便突然离世，像一朵在凌晨神秘绽放的昙花，迅速绚烂之后便归于沉寂，给这个世界留下诸多的遗憾和伪命题的假设。

第四十二章
鹿死谁手

从 1241 年底窝阔台去世，蒙古帝国的政局动荡了将近十年。先是窝阔台的皇后乃马真摄政四年多，到 1246 年夏由窝阔台与乃马真皇后所生的长子贵由继承汗位。贵由在位不到两年，死于西巡途中。自 1248 年夏，贵由寡妻斡兀立海迷失皇后摄政称制，暂时把持蒙古汗廷朝政。以察合台、窝阔台系宗王为一方，以术赤和拖雷系宗王为另一方，围绕着汗位继承问题明争暗斗，究竟鹿死谁手，最终由时间来定夺。

以后，在漫长的历史长河中，黄金家族的诸王各自为政，大臣各自依附于一党，把汗廷搅拌成一锅沸水，喧嚣不止。

贵由即位不到两年便英年早逝，使窝阔台家族再次陷入争夺汗位的旋涡之中。窝阔台生前所指定的继承人失烈门以及贵由的儿子忽察、脑忽都理所应当地认为自己应该继承汗位。贵由汗死后，按照惯例，其遗孀斡兀立海迷失皇后也效法自己的婆婆乃马真皇后在丈夫窝阔台死后摄政，彻底走向前台暂摄政监国。然而，摄政的斡兀立海迷失皇后并没有认真治理国家，而是大部分时间与萨满们搅和在一起，沉溺于他们的胡言乱语中。

虽然斡兀立海迷失皇后继承了婆婆乃马真皇后的权力欲，但在权力的掌握和魄力上远逊于婆婆一筹，而迷恋于萨满的巫术之中和追求预先提取税收以供挥霍，是斡兀立海迷失皇后消磨时光的双刃剑。单靠身边几个萨满巫师独霸汗廷大权，又开始了新一轮的皇后临朝称制。斡兀立海迷失皇后虽然想拥立失烈门为新汗，她既没有能力安抚家族众人，也没有手腕拉拢汗廷各大势力，蒙古帝国的未来处于一片阴霾之中。

由于贵由的两个年轻无知的儿子忽察和脑忽，另外建立各自的府邸与母后分庭抗礼，以致在蒙古帝国形成一国三主、各自为政的荒唐局面，使斡兀立海迷失皇后面对拖雷家族最具实力的汗位竞争者，无法组织起共同联盟奋起还击。加上蒙古汗廷内部的纷争，宗王们又擅自签发文书，颁降令旨，斡兀立海迷失母子与宗王们之间的政令不一致，造成意见和命令的分歧，使蒙古汗国陷入长期混乱中。是年，蒙古国内大旱，水泉尽涸，野草自焚，牛马十死八九，民不聊生。诸王及各部，都说失烈门无福，不宜为汗，致使人人失望，各怀异心。

一些贤明的朝臣实在看不下去了，才斗胆向斡兀立海迷失皇后进言，希望她以社稷黎民为重，扬贤抑奸，对这些逆耳忠言，斡兀立海迷失皇后置若罔闻，一意孤行，渐渐使蒙古帝国偏离了正常轨道。

窝阔台家族的分崩离析、成员各行其道的局面，给拖雷家族充分施展外交的机会。此时，拖雷家族的唆鲁禾帖尼在"恩赐她的族人和亲属，犒赏军队和百姓，获得了各方面的拥戴，因此使所有人听从她的旨意，并在每人的心灵种下了感情和恩义"[1]，将蒙古帝国各大政治势力统统拉拢在自己身边，决定问鼎最高权力，准备为拖雷的长子蒙哥争夺汗位而孤注一掷。

拖雷系与拔都系驿使往来，交往甚密。为报答紧要关头唆鲁禾帖尼送去密信提防贵由偷袭的恩情，也为了联手对抗窝阔台家族，蒙古帝国宗王中最有资格和争夺汗权能力的拔都在黄金家族的骚动期，推波助澜，以长支宗王

---

① ［波斯］志费尼.世界征服者史［M］.何高济，译.呼和浩特：内蒙古人民出版社，1980：657.

的身份向诸王发出诏令，欲在钦察汗国东境的阿脱忽剌兀召开忽里台会议，商议选举新汗。拔都身为诸宗王之长，在新任大汗的选举中具有一言九鼎的地位。

窝阔台系和察合台系的也速蒙哥、哈剌旭烈的二哥不里等诸王群起反对在阿脱忽剌兀召开忽里台会议，理由是忽里台大会历来都是在成吉思汗圣祖的发祥地斡难河和克鲁伦河源头召开，他们没有必要远赴钦察草原。因慑于拔都的势力和威望，只派大臣阿勒赤带和帖木儿作为代表赴会，观察会议动向并记录会议结果。

与窝阔台系和察合台系个别诸王的态度相反，唆鲁禾帖尼接到拔都的邀请后，对蒙哥说："既然宗王们都不听从你兄长拔都的话，你就带着兄弟们去探望一下这个病人吧！"蒙哥、忽必烈率诸弟及家臣应召前往，这无疑是对拔都最大的宽慰。

不过，在新汗推选出之前，斡兀立海迷失皇后暂时监国，因慑于拔都的威望和实力，才怏然派出代表阿勒赤带赴会。只有忽察和脑忽在动身去拜见拔都的半路上折回，他们对选新汗一事感觉志在必得，天真地以为，无论如何拔都会在他们俩当中选择一个嗣位，因为贵由的嫡子中，他俩最有资格继承父位。

此时，窝阔台家族的分崩离析，家族成员有支持失烈门的，有支持忽察和脑忽的，也有支持蒙哥的。术赤家族在拔都的号令下鼎力支持蒙哥，另外，成吉思汗的四个弟弟也全力支持蒙哥。至于察合台家族究竟支持谁将起到决定性的作用，如果支持窝阔台家族，则双方势均力敌；如果支持拖雷家族，拖雷家族便胜券在握。然而，察合台家族也各自为政，察合台汗国之汗也速蒙哥，哈剌旭烈的二哥不里支持失烈门，而以哈剌旭烈为首的其他宗王则支持蒙哥。这样看来，蒙哥获得压倒性优势，其即位应该有十足把握。

1249 年四月，拔都将推举新汗的会址选在金帐汗国东境的阿脱忽剌兀。宴饮数日后，拔都和大家协商后便达成选举新汗的条件：此人必须历经磨难，并在战争中屡建奇功，唯有如此，才能担负起蒙古帝国崛起的重任。

在祭拜完成吉思汗后，忽里台大会正式举行，与会人员有成吉思汗后世子孙，各附属部落的诸侯，罗马教皇的代表，人数共有两千多人，是一个规模盛大的会议。会上，在术赤和拖雷两系诸王到会的情况下，拔都亲自提议推选蒙哥为新汗，但遭到窝阔台系的反对。双方各执一词，始终不能达成统一的意见。

双方力争的目标就是那个悬空已久的汗位，得道者可以呼风唤雨，失去者将从此一蹶不振，成为另一方的附庸。

会上，抢先发言的是作为斡兀立海迷失皇后特使的阿勒赤带，他机敏善辩，企图推翻刚达成的选汗标准，妄图让会议按照斡兀立海迷失的旨意进行，他说："昔太宗命以皇孙失烈门为嗣，诸王百官皆与闻之。今失烈门故在，而议欲他属，将置之何地耶？"因窝阔台与贵由即汗位时，都曾让出席忽里台会议的宗王贵族立下日后汗位必须在窝阔台后裔内传承的誓言，看来阿勒赤带的话分量很重。

"失烈门？就是窝阔台汗三子那个不懂事的孩子吗？倘若他也能当大汗？呵呵，阿勒赤带你完全可以胜任蒙古帝国的大断事官了。"

阿勒赤带听到冷嘲热讽后，大怒道："我当大断事官又如何？如今失烈门已经长大，正在斡兀立海迷失皇后的指导下处理政事。各位把窝阔台汗的遗命置之不理，却要将汗位另立他人，据理何在？"

阿勒赤带果然聪明灵敏，在赴钦察草原开会之前，曾与斡兀立海迷失皇后反复探讨过如何应对会上可能出现的各种难题。由于诸宗王被脑忽和忽察平时的所作所为搞得沸反盈天，他们被推举为新汗的可能性几乎为零，甚至连阿勒赤带和斡兀立海迷失皇后也直接把他们给否决了。为了确保汗位不落入术赤系和拖雷系手中，除了要和察合台系诸王搞好关系外，只有推举失烈门作为窝阔台系的人选，才能在日后为自己谋取更多的利益。

停了片刻，头戴饰有红珠的檐笠帽，脑后垂着几圈小辫，面孔黝黑，眼睛小而聚神的忽必烈站了出来，拱手作揖，当场反驳道："太宗有命，谁敢违之。然前议立定宗，由皇后脱列忽乃与汝辈为之，是则违太宗之命者，汝等也，今尚谁咎耶？"

被忽必烈一语击中软肋，阿勒赤带心急如焚地说："当时失烈门年纪尚小，国家不能一日无主，所以才让贵由嗣汗位的。如今，失烈门已长大成人，具有了继承汗位的资格。"

这时，蒙哥的另一个弟弟末哥站起来，冷冷一笑说："这么说，违背先帝遗命的是乃马真皇后和你们了。今天，又用早已被你们抛在一边的遗命要我等遵循，岂不是自己打自己嘴巴吗？"

听到这里，大家掌声雷动，都纷纷赞成末哥言之有理，倒弄得阿勒赤带面红耳赤，一时语塞。

随后，西征名将速不台之子兀良合台首先提名："拔都身为诸王之首，又是成吉思汗的长房嫡孙，加上治政有方，又是一位能征善战的英雄，完全符合选汗的条件。我看，选拔都继承汗位最为合适，不知大家意下如何？"

这时，来自金帐汗国的忙哥撒儿站起来，面向大家一躬身，说："蒙古帝国要想繁荣昌盛，必须选择一位英明的共主。失烈门虽然又长了几岁，但仍然是个不谙世事的孩子，才不足以治国、德不足以服众。依我看，在我们这些人中，拔都身为诸宗王之长，能征善战，战功卓著，大汗之位应由拔都来继承最合适。"

"对，说得对！我们完全同意选举拔都为蒙古帝国的第四任新汗。"除了阿勒赤带等少数人不甘心外，在场的宗王贵族纷纷表示赞同。

拔都无论从威望还是拥有领地和军事实力上，都无人可以望其项背，忙哥撒儿推举他为新汗，纯属众望所归。不过拔都已经在金帐汗国的土地上营造出相当好的气象，也自由自在；另外，还有个更深层的原因，就是其父术赤血统的不确定性，他即使继承了蒙古帝国的汗位也会引起无端的猜忌，唾沫星子能淹死人啊。于是，拔都竭力推辞，不肯做蒙古帝国新汗。

忽必烈乘机说："既然拔都不愿做新汗，您推举一个合适的，我们都听您的。"

见推辞不过，拔都站起身来，颇威严地环视一下大家，然后用洪亮而富有穿透力的声音，开宗明义地说："感谢诸位对我拔都的信任，难道我召集众人举行忽里台会议，是为了让自己当大汗吗？"他连连摇头，语调缓慢而庄严地说，"感谢大家对我的拥戴，但是我并不适合出任蒙古帝国新汗。既然诸位相信我拔都，那我就举荐一人，此人不仅具有运筹帷幄的军事才能，更具备纵横捭阖的政治家素质，而且还是一位屡建奇功的军事统帅。他各方面的才能都胜我一筹。"

这个意外的提议，使大家蓦然一愣。有几位亲王附耳低语了一会儿，说："既然拔都不愿为汗，那就推戴一人，早决大计。"

后面的人也随声附和道："对，拔都，你先审择一人吧。不管你提谁，我们都坚决拥护。"

"谢谢大家对我的信任，那我就拥护一人。"拔都环顾一下会场，继续说："像蒙古帝国地域如此辽阔的国家，一定要推荐一个像圣祖成吉思汗那样的经天纬地之才来胜任大汗才行。所以，我没说谁，大家也能猜得出来那个人是谁，他就是蒙哥。"

拔都话音刚落，众人掌声雷动，一致表示同意。这时，见被拔都点卯，蒙哥站起来推辞道："如果拔都王兄不肯继承汗位，又有谁能有资格坐上这个位置呢？我的资历和战功都无法同拔都王兄相比，虽然拔都王兄推举我，我有何德何能担此重任？"

见蒙哥执意推辞，口温不花首先站起来，质问蒙哥："大家不是在大会上事先说好要听从拔都的意见，不容许对此更改或变动，你为什么不服从呢？"

"我看这事一定要慎重。"阿勒赤带力排众议，"要立蒙哥为汗，那么把失烈门置于何地？又如何对得起窝阔台的在天之灵？"

"你口口声声窝阔台，"因看不惯阿勒赤带的一副嘴脸，忙哥撒儿站起来，说，"我记得窝阔台汗生前也十分珍爱皇侄蒙哥。他曾爱抚着他的头说：'这孩子将来可以做大汗。'如此说来，立蒙哥不也是窝阔台的遗命吗？"

这时，兀良合台改变了立场，道："拔都的提议很对，蒙哥智勇双全，可以为汗。"

见大局已定，被新汗的绣球砸中，蒙哥变得促使不安起来。

忽然，一个叫八剌的人用苍老的声音提醒大家，说："想当初，立窝阔台那阵，他再三谦让，说担心自己子孙不行。当初，你们许多人不是说过，往后只要是窝阔台的后代，哪怕是个草包，是块废料，都要尊他为汗吗，怎么现在轮到他的孙子就不算数了呢？"

八剌曾是窝阔台的部众，他的话刚说完，先引起一阵难看的沉默，继而，一片怒骂斥责声纷至沓来。

"大放厥词。"

"这老东西越活越糊涂。"

"再敢信口雌黄，赏他几马鞭子吃。"

怕触动众怒，八剌知趣地紧闭其口，不时用手擦拭着额际上沁出的汗珠。这时，蒙哥的嘴唇翕动着，还要谦让，以忽必烈为首的几个弟弟过来劝说："大哥不是刚才也答应了，不管拔都王兄推荐谁都赞成。现在王兄推戴你了，你却拂逆，岂不是辜负众王、那颜的一番好意吗？"

"就这样确定了吧！"见蒙哥如此谦逊，拔都以不容置辩的口吻定下结论。他走过去，握住蒙哥的手，面向众人说："人君者，天下之表，万民所赖。蒙哥完全具备一个大汗所需要的禀赋和才能。按照蒙古人的习俗，父位应该传给幼子的。蒙哥的父亲，我四叔拖雷也就是成吉思汗的幼子，本应继承汗位，但当初圣祖自有他的想法，便错失了良机。可以说，蒙哥完全具备了登临汗位的先决条件，要重振蒙古帝国的国威，大汗之位非蒙哥莫属！"

兀良合台又说："蒙哥在西征战场上指挥的几场战斗，连连告捷，就凭这个，完全可以胜任蒙古帝国的新汗。"

在拔都的提议下，忽里台大会通过了蒙哥为蒙古帝国大汗候选人的决定，并定于明年开春在成吉思汗发祥地的斡难河和克鲁伦河源头再次召开忽里台大会，在全体宗王参加的情况下，将蒙哥体面地拥上大汗的宝座。

刚宣布完毕，几名怯薛军抬出几革囊用红绸扎封的美酒，给众位与会者一一斟上。拔都率先端起酒杯，对着众人敬道："来！来！来！大家一起敬蒙哥一杯，祝他早日登上汗位。"拔都说完，与众人一起，一饮而尽。

列阵的怯薛军高举矛戟欢呼雀跃，欢呼声在草原上久久地回荡不已。几位身穿盛装、头戴姑姑冠的姑娘，扭动着柔软的腰肢，肩膀波浪般抖动着，翩跹起舞。

> 圣主成吉思汗创伟业，
> 祖先的习俗世世传；
> 礼仪盛宴酒为贵，
> 咱们举杯来共欢。
> 啊彦珠咳啊彦那外嘟。

> 圣主成吉思汗创伟业，
> 尊贵的传统代代传；
> 万般食物酒为贵，
> 举起银杯来共欢。
> 啊彦珠咳啊彦那外嘟。

在大家尽情喝着美酒载歌载舞时，阿勒赤带离开狂欢的人群，骑上随从备好的坐骑，悄悄给斡兀立海迷失送信去了。

蒙哥成为蒙古新汗的继承人，使唆鲁禾帖尼仿佛如沐春风，心里感到有一种荡出自从拖雷死后少有的舒畅。

第四十三章
蒙哥即位

蒙哥降生时，有知天象者言其后必大贵，故以蒙哥为名，意为长生。蒙哥之名，在蒙古语意指"永远、恒久、长寿"，不过，蒙哥的权力之花也过早凋零。

蒙哥鼻子扁平，中等身材，热衷于巫觋占卜，不信其他宗教（这是法国人、圣方济各会教士鲁不乞对蒙哥的印象）。他年少英武，深得窝阔台的厚爱。窝阔台设计鸩杀拖雷后，对此一直耿耿于怀，出于对四弟拖雷的愧疚之情，决意收蒙哥为养子，交由昂灰皇后代养抚育。不仅如此，窝阔台还为他迎娶妻室，分配庶民。

1235 年，他奉窝阔台之命，跟随拔都、贵由远征西部未服诸国期间，他率军破钦察，擒杀其首领八赤蛮，后来征讨斡罗斯，屡建奇功。在多次战争中，他奋不顾身，英勇杀敌，建立无数功勋，在蒙军将领中树立了极高的威望。这些，为蒙哥日后争夺汗位奠定了基础。

蒙哥也是一位杰出的蒙古大汗，他沉默寡言，不好侈靡和狂饮暴食，最大的乐趣就是像圣主那样开疆拓土。

忽里台大会后，拔都恳请蒙哥兄弟留下多住些时日，他们因其母唆鲁禾帖尼年迈多病为由，执意尽快返回和林。在挽留无果的情况下，为妥善起见，拔都特意命令其弟别儿哥和不花帖儿率领一支精锐之师护送蒙哥一行安全返回成吉思汗的大斡耳朵（属于拖雷家族的兀鲁思）。这说明当时蒙古帝国两派势力斗争已成剑拔弩张之势，拔都担心贵由的子弟采取极端手段，在路上截击蒙哥等人。

阿勒赤带返回后，把忽里台既定蒙哥为新汗的结果告知了斡兀立海迷失皇后，她才意识到事态的严重性，立即派使者前去告知拔都，以推举新汗的忽里台大会没在蒙古本土上召开，且窝阔台系和察合台系等诸王没有全部到齐为由，难以接受成命。此后，斡兀立海迷失皇后与萨满巫师们搅在一起，企图以巫术达到阻止蒙哥称汗的目的。

为了使窝阔台系和察合台系成员心服口服，拔都又决定在蒙古本土上重新召开忽里台，不过只是传达决定，不再另行推戴他人。由于窝阔台系和察合台系再次蓄意抵制，拒绝参加，致使忽里台大会又拖延了两年。

尽管拔都极力拥戴蒙哥为蒙古帝国新汗，但在即位前遭遇了重重阻力。由于斡兀立海迷失皇后持抵制态度，加上窝阔台系和察合台系从中作梗，他们忘记了"汝将权力授与汝所欲者"的玄机，因此，他们遣使者告知拔都，竭力反动那个决定，不同意那个条约，使蒙哥本来铺满鲜花和阳光的仕途之路，蒙上一层重重的阴霾。

不久，拔都派两个弟弟别儿哥和脱哈铁木儿联系各宗王贵族，筹备忽里台大会。但斡兀立海迷失皇后及窝阔台、察合台系等宗王们拒绝参会，尽管拔都汗多次催促开会，致使会议日期一改再改。他们敷衍了事的行径大大触怒了拔都，他在给别儿哥的信上说："你拥立蒙哥登上汗位吧，那些背弃'札撒'的人都要掉脑袋！"

直到两年后的 1251 年六月，在拔都不断催促和威胁下，新的忽里台大会才在别儿哥的召集下，再次在蒙古本土阔帖兀阑之地（成吉思汗大斡耳朵所在地，今蒙古温都尔汗西南克鲁伦河与臣赫尔河会流处西）举行。

　　阔帖兀阿阑是拖雷家族继承成吉思汗的根本之地，也是蒙古部落的发源地，在这里召开大会，能洞察到唆鲁禾帖尼的狡黠之处，消弭了察合台系和窝阔台系存在的任何异议。"她（唆鲁禾帖尼）大胆地想出了一个极富智慧的计划，她没有进入帝国的首都，作为成吉思汗幼子的遗孀，她控制着古老的家族故地，那里是成吉思汗出生、被选为大汗的地方，也是他的葬身之地，没有人会拒绝参加在这块圣地上举行的忽里台大会。"①

　　拔都因为腿疾不能到会，便委派别儿哥主持大会。

　　连日来鼓乐齐鸣，层层叠叠的帐篷形成蘑菇般的丛林，绵延成蒙古草原特有的"古列延"景观，出现了草原上少有的热闹场景。在蘑菇般的帐篷群中，一座雄伟挺拔的大帐尤为注目。这座大帐用白毡围裹、中间用柳条编制的窗户，从外观上看要比其他帐篷大几十倍，周围用近千条绳索牢牢地拽住。大帐的周围，环绕着一圈木栅，木栅上涂着形状各异的图案。这就是大斡耳朵，蒙哥新汗的即位典礼将在这里举行，有人进进出出地忙碌着。

　　这片弥漫着醉人花香的草原，因为忽里台的召开而变得热闹起来。草原上空弥漫着燃烧牛粪的焦味和炙烤羊排的膻香。来自四面八方的马队、畜群，川流不息。新搭起来的帐篷，以大斡耳朵为中心，向遥远的天际铺展着。不断涌来的人马如此之多，好像蒙古草原上的牧民百姓，全都聚集于此。利用会议间隙，人们不断相互拜访、叙叙旧情。

　　忽必烈、旭烈兀、阿里不哥等几兄弟，早早地来到这里，一连几日都在忙于欢迎来自各地的宾客，以尽地主之谊。

　　术赤系、拖雷系诸宗王，东道诸宗王全部按时到会。兀良合台和阿答赤也把拖雷系的十万大军安排在会场周围，以助声威。这些蒙古帝国实力派的参加，使斡兀立海迷失皇后觉得再拖延下去于己不利，只好派两个儿子忽察和脑忽赴会，她自己却拒绝出席。而忽察和脑忽以及其他几位窝阔台系的宗王虽然动身启程，却在途中磨磨蹭蹭，还是不能按时抵达会场。

---

① ［美］杰克·威泽弗德．成吉思汗与当今世界之形成［M］．姚建根，温海清，译．重庆：重庆出版社，2006：171．

别儿哥让忽必烈维持会场秩序，让忽必烈异母弟木哥操刀把守在帐门口，并严令凡是持不同政见者因为不满擅自离会或故意挑起事端者格杀勿论。让旭烈兀带领士兵巡视，禁止任何人发表不同意见或大声抗议。兀良合台和忙哥撒儿等率多支护卫队担任警卫，负责与会者的人身安全。

在如此剑拔弩张的严峻形势下，与会者才将蒙哥拥上了汗位。诸宗王及贵族摘下帽子，把解下的腰带挂在脖子上，对新上任的蒙哥行九叩大礼。

在斡兀立海迷失皇后称制的第四年（1251），蒙哥登上蒙古帝国第四任大汗的宝座。按照惯例，蒙古新汗被推选出来后，全体与会者要聚宴庆祝七日。参加宴会的人，穿着大汗赏赐的同样颜色的锦衣（称作质孙）。锦衣是参加宴会的通行证，不穿锦衣的人，是没有参加宴会的资格的。

汉人将领没有锦衣，没有参加宴会的资格，中原儒士更没有资格参加宴会了。为宽慰儒士备受冷落的心，忽必烈特意在另外一个帐篷里设宴，安排他们开怀畅饮。

宴会的座次是这样安排的：蒙哥和忽都台皇后坐在大帐中央的御榻上。右边设有几排座床，在第一排就座的是忽必烈、旭烈兀、阿里不哥和异母弟木哥等人，在后面几排座床上就座的是其他蒙古宗王、贵族。在左边的座床上就座的则是公主和王公贵族的夫人们。左右两边的座床上都空出一些座位，是专门给窝阔台系、察合台系的子孙预留的，但是他们迟迟没有露面。

期盼已久的宴会开始了，与会人员都敞开胸怀畅饮起来。"如此这般，他们极尽种种欢乐地盛宴和狂欢了整整一个礼拜，忧虑和怨恨从他们心胸的庭院中被排出。而每一天，按照天子的服装，他们要穿上不同颜色的衣服，饮干杯盏。饮料和食物的日耗量是，三千车的忽迷思和酒，三百头马或牛，以及三千只羊。又因有别儿哥，所以按这条戒律来处理这些牲畜：'食用那种以真主的名义所宣判的东西'。"①

从此，蒙古帝国的汗权彻底从窝阔台系转到拖雷系，已成为不可逆转的

① ［波斯］志费尼.世界征服者史［M］.何高济，译.呼和浩特：内蒙古人民出版社，1980：679.

事实。汗权的转移，对忽必烈而言尤为重要，"1229 年当忽必烈的伯父窝阔台而不是他父亲拖雷被选为成吉思汗的继承人，似乎忽必烈在蒙古历史上只能扮演次要的角色。几乎没有人能预见到他最终成为蒙古帝国中最有权力的人物"。①

在第七天的宴会上，发生了一件预料不到的事。由于窝阔台系诸王并不甘心把汗位拱手让给拖雷系，失烈门、脑忽、忽秃黑率众前来，企图以祝贺和顺从为名，伺机在诸王欢宴时，发生政变，重新夺回汗位。

这支队伍在失烈门兄弟带领下向蒙哥的设宴地点渐渐逼近时，其阴谋正巧被蒙哥汗的鹰夫克薛杰及时识破，使这次偷袭未遂。由于克薛杰丢失了一头最喜爱的母驼，他骑马顺着蹄印向西寻找时，恰好撞上了上千轻骑和绵延数里的车辆。他上前探问，才知道这是窝阔台孙子失烈门的部下，特意来参加蒙哥的即位典礼。由于他们的车辆上载有厚礼，导致车行缓慢，车轮吃土很深。克薛杰没在意，继续寻找骆驼。这时，一辆勒勒车由于车辕子断了挡住他的路，焦急地站在车辆一旁的是一位年轻士卒。显然，年轻士卒把克薛杰当成了自己人，请他帮忙修车。克薛杰下马一看，发现车中装满了武器。他问这位年轻士卒，其他车辆上是不是也装有武器。年轻士卒惊讶地说，你难道不知道吗，其他车辆上当然装的是武器了。然后，克薛杰飞驰返回，及时向蒙哥汇报了这一消息。

蒙哥得报后，当机立断，由克薛杰带路，忙派大将忙哥撒儿领兵三千迎击。前来偷袭的人，反被偷袭了。出其不意，把失烈门从帐中拖了出来。反应灵敏的部众想拿起武器伺机反抗时，当看到周围潮水般涌来的骑兵，只好放下武器乖乖受擒。

居心叵测的失烈门故作镇静，佯称他们是来参加蒙哥的即位庆典的，由于车辆坏在路上耽搁了几日。忙哥撒儿当然不相信他们的一派胡言，冷笑一声，命令手下的骑兵搜查他们的车辆。重载的车辆被一辆辆掀翻后，刀、剑、

① ［德］傅海波，［英］崔瑞德，编．剑桥中国辽西夏金元史［M］．史卫民，等，译．北京：中国社会科学出版社，1998：427．

弓箭等倾洒了一地。在确凿的物证面前，他们无话可说了。把失烈门、脑忽、忽秃黑三王及部众捆绑起来，押往蒙哥的大帐内听候发落。

在如何处置这些政敌的问题上，蒙哥一时举棋不定，耐心征询诸臣的意见。谋臣马合木·牙剌瓦赤给他讲述了一个亚历山大处理类似问题的故事：当马其顿王亚历山大征服各地之后，他的功臣们纷纷要求独立称王，不愿再听从他的调遣。亚历山大不知如何是好，派一个急使去向他的老师——当时著名学者亚里士多德请教。亚里士多德一言未发，领着那位使者来到花园，吩咐人们把花园里的大树挖掉，然后种上一批小树。亚历山大受到启发，处死了那些不服从调遣的将领，而将他们的儿子们安排到其父的位置上。

蒙哥听完这个故事，顿如醍醐灌顶，任命忙哥撒儿为蒙古汗国大断事官，负责处理这批政敌。忙哥撒儿根据蒙哥指示及大札撒的规定，立即处死叛乱首领七十七人。为了镇压异己，蒙哥多次施展铁血手腕清洗政敌，用大肆的杀戮和大批的流放来展示自己的权威，窝阔台家族的斡兀立海迷失皇后、失烈门、忽察、脑忽、野里只吉父子等被处死，或被流放，黄金家族内部呈现一片刀光剑影，朝中大臣被杀者达百人以上。

清洗完反对派势力后，蒙哥将窝阔台的领地瓜分成数块，赐给了党附于自己的窝阔台后王。海都封至海押立，脱脱封在叶密立，合丹、灭里则据有也儿的石河。

在这场汗位争夺战中，窝阔台系的权利被彻底瓦解了，他们的封地被蒙哥夺取、瓜分，以后不再立藩主、军队，除了与拖雷家族素来亲善的阔端家属保持自己的封地和军队外，其余全部被夺走并分配了。

不仅如此，据拉施特《史集》记载："当窝阔台合罕家族的成员谋叛蒙哥合罕时，他们的军队都被夺走了，除阔端诸子的军队以外，全都被分配掉了。"通过这一记载获悉，蒙哥将窝阔台系宗王的千户军队由原先的八千户削弱至三千户。阔端诸子的三千户军队之所以保留，是因为所属的逊都思等军团与拖雷家族关系密切。这种分而治之的办法，除了巩固蒙哥的汗权外，抽去窝阔台系诸子翻身的砖石。若干年后，窝阔台之孙海都发动旷日持久的反对忽必烈的战争，一心想把汗位从拖雷系重新争夺回来，也是对拖雷系积怨颇深的报复和发泄的一种途径。

不久，蒙哥处死了察合台汗国的大汗也速蒙哥，而由合剌旭烈出任察合台汗国的第四任大汗。

在如何处理贵由的重臣镇海的问题上，蒙哥、阿里不哥与忽必烈的看法产生了严重分歧。最后，忽必烈的意见遭到否定，镇海被处死。

经此猛烈打击，遭到彻底清洗的察合台系和窝阔台系被抽去了赖以维系自身权利的势力，从此一蹶不振，这是当年窝阔台用巫水毒死拖雷，其子孙才遭受如此血腥的报复。

自此，蒙古历史上长达二十五年的两系汗位之争终于画上一个圆满的句号，汗位由窝阔台系转移到拖雷系。实现这个转移的代价未免过于沉重，那就是为黄金家族的分崩离析和大蒙古兀鲁思彻底分裂，埋下伏笔。

针对拖雷家族对窝阔台家族倾轧的事实，拉施特感慨地说："从那时起，蒙古人中间又发生了纷争，而成吉思汗对自己的儿子们的遗嘱却是同心协力，他曾经说过：'只要你们彼此同心协力，幸福就将伴随着你们，敌人就战胜不了你们。'由于这个品格，成吉思汗和他的家族才得以征服世界上的大多数国家。"拉施特的言外之意是，兄弟阋于墙最终将导致蒙古帝国的彻底衰亡。

乃马真皇后摄政、贵由任大汗和斡兀立海迷失皇后称制的这十年，是拖雷家族在权力争夺的泥沼之外默默休养生息积蓄力量的十年。唆鲁禾帖尼与蒙哥等诸子是这场汗位之争的最大赢家。究其缘由，不外乎以下几点：其一，得益于拖雷家族拥有最大比例的军队；其二，得益于被誉为超过诃额伦的贤母唆鲁禾帖尼以其智慧聪颖，并巧妙利用诸王之间派系矛盾，在最后的厮杀阶段，用四两拨千斤之力，轻易击败对手；其三，斡兀立海迷失皇后的儿子，忽察、脑忽、禾忽都太年幼，没有角逐汗权的实力，被淘汰出局；其四，四十三岁的蒙哥，因勇敢孔武、卓有战功、年富力强而成为竞争力最强的选手。

在拔都、忽必烈等诸王的拥戴下，蒙哥终于登上汗位，殚精竭虑的唆鲁禾帖尼终于可以如释重负长舒一口气了。第二年盛夏，唆鲁禾帖尼在亲眼看到蒙哥登上蒙古帝国的汗位后，便静静地躺在寝帐里，瞑目长眠了。

从窝阔台去世到蒙哥上台，这十年间，蒙哥停止了对南宋的大规模入侵，只是断断续续地劫掠塞外诸郡。

1252 年，蒙哥在全国进行"扩户"，清查登记属于蒙古的所有地区的户口。这次，西藏也在扩户之列。1253 年后，西藏扩户工作完成。在此基础上，蒙哥按照蒙古的分封制度，把西藏主要地区划分成若干封地，分配给自己及忽必烈、旭烈兀和阿里不哥等诸弟。分完西藏的封地后，诸王便委派达鲁花赤管理属于自己的封地，同时，蒙哥还委派重要的西藏地方官员担任万户长，使西藏的行政制度与蒙古帝国同频共振。当代学者东噶·洛桑赤列指出：把西藏真正统一到蒙古帝国之中，是蒙哥在位时完成的。

较之窝阔台，蒙哥不因拔都有拥戴之功而乱予赏赐。1253 年夏，拔都向他索要银万锭购买珍珠，他只给了千锭，并诏谕拔都说："成吉思汗、窝阔台积累的财产，要是这样花费，将来用什么赏赐诸王。你要认真想想。现在你的银子就抵充今后给你岁赐的钱数。"

第四十四章

临终请求

1252 年夏，蒙哥即位不久，母亲唆鲁禾帖尼快要走到生命的尽头。

一场密集的骤雨在草原上降临之后，炎热难熬的天气变得凉爽起来。卧床多日的唆鲁禾帖尼喘息困难，脖子像被一只无形的大手拼命掐着，胸腔几乎咳嗽成一台老风箱。蜷曲的身体被绸缎被褥包裹着，还是感觉寒冷无比，严重时浑身像筛糠一样战栗不已。

忽必烈的妻子察必又在绸缎被面上加盖了一床毛毯。唆鲁禾帖尼的眉头轻微皱了皱，说："压在我身上的被褥实在太重了，我简直受不了。其实，我心里冷如冰窖，你盖再多也于事无补。"

过去唆鲁禾帖尼从不怕冷，逢别人抱怨天冷时，就说："做点儿家务吧，用点儿力气，出一身汗就不冷了。力气就像母马下的奶，今天下了，明天还会有的。"

自从进入今年初夏时节，唆鲁禾帖尼感觉到浑身乏力，也许是她再也不能做家务的原因吧。她躺在病榻上已昏迷多日，只剩下气若游丝，但她的表情十分淡然，羸弱的病体依然洋溢着雍容华贵之气。像一支油脂即将燃尽的蜡烛，还在努力跃动着微弱的火苗，给黑暗的世间播撒着最后一丝光亮。

尽管一直处于昏迷状态，唆鲁禾帖尼憔悴的脸上那一双秀美的眼睛微微睁着，如秋湖般蓄满了慈爱之情。

唆鲁禾帖尼软软的身体躺在病榻上，白天盯着套脑上悄悄移动的阳光发呆，晚上望着油脂蜡烛上擎起的一柱光亮走神，总之，她的睡眠极少。因排斥他人，在斡耳朵里只有儿媳察必昼夜陪伴着在死亡边缘徘徊的婆婆身边。大儿媳忽都台已尊为皇后，日常生活尚需要别人照顾，她是不会来伺候婆婆的。再说，唆鲁禾帖尼也看不上她端得很高的皇后架子。当然，斡耳朵里还有一些侍女，还有拖雷生前的许多妻妾，可唆鲁禾帖尼仍然觉得还是察必用起来顺手。

时日已久，无须婆婆启口吩咐，她的嘴唇只要轻微翕动，洞若观火的察必就知道她需要什么。可是，她常常半天静若处子，像一截早已失去生命迹象的枯木。尽管疾病缠身，她仍是拖雷家族的中流砥柱，即使久卧寝帐，婆婆仍是掌控大局的舵手。这一点，让察必佩服万分。

唆鲁禾帖尼被疾病击垮的这段日子里，在蒙哥的淫威下，整个哈拉和林上空都笼罩着腥风血雨。这些鲜血四溅的事件，众人自然都刻意隐瞒着她，连察必与婆婆交流时，都小心翼翼地躲避着一些敏感的话题。但屡经磨难的她知道长子蒙哥在汗廷执政的舞台上所扮演的角色。

一天，等众人嘘寒问暖散去后，唆鲁禾帖尼望着愁眉紧锁的察必，伸出青筋暴露的手，拉着她的手，长吁一口气，宽慰道："我的孩子，不要太过于担忧，长夜过去天自然就会亮了，自古以来改朝换代都是如此，我都司空见惯了。"

"额吉，我明白。"

"但蒙哥这次似乎做得有点太过分了，应该懂得适可而止。"

"额吉，您心里管窥蠡测。"

"我是过来人，虽然你们都闭口不谈及此事，但我明白。蒙哥登上汗位后，已有许多日子没过来看我了，知子莫如母，我知道他整天都在忙碌什么，不把对方整趴下，他是不会善罢甘休的。"

"额吉，蒙哥也是迫不得已。"

"蒙哥是吃我的奶长大的。"唆鲁禾帖尼喘了一口长气，略微停顿了一会儿，说："别人把复仇的种子放在嘴里，他把复仇的种子埋在心里。"

察必没有搭话，把婆婆的被角掖了掖。唆鲁禾帖尼在断断续续向察必总结蒙哥的秉性时，不断侧耳倾听着寝帐外的动静，似乎在等待谁的到来。

"察必，我的孩子，我们今世做婆媳的缘分恐怕到此为止，尽管我是多么的心有不甘，但长生天执意要把我招走。"

"额吉，您不要说这些傻话了。"察必眼里噙着泪花，哽咽着劝慰道，"您被诸事所累，休息几日，身体就会好起来的。"

"不要哭泣，察必。"唆鲁禾帖尼抬起衣袖，试图为察必拭去脸颊上的泪水，但举了几次都没有成功，说，"是我该走的时候了，你应该替我高兴才是，不要过于悲伤。"

"额吉，我知道。"察必闻听此言，非但没止住泪水，反而哭得更厉害了。

"咱们蒙古女人似乎生来就是受苦受累的，短暂的一生中几乎没有几天享乐的时光。能嫁给你公爹拖雷，是我一生的荣耀。可这种荣耀背后，是年复一年的操劳，月复一月的忙碌，日复一日的担忧，真是愁肠百结。自从你公爹拖雷死后，这种操劳和辛苦与日俱增，我的心简直要操碎了。察必，我的孩子，我说的话你能理解吗？"

察必没有言语，只是会心地微微颔首示意。见婆婆说得口干舌燥，忙把一碗奶茶送到唆鲁禾帖尼的嘴边。她翕动着干瘪的嘴唇，吮吸了几下，有一半奶茶顺着嘴唇流到脖子里，察必连忙用手绢擦拭干净。

察必生怕婆婆长时间说话体力不支，忙劝阻说："额吉，您休息一会儿吧，改天我们再聊。"

"不碍事的，孩子，我把该说的话，都说给你听，即刻死去也无憾。"

"额吉，长生天会保佑您长命百岁的。"

"我机关算尽，总算使汗权移至拖雷家族，真是福祸相依，孰知其极？"可能一口气说话时间太长，唆鲁禾帖尼把手掩在嘴上轻咳了几下，"为事涉汗位，黄金家族内部干戈交锋，纷争迭起，造成父子相残，兄弟成仇，旷日持久的厮杀搅得天昏地暗的历朝历代不绝如缕。拿近的说吧，大唐有玄武门之变，后周有陈桥兵变，大辽有诸弟之乱。况且成吉思汗在世时，你公爹兄弟四人就有争位之心，但慑于圣祖的威严，没有付诸行动罢了。现在，世人瞩目的汗权终于移至拖雷家族了，同时也把炮火连天的战场转移到咱们家里了，日后他们兄弟几个肯定会兵刃相向，拼个鱼死网破，血流成河。我不忍心安如磐石的黄金家族在拖雷子孙手中四分五裂。"

唆鲁禾帖尼不动声色的分析，吓得察必不寒而栗。原来看似风光无限的权力是用对手的鲜血浇灌出来的罂粟花。

"趁他们兄弟几个手中的利剑尚未出鞘，让我安心地离开人世，岂不是长生天对我这个老太婆的眷顾吗？"

"额吉，您能忍心看着自己亲手抚育起来的几个兄弟们之间自相残杀吗？"

"察必，这是历史发展的必然，作为他们的额吉，我也是束手无策。我的孩子，拖雷家族未来的兴衰，就依仗你了。在众多的媳妇当中，你是最冰雪聪明、最善于把握成败契机的女人。察必啊，我这个濒死的人算求你了，你要殚精竭虑尽量避免拖雷家族中悲剧的发生啊。"

"额吉，我只是蒙古草原上一个柔弱的女子，恐怕心有余而力不足。"

"我看中的人选，一定没错。孩子，你要答应我，算是我临终前唯一的请求了。"

见唆鲁禾帖尼临终重托，察必不知如何是好，唯有伏在婆婆的病榻上，痛苦地抽泣着。

"多年来有句话一直压在我心头，我没有对任何人提及过。"唆鲁禾帖尼缓缓抬起手，把耷拉在察必额际的几缕凌乱的发丝理顺，继续说道，"倘若长生天眷顾天下草原百姓的话，会在蒙哥之后，把汗权移交到忽必烈的手中，那必定是芸芸众生的福音。忽必烈自幼饱受儒学的教化，已养成了他宅心仁厚的秉性，另外，他胸怀治国安民的鸿鹄之志，有望成为天下之共主。察必，以后看你如何辅佐了。"

婆婆话音刚落，察必尚未细细品味话里的味道，只听见寝帐外传来一阵迅疾的马蹄声，由远而近，察必知道，婆婆冥冥中牵挂的人终于来了。旋即，寝帐的毡门被掀开，蒙哥、忽必烈、旭烈兀、阿里不哥裹挟着一阵风走进来，纷纷跪在母亲的病榻前，热泪盈眶，不知所言。

见四子跪在自己的病榻前，唆鲁禾帖尼黯然的目光为之一亮，缓缓扭动头颅，望着齐刷刷地跪在自己面前的四子，老泪纵横地说："感谢长生天啊，在我闭眼之前，还能再看四个可爱的儿子一眼。孩子们，别哭，抬起头来让额吉好好看看。"

如何宽慰老人的心思，是男人们的弱项。兄弟四人悲恸欲绝，只能强忍着抬起泪眼凝望着病榻上逐渐熬干心血的额吉。

唆鲁禾帖尼久久地凝望着四个儿子，似乎用慈爱的目光爱抚过他们每个人的脸颊。这幅温馨的场景，把察必感动得掩面而泣，身体如秋风横扫过的落叶般抖动不已。但唆鲁禾帖尼似乎感觉不到了，只顾用尽全身之力，为儿子们留下两条遗嘱：首先，虽然兄弟们秉性各异，但日后务必要精诚团结，倘若谁手中的马刀上沾有同胞兄弟的鲜血，必遭天谴。另外，自己死后要回归蒙古草原，不必惊动臣众宗亲，不必惊动牧民百姓。

新任蒙古帝国大汗蒙哥的额吉，竟然要求把自己的葬礼安排得如此简朴，让儿子们颜面扫地。

哀伤的四子彼此交换了一下眼神，没有答应额吉这桩最后的心愿，直到唆鲁禾帖尼再三坚持乃至大发雷霆，他们才勉为其难地跪从了。

交付完毕，唆鲁禾帖尼的嘴角轻轻浮起一丝笑意，又挣扎着拉起察必的手，连喘带咳地说："你们都给我听好了，等我下世后，你们要善待察必，这次我倒下之后，她任劳任怨地替你们服侍了我好几个月，这个恩情一定不能忘记。"

听到额吉最后的吩咐，四个儿子又跪拜在地上，声泪俱下地称："遵命。"

唆鲁禾帖尼终于可以了无牵挂地走了，费力地喘着粗气，紧紧握住察必的手，微微呻唤了一句："我死而无憾。"头一歪，便安详地长眠于寝帐的病榻上。四个儿子号叫着纷纷扑向额吉的怀里，撕心裂肺地哭诉着离别之情。连日的操劳，使察必软弱无力，她身子一软，瘫坐在地上，肩膀一耸一耸地低泣着。

入夜，草原的夜风在幽暗的夜里徘徊回旋，彻夜为唆鲁禾帖尼的离去哀泣不已。

遵照唆鲁禾帖尼临终时的遗愿，极具蒙古草原风俗气息的天葬仪式要有条不紊地贯彻下去。经过萨满法师作法后，她的遗体经过精心打扮和着装后，平放在勒勒车上。由一头牛拉车缓行，尸体掉在哪里，那里就是吉祥的葬地。

唆鲁禾帖尼虽然走了，但其遗韵仍久久环绕在蒙古草原的上空，她充满着爱俯视着草原上的牧民百姓，祝福他们平安吉祥。

第四十五章

藩府谋臣

随后，幸运之神终于露出迷人的笑脸，1251 年，由于忽必烈在其同母弟中"最长且贤，故宪宗（蒙哥汗）尽属以漠南汗地军民庶事，遂南驻爪忽都之地"，为南下伐宋做好准备，便以忽必烈藩王之尊，总领漠南军国重任，并允许在那里开府建衙。

蒙哥委任忽必烈总领漠南的原因，日本杉山正明曾分析道："忽必烈的正妻察必是成吉思汗正后孛儿帖出身的弘吉剌驸马家的女儿。她的一位姐姐帖木仑是霸都鲁的夫人。并且，这样的连带关系中还存在着另一位更重要的人物。那就是察必与帖木仑的胞兄，弘吉剌驸马家的现任首领斡陈。也就是说，忽必烈拥有一位代表帝国最高姻亲集团族长，以及一位在帝国东方占首要位置的系谱集团的事实首领，两位实力雄厚的连襟，这是很大的优势。并且，搞不好这就是蒙哥将忽必烈委任于东方的最大理由。"①

总领漠南期间，忽必烈驻帐于桓州（今内蒙古正蓝旗四郎古城）、抚州之间的金莲川（今蒙古人民共和国的哈尔和林的金莲川），早已"征天下名

① ［日］杉山正明. 忽必烈的挑战［M］. 周俊宇，译. 北京：社会科学文献出版社，2013.

士而用之"，"得开府，专封拜"，建立了史书上经常提及的"金莲川幕府"。
从此金莲川注定成为世界的心脏。金莲川草原以忽必烈和元上都而成为世界
心脏，跳动了 99 年。

金莲川原名叫"曷里浒东川"，金朝时，更名为金莲川。因为在汉语里，
莲与连同音，金莲表示金枝玉叶相连之意。金莲川特指滦河源头到多伦段的
地域，这里每年夏季的七月至八月，川中长满金莲花，其花午前为花蕾，午
后为花瓣，花大色黄，七瓣环绕其心，一茎数朵，若莲而小。

金莲川最早见于《地理志》："桓州曷里浒东川更名金莲川，" 元代耶
律铸在《龙和宫赋》注："金莲川即山北避暑行宫，五月祭龙且避暑。"在《双
溪醉隐集》诗注："龙庭和林西之地也，和林西百余里，有金莲花甸，金河其中，
东汇龙涡。"

相传早在 1168 年盛夏，金朝皇帝金世宗完颜雍在位于凉陉的"景明宫"
避暑时，看到满山遍野金莲花怒放，世宗觉得，莲花有金枝玉叶相连
的意境，遂更名曷里浒东川为金莲川，并沿用至今。

1211 年，成吉思汗亲率大军由漠北南下攻金，"下金桓州，得其监
马几万匹，分属诸军，军势大振"。四年后率众在这片金莲花盛开的地
方度夏。

蒙哥即位前，忽必烈便"好访问前代帝王事迹"，锐意仿效，有意识地
招贤纳士，讲政论治。其中，刘秉忠对金莲川幕府的形成，发挥着至关重要
的作用。蒙哥即位后，忽必烈受命于金莲川设置幕府，并公开宣称为儒学学
子做主。

忽必烈的"爱民之誉，好贤之名"在汉人儒士中广为流传。儒士们形容
是"天下望之，如旱望雨"。此后，他们交相荐引，潮水般涌入金莲川，身
居漠北的忽必烈周围，渐渐汇集了一批"亡金诸儒学士及一时豪杰知经术
者"，这批藩邸谋臣侍从随而被称为"金莲川幕府"。

被招入金莲川幕府的各界人士，可以考证的就有六十余名：刘秉忠、
赵璧、王鄂、张文谦、郝经、姚枢、许衡、许国桢、廉希宪、商挺、刘肃、

宋子贞、王恂、李昶、徐世隆、张德辉、张易、马亨、赵良弼、赵柄、张惠、李冶、杨奂等。

其中不乏满腹经纶、名满天下的学者，而且有精通兵法战策、治国之道的谋士，不仅有身怀绝技的能工巧匠，而且有驰骋疆场、运筹帷幄的军事统帅。这里的金莲花灿烂娇媚，这里的人叱咤风云。实际上，金莲川幕府成为忽必烈研究帝王之道的讲习所，对他总领漠南，乃至以后大元帝国的陶铸，都产生了不可估量的推动作用，逐渐成为一个独立于蒙古汗廷并最终取代蒙古汗廷的文武兼备的政治集团。

可以说，金莲川幕府为忽必烈的平步青云安上了引擎。忽必烈正是在金莲川广揽人才，确立了安邦治国之策，开创了大元盛世的伟业。

在藩府谋臣中，比较系统地向忽必烈献上治国之道的，当数刘秉忠、赵璧、王鄂和张德辉四人。

1242 年，素有"燕赵大禅师"封号的高僧海云奉忽必烈之召赴漠北讲解佛法，路过云中，闻听南唐寺僧刘秉忠博学多才，声名在外，遂相邀刘秉忠同行去谒见忽必烈。这一偶然的巧合，竟然改变了他们两人，甚至是蒙古帝国的命运。

海云，俗姓宋，名印简，陕西岚谷宁远（今陕西五寨北）人，八岁出家，曾被金宣宗赐号通元光惠大师。1214 年，在宁远蒙成吉思汗召见。1219 年，木华黎攻陷岚谷宁远，他和师父被蒙军所执。成吉思汗闻讯后，特遣使对木华黎说："你使人来说的老长老、小长老，实是告天的人，好与衣粮养活着，教做头儿，多收拾那班人，在意告天。不拣阿谁休欺负，交达里罕里行者。"后来海云接受了成吉思汗给他的"寂照英悟大师"的封号，归附。此后的蒙古统治者对他都十分敬重，窝阔台赐以"称心自在行"；贵由颁诏，命师统僧，赐白金万两（《佛祖历代通载》），此为蒙元帝国命僧官主持全国佛教事务之始；蒙哥即位后，1252 年夏，被授以银章，领天下宗教事；另有同名诗作《海云》。

1244 年，燕京大庆寿寺主持海云领来一位年轻的僧人进见忽必烈。这位僧人就是博学的僧人子聪。

忽必烈问海云："佛法的最高精神是什么？"海云答道："宜稽古审得失，举贤错枉，以尊主庇民为务。佛法之要，孰大于此。"忽必烈对此备感兴趣，马上追问："如何能做到？"海云回答道："你要求助于儒，敬请大王您光求天下大贤硕儒，去请教古今治乱兴亡之事，这不是老僧所能解决的问题了。"

海云南还，留下随行而来的刘秉忠，应对称旨，"论天下事如指诸掌"，显示出博学多能，深得这位蒙古藩王的赏识。

这位僧人法名叫子聪，原籍邢州（今河北邢台）人，俗名刘名侃，字仲晦，先人曾仕辽为官，是"累世衣冠之家"，子聪"八岁入学，日诵数百言"。他曾经做过邢台节度使府的令使，后因世事变乱，不甚得志，隐居武安山中，继而出家为僧。若干年后，被天宁寺虚照禅师收为徒弟，于是，有了子聪的法号，又自号为藏春散人。后又云游云中（今山西大同），留居南堂寺作为修禅之所。不过，这个动机不纯的沙弥，六根不净，为僧也不是他的志向所在。他精通经史，"于书无所不读，尤邃于《易》及邵氏《经世书》，至于天文、地理、律历、三式六壬遁甲之属，无不精通。论天下事如指诸掌"。

当忽必烈问以时事与治政之道，子聪对答如流。于是，忽必烈把子聪留在藩邸"屡承顾问"。子聪多次为忽必烈出谋划策，并以推荐人才为己任。"燕闲顾问，辄推存人物可备器使者，凡所甄拔，后悉为名臣。"忽必烈争得汗位之后，赐子聪为"刘秉忠"，时人称为"聪书记"。

刘秉忠是一位很具特色的人物，在元初政坛，他对一代政治体制、典章制度的奠定发挥了重大作用，而且以《周礼·考工记》关于都城建设为指导思想进行规划修建的元大都，被誉为"大元帝国的设计师"，甚至元朝的国号也出自刘秉忠的建议。据说，刘秉忠与忽必烈"情好日密，话必夜阑，如鱼得水，如虎在山"，这种礼遇是其他藩府旧臣所无法比拟的。

刘秉忠曾给忽必烈上书数千言，就户口逃亡、官吏、课税、刑法、高利贷等问题提出建议。忽必烈对他的这番议论，甚为赞赏，均加采纳。

同年，赵璧抵达和林的帐篷。其学风颇近辽金时北方习尚，擅于词赋章表，又精通蒙古文，深受忽必烈的重用。忽必烈对赵璧的倚重达到了空前绝后的高度，甚至让妻子察必亲自为赵璧缝制衣物，从不直呼其名，而是尊称赵璧为秀才。赵璧不像一般秀才只擅长纸上谈兵，再加上又较早地学会了蒙古语，所以居然从一介平民变成"乘风云，依日月，佐命之人"。

忽必烈不菲的付出，赵璧给予数倍的回报。赵璧常常用娴熟的蒙古文，在马背上为忽必烈讲解《大学衍义》。忽必烈还极富有远见地选择十名蒙古子弟，跟随赵璧研习《论语》《大学》《中庸》《孟子》等儒家经典，积极地让儒学经典与蒙古文碰撞出绚丽的火花。

1244年，在赵璧的积极推荐下，金朝甲申科状元王鹗走进忽必烈的视野。王鹗是曹州东明（今属山东）人，字百一，是金正大元年一甲头名进士，金哀宗曾欣赏其文采，"惜擢用之晚，起复，授尚书省右司都事，升左右司郎中"。元军进攻蔡州，金哀宗自缢身亡。王鹗被俘，将要被元兵处死时，元"万户张柔闻其名，救之，辇归，馆于保州。世祖在藩邸，访求隐逸之士，遗使聘鹗，及至，使者数辈迎劳"。

忽必烈遣使礼聘王鹗抵漠北藩邸，忽必烈对他格外优待，每次晋见，都赐予座椅，从不直呼其名，而是恭敬地称他"状元"。王鹗为忽必烈讲解《孝经》《书》《易》，及修身齐家治国平天下之道，古今事物之变，常常讲到星坠曦露。忽必烈除命王鹗迁居大都，并赐给他一所宅基外，还命近侍阔阔、廉希宪、柴桢等五人拜王鹗为师，领会儒家的治平之道，并口吻复杂地说："我虽未能即行汝言，安知异日不能行之耶！"

一年后，王鹗辞别归家。王鹗怀念金主金哀宗当年对他的信用，曾向忽必烈表示去汝水旁的金哀宗墓前吊唁。对于这种怀念旧朝故国的情绪，忽必烈非但没有怪罪，还"义而许之"，鼓励王鹗成行。

1247年，爱才如命的忽必烈又召见了冀宁交城人张德辉。经过汉族士大夫的耳濡目染，忽必烈对中华传统的孔孟儒术已略知一二，他问张德辉："孔子殁已久，今其性安在？"

张德辉用禅机妙语回答："圣人与天地终始，无往不在。殿下能行圣人之道，性即在是矣。"忽必烈又问："或云，辽以释废，金以儒亡，有诸？"

张德辉用孔圣人的口吻回答："辽事臣未周知，金季乃所亲睹。宰执中虽用一二儒臣，余皆武弁世爵，及论军国大事，又不使预闻，大抵以儒进者三十之一，国之存亡，自有任其责者，儒何咎焉！"

对张德辉的回答，忽必烈深表赞许。又问道："祖宗法度俱在，而未尽设施者甚多，将如之何？"

张德辉指着桌案上的银盘比喻道："创业之主，如制此器，精选白金良匠，规而成之，畀付后人，传之无穷。当求谨厚者司掌，乃永为宝用。否则不惟缺坏，亦恐有窃而去之者矣。"忽必烈沉思良久，才缓缓说道："此正吾心所不忘也。"

对农耕文明的理解，忽必烈仅仅停留在粗浅的理性认识上，他接着问张德辉："农家作劳，何衣食之不赡？"

想把农耕文明融入蒙古帝国的张德辉趁机说道："农桑天下之本，衣食之所从出者也。男耕女织，终岁勤苦，择其精者输之官，余粗恶者将以仰事俯育。而亲民之吏复横敛以尽之，则民鲜有不冻馁者矣。"

张德辉虽然能言善辩，深得忽必烈的喜欢，但他并没有在草原久留，数月后便返回中原。

在幕府谋士长期的熏染下，忽必烈对中国历代王朝的治乱兴衰已经颇为了解，也充分认识到"天下可以马上得之，不可以马上治之"的道理。金莲川设置幕府之后，在刘秉忠等藩府旧臣的积极活动下，先后有一大批饱学之士聚集在他身边。正是通过这些人的辅助，使得忽必烈治理邢州、河南、关中等汉地中取得成功，也为忽必烈以后迈向帝位、治国安邦奠定了坚实的基础。

金莲川幕府的建立，可以概括为以下几点：其一，是忽必烈与中原士大夫实行政治联合，寻找儒学和汉法治理天下的开端；其二，在一定程度上密切了忽必烈和汉地世侯之间的联系；其三，兵锋由外指向内，对忽必烈治理汉地乃至统一中国起到至关重要的作用；其四，广延四方之士，为大元帝国的建立提供了必要的政策方略、社会支持及官员储备；其五，幕府把有关汉地统治方式形成一套治国理论，最终成为元代建国的各项制度。

用汉法治理中原，忽必烈首先整治的地方是邢州。1236 年，窝阔台在中原括户口后，将邢州一万五千户分赐给功臣斡鲁纳氏的两个答剌罕[①]，由他们自派达鲁花赤和不只儿负责管辖漠南汉地的财赋司法。两个人上任当天，便诛杀二十八人。其中一名盗马贼，本已施杖刑而释放。恰巧有人献上环刀，不只儿下令追回已释放的盗马贼，亲执环刀而斩杀。

忽必烈获悉后，严厉斥责道："凡死罪必详谳（详细审问）而后行刑，今一日杀二十八人，必多非辜。既杖复斩，此何刑也？"

明知做错事的不只儿听完，惊愕得无言以对。

邢州州治所在地邢台，在中原诸城中，虽然不是大城，但由于地处南北交通要道上，早就繁荣起来。在蒙军攻入中原以前，邢州拥有人口八万多户。蒙军占领中原后，邢州化为蒙古贵族答拉罕的封地，以后又几易地方官，达鲁花赤和不只儿执政期间，只知横征暴敛，肆意勒索无度，不会治理，致使百姓四处逃亡。很快由原来的八万多户减少到一二千户。而现在的邢州城里，几乎难觅人影。

一日，王府侍臣赵璧竟然胆敢在蒙哥驾前申斥断事官达鲁花赤以旧印妄请复用，还建议道："请先诛近侍之尤不善者。"

闻听此言，蒙哥的脸色骤变，随行的阿里不哥气得手握剑柄。碍于忽必烈的面子，他们不便发作。

事后，连忽必烈都为其捏了一把汗，对赵璧说："秀才，汝浑身是胆耶！吾亦为汝握两手汗也。"

两答剌罕于是向忽必烈请求良吏代为治理。子聪、张文谦推荐真定儒者张耕、东平严实幕僚刘肃等安抚邢州。

---

① 牧人八答和启昔礼兄弟因报告王罕等偷袭成吉思汗的密谋有功，被成吉思汗赐号答剌罕，意为"大自在的人"，子孙世袭。

张耕、刘肃到达邢州后，"洗涤蠹敝，革去贪暴，流亡复归"，据说不到几个月，邢州大治，户口增加几十倍。忽必烈由此更加笃信儒吏。

蒙哥初登汗位时，忽必烈便以皇弟的身份日侍圣驾，开始进入宫廷，论奏时务之际，替汗兄出谋划策。对忽必烈的建议，蒙哥大多言听计行，斟酌而行。忽必烈的建议，其实多数是藩邸谋臣谋划和草拟的。

第四十六章

三次西征

蒙哥即位后，除了狠狠打压异己派外，还剥削了他们的兵力，收回他们的封地，现在，蒙古帝国的兵力主要集中在拖雷家族。他命忽必烈全权经理漠南汉地，领治蒙古、汉地民户。黄河流域、西夏故地以至吐蕃地区尽属忽必烈统辖，作为南下伐宋的跳板。另外，以高僧海云掌管释教，以道士李真常掌管道教。

时值国内局势动荡不安，各地武装反抗力量日渐增多。针对这种形势，蒙哥一方面对义军进行镇压，另一方面采取一系列措施规范蒙古权贵的行为，安抚汉民。继任汗位伊始，蒙哥宣布，凡朝廷及诸王滥发的牌印、诏旨、宣命全部收回；严格诸王大臣乘驿制度；诸王不得擅招民户；诸官署不得以朝觐为名赋敛民财。还常常谕戒群臣："尔辈若得朕奖谕之言，即志气骄逸，志气骄逸，而灾祸有不随至者乎？尔辈其戒之。"

这些措施，在一定程度上缓和了社会矛盾，但治标不治本，效果并不理想。蒙哥自幼接受的是正统的蒙古贵族式教育，头脑中特权思想极其严重，因此无法体会到汉家那种"民为贵、社稷次之，君为轻"的治世胸怀。在位期间，蒙哥多次对功臣、亲王、子侄们进行封赏，把蒙古帝国进一步推向濒临分裂的边缘。

不但紧握朝中大权，"凡有诏旨"，蒙哥"必亲起草，更易数四，然后行之"。与秦始皇的躬决大政相比，也是有过之而无不及。

即位不久，蒙哥把几位兄弟召集到汗帐里，对整个蒙古帝国的事体做了细细安排。他对几个弟弟说："虽然我被大家拥戴为蒙古帝国的第四任大汗，召开第二次忽里台会议时，你们也看到了，有的宗王没参会，有的宗王心怀异志。你们是我的同胞手足，以后大家应该齐心协力，为我分忧解难。"

"我们都听从大哥的安排。"几个兄弟齐声答道。

"身为大汗，掌控蒙古帝国的汗权，倘若寸功未立的话，上对不起含笑九泉的父亲拖雷，下对不起蒙古帝国的黎民百姓。窝阔台执政时，曾发起以拔都为统帅的第二次西征，横扫斡罗斯。我们拖雷家族也一定要建立更大的功业。旭烈兀，你用兵如神，大家有目共睹。我想时机成熟时，让你率军进行第三次西征，讨伐伊斯兰世界。"

"兄弟一定听从大哥的调遣，勇往直前，决不辱没拖雷家族的荣誉。"旭烈兀双手致礼，微微躬身说。

"沙漠以北地带，由阿里不哥、末哥辅佐我掌管。这都是圣祖传下来的基业，一定要掌管好，决不允许败在我们手里。忽必烈是众兄弟中最有韬略的。我想把漠南汉地都交给你管辖，等旭烈兀第三次西征结束后，我们再去收拾残宋。"

"我们一定殚精竭虑，决不辱没大哥的使命。"忽必烈、阿里不哥和末哥答应道。

接到受命后，经过仔细了解，忽必烈知道自己肩头上的担子还是蛮重的。漠南汉地包括原来金朝、西夏的全部和南宋的部分领土（即今内蒙古以南、长江以北的地区），土地、人口都是蒙古草原的几倍。几年来，漠南饱受蒙、金战争的创伤尚未愈合，又经过斡兀立海迷失皇后摄政三年的横征暴敛，这片地区被蹂躏得赤野千里、生灵涂炭，政事凌乱如麻。

不久，蒙哥降诏曰："凡军民在赤佬温山南者，皆听从皇弟忽必烈统辖统领。"明令戈壁沙漠以南汉地都由忽必烈总管，这是他最初的管辖范围和权限。如此安排，蒙哥显然是让忽必烈替他执掌漠南军政大权，以对付窝阔台、察合台系诸王等敌对势力。

当晚接到诏令后，忽必烈及潘邸谋士为之手舞足蹈，在府邸大摆筵席而庆贺。直喝到东方欲晓时分，赴宴的客人在酒足饭饱后渐渐散去，忽必烈这才发现主要谋士之一姚枢没有赴宴。他心生疑窦，等宴会结束后，便匆匆赶到姚枢寓所，忙问其故："顷者诸臣皆贺，汝独默然，何耶？"

姚枢回答："今天下土地之广，人民之殷，财赋之阜，有加汉地者乎。军民吾尽有之，天子何为？异时廷臣间之，必悔而见夺。不若唯持兵权，供亿之需，取之有司，则势顺理安。"

闻听此言，忽必烈恍然大悟，深知虑所未及，说："不过诏书已下，我该如何办是好啊？"

"你以不能胜任为由，主动把民、财大权还给蒙哥，只掌管兵权就可以了。按照大汗的旨意领兵作战，即能建功立业，威名远扬，又不致引起大汗的猜忌。"

忽必烈冷眼盯着姚枢，没有回答，姚枢的提议是他万万没想到的。

"若有好事者向大汗奏报，说王爷专权于一方，不利于蒙古帝国的安危，大汗起疑心后，把授予您的权力全部收回，到时您岂不是两手空空？"

"你的意思，我违抗大汗的诏命，把领治汉地的军务让给别人。"

"不是如此。"姚枢摇了摇头说："我的意思，漠南和汉地还是由王爷接管，不过只管军务，把民务和财赋由别人管理。"

"倘若百姓不属于我管理，那庞大的军务开支从何而来？"

"这点王爷不必担心，大汗自会委派他人管理，赋税照样交上来。军务所需，可以向蒙廷支取便是。这样才势顺理安。"

忽必烈立刻走出姚枢寓所，细细思忖片刻，感觉姚枢所言极是。忙派一员心腹飞驰和林，将姚枢的意见上奏给蒙哥，请求他收回行政大权，只留统兵之权。蒙哥欣然批准，大概他早已有这个想法了吧。

自请唯掌军事，避免了蒙哥与忽必烈之间的权力过早发生冲突，以部分权力之失换取了人身安全的政治前途之得，给忽必烈在总领漠南期间留下大展宏图的空间。

宛如他的祖辈、父辈，蒙哥心中也澎湃着强烈的征服欲。他率领蒙古铁骑，耀兵炫武，横扫欧亚大陆无敌手，马鞭所指，无不臣服。在他的征战下，蒙古帝国的疆域出现前所未有的辽阔。

早在 1216 年，成吉思汗曾向金国降将郭宝玉咨询夺取中原的策略，宝玉答曰："中原势大，不可忽也。西南诸藩，勇悍可用，宜先取之，借以图金，必得志焉。"正是受这个伐宋战略的启发，蒙哥制定的灭宋之策正是先取四川，再取湖北荆襄之地，然后沿着长江朝东西方向进军，与自北向南进攻的大军合攻南宋都城临安。

随后，遵照成吉思汗拓展疆土、开藩建汗的遗愿，蒙哥首先把征伐的目光投向蒙古帝国的东方和南方，希望像祖父成吉思汗那样，缔造一个战无不胜的"战神传说"。酝酿之后，便制订出具体的征讨计划。

1251 年，蒙哥派遣三弟旭烈兀为西征军统帅，进行第三次西征，踏着先辈们的足迹，继续降服那些未曾降服的诸州。然后，派遣二弟忽必烈主管漠南汉地军国庶事并率军征伐云南，对南宋实行战略包围。蒙哥则留守蒙古本土和林。

据拉施特说，蒙哥从"旭烈兀的天性中看出了霸业的征候，并从他的作为中知道他的征服者的习惯"。这大概是指旭烈兀野心勃勃且骁勇好战吧。

由于，波斯境内尚有木剌夷国、黑衣大食国保持独立，不肯向蒙古帝国称臣纳贡，因此蒙古帝国悍然发动了第三次西征，也是最后一次规模宏大的西征。这次西征主要征服的对象是亦思马因派宗教王国、巴格达和叙利亚。

蒙哥则把灭亡南宋的任务留给了自己，正如他自己所言："我们的父兄们，过去的君主们，每一个都建立了功业，攻占过某个地区，在人们中间提高了自己的名声。我也要亲自出征，去攻打南家思（南宋）！"

时年三十七岁的旭烈兀被蒙哥委以第三次西征重任后，便着手整合军队：四个兀鲁思汗须从汗国的兵力中抽出十分之二来，西域四部（过去由绰尔马罕、拜住先后率领的驻伊朗军队，以及由塔亦儿拔都、撒里率领的前往克什米尔和印度的军队）全部服从旭烈兀的指挥调令。

同时，按照蒙古传统，成吉思汗诸子、诸弟和诸侄也派部队随军从征。此外，考虑到木剌夷人占领了许多山城堡垒，蒙哥还特意从汉地（契丹旧地）签发一支由汉人著名的攻城能手郭侃率领的炮手、火焰放射手、弩手千人队随军出征。这支千人队伍，在后来的攻城略地中发挥了不可估量的威力。

当时的火炮既能平射也能曲射，平射能打二百五十米左右，曲射能打一百米左右。放在冷兵器时代而言，它们的破坏性足以秒杀一切器械。

组建完第三次西征军后，蒙哥连忙派出急使，宣布保护哈拉和林和别失八里之间的牧场，从首都哈拉和林一直到阿姆河流域旭烈兀西征军路径之处，所有的草地和牧场都被划为禁牧区，一切牲畜都被禁止在那里放牧，以免牧场受害或草地受损，来保证西征大军途中有足够的草料。"所有花园一样的山区和平原均被封禁，不许畜群之齿在那里嚼草。"① 于是，沿途的草木变成了"不得接近此树"的种类，甚至拿一片叶子喂牲口的人，都被没收了牲口。

另外，在后勤供应上，则命蒙古那颜们以及西部诸属国属部的波斯官吏为西征军每位士兵提供一塔合儿面粉和一皮囊酒，作为军粮。另外，要保证西征军每到一站都有充足的粮食和换乘的马匹。而且，预计西征军通过的道路上，荆棘瓦砾要清扫干净，江河上架起桥梁，渡口备下船只，以保证西征大军畅通无阻。

1252 年七月，旭烈兀命令将领怯的不花率领一万两千名骑兵担任先遣部队。而旭烈兀则仍滞留于哈拉和林，继续筹建主力西征军，为西征做好充分的准备。期间，诸宗王带来食物和礼品，前来为他践行。

① ［波斯］志费尼. 世界征服者史［M］. 何高济，译. 呼和浩特：内蒙古人民出版社，1980：725.

当旭烈兀把西征诸事都安排妥当，到蒙哥的大金帐中辞行。蒙哥对旭烈兀刚勇果决且不乏鲁莽的性格，依然放心不下，出于手足之情，叮嘱他说："从阿姆河两岸到密昔儿（埃及）国土尽头的广大地区内都要遵循成吉思汗的习惯和法令。对顺从你命令和禁令者要赐予恩惠、礼物，而对于固执顽抗、桀骜不驯者，要把他们连同妻妾、全家老少和族人一起推倒在受暴力压制和屈辱的沙漠中，要摧毁从忽希思丹和呼罗珊起的各处堡寨。"

尤其重要的是，蒙哥在给旭烈兀灌输征服叙利亚的思想时，并没有打算把他所征服之地作为封地赏赐给他，而要他"完成这些大事后，就返回本土来吧"。

另外，蒙哥还交代旭烈兀在西征途中要特别体恤关爱属地百姓，说："你还应在一切事情上以真知灼见为准绳。要免除农民漫无节制的徭役和粮税，让他们过上幸福的生活。让被毁的地区重新繁荣起来，以伟大的神的力量征服敌人的领地，使你们的夏营地和冬营地更加增多。"

通过这些话，可以看出蒙哥希望减免压在百姓身上繁重的税赋，使经受过战火施虐的战区重焕生机，这说明他是一个体恤百姓的君主。

1253 年十月，带着蒙哥的重托和信任，旭烈兀率领西征军两万直属部队和一万攻城部队正式踏上西伐的征程，以短程观光旅行的方式，一路向前缓慢推进。为了在战场上得以锻炼，异母弟雪别台也随军西行。

自此，旭烈兀离开了生养他的蒙古草原，也离开了蒙古贵族之间的钩心斗角，到一片全新的天地去开拓自己的世界了，并成为蒙古帝国扩张史上最后伊尔汗国的缔造者。西行途中，蒙古黄金家族的各宗王的从征军不断汇入，使旭烈兀的西征军阵容逐渐壮大。

当蒙古西征军行至别失八里时，旭烈兀得到一直镇守在阿塞拜疆的拜住和绰儿马罕的三万人马。行至阿力麻里时，察合台汗国的监国兀鲁忽乃派遣台古歹儿斡兀立率军组成西征军的左翼；成吉思汗次女扯扯干别吉派出儿子不花帖木儿和大将阔阔亦勒该率部队组成西征军的右翼。西征军抵达金帐汗国时，拔都的继任哲别儿哥可汗也派出自己两大藩属部队：白帐汗斡儿答之子忽里、蓝帐汗昔班之子八剌海和秃歹儿斡兀立率领的部队，作为整个大军的前锋。

随着各路从征军陆续汇入，旭烈兀可以调动的西征军已达十五万。

1254 年夏，旭烈兀率领着西征大军经过阿力麻里，到达土耳其斯坦。1255 年，西征军屯驻土耳其斯坦期间，发生了一件不幸的事。当蒙古西征军到达撒马耳干时，随蒙军西行的幼弟雪别台突然失踪，当蒙古人费尽周折在一个山沟里找到雪别台的遗体时，看到他被砍数刀，死状非常狰狞。旭烈兀一看就知道乃木剌夷国的刺客所为，发誓让他们血债血还。

冬天，蒙古西征军抵达阿姆河时，旭烈兀命令河面上所有船只停运，结舟为桥，使西征军马顺利渡河。为了犒赏船主们，旭烈兀令国王免去了他们平常从渡河舟楫征收的过河税，使船主们如释重负。渡过阿姆河后，发现森林里有许多老虎出没，旭烈兀狩猎的兴致油然而生，便命令士兵摆开圆形阵势，围猎老虎。因马匹害怕老虎，他们骑乘大夏骆驼，此举捕获了十只老虎。

在阿姆河的波斯南岸，蒙古西征军受到新属臣们派来代表们的夹道欢迎：从察合台汗国统治者兀鲁忽乃监国、行尚书省行政长官马思忽惕及法尔斯萨尔古尔朝阿塔卑的代表们一直到小亚细亚的塞尔柱克人凯·卡兀思二世和乞立赤·阿尔斯兰四世的代表。

冬去春来，1257 年春，旭烈兀的西征军再次启程，向木剌夷国渐渐逼近。其实早在 1243 年，拖雷曾引军过境，只在城外劫掠一番便离去，没有发生正面交锋。

为了保证西征行动万无一失，旭烈兀决定采取稳扎稳打、步步为营的策略，因为即将攻伐的是一个刺客之国，西征的声势早已远扬在外，估计蜂拥而至的刺客们早已窥探着蒙军的举动，伺机对旭烈兀或其他蒙军高级将领下手。因此西征大军行动较为迟缓，从 1253 年秋出发，到 1256 年渡过阿姆河，用了三年时间，才到达波斯国。

第四十七章

木剌夷国

  刺客之国在阿拉伯语中称为"木剌夷"（亦思马恩派穆斯林宗教国）[①]，意为"假道学"或"异端""迷途者"，汉文史料译作"木乃奚""没里奚"，是伊斯兰教什叶派的伊斯玛仪派分支尼扎里耶派别之一。这群"迷途者"因首任领袖的名字叫伊斯梅尔，而被称为伊斯梅尔派。是创始人哈桑·本·萨巴以波斯阿拉穆特堡为中心建立的伊玛目王朝，称之为"木剌夷国"。

  伊玛目意为领拜人，也可理解为伊斯兰法学权威，十二伊玛目不承认穆罕默德身后继承人艾卜·伯克尔、欧麦尔和奥斯曼的合法性，并创立了隐遁伊玛目和马赫迪（救世主）复临人间，恢复正义的学说。认为阿里的第三子伊本·哈乃菲叶是隐遁伊玛目。这些主张后来对什叶派宗教学说的发展提供了重要依据。此后，围绕着侯赛因之子栽因·阿比丁形成了什叶派伊玛目派。

  到了第六代伊玛目扎尔法尔·萨迪格时，在继承上出现了纰漏，扎尔法尔·萨迪格曾指定长子亦思马因为继承人，后因其沉湎于酒而废黜，另立次

[①] 此派别是历史上有名的穆斯林"刺客派"，热衷于培养刺客刺杀敌方的领导人。该派因曾企图组织刺客刺杀蒙哥，遂与蒙古人结下了深仇大恨。

子穆萨，长子亦思马则自立教派。

木刺夷人主要活动于 11 世纪末至 13 世纪中叶。先于 909 年在北非的突尼斯建立了法蒂玛王朝，在 968 年，又占领埃及、叙利亚，迁都开罗，自号哈里发。11 世纪，阿萨辛派的教主到波斯传教，公开传道，发展信徒，所以在波斯也拥有众多的亦斯马因派教徒。

随着信徒日众，队伍壮大，势力增大，他们扼据里海海岸通往波斯高原的商路，1090 年亦思马因派从塞尔柱王朝手中夺取了阿剌模忒堡，并以此为据点向四周辐射，逐渐成为波斯一支强大的割据势力，在里海以南山区险隘处建筑三百多座城堡，逐渐发展成一个坚如磐石、易守难攻的宗教王国，同信奉逊尼派的塞尔柱王朝分庭抗礼。

诸多堡垒中，名气最大的要数麦门底司堡和号称"鹫巢"的阿拉穆特堡。阿拉穆特堡于 1090 年被教派领袖哈桑·萨巴赫占领后，凭借险峻的地理优势，逐渐成为木刺夷人活动的核心区域。此堡不仅繁华富足，堡内还储藏着大量的图书典籍、文物档案。

为建造麦门底司堡，阿老丁曾派他的官吏和大臣对附近的山峰勘探了十二年，反复斟酌，最后在向开帕拉选中一座巍峨的山头，"而在它的绝顶，其上有一股泉水，其旁有另三股，他们开始构筑麦门底司堡，用灰泥和沙砾建造壁垒。他们从一帕列散远的地方引来一条如朱亦·伊·阿儿吉思的溪流，并使水流入堡内。因为严寒，从初秋到仲春，野兽不可能在那个地方找到巢穴或者居住。因为这个缘故，既然群山交错，连鹰隼都从隘道退缩，而山脚下禽兽绕道而行，鲁坤丁遂以为对人类说，要进入堡内和围攻它都是不可能的。"①

哈桑·萨巴赫执政后，对城堡进一步加以修缮，"乃缭坦置堞，旁寨穿渠，引巴撒儿水半环之，四郊广辟果园，间以花圃，俨然自成一山国都会"，另外，其暗杀手段残忍得令人发指。因亦思马因派总部据点阿拉穆特堡坐落于山峰

---

① ［波斯］志费尼．世界征服者史［M］．何高济，译．呼和浩特：内蒙古人民出版社，1980：745-746.

顶端，故史家称其为"山中老人"。

这个国家非常特殊，他们也有征服世界的欲望和野心，但从不发动战争，而是大力培养刺客，以周到细密的恐怖活动对付政敌，让刺客去暗杀未征服国家的国王或者抢夺财物。恶名远扬，使各国君主对"山中老人"都十分害怕，对其所提出的要求无人胆敢反驳。在漫长的一段时间里，众多君主拿他们束手无策，西域提起"山中老人"之名，无不心惊色变。这支恐怖教派曾使塞尔柱素丹国和哈里发王朝怕得发抖；曾作为一种促进因素加速了整个亚洲伊斯兰社会的腐化和分裂。

在刺客的培养上，"山中老人"独创了一种令人拍案叫绝的教育方式。他在山谷中建立了一座大花园，园内花木庭榭，美丽无比，宫殿辉煌，装饰着无数的金银珍宝，到处有管子流淌着美酒、蜂蜜、牛乳。花园中搜罗来各族美女，能歌善舞，宛如仙境。

后来，在旭烈兀火炮的胁迫下，木刺夷国投降后，在蒙军中服役的费志尼目睹花园中的设施：

当其中的储存被掠夺和运走时，有个人不知深浅地蹚过蜂蜜池，在他发觉前他已像约拿那样浸在蜜里——"如他的天主不对他施恩，他要给抛在秃岸上，羞愧难当"。同时他们从八合鲁河引一条水渠到堡下，再从那儿半绕该堡，在岩石中开凿一条水渠，而且下面筑有同样是岩石的大海一样的池子，以此河水靠它自己的势头储存在池里，并不断流动。这些从哈散萨巴时候他们就已准备，也就是说超过一百七十年时间的饮料和食物储存，大多没有显出腐烂的迹象，因此他们把这个当作是哈散萨巴神灵所致。其他关于武器和贮藏的叙述，不能写进一整本书中而不感到冗长。①

---

① 　[波斯]志费尼.世界征服者史[M].何高济，译.呼和浩特：内蒙古人民出版社，1980：856.

另外，"山中老人"从各地掠夺来一批幼童，在受训的过程中，他们逐渐长大。在即将执行任务前，每次四人、或六人、或十人一批被麻醉后抬入花园，醒来后被告知正置身于天堂，在短暂的时间里，任由他们为所欲为，与美女纵情享乐。

过一段时候，再用麻药将他们迷倒，抬出花园。等刺客们醒来后，倍感失望，自然十分向往曾经逍遥快活过的"天堂"。"山中老人"便派他们去执行刺杀任务，说为主教而死，死后便可以重返"天堂"。这些刺客自幼深受教育，确信"山中老人"是回教《圣经》中所说的大预言家，对他绝对崇拜。于是，这些刺客们为了重返"天堂"，在行刺时奋不顾身，但求早死，往往成功率极高，深得"山中老人"的赞许。

因受遣外出的亦思马因派刺客在执行暗杀任务前，均要服用"哈希什"（即大麻烟），故欧洲讹称之为阿萨辛派。

该派创建以来，先后杀死了霍姆斯和大马士革长官、法蒂玛王朝哈里发阿米尔、十字军的黎波里王雷蒙二世和耶路撒冷王康拉德。他们曾两次暗杀萨拉丁未遂，使阿拔斯的现任哈里发都不敢在公众面前抛头露面。后来萨拉丁与该派谢赫拉希德丁·希南订立和约，默认这个宗教王国的存在，才肯罢休。

据说在塞尔柱后继国王中，有一位叫辛扎儿的国王，企图收复亦思马因派占据的城堡。"山中老人"遣使求和，辛扎儿没有答应。第二天早上，辛扎儿在自己寝室的床前地上发现插着一柄锋利的匕首。随后，"山中老人"遣使送来了亲笔信，蛮有胜算地说："如果我对苏丹不怀善意，想取苏丹性命的话，那么此时插在地上的匕首，就会插在苏丹的胸口上了。苏丹心里想必比任何人都了解，我此刻就算身处孤山绝顶，但是我还是有能力来指挥阁下左右的人。"看完这封恐吓信后，辛扎儿立即答应和亦思马因派议和，并且立下契约，在他本人在位期间，绝口不再提讨伐之事。

可能是所向无敌之故，亦思马因派更加有恃无恐，到鲁克赖丁·库沙任教主时，面对拥有超级版图的蒙古帝国，令所有的国家都胆战心惊，只有亦思马因派敢公然在太岁头上动土，竟然派遣四百多名刺客去刺杀蒙哥。他们胆大妄为的行径，彻底把蒙哥激怒了，也找到了征服伊斯兰地区的借口。

旭烈兀率领蒙古西征军前来攻伐时，木刺夷国总兵力达十万余人，在库希斯坦（今阿富汗西北部和伊朗东北部）境内有六七万人，在鲁德巴尔区（今伊朗北部、里海西南鲁德巴尔一带）有五六万人。面对蒙军大举攻伐，木刺夷国的恐怖活动依然没有收敛。虽然该国依仗刺客剑走偏锋，但真要与蒙军明刀明枪的对垒，无疑以卵击石，根本不是对手。

怯的不花率领一万两千西征先锋军进入木刺夷境内时，蒙军凭借旺盛的锐气和火炮的威力，接连攻下库希斯坦几座城堡，先后消灭木刺夷军五万余人，大大削弱了"山中老人"的军事实力。

然后把木刺夷国的都城阿拉穆特堡团团围住。该堡建在一座险峻的山峰上，地势险阻，城墙坚固，高过火炮的射程之外，攻打起来非常困难。虽然怯的不花身先士卒，向阿拉穆特堡发动多次冲锋，无奈城堡上守军严阵以待，多次被礌石、滚木、箭矢击退。

见屡攻不克，只好采取围猎战术，让将军布里继续厮守此地，怯的不花率领西征主力军去攻打阿拉穆特堡周围诸堡。待把周围的堡垒拔除干净，守军被累日的攻伐拖得疲惫不堪之际，再集结优势兵力对阿拉穆特堡进行强攻，定会易如反掌。

谁知，怯的不花把火炮调往别处的举动，被阿拉穆特堡内守军看得一清二楚，待侦察兵探清真实情况之后，趁一个风高月黑之夜，凭借熟悉的地理位置，向蒙军发起突袭。滞留于此的蒙军守将布里，有点儿傲慢轻敌，根本没想到被蒙军围困已久的木刺夷军还敢下山主动还击。接到偷袭的讯号后，在一片黑灯瞎火中，等蒙军手忙脚乱地摸到兵器时，为时已晚，饱受重创的蒙军死伤惨重，守将布里也被砍落马下，死于乱军之中。

怯的不花闻讯有变，急忙挥师驰援，等赶到堡下时，木刺夷国的士兵早已杀伐完毕，擦拭完器械上的血迹，唱着凯歌班师回营了。见损兵折将十分惨重，无奈之下，怯的不花向旭烈兀发出一份急报，请求增派援军，以便早日拔除阿拉穆特堡。

期间，木剌夷国的宫廷刚发生过一场政变，进入垂暮之年的老国王阿拉爱丁被刺遇难后，新国王鲁克赖丁·库沙刚刚继位。派遣刺客刺杀蒙哥的是阿拉爱丁的旨意，父债子还，刚刚继位的兀鲁兀充当了替罪羊。

不久，旭烈兀率领蒙古西征军离开哈不珊第二次踏入木剌夷境内，驰援怯的不花，合攻木剌夷国都城阿拉穆特堡。堡内驻扎着木剌夷重兵五万，凭险据守，未可即下，于是旭烈兀采取逐步消耗的战略。

旭烈兀把蒙古西征军分为左、中、右三军：左军由不花帖木儿、库喀伊儿喀率领集结于右翼马赞达兰，待命沿海岸向西出击；右军由术赤系宗王八剌海及捏克答儿斡兀勒率领，待命向西模娘以北进击；中军由旭烈兀亲率一万人进迫秃马温，伺机前进。另外，怯的不花率领攻城万人队作为预备队殿后或游移，以策应主力军作战。分工完毕，几路大军浩浩荡荡向都城阿拉穆特堡挺近，将它包围得严严实实。

各路大军摆好攻伐阵势，都按兵不动。为避免兵力伤亡，旭烈兀采取先礼后兵之策，遣使劝谕教主鲁克赖丁毁堡投降。鲁克赖丁见西征军步步压境，知道这次遇到强劲的对手，自感无力抗衡，遂派遣兄弟撒罕沙与几名大臣向旭烈兀请降。1256年六月，撒罕沙一行赴蒙军阵营谒见旭烈兀。旭烈兀致书鲁克赖丁：若鲁克赖丁毁其数堡，亲自来营谒见，可保其国不受损害。鲁克赖丁接到信后遵命毁了几座城堡，并同意在境内设置蒙古长官，但狂妄地提出，为腾出无储备和军力的城堡迎接可汗，但对拜谒一事，则请宽限一年成行，并请求除保留他们的老巢阿拉穆特、兰麻撒耳、剌勒诸堡外，其他诸堡一律献出，并说已命令吉儿都苦堡和库希斯坦守将投降。

为了躲避蒙古西征军的锋芒，新王鲁克赖丁将首都由阿拉穆特堡迁至麦门底司堡。鲁克赖丁派使者出堡去求见旭烈兀，说鲁克赖丁将于当日或次日出见。及至次日，鲁克赖丁又约次日出降，时至又失约。

旭烈兀纵有超凡的度量，对鲁克赖丁出尔反尔的缓兵之计也难以容忍。遣使者往返几次，均无功而返，鲁克赖丁躲在麦门底司堡避而不出。寒冬来临，鲁克赖丁以为蒙古西征军不可能冒着严寒在山国作战，故作口头退让，借以拖延时间，等待良机。旭烈兀认为鲁克赖丁缺乏投降的诚意，决心以武力解决。

1256 年十一月九日，旭烈兀指挥三路大军向麦门底司堡有序推进，并亲自勘察了麦门底司堡地形和防务后，在一天夜里，攻城部队动用滑轮把十门巨大的火炮和重达百斤的炮石吊到一座山峰上，竖起火炮的架子，伺机对阿拉穆特堡发起强攻，以迫其投降。

翌日，当朝阳从遥远的地平线上冉冉升起时，蒙军击响出师鼓，强攻开始了。站在山峰上的旭烈兀帅旗一挥，十门火炮同时向阿拉穆特堡进行轰击，顷刻间，整个阿拉穆特堡所在的山峰发出地动山摇的震颤，原本景色秀丽、富丽堂皇的宫殿，随着一大片腾起的灰尘和四溅的砖石，化为齑粉。

与此同时，埋伏在各附近山峰上的蒙军弓弩手一起呐喊着，向城堡守军发射密集的箭雨，压得他们根本没有还击的机会。诚然，城堡内守军也不会束手待毙，不停用石弹和弓箭进行还击，但在射程和杀伤力上都无法与蒙军的火炮相比。

蒙军经过两轮猛烈的攻击，阿拉穆特堡的城墙和宫殿在火炮的轰击下发生扭曲、变形。堡内守军终于不支，在炮石撞击城堡砖石后升腾起的烟尘中，一面惨白的乞降旗高高伸出来，在寒风中映着黄昏的暮色瑟瑟发抖。无法抵抗蒙军凛冽的攻击，鲁克赖丁被迫投降了。

当时的战况十分惨烈，所有堡垒均被彻底捣毁，阿拉穆特堡中珍藏的"叙述他们邪说异端、既无传统根据又缺乏理智支持"的书籍都被付之一炬。

为了庆祝胜利，蒙军将领在山谷的花园中一连宴饮九天，然后命投降国王写了一道手谕，遣使分赴各个拒降的城堡劝降。见国王投降，其他负隅顽抗的教徒自然放弃抵抗，各地一百多个大小城堡相继投降。但蒙军在兰麻撒耳遇到负隅顽抗，不勒海领兵围困十余天后，城被破。旭烈兀下令屠城，城堡宫殿彻底夷平。

之后，旭烈兀派兵押着鲁克赖丁去蒙古帝国首都哈拉和林觐见蒙哥。到达哈拉和林后，蒙哥拒见，"千里迢迢把他带来，这没有必要。我们的旧札撒是尽人皆知的"。蒙哥拒绝鲁克赖丁进献贡礼，但传出话来，告诫鲁克赖丁，"既然你宣称你是伊尔，为什么你不堕毁诸如吉儿都怯和兰麻撒耳的某些堡垒呢？你必须回去，当你拆除了那些堡垒时，你将再有进献帖克失迷昔之荣"。

返回途中，当他们抵达杭海时，为了让鲁克赖丁对其先人所干的坏事得到惩罚，刺客之国的末代君王和其他信徒们被蒙军士兵踢得死去活来，然后处斩。

完成了平定木刺夷国的任务后，旭烈兀下令将所有的亦思马因人统统铲除，被俘军民一律分配到各军营，悉数斩杀，"虽在襁褓者，亦不幸免"，这个势力强大曾经威震西亚地区长达一百六十多年的暗杀派终于土崩瓦解，结束了其血腥恐怖的生涯。

随后，蒙古西征军在哈马丹附近进行集结整训。1256 年春，旭烈兀与从阿塞拜疆境内赶来的将军拜住研究攻打阿拔斯王朝的事宜后，于 1257 年九月，西征军向另一个目标——阿拔斯进军。

第四十八章

黑衣大食

　　1257 年九月，旭烈兀挥师兵临报达城（今伊拉克的首都巴格达）下。当时，报达城的统治者是建立于 750 年的阿拔斯王朝。这个国家史称黑衣大食，西方文献称其为东萨拉森帝国。国王称哈里发，意为"继承者"，即安拉使者的继承者，在政治上实行世袭制。

　　阿拔斯王朝地域辽阔，曾横跨亚、非、欧三大洲，世界各国贸易往来频繁。1242 年，也就是窝阔台驾崩的第二年，阿拔斯王朝第三十七代哈里发谟斯塔辛即位。他骄奢淫逸、意志薄弱、喜好听音乐和观赏舞蹈，不理国事，掌管朝政的将帅大臣又争权夺利，相互倾轧，得知蒙军压境的消息后，正一筹莫展。

　　在报达城下，旭烈兀想起出征前，蒙哥曾吩咐过等消灭木刺夷国后，蒙军下一步军事部署："扫荡了这些地方后，就准备好向伊拉克进军，如果巴格达的哈里发（国王）打定主意效忠听命的话，就不要以任何方式得罪他，而如果他骄傲自大、心中想的、说的不同我们一致，那就把他归并到其他敌人中。"

在进攻报达之前，于是年秋天，旭烈兀依然遣使至报达城内面见国王谟斯塔辛，责备他没有派兵随蒙军从征木剌夷人，并向他历数先前与蒙古帝国敌对的各国君主的可悲下场，最后警告他说："如果你服从我们的命令，那就不要和我们敌对，国土、军队、臣民仍将留下给你。如果你不听我们的劝告，想反抗我们，和我们敌对，那就部署军队，指定战场吧。"①

此时，虽然阿拔斯王朝国力式微，但毕竟做了五百年伊斯兰世界的精神领袖，多次抵御罗马基督教徒组织的十字军的攻伐，尚未交锋，没动一枪一箭，怎么可能轻易向蒙军俯首称臣呢？毫无悬念，国王谟斯塔辛拒绝了旭烈兀近乎粗鲁无理的要求，并派使者去见旭烈兀，态度蛮横地指出："你要来进攻报达，只会尝到失败。"

旭烈兀闻言勃然大怒，对报达使者说："既然你们的君主不愿投降，那就让他立即准备战斗！"把使者打发走，旭烈兀着手部署和装备军队，准备举兵攻伐报达城。

面对旭烈兀的威胁，国王谟斯塔辛急忙召集群臣商讨对策，朝中群臣发生了严重分歧。元帅苏来曼沙和副宰相埃别克及主战派坚持集中全国兵力，以逸待劳，与蒙军决战；为了阻止事态的进一步恶化，宰相伊本·阿勒哈米主张交付赎金，以保全国家及黎民的安全。对此，国王谟斯塔辛也犹豫不决，他想聚集军队同蒙军决一死战，却舍不得给士兵分发饷银和犒赏；他想向旭烈兀投诚，却又不舍得向旭烈兀进献厚礼。

在确定报达城内军力强大的事实后，旭烈兀命令亚美尼亚、格鲁吉亚等国，派兵增援合力讨伐报达城。得到强力支持后，蒙军兵力多达二十余万。由于基督教和伊斯兰教是世仇，两国领兵参战的公爵们，在报达城陷落后，他们屠杀起城内军民来尤其卖力。

十一月，旭烈兀探知副宰相埃别克亲率大军前来抵抗，决定再次兵分左、中、右三军：左军由怯的不花率领，向报达东南的罗耳挺进；中军由旭烈兀亲自率领，向报达东北的开尔曼沙、火勒完开火；右军由拜住率领，从毛夕

① 杨讷.世界征服者——成吉思汗及其子孙［M］.北京：华夏出版社，1997：83.

里渡过底格里斯河，进攻报达西北。

　　在底格里斯河东岸有一座名叫牙库拔城的小城，埃别克率领军队便驻守于此，伺机阻击拜住率领的蒙古右军。蒙军兵临牙库拔城下，向小城发起数起强攻，均被埃别克带领的守军打败。拜住率领蒙古右军在底格里斯河上游引渡成功后，埃别克抓住时机，马上派兵驻扎在底格里斯河畔进行袭击，把拜住的军队逼退回底格里斯河西岸。

　　两军在底格里斯河西岸展开一场鏖战，酣战三日，不分胜负。一天夜里，蒙军从上游掘开底格里斯河堤放水，使驻扎在低洼地带的埃别克军几乎全军覆没，一万多名士兵均被淹死，副宰相埃别克躲在泥浆里装死，才侥幸躲过一劫，最后率领残军败回报达城里。

　　国王谟斯塔辛见埃别克惨败而归，立即下令修缮城墙，在街巷里布置障碍，号令全城居民保卫都城，与蒙军死战到底。

　　全歼埃别克一军后，拜住率蒙古右军攻入报达河西的附城。与此同时，旭烈兀率领中军已占领罗耳，直抵报达城东南；中军拔除开尔曼沙、火勒完后，穿越美索不达米亚平原，进抵报达城北。这样，旭烈兀指挥三军对报达城形成合围之势。

　　为了瓦解报达城内守军的斗志，迫使他们早日投降，旭烈兀下令围绕报达城外挖掘一条宽阔的壕沟，还在底格里斯河上、下游架设浮桥，封锁了报达城的水路交通，给围困在报达城里的军民的心理造成极大的恐慌。

　　蒙军尚未发动总攻，侥幸逃过蒙军水淹的埃别克已被吓破了胆，很后悔又逃进报达城中，死路一条。不想安坐待毙，一天夜里，埃别克指挥着三艘战船试图突破蒙军的浮桥，夺路而逃。时间证明，他的逃跑计划很快夭折，三艘战船上的士兵全部被俘，他性命难保，被蒙军一刀砍了。

　　1258 年一月三十日，旭烈兀命一百门火炮瞄准了报达城墙，三路大军同时发起进攻。战幕刚启，炮石如无数只大鸟，掠着死亡之翼，向报达城垣上疾速飞去，声如雷震，砸得城垣上砖石飞溅，烟雾升腾，功夫不大，报达城东门便被火炮摧毁。城内国王谟斯塔辛征集城中能征善战的士兵七万余人进行拼死抵抗，战况十分惨烈。经过数日围攻，造成城内守军的体力渐渐不支，伤亡惨重。数日后，国王谟斯塔辛几次遣使和儿子至蒙军阵营请降，旭烈兀都拒见。

二月十日，连日的消耗，报达城内守军所剩无几，城墙被蒙军火炮轰击得摇摇欲坠，破城已迫在眉睫。国王谟斯塔辛见败局既定，只好放下手中的武器，率领儿子、官员、贵族三千余人出城乞降。旭烈兀以礼接待，让他号令城中居民弃械出城投降，然后逐一屠戮。当初强硬的拒降换来如今残酷的惩罚。

等蒙军把报达城内的军民肃清殆尽，十五日，旭烈兀骑马入城巡视宫廷，让谟斯塔辛交出王宫秘藏的国库财物，然后纵兵把阿拔斯王朝积蓄了五百年的金银宝石掠夺一空。又对后宫进行登记，共有后妃七百、宦者千人。报达城连续烧杀七天，城内居民八十万人遭到屠杀。

五日后，旭烈兀率军离开报达城，停驻在瓦黑甫村，报达城国王谟斯塔辛被蒙军裹在地毯中乱马踏死，一起处死的还有阿拔斯王朝皇室男子。旭烈兀指挥着蒙古西征军奋战三个月后，终于结束了报达战争。黑衣大食王朝绵延了三十七代，历经五百零八年，宣布灭亡。

伊斯兰教中心报达城的陷落，使周围的伊斯兰国家陷入极度恐慌之中。距离报达城最近的叙利亚地区诸国更是五脏俱焚，似乎依稀听到蒙军铁蹄正渐渐逼近的声音。为了避免引火烧身，叙利亚国王苏丹纳昔儿赶紧派王子阿昔思和宰相札奴丁携带重礼拜谒旭烈兀行营，俯首称臣。旭烈兀责问阿昔思，为什么苏丹纳昔儿自己不来。他索性扣押了王子阿昔思，到明年开春放归，并让他给其父捎去一封谕降书。

苏丹纳昔儿在回书上宣称："纳昔儿王、赛甫丁、阿老瓦丁以及叙利亚之其他将卒不畏作战，急盼马嘶与战士之冲突，盖彼等曾发誓愿与汝等一战也。"

在西征途中打得如火如荼的旭烈兀，决定提兵攻伐叙利亚。当时叙利亚名义上属于阿尤布王朝（行政中心在埃及），实际由国君纳昔尔统治，叙利亚的兵力大概有十万人。1258 年九月，旭烈兀大军开赴叙利亚境内，兵分三路展开攻势：拜住和失克秃儿为右翼；孙札克为左翼；旭烈兀亲自率领中军，先后攻下哲吉莱特城、牙发儿斤城、阿米德等诸城，渡过幼发拉底河，洗劫了门比杰，围攻叙利亚重镇阿勒颇城。

城中守将木阿匝木率领叙利亚十万大军驻扎于此，自持城高池深，严令死守，拒不出城迎战，誓不投降。期间，阿勒颇城内部分守军擅自出战，旭烈兀将他们诱至城外开阔地，惨遭败绩。针对阿勒颇城墙坚固的事实，蒙军动用二十门火炮对准城门一阵猛轰，城门倒塌，蒙军趁机攻入城内。不过，城内守军并没有束手就擒，与蒙军进行了殊死搏斗。战斗持续了一周，蒙军才彻底攻下此城，作为惩罚，全城居民惨遭屠杀，只少数工匠得以幸免，或编入军队充当肉盾。

阿勒颇城失守后，叙利亚诸城望风而降，许多穆斯林王公贵族在蒙军尚未到达时，争相跑来归顺旭烈兀。对尊奉他的人，旭烈兀一律高抬贵手，以至于有个叫阿什拉夫·穆萨的王公，因统治残暴曾被百姓推翻，当他前来向旭烈兀倒苦水时，旭烈兀竟派军队拥戴他重新复位。

见气势汹涌的蒙军来犯，叙利亚国王纳昔儿顿时方寸大乱，忙遣使驰向埃及紧急求援。当时埃及正闹内乱，无暇自顾，不可能向叙利亚增派援兵。于是，纳昔儿放弃叙利亚首都大马士革城，逃往埃及马木留格王朝。国王不战先逃，城内军心已乱，斗志消弭。战斗尚未开始，大马士革城沦陷的命运已经基本确定了。

城中长官遣使向旭烈兀投诚，并献上金银珠宝和自己的妻妾。尽管如此，大马士革城的子城尚未完全降服，仍有三万名将士不愿做亡国奴，利用城堡掩护，誓死抵抗。

1259 年三月二十一日，旭烈兀派怯的不花率军围攻子城，以二十门火炮狂轰滥炸，直到四月六日，大马士革全城沦陷。遵照旭烈兀的指令，怯的不花亲手砍下守城长官的头。大马士革移交给一位蒙古长官管理，并由三位波斯文官协助。

在以后的三周中，旭烈兀对叙利亚全境的反抗势力进行了清洗，西征军进入萨马里亚，把曾经抵抗过的纳布卢斯驻军全部处死。接着，怯的不花率西征军长驱直入，推进到与埃及边境接壤的加沙地区，活捉了叙利亚的苏丹纳昔儿。怯的不花把苏丹纳昔儿和其亲属送往大不里士。据说，旭烈兀待苏丹纳昔儿非常好，答应在取得埃及后，把叙利亚归还于他。

这样，蒙古帝国完全控扼了从亚洲到非洲的重要商道，再往前，便要进入非洲，蒙古帝国真正变成了名副其实的"横跨欧亚非三洲的帝国"。蒙古帝国占领了叙利亚大部分国土。阿尤布王朝至此名存实亡，仅统治着哈马一隅。为了扫除隐患，旭烈兀派军进攻小亚细亚，击溃巴尔干诸国联军。同时，名汉将郭侃渡海，占领了塞浦路斯岛。

第四十九章
远征大理

1252 年，蒙哥命令忽必烈远征云南大理，以便对南宋形成南北夹击之势，并诏谕南宋"荆南、襄阳、樊城、均州（今湖北丹江口）诸守将"投降。这是忽必烈总领漠南后所承担的第一次大规模军事征伐。日后，忽必烈藏匿多年的领袖特质渐渐浮出水面。

由于忽必烈长期驻守于蒙古本土的经历所致，其卓越的军事才能最集中、最突出表现在拟定战略计划上，他以一个军事战略家的身份跻身于黄金家族中。基于蒙古帝国的水军稀缺，难以跨越长江天险，忽必烈遂效法圣主成吉思汗"假道南宋、包抄开封灭金"的战略，向蒙哥提出先取大理以迂回包抄南宋的部署，从侧背攻击南宋心腹之地，配合蒙军主力正面作战，以便达到南北夹击灭宋的战略部署，蒙哥点头应允。

大理国是云南白族段氏在 937 年建立的地方政权，其都城在今云南大理 ①，疆域包括现在的云南、贵州全省和广西的西部，四川西南部，缅甸北部以及老挝、越南的部分地区。这就是戏剧小说中经常提及的第一代"段

---

① 国土相当于今天的云南加上四川的西南部。

王爷"。1095 年高升泰改国号为大中国，翌年高升泰死后归政于段正淳，史称后理国，统治着当地的乌蛮、白蛮、么些、和泥、金齿、百夷等族。到 13 世纪上半叶，大理国国势衰微、政治腐败、宠臣善权、内战频繁。当时，大理国主段兴智大权旁落，权臣高祥、高和兄弟代摄国政。乌蛮、么些、金齿等族，早已对段氏深表不满，内部矛盾日趋尖锐，各部力求自立，渐成割据之势。大理国兴建于唐代末年，距忽必烈征讨时已有四百余年的历史。

蒙古帝国自从窝阔台执政时遣阔端进入四川、吐蕃地区以后，曾几次试探性地进入大理国境，虽未深入，但对大理的山川风貌、地理概况已经有所了解。此次，蒙哥派忽必烈攻取大理国，一方面固然以大理本身为目标，但更直接的因素是要利用大理的人力物力与地理优势，达到从背后包抄南宋的企图。

蒙哥考虑到大理国战斗力十分孱弱，且远征途中必经的川藏边地，主要控制在吐蕃和羌人手里，这些人内部四分五裂，但都与蒙古帝国的关系修好。所以，才敢劳师远征，做出如此漫长的无后方迂回作战的英明决策。

尽管三十七岁的忽必烈急于建立不朽伟业，但他还是花了将近一年的时间去巩固后方：整治淮河一线，屯兵据守，命张柔率汉军移镇亳州，进逼两淮；命与宋接壤地区：四川、河南、山东诸军部署重兵，且耕且守，与宋军争夺城镇与堡寨。不仅如此，忽必烈还特命汪德臣率兵直赴成都，到达嘉定（今四川乐山），为下一步攻伐云南做一次试探性的假道进攻。另外，主要是集结军队、精选战马、准备辎重等征伐工作。以上种种，都作为攻取四川的总体战略准备。

同年夏六月，忽必烈在曲先脑儿觐见蒙哥，正式授钺专征。

现在即将孤军远征，也到了废止蒙古"屠城"的旧制，争取人心的时刻了。当晚，忽必烈大宴群臣和侍从，酒喝到酣处，姚枢趁机向他讲述起宋太祖赵匡胤遣大将曹彬取南唐未尝斩杀一人的旧事。曹彬的故事使忽必烈振奋起来，连声赞道："想不到，真想不到，这位曹彬果真了得。"

翌日清晨，等远征大理国的蒙军开拔时，骑在马上的忽必烈兴奋地向姚枢喊道:“汝昨夕言曹彬不杀者，吾能为之，吾能为之！”[①]

姚枢大声回答:“王爷如此仁明宽厚，是百姓的福气啊。”

1252年秋初，远征大军从漠北祃牙祭旗后，忽必烈率五十多位左手诸王挥师南下。蒙哥命令著名的指挥官速不台的儿子兀良合台总督军事。

兀良合台有勇有谋，早年曾充当成吉思汗的怯薛军，因是功臣世家，受命护育皇孙蒙哥，后来成为蒙哥身边的一名怯薛长。又参加拔都领衔的西征军，又有拥立蒙哥为汗之功，因此，被蒙哥委以重任。与其说忽必烈，倒不如说兀良合台是这次南征的主帅。此时，忽必烈身边真可谓猛将如云、谋臣如雨，蒙军一路南下，所向披靡。

据拉施特在《史集》中记载，这支南征军约有十万之众，是按照蒙古惯例，“从东、西大军中每十人抽二人”组成的，此外还有降蒙的色目人军队和汉军等组成。

这次远征与蒙古铁骑的以往征战完全不同，离开熟悉的蒙古草原，不但要深入汉地，途中还要经过蒙古人不熟悉的吐蕃之地，如何行军，如何部署，如何作战等都要有人参谋，加上粮草供应、气候与蒙古草原迥异不同，诸如此类的问题。为此，忽必烈几乎带上了所有的幕府谋士南伐，只留下窦默辅佐长子真金。

冬十二月，大军渡过黄河。1253年春，经过西夏腹地盐、夏二州郡。四月，出萧关。八月，忽必烈命汉族世侯、色目军将领刘鼐、董文炳、解诚、贾昔剌、土土哈、叶仙鼐等率兵驻营于六盘山（今宁夏固原一带）。那是二十六年前，其祖父成吉思汗撒手西归之处。不日，兀良哈族的兀良合台以副将的身份率领蒙古精锐部队前来会师。

忽必烈率领蒙古南征军屯兵六盘山期间，发生了大小两件事。

小事是京兆鄠县（位于陕西省，今作户县）贺贲修建房屋时，从断壁残垣中发现白银七千五百两，遂以“殿下新封秦，金出秦地，以天以授天下”为由，持其中五千两献给忽必烈以助军南伐。忽必烈当场给予他不菲的奖赏。

① ［明］宋濂，等．元史（卷一百五十八）［M］．北京：中华书局，1976.

几日后，有一位年轻壮汉擅闯王帐被宿卫擒获，审问其故，忽必烈方知，他竟说自己是前几日献银的贺贲之子——贺仁杰，来为其父鸣冤叫屈。问后才知，原来某军师怨贺贲不事先禀报而直接向忽必烈献银，气愤之下，将贺贲逮捕下狱。忽必烈查明实情后，勃然大怒，下令捕捉该军师欲杀之，后念其勋旧家世而饶其不死。而后，主动献金的贺贲，受到忽必烈的擢用。根据贺贲的意愿，其子贺仁杰应召进入忽必烈宿卫的行列。此后，他曾多次救忽必烈于危难之中。

数十年后，晚年的忽必烈把贺仁杰召至御塌前，拿出五千两银，对他说："此汝父六盘山所献者，闻汝母来，可持以归养。"贺仁杰坚辞不收，忽必烈不允。

另一件大事，就是忽必烈与藏地高僧八思巴结缘。八思巴生于 1235 年，本名罗古洛哲坚赞，意为"智慧吉祥的使者"，他聪敏过人，"国人号之神童"，深得当时藏传佛教萨迦四祖的宠爱，并对之寄予厚望。萨迦四祖病逝后，八思巴继任为萨迦五祖。

当时四川受控于南宋，蒙军只能穿越甘青、川西藏族地区直捣大理国，在此背景下，藏族地区的重要性尤为凸显。

1253 年夏，忽必烈率大军进抵离六盘山不远的临洮（今属甘肃）一带，大约即将进入藏族地区，忽必烈遣使携带他的亲笔书信去见阔端，恳请他动员萨迦班赴六盘山，商议假道事宜。当时，萨迦班已死，阔端便派儿子蒙哥都王子陪同萨迦班的仔子八思巴从琼州前来谒见。

藏族是我国世代繁衍于青藏高原上的古老民族，其历史可追溯到新石器时期。从远古起，藏族先民就以血缘为纽带，组成部落，散居在广大的世界屋脊上。公元 7 世纪，西藏山南雅隆河谷地区的悉补野家族崛起，以雅隆部落为基础向拉萨河流域扩展。

人们认识吐蕃，往往从藏族赞普（即首领）松赞干布和唐朝的文成公主（文成公主嫁给松赞干布时，他已有两位妻子，文成公主不过是个妾。后来，松赞干布去世后，其子欲娶文成公主为妻）开始的。为了管理全境和推行政令，松赞干布定都于逻娑（今西藏拉萨），确定行政区划，建立军政管理机构，制订了各种法律和制度，委任各部贵族世家担任王朝的官职，依据于田、天竺等文字创制了沿用至今的藏文。838 年，反佛大臣暗杀了赤祖德赞，扶持其兄朗达玛（赞普）即位。两年后，朗达玛下令禁佛，停建和封闭佛寺，焚毁佛经，强迫僧人还俗或充当屠夫、猎户，使佛教在吐蕃严重受挫，几乎禁绝。842 年，朗达玛被佛教僧人刺杀。随后，吐蕃王室发生内讧，平民和奴隶发动的起义，属部相继丢失，吐蕃王朝很快瓦解冰消。

在各地部落首领互争雄长的社会大动乱中，佛教在西藏几乎中断了一个世纪。直到公元 9 世纪，佛教再度从青海和阿里两个方向传入西藏中部，在西藏佛教史上称为佛教在西藏的"后弘"。

朗达摩赞普灭佛时，藏·饶赛、约·格琼、玛·释迦牟尼等三位名僧将戒律部分佛教经典驮在一匹牲口上，逃出西藏，在青海湟水流域继续从事佛教活动，直到收下一位名为喇钦·贡巴饶赛的弟子，才使戒律得以延续。随后，喇钦·贡巴饶赛广收门徒，传授佛法经典，在西宁东南黄河流域的丹底寺形成一个佛教中心。

第五十章

结缘佛教

　　八思巴出生前后，西藏周围和西藏本身的政治时局发生急剧的变化。综合史书的记载，蒙古与西藏的关系最初建立过程大致如下：

　　1216 年，萨迦派第三代师祖至尊扎巴坚赞去世时，西藏已通过在西夏活动的僧人知晓蒙古在北方崛起的讯息。

　　1218 年，蒙军再次进攻西夏，西夏国王李遵顼逃至西凉府。成吉思汗派大将哲别率军两万余人追击乃蛮部太阳汗的儿子屈出律，尽取喀什噶尔、叶尔羌、和田等地，可能当时有一支蒙军从叶尔羌南下，收复西藏西部的阿里地区。

　　1223 年，成吉思汗曾上溯印度河，打算假道吐蕃地区返回蒙古帝国，因路途艰险而返回白沙瓦。

　　1226 年，成吉思汗亲率大军再次攻伐西夏，于翌年挥师渡过黄河进攻积石、临洮、西宁等州，进入甘青藏族地区，是年夏天，西夏投降蒙古帝国，成吉思汗在六盘山逝世。

　　1235 年，阔端进攻南宋的四川，开始招降四川的邻居吐蕃首领，并授官课税。

1239 年，阔端遣大将道尔达出兵南进乌思藏，击败反抗各部，直抵尼婆罗边界地区，掌握吐蕃地区政治大势，为吐蕃地方归附蒙古奠定了基础。

1240 年，阔端派大将多达那波率军攻入西藏，并设立了零星驿站，只有噶当派的少数寺院抵抗蒙军，立即惨遭失败，蒙军迅速控制了西藏主要地区。

1244 年，道尔达以使者身份再次入藏，向萨迦派教主萨迦班智达发出带有最后通牒性质的邀请书，命其携侄来见。萨班念及乌思藏地区生灵及本教派利益，遂不顾年迈，携两个侄儿八思巴和恰那多吉上路迤逦北行。

1246 年，刚从推举贵由为大汗的忽里台会议归来的阔端与萨班相见，达成吐蕃地方归附蒙古帝国的协议，大意是：蒙古任用萨迦人员为达鲁花赤（意为总辖官），赐予金符和银符，所有吐蕃地区头人必须听命萨迦的金符官，不得妄自行事；吐蕃各地缮写官吏、户口、贡赋清册三份，一份由各地官吏自行保存，两份呈交阔端和萨迦；蒙古将派官员到卫藏，会同萨迦人员议定税目等事宜。

阔端受命萨班作为宗教事务顾问留居凉州，并致书乌思藏地方各首领，劝其踊跃投诚。意大利著名的藏学家杜齐也承认，"在阔端手里，蒙古第一次有实效地占有了西藏"。期间，按照阔端的安排，八思巴跟从萨迦班智达学习吐蕃教法（即西藏佛教），幼侄恰那多吉着蒙古服，学蒙古语。此间的阔端实际上是大蒙古国的吐蕃事务总管，全面负责经营事宜。故藏史有误认其为蒙古可汗者。

蒙哥登上汗位后，汗权从窝阔台系转入拖雷系手中。蒙古汗廷这一权力转移，立即对当时西藏的政治形势产生连锁性的影响。窝阔台子孙失烈门、脑忽等反对蒙哥的举动尚未造成大的事端便受到镇压，阔端虽然与蒙哥关系交好，未受牵连，但权力也被大大削弱，特别是蒙哥收回了阔端在吐蕃事务上的大权。《大司徒绛曲坚赞自述》中对此有着比较清晰的记载：

多达那波前来西藏的时间，约在成吉思汗的儿子窝阔台在位的时期，窝阔台和贵由归天之后，诸王兄弟集会，商议大汗的位子由谁来坐，一致同意由蒙哥任大汗。蒙哥汗虽然继承了大汗之位，当时吐蕃还由凉州王子阔端掌管着，于是从阔端阿哈那里取了上师，由蒙哥汗掌管止贡派，由薛禅汗掌管蔡巴派，由王子旭烈兀掌管帕竹派，由阿里不哥掌管达垅派。这样，四位王子分别掌管各个万户。

实际上，蒙哥接管西藏的过程比绛曲坚赞描述得要复杂一些。蒙哥即位后，为进一步扩大蒙古帝国的括户和投下分封制的范围。于 1252 年，蒙哥下令"籍汉地民户"，派月合乃等人"料民丁于中原"，翌年正月，又"遣必阇赤别儿哥括斡罗思户口"，也就是说此次括户①的范围延伸至蒙古统治下的斡罗斯。

对吐蕃的经营大权随着汗系的更替转归蒙哥的弟弟忽必烈的肩头。忽必烈的出现，大大改变了吐蕃地区的历史进程。

八思巴时年十九岁，是刚继位的萨迦班的新教主。虽然有的史书记载之前八思巴就与忽必烈见过面，但这次是八思巴第一次以教主身份会见忽必烈。

蒙哥都王子和八思巴进入蒙军营帐后，忽必烈首先询问了藏族历史和萨迦班智达的情况，随后话锋一转，命八思巴派人去藏族地区摊派兵差、征集军需物资、收取珍宝，为进军大理国做准备。

八思巴深知藏族地区人烟稀少，财力所限，于是当场拒绝忽必烈的要求："吐蕃不过是边远小地方，地狭民贫，请不要摊派兵差。"

忽必烈对八思巴再三陈请充耳不闻，让八思巴心中不悦，说："如此，吐蕃的僧人实无必要来此住坐，请放我们回家吧。"

忽必烈说："那么，可以前去。"

在忽必烈和八思巴各执己见，闹得不欢而散时，适逢忽必烈的妃子察必

---

① 就是清查登记属于蒙古地区的户口，确定其归属，其中划给诸王、后妃贺功臣的民户成为封户，隶属本主，不得迁徙出离，这些领主的封地采邑，称为投下。

出来斡旋，对忽必烈说："这样的僧人实为稀有，先前的蔡巴①等老僧们不如此僧的知识功德数分之一，亦不如他善于讲论，请不要让这些僧人回吐蕃，还请你们施主与福田再行问法讲论。"

关于此后的谈话，《萨迦世系史》中有着详尽的记载：

> 施主于福田再次讲论，此时八思巴作倨傲之状，汗王说："你为何如此倨傲，你的祖先有何功业？"八思巴对此答道："我并没有什么威势，但我先辈曾被汉地、西夏、印度、门地、吐蕃的帝王供奉为上师，故威望甚高。"汗王说："吐蕃地方何时有王，何人尊奉拥戴？这与佛书所说不合，必是虚妄。"八思巴将吐蕃之王曾与汉地交战，吐蕃获胜，收服南赡部洲三分之二，此后汉地与吐蕃联姻，迎来公主与本尊神像的经过叙述一番，并说："此事实有，佛书虽不载，但有文书记载，请查阅即知。"翻阅汉地先前之史籍，见上面的记载正与八思巴所言相符，汗王心喜。此后，八思巴又说："此外，早先四万年前，南赡部洲曾降七日血雨。"查看汉地史籍，也有记载，汗王更加生起敬信。八思巴又说："我的祖父之时，西夏王曾献一可将公鹿从角尖整个罩住的锦缎伞盖②。"汗王派人到萨迦去察看，回报真有此物，汗王父子俱生信仰。

八思巴凭借广博的学识和高明的见解，很快就令"思大有为于天下"的忽必烈深深折服，乃至影响到妃子察必，使他们逐渐认识到要想得到佛教的拥护，还需要仿照历史上崇佛的帝王先例，与八思巴建立另一层师徒关系。

---

① 蔡巴为西藏佛教噶举派四大支之一。该派的创始人是向蔡巴（1123-1194），蔡巴噶举的宗教活动地以蔡巴寺和贡塘寺为主。元代，忽必烈派人到西藏分封十三万户时，蔡巴受封为一个万户，万户长即是桑杰额朱。桑杰额朱的儿子仁钦坚赞继任万户长后，曾亲自到北京向元朝朝贡，忽必烈封赐给他土地，并赐给金印、诰命，于是蔡巴就成了在前藏一带实力最强大的三十万户之一（另外两个是帕竹和止贡），而蔡巴噶举教派已经成为蔡巴万户的附属物。

② 据《萨迦世系史》记载，八思巴的伯祖父扎巴坚赞任萨迦教主时，他的一个弟子觉本当了西夏的国师，向萨迦献了许多银器珍宝及这一个大伞盖。

先是王妃察必请求八思巴传授萨迦派的喜金刚灌顶 [1] 时，将出嫁时父母陪送的耳环上一粒大珍珠献给了八思巴。事后，八思巴将这粒珍珠卖给一个蒙古人，换取黄金一大锭、白银四锭。后来八思巴返回乌思藏时，用这项金银做后藏曲弥大法会和兴建萨迦大金顶的资金。

但是，当忽必烈同样请求八思巴传授喜金刚灌顶时，却遇到了阻力。八思巴提出灌顶之后，忽必烈应遵守法誓，真正以弟子之礼来尊奉上师，"受灌顶之后，上师坐上座，要以身体礼拜，听从上师之言语，不违上师之心愿"。

这意味着佛教的教权会凌驾于世俗王权之上，使忽必烈感到颇感为难。这时，察必出来调解："听法及人少之时，上师可以坐上座。当王子、驸马、官员、臣民聚会时，慈不能镇服，由汗王坐上座。吐蕃之事悉听上师之教，不请于上师绝不下诏。其余大小事务因上师心慈，如误为他人求情，恐不能镇国，故上师不得讲论及求情。"

在这一折中的建议下，八思巴于1253年，在忽必烈的军帐中，为他传授了萨迦派的喜金刚灌顶，在宗教意义上，八思巴成为三十八岁忽必烈的老师。

忽必烈和八思巴的互慕，对后来元朝的宗教政策和对藏族地区的政策都产生十分重要的影响。

---

① 灌顶，本是古代印度一种仪式，国王即位时取四大海之水灌于头顶而表示祝福，后来佛教密宗也采用这种仪式。佛教的灌顶主要有传法灌顶和结缘灌顶两类。传法灌顶时"对于如法积行之人，传授密法，使绍阿阇梨职位"之灌顶；结缘灌顶时"唯为使结佛缘，引入一般之人于灌顶坛，使投花而授其本尊之印与真言，无秘法之授受"的灌顶。

第五十一章

劳师南征

八思巴与忽必烈在六盘山会晤后，便离开蒙军营帐返回凉州，取"地处西方，常寒凉也"。在凉州为萨迦班智达的灵塔举行了开光仪式后，动身返回西藏。

远征大理国，对所向披靡的蒙古大军而言，可以说南诏国羸弱的兵马不堪一击。当时，四川中部与东部仍在南宋统辖之下，所以，此次蒙军取道路线要经过四川西部和川滇边区高山峡谷人烟稀少之地。对首次统兵作战的忽必烈而言，劳师万里南征大理国不啻一场挥之不去的噩梦。从六盘山前往大理，途经雪山、草地，渡金沙江、大渡河，艰难跋涉。"经吐蕃曼沱，涉大泸水，人不毛瘴喘沮泽之乡，深林盲壑，绝崖狭蹊，马相縻以颠死"；"前行者雪三尺，后至及丈，峻阪踏冰为梯，卫士多徒行，有远至千里外者"。

攀登雪山时，蒙军几乎把所有随身携带的衣物都包裹在身上，由于山路盘旋曲折，包括忽必烈在内，都舍骑徒步。因忽必烈患有足疾，不得不由在六盘山新收的宿卫贺仁杰背负而行。汉将董文炳为中路军殿后，所率四十六骑中，最后只剩下两骑能从行。在山路极为陡峭难行之处，"日行不能二、三十里"。

1253 年九月，南征蒙军行至忒剌[1]（今甘肃迭县与四川若尔盖县交界的达松潘），召开南征大理国的军事会议。然后，兵分三路向蜀边进发。

兀良合台率西路军，入阿坝草原，取道今甘孜藏族自治州南下，入大理国境内的且当（今云南中甸）。摩、些二部酋长唆火脱因、塔里马等闻风来降。然后，渡过金沙江，分兵深入察罕章（即白蛮，今白族）境内，依次攻下各个山寨，进取都城大理国北部的龙首关（在洱海东北）。

诸王抄合、也只里（合赤温曾孙）率东路军经四川西北草原的古隘道，进入松（松潘）、茂二州，出岷江古道，经雅、黎二州，渡过大渡河南下。

十一月，忽必烈自率中路军，经阿坝草原，循大渡河西岸南下，由今泸定县东渡过大渡河，招降东岸吐蕃诸部。九月，中路军自岩州出兵围攻南宋黎州，得知西路军已经渡过金沙江的消息，立即驱师南下，"经行山谷二千里"后，在福林渡口再次渡过大渡河，取古清溪道，经安宁河谷而南，于十一月进抵金沙江畔。

在这里，忽必烈清点兵马时，忽然发现人数仅剩下出发时的一半。南征大理国的途中，蒙军损兵折将严重，但他没有沮丧，反而开心地说："感谢长生天给我留下这么多人马，我指挥他们攻克大理国已绰绰有余。"

金沙江两岸悬崖峭壁，形同刀削斧砍，山高峡窄，云天一线。峡中水深流急，江面波涛汹涌，奔腾呼啸，惊心动魄。明晃晃的太阳从山缝中照射进来，也被森然的山岩遮掩的暗淡无光。忽必烈望着犬牙交错般的江岸，惊愕失色。遥望夹岸群山，枯藤随风摇摆，满目是肃杀的秋意。

一阵迅疾的溜江风吹拂过来，忽必烈禁不住打了个寒战。他猛然想起，转眼十二月即到，御寒的棉衣和充沛的粮草成为眼下棘手的问题。想不到高入云霄的雪山都踩在脚下了，却被金沙江拦在对岸。

看到忽必烈为蒙军如何渡过金沙江而浓眉紧锁，迎着寒风，望着浑浊的

---

[1]　忒剌也作塔拉，位于白龙江支流包座河南岸，即甘肃迭部县与四川若尔盖县接壤之达拉沟，为甘、川间的交通要道，土地肥沃，物产丰富，宜于屯驻兵马。

江面，若有所思。旁边的刘秉忠连忙说："王爷不必担忧，当年三国时期，诸葛亮南征，也曾渡过金沙江。他三月从成都出发，五月渡泸（渡口在金沙江上的四川省越西县境内），深入不毛之地。我向沿江的艄公、渔翁打探一下，或许会找到合适的渡口。"

"那有劳先生了。"

附近金沙江边人烟稀少，忽必烈耐着性子等了好几天，经过刘秉忠多方打探，才得知沿金沙江再往前走，有个地方适合渡江。

这就是云南有名的石鼓渡口（位于云南省西北部的丽江市石鼓镇与香格里拉县南部沙松碧村之间）。金沙江从青藏高原奔腾而下，到了香格里拉县的沙松碧村受到海罗山的阻挡，突然转向东北，形成了罕见的"长江第一湾"。这里江面宽阔，水势缓和，适于摆渡，历来为兵家必争之地。

忽必烈吩咐蒙军在石鼓渡口安营扎寨，并迅速组织人力捆扎木筏，制作革囊。然后，"乘革囊①及筏以渡"从石鼓渡口南渡金沙江，接受了摩挲蛮主（纳西族首领）的迎降。然后由丽江石关南进，兵锋直指大理城。

由于大理政权与中原疏于联络，并不知晓蒙军的厉害。大理国竟异想天开把远道而来的蒙军拦截在金沙江沿线，由国相高祥亲自率兵屯戍。等旌旗蔽日的蒙军陆续渡江南来，高祥自知不敌，便匆忙引兵退回大理都城。

大理城依点苍山，傍洱海，经三百余年的经营，可谓城池坚如磐石。其东面紧靠洱海，西面依偎点苍山，只修筑了南、北城墙。北城墙西起点苍山的中和峰麓，东至洱海边。

八月，忽必烈驻兵临洮时，曾派玉律术、王君候、王鉴三人出使大理国，

---

① 革囊一般用羊皮做成，制作的方法，大概是将羊宰杀之后，用细管向羊皮中吹气，使皮肉之间产生气流，再用力捶打羊皮，羊皮就会与羊肉分离。这时，割下羊头与四肢，然后将羊皮从头部向下撕拉，羊皮就会完整地剥落下来，然后只要将头部、四肢及尾部的孔洞扎紧，就天衣无缝了。船工向皮囊中吹气，羊皮就膨胀为鼓鼓囊囊的革囊。这种革囊，人们可以借之只身渡河，也可以用它承载木筏，同时让许多人漂浮过河。大致说来，大凡水流湍急，不易舟楫的河流，都采用这种"革囊渡江"的方式。

没有到达大理国[①]；十一月，忽必烈屯兵大理城外后，再次遣使玉律术等三人出使大理城，诏谕高祥投降，并承诺，胜利后决不屠城。大理人并不相信蒙军使者的口头承诺，加上忽必烈率领的中路军不断进逼大理城，恼羞成怒的高祥杀死蒙使三人，并"磔其尸于树"[②]。

国势衰微本来就是刀俎上的鱼肉，高祥兄弟愚蠢到斩杀蒙使的地步，胜利的天平早已向忽必烈倾斜了。

十二月十二日，得知使者杳无音信的消息后，忽必烈才下令举兵攻伐大理城。大理国王段兴智和权臣高祥背城出战，为蒙军所败，接着兵围大理城。兵不血刃取下大理城的设想在忽必烈脑海中徘徊不已，鉴于此，忽必烈再次遣使招降，仍被拒绝。

十二月十五日，兀良合台率领西路军拔了龙首关后，和东路军先后进抵大理城下，与中路军会师。

见和平手段不能使大理国降服，忽必烈才断然下令攻城，还亲自登上点苍山俯瞰城中布局，先攻夺了大理城东锁钥上关。仓促间，高祥、高和兄弟利用手中的一张王牌——象阵，企图来阻止蒙军来犯的铁蹄。

象阵即把披挂着铁甲的上百头大象驱赶至阵前，在庞大象体的掩护下，主将高和骑着骏马，率领精锐扑杀围困的蒙军，想把他们横扫于点苍山洱海的旁边。这仅仅一厢情愿而已，蒙军不会愚蠢到引颈待戮的地步。忽必烈早已从使者玉律术的口中探知，高祥、高和兄弟会把象阵投入战场上，便吩咐兀良合台精选三千名强弓手和三千铁骑兵，待象阵出列后，围而歼之。

国王段兴智望着庞大的象阵，脸上挂着一丝苦笑。大理国的撒手锏都使出来了，一旦被蒙军所破，后果不堪设想。于是乎，一场别开生面的战争在

[①] 《元史·世祖本纪》："岁癸丑……秋八月，师次临洮。遣玉律术、王君候、王鉴谕大理，不果行。"

[②] 《元史·世祖本纪》："岁癸丑……十一月辛卯，复遣玉律术等使大理……帝既入大理，曰：'城破而我使不出，计必死矣。'……命姚枢等搜访图籍，乃得三使尸，既瘗，命枢为文祭之。"

双方的期待中缓缓拉开了战幕。

在激越嘹亮的号角声中，城门缓缓开启，百余头战象在象奴的驱使下缓步走出城来。殿后的一头巨象被装饰得豪华壮观，象背上耸立着一顶华盖，下面端坐着国王段兴智。他生性孱弱，畏惧战争，愿投诚乞降。无奈被高祥的爪牙挟持在伟岸的象背上，以借他国王的身份来鼓舞士气，矢志御蒙。

进军的号角奏响后，战象迈开粗硕的大腿，移动着城堡般的躯体，列着方阵缓缓向前推移，潮水般向蒙军席卷而去。象阵后面，有恃无恐的高祥率领着左手持盾、右手持刀或长矛的精锐之力，嗷叫着呐喊助威。

见时机已到，兀良合台帅旗一挥，百余名蒙军铁骑兵迅速出列，嗷嗷地呼叫着，向巍峨的象阵冲杀过去。等蒙军骑兵冲至射程之内，象阵后面的大理城守军精锐开始射箭，还夹杂着投掷过来的长矛。

蒙军骑兵不敢蛮战，疾风骤雨般冲到象阵前，射出一阵箭雨后，扔下几具尸体，便兜马返回蒙军阵前。而象阵却岿然不动，几乎皮毛无损。见首战告捷，大理兵卒挥舞着器械，发出狂妄的欢呼声。

见战象的铁甲之师步步逼近，蒙军前沿忽然闪出一片空旷之地来，时值高祥沉浸在胜利的喜悦中仰天长笑之际，忽必烈帅旗一挥，又有几百名蒙古铁骑兵冲出阵列，在象阵驮载的大理城守军的射程外停止不前，开始用强弩向战象发射箭雨。好钢用在刀刃上，蒙军专门射击象奴、射击象背上的大理城守军，射击裸露在铁甲外的象眼。中箭的兵卒，哀叫着从象背上滚落下来。

见蒙军攻势凶猛，于己不利，躲藏在战象后面的步兵手持刀剑和弓箭急忙冲杀出来，竖起盾牌，保护战象的安全，并不断射箭投标进行还击，以阻挠蒙军铁骑兵的靠拢。一波紧似一波的箭雨，使战象的阵脚大乱。还未等高祥压住阵脚，猛将阿术率领数十余名精悍轻骑，已冲入象阵展开第二轮的厮杀。

在短兵相搏中，战象没有占到丝毫便宜。战象笨拙，不便调度，而蒙古轻骑人马合一，易于掉转。十几名铁骑兵把一头战象团团围拢起来，他们先一齐射箭，象背上的兵卒中箭后坠落地上。突然，战象的一只眼睛被近处的一名铁骑兵射中后，战象怒吼一声，甩开长鼻子横扫过去，把铁骑兵连同胯下战马都打倒在地，后面的大理城守军趁机涌上来，挥舞着乱刀砍死。

在数十名铁骑兵与战象交锋激烈时，列阵于蒙军前沿的铁骑兵悄悄绕过象阵，飞速地向象阵后面的大理城守军掩杀过去。此时，蒙军展开最擅长的野战之术，肆意冲撞，远距离射击，近处砍杀，可怜的大理城守军，尚未来得及举起兵器进行还击，便被砍翻在地。更多的大理城守军被蒙军震天骇地的厮杀声，简直吓破了胆，转身就跑，逼仄的路段立时成为他们水泄不通的死亡之路。

受伤的战象失去象奴的控制，也调头向大理城门冲去。正拼命逃跑的大理城的守军躲闪不及，被战象撞倒一大片，血流成河。战象见到血迹，变得更加疯狂，横冲直撞起来，使越来越多的步兵哀叫着殒命于象蹄下。追赶步兵的铁骑兵见势不妙，回头望见数头战象狂奔过来，纷纷避开。

蒙军铁骑如追鸟逐兽般，一路砍射狼狈逃窜的大理守军，致使伤亡甚重。逃亡之路上，战马践踏着横陈的尸体，兵器砍入皮肉的钝声、跌扑声、鬼哭狼嚎的惨叫声惨不绝耳。结果不言而明，大理守军溃败，蒙军铁骑兵如旋风般乘势杀入城中。是夜，眼看败局无力挽回，大理国王段兴智连夜弃城逃往善阐（今云南昆明），高祥乘着夜色率残众南走，大理城陷落。

大理城不攻自破，蒙军进入城内，很快控制了全城。街上行人寂寥，商铺的门窗紧闭，甚至有很多已歇业搬空，安静得近乎可怕，仿若无声地对抗着蒙军入侵。只有几条模样邋遢的野狗在角落里寻觅着吃食。城内窒闷的气息把蒙军成功入城的喜悦心情冲淡得杳无踪影。

忽必烈率军直奔皇宫，皇宫内浓郁的血腥味在他鼻翼间盘桓，星罗棋布地躺满了冰冷的尸体，鲜血顺势流淌将地面染红。忽必烈不愿看到这幅景象，一手掩鼻，命令蒙军赶快把这些尸体掩埋掉。他左顾右盼，不见玉律术等使者三人的影子，心里滋生出一丝不祥的气息来，叹息着说："城破而我使不出，计必死矣。"

专心致志搜访图籍的姚枢在驿馆里发现了三位使者的尸体，连忙派人把此事禀报给忽必烈。忽必烈赶到事发地点时，只见三具使者的尸体被绸布蒙盖着，围拢在旁边的近千名将士个个义愤填膺，纵然把凶手碎尸万段也难解心头之恨。

不能让使者不清不白地死于异域他乡，忽必烈吩咐士兵大肆搜查附近的房屋店铺，试图寻找目击者，查清杀死使者的真实凶手。士兵领命后，立即行动起来，破门而入，附近安静的街区顿时喧嚣起来，把许多百姓驱赶到宽阔的街道上，用来查找使者被杀的目击证人。

在蒙军士兵武器的指点下，大理城内百姓不知道是福是祸，人群中的知情者低声议论着，谁也不敢出来指证。经过忽必烈耐心喊话做思想工作，一位老人才颤巍巍地从人群中走出来。他告诉忽必烈，昨天下午，是高祥亲手杀死了三位使者。

忽必烈又问老者，高祥是朝哪个方向逃跑的。老者说自己没有目睹高祥逃跑的方向，但听人说，他在后半夜出城后朝东南善阐（今云南昆明）方向逃窜。

岂有此理，临逃跑前还要手刃蒙古使者。

盯着三位使者的尸体，忽必烈的心中狂澜翻涌，拔出宝剑，高高地举过头顶，执意改变初衷而大肆屠城，以解丧使之恨。

蒙军兵卒收到最高将帅忽必烈将要屠城的信号，像猎豹嗅到血腥般发出亢奋的欢呼声，纷纷亮出手中的武器，在阳光的照射下，发出刺目的寒光，喊叫着："屠城！屠城！"

夹在街道中央的大理城百姓睁大双眼惊恐不安地注视着几乎疯狂的蒙军士兵，相互推搡着向中心收紧。

这时，忽必烈转向汉人儒士，质问道："你们说说看，该不该屠城？"

见此情景，几位汉人儒士齐声说道："不该屠城。"

话音刚落，蒙军士兵发出不满的抗议声。忽必烈用手压了压，制止住嗡嗡嘤嘤的喧哗声，反问道："为什么不该屠城？"

姚枢、张文谦、子聪马上谏阻道："杀使臣者，其国主尔，非民之罪。"

怒气渐渐消弭的忽必烈这才意识到自己的冲动，命姚枢裂旗为帛，大书"止杀"①二字，分插公布于街衢，传示大理百姓。见大理城的居民性命无虞，街心的人群爆发出大赦般的欢呼声，倒是蒙军士兵因失去一次酣畅淋漓的屠杀机会而显得万分懊丧。

在禁杀令的福佑下，大理这座素有"文献名邦"的名城幸免于难。止杀、招抚、分化政策实施后，对以后蒙军攻伐南宋的战争中逐渐改变一味嗜杀、蓄意破坏的政策有着巨大的冲击力，进而成为顺利征服南宋的重要原因之一。

下午，大理城内街道两旁所有店铺都门窗洞开，营业买卖，街巷中行人穿梭来往，重现蒙军铁蹄压境前的繁荣局面。

隆重地安葬完三位使者，于十二月十七日，忽必烈率众出大理城南龙尾关，经赵赕（今云南大理东南凤仪镇）追杀高祥兄弟，十二月十九日，大将也古和突拔儿在弄栋府（也称统矢府，今云南姚安）擒获高祥兄弟。忽必烈一怒之下，斩杀高祥②。

弃城而逃的大理国王段兴智治国无术，却逃跑有方。大理城被蒙军攻破时，他乔装成百姓混出城外，一直向东，逃至陪都善阐城内。兀良合台父子奉忽必烈之命闻迹而至，举兵攻打善阐。深夜，蒙军经过一次猛烈的炮轰，七日后善阐城沦陷，兀良合台潜师入城。在一个山洞中，将逃至昆泽的段兴智俘获，立国三百一十六年之久的大理城全境平定。

1254 年春，忽必烈留下兀良合台统兵戍守大理城，继续铲平大理境内

---

① 《元史·姚枢传》："壬子夏（姚枢）从世祖征大理，至曲先脑儿之地。夜宴，枢陈宋太祖遣曹彬取南唐不杀一人、市不易肆事。明日，世祖据鞍呼曰：'汝昨夕言曹彬不杀者，吾能为之，吾能为之！'枢马上贺曰：'圣人之心，仁明如此，生民之幸，有国之福也。'明年，师及大理城，饬枢裂帛为旗，书止杀之令，分号街陌，由是民得相完保。"

② 《元史·世祖本纪》："岁癸丑……十二月丙辰，军薄大理城。初，大理主段氏微弱，国事皆决于高祥、高和兄弟。是夜，祥率众遁去，命大将也古及拔突儿追之……癸亥，获高祥，斩于姚州。"据史料记载，对高氏家族仅杀高祥一人，元代在滇西若干地区还委任国高氏为官。

未归附的部落①，任命刘时中为宣抚使，继续攻略抚治云南。

忽必烈则率师返回，仍经吐蕃境迤逦北上。五月二十九日，满面征尘的忽必烈抵达六盘山避暑消夏。适逢八思巴也由西藏返回，与忽必烈又在此相遇。

此时，由于阔端去世，其子蒙哥都王子逐渐孱弱，八思巴的萨迦派已入不了汉廷的视野。蒙哥几次诏见藏传佛教领袖，唯独萨迦派的八思巴没在应诏之列。八思巴只好弃凉州与忽必烈建立关系，静待时机，以改变萨迦派面临的被动局面。

是年冬季，忽必烈在蒙古汗廷向蒙哥汇报完征服大理战事之后，于1255年八月，回到了金莲川大本营，定身不再移动。

忽必烈在攻伐大理城时所颁布的"止杀"政策，很快见到成效。1255年，兀良合台送段兴智及其父信苴福送往蒙古汗廷，朝见蒙哥。蒙哥即命段兴智返回大理城帮助兀良合台安抚诸部。1256年，段兴智对蒙哥的不杀之恩感激涕零，投桃报李，向其献上了云南地图和帮助蒙军征服境内未降各部的计策，并奏陈治民立赋之策，以示归降蒙古。

蒙哥出于稳定云南局势的考虑，决意采取怀柔政策，减免杀戮，除颁发代表军权的"金符""虎符"外，还赐予段兴智一个梵语的名号为"摩诃罗嵯"②，并命其返回云南，协同蒙古所委派的官员安抚、管理云南各族，并继续征服依阻山谷、坚守城寨而未肯归附的部族③，并命令云南新设的"万户"以下的军政官员皆受段兴智节制，这就给大理城国王段兴智帮助蒙军征

① 《元史·信苴日传》："其弟信苴日与信苴福率僰、爨军二万为前锋，导大将兀良合台讨平诸部之未附者。中统二年，信苴日入觐，世祖复赐虎符，诏领大理、善阐（昆明）、威楚（楚雄）、统失（姚安）、会川（今四川会理）、建昌（西昌）、腾越（腾冲）等城，自各万户以下皆受其节制。"

② 梵语"大王"之意，系大理国王原来之称号。

③ 《元史·信苴日传》："信苴日，僰人也，姓段氏。其先世为大理国王，后累为权臣高氏所废。岁癸丑，当宪宗朝，世祖奉命南征，诛其臣高祥，以段兴智主国事，乙卯，兴智与其季父信苴福入觐，诏赐金符，使归国。丙辰，献地图，请悉平诸部，并条奏治民立赋之法。宪宗大喜，赐兴智能名摩诃罗嵯，使悉主诸白爨等部，以信苴福领其军。"

服未降部落一事，披上了一层收拾旧部的外衣。

此后，段兴智也的确没有"辜负"蒙哥的殷切期望。段兴智亲率本族军数万做兀良合台、阿术的向导，与蒙军并肩作战，风卷残云般相继征服了大理国五城、八府、四郡之地及乌蛮、白蛮等三十七部落，且在"攻降交趾"（越南）中作前锋，帮助蒙军把地盘扩张到今天的东南亚一带。随后，兀良合台在原大理国境内设置十九万户府，置官戍守，为此后元朝建立云南行省奠定了基础。

忽必烈成功远征大理，不仅拓展了蒙古帝国的疆域，为以后征服南安、交趾等地搭建了一块跳板。也使云南"衣被皇朝，同于方夏"，乌思藏和云南实实在在纳入蒙古帝国的疆域，加强了云南"新民"与蒙、汉两族的联系，促进多民族的交流、融合和多民族国家的发展壮大。

对初战告捷的忽必烈而言，成功远征大理，不仅让他在艰苦的征伐中接受血与火的洗礼，也向黄金家族甚至蒙古帝国显示了其出色的军事才赋，在蒙军中树立起威信，为后来争夺汗位攫取了丰厚的政治资本，更重要的是培养起了一统天下的政治才干。

当然，蒙军也在此次南伐中付出了血的代价，《史集》中记载，南征蒙军"十万军队回来的，还不到两万"。除军士损失外，"亡失马，凡四十万匹"，直接在战斗中伤亡的人马数量并不大，真正的硬仗只有大理和阐善两战，前一战打了三天，后一战也只打了七天。多数战马和人员都被瘴热气候、流行疾病及突如其来的冷箭所吞噬。

二十余年后，做了蒙古大汗、元朝皇帝的忽必烈，对劳师万里征服大理之行依然念念不忘，他颇感慨地说："昔从太祖饮水黑河（即班朱尼河）者，至今泽及其子若孙，其从征大理者，亦朕之黑河也，安可不录其劳！"忽必烈深有感触地将跟随他出征大理国的幕府谋士，比作跟随圣主成吉思汗共饮班朱尼水的功臣。

再后来的 1304 年，云南行省平章政事也速答儿建议忽必烈之孙、元成宗铁穆耳，在忽必烈曾登临俯瞰大理城中激战的点苍山崖上镌刻"世祖皇帝平云南碑"，以歌颂半个世纪前元朝开国皇帝忽必烈讨平云南，一统南滇的圣德神功。

王者的荣耀

李兆庆◎著

拖雷家族

下

中国国际广播出版社

|目 录|

第五十二章

修建上都

忽必烈远征大理国北返后，居于桓州和抚州之间的草原一带，保持着蒙古人帐居野外、冬夏迁移的生活习惯。为了避免夏季在金莲川或六盘山避暑消夏、冬季要迁往抚州或奉圣州避寒趋暖的麻烦，不少汉臣纷纷建议忽必烈建造一座新城，以解决上面两个问题，忽必烈欣然同意。

1256年阳春三月，忽必烈命汉僧子聪（即刘秉忠，后官至太保、参领中书省事）负责勘察地形，参照各国都城的样式，兴筑城郭。刘秉忠与谢仲温认为桓州城东面、滦河北岸的冲积平川是一块风水宝地，宜于建城。这座城郭地址的北半部是一条东西横亘的土岗，取名为龙岗，南临滦河，东西都是广阔的草原，背靠起伏的山峦，气势宏伟，适于兴筑大规模的城郭。

忽必烈遂命谢仲温为工部提领，具体负责修城事宜，最终"于岭北滦水之阳，筑城堡，营宫室"，定名为开平府①，历时三年乃成（第一年先建

---

① 今内蒙古自治区锡林郭勒盟正蓝旗境内，闪电河（即滦河）北岸。当地牧民称之为"北奈曼苏默"城，意为一百〇八庙，就是依据城址中建筑众多而讹传的。现被列为内蒙古自治区重点文物保护单位之一。

宫室，第二年开始筑城，第三年基本建成）。

令人费解的是，今人通过卫星测量发现北京城的中轴线如果往北延伸，其延长线直指忽必烈发祥地古开平，而且，两条中轴线几乎吻合。这也许是个巧合，也许是古人的良苦用心。

1264 年加号上都，亦称上京、滦京等，与北京并称为"两都"。至此，蒙古帝国的统治中心逐渐移至漠南，哈拉和林失去了都城地位。

上都作为元朝的夏都，其位置十分特殊，"北控沙漠，南屏燕蓟，山川雄固，回环千里"，并"控引西北，东际辽海，南面而临制天下，形势尤重于大都"。距原蒙古帝国的政治、军事中心哈拉和林较近，与大都南北遥望，成为元朝重要的政治、军事、经济、文化中心。对联络、控制拥有强大势力的漠北蒙古宗亲贵族，彰显出举足轻重的地位。它不仅是对付蒙古宗王反叛势力的前沿阵地，也是运筹帷幄的最高参谋本部。因而元朝前几任皇帝，如忽必烈、铁穆耳、海山等即位的忽里台会议都在上都举行。元朝中期以来发生在此的"南坡之变""两都之战""上都兵变"等宫廷斗争，都证明了上都有着极其重要的政治、军事地位。

在形势方面也颇为优越，上都山川雄固，风景秀丽，林木葱茂，城南是滦河的上游上都河，城北群山环抱。据元人记载："开平府盖圣上龙飞之地，岁丙辰（1256）始建都城，龙岗蟠其阴，滦河经其阳，四山拱卫，佳气葱郁。都东北不十里有大松林，异鸟群集，曰察必鹃者，盖产于此。山有木，水有鱼，盐货狼藉，畜牧繁息，大供居民食用。"[①]

大都的建设并不是一蹴而就的，几乎耗费忽必烈整整一生的年华，以具有纪念性质的中心部分循序完成。

据文献记载，上都城是一座颇具蒙古族风格的汉式城市。全城由宫城、皇城、外城三重城墙和关厢组成。城墙用黄土夯筑，宫城、皇城城墙还用砖、石包砌。外城方形，每面长二千二百米，开四门，有瓮城。城内用土墙隔成两部分，北面是御园，南面是官署和作坊区。皇城在外城东南角，呈方形，

---

① 引自元代王恽著《中堂纪事》《读史方舆纪要》等书。

城内街道整齐对称，排布着许多官署和寺庙建筑。城内建筑错落分布，带有离宫色彩。宫城在皇城的中部偏北，长方形。

宫城是全城的核心，有东华、西华、御天三门，城墙用砖包镶，其中南边的御天门最为重要，它与皇城南门明德门在一条中轴线上，是出入的主道。皇帝所下达的诏旨，都要在御天门上发布后，再送往大都，然后转发全国各行省。主要的宫殿楼阁和官署、宫学都建在宫城内。宫城建有水晶、大明、鸿禧等宫殿，大安、延春等楼阁，华严、乾元等寺庙。宫城内还有泉池穿涌其间，园林特色十分明显。大安阁是宫城内主要建筑，也是上都城的象征，它是仿照金朝都城汴梁（今河南开封）城的熙春阁的样式建造的，所用的材料也是忽必烈移取熙春阁所得，建于1266年。

皇城在全城的东南角，城墙外砌砖石，寺庙、国学和部分大型建筑在皇城内。外城北部是皇家范围和金顶大帐"棕毛殿"的建筑所在。城外东、南、西有关厢，其范围很大，建筑遗迹甚多，百姓民居和商肆、店铺、工匠、仓库等主要集中在关厢地带。每年春、夏、秋三季，上都城城外比城内更加繁华，流动人口高达数十万，乃至上百万之多，城区方圆数十公里。城西还有离宫西内，周围十里，建筑以行宫和营帐为主。另外，还有一座方圆二十五公里的大御花园，北郊则有很多寺庙、宫观等建筑。

元朝诗人陈孚曾路经此地，被宫殿豪华的气派所折服，留下《开平即事二首》：

　　　　百万貔貅拥御闲，滦江如带绿回环。
　　　　势超大地山河上，人在中天日月间。
　　　　金阙觚棱龙虎气，玉阶阊阖鹭鹓班。
　　　　微臣亦有河汾策，愿叩刚风上帝关。

　　　　天开地辟帝王州，河朔风云拱上游。
　　　　雕影远盘青海月，雁声斜送黑山秋。

龙冈势绕三千陌，月殿香飘十二镂。
莫笑青衫穷太史，御炉曾见衮龙浮。

元上都按离宫的构造设计，有很强的园囿性，并极其注意防御和对宫城的防护。把居民区设在城外，突出了此城整体的宫殿性质。

元朝统一中国后，在北京兴筑首都，上都便成为陪都，成为元朝皇帝和大臣们夏季的避暑胜地。等漫长的酷夏结束后，秋高气爽时，再从上都回到大都，以后并作为"以大都君临中原，以上都笼络草原"的巡幸制度承袭下来。皇帝驻跸上都期间，政府都司、都分司相从，以处理重要政务。皇帝除在此狩猎行乐外，蒙古诸王贵族的朝会（忽里台）和传统的祭祀活动都在这里举行。继忽必烈在开平登上皇位之后，元朝还有五位皇帝是在上都登基的：成宗铁穆耳、武宗海山、文宗图帖睦尔、天顺帝阿剌吉八、惠宗妥欢贴睦尔。

七百多年前，意大利著名旅行家马可·波罗奉罗马教皇之命不远万里从威尼斯水城来到元上都考察。他在《马可·波罗游记》中记述了元上都的繁华："终抵一城，名曰上都，现在位大汗所建也。内有大理石宫殿，甚美！其房舍皆涂金，绘有种种鸟兽花木，工巧之极，技术之佳，见之足以娱人心目。"

城内建筑曾极为繁华壮丽的上都从 1256 年开始兴建，1259 年落成，历时三年，九十九年后，于 1358 年毁于关铎指挥的红巾军兵燹。在蒙古帝国于 1368 年倒台后，上都被彻底放弃。历经半个多世纪风雨洗礼，它变得衰败不堪，其巨大的宫殿、楼阁、亭台和城垣都被侵蚀掉，直到与绵延不绝的草原融为一体。如今这里被称为元上都遗址，作为一个朝代的记忆载体，同时也记录了生活在金莲川草原上的察哈尔蒙古族的历史变迁。在这里，我们可以与历史直接对话。

　　当年夏天，忽必烈将金莲川幕府迁移至此地，一批重要谋士聚集在这里，这里便成为忽必烈集团的根据地。

　　修建开平府，是忽必烈政治生涯中的大事，不仅标志着草原游牧文化向农耕的过渡，而且开平奠定了元朝的雏形，对于元朝的建立、中国的统一起了不可估量的作用。

第五十三章

福祸相依

由于忽必烈在总领漠南汉地军民事务时逐渐任用汉人儒士，参用汉法，学习汉地文化，引起部分蒙古贵族守旧势力的忌恨和不满，加上蒙古汗廷内部的权势斗争，以至于连"自谓遵祖宗之法，不蹈袭他国所为"的蒙哥也对忽必烈猜忌日深。

忽必烈被指责的罪状主要有实质性的两点：一是"中土诸侯民庶翕然归心"；二是忽必烈"王府诸臣多擅权为奸利事"[①]。

无风不起浪，此事引起蒙哥的高度警觉，继而，这一警觉突然升级。蒙哥本来就对忽必烈施行汉法的行为深为不满，见忽必烈受到汉地民众的热情拥戴，滋生恐惧之心，便利用这个机会解除了忽必烈的兵权。1257 年，蒙哥派遣亲信阿蓝答儿、刘太平、脱因、囊家台等前往京兆、河南等全面清算钱谷、设钩考局，大行钩考财赋出入盈亏，并委任阿蓝答儿为陕西省左丞相，刘太平为参知政事。蒙哥此举，显然是对忽必烈及其下属机构和官员的极度不信任。

---

① ［元］苏天爵. 元朝名臣事略［M］.

　　这次钩考表面上是监察京兆与河南的赋税，实际上是否定忽必烈用汉人治地的成绩并彻底瓦解他的势力，其用心极其险恶。

　　阿蓝答儿手持蒙哥的赦令，在关中设置钩考局，任命一些酷吏，趁势横暴。设置的钩考局采取釜底抽薪的办法，将主要审查对象全部集中在忽必烈设置的河南经略司、京兆宣抚司的官员身上，以莫须有的罪名罗织一百余条罪状，"锻炼罗织，无所不至"，包括征商细务，皆被捡拾无遗，大多数官吏难以逃祸。他们"恣为威酷，盛暑械人炽日中，顷刻即死"。并扬言："俟终局日，入此罪者惟刘黑马、史天泽以闻，余悉诛之。"

　　钩考伊始，连身为皇弟的忽必烈也未幸免于难，兵权连同总领漠南的任命统统被解除，"岁丁巳，宗亲间之，遂解兵柄他王，遣阿蓝答儿至京兆"[①]。

　　在蒙哥"先除羽翼、后治魁首"的策略贯彻下，京兆、河南等地纷纷被查抄，近乎把忽必烈逼上绝路。当身为漠南诸官之首的忽必烈获悉封地所委官吏被阿蓝答儿等人严酷整肃的消息时，既义愤填膺，又深感束手无策，有几次拍案而起，竟欲以兵刃相向，被身边的儒士及时劝阻。

　　倘若长此以往，恐怕更难收场。深谙宫廷权势之争的姚枢连忙献计道："帝，君也，兄也。吾，弟且臣。事难与较，远将受祸。莫若尽王邸妃主自归朝廷，为久居谋，疑将自释。"

　　姚枢的话并非危言耸听，忽必烈对汗兄蒙哥的秉性了然于胸。蒙哥严厉果断，对政治上的异己者也毫不手软。即位不久，便大开杀戒，把窝阔台系宗亲都悉数处死。此举，令蒙古诸王敢怒不敢言。

　　忽必烈思前想后，依然想不出万全之策，幽然长叹道："唉，事到如今，我真是骑虎难下。"

　　姚枢劝身为藩王的忽必烈不要和掌握蒙古帝国汗权的蒙哥来抗衡，不如交出漠南地区的兵权，带着家眷去和林觐见蒙哥，主动低头妥协，方能冰释日积月累的猜疑。

　　忽必烈听后不语，心生忐忑，此策在他看来，无疑以孤羊投狼群，至于

①　［元］姚燧．牧庵集（卷二十四）［M］．

能否逃此一劫，心里没谱。

说实话，忽必烈实在舍不得交出经营多年的漠南领地。另外，倘若自己交出权力，他的谋士、僚属能保证不受欺凌吗？恐怕日后再也不能经常倾听他们讲述华夏历代王朝的兴衰故事，从中领悟治国之道了。想到这里，忽必烈的心里袭来一阵剖心摘肺般的痛楚。

是夜，忽必烈怀着满腹心事躺在床榻上，久久不能入眠。细心的察必点亮油脂蜡烛，关爱地问他的脚疾是否又犯了。忽必烈没有言语，怅然地摇摇头。察必又关切地问起缘由。忽必烈见说不出个所以然来，她是不会罢休的，索性坐起身来，愤然说："那群儒士真是有病乱开药方，计无所出，居然出馊主意让我把家眷交给蒙哥充当人质。"

察必听后心里凛然一惊，却很快冷静下来，对忽必烈耐心解释说："其实儒士所开的药方，是经过深思熟虑的。试想一下，世人皆知蒙哥嫉妒你的贤能，但他毕竟是你的同胞兄长，现在不会拿你开刀，更不会奈何你的妻子和儿女。你把我们送到和林，请蒙哥悉心照顾，势必会打消他心头的疑虑，你们兄弟君臣间的猜疑自然也会消除，重归于好，何乐而不为呢？"

在察必的开导下，忽必烈又权衡了许久，才心有不甘地说："就依夫人之计而行吧。"

翌日，姚枢见忽必烈仍踌躇不决，继续进言道："大王，事情紧急，区区得失，不能再计较了。古今多少英雄豪杰，多数都经历过沉浮进退的人生落差，才弹奏出生命的最强音。古语说'立大事者，不惟有超世之才，亦必有坚忍不拔之志'。只要大王善自趋避，将来不怕没有东山复起之日。"

"好吧。我理解先生的一片良苦用心，就依先生之言。"除破釜沉舟走这一步险棋外，别无良策，忽必烈遂依姚枢之计，打算携带着家眷主动赴蒙古汗廷去觐见汗兄蒙哥，占卜一下自己的政治命运。同时收拾行装，准备携带眷属尽快启程北上。

1257年十一月，忽必烈一行轻车简从，携带家眷入觐，并遣使奏报蒙哥。当蒙哥接到忽必烈前来觐见的奏报后，疑心加重，误认为忽必烈此行必另有异图。待忽必烈再次遣使请求入觐时，才降诏，怕有闪失，命忽必烈留下辎重随从，单身来见。

接到蒙哥的诏令后，十二月，忽必烈留下家眷、辎重和随从，只身前往也可迭烈孙之地觐见蒙哥。汗帐中的蒙哥见到忧惧不安的皇弟，发现忽必烈恭顺贤良，并无居功自傲之嫌。事情又发生在阿蓝答儿钩考正盛之际，弟弟忽必烈竟然被逼得日暮途穷，蒙哥心里油然而生一丝歉意之情。时隔三年才相见的兄弟二人"皆泣下，竟不令所白而止"。

众人都以为这对冤家对头今日相见，定会电闪雷鸣，唇枪舌剑，见二人亲密无间，心里万分不解。莫非他们都想起少年时代一起骑马射箭的日子，想起父亲拖雷死后两人一起安慰心力交瘁母亲的情景，想起蒙哥即位前的奔波操劳？

在忽必烈没有辩白的情况下，蒙哥主动把阿蓝答儿、刘太平召回来，下令撤销钩考局。

"这些汉人官吏都是老狐狸，狡猾至极，想方设法克扣钱谷，焉肯中途袖手？"阿蓝答儿不解其意。

"皇弟忽必烈已携带眷属赴和林主动低头认错了，再钩考下去，势必影响各州郡的政务处理。"

"已经抓起来的人如何处置？"

"官职免除，全放了吧。"

"这……"阿蓝答儿还想分辩，见蒙哥用冷峻的目光直视着他，便改口道："微臣这就去办。"

作为回报，忽必烈交出封地内全部权力，撤回各地的藩府官员，撤销河南经略司、都转运司、京兆宣抚司、从宜府、行部等机构。蒙哥新委任斡赤斤嫡孙、只不干之子塔察儿为汉地军事统帅。

后来，忽必烈经过多方打探，才知道竭力打压自己的并非蒙哥的主意，而是他最小的同母兄弟阿里不哥。阿蓝答儿、刘太平不过是他的爪牙而已。因为蒙古自古有幼子守灶的旧俗，拖雷是成吉思汗的幼子，而他又是拖雷家族的幼子，所以将来大汗之位理应由他来坐。拖雷的四个嫡子中，蒙哥身为大汗，旭烈兀西征未归，估计回来的可能性不大，嫡生的兄弟中唯剩下忽必烈一人了，所以，他便顺理成章地成为阿里不哥的眼中钉，欲除之而后快。

一场因权势碰撞而引起的钩考，以忽必烈的俯首称臣而告终。无疑，这是忽必烈政治生涯中遭遇的第一次重大挫折。

细究其因，不外乎以下几点：一是忽必烈治理汉地获得成功，率兵南征大捷而凯旋，声望日隆，他长居漠南，连接蒙古本土，文治武功，有功高盖主之嫌；二是旭烈兀灭掉盘踞波斯北部诸山寨的"木剌夷国"，攻陷报达，灭掉黑衣大食，又分兵三路入侵叙利亚，战绩辉煌，但远离蒙古本土，虽声望日增，对蒙哥构不成任何威胁；三是忽必烈太过强势对个人而言，无可厚非，但对身居汗位的蒙哥来说，思虑则有欠周详，冲动之下，才导演出一场权力争夺的闹剧；四是蒙哥派出亲信阿蓝答儿等人以钩考为名，在打击削弱忽必烈势力的同时，借机提高自己的威望，以求与忽必烈争个高低。

1258 年初，蒙哥因忙于统兵讨宋的战争，将调解佛、道两教矛盾的使命交给忽必烈。忽必烈领命在开平府宫中主持释道两教辩论《老子化胡经》的真伪。

《老子化胡经》自南北朝以来便成为佛、道二教的一大公案，每当佛道关系紧张时，它便成聚讼之所，双方围绕此书的真伪，辩论了将近一千年。至唐高宗、武周时，佛教方面将此事诉诸朝廷，请求禁毁《老子化胡经》，中间虽有较大的争议，终于两次下令焚毁。但是当时焚毁令不严，此书照样广为流传。近年来，佛、道的明争暗斗越来越激烈，因为成吉思汗在西域接见过全真道道长丘处机，并且颁发了庙宇护持诏书，得到蒙古上层的保护，并有旨掌管天下道门，全真道便飞扬跋扈起来。古语说，僧道不同炉。他们强行侵占了佛教的庙宇田产，甚至把佛寺改造成道观，砸毁释迦牟尼和观音像，或把释迦牟尼的像塑在老君像的下面坐着。不仅如此，全真道众还大量刊印诋毁佛教的书刊，如《老子化胡经》和《八十一化图》等。

七月十一日，佛、道二教的辩论，在开平城新建的大阁下举行。时值盛夏，是中原酷热难耐的季节，但草原上凉风习习，非常怡人。佛、道两派代表早早分列在大阁左右站定，跃跃欲试，准备一决高下。

当时掌管佛教的海云已逝，蒙哥又尊克什米尔僧人那摩为国师，授玉印，总领天下释教。[①] 当时参加辩论的佛教方面以那摩为首，另有八思巴、那摩国师、西蕃国师、河西国师、外五路僧、大理国僧、汉地中都圆福寺超长者、奉福寺享长老等三百余人。道教方面参加的有张志全、赵志修、樊志应、魏志阳、张志明、石永玉等二百余人。辩论由忽必烈麾下的主要谋士姚枢、窦汉卿、廉希宪等担任见证人。

据说，忽必烈在辩论前就宣布辩论规则，按照印度宗教辩论的习惯，辩论失败的一方要向获胜的一方进献花环，并接受对方的教法，即"道胜则僧冠首为道，僧胜则道削发而为僧"。

佛、道辩论双方各派十七名代表，佛教以少林寺长老福裕为首，道教是以张真人为首。这次辩论的主题是道家《老君化胡成佛经》和《八十一化图》的真伪。

辩论初始，八思巴没有发言，当道士们提出《史记》作为《老君化胡成佛经》的根据时，八思巴问道："此是何书。"

道曰："前代帝王之书。"

忽必烈插言说："汝今持论教法，何用攀缘前代帝王。"

八思巴曰："我天竺亦有此书，汝闻之乎。"

对曰："未也。"

八思巴曰："我为汝说，天竺频婆罗王赞佛偈，曰：天上天下无如佛，十方世界亦无比，世间所有我尽见，一切无有如佛者。当其说是语时，老子安在？"

道者不能对。

八思巴又问："汝史记有化胡之说否？"

---

① 　［明］宋濂，等. 元史（卷一百二十五）［M］. 北京：中华书局，1976.

曰："无。"

又问："老子所传何经？"

曰："道德经。"

八思巴曰："此外更有何经？"

曰："无。"

八思巴总结道："道德经中有化胡事否？"

曰："无。"

八思巴曰："《史记》中既无，《道德经》中又无，其为伪妄明矣。"

道者辞屈。

尚书姚枢宣布辩论结果："道者负矣。"

忽必烈诏令如约刑罚，派遣近臣脱欢将道士樊志应等十七人送到龙广寺削发为僧。另外，"焚伪经四十五部。天下佛寺为道流所据者，二百三十七区"。

为纪念这次辩论的胜利，八思巴命十七名道士出家为僧时撰写一篇《调伏道教大师记》，全文如下：

祈愿吉祥！

向上师及文殊菩萨顶礼！向以狮子吼声摧破执有无等一切恶见之正觉佛陀顶礼！

当具足福德利乐及大智慧之人主颁布诏命，使讲论清净佛法之箭装上正理金刚之尖利箭镞，由善辩勇士从天界射出之时，那些致力于仙人之道、具有预知未来的慧眼和神幻之力，但受世俗气熏染而贪恋尘世、难入解脱正道的追随太上老君、虽然精习自己的教法，但自吹自擂近于疯癫的道士们，铁石般顽固的心肠也被染上清净佛法的金粉，勤守佛陀的禁戒和佛法的律仪，使大德们时常欢喜。祈愿由此善业，使世间众生不再追求虚空神仙而入于佛教正法！如是，以前在汉地出生之太上老君，据说在母胎中住了八十二年，出生后性喜寂静，努力修定，获得预知世间及神幻等成就，并使其弟子们亦入于此道。其教法与外道数论师的教法相同，信奉其教的被称为神仙的道士们为数甚多。因见其教法危害善逝佛陀之教法，遵人主忽必烈破斥此邪门歪道之命，八思巴于阳土马年仲夏五月二十三日以清净正见驳倒长期修炼神仙之法、精通其术之道士一十七名，使其出家为僧时，特记于此。

在此次辩论中，年仅二十四岁的八思巴凭借博识善辩而崭露头角，击败了所有道教辩论者，扩大了佛教在汉地的影响，也使萨迦派以一个教派的身份进入汉地，为以后担任国师、领总制院事、掌管全国佛教夯实了基础。

第五十四章

亲征川蜀

忽必烈和旭烈兀战功显赫，战绩辉煌，直接威胁蒙哥的汗权。特别是忽必烈，南伐大理国的成功像汹涌澎湃的波浪，不断地冲刷着蒙古汗位的堤防。唯独留守蒙古本土的蒙哥功绩平平，寸功未立，有点沉不住气了。

最近，蒙哥虽派阿蓝答儿沉重打击了忽必烈的嚣张气焰，但隔靴搔痒，并没有达到预期的效果。

另外，蒙哥感觉自身的文治武功丝毫不在两个弟弟之下，想当年，他确实风光了一阵子。1235 年，他奉窝阔台汗之命，跟随拔都、贵由进行第二次西征，破钦察、征讨斡罗斯、攻克乌拉基米尔城，打破薛儿客速人和阿速人，在蒙军将领中树立了极高的威望。在忽必烈成功攻伐大理国，声望日高的荣誉笼罩下，形势趋于劣势。为重新在蒙古帝国中树立威信，在气势上压倒忽必烈、旭烈兀，便提出举兵征讨南宋的战略，借此耀武扬威，炫耀一下领军布阵的军事才能。

1256 年春，在蒙古草原中部的豁儿豁纳黑主不儿之地举行的忽里台会议上，亦乞列思部驸马帖里干向蒙哥提议："南宋离我们这么近，并与我们为敌，我们为什么置之不理，拖延着不去征讨呢？"

蒙哥对此十分赞同，接着当众宣布要率军亲征南家思（南宋）的军事计划，对诸王说："我们的父兄们，过去的君主们，每一个都建立了功业，攻占过某个地方，在人们中间提高了自己的名声。我也要亲自出征，攻取南家思！"①

蒙哥执意御驾亲征，遭到席间诸王的反对，理由是"陛下身为天下的君王，不应身临险地与敌人作战"，又说大汗是全世界的君主，并有七个嫡庶兄弟，根本用不着御驾亲征南宋。

更有甚者提出，皇弟忽必烈此前已劳师万里成功征伐大理国，为何不派他担此征伐南宋的重任？不经意也好，刻意也罢，一句话却击中蒙哥敏感的神经。

这时，年迈老臣别勒古台奏告道："大汗身在汗庭运筹帷幄，用兵如神，方使圣祖神威远扬于大理南诏！然皇弟刚南征大理并出色完成任务，历经舟车劳顿，且又闻其足疾复发，故老臣斗胆建言其不宜身负要务，当返回汗都藩府静心休养。"

蒙哥便顺水推舟，准奏此议，并体面地剥夺了忽必烈主持漠南、再次统兵的权力。随后，为获取长生天的支持，蒙哥安排了一个仪式，在位于不儿罕·合勒敦的祖父成吉思汗的坟墓前祭奠英灵，然后又把白色母马群的马奶洒在宫殿四周。蒙哥精神振奋，意气昂扬，暗暗祈祷长生天福佑自己，让自己顺利完成圣主成吉思汗当年的宏愿，使蒙古帝国永垂万世。此后，蒙哥一路南行，越过戈壁，抵达开城。

这是蒙哥即位六年来第一次出征，也是窝阔台灭金二十二年来第一次蒙古帝国大汗亲征，自然是以消灭南宋为终极目的。

1257 年夏，蒙哥离开和林，渡漠而南，经河西抵达六盘山避暑。蒙哥召诸将集议后，决定兵分三路大举攻宋。蒙哥亲率三路大军的主力——西路

---

① ［波斯］拉施特.史集（第二卷）［M］.余大钧，周建奇，译.北京：商务印书馆，1985：265.

军，从陕西主攻四川，由大将纽璘任先锋，蒙哥次子阿速台、亲王木哥、万户孛里叉、大将哈剌不花、乞台不花、浑都海，汉军万户刘太平、史天泽、刘黑马，汪古部大将汪德臣、汪良臣、汪惟正等随军参战，兵力总数四万，号称十万。宗王塔察儿与张柔率领东路军，从河南进攻荆襄，随军的诸王贵族有：也孙哥、察忽剌、忽林池、阿勒赤、纳陈驸马、帖里干驸马、怯台、不只儿、察罕等。兀良合台率领南路军，由云南出广西沿湖南北上，直取潭州（今湖南长沙）。

三路蒙军总数达十余万，形成掎角之势，对南宋实施毁灭性的攻伐。蒙哥计划三军会师于长沙，再进围南宋首都临安（今浙江杭州），一举灭亡南宋。

蒙军此次南征，蒙哥做了较为缜密的部署，幼弟阿里不哥和皇子玉龙答失留守和林。忽必烈没有参与，因尚处于"钩考"期，君臣兄弟之间的误会还没完全消弭。蒙哥降旨以忽必烈患足疾，需要特殊"照顾"为由，没有给他分配南征军务。这段时间，忽必烈也没闲着，在金莲川北岸动手营建开平府城。

但是，蒙哥这个看似周细缜密的作战部署，无论从主攻方向及三路大军的整体配合等方面看，都隐藏着诸多出师不利因素。在行动日程上看，假如其余两路军不能及时出击，蒙哥一军会完全暴露在南宋军最前沿，直接导致被动挨打的局面。再说，悍然用兵南宋总该蓄意捏造一个借口吧。当时，很多谋士都看出此次南征的诸多纰漏，许多人斗胆到蒙哥面前直言劝谏，陈述弊病。

身患疾病的宿将刘敏，就看出此次南征的纰漏，执意觐见蒙哥，谏阻伐宋。蒙哥见刘敏带病求见，问道："卿有疾，不召而来，将有言乎？"

刘敏答道："臣闻天子出巡，义当扈从，敢辞疾乎！但中原土旷民贫，劳师远伐，恐非计也。"

在蒙哥信心百倍、举兵伐宋之际，刘敏却狠泼冷水，分明给蒙哥心里添堵，置刘敏的建议不顾，仍执意大举伐宋。

刘敏劝阻蒙哥南征之事，很快传至忽必烈幕府中，针对蒙哥征伐南宋一举，谋士们也口若悬河，各抒己见。

郝经所持的观点与刘敏一致，蒙哥率三军南下后，曾向忽必烈坦陈弊病："古之一统天下者，以德不以力。彼（南宋）今未有败亡之衅，我乃空国而出，诸侯窥伺于内，小民凋敝于外，经见其危，未见其利也。王不如修德布惠，敦族简贤，绥怀远人，顺时而动，宋不足图也。"[①]

后来，在蒙哥南征蜀地时，足智多谋的郝经向忽必烈进呈《东师议》，对蒙哥南下攻宋提出不同意见：

经闻图天下之事于未然则易，救天下之事于已在则难。已然之中复有未然者，使往者不失而来者得遂，是尤难也。国家以一旅之众，奋起朔漠，斡斗极以图天下，马首所向无不摧破。灭金源，并西夏，蹂荆、襄，克成都，平大理，奋征思海，有天下十八，尽元魏、金源故地而加多。惟宋不下，未能混一，连兵构祸逾二十年。何曩时摄取之易，而今日混一之难也？

夫取天下，有可以力并，有可以术图。并之以力则不可久，久则顿弊而不振；图之以术则不可急，急则侥幸而难成。要之，成功各当其可，不妄为而已。

国家创业垂五十年，而一之以兵，遣黎虔刘殆尽。自古用兵未有如是之久者也，其力安得不弊利！且括兵率赋，朝下令而夕出师，躬擐甲胄，跋履山川。以志则锐，以力则强，以土则大，而其术则未尽也。苟于诸国既平之后，息师抚民，创法立制，上下井井，不挠不紊，任老成为辅相，选贤能为任使，鸠智计为机衡，平赋以足用，屯农以足食，内治既举，外御亦备。如其不服，先以文诰，拒而不从，而后伺隙观衅以正天伐。自东海至于襄、邓、重兵数道，以为正兵。自汉中至于大理，轻兵捷出，以为奇兵。帅臣得人，师出以律，高拱九重之内，而海外有

---

①　柯劭忞.新元史（卷一百六十八）［M］. 1922.

截矣。是而不为，乃于间岁遽为大举，上下震动，兵连祸结，底安于危，是已然而莫可止者也。东师未出，大王仁明，则犹有未然者，可不议乎！

国家用兵，一以国俗为制，而不师古，不计师之众寡，地之险易，敌之强弱，必合围把槊，猎取之若禽兽然。鞭弭所属，指期约日，万里不忒，得兵家之诡道，而长于用奇。自浍河之战，乘胜下燕、云，遗之而去，似无意于取者。既破回鹘，灭西夏，乃出兵关陕以败金师，然后知所以深取之，长于用奇也。既而由金、房出绕潼关之背以攻汴，自西和径入石泉、威、茂以取蜀，自临洮、吐番空穿彻西南以平大理，皆用奇也。夫攻其无备，出其不意，而后可以用奇。岂有连百万之众，首尾万余里，六飞雷动，乘舆亲出。竭天下，倒四海，大极于遐徼之土，细穷于委巷之已，撞其钟而掩其耳，啮其脐而蔽其目，如是用奇者乎？是执千金之璧而投瓦石也。

其初以奇胜也，关陇、江淮之北，平原旷野之多，而吾长于骑，故所向不能御。兵锋新锐，民物稠伙，拥而挤之，郡邑自溃，而吾长于攻，故所击无不破。是以用奇而骤胜。今限以大山深谷，厄以重险荐阻，迂以危途缭径，我乘险以用奇则难，彼因险以制胜则易。况于客主势悬，蕴蓄情露，虽有奇谋秘略，无所用之。力无所用与无力同，计不能行与无计周。泰山压卵之势，河海灌燕之举，拥遏顿滞，盘桓而不得进，所谓强弩之末不能射鲁缟者也。

郝经在上文中明确指出，蒙军早期之所以所向披靡，主要是靠蒙古骑兵的披坚执锐和出奇制胜之术。这次蒙哥亲征四川，可谓六师雷动，实际是舍奇而用正。加上四川"限以大山深谷，厄以重险荐阻，迂以危途缭径，我乘险以用奇则难，彼因险以制胜则易"。况且蒙、宋双方兵力悬殊，蒙军侵略意图明显。倘若南宋用坚壁清野的手段来对付蒙军，造成蒙军"无掳掠以为资，无俘获以备役"，势必形成"虽有奇谋秘略，无所用之"的被动局面，使蒙哥的主动权完全丧失，兵势滞遏难进。得出的结论是"强弩之末不能射鲁缟者"。说白了，就是预言：蒙哥此次南征必败无疑！

1258年二月，蒙哥率领蒙军大举南征。原本青草如茵的草原上，成千上万面旌旗迎风招展，车骑相间，大地震动，沙尘滚滚。蒙哥将汗帐驻扎在上百头畜力拉动的巨大"汗舆"上，在上万名怯薛军的簇拥下，势如锐不可当的铁流向南逶迤开去。

蒙哥时值盛年，不过四十九岁，他目光犀利，心事浩荡，屹立在战车上，恰似一尊铜铸的战神。他宁肯舍弃忽必烈铺设的坦途，亲自率领中路铁骑大军南下，此次南伐的目标是独钓中原的钓鱼城。他必须按照既定的全盘战略部署，完成攻伐南宋的丰功伟业，使自己无愧于蒙古帝国大汗的称号。

大军从鄂尔多斯南下，在黄河岸边安营扎寨。此时，大河上下，顿失滔滔，西路军在冰面上撒上一层薄土，轻松渡过黄河，朝蜀地进发。同时，蒙哥命令驻扎于大理的兀良合台引兵北上，三路大军合攻南宋，最终直捣南宋的都城临安。

战争伊始，征伐颇为顺利，蒙哥驱军南下，形如破竹之势，先锋纽璘在乞台不花、刘黑马等诸将的协助下，在遂宁打败南宋刘整一军，大军很快按照原计划进入四川境地。兀良合台也陆续攻下贵州（今广西贵县）、象州、辰州（今湖南沅陵）等地。不到一年，蒙军几乎占领了整个巴蜀之地。蒙军在四川取得较多的胜利，与前几年汪德臣、带答儿在利州屯戍打下的基础有关。

蒙哥出师当年，命带答儿之子纽璘（时带答儿已死）带领一万余人的兵力略地。纽璘自利州南下白水，过阆州（今四川阆中）大获山，出梁山后，大军直抵夔州。当年，汉军都总管刘黑马乘虚占领成都，向蒙哥建议"立成都以图全蜀"，此建议被采纳，并授其管理新旧军民大小诸务。是年，南宋派军围攻成都，不克。纽璘自夔州经钓鱼山（位于今重庆市合川区）西行，突破宋军拦截，长驱直入成都，击败前来攻伐的宋军，乘胜进围成都东北、金堂县南的云顶山城。不日，城中弹尽粮绝，守将姚德投降。一时四川诸州郡相继降蒙。七月，蒙哥统领大军到达汉中。

总体而言，这次南征伐宋尽管赢得无数战役，均不是决定全局的重大战役，为日后忽必烈灭宋创造了先决条件。

伐宋伊始的顺利宛如昙花一现，后来战事的发展，诚如上面谋士所料，蒙军很快陷入被动局面。

当时，南宋皇帝为宋理宗赵昀，他偏信奸臣贾似道，致使朝政腐败，国力空虚。但前线军民不甘蒙军来犯，团结一致，全力抵抗蒙军的进攻。

秋天，塔察儿率领东路军却进展缓慢，围攻樊城，适逢霖雨连月，攻城失利，最终被迫班师。蒙哥闻讯，极为恼怒，遣使斥责道："你们回来时，我要下令狠狠地惩罚你们！"随同蒙哥攻伐蜀地的宗王忽里黑赤也极为不满，派人对塔察儿说："忽必烈曾夺取了许多城堡，而你们却带着烂屁股回来，也就是说你们只忙于吃喝。"① 诸消息都证明，蒙哥攻打南宋已大大受挫。

---

① ［波斯］拉施特.史集（第二卷）［M］.余大钧，周建奇，译.北京：商务印书馆，1985：268.

第五十五章

蜀中八柱

1258 年二月，蒙军主力入川，四月，蒙军驻军于六盘水避暑消夏。七月，经宝鸡入大散关。九月，驻跸汉中。

十月，至利州，渡嘉陵、白水两江，驻跸剑门，督兵攻伐苦竹隘（在剑门关西，今名主家寨），宋将杨立坚守。城破后，守将杨立英勇战死，安西节度使张实率部继续抵抗，被擒住时破口詈骂，以致让蒙古御前行宫都帅莫哥下令解肢泄愤。因遭遇抵抗，蒙哥下令屠城。

十一月五日，蒙哥亲自督战。以数万之众，在望喜门外血战两昼夜，仍难攻下。南宋守将王佐、徐昕统率鹅顶堡（位于今剑阁、苍溪两县之间）军民凭据险势，顽强抵抗。致使蒙军损兵折将甚多，招来亲王诸多非议。十一月七日，蒙哥再次亲自督军进攻鹅顶堡，黄昏时分知县王仲出降。通过血战，蒙军在夜里破城而入，乱阵中，王佐率残军与蒙军拼杀，士卒阵亡殆尽，王佐受重伤，遂愤然自杀殉国，翌日晨，其副将徐昕、王佐夫人张氏及部属、儿子等四十六人拼死与蒙军周旋，城破时皆力战身死，无一人投降。

紧接着，先锋都帅皇子阿速台和御前行宫都帅莫哥率领十万铁骑大军破苦竹隘、克长宁山、下鹅顶堡后，又围攻阆州大获山城，将安西节度副使杨大渊率领的十万人马围困在大获山城堡中。大获山下，在薄薄的江岚笼罩着连缀成一片的蒙军阵营，这些阵营像雨后蘑菇般把大获山城围得水泄不通。

总攻开始了，一门门铁炮，不断怒吼着，向大获山城墙发出猛烈的攻击。大获山海拔六百多米，绝对高度才三百多米，在这一带不算突出，但在南宋抗蒙的军事史上占据重要地位，名列"蜀中八柱"，成为四大戎司之一。

在冲锋号角的鼓舞下，城脚下竖起一架架云梯、一条条带抓钩的绳索不断抛上城墙，那些持刀、挺矛和挥舞着战斧的蒙军战士，一边叫嚣着，一边沿着云梯、拽着绳索，猿猴般朝大获山城上攀缘。

大获山城的西门，由钓鱼城副将兼合州州佐张钰坐镇指挥。此前，他为鼓舞士气，带领一队侍卫和一万名铁骑兵来鹅顶堡助战，当苦竹隘、长宁山、鹅顶堡相继失守后，便带领着这支人马推进到杨大渊将军镇守的大获山城内。他被分派扼守西门。

见蒙军攻势凌厉，张钰沉着迎战，指挥城内守军和百姓，将一锅锅滚烫的热汤、沸油，向沿着城墙攀缘而上的蒙军泼去，被泼中的蒙军头部揭开稀疏的毛发，露出白森森的头骨，惨叫着滚落到城下。此外，城墙上的守军用刀斧砍断悬吊着蒙军的绳索，几人合力用长杆推翻搭在城墙上的云梯。密集的箭镞疾风骤雨般朝城下浇去，有效地制止了潮水般不断朝城下席卷而来的蒙军。

这时，蒙哥和总帅汪德臣、先遣都帅纽璘率领着后续铁骑兵也赶到大获山下。他们希望尽快攻下此城，准时抵达钓鱼城与丞相石天泽、中军都帅孛里义各自率领的军马及前军都帅兀台率领的铁甲舟师会合。

此刻，阿速台和莫哥正在前线督师轮番攻伐大获山城的战斗已进入白热化。尽管企图登城的蒙军在守军缜密的防守面前屡屡受挫，但他们没有气馁，仍然像打了鸡血般，群情激奋地朝城上猛攻。他们知道，总帅汪德臣和先遣都帅纽璘都陪着蒙哥在城下督战。攻城的蒙军勇士视死如归，冒着被滚汤、沸油烫伤坠城的危险，顶着城上飞蝗般的箭矢，以及铁炮和抛石机轮番轰炸的危险，仍然一波接一波向城上发起猛攻。

见蒙军攻势盛甚，守将张钰不解，只好把杀伤力巨大的抛石机、火炮派上用场，怒吼着朝城下抛去一堆堆的炮石和燃烧旺盛的火球。在残阳余晖的照耀下，炮石和火球不断在西门城楼下的蒙军阵营中落地开花，击中的数名蒙军被掀翻在地，发出鬼哭狼嚎的惨叫声。触地后裂开的零碎炮石迸溅到可燃物上，很快嗞嗞地燃烧起来，风助火势，越燃越旺。阵阵的江风夹杂着皮革焦煳和人肉烧熟的气息，不断吹拂过来，偶尔风吹亮点点的星光。

想不到一向攻城略地易如反掌的蒙军，在一座名不见经传的小山城面前连连受挫。蒙军将领气得咬牙切齿，不时发出阵阵哀叹。于是，蒙哥限令皇子阿速台和亲王莫哥一定要在明晨之前攻下大获山城，扫清通往钓鱼城的路障。

领命后，阿速台和莫哥不敢懈怠，全然没有顾及蒙军的伤亡程度，调集更多的兵力向大获山城的西门和南门继续发动猛烈的攻势。

见蒙军拔除不了大获山城誓不罢休，杨大渊扼守的南门终于招架不住了，已派其子通过南门旁的暗道，到蒙哥面前以大获城数万人性命为由主动向蒙军送去降表。蒙军同意后，大获山城南门的城头上擎起一面惨白的乞降旗，旗子在暮色的江风中瑟瑟抖动，彰显出杨大渊投诚的事实。

杨大渊不敌降蒙，使张钰想到前不久为扼守苦竹隘而战死的杨立，为据守鹅顶堡而战死的主将王佐和副将徐昕。与杨大渊叛宋降蒙的可耻行径相比，他们的舍生忘死，可昭日月，重于泰山。想到这里，张钰感到义愤填膺，攥紧拳头朝城上的雉堞狠狠擂去，对城下前来劝降的杨大渊破口大骂。

夜幕低垂，大获山城除了西门，其余八座城楼都奉南宋降将杨大渊之命，举起乞降旗，便偃旗息鼓，停止了战斗。唯有西门城下，蒙军继续施展攻伐，零星的炮石拖着长长的火光，划破夜空向城上飞去，但明显不如总攻时激烈了。

是夜，经过连日的攻伐，蒙军将士疲惫不堪，见大获山城已有八座城楼投降，唯有西门还在据力坚守，也是独木难支，乞降在即。阿速台和莫哥都脱下战袍，在各自的帅帐里酣然入睡。此刻，连日紧绷着攻伐之弦的蒙军战士也松懈下来，借此缓解一下劳累的身体和紧张的神经。他们卸去盔甲，枕着刀斧，昏沉沉地进入梦乡，很快发出酣畅淋漓的鼾声。

蒙军做梦也没想到，麾下只有六千兵马的张钰不甘被蒙军围困，在张安义的建议下，正密谋利用几十头守军屯垦役用的水牛，借用战国时田单巧布的火牛阵，组织一场夜袭。希望在夜色掩护下，借助火牛在前面开道，以一当十，奋力一搏，冲出蒙军固如铁桶的阵营，然后夺路南下。

万事俱备，只等夜深人静，蒙军阵营里静悄悄一片，只有大获山城西门偶尔响起报平安的铜锣声和值更的梆子声，穿过静寂的夜色中传出很远。

突然，大获山城西门大开，里面冲出一条火龙般的火牛阵，牛尾巴上浸过油脂的棉絮被点燃后，烧得牛性子发作起来，在宋军将士的驱使下，发出雄壮的吼叫声，裹挟着山风，使整座山体震动不已，像轰隆隆的春雷滚过天空，直朝对面山腰的那条驿道猛冲过去。张钰将军和王安义率领着六千名钓鱼城勇士手持兵戈，紧跟在牛阵后面，齐声发出震天的吼叫声，以势不可当之力，冲出了大获山城。

火牛阵冲向蒙军阵营后，只见阒无声息的连帐阵营里火光冲天，接着传来睡梦中的蒙军受到屠戮时发出的惨叫声，打破了午夜的沉寂。待震天动地的呐喊声大作时，蒙军方从睡梦中惊醒，起身仓皇应战。还未等走出帐外，只见火光炫耀，成百上千头脑袋上长着利刀的怪兽，已经冲杀过来了。等蒙军急忙披甲持锐骑上战马，来不及整顿成出战的阵形，便去围追堵截。

看见呼啸而至的火牛阵，许多蒙军简直吓傻了，与宋军酣战多次，第一次遇到这种怪物。腿脚发软的蒙军被来势凶猛的火牛阵给轻易冲溃，断后的张钰率领着六千勇士趁机挥刃猛砍、抬弓猛射一阵，使蒙军饱受重创后溃败而去。加上蒙军在疯狂逃遁时，自相践踏，被踩死踩伤者难以胜数。

当被阵阵厮杀声惊醒的皇子阿速台和亲王莫哥从帅帐内钻出来，在初冬的寒风中，督战指挥，拼死堵截时，张钰和王安义率领的六千勇士，早已借着火牛阵的威势冲出大获山城下蒙军的包围圈，沿着驿道往南冲去，连夜返回钓鱼城。本来蒙军想把张钰及麾下六千将士紧紧围住，从容不迫地打一场漂亮的围歼战的计划，至此化为泡影。

马上的阿速台和莫哥怅然望着消失在驿道上的张钰部众，怕中了宋军的埋伏，没敢贸然追击。虽然蒙军损失惨重，但被矢志抗蒙的大获山城西门守军的气势所折服。他们一边向蒙哥汗奏报战况，一边组织更多的兵力加入围城的队伍中。被火牛阵一搅和，蒙军将士注定今夜无眠。

经过昨夜的殊死相搏，张钰和王安义率领突围的六千勇士也死伤惨重，有一千名兵卒倒在突围的驿道上了。值得庆幸的是，幸亏年轻有为的将领王安义献出借用火牛阵突围的计谋，倘若被蒙军死死围困在大获山城的西门，后果将不堪设想。

此时，南宋一方的苦竹隘、鹅顶堡被拔，大获山城被降的惨痛教训，谁知深陷蒙军的重重包围之下的青居山、钓鱼城又能挺立多久呢？看来，巴蜀战场胜算的一枚棋子，只能压在"三江八柱"的钓鱼城上了。

1258年年底，蒙军兵锋所指之处，南宋州郡相继陷落，运山（今蓬安东南）、青居山（今南充市）、隆州（今仁寿）、大良山、石泉（今川北）闻风而降，拔雅州。之前，纽璘率成都兵力突破南宋马湖江防线，"鼓噪渡泸，放舟而东"，抵达涪州（今涪陵）。至此，蒙军攻取川西、川北及川中大部分地区。

第五十六章

王者归来

当蒙军攻伐四川的战事陷入僵局、蒙哥殚精竭虑之际，被褫夺兵权的忽必烈正以养病为名，在开平府内悠然度日。蒙哥的冷落和诸王的嫉妒，并没有把忽必烈的雄心壮志消磨殆尽，相反，使他的胸怀变得更加宽阔。

身边的康里人燕真及时提醒忽必烈，说："主上素有疑志，今乘舆远涉危难之地，殿下以皇弟独处安全，可乎？"

一语惊醒梦中人，使沉浸在稍微失落中的忽必烈豁然大悟，对燕真这句审时度势的话非常赞赏，即刻派使者请求蒙哥允许他出征南宋。

蒙哥正在为塔察儿攻伐襄樊迟迟毫无进展而愁肠百结时，出于对东路军统帅缺乏合适人选和全局战略的考虑，不得不诏命重新起用忽必烈主持东路战事。

时序已进入天寒地冻的腊月，风雪正紧，本不宜南征，忽必烈还是遵照蒙哥的旨令，于十二月二十七日，在开平誓师祭旗，随后挥师南下，张易被留下掌管王府事务。大部分藩邸谋士姚枢、刘秉忠、张文谦、郝经、赵璧、马亨等随行。

　　南下第一个屯驻地点，就是刘秉忠的老家邢州。忽必烈传令通知隶属东路军的宗王塔察儿和主要将领，于翌年二月，会集于邢州，接受兵权。

　　刘秉忠在邢州老家逗留期间，闭门谢客，除了应忽必烈之召定时议事外，便在家向新招的弟子传授易理学。

　　会见宗王塔察儿后，东路军继续向南开拔。随后，忽必烈将东路军驻扎在山东西半侧大军阀严忠济势力圈中央，在曹州和濮州（今河南濮阳东）之间，度过了1259年的夏季。得知当地不乏高儒谋士，忽必烈把他们召集在一起，召开了由东平名士宋子贞、李昶、杜英等汉人谋士参加的紧急军事会议。

　　会上，忽必烈首先向宋子贞请教方略，宋子贞直抒胸臆，说："本朝威武有余，仁德未洽。所以拒命者，特畏死尔，若投降者不杀，胁从者勿治，则宋之郡邑，可传檄而定也。"

　　忽必烈闻言，觉得所言极是，表示愿意按其所言去做。

　　接着，忽必烈又向李昶咨询"治国用兵之要"，李昶谈道："论治国，则以用贤、立法、赏罚、君道、务本、清源以对；论用兵，则以伐罪、救民、不嗜杀为对。"

　　对李昶的建议，忽必烈欣然接受，倍加赞赏，还答复："保为卿等守此言！"

　　当忽必烈向商挺征求伐宋方略时，商挺说："蜀道险远，瘴疠时作，难必有功，万乘岂宜轻动。"

　　在小濮紧急会议上，发表南征方略的还有谋士郝经。郝经本是一介书生，并无实战经验，在汉军万户张柔长期耳濡目染下，他语惊四座，提出《东师议》，使忽必烈惊诧于他的军事才能和真知灼见。郝经认为此时伐宋，时机尚未成熟，建议"班师之议"，也就是撤军回朝。

　　对于郝经班师的建议，忽必烈虽未予以采纳，但能从容以待。听罢商挺的话，忽必烈沉思许久，竟赞许道："卿言正契合我心。"[1]

①　以上会议内容参考《元朝名臣事略》。

　　从安抚民心方面，隐士杜英重申劝谏蒙军改掉杀人如麻的陋习，以博取民心。此建议在多年前，忽必烈就听幕府谋士们屡次提及过。

　　尽管郝经理由充沛地提前宣布蒙哥此次御驾亲征必败的结局，但丝毫没有阻挡忽必烈率领东路军南征伐宋的步伐。已无力更改蒙哥执意南征的事实，忽必烈深感自己所率东路军责任重大，只能向鄂州稳步推进，以静观其变。

　　忽必烈南下的行军步伐并不急迫，用了八个月的时间才到达汝南（又作蔡州），七月十二日，与木华黎之孙霸突鲁等所率的军部会合，重新申明军令，一反以往蒙军肆意杀戮的恶习，"分命诸将毋妄杀，毋焚人室庐，所获生口悉纵之"[①]。对胆敢违反命令者，定严肃查处以儆效尤！

　　依郝经建言，忽必烈命霸突鲁等先行至汗水之畔，准备军粮。并命赵璧为江淮荆湖经略使，令杨惟中、郝经等宣抚江淮。他们具体负责约束蒙汉军诸将帅，宣布恩信，招纳降服，以安定民心，然后发展生产，绥靖地方。这样的做法，让忽必烈得一地即可安一地，巩固一地，这开了蒙古史上的先河。

　　于秋高气爽的八月，东路军行至淮河北岸，忽必烈突然接到密使从四川带来的噩耗：蒙哥在攻打钓鱼城时身负重伤，死于军中。

　　见蒙哥已殒命前线，军中有人建议忽必烈应立即班师回和林，欲夺取汗权。忽必烈对蒙哥离世的奏报将信将疑，没有立即班师，而是率军继续向南挺进。月末，攻克大胜关，直抵长江北岸。

　　九月，宗王末哥又从合州遣密使，向忽必烈送来蒙哥在钓鱼城下去世的正式讣告，并劝忽必烈撤军北上"以系天下之望"。因为末哥与忽必烈的关系，所以在信中建议忽必烈迅速撤军北上夺取汗权，以完成圣祖成吉思汗攻伐南宋的遗愿。一切的一切均被郝经不幸言中。

　　对蒙哥猝死的事实，忽必烈感到既惊愕又悲伤，想不到一座小小的钓鱼城竟暗藏乾坤。蒙古帝国的第四任大汗竟然死在战场上。忽必烈立即传令全军秘不发丧，召集幕僚们商议如何应对此事。

---

① ［明］宋濂，等.元史（卷一百五十七）［M］.北京：中华书局，1976.

"大王，"郝经劝道，"蒙哥不幸驾鹤西去，造成群龙无首，军心浮动，还是应该马上班师北上为好。"

"我刚统率东路军，劳师动众，奉命南征，岂可无功遽返？"忽必烈不同意现在班师北还。

"大王，以往蒙古帝国适逢国丧，军队都暂停征伐。"廉希宪回忆说，"历来如此，算不上怯战。"

"与南宋不打一仗就仓促撤兵，岂不遭人耻笑。"忽必烈非常坚定地说，"我要攻下鄂州，以祭汗兄蒙哥的在天之灵。"

忽必烈此举，无疑是明智而富有远见的。对成吉思汗的继承者而言，军事上辉煌的战绩，是登上空悬汗位的基石。忽必烈好不容易重掌军权，岂能像塔察儿那样劳师远征，无功而返？若真那样，势必在黄金家族中造成于己不利的负面影响。另外，兀良合台奉旨经南宋领地北上，东路军若不渡江接应，势必造成南路军全军饱受重创的危险。

中秋节这天，忽必烈率领东路军抢渡淮河，扼守淮河的宋军没想到蒙军会在节日里采取军事行动，被打得措手不及，淮河防线即刻崩溃。接着分兵而进，入大胜关，至黄陂，抵鄂州长江北岸。

忽必烈率军直插长江岸边，八月三十日，大军齐集江北，屯兵于武湖边上。

九月初，踌躇满志的忽必烈登上长江边的香炉山①，江风浩荡，天色苍茫，俯瞰着浩渺东流的长江，一时建功立业的豪情在心胸间澎湃起伏。隔江布阵的南宋陈兵十万，战船数千，筑堡于岸，兼以大船扼住江面，确实水陆戒备森严，不可小觑。

东路军渡江的日子，定在十月风雨交加之日的黎明时分。天公似乎有意阻挠东路军的渡江行动，那日暴雨如注，江面上浊浪排空，泊在江边的船只如轻飘飘的树叶左右摇摆着。江面上斜雨如鞭，抽打着船篷，发出噼里啪啦的响声。

---

① 香炉山位于贵州凯里市西北十五公里，四面石崖绝壁，形如香炉，故名。

忽必烈精神抖擞，一手紧握着悬在腰间的佩剑，一手搭凉棚眺望着细雨迷蒙的江面，嘴角挂着一丝轻蔑的笑意。等蒙军上船后，大雨倾盆，江面上本来模糊的视野，又吝啬地收拢了几分。

众人都焦灼地盯着江面，面露难色，如此糟糕的天气，肯定择日渡江吧。这种疑虑都压在心底，没人敢提出异议。这时，身穿儒服、头戴唐巾的郝经上前一步，凑到忽必烈的耳畔，忐忑地问道："王爷，雨势凶猛，是不是改日渡江？"

见郝经挑头说话，几位随从忽必烈的蒙古将领也附和说："冒雨渡江实在危险，再说南伐也不差一两天。"

忽必烈收回远眺的目光，不经意地瞪了郝经一眼，责怪他在关键时刻动摇军心，脸色一沉，说："你们这些文人，行军打仗帮不上忙不说，还净拖后腿。这样的天气，不是老天在故意刁难我们，而是暗中相助。"

忽必烈明里是在训斥郝经，实际上也是有意说给蒙军将领们听的。见忽必烈执意渡江，大家都闭口禁言，唯有服从命令了。

在战争中，时间是取得胜利的法宝，忽必烈唰的一声抽出佩剑，剑锋直指长江对岸的浒黄州，高声喝令："开船，渡江，行动迟缓者，定斩不饶。"

兵分三路，船首耸立着帅旗的帅船，率先解缆朝江心驶去，几百艘战船紧随其后，排着整齐的队列向江心开去。行驶到中流时，扼守长江的南宋守军发现疾驶过来的蒙军战船时，慌忙驱使几十艘战船前来迎战，但为时已晚。忽必烈命令部分载有水军的战船前去迎战，其余载着步兵和骑兵的战船直抵南岸。

忽必烈不愧用兵如神，驻守南岸的宋军确实没有料到蒙军会冒雨渡江，等蒙军的步兵和骑兵纷纷登岸后，才仓促纠集迎战，与蒙军一触即溃。蒙军很快占领了宋军设在浒黄州的几座营寨，夺取了百余艘战船。

等忽必烈率领东路军全部上了岸，暴雨骤停，从遥远的江面上跃出一轮灿灿的红日，鲜艳夺目，海空顿时洒满道道金光，海面由墨蓝变为湛蓝。

忽必烈率军包围了鄂州后，兀良合台率领南路军越过潭州（今湖南长沙），绕道北上，与忽必烈会合于鄂州城郊。继而形成"鄂州之役"，规模虽小，但意义甚大，那就是在此交战的忽必烈与贾似道这两位双方阵营的主将，经此一战，均升为蒙、宋两国的实际掌权者。

但入冬以来，蒙、宋战争的局势已直转急下，于蒙方尤为不利。

第五十七章

劝降未成

　　1258 年十二月，川西、川北、川中大部分地区相继失陷，各路蒙军顺嘉陵江南下，企图拔除南宋的军事重地合州，攻取合州后进而夺取重庆，彻底摧毁宋军的长江防线。由于京西、湖北、湖南同时遭到蒙军的攻击，据守长江沿线的宋军无力抽调兵力驰援四川。于是，造成合州告急。距重庆北一百四十里的钓鱼城也遭遇一场艰苦卓绝的保卫战，形势十分严峻。

　　随着蒙军攻伐蜀地境内州郡的路线转移，历史的目光一下子聚焦在合州的治所钓鱼城。合州处于嘉陵江与涪江的交汇处，其州城钓鱼城位于重庆西北部，为嘉陵江、渠江、涪江三江交汇之冲，由钓鱼山北部下流的嘉陵江与东北部的渠江在渠河嘴汇合后，由山脚直泻合川，与西北部下流的涪江汇合，然后向东南蜿蜒流去，至东津沱后又沿钓鱼山脚向东流去。汇流后的嘉陵江，形成一个环抱钓鱼山的马蹄状江流，使钓鱼山三面临江，构成了陡然阻绝的天险境地。

　　盘踞在悬崖峭壁上的钓鱼城头上雉堞排布整齐，炮垒高耸，哨楼兀立，围台悬突的城墙及色彩鲜明的护国门城楼，被早春的阳光抹上一层稚嫩的光亮。明代合州进士冯衡的《钓鱼城》诗，道出了钓鱼城地势的险峻，位置的重要：

> 宋祚奄奄一线长，
> 鱼山高处壮城隍。
> 三江送水开天堑，
> 千嶂排云控蜀疆。
> 余玠有谋资珽璞，
> 蒙哥无计屈王张。
> 英雄事业昭青史，
> 庙食何人为表章？

从地理位置上来讲，合州与重庆一北一南，都是嘉陵江畔上的军事重镇，也就成为宋军在川东防御体系中的支撑核心。合州首当其冲，屏卫重庆，其地理位置极其重要。在钓鱼山上修筑城池始于1240年，面对蒙军压境的局势，西川残破的局面，为巩固南宋的西线防区，加强重庆的防务力量，四川制置副使兼重庆知府彭大雅在蜀地残破、败局不可收拾的危难之际就任，毅然决定不惜一切代价在能"御利、阆、蔽夔峡"有险可据的两江汇合处的合州东部钓鱼山上修建钓鱼城城防，成为合州官民临时躲避蒙军兵锋的根据地，遂下令全城军民用砖石砌墙代替泥巴砌的城墙，并扩大了整个重庆城的规模，延伸至通远门、临江门一带。历时两年，于1240年完成了这一浩大的军事防务工程。其后，四川制置使将合州州治迁到了钓鱼城内。1243年，四川制置使兼知重庆府余玠，从保土安民的角度出发，采取了一系列整饬军政、加强战备的防务措施，特别采纳播州（今贵州遵义）人冉琎、冉璞之计，在钓鱼山修筑了钓鱼、天生、云顶、青居、大获等十余座山城，并把合州及石照县治所迁到山城上。从此，作为重庆的屏障，抵御蒙军的侵犯，钓鱼城的名字开始于此。

姚燧在《牧庵集》中载："宋臣余玠，议弃平土，即云顶、运山、大获、得汉、白帝、钓鱼、青居、苦竹筑垒，移成都、蓬、阆、洋、夔、合、顺庆、隆庆八府州治其上，号称八柱。"①

事实证明，面对凶悍凛然来犯的蒙军，钓鱼城真正起到了"为蜀根本"和"国之西门"的堡垒作用，持续战斗长达四十年之久，成功粉碎了西线蒙军"顺流而下、直取临安"的战略意图。

大敌当前，驻守合州的是南宋名将王坚，年仅五十，身材魁梧，作战骁勇，且有韬略，三绺髯须垂至胸部，一双浓墨的剑眉下闪烁着两只炯炯有神的眼睛。面对来势汹汹的蒙军，他临危不惧，于1254年七月，调集所属石照、铜梁、巴川、汉初、赤水五县十七万军民又积极修缮钓鱼城，屯兵积粮于山城，作为与蒙长期抗战据点。到张珏知合州时，于1263年，再次加修钓鱼城。于是，合州依山势筑有一座周长十二三华里、高两三丈不等的石城墙，加上两侧沿山直贯嘉陵江的"一字城墙"，长达十六华里。

南北山脚下各有一座延至江中的一字城，沟通钓鱼城内、外城与江下、码头的通道。既能起到护卫水陆交通运输，与外城墙形成夹角交叉攻击点，又可以阻止蒙军沿江绕城活动。置身其中，仰首望去，但见两山夹峙，顶端纤纤一线蓝天隐隐可见，云绕半腰，让人胆战心惊。

钓鱼城屹立于陡峭的山壁上，皆峭壁悬崖，陡然阻绝，西依华蓥山，地势十分险要，易守难攻。西有青华门，北有出奇门，南有始关门，东有新东门、奇胜门，东南有镇西门，西南有著名的护国寺。南北依靠嘉陵江建有水师码头、演武场、敌楼、炮垒。钓鱼城城墙沿西北、南、东北呈马蹄状构筑，城高达十二丈，石壁如刀削斧砍，青藤随风摇曳，让人不寒而栗。

在护国寺前和奇胜门内，还修有水池，成为天池，另外凿饮水井九十余口，供山上军民饮水需要。钓鱼城内兵精粮足，水源充沛。属县十七万民众在南宋合州守将王坚的率领下，团结一心，抗蒙情绪空前高涨。在四川大片

① ［元］姚燧. 牧庵集（卷三十）［M］.

土地落入蒙军之手后，聚居着十几万人的钓鱼城成为阻挡蒙古大军的最后一道关隘。

钓鱼城守将王坚，南阳邓州彭桥人，曾为南宋抗金名将孟珙部下的得力将领。金灭后，继续随孟珙抗蒙，因潜兵成功烧毁了顺阳丹江沿岸的蒙军欲侵江汉的船材而崭露头角，深得孟珙的赏识。后来，又奉命收复兴元府，然后率兴州兵驻合川旧城。此后数年间，他率领合州居民坚守孤城三十六年，屡次击退蒙军的进攻，战功卓著，被封为宁远军节度使。

蒙军抵达钓鱼城下，显然不是来钓鱼的，他们要一举拿下这座城池。攻伐钓鱼城伊始，蒙哥大有轻敌之意。从六盘山出发一年多，他率领蒙军的南伐异常顺利。虽说宋军奋勇抵挡，但在蒙军凌厉的攻势面前，无异于投卵击石。派大将纽璘等率先锋军，在遂宁大破南宋刘整一军，继而夺取灵泉山、云顶山、成都等地。

在成都的纽璘以刘黑马、密里火者等将留守，蒙哥率领一万五千骑兵顺沱江南下，渡马湖江，直驱叙州，生擒宋将张实，然后沿着长江而下，兵锋直指涪州。搭建浮桥，驻军桥南北，拦截宋军援兵。所以，志在必得的蒙哥完全有理由相信，钓鱼城迟早将步其他沦陷州县的后尘。

1259年，蒙哥亲率大军围攻合州，王坚与七品武略郎、号称"四川九虎将"之一的副将张珏坚守钓鱼城，多次击退蒙军的进攻，损失惨重，沿江死尸累累。

正月，无奈之下，南征军事晋国宝出列上奏道："大汗！微臣自归顺蒙古帝国以来，寸功未立，实在感到汗颜。合州城守将王坚与微臣有同乡之谊，后来又曾同在孟珙部下为将，相交莫逆。微臣愿孤身入合州，竭力去说服王坚开城投降，大汗意下如何？"

蒙哥尚未启口，身边的莫哥在他耳畔低语道："新降之将，千万不可信服。若与合州城内守军互为表里，里应外合，我军岂不是饱受重创？请大汗三思而行啊。"

对莫哥的担忧，蒙哥并未放在心上，自有打算。他抬手竖起一根手指摇了摇，算是对莫哥建议的否决，然后回头对晋国宝说："那就有劳晋将军赴合州城一趟，若能说服守将王坚弃城投蒙，这合州之战当立头功。官升三级，赏黄金千两，骏马百匹。"

晋国宝躬身行礼后，说："谢大汗！"

蒙哥又说："愿晋将军马到成功，朕静候你的佳音。即刻准备去吧。"

得到蒙哥的授命，降将晋国宝怀揣"如朕亲临"的黄金御牌便单人匹马来到合州城下，向城上射出一支响箭。城上守军捡起后，交给王坚将军。王坚见捆绑在箭上的信笺上面写道："故人晋国宝单骑求见。"王坚便吩咐几名守军用绳索将大筐放到城下，将晋国宝缒上城来。

晋国宝从大筐里站起来，微躬身体，向王坚双手作揖，说道："王将军！泰州军阵一别，已恍如隔世，别来无恙吧。"

王坚早已耳闻晋国宝卖宋投蒙的事实，冷冷地问道："你这个大宋的逆臣，不在鞑靼阵营前好好卖力，跑到我合州城内，意欲何为？在下军务在身，不可久陪，有话请速速讲来。"

遥想当年，王坚曾是晋国宝麾下秦中靖边军中的一员偏将。当晋国宝率领靖边军十三万人马向窝阔台汗投降时，王坚却带领一千五百名兵卒闯回兴元，誓不投降。如今，站在晋国宝面前的已是一位名震巴蜀的抗蒙名将。

晋国宝平静地望着盛怒不已的王坚，刻意不让自己内心的胆怯泄露出来。他环顾一下四周众位守城将士，建议道："能否请王坚将军借一步说话？"

闻听其言，王坚已知晓晋国宝此行的来意，说："那可不必。若是私事，但说无妨；若是公事，更应该当着众位将士的面说，岂不更好？"

晋国宝见王坚将军的心志坚定，没有回旋余地，干咳一声，从怀里取出那块黄金御牌，举在手里说道："王将军、诸位兄弟，我奉蒙哥之命前来劝降，这块金牌铸有蒙、宋两种文字：'如朕亲临。'蒙哥身为蒙古大汗，有经天纬地之才，统一天下非此人莫属。现在巴蜀三分之二的疆域已归附蒙古帝国，仅剩合州、重庆等川南几座孤城。今日南宋，偏安江南一隅，祚脉断绝，气数已尽。若你们弃城投蒙，有享用不尽的荣华富贵。"

"住口!"王坚闻言,怒目圆睁,厉声喝道:"晋国宝,你这个贪享荣华的叛贼逆臣,自己卖祖求荣还不算,还想到这里挖大宋的墙脚。我堂堂王坚,生为大宋臣、死为大宋鬼,岂能归顺那鞑靼狗?念及我们旧情故交,放你回去,告诉蒙哥,要想收降我王坚,除非日落东山,江河倒流。还不快快滚回去。"

说罢,王坚将军极不耐烦地朝身边的守城将士挥了挥手。几位守军走过来将晋国宝捆绑结实,丢进大筐里,用绳索重新缒下城去。任凭筐中的晋国宝千呼万唤,王坚一直不理不睬。等大筐离地面三四米时,守军手中的绳索突然一松,大筐"咣当"一声杵在地上。晋国宝从大筐里滚出来,碰得头破血流,心中愧恨交加。试着活动了一下腿脚,幸好并无大碍,勉强能站起来走动,蹒跚着朝自己的坐骑走去。

这一下让晋国宝感到特别为难了,出使合州城前,曾在蒙哥面前夸下海口,见到王坚却啥事也没办成,不要说劝王坚开城投降了,自己倒被合州守军给摔个半死。要是逃跑呢,整个巴蜀都变成蒙军的阵营,真是插翅难飞啊。

因捆绑着双手,加上马镫又高,晋国宝抬脚试了几次都上不了坐骑。要是此刻,王坚能改变主意该有多好啊。晋国宝幻想着,拉起自己的坐骑,一步一回首地离开合州城,快然向蒙军阵营缓缓走去。

正浮想联翩时,合州城门忽然开启一条缝隙,单人匹马从里面疾驰出来,裹挟着一股小风,追到晋国宝面前。晋国宝见来者正是王坚,黯然的心里又升起一线希望,赶忙问道:"王将军,您这是?"

"晋将军,两军对垒,城外并非谈话之地,进城之后,我有话要对你说。"

"好,好。"晋国宝以为自己劝降成功,王坚改变了主意。

王坚下马把捆绑着的晋国宝扶上坐骑,两人勒马并辔而行,朝合州城里驰去。等关闭城门后,王坚一声喝令:"给我拿下!"

话音刚落,扑过来几名健壮的守军,将晋国宝从马背上拖下来,押往演武场。

演武台上,插着"宋"字朝旗和主将、副将的将旗。位于演武场一侧的钓鱼台上，挤满了前来围观的百姓。演武场的另一侧，站着主将、副将的夫人及家属。演武场附近的山坡上也站满了愤怒的人群。随着护国寺里最后一记晨钟在钓鱼山上余音袅袅地消失之后，演武场上的气氛变得萧索肃穆起来。

演武台上，昂然站立着王坚将军，显得器宇轩昂，他腰悬长剑柄端的剑穗随风摇晃着。还有张钰将军和水军统领常翼。两侧耸立着衣甲鲜亮的侍卫勇士，他们手握红缨长矛，带有几分威势。红缨在江风的吹拂下，轻柔地摇曳着。

在王坚将军的示意下，伴着战鼓和号角的齐鸣，几名侍卫押解着五花大绑的宋奸晋国宝，推到演武场内的演武台上，接受钓鱼城百姓的审讯。

见晋国宝登台亮相，站在演武场四周围观的人群里顿时引起一阵骚动。曾做过秦中靖边节度使的晋国宝，确信大宋国运已衰、国祚将尽，偏安于临安的小朝廷注定迟早要灭亡，便弃宋降蒙，企图帮助蒙哥完成统一天下的伟业，能息天下之刀兵，兴万世之太平，自己也将和蒙哥一起名垂青史。如今劝降不成，却背着逆贼的骂名，估计难脱此劫，成为晋国宝此生最大的遗憾。

王坚将军向演武台前沿迈出两步，朝演武场一侧的广场上、山坡间的守军和百姓环视了一下，沸水般起伏跌宕的声浪便消失了。

"钓鱼城的守军和百姓们！"王坚将军慷慨激昂的声音在演武场上方回荡："今天，蒙哥率领着三十万铁骑和两千多艘铁甲战舟，进犯中原，围困钓鱼城，视我大宋臣民如刀俎上的鱼肉，想任意宰割。尽管强敌压境，我们团结一致，死守钓鱼城，必定让他们在钓鱼城下受挫。大家有没有这个信心？"

"有这个信心！"演武场上的勇士和百姓，齐声回答道。

"那就好。在蒙军铁骑压境的紧要关头，我们务必齐心协力，把蒙军驱除巴蜀，赶出中原。可是，大宋叛臣晋国宝却手持蒙哥的金符，前来劝服我们开城降蒙。大家说，此等叛臣逆贼，该当何罪？"

"杀！杀！杀！"钓鱼城的守军和百姓振臂高呼道。

　　此刻，晋国宝知道自己大限已近，硬着头皮抗议道："王将军，您别忘了，我是蒙哥大汗亲派的使臣，两国交战，不斩来使，这是古训。您要杀了我，三十万蒙军肯定会踏平合州城，为我报仇雪恨的。一旦破城，尔等定无葬身之地。"

　　面对晋国宝无力的恐吓，王坚将军轻蔑地冷笑道："蒙古帝国的使臣我早已放回，现在要杀的是重新追回的弃宋投蒙的叛臣逆贼。要用你的人头祭旗，誓师抗蒙，力保合州城！"

　　见王坚杀意已决，双腿瘫痪在地上的晋国宝面如死灰，紧闭双目，不敢看周围守军和百姓那一张张愤怒的面孔。

　　王坚将军目视前方，突然将高举的右手向下凌然一劈，命令刀斧手："点炮开刀！将晋国宝枭首示众。"

　　命令刚下达，从旁边走过来两名刑场监刑的校尉，立刻将两支朱笔点批、写着晋国宝名字的竹标，插在这个死囚犯的背后。两名手持鬼头刀的刽子手，冷酷得几乎看不出脸上的悲喜哀乐之情，从侍卫的背后闪出，阔步走到待决的晋国宝面前，大刀片上的寒光与日光交映成辉。

　　听到王坚将军下达了判处自己死刑的命令，晋国宝吓得魂飞魄散，被绑成粽子般的身体瑟瑟不已，没料到自己临死前，还要遭受鬼头大刀的杀戮，不禁凄怆难抑，悔恨的泪水顺着面颊潸然而下。

　　午时三刻已到，在王坚将军的命令下，传令使万里浪碎步跨到演武台前，挥舞一下手中的令旗，吩咐道："刀斧手，举刀！"

　　传令完毕，演武台前的战鼓手、牛角号手们，卖力地擂响战鼓、奏响号角，将滚滚乌云低垂下的演武台上的杀伐之气，推到极致。

　　"行刑！"传令使万里浪的口令既出，刽子手高高擎起手中的鬼头刀，只见划过一道弧形的白光，"咔嚓"一声，晋国宝的头颅已抛下演武台。下面的百姓齐声喝彩，不单为了刽子手精绝的砍头手艺，意在告诫钓鱼城内所有民众，今后谁若胆敢投降蒙军，晋国宝就是他的下场。王坚将军借此涕泣誓师，一下子激起钓鱼城军民的矢志抗蒙的决心。

　　蒙哥见晋国宝累日未归，知道劝降无果，遂率领蒙军进驻钓鱼城东百余里的武胜山。不久，降蒙的杨大渊欲断绝钓鱼城后援，率领大获山城降蒙的六万人马，作为蒙军铁骑的先锋，直扑向合州地面，烧毁了旧合州城，掳走男女八万余人。

第五十八章

水军激战

　　二月初二，蒙哥率领蒙军渡过渠江鸡爪滩，驻跸于距钓鱼城五华里的石子山上。并派兵到涪州搭建浮桥，试图切断钓鱼城的外援要道。二月初三，命前军兼铁甲舟师都帅兀台指挥大小两千余艘铁甲战舰，对钓鱼城周围诸堡发动连续强攻，企图凿开一条前往钓鱼城核心城池的通道。经过连续攻伐，二月初七，一字城被蒙军拔除。

　　为了狙击蒙军的铁甲舟师和铁骑大军，守将王坚指挥着钓鱼城内二十万守军和百姓积极备战，在钓鱼山上安放了九门三十六炮垒，还在城墙上架起一门门机炮、连发机弩等器械。另外，北一字城下水军码头里泊着密密匝匝的艨艟战舰，战舰如马。南路水军已奉命进入北水军码头，南北两路水军合师，迎战蒙军。

　　两军对垒，蒙军率先发起了总攻，只见江面上无数艘铁甲战舟桨桡翻飞，掀起鱼鳞状的细浪，直朝钓鱼城北水军码头的艨艟舰队猛扑过来。

　　宋将王坚沉着下达了迎战的命令，待蒙军铁甲舟师驶过江北岸的那株黄桷树时，立即开炮轰击，痛击入侵者。

　　江面上黑压压的蒙军铁甲舟师渐渐向钓鱼城逼近，一艘载有皇子阿速台的船头上飘扬着帅旗上"苍狼"图案隐约可见，眼看将要接近北岸的那株黄桷树了。

　　王坚将军见时机已到，断然命令："放炮！"只见出奇门城楼上的旗手手持一面特大的信号旗一挥。接到进攻的讯号，钓鱼城出奇门隔江对岸的石子山上三十六炮垒铁铸长管火炮一齐发射，震得山体轻微抖动。被火药爆发后推出去的弹丸、铁砂、炮石裹挟着尖锐的呼啸声魁风骤雨般向江面上倾泻而去。

　　顺江而下的蒙军铁甲舟群，被呼啸而至的炮石击中后，柱状的浓烟滚滚扶摇而上，火光冲天，铁甲舟便燃烧起来。紧随其后的铁甲舟躲闪不及，与前面的撞到一起，造成舟倾人覆的悲剧。前列的几艘铁甲舟在江中倾覆后，整齐的阵形被打乱，便闪出一个很大的空缺。身披沉重盔甲的蒙军勇士本来不善水性，落入江中双手惊恐地胡乱抓挠几下，便沉入江中。

　　钓鱼山上二十万守军和百姓见三十六炮垒狠狠打击了蒙军铁甲舟群的嚣张气焰，禁不住齐声欢呼。山呼海啸般的欢呼声在三江六岸间激荡回旋着，一时群情激愤，大大激励了宋军抗蒙的士气。

　　与钓鱼城上军民欢呼雀跃相对的是，石子山顶上耸立着一张黄色华盖下蒙哥脸色阴郁，不时站起身来疾步环行。本来希望这次通过蒙古铁甲舟群的强攻，一举拔除钓鱼城，当钓鱼城守军发射的炮石如雨打乱铁甲舟群的阵形，造成船覆人翻的败势，双方的舰队尚未来得及接触，胜负已见分晓。

　　经过钓鱼城北面山顶上炮垒和铳队的洗礼，尽管蒙军铁甲舟群损失严重，依然威力无比。它们放缓了速度，重新调整好阵形，冒着江面上交织成网状的炮石、铁砂的轰击，努力保持着较为整齐的战阵，在兀台的指挥下直朝江面上宋军艨艟舰队猛扑过去。行程中，舟上的蒙军不幸被流矢击中后倒下，被炮石击中的铁甲舟打着旋儿坠入江中，但甲舟群丝毫没有放缓向钓鱼城步步逼近的步伐。

　　被周围舟群簇拥在中央的是一艘体积硕大的铁甲帅舰，舰首飘扬着绣有

"苍狼"图案的大汗旗和绣有"苍鹰"图案的丞相旗，迎着浩荡不绝的江风漫卷起舞。阿速台挺立在甲板上，因为首次在战场上率军作战，泰然的神色下掩饰不住激动的心情。他的身边是丞相石天泽和铁甲舟师都帅兀台。他们身后环绕着两排列成拱状的握刀持矛的怯薛军。帅舰左右两舷上除了操桡划桨的蒙军水卒外，还有很多手持盾斧、摘弓搭箭、持矛挺刀的蒙军甲士。

眼看蒙军铁甲舟师距离北一字城下水军码头越来越近，在水军码头上游横着三条拦江铁链的后面，钓鱼城南北水军合编的一千五百多艘艨艟舰队排成整齐的阵列，严阵以待。战舰上所有的将士都披甲持锐，等待两军战舰合龙后，进行一场殊死较量。蒙、宋两方都迫切期望尽快投入这场大战之中。

在一艘插着"宋"字朝旗和"常"字将旗的战舰前甲板上，站着张钰和南北水军统领常翼，他们紧盯着江面上猛扑过来的蒙军铁甲舟师正朝三条拦江铁链撞去。

"常统领，这三条拦江铁链能否把蒙军的铁甲舟师挡在外围？"张钰带有迟疑的语气问道。

"江水流势平缓时，能轻而易举挡住过往的船只。但今天……"常翼眺望着江面上一片鸟群般黑黢黢的蒙古铁甲战舰，眉头紧锁地说："水流湍急，蒙军两千艘战舰又顺流而下，能否阻挡得住，要看天意了。"

常翼话未说完，只见江面上行驶在蒙军铁甲舟师前列的十几艘体积较小的战船在水卒奋力摇橹划桨的驱使下，向第一条拦江铁链狠狠撞去。粗硕的铁链受到撞击，剧烈地抖动了一下，掀起一线波纹，须臾间便恢复原状。但那主动挑衅的十几艘战船却被掀翻，甲板上那些披甲持锐、摇橹划桨的数名水卒，哀号着滚入波涛滚滚的江中。

见形势十分危急，倘若不及时斩断横亘在江面上的三条铁链，必定会造成后面更多的蒙军铁甲战舰船倾人覆的后果。

"这可如何是好？兀台都帅？阿速台皇子？"立在帅舰甲板上的石天泽急得紧握双拳，迎着凛冽的江风，朝阿速台和兀台大声喊道。

阿速台领兵经验不足，碰到这种情况，只是一脸的茫然，不知如何应答。

倒是兀台战刀往前一挥，凌然命令道："赶快调集大船、重船，不惜一切代价，把前面的三条拦江铁链撞断。"

师舰上的指挥官立即吹响牛角号发起命令。刹那间，行驶在前列的小型战舰急忙掉转舰首闪在两旁，几艘舰首镶嵌着厚厚铁甲的大型战舰、重船首当其冲，率领着密密麻麻的大小铁甲战舰浩浩荡荡向铁链撞去。一时之间，助威的鼓号响遏行云，蒙军的呐喊声如雷贯耳，负责驱动水卒挥动健壮的胳膊使桨桡上下翻飞，蒙军的铁甲舟师加足马力借助顺流而下的惯性，朝三条粗大的铁链狠狠撞去。孤注一掷，成败在此一举。

"咚咚咚"三声，三条拦江铁链在蒙军铁甲舟师大型战舰的撞击下，巨蟒般裹挟着银亮的江水跃出江面，战栗着抖动了一下便拦腰断为两截。自此，通往北一字城下水军码头的水路便畅通无阻了。见江面上的路障被清扫掉，蒙军水卒欢呼雀跃不止，又摇旗呐喊着继续朝艨艟舰队的战阵开去。

见三条拦江铁链被拦腰撞断，此战已不可避免，立在船头的张钰持剑朝空中一指，断然下达迎战的命令："准备，迎战蒙军！"

进攻的信号锣声刚落，待蒙军铁甲舟师进入艨艟舰队的射程范围后，双方铁铳齐发、弓箭齐射，战况十分惨烈。飞蝗般的箭矢和急雨般的铁砂在空中交织往来，江水不时激起数道冲天水柱，双方均有不等的伤亡。经过短暂的交锋后，蒙军铁甲舟师渐渐向宋军的艨艟舰队逼近。两军舰队在钓鱼城下的嘉陵江面上发生正面交阵，一场肉搏大战迫在眉睫。两军距离太近，钓鱼山上的炮垒停止轰击，弥漫的硝烟渐渐被江风吹散。

由于蒙军铁甲舟师冲散了艨艟舰队的阵列，两军的船舰掺杂在一起，不辨你我，使双方的铁铳、弓弩等适于远程射击的武器无法施展，唯有靠手持兵器进行肉搏。

在杀声震天的混战中，蒙军阿速台、石天泽和兀台所乘的帅舰寻找战机，依仗帅舰体重舰首镶着厚厚重甲的优势，向宋方张钰、常翼所乘的将舰冲撞过去。镶在舰首厚实锐利的铁甲，像一把锋利的匕首，把艨艟舰队的战舰的左舷戳进去一道深深的口子。

　　"砰"的一声巨响之后，张钰、常翼脚下的战舰猛然一震，舰体发生严重倾斜，江水迅速涌进了舰舱，导致倾斜度进一步加大，随时都面临倾覆的危险。

　　帅舰和战舰紧箍在一起，见于己有利，阿速台、石天泽、兀台立即持锐向张钰、常翼扑去。张钰力战阿速台和石天泽，常翼对付兀台，在分外晃眼的刀光剑影中，一时难分胜负。与此同时，蒙古铁甲舟师的水卒与艨艟舰队的宋军将士也酣战在一起。一边是攻城略地，强取豪夺；一边是驱除鞑虏，光复中原，双方都有拼杀的理由，把各自的仇恨都聚焦在手中的利刃上，朝对方的薄弱部位，猛杀狠砍。

　　蒙军的铁甲舟师依仗自身优势，不断朝艨艟舰队猛冲直撞，致使很多尚未来得及摆开阵势参战的艨艟舰队倾覆在江中，战舰上众多钓鱼城水军葬身于浩荡起伏的江水中。极少数水军将士挣扎着探出头来，拼命朝附近的艨艟舰游去，中途被铁甲战舟上的蒙军用弓箭射死。

　　这时，随着江水不断朝舰舱里漫进来，张钰、常翼脚下的战舰倾斜得更加厉害了，连甲板上都遭到江水的浸漫，能下脚的地方锐减。持盾挥刀的阿速台和左手握刀的兀台见钓鱼城的战舰倾斜得如此厉害，见有机可乘，便虚晃一招，想把张钰和常翼逼到甲板上的江水中。

　　张钰虽然武艺超群，罕有敌手，因脚下站立不稳，又是独战二人，招架起来渐渐有些吃紧。年轻气盛的阿速台求胜心切，步履不稳，刀法上渐渐露出破绽。张钰乘机探身刺出一剑，刺中阿速台的胸部。瞬间，鲜血喷涌而出，染红了阿速台胸前的战甲，只好忍痛收刀退到后面。

　　随着舰体倾斜度加大，挺立于舰首的朝旗和将旗的旗杆眼看被江水浸没，即将随着战舰沉没在江中。常翼一边与帅船上的石天泽酣战，一边向钓鱼城的将士们大声疾呼："快去转移宋旗！"

　　听到疾呼，从蒙军的铁甲战舟的空隙里，左突右袭，钻出一艘体型玲珑的艨艟战船来，立在船上的钓鱼城士兵，在一片兵刃猛烈撞击发出叮叮当当的响声和鼓舞士气的锣鼓号角声中，朝战舰上继续与石天泽和兀台酣战的张钰、常翼喊道："张、常二位将军，赶快放弃战舰，到这边来。"

这时，一位校尉纵身跳上战舰，奋力拔起朝旗和两面将旗，甩了甩旗帜上的江水，重新跃上渐渐靠近的战船上，在船上兵卒的帮助下，重新把这三面旗帜插在船首。

等战船和帅舰相距两步远时，几名挥刀持矛的将士，矫健地纵身跃上蒙军的铁甲帅船上，挑开怯薛军的人墙，冲到船头的甲板上，满身杀气地冲到阿速台、石天泽和兀台面前。接着几名百户、千户和侍从，急忙放下持锐对阵的张钰和常翼，转身挥刀对付几名钓鱼城的勇士。

张钰、常翼喘着粗气，收起血淋淋的刀剑，趁机跳上前来救援的战船上，看到插在船首的朝旗和将旗时，心里涌上来一丝欣慰。再回头看时，那艘舰因舱里灌满了江水造成舰体过重，吐出几个泡泡，便旋转着沉入江中。

再看蒙古帅船的甲板上，几位钓鱼城的勇士表现出非常豪迈洒脱的英雄气概，被一拥而上的百户、千户及怯薛军团团围困在中央，虽奋勇力战，但顾此失彼。蒙军甲士手持长戟短剑一拥而上，在阳光下交织成一张五光十色的亮网，从四面八方向他们笼罩过去，几乎被捅成血窟窿。

唯有一名身手敏捷的水卒，娴熟地挥舞着手中的大刀和盾牌，与十几名蒙军甲士周旋着。且战且退，等退到船首竖起绣有苍狼图案的蒙哥的旗帜旁，朝步步紧逼的蒙军甲士奋勇一击，再转身跃起，挥刀向旗杆砍去。只听"咔嚓"一声，杯口粗的木旗杆被拦腰砍断，汗旗晃了几晃向江心栽去。接着，那名砍旗的勇士，被左手握刀的兀台和丞相石天泽合力砍倒。

手提着沾满血迹长剑的张钰和常翼目睹了几位钓鱼城勇士壮烈捐躯和砍旗勇士的义举，不由地大声赞叹起来："干得好！"

这时，一首颇为悲壮的诗，划过王坚将军的脑海。

> 百战血肉筑城高，
>
> 钓鱼山险插九霄。
>
> 英杰勇为大宋死，
>
> 招魂犹有嘉陵涛。

　　蒙、宋双方水军经过嘉陵江上的酣战，导致艨艟战船倾覆者甚多，钓鱼城的守军将士也损失惨重。见此情景，张钰手握宝剑直恨得眼眶瞪裂、身体颤抖不已，为保存实力，只好向常翼下达撤军的命令："常统领，尽快让艨艟战船全部撤离，到第二道拦江铁链后面去伏击蒙军的铁甲舟师舰队。"

　　于是，在临时的指挥船上，"当当当"响起了退兵的信号锣声。

　　听到退兵的信号锣声，陷入蒙军铁甲舟师舰队重重包围中的艨艟战船，难以脱身。在蒙军铁甲舟师舰队发足马力的冲撞下，致使好几艘战舰倾覆江中，钓鱼城勇士悉数落入江中，一一被蒙军甲士当成活靶子射死。嘉陵江中心，水流湍急，风大浪高，掉进冰冷的水里，逃生的机会很少。一百多艘艨艟战船，在竖起朝旗和将旗的小战船的率领下，冲开蒙古铁甲战船的包围圈，沿着围绕钓鱼城的马蹄状的河道朝下游驶去。

　　经此一战，钓鱼城南北水军合编的一千五百余艘艨艟战队，其中十之八九葬身于江中。蒙古铁甲舟师也略有损失，而且折了蒙哥的旗帜，让其颜面尽失。

　　等蒙古铁甲舟师在嘹亮号角的鼓舞下，又志在必得地朝嘉陵江下游艨艟战船撤退的方向奋力追去，耸立在江边观战的几十万名蒙军铁骑手持战刀，用力拍打着胸甲，敲击着左手紧握的盾牌，发出一片胜利的欢呼声。

　　两军的战舰渐渐撤离的嘉陵江上的战场，星星点点的阳光洒在江面上，粼粼的江波中蒙、宋战士浮尸狼藉、木船的残骸、桨桡、折断的硬弓、残缺的旗帜及各种杂物，而艨艟战队损失严重。

　　嘉陵江上的水战看似结束了，其实仍在延续着。

　　当幸存的一百余艘艨艟战队，奋力驶过马蹄状河道的拐弯处，退守至第二道拦江铁链的后面。在这几条粗大的拦江铁链旁，停泊着十几艘满载柴草、芒硝、硫黄的船只，正严阵以待蒙军铁甲舟师的来犯。

　　当蒙军的铁甲舟师舰队眼看接近第二道拦江铁链旁，泊在铁链旁的十几艘待命的船只，立即被船上的水卒点燃。顿时熊熊的火光直冲天际，像一条舞动的火龙横在江面上。

首尾相连的蒙军铁甲舟师舰队，因顺流而下，速度太快，一时刹不住阵脚，一头扎进燃烧旺盛的火船阵营里，挤成一团的蒙军铁甲舟师被烟炎张天的火海所吞噬，仅从火船组成的阵营里逃出一千余艘。

第五十九章

钓鱼城下

　　随着南北合编水军的覆灭，钓鱼城丧失了一道控扼嘉陵江的防线，蒙哥率领着三十万蒙军渡江而来，在嘉陵江、渠江、涪江三江汇合处马蹄状的河道旁的江岸上安营扎寨。层层叠叠的蒙军营帐将钓鱼城包围得风雨不透。虽然，南北一字城犹如两把利剑直插江中，限制了蒙军活动的自由，但其军事价值已经丧失殆尽。

　　为了替身负剑伤的皇子阿速台报仇，也为一表誓志拔除钓鱼城的决心，蒙哥行宫帐群中的汗妃、偏妃及宫女们，全部随蒙军渡过嘉陵江，在钓鱼城东南方向脑顶坪下的落凤坡驻扎下来。

　　见波澜壮阔的蒙军阵营全部移师于钓鱼城下，摆出一副不攻克此城、誓不还师的决心。大敌当前，钓鱼城内的守军和百姓，在宋朝知州王坚的指挥下，全力以赴，积极迎战。耸立在城头上的三十六炮垒及所有的火炮、铁铳、弓弩、抛石机全部各就各位，做好了迎战蒙军的准备。

　　在蒙军营帐里，一名怯薛军掀开帐帘，蒙哥从皇子阿速台的宫帐中走出来，正卧榻静养的皇子阿速台在几天前的水战中不幸被张钰刺中胸部。见伤势并无大碍，蒙哥紊乱的心绪才稍微平静下来，向一直站在宫帐门口的带御器械耶律铸问道："钓鱼城上，除了偶尔响起的梆子声和木鱼声外，这几天有什么异常的举动没有？"

耶律铸向前一步，向蒙哥拱手致礼说："启禀大汗，他们早已备战完毕，没有别的动静。"

"哦，走，到城下看看，是否能找到破城之策。"蒙哥朝耶律铸摆了摆手，向不远处一株枝叶婆娑的黄桷树下走去。黄桷树下，站立着汗廷诸王、重臣，周围是几十名怯薛军，高擎着金黄色的华盖，正静静等待蒙哥的到来。在耶律铸的陪同下，蒙哥缓步朝众人走去。

"大汗，皇子阿速台的贵体是否已经康复？"汪德臣跨前一步，提出众人心中的疑问。

"放心吧，不日即将康复，会重新跨马持锐，带领蒙军在前线奋勇厮杀的。一代天骄成吉思汗的子孙，不是那么容易被打垮的。"

"南征军师晋国宝进入钓鱼城已有些时日了，可有消息？"蒙哥把疑惑的目光落在御前行宫都帅莫哥身上。

"大汗，一直没有消息。莫非是……"莫哥耸耸肩，两手一摊，欲言又止。

"不必说了，朕知道了。"蒙哥眉头紧蹙。一缕不祥的预感涌上心扉。接着转身跨上自己的雪白战马，右手持鞭指着屹立在钓鱼山上云蒸霞蔚的钓鱼城，问道："南门可是钓鱼城的主要城门？"

"是的，大汗。"原大获山城守将杨大渊降蒙后被封为蒙古铁骑大军右军都帅，他一身蒙古军帅的装束，见蒙哥发问，急忙跨到蒙哥的战马前，向战马上的蒙哥双手施礼后，又补充道："钓鱼城四周共有九道城门，但九道城门中最重要的要数南城护国门。南城护国门外面临悬崖峭壁，进出城都施以栈道出入，靠'过河拆桥'（去时修复栈道，返回即拆掉）的方式通行。钓鱼城依山仗势，易守难攻，火炮、弓弩都无法到达，成为屏蔽重庆、支撑巴蜀的重要据点。微臣以为，此城不可小觑。"

"火炮、弓弩都无法到达？"蒙哥浓眉上扬，傲慢地说道："迄今为止，还没有一座城池能够阻挡得住蒙古铁骑的步伐。西夏、金国、北宋、吐蕃、大理、交趾、高丽等国不都是乖乖向蒙古帝国俯首称臣，这号称巴蜀'三江八柱'的钓鱼城，不过徒有虚名而已，早晚要把它的城门打开。"

"大汗所言极是，蒙军铁骑早晚会把钓鱼城碾成齑粉。"杨大渊见蒙哥自信满满，不敢拂逆，脸上堆满媚笑，便知趣地适可而止。

见杨大渊一点儿都不识时务，都弃宋降蒙了，还在夸耀钓鱼城的易守难攻，岂有此理。蒙哥冷眼瞅了杨大渊一眼，觉得不论从气度、才学、胆识，都与南征军师晋国宝相差甚远，他有点儿对不住新封的右军都帅的官衔。

骑在雪白战马上的蒙哥，带领着诸王、众将在钓鱼城下，环城巡视时，看到挨挨挤挤的蒙军正把一门门火炮、一辆辆云车、一根根爬城竿及一架架云梯，正渐渐向钓鱼城的九道城门楼下推进。这轰轰烈烈攻伐钓鱼城的准备场景，使骑马持缰的蒙哥心里泛起一丝稳操胜算的快意。既然钓鱼城守将王坚、张钰誓不开城投诚，那我蒙哥就不客气了。

见蒙军的攻坚战声势浩大已不可避免地拉开帷幕。在绵延起伏的乌云下面，顶着凛冽的江风，钓鱼城内的守军和百姓已枕戈待旦。城上守军分成三排，贴近雉堞的最前排，是张弓搭箭、手持铁铳的守军。第二排是持矛挺戟、操盾抡斧的守军。第三排是炮卒，已将一颗颗火球、烟雾瓶、毒气弹挂在机炮的长杆上，伺机朝蒙军兵力集中处投射。

此外，在突出雉堞的炮台上，炮卒们正忙着调试连发弓弩和射程较远的机炮。由畜力拉拽弹杆的巨型抛石机，因威力无比，被安置在城头拐角处和城后的山坡上。钓鱼城九道门的城楼、城墙、拐角，都与护国门一样，准备好了长距离炮轰、中距离弹射、短距离射击的各种武器，严阵以待蒙军的攻伐。

钓鱼城内的守军在忙着调试各式武器的同时，城内的百姓也自发地组织起来纷纷加入备战的行列。老人搬运木料、石块加固城墙，孩子为抛石机传送石块，妇女则在身段优美的副将夫人的带领下，为守军送饭送水，各司其事，络绎不绝。钓鱼城内二十万守军和百姓上下同心，将一座山城变成了一座牢不可破、火攻不进、水淹不灭的城防，让蒙军无计可施。

双方准备就绪，总攻开始了，蒙古三十万大军正蚁阵般黑压压地朝钓鱼城的青华门、东新门、小东门、始关门、镇西门、奇胜门、出奇门发起轮番进攻。走在最前列的是弓箭手，后面的是操斧持盾、腰悬绳索抓钩的攻城勇士。在一块巨石后面，是被怯薛军团团护卫的锦旗和华盖，那是由蒙哥和诸王、重臣组成的攻伐钓鱼城的指挥部。

在不断向各道山门涌去的蒙军所发出纷纷攘攘的嘈杂声中，突然响起一阵嘹亮的牛角号声，城上城下都沉寂下来。这时，卸去兵甲的御前行宫都帅莫哥在一名手持一张弓的怯薛军的陪同下，朝护国门下走来，有话对城上的守军说。一将一卒在招降旌的旌竿下停止脚步。

随后，莫哥把双手捂成喇叭状罩在嘴边，仰首朝护国门的城墙上方高声喊道："城上的宋军听着，我蒙古帝国的蒙哥御驾亲征，挥师三十万已将钓鱼城包围的风雨不透。希望你们不要倒行逆施，顺乎天命，打开城门，归顺大汗。这里有蒙哥御签的劝降诏谕，请你们仔细推敲，限期半个时辰内做出抉择，逾期火炮伺候。"

钓鱼城确实高耸，莫哥说完，转动了几下仰望得近乎发酸的脖颈，才从身后一名怯薛军手里接过那张硬弓，又从自己的腰带上取下一支捆绑着御签的箭镞，弯弓搭箭，"嗖"的一声射向护国门城楼上。

莫哥一席软硬兼施的劝降之词，简直把护国门楼上的守军给激怒了。他们把铁拳握得啪啪直响，眼睛里迸发出团团怒火，摆出一副随时与蒙军血战到底的架势。一起把愤懑的目光投向王坚将军，期待他的定夺。

王坚将军从城上守军身上看到了与蒙军决战到底的信心，心头掠过一丝振奋和舒畅，与张钰的目光碰撞在一起，两人轻轻地点头会意。

王坚将军的脸上挂着一丝沉毅的神色，从传令使万里浪手中接过那封诏谕，连看都没看，几下将它撕成碎片，扬手抛向城下。当诏谕的碎片宛如成群的白蝶般飘下城头，万里浪拎起一颗血淋淋的头颅，朝城下期待守军回话的莫哥身上掷去。白蝶还在半空飞舞，一颗人头已落在莫哥的脚下，摔得面目全非。

莫哥悚然一惊向后跳跃着退了一步，待人头跳将着滚动了几下静止不动后，才辨认出自己脚下的人头正是几日前去钓鱼城劝降的南征军师晋国宝。诏谕被毁，使臣被杀，看来钓鱼城守军准备与蒙军血战到底了。想到自己刚才诏谕钓鱼城内守军启城降蒙的一番努力都付之东流，莫哥只好转身退到蒙军阵前，向蒙哥禀报了此事。

在蒙军别有用心地劝降失败后，一场钓鱼城攻坚战不可避免地启开战幕。城下蒙军的战鼓声、牛角号声与城上守军的信号锣声交织成一张进攻与防守的网络。

随着梢杆起落，架设在钓鱼城下的火炮，开始向城上发起猛攻。炮石、铁砂带着刺耳的呼啸声，骤雨般向城头投去。在火炮的掩护下，三十万蒙军敲响胸甲，拍击着盾牌，大声呐喊着，在众多千户、百户长的率领下，纷纷冲到城下。举刀持盾的蒙军将士利用登城车、长杆、云梯、带抓钩的绳索，开始攀城攻打。

守将王坚见时机已到，手中的长剑凌然一挥，果断地下达了还击的命令，城上的防御工事很快投入战斗。耸立在钓鱼城上的三十六座炮垒上的一门门火炮怒吼着，开始向城下奋勇还击，炮石、火球、铁砂及疾雨般的箭矢，都朝浊浪翻涌的蒙军泼洒而去。接着，由几头犍牛拉动弹竿的抛石机，雉堞上的弓弩和铁铳，都统统加入了战斗行列。机炮甩竿上的烟雾球、毒气球也在蒙军密集的地方遍地开花，被击中者，发出呼天抢地的鬼哭狼嚎之声。

蒙军攻城的嚣张气势很快在钓鱼城守军猛烈的还击下给打压下去，攀城的蒙军不幸被炮石砸伤，被箭矢击中，发出绝望的惨叫声从云梯或爬城竿、绳索上滚落下去，坠落到城上。城下的蒙军躲闪不及，也有被砸中者。此战造成蒙军死伤惨重，整个钓鱼城下成为尸体铺就的地毯。随着战况向前推进，地毯越铺越厚，也越铺越大。

死者死矣，活者战矣。踏着躺在血泊里的尸体，大批蒙军浪潮般不断涌向钓鱼城下。在南一字城、新东门、护国门楼下，蒙军通过云梯、爬城竿、抓钩绳索、登城车，衔刀挎盾，前赴后继，朝城上继续攀登。钓鱼城内守军在守将王坚、张钰的镇定指挥下奋起还击，众人合力将云梯和爬城竿掀翻，抛石机瞄准后将登城车砸折，刀斧手一拥而上将咬紧城墙抓钩的绳索砍断。接着，向正在攀登的蒙军或城下的蒙军投放滚木、礌石，被砸中者不胜枚举。

从二月到四月，蒙军屡次调集大军进行大规模的攻伐，而城内守军凭险据守，使蒙军没有可乘之机。虽然，蒙军拥有精良先进的火炮、弓弩，但由于钓鱼城"石邑入云"，蒙军"炮矢不可及也，梯冲不可接也"。经过激战，钓鱼城的防御工事某些地方出现了漏洞，有的城墙坍塌了，城墙多处破损，城内守军及时修缮。

由蒙哥亲率南征伐宋的中路军，以铁甲舟师强大的阵容将钓鱼城南北水军合编的一千五百余艘艨艟战队几乎全歼之后，以为用不了三五日即可将钓鱼城一举拿下。孰料事与愿违，一向百战不殆的蒙军，在弹丸之地的钓鱼城却连连受挫。其实，南宋降将右军都帅杨大渊所言极是，过于自负的蒙哥真是轻视了王坚、张钰二位将军和钓鱼城内的二十万守军和百姓。

前后围攻了五个月，迟缓不前的战况没有丝毫进展，钓鱼城依然牢牢地掌控在宋军手里。蒙军强攻，宋军死守，势均力敌，战役一度陷入胶着状态。

从四月三日始，川东的"合州城下大雷雨凡二十日"，连绵不断的雨天为蒙军的攻势增加了很大难度，蒙军被迫暂停进攻钓鱼城。糟糕的是，随着气温上升，疾病开始在蒙军阵营中悄悄蔓延，导致数以千计的士兵死于非命，致使蒙军兵力锐减。蒙军的进攻已如强弩之末，一时处于进退两难的境地。

天刚雾晴，已停战数日的蒙军便开始偷袭钓鱼城南的护国门，结果以失败而告终。翌日深夜，蒙军攻破钓鱼城北出奇门至嘉陵江一侧的一字城，进入钓鱼城的外城。当晚，守将王坚率领着敢死队，突袭蒙军，又把蒙军赶出外城。

攻伐接连失利，蒙哥心中潜藏的荣誉感一扫而光，幡然醒悟，原来钓鱼城将成为蒙军四川战役中的一场硬仗。攻城时间由几个星期拖延成几个月。这座小小的城池，在数倍于守城兵力的围攻下，仍坚持半年之久而岿然不动，不能不说是一种奇迹。

四月二十二日，冒着连绵淫雨，蒙军都总帅、先锋将领汪德臣选其精锐乘夜雨停息之际偷袭护国门。为出其不意攻其不备，汪德臣把偷袭地段特意选在地势险恶、最难攀登的马家寨。伺机攀城的蒙军都携带着绳索，抬着云梯等攻城器械冒雨继进。蒙军把带有铁钩的绳索抛上城头，把云梯搭在城墙外，等好不容易登上湿滑的城头，欲逐步扩大战果时，突然一道蛇形闪电划破雨夜上空，紧接着一记炸雷，把城上睡梦中的守军震得睡意全无。接着又是一道长长的闪电，把雉堞、山川照耀得宛如白昼。当在昏沉的睡梦中突然惊醒的守军看到衔刀持盾的蒙军正翻越城墙，连忙猛敲铜锣，惊呼道："不好了！蒙军前来偷袭了！"

附近守军听到警报后，立即操起兵刃弓箭，冒雨冲出营寨，挥刀迎击蒙军。爬上城头的蒙军，连忙手持利刃向不断发出警报的守军冲杀过去。

在汪德臣的督促下，城下诸多蒙军口衔利刃，沿着云梯、绳索鱼贯而上，奋勇攀登，马家寨一片混乱。等守将王坚率领援军匆忙赶到时，发现城头上的甬道过于狭窄，增援部队力量庞大，一时施展不开手脚，只好眼睁睁地看着越来越多登上城墙的蒙军占据了各处要冲。

护国门作为一道内城门，是钓鱼城八座城门中最为宏伟的一道险关，位于城南的第二道防线上，左倚悬崖绝壁，右临万丈深渊的嘉陵江，上书"护国门"和"全蜀关键"，是扼守城内外交通的重要孔道。这里一旦被蒙军突破，就像千里之堤缺开一个溃口，借助神力都无法堵塞。城内纵有重兵把守，蒙军一旦拿下这个据点，可以随时发起袭击，钓鱼城危在旦夕。

危急关头，王坚心里顿时涌上一条妙计。他立即抽选五十名精兵强将组成一个敢死队，开启护国门旁边的飞檐洞，攀岩而下，绕到护国门外的蒙军后面进行突袭。此刻，潮水般不断涌来的蒙军正排着长龙般的队伍依次往城上攀爬。王坚的敢死队像一股逆势而上的飓风举起刀剑呐喊着向蒙军冲杀过去，在蒙军阵中奋勇砍杀，突向左，突向右，蒙军死命冲杀，一时难以抵御。瞬间，蒙军长龙般的攻城队伍被截成两段，首尾无法兼顾。

守军敢死队一边拼命抵挡山下蒙军往山上冲锋，一边奋力砍杀正攀爬城墙的蒙军。同时，从城内的插旗山、天池、钓鱼台调来的城内守军，把占据外墙的蒙军团团围住，奋力反击。经过城内守军里应外合，加上天黑路滑，占据外城的蒙军很快被剿杀肃清，山下蒙军的爬城器械被守军移除，蒙军再也无法登城。蒙军无功而返，胶着的战局没有丝毫进展。

四月二十四日黎明时分，在蒙军偷袭护国门失败后的第二天，不甘受挫的汪德臣又组织了一次偷袭。此次采用了声东击西之术，蒙军在护国门山下集结，给城内守军造成继续突击护国门的错觉，而蒙军的精锐之师却趁天黑转移到钓鱼城西北部的奇胜门延伸至嘉陵江的一字城附近，准备半夜突袭。

由于钓鱼城的外城绝大多数地段处于天然绝壁上，修建其上的城墙即使蒙军最长的云梯也难以抵达城头，只有奇胜门往北数百米的防线上，没有陡峭悬崖，城防设施都是沿着山麓的走向构筑而成，地势稍低。尽管此段城墙修得很高，但也比修在悬崖绝壁上的城墙要矮许多。再加上这一带城外的地势相对开阔，蒙军很容易施展兵力。因此，蒙军把这次突击目标选在这里。

在月黑之夜，蒙军趁钓鱼城守军连日厮守而困意正浓时，悄悄顺着云梯、爬城竿、登城车等器械爬上城头。当城内守军发现城下蒙军偷袭的举动时，已有不少蒙军登上外城。守军付出沉重代价，才将爬上城头的蒙军斩杀殆尽。这次偷袭，蒙军仍然以失败而告终，不得不潮水般退下山去。

这一月，宋理宗因接到王坚率领着钓鱼城军民百折不挠、抗击蒙军的捷报，颁诏嘉奖王坚"婴城固守、百战弥坚，节义为全蜀山城之冠，诏赏典加厚"。

虽然，蒙军屡次攻伐和偷袭钓鱼城均未曾得手，但也并不是没有一点儿收获。蒙军发现钓鱼城西的北奇胜门附近是一个相对容易实施围攻的地段。因经过屡次偷袭，城内守军加大防御力度。蒙军见偷袭不成，便开始派遣蒙军工兵在这里挖掘坑道，进行坑道作业，试图沿着地道突入城内，一举拿下钓鱼城。

钓鱼山的石材主要富含红砂石，要想明目张胆地在守军眼皮底下挖凿地道是绝对不可能的，坑道入口必须选在守军视野的盲点之处。挖凿坑道时，不能动用火药来轰炸，只能通过凿子和斧头等工具慢慢凿进，再把从坑道里清理出来的碎石运到外面掩藏起来，这几个动作都要避开钓鱼城内守军的视线悄无声息地进行，一旦被守军察觉，便功亏一篑。

想来这并不是一件一蹴而就的工程，需要漫长的坑道作业时间。为此，在整个五月份，蒙军为转移守军的注意力，掩盖坑道秘密作业，不断施展小规模突击战。其用意在于转移守军的注意力，突击战本身没能取得实质性进展。

坑道作业大概持续了一个多月，一条长度超过百米的坑道挖通了，连接钓鱼城的北奇胜门。坑道宽约一点五米，高约一米，剖面呈倒"凸"字形，这种形状既节约工时和人力物力，还可以最大化地埋藏伏兵。地下凹进去的一部分可作排水之用，而两边的土台可作士兵休息之用。士兵可在坑道内埋伏数天，并通过坑道进入城内。另外，坑道内挖凿了多个预留的竖井，留作大部队发起总攻时从多个方向发起进攻之用。其间，发生了两件出乎蒙军意料的事，使得蒙军发起总攻的时间有所推迟。

一件是钓鱼城守将王坚偷袭蒙哥御帐。进入五月，蒙军将士因不适应巴蜀潮湿炎热的气候，导致锐气大减、士气不振。白天，钓鱼城守军"乘壁而诟，有傍坐而张盖者"；晚上，守军张坚则积极率领钓鱼城内守军发起多次夜袭，造成蒙军将领夜不安枕，人人自危。

一天夜里，守将王坚率领数百名守军，偷袭了位于石子山上的蒙哥御帐。在这次突袭过程中，王坚身先士卒，率领守军勇士以锐不可当的攻势直扑蒙哥御帐。就在蒙军将领木花里、阿塔赤、称海等众怯薛军拼死护驾的危急时刻，蒙古临洮府元帅、入蜀先锋赵阿哥潘率军及时赶到，将王坚一行击退，蒙哥才得以化险为夷。偷袭结束后，蒙哥立即召集诸亲王、众万户及巩昌都总帅汪德臣等，各选派锐士若干以备行寨宿卫，并命史天泽为总领。

另一件是四川制置副使兼知重庆府吕文德奉命以大型战舰千余艘沿着嘉陵江而上增援钓鱼城。钓鱼城内守将王坚虽然屡次击退蒙军的强攻，但毕竟被围困城中已久，造成粮草器械等军需日渐匮乏，急需得到南宋朝廷的增援。为解钓鱼城之围，宋廷派吕文德为四川制置使。六月，吕文德与向士璧全力以赴，在涪州夺取浮桥。

早在 1258 年蒙哥命令驻守成都的都元帅纽璘率领步骑从成都出发，由陆路抵近。蒙军在涪州蔺市的长江上搭建起浮桥，又在长江南北两岸驻扎军队，"夹江为岸，长数十里，阻舟师不能进至浮桥"，使得南宋京湖援军无法西上增援四川。

吕文德派宋将刘整、曹世雄轮番发起进攻，宋、蒙两军在涪州蔺市的江面上对峙七十余日，都没能突破蒙军的防线。适逢长江上游冰雪融化，江水暴涨，致使浮桥中断，蒙军不能通行。刘整、曹世雄趁机砍断浮桥，同时水陆并进，突破纽璘一军堡垒里不断发射箭雨的袭击，冲破第一道防线。

纽璘被迫败退西归后，吕文德率领援军乘胜西进，在离重庆不远处的铜锣峡，遇到阿答赤设置的另一道防线，宋将甘顺被蒙军的炮石、箭雨给击溃。避开阿答赤派遣的顺流而下船队的冲击，吕文德乘着东南风率领后军急进，发动总冲锋。虽然损失严重，却终于冲破阿答赤重重封锁第二道防线，于六月抵达重庆。

吕文德到达重庆后，率领重庆所有战船千艘，溯嘉陵江而上，前去增援钓鱼城。在三槽山一带，遇到蒙军万户字里叉的阻截。他们进行了两次交锋，第一次字里叉赢了，第二次字里叉输了。吕文德趁机突破蒙军的第三道防线，增援部队的兵锋直指黑石峡（今嘉陵江沥鼻峡口）。

黑石峡距钓鱼城已经不远了，如果吕文德率领的增援部队能够顺利突破黑石峡，与钓鱼城守军里应外合，钓鱼城下的蒙军将置身于被瓮中捉鳖的险境。刚从钓鱼城守将王坚的偷袭中逃出来的蒙哥当机决定暂停对钓鱼城东新门的攻伐，一定增设兵力把吕文德阻挡在黑石峡之外。仍由汪德臣负责挖凿坑道，董文蔚负责对钓鱼城的围攻，蒙哥亲征，与史天泽一起，阻击吕文德的援军。

蒙哥在距钓鱼城不远处的东山上，集中两万蒙军。史天泽率领五万水陆大军，顺流而下，迎面阻击吕文德的援军。蒙哥是如此打算的，万一吕文德的援军从史天泽的手中侥幸逃脱，他再率兵迎头痛击，不信拿不下一个吕文德。

黑石峡位于嘉陵江三峡北段，峡中江流湍急，水深莫测，峡岸群峰高耸，峻峭幽深，全长三千米。史天泽率援军抵达此处后，仔细侦察了地形，决定利用黑石峡水深峰险的特点进行排兵布阵，把南宋援军全部歼灭于此。史天泽分步、骑两翼，一翼驾驶七十余艘战船悄悄停泊在黑石峡西面，与停泊在黑石峡东面的吕文德率领的三百余艘艨艟，相距一里多地。另一翼分守在峡口狭窄之处，利用弓弩和火炮夹江控扼，等待宋军驶出峡口，伺机出击。

吕文德怕蒙军在此设伏，先派五十艘轻舟驶出峡口去前方以探虚实，另外二百五十艘战船紧随其后，其余的部队和战船断后，摆出一个首位相衔的长蛇阵。

怕过早惊扰了南宋援军，史天泽在黑石峡两岸设伏的军队没敢轻举妄动，放过那五十艘探路的轻舟。后面的南宋援军战船见前面的轻舟已安全无虞地从峡口中驶出，便大胆跟进。等吕文德绝大部分的战船进入蒙军的包围圈中，再想掉尾实属不易时，史天泽令旗一挥，五万蒙军弯弓射箭、火炮轰击。一些轻舟中炮后燃烧起来，有的被巨石击中后船体变得支离破碎，破碎的船板顺流漂走。把吕文德的援军打得晕头转向，不辨东西。

忽闻后面的战舰遭遇蒙军的设伏，前面探路的七十艘轻舟伺机掉头准备回去救援，这时，停泊在黑石峡西面七十艘蒙军战船顺流而下，向五十艘轻舟狠狠地撞过去。轻舟倾覆后不幸落水的士兵在水面上挣扎、哀号、被湍急的水流席卷而去，水中不时出现一抹血晕。

史天泽于 1213 年随父亲史秉直归降蒙古，后灭金伐宋，功勋卓著，官拜中书右丞相，在蒙军进攻中原时立下卓越战绩。蒙哥和后来上任的忽必烈一样，已经认识到一些郁郁不得志的汉将如果投诚蒙军，整起同胞的手段，有时比蒙古将领还要勇猛和灵巧。这次，史天泽不负蒙哥所望，在黑石峡三战三捷，歼灭吕文德战舰千余艘。吕文德险些全军覆没，最终只得率领残兵败将，狼狈逃回重庆，与合州、涪州共呈鼎足之势，力保川南。

成功击退吕文德援军，又坚定了蒙哥尽快拿下钓鱼城的决心。六月五日，蒙军前锋元帅汪德臣率军，乘夜通过那条挖通的连接钓鱼城内外的隐秘坑道，连夜突破了西北外城，杀死马军寨守将及守城士卒。随后蒙军以马鞍山为桥头堡，向钓鱼城内城发起攻坚。钓鱼城守将王坚率领城中军民与蒙军逆战，战斗一直持续到后半夜。在城下汪德臣的监督下，攀城的蒙军一个接一个循梯如蚁而上。眼看攻伐钓鱼城成功在望，忽然晨曦前的一场暴雨不期而至，蒙军身上的皮革经过雨水的浸泡，变得笨重不堪，那数丈高的云梯不堪重负。加之城上守军不断借用滚木、礌石来击砸，致使云梯连连折断，云梯上的蒙军，纷纷坠落，死伤甚多。由于蒙军后续部队不能及时跟进，而守军在晨曦中汹涌而至，挥刃力拒。城下的汪德臣见取胜无望，甘拜下风，只好收兵回营，顺着绳索溜下城来。

宋军发现这条蒙军挖通的秘密坑道后，便用当时守城用的礌石将其死死封住，以绝后患。多年后，当初填充坑道用的礌石已被钙化物质所包裹，坑道顶端形成了密密层层的小钟乳石。

这一场恶战，不计得失，双方死伤累累，汪德臣身上数处受伤。宋将段元鉴、杨成等在这次恶战中丧生。时值盛夏，城下堆积着宋、蒙两军的尸体厚达盈丈，腐烂的尸体臭气熏天，体态肥硕的绿头苍蝇黑压压地弥漫钓鱼城内外。

钓鱼城经此一袭，守将王坚警惕了很多，城头上加派了马队巡逻。即便在电闪雷鸣、风雨交加的夜晚，城头上也照样灯火通明，断绝了蒙军偷袭的机会。

一天早晨，贯以勇力自恃的汪德臣很不甘心，他认为经过一夜鏖战，钓鱼城内守军死伤惨重，外城防线已经洞开，守将王坚已斗志全无。他在蒙哥面前指心发誓说："捐躯报恩，正当其时。"

于是，在蒙哥的授命下，汪德臣单骑徘徊在钓鱼城下的镇西门城楼下。手搭凉棚，不屑地朝城楼上仰望。在朝阳的照耀下，城楼西侧旗帜迎风招展，雉堞后的守军甲胄鲜亮，刀枪林立。其中有几位腰悬长剑、战盔上的穗缨迎风舞动，虽看不清面容，但能猜测出应该是战将级别的头目。城下汪德臣单骑前来挑衅，城楼上的几位守将都看在眼里。王坚手握剑柄，望着城下的挑战者，沉吟不语。

见钓鱼城上的几位守将都沉默不语，汪德臣立功心切，策马向前两步，冲着城上拱手致礼，连声呼叫："吕文德援军败回重庆。王坚宜早降，我来活汝一城军民……"

汪德臣几次攻城未果，但守将王坚对他早已恨之入骨，也不答言，还没有等他把话说完，暗中命令守城的士兵把用九头牛拉拽的弹竿发射出的炮石猛袭作为回答。三枚炮石拖着火光四溅的长尾朝城下弹射而去，"轰隆"三声巨响后，在汪德臣身边炸开。接着，一阵浓浓的烟雾腾空而起，把马上的汪德臣颠翻在地，他口中鲜血直流。守将王坚本想出城活擒，蒙军阵营中的张云等将士早已飞马赶来，急忙将满身是血的汪德臣抢回营中，急遣医官前来救治。饱受重伤的汪德臣暗恨失算，劝降不成，却不明不白地遭到炮击，得不偿失。

惊闻汪德臣被钓鱼城上守军的飞石击中胸部的消息后，蒙哥亲自跑到他的病榻前探视。汪德臣见蒙哥大驾光临，激动地挣扎着虚弱的病体要下床，但心有余而力不足了。

蒙哥连忙伸手按住他，心痛地安慰道："爱卿遭受重创，都是朕攻伐心切的过错。尽快护送你回巩昌疗养，朕在这里早晚为爱卿报这一石之仇。"

听到蒙哥的慰抚之言，汪德臣脸上呈现出痛苦的神色，黑黑的脸上露出白白的牙齿，摇了摇头，呼吸如湖底的石头般沉重，气息奄奄地说："陛下的万乘之躯，冒着盛夏酷暑，都坚持在前线督军奋战。微臣不怕死，即使肝脑涂地，也难以报答陛下洪恩的万分之一啊，岂能因这点儿痛痒退缩到巩昌疗养呢？"

蒙哥猛然双手握拳，关节"咔吧咔吧"直响，他已经快压抑不住自己想要尽快拔除钓鱼城为汪德臣复仇的冲动了，愤然说："汪将军尽管悉心休养，攻伐钓鱼城的事略交由其他将领代劳。"

汪德臣轻轻摇了摇头，黛黑的脸庞，昔日有神的大眼睛半睁着，费力地说："陛下，能在主子的注视下死去，微臣死而无憾。"

随后，蒙哥劝慰汪德臣精心养伤，不要再牵挂战场上的征伐诸事，便退出病帐。又细细叮嘱丞相兀贞去问候汪德臣并赐汤药医疗。怎奈汪德臣的伤势甚于严重，且百药无效，一直处于昏迷状态，他的生命如同风中的残烛的火焰，随时都有油尽灯枯的危险。

不能眼睁睁地看着汪德臣这位社稷之臣命赴黄泉，蒙哥遣出数支分队，遍访民间，探求秘方良药。后来，获悉距钓鱼城不远处的缙云山寺庙中，有一位八十多岁的老衲擅长医病疗伤。刻不容缓，蒙哥立即命汪惟正将其父汪德臣送往寺中治疗。此时，汪德臣已病入膏肓，被送往缙云山寺庙时，头大如斗，脸色蜡黄，气若游丝，不时口吐鲜血，早已不省人事。

身披玄色袈裟的老衲仔细为汪德臣号了号脉搏，又查看了一下瞳孔，无奈地摇了摇头说："伤势过于严重，肺腑受损，瘀血涩脉，气息不畅，随时都有生命危险。阿弥陀佛，老衲实在无力回天。"

汪惟正得知父亲汪德臣生命垂危，急忙抱佛脚，大哭着向老衲跪拜，再三恳求道："务必请老师傅发发慈悲，救上父亲一命。"

老衲理解汪惟正殷切的救父之心，两手一摊，哀叹一口气说："救人一命胜造七级浮屠，但是病人已奄奄一息，难以用药。阿弥陀佛，施主请起，这样吧，老衲定当竭尽全力救治家尊，诸位也要准备后事。"

由于汪德臣的伤势过于严重，连惊带气，不消三日，死在缙云山寺庙中。年仅三十八岁，时在 1259 年六月二十一日。

此次攻伐钓鱼城，蒙军著名的前锋勇将汪德臣不幸阵亡，使胶着半年多的伐宋之役，罩上一层阴影，蒙军士气更加颓丧，蒙哥极为伤感，亲自主持了汪德臣的葬礼。他面色憔悴，眼睛里布满了血丝，心里怒火中烧。三万蒙军将士身披白衣，向汪德臣致哀。随后，派军随其十七岁的长子汪惟正护送其父灵柩，千里跋涉，归葬漳县盐川祖茔。

汪德臣作为蒙哥帐前最为倚重的金朝降将，他的阵亡对蒙哥打击很大。他在为痛失一员战将而扼腕叹息之际，也为久攻不下的钓鱼城愈加感到焦灼不安。

此年大旱，"自春至秋，半年无雨"，又兼疾病流行，蜀中六月，赤日似火，身为蒙古帝国大汗的蒙哥受阻于坚城之下，一筹莫展。他闷在汗帐里，黔驴技穷，病情日益加重。不顾诸王、重臣的苦苦劝阻，依然沿用旧方以酒治病，而且更加讳疾忌医了。

几天前，病情日渐加重的皇子阿速台乘舟北上，返回草原新都和林疗伤。这样，蒙哥为乘胜大败吕文德之势，为报汪德臣阵亡之仇，又无后顾之忧。

七月初，巴蜀境内久旱无雨，造成蒙古军中霍乱流行，导致因病死亡者甚众。蒙哥命令在周边略地的蒙古、汉军部队迅速向钓鱼城结集，并再次召开前线军事会议，商议下一步战略部署。军事会议上，蒙军将领们众说纷纭，各抒己见，有人主张继续攻伐南宋，也有人认为蜀地气候炎热，疾疫流行，不利于蒙军作战，坚持班师休整，等来年再战。

只有御前掌管膳食的术速忽里向蒙哥谏言："巴蜀疆域大部被我所占，宋军坚守者，不过合州、重庆等数川南十几个州郡而已。如今驻兵坚城之下，久攻不克，既消磨了我军锐气，又白白耗费了大量粮饷，是兵法大忌。不如留下锐卒五万，在重庆和合州钓鱼城之间驻守，并与成都驻军相呼应，协同作战，牵制宋军。而我师以新集之锐，顺长江东下，破其东川诸郡，待冬季长江水涸，三峡数日可下，与鄂州渡江大军会合，一举可定江南。而上游的重庆和钓鱼城，孤立无援，即使不降，也只有弃城而逃。"

孰料术速忽里刚陈述完蒙军不宜在钓鱼城下久战的理由，便遭到史天泽的否决："我东路军在荆湖亦无进展，若舍蜀东出夔门，不仅影响我军锐气，还恐蜀中宋兵随后尾追，断我粮草，我军反受其制。不如命南路兀良合台率军从云南速速入川，拿下川南各州，以瓦解宋军士气为上。"

其他骄横狂妄的蒙将，历来以无坚不摧、无敌不克而快意，大多数主张蒙军继续强攻钓鱼城。他们一致认为：钓鱼城是控扼三江的军事巨镇，重庆为四川南宋守军的指挥中枢，弃之东下，不但未能达到占领战略要地、消灭宋军有生力量的战略目的，而且还会给今后的军事行动带来八面受敌的严重后果。更为重要的是，自马军寨战斗之后，钓鱼城已失去西北外城屏障，城中民力凋敝，目前正是蒙军乘势取胜的最佳时机，焉能轻易废然而返。

最后，暴跳如雷的蒙哥也拒绝放弃既定的战略计划，决定不惜一切代价继续攻伐钓鱼城，以达到一举灭宋的目的。

七月盛夏，蒙军发动了多次攻伐，均没有取得实质性的进展。蒙军除了控制了南、北一字城与小东门的一段外城，其余八门：护国门、新东门、始关门、奇胜门、镇西门、水洞门、青华门、出奇门，仍牢牢地掌控在宋军手中。虽曾有千余名蒙军几次攻上新东门和护国门之间的一段城墙，经过数日的厮杀，最终被守军击退。

为发泄愤懑之情，方便战马驰骋往来，蒙军将钓鱼城的南北一字城和护国门的外城，夷为平地。在蒙军丝毫未减的攻势面前，钓鱼城被围成一座孤岛。

蒙军在钓鱼城下僵持半年，毫无进展，导致蒙军将士士气消沉。而半年的战斗，却使钓鱼城内军民的斗志再度高昂。守将王坚乘隙不时开城夜袭蒙军。蒙军擅长白日作战，极不适应夜间作战。蒙军昼夜难寝，致使战斗力大为减弱。

拉施特在《史集》中描绘了这次令蒙军梦魇般的瘟疫："随着夏天的到来和炎热的加剧，由于那个地区的气候（恶劣），在蒙古国中出现了霍乱，他们中间死了很多人。世界的君主（蒙哥）用酒来对付霍乱，并坚持饮酒。但突然（他的）健康状况恶化，病已到了危急之时。"

钓鱼城久攻不下，蒙哥变得烦躁起来，肝火旺盛。要是换作别的统帅，也许会审时度势研究一下形势，改变军事战略。由于蒙哥几十年的胜利助长了其骄横自负的秉性，不见黄河不死心。

于是，在一天早晨，蒙哥向围困钓鱼城的各路蒙军铁骑下达了总攻的命令。蒙军将所有的重型武器和攻城器械都派上用场，火炮、铁铳向钓鱼城猛烈轰击，云梯、爬城竿、登城车啪啪地架在墙头上，铁钩绳索嗖嗖地抛上去抓住城墙的砖石。接着，恒河沙数般的攀城勇士，在振聋发聩的火炮、铁铳声中，在鼓舞士气的战鼓声、牛角号声中，冒着城上倾泻而下的滚木、礌石和密集的箭雨，浩浩荡荡喊杀着向钓鱼城上爬去。前面的人倒下去，后面的人跟上来，一波接一波踩着尸体继续往上冲，真是前赴后继，永不停息。

钓鱼城上，张坚将军脸色如铁，借助坚固的防御工事，镇定自若地指挥守军和百姓，使弩箭如雨，无情地朝城下的蒙军倾泻而去，顽强地抵抗蒙军凶悍的攻势。不断有伤亡的蒙军在半空中应声滚落下来。尽管死伤惨重，有进无退的蒙军没有丝毫的退却，反而越战越勇，依旧密集如蚁群般顺着云梯往上爬去。不久，城下堆积着蒙军厚厚的尸体，但始终无法逾越城头一步。

如今，即使三十万蒙军及各种攻城器械都派上了用场，钓鱼城依然岿然屹立。

第六十章
蒙哥阵亡

翌日，蒙哥亲自到钓鱼城下督战，觉得不如此不足以提振蒙军的士气。他披挂上阵，扬言一定要以新东门为突破口攻取钓鱼城，为汪德臣和阵亡的蒙军将士雪耻。

为了探知钓鱼城内守军动向，蒙哥命人在钓鱼城新东门对面的高地上修建了一座瞭望楼。瞭望楼距新东门两百余米。其搭建地点、楼身结构都是蒙哥亲自策定的。瞭望楼用为数不多的杉木搭建而成。楼高过了钓鱼台的雉堞，登上瞭望楼，钓鱼城内的景象尽收眼底。为了上下瞭望楼方便，在一侧还绑扎了一个简易的拐角梯子。

另外，瞭望楼顶端竖起一根瞭望竿，蒙哥时常派人攀缘到竿顶，观察钓鱼城内虚实，以寻找攻城破敌的最佳位置。

钓鱼城内守将王坚在少将军王安义及十几名侍卫的簇拥下，来到了新东门探察蒙军动静。他发现对面的脑顶坪上，竟然搭建起一座高高的瞭望楼，不时看到蒙军将士等上楼鸟瞰钓鱼城中军情，顿觉事态严重，感觉后面的脊梁骨不断有凉飕飕的冷意袭来。目测距离，是一般箭石射程无法抵达的。楼下的脑顶坪上，影影绰绰，甲戈耀眼，旌旗翻卷。从他们的动向上判断，蒙军近日要集中兵力对新东门发起新一轮的攻伐。

兵来将挡水来土掩。守将王坚便让副将张钰指挥数十名孔武有力的炮卒，将一门射程较远、威力无比的火炮迁到新东门城楼一侧的后山坡上。等把炮垒垒好，不顾骄阳的炙烤，张钰亲自不厌其烦地校正着炮位，直到更精准地瞄准目标，也就是新东门对面脑顶坪上的那座瞭望楼。

守将王坚见此情景，极力佩服副将张钰这一精准及时的举措。问道："张将军，调试得如何了，一炮能把耸立在新东门对面脑顶坪上的瞭望楼给撂倒吧？"

张钰闻言抹擦了一把额头上的汗水，拍着生铁铸造的炮管，信心百倍地向城楼上的守将王坚回答道："炮膛里已填充了足够的火药和弹丸，不管是什么大汗，蒙哥也好，莫哥也罢，只要胆敢在脑顶坪上的瞭望楼里现身，保准一炮轰他个楼覆人亡，绝无半点儿含糊。"

这时，守将王坚的夫人杨娟秀率领数名百姓，已登上新东门城楼，挑送来蒸饼和几尾新鲜的鲤鱼。王坚连忙招呼百姓，让他们把装满蒸饼的箩筐、笪箩摆放在城头的雉堞旁。等待时机，向城下叫嚣的蒙军撒饼、抛鱼，借此展示钓鱼城内廪藏的充沛、城防的坚固。

"蒙军围困钓鱼城多日，饱受炮石、流矢的痛击，伤亡甚重，到了该犒赏犒赏他们时候了。"守将王坚饶有风趣地说着，大手一挥："行动吧！"

几名老人立即从箩筐里抱起五六条、每条足有十多斤重的鲤鱼。将军夫人杨娟秀等妇女掀开上面覆盖着一块白布，从笪箩内揭起一摞摞刚出锅的蒸饼，带着小麦的芬芳和葱花的香味。他们从新东门的城楼上，将鲤鱼和蒸饼向城下的蒙军抛去。

"城下的鞑靼们，听好了。"守将王坚从身边副将王安义手中接过一封信笺，扬手将信笺投到城下，高声喊道："我们钓鱼城中拥有七十二口清泉，三十六口鱼塘。五谷丰登，囤圆仓满，米粮充沛，足够我们钓鱼城上二十多万守军和百姓享用数年。见近日持续久旱无雨，念及你们倾国之力兵犯巴蜀，围攻钓鱼城，特奉上鲤鱼、蒸饼若干犒劳尔等数月劳而无功之苦。另外，奉上信笺一封，请陛下御览。"

一名千户长奉命走到钓鱼城下的新东门前，在撒满一地的鲤鱼和蒸饼堆中，捡起那封信笺，返回蒙军阵营后，交给丞相石天泽。石天泽撕开信笺的封口，抽出一页绵纸书信来。上面寥寥数字，铿锵有力地写道："尔此兵可烹鲜食饼，再守十年，（城）亦不可得也。"

石天泽合上信笺，不敢怠慢，快马加鞭朝新东门对面的脑顶坪上的瞭望楼下疾驰而去。瞭望楼上，一名怯薛军已登上楼顶，正沿着竖在楼顶的瞭望竿攀爬。蒙哥正撩开前襟，扶着瞭望楼一侧的简易梯子，正准备向上攀登时，石天泽手持钓鱼城守将的信笺，急火火地赶来。

"大汗。"石天泽来不及拭去脸上的汗水，甩镫离鞍下马，将信笺奉到蒙哥手中。

"上面写的什么？"蒙哥将那页绵纸信笺抖开，望了石天泽一眼，对洁白信笺上一行跌宕道丽的小楷，懵懂不解。

"大汗，钓鱼城守军修书一封告诫我们，要想等到城内弹尽粮绝、不攻自破是不可能的。刚才从新东门城楼上，抛下几尾十余斤重的鲤鱼和数摞蒸饼，来向我们证实，城内米粮和鱼肉充沛，数年内并无饥渴之虞。"石天泽在蒙哥威严的注视下，满脸的恐慌夹杂着愧疚之情，说："其实，钓鱼城守将在信笺上，写得都很明白。"

"宋军是在利用兵不厌诈之术，岂能信他满纸荒唐之言？"蒙哥闻言大发雷霆，将手中的信笺掷到脚下，又不解气地狠狠猛踩了一脚，赌气地说："朕要亲自登上瞭望楼，看看钓鱼城内的情况。另外，朕要亲自督战以振奋全军将士士气，一鼓作气，近日势必要拿下新东门。"

蒙哥说完，便扶着简易梯子的扶手往上攀登。蒙哥这一举动，把身边的诸臣都吓坏了。石天泽首先谏言："万万使不得，大汗。瞭望楼距钓鱼城的新东门太近，万一炮石落到此处，后果将不堪设想。为了安全起见，请大汗不要久留险地，后退十多丈才好。"

听到石天泽好意的劝谏，蒙哥心里凛然一惊，但嘴里还是佯装轻松地说道："感谢众位爱卿替朕分忧，瞭望楼确实离钓鱼城的新东门不远，朕不信守军的火炮能打到这里。放心好了，长生天派给朕的任务都没完成呢，不会过早把朕招走的。"

这时，跟随蒙哥多年的官带御器械耶律铸忙躬身劝阻说："攻克钓鱼城事小，大汗的龙体康泰事大，为防患未然，以微臣之见，大汗还是在瞭望楼下等候为好。"

听到耶律铸的劝阻，蒙哥回头面带怒色地瞪了他一下。尽管耶律铸是他的心腹侍从总管，跟随蒙哥多年，但善意的劝阻仍然把蒙哥惹得极为不悦。蒙哥呵斥道："朕是蒙古草原的雄鹰，已在数不胜数的攻伐中把无数的城池碾成粉末，难道这座小小的瞭望楼还奈何朕不成？朕一定要登上瞭望楼探清城中的形势，好制定克敌之策。"

"遵旨。"见蒙哥执意登楼，再劝阻也于事无补，耶律铸只好侧身让开，有礼地躬躬身，伸出右手，做出一个请的姿势，表示遵从大汗的赦令。

诸位臣僚本围拢上来，想劝阻蒙哥放弃登楼的打算，见重臣石天泽和心腹耶律铸的劝阻都不见效，也一个个闭口噤声，遂了他的心愿吧。

"都上去吧，长长见识，看看钓鱼城的守军难道有三头六臂不成。"蒙哥向身边的诸王、重臣，大手一挥邀请道。其实，瞭望楼是否在钓鱼城上守军的火炮射程之外，连蒙哥自己心里都没底，为了打赢这场攻坚战，他在拿自己的性命做赌注。围困一座小小的钓鱼城数月来，蒙军将士伤亡严重，如果不能在短时间内顺利拿下钓鱼城，给蒙军将领一个交代的话，他将全盘皆输，攻伐是否成败在此一举。

于是，耶律铸在前面带路，蒙哥跟随其后，诸王、重臣断后，沿着瞭望楼一侧捆绑成的简易的梯子，一起向瞭望楼上涌去。等蒙哥率众臣一行登上楼顶时，那位怯薛军早已攀上了瞭望竿的顶端，手搭凉棚，朝钓鱼城里专注地瞭望着。

"能看清吗？"蒙哥站在楼顶上，好奇地问瞭望竿上的怯薛军。

"启禀大汗，钓鱼城内的一切景物，尽收眼底。"瞭望竿上的怯薛军俯身，大声朝楼顶上的蒙哥禀报说。

"那就好！"站在瞭望楼上，蒙哥以一个全新的视角，环顾一下收入眼帘的景象，然后把目光聚焦在钓鱼城内。但见城内的阁楼、雉堞、水田、山峦、小路等，清晰可见。腰悬长剑的将军在军帐里运筹帷幄，挺戈持盾的守军在雉堞旁严阵以待，勤劳善良的百姓在水田里挥汗成雨，守军和百姓分工明确，各司其职。此刻，蒙哥心里释然了，找到了城内守将王坚和张钰之所以能长年累月地固守此城的答案。

沉浸在兴奋之中的蒙哥丝毫没有察觉到，当他这条大鱼朝被诱饵包裹着的鱼钩游去时，对面钓鱼城上的守军马上要收线钓鱼了。

此刻，蒙哥又想到钓鱼城守军奉上的信笺里，白纸黑字并非虚妄之言。看来要想攻破此城，根本没有捷径，只有靠三十万蒙军奋力攻伐了。想到这里，站在瞭望楼顶上的蒙哥，猛地从战鼓旁抽出鼓槌，用力地擂响了一面马革战鼓。

闻听发动总攻的鼓声，瞭望楼下待命的鼓手擂响战鼓，山下数万名蒙军在莫哥的率领下，纷纷呐喊着朝钓鱼城的新东门冲去。几乎同时，钓鱼城上的守军借助防御工事，将炮石、箭矢等遮天蔽日般倾斜下来。

钓鱼城的新东门城楼一侧的火炮旁，副将张钰指挥着一名炮手正准备发射装有平时双倍火药的火炮。旁边侍立在火炮两旁的炮卒，等待着填充火药、炮石、铁砂，校正炮位，以备连续轰击。

这时，守将王坚发现对面脑顶坪上的瞭望楼顶的瞭望竿上爬上去一个人。工夫不大，又有两个将领在众人的簇拥下，一前一后登上楼顶，其中一人用鼓槌敲起战鼓发起进军的信号。于是，蒙军阵营中战鼓擂鸣，滔天的杀伐声犹如一股劲风从远处朝城下呼啸而来。守将王坚当机推断，那手持鼓槌、擂响战鼓的人极可能是一员大将，因为一般将领没有指挥千军万马的权力。

机不可失，守将王坚豁然从腰部抽出长剑，剑锋指向对面脑顶坪上的瞭望楼，断然命令道："装足火药，狠狠开炮！"

听到守将下达了开火的命令，副将张钰点燃了火炮尾部的引线。引线吞吐着烟雾，像一条发怒的赤链蛇，很快爬进了炮筒内。

只听到"轰隆隆"一声地动山摇的巨响，黑黝黝的炮口喷出一蓬黄色的烈焰，升腾起白色的烟雾瞬间笼罩了整个新东门楼。从炮口处喷薄而出的炮石、铁砂裹挟着灼热的气浪发射出去，在对面的脑顶坪爆炸开来，瞬间"鱼跃火云翻阵黑，炮摧赤日压营红"，那座瞭望楼在炮火烟尘升腾而起中轰然坍塌下来。在瞭望楼上督战的蒙哥和诸位臣僚被抛出百余米之外；瞭望竿上的怯薛军被重重地抛在楼下，当场毙命。

事发时间为1259年七月二十一日。蒙哥被救回御帐里，因伤势过重而昏迷不醒，眼睛紧闭着，脸色苍白如纸，脸颊有些消瘦，累日因攻伐受阻而引发的火暴脾气消失了，安静得有点儿吓人。

这时，忙哥撒儿、纽璘、石天泽等诸王聚集在帐外，大家都惊慌失措，一筹莫展。忙哥撒儿和诸王商议道："各位大人，大汗伤势严重，大家说如何是好啊？"

"当务之急是医治好大汗的病情，攻伐钓鱼城倒是其次。"石天泽说着，问刚刚给蒙哥处理了伤势的御医，"御医大人，大汗的伤势究竟如何，为什么昏迷了那么久都未醒来啊？"

御医哭丧着脸说："大汗的病情极其严重，肋骨已断了六根，体内的肺腑也遭受严重地震荡。下官已经将肋骨包扎好，受到重伤的肺腑需要用汤药慢慢调理为好。另外，为了使大汗的龙体早日康复，这里的气候不适合养病，建议把大汗送到其后凉爽的缙云山上疗养。"

平时颐指气使的诸将对御医的建议言听计从，赶紧启动御帐，把蒙哥送往缙云山。当御帐行至金剑山温汤峡的途中，蒙哥突然从昏迷中醒来，仰天长叹，然后望着东方，流泪不止，在伤痛激愤中说："我之婴疾为此城也，不讳之后，若克此城，当尽屠之。"（《元史》《新元史》《史集》均无记载此事，应该是野史传闻，此三本史书记载的蒙哥是病逝，和钓鱼城无关。）

众人没有从蒙哥嘴里听到那句至关重要的话，究竟要立谁为嗣，否则蒙古帝国又要为争夺汗位而兵戈相向了。

八月十一日，蒙古帝国第四任大汗蒙哥因伤势过重去世，享年五十岁。这位叱咤世界的"上帝之鞭"鞭折城下命赴黄泉，钓鱼城被各国史学家称为"东方的麦加城"。

后来，与蒙哥从脑顶坪上的瞭望楼上一起抛下的耶律铸，只受了点皮外伤，写下叙事长诗《述实录》，记录了蒙哥南征巴蜀的事实，此诗也成了历史的佐证。

> 承天圣祖开天业，四海为家尽臣妾。
>
> 规模宏远古无比，统绪岂惟垂万叶。
>
> 竭来海水不扬波，向见灵河已清澈。
>
> 除天所覆乐心戴，愈见人情皆感切。
>
> 折冲猛锐尽陈力，骨鲠贞良咸就列。
>
> 恭行天罚攘挽枪，著就鲸鲵殊剪截。
>
> 列圣未出无名师，历世弥光先圣烈。
>
> 推亡固存非一国，迷不知时非俊杰。
>
> 世许青野食前言，不若犬偷及鼠窃。
>
> 诬天复敢拘行人，妄专狙诈夸明哲。
>
> 国犹摄生贵处顺，水背流时源易竭。
>
> 即今日削尽疆场，其势得无忧迫胁。
>
> 若然仍不畏天威，曷异螳螂怒当辙。
>
> 未知其可将蛮触，相与区区较优劣。
>
> 武王问罪挥天戈，微发诸军自仑碣。
>
> 翠华遥下五云来，辄报锦城氛祲灭。
>
> 虓跸貔貅三十万，争欲先驱埽妖孽。
>
> 搏熊攫豹捷飞猱，赴险蹈虚矜胆决。
>
> 纷驰传檄启途使，英荡辅之龙虎节。

悬崖万仞入云端，前马不行应气摄。

虹梁缥缈驾层霄，高兴动人殊可悦。

若非由蜀道登天，岂与飞仙得相接。

腾倾湍瀑翻惊涛，怒震横流还送折。

千岩万壑殷晴雷，卷起千堆万堆雪。

飞阁尤非地上行，剑门呼似天中裂。

壁立千寻冷翠屏，碧霞城拥清都阙。

振衣直上玉女台，下视烟尘望吴越。

五丁碎徙青黛山，万簇蚕丛乱堆叠。

金城虽包裹全蜀，胜负莫非由勇怯。

孰云无所骋骁骑，闭口势何劳捕舌。

天衷应未诱蚩萌，堪叹颛蒙与天绝。

宁知皇化如时雨，欲济迷津作舟楫。

会闻蓬阆朝真仙，箪食壶浆尽迎谒。

纷纷诸将无虚日，争奏归明争献捷。

旌门敕树受降旌，异致穷民遂安帖。

莫如天欲降何如，英猷一旦为虚设。

无雷东陜孤山峰，惊风西卷旗杆折。

龙桥忽焉悉中圮，鼍鼓鼟然寻亦歇。

忍令飞驾鼎湖龙，持拔龙髯堕尘劫。

笛声唤得梦回来，梅梢犹印西窗月。

　　其中"无雷东陜孤山峰，惊风西卷旗杆折。龙桥忽焉悉中圮，鼍鼓鼟然寻亦歇。忍令飞驾鼎湖龙，持拔龙髯堕尘劫。"六句写的是钓鱼城下，驻扎在东山的大汗营帐突然塌了，狂风大作将旗杆折断，架设于江面上攻打钓鱼城的浮桥也断了，战鼓声传至数十里以外，却突然鸦雀无声，然后蒙哥便死了。写得极为抽象，但也确实影射了某种可能。

诗中记载的蒙哥的死因，与下面的两种记载极为相似。《合川县志》（民国版）载："中炮伤风，得疾，殂。"又记："宪宗不能逞，卒以炮风致疾，殂。"《重庆府志》载："中飞石而死。"

另外，蒙哥暴毙于合州钓鱼山下，甚至没有在临终前留下确定继承人的遗诏，导致后来忽必烈与阿里不哥为争夺汗位而内战五年。正常情况下，蒙哥如果是患急病或伤重不治，那么他就有足够的时间下达遗诏，也绝不会在临终前没有确立继承人，所以蒙哥是被钓鱼城内守军的飞矢直接击毙的可能性极大。

据《元史》和元朝的史料记载，许多随蒙哥出征的将领都死在钓鱼城下，由此可以想象钓鱼城战役的惨烈和蒙军损失的剧烈程度。此战使蒙军遭遇到南下攻宋以来最为惨痛的挫败，对当时及后世防御作战有着较大影响。

蒙哥败亡后，钓鱼城又顶住了蒙军数次的攻势，直到1278年春，重庆被赵安出卖陷落，张鱼巷战不支，出走被俘，使元军集结于钓鱼城下，佯称张钰已投降元军，并说："宋已归我国久矣，尔既无主，为谁守乎？"以此来瓦解钓鱼城的军心。此时，钓鱼城形势极为严峻"危如累卵釜鱼，知其祸在顷刻"。城中守军与百姓协力守战，而守将王立陷入愁感无计之中，乃谋于所认的义妹，就是被俘元将熊耳千户之妻宗氏（其兄李德辉在元朝西安王处任要职），遂趁机说服王立向李德辉请降，可保证身家性命及城内十万军民不死。于是，王立采纳了宗氏的建议，遂派亲信杨獬持蜡书赴成都李德辉处请降。1279年正月，李德辉率领百余名军士，单舸至钓鱼城下受降。于是，合州安抚使兼钓鱼城守将王立开城降元。

至此，钓鱼城方结束了三十多年守城抗战的光辉历史。此后，忽必烈军俘虏一百四十余艘宋军的战舰，靠着这些战舰，蒙古帝国组建了一支阵容强大的海军。

蒙哥死后，众军无主，所有的军事行动告停，蒙军陆续撤退，合州围解。宋廷下诏曰："王坚宁远军节度使、依前左领军卫上将军、兴元府驻扎、御前诸军都统制兼知合州，节制兵马，进封清水县开国伯。"伐宋战争至此告一段落。

随后，蒙古诸大臣率攻略四川的蒙军奉蒙哥梓宫从合州北还，运到一千八百里外的新都和林，途中以泄愤恨，杀害了两万多百姓。抵达新都和林后，还要等待诸位亲王、公主和将领们为期数天的哀悼，再花费一两个月的时间为蒙哥举行葬礼，最后送葬队伍向东长途跋涉五百公里，越过草原，进入蒙古人最初的核心区，然后溯克鲁伦河而上，翻过守卫其源头河谷的山脊，最终达到圣山不儿罕·合勒敦，也就是成吉思汗及其子拖雷的墓地。

墓地具体位置极为隐秘，把包裹着蒙哥尸体的棺木放入墓穴中后，再动用成千上万骏马反复踩碾，直到隆起的墓穴被夷为平地，再覆上掀开的草皮，等来年的杂树和小草覆盖了曾被翻动过的泥土。此后，经过雨水长年累月的冲刷又会使坟墓上面的草皮与周围无异。

第六十一章
巨浪退潮

当蒙哥在钓鱼城下"折鞭"时，丞相史天泽、亲王莫哥立即遣使去鄂州向率领东路大军南征的忽必烈快马飞报噩耗。另外，还派出大批信使骑着驿马弹射到四面八方，赴新都和林向汗妃忽都台和皇子阿速台报信，向分封的钦察汗国、察合台汗国、窝阔台汗国的封汗报信。向驻扎在斡罗斯公国的驸马长子达鲁花赤报信，也向西征大军前线的统帅旭烈兀送去了蒙哥驾崩的噩耗。

蒙哥的死，大大缓解了南宋的紧张局势。1259年八月，忽必烈身为南征中路军的统帅渡过淮河，攻破大胜关（今河南罗山县北），继续向淮西挺进，进抵黄陵，至江岸。九月初，得到莫哥由合州遣使送来蒙哥薨驾的噩耗。忽必烈决定继续渡江，围攻鄂州（今湖北武汉市武昌）。宋兵固守鄂州，蒙军围城两月，没有攻克。

十一月，忽必烈得到长妻察必的急使来告，阿里不哥正在漠南北调兵遣军，图谋即大汗位。谋士郝经等纷纷劝说忽必烈迅速北返，正好在宋廷位高权重的贾似道私自派人来议和（此次议和并非南宋朝廷的承诺，日后成为忽必烈灭南宋的借口），匆忙率军北返新都和林，凭他身为御弟的有利条件，决心夺取蒙哥驾崩后空出的大汗之位。

蒙哥的死，导致蒙军灭宋战争的全面瓦解，使南宋国祚又延续了二十多年。钓鱼城保卫战大捷，使前来伐宋的蒙古倾国之军一下子失去主帅，于是蒙军被迫撤军北还。宋军趁机收复了四川丢失的疆域。钓鱼城御蒙、抗元（忽必烈于 1271 年定国号为元）长达三十六年之久。直到文天祥丞相兵败被囚，陆秀夫丞相负幼帝赵昺入海后，南宋江山丧失殆尽，钓鱼城仍在坚守。钓鱼城作为山城防御体系的典型代表，在冷兵器时代，充分显示了其防御作用，它成为蒙军难以攻克的堡垒。

然而，较为遗憾的是，力求苟安图存的宋廷并没有抓住钓鱼城胜利的有利战机去扩大战果，收复巴蜀外的失地。1258 年九月，钓鱼城守将王坚被宋廷加封"王坚宁远军节度使，依前左领军卫上将军，兴元府驻扎御前诸军统制兼知合州，节制军马，进封清水县开国伯"。孰料，两年后的 1260 年十一月，即任命"中军统制知简州马千，权兴州都统兼知合州"来取代了王坚。

相反，宋廷投降派大唱天下太平的颂歌，继续过着荒淫逍遥的生活。宋理宗依然怠于政事得过且过；权臣贾似道照样欺上瞒下逍遥误国；诸臣空有报国之心，皆无安邦之力，徒怀安民之志，少济世之才，如此种种使得南宋朝政更加腐败。

蒙哥的死，让旭烈兀放弃了第三次西征，从而拯救了西亚和北非，改变了整个阿拉伯国家的命运。

蒙古西征军一路以狂飙般的攻势，使地中海沿岸诸国震动不安。然而，正当西征军跨过西奈半岛，进入非洲讨伐埃及时，蒙古帝国方面传来蒙哥在阵前去世的消息。蒙哥的死，让旭烈兀不得不停止正打得如火如荼的第三次西征，从而拯救了西亚和北非，改变了整个伊斯兰国家的命运。

《泰晤士世界历史地图集》评价蒙古帝国两位大汗时说："如果说 1241 年大汗窝阔台的死拯救了基督教欧洲，那么 1259 年大汗蒙哥的死则拯救了穆斯林亚洲。"

　　获得蒙哥在攻打南宋时于四川前线阵亡的噩耗后，旭烈兀留下两万军队交给大将怯的不花率领，镇守叙利亚，并负责攻略埃及。旭烈兀则率领其余西征军从叙利亚班师，昼夜兼行向蒙古帝国的首都哈拉和林疾驰。当进入伊朗境内时，获悉漠南忽必烈和漠北阿里不哥为争夺汗位正打成一团的消息。

　　再无东返之意，旭烈兀正准备返回伊朗时，飞马来报，怯的不花在阿音札鲁特遭到苏丹忽秃思军的痛击，西征军所占领的叙利亚诸城尽失，一时让旭烈兀陷入进退两难的境地。

　　马木留克王朝的苏丹忽都思倾国之兵，以"圣战"的名义席卷而来，宣称要驱除蒙军，光复伊斯兰的神圣国土。由于旭烈兀率领蒙军在伊拉克、叙利亚对清真寺破坏极大，对基督教徒又特意保护，使苏丹忽都思能够以保护伊斯兰教的名义呼吁圣战，激励将士。

　　在九月三日，怯的不花军在艾因贾卢特与苏丹忽都思军悍然相遇，惨遭失败。怯的不花放弃了败走的机会，慷慨激昂道："如果我死在你手中，我认为这是天意，而不在于你。别为片刻的胜利而陶醉。当我死的消息传给旭烈兀汗时，他的愤怒将像沸腾的大海，从阿哲儿拜占直到埃及的大门口的土地将被蒙古马蹄踏平！"最终怯的不花力竭被俘后，被苏丹忽都思砍下头颅。

　　叙利亚大将贝巴儿思参加了这次战役，他乘胜而进，使蒙古全军覆没。紧接着埃及军队进入大马士革、阿勒波，直到幼发拉底河边为止的叙利亚所有地区，俘获了怯的不花的妻子、子女和亲族，杀死蒙古所置官员。

　　闻听大将怯的不花力战而死、叙利亚诸城丢失的凶讯时，旭烈兀断然取消了东归的念头。于是，驻兵伊朗，隔岸观火。

　　蒙军第三次西征后，旭烈兀自作主张，在自己征服的势力范围内，也就是在钦察汗国的南面，建立起伊利汗国（又称伊尔汗国），是蒙古帝国的四大汗国之一。该国的疆域十分广阔，从印度一直延伸到地中海，南抵波斯湾，北至高加索山，西至叙利亚边境。该国在 1264 年得到了忽必烈的承认，汗国获得"伊利汗"的称号，意为"部落之汗"，由此可见伊利汗国与元朝的关系。旭烈兀沿用这个名称表明该国与蒙古帝国的从属关系。

旭烈兀把蔑剌哈兀作为伊利汗国首都，在那里建造了天文台，并设宰相以掌管全国政务，任命了各省长官，命长子阿八哈领汗国东部呼罗珊等省地。其行政权、军事全隶属中央直辖。

旭烈兀以后历代伊利汗即位，都要经过元朝皇帝的册封才算合法。另外，伊利汗颁布的公文，也都使用元朝皇帝颁赐的汉文印玺，把元朝皇帝列在前面，以表示尊崇。

尽管如此，但聪明的忽必烈留下后手。为削弱金帐汗国和伊利汗国对元朝潜在的威胁，坐收渔翁之利，忽必烈把原本属于金帐汗国的富庶的阿塞拜疆划给了伊利汗国。为此，两国纷争不断，摩擦频繁，再无力东向与忽必烈争夺大汗之位了。

直到 1335 年，伊利汗国迅速瓦解，权臣、统将各自拥立傀儡可汗，国家分裂成东波斯、阿富汗斯坦的卡尔提德王朝，西波斯的穆札法尔王朝和札剌亦儿蒙古人的札剌亦儿王朝，土耳其的楚邦王朝，成为一盘散沙，互相攻杀。

1262 年，金帐汗国的别儿汗以向旭烈兀讨要阿塞拜疆为由，派遣那海率军三万在打耳班与旭烈兀军交锋，以后摩擦不断，导致旭烈兀没有实现征服穆斯林叙利亚的雄心壮志。

旭烈兀于 1265 年二月八日病逝，享年四十八岁。长子阿八哈继位。

经过成吉思汗、拔都、旭烈兀统率的蒙古帝国的三次西征，终于崛起了地跨欧亚大陆的四大汗国（察合台汗国、窝阔台汗国、金帐汗国、伊利汗国）。四大汗国名义上是元朝皇帝的藩属，而金帐汗国和伊利汗国实际上已成为独立国家。后来，四大汗国相继走上分裂的道路，但它们的影响甚远。

蒙哥的死，造成忽必烈和阿里不哥发生的汗位之争，蒙古帝国彻底分裂。蒙哥死前，整个世界只有一极，那就是不知疲倦向四处攻掠的蒙古帝国，当时没有任何一个国家能与之抗衡对垒。

时值壮年的蒙哥意外身死，由于死前没有指定汗位的继承人，导致蒙古帝国处于领袖不明的状态。1260 年四月，忽必烈在新筑不久的开平城宣布即大汗位；不久，身居漠北的阿里不哥也仿效其兄在哈拉和林被蒙古诸王推上蒙古帝国大汗的位置，随后，兄弟俩开启内战，历时四年之久。成吉思汗建立的蒙古帝国在忽必烈与阿里不哥的汗位之争中走向分裂。

术赤后人建立的钦察汗国（金帐汗国），窝阔台后人建立的窝阔台汗国，察合台后人建立的察合台汗国都支持阿里不哥一方，前面提及的西征埃及的旭烈兀建立的伊尔汗国支持忽必烈。旭烈兀是忽必烈的三弟，他们关系笃深，他虽然西征后一直没有返回蒙古，但他每年都派使节前来通好。

直到 1264 年，阿里不哥投降，汗位之争才宣告结束。尽管蒙古帝国的汗权稳定地掌控在忽必烈手中，但他并不是经过忽里台会议由蒙古诸王推举出来的，因此其他汗国虽然表面上尊奉，但实际上各自为政。尽管四大汗国的统治者在血统上均出自成吉思汗"黄金家族"，彼此血脉相连，因而同奉入主中原的元朝为宗主，与元朝驿路相通。但是忽必烈的权力仅限于东方，即中国的元朝政权，他根本无法调动指挥四大汗国。

由于蒙哥是蒙古各部诸王通过忽里台会议推举出来的大汗，因此可以号令几大汗国，他死后蒙古帝国名存实亡，导致正式分裂。至今，我们看到的元朝疆域图，是不包括其他几大汗国的。

蒙哥的死，为忽必烈建立元朝提供了契机，顺应了历史的发展潮流。如果蒙哥像忽必烈那样长寿，既不会采用汉法，也不会把蒙古帝国的重心向南迁移。如果蒙哥不死，攻下钓鱼城后，用一两年的时间拿下南宋，以蒙哥的秉性会恪守成吉思汗所主张的挥师四处出击的信条，蒙军极有可能第二次出击欧洲，拿下中欧和西欧不成问题。倘若蒙哥不死，一切皆有可能。

蒙哥一贯实施的带有浓郁的蒙古部族和西域色彩的政策，已满足不了被统治地区及广大中原百姓的需要。而忽必烈则是蒙古统治集团中少有的一位倾慕汉文化的开明之士。尽管这位征服者取得汗位的手段不是那么令人信服，但即位后，继续推行汉法政策，逐步改变蒙军屠城滥杀的陋习，使中原地区的经济和文化免遭更大的破坏，他是一个改变华夏大地命运的人。

蒙哥是蒙古帝国第四任大汗，也是最后一任大汗。

忽必烈是蒙古历史上最后一位值得骄傲的征服者，尽管这种征服受大海与密林所限，后期多归于失败，但比起元朝后期的几位统治者来说，他的身子仍然坐立在马背上，而不是沉醉在宏伟的宫殿或高墙内。

第六十二章
班师北返

此时，忽必烈激战正酣，不甘就此罢休，本想攻下鄂州之后再从容北撤。然而，当鄂州被围困的消息传至临安，使南宋王朝震动不安，宋理宗命令各路宋军驰援鄂州。于是，吕文焕从重庆率军顺流而下，进援鄂州，并乘夜突围入城。又任命贾似道担任右丞相兼枢密使，屯兵汉阳，给予鄂州策应和支援。南宋各路援军齐至，不断补给充沛的粮草，使鄂州之危暂时得以缓解。加上鄂州城池坚固，军民抗蒙之心有增无减，忽必烈督军数度强攻，仍迟迟攻取不下。围攻鄂州的战事一度陷入僵局。

忽必烈陷入孤军深入、孤立无援的险境，形势极为不妙。更为险峻的消息来自开平，阿里不哥活动频繁，自立蒙古新汗的风势越刮越猛，对忽必烈而言无疑是一道晴空霹雳。历史老人伸出一双巨手，把忽必烈推到进退两难的境地。

继续围攻鄂州，或者班师返回蒙古哈拉和林来处理汗位继承问题，攻伐南宋的战略布局已经开始向蒙古帝国悬空的汗位去向倾斜了。是年底，迫使自己冷静下来的忽必烈，开始为一种抉择绞尽脑汁，那就是完成攻伐南宋的战事，还是班师返回蒙古草原夺取汗位？

在忽必烈举步维艰的十一月，妻子察必从扎忽都派来急使脱欢、爱莫干，捎信说："阿里不哥怂恿大将阿蓝答儿、浑都海、脱火思、脱里赤手持阿里不哥的符节，正从蒙军和汉军中抽调侍卫军，原因不详。"信后还附着言简意赅的隐语：

> 大鱼的头被斩掉了，
>
> 池里的小鱼也不多了。
>
> 你向周围看看，
>
> 小鱼中除了阿里不哥和你，还有谁呢？
>
> 你要是还不回来，
>
> 那，这个鱼塘就是别人的了！

忽必烈从妻子察必忧心如焚的来信中获悉，留守哈拉和林的弟弟阿里不哥早已开始了紧锣密鼓的争位夺权行动，他一面派出数路使者，通知诸王前往哈拉和林，召开忽里台会议；一面派亲信阿蓝答儿、脱里赤四处征兵征粮，暗中积蓄军事力量，并打算将忽必烈阻挡在黄河以南。以此为分野，黄金家族成员除极少数旁观者外，迅速形成两大对立阵营。

由于蒙哥在攻伐钓鱼城时，想当然认为蒙军彪悍，所向披靡，宋廷很快就会献璧投降，然后方可凯旋北返，基于此，他对汗位的归宿未做任何安排，也为忽必烈和阿里不哥争夺汗位酝酿了诱因。

在仍健在的三兄弟中，远在波斯的统治者旭烈兀不在竞争之列，剩下的就是忽必烈和阿里不哥。妻子察必在来信中，已经看透这个问题的实质："小鱼中除了阿里不哥和你，还有谁呢？"

至于空悬的汗位究竟由谁来继承，一时半会儿还看不出端倪。阿里不哥留守蒙古帝国游牧中心地哈拉和林，因而占有天时地利。而忽必烈手握蒙古帝国重兵，他帐前可谓是文武人才济济，在军事实力上可以与阿里不哥一决高下。此刻，汗位像一朵妩媚娇艳的罂粟花，吸引着两兄弟积极采取对策，伺机把花朵攥到自己手中。

两天后，阿里不哥遣急使带着乏味的问候至鄂州前线谒见忽必烈，证实了忽必烈妻子察必的猜测是确凿无疑的。

毋庸置疑，察必不愧是一位杰出的蒙古女政治家，在忽必烈创立元朝的过程中起着不可低估的作用。其孙子元成宗铁穆耳在追谥她的册文中，用饱蘸深情的笔墨写道："曩事潜龙之邸，及乘虎变之秋，鄂渚班师，洞识时机之会；上都践祚，居多辅佐之谋。"

满腹狐疑的忽必烈问急使："阿里不哥将军队抽调到哪里去了？"

急使见忽必烈已对阿里不哥觊觎汗位的行径洞烛其奸时，欲言又止地回答道："军队，什么军队？我们这些奴才对此一无所知，这肯定是谣传。"

忽必烈见他们说话时摆出一副躲躲闪闪、吞吞吐吐的神色，便知道包藏祸心，其中必定有诈。

于是，忽必烈急忙在鄂州城下的军前召集将领、幕僚计议此事。郝经建议他应该及时班师北上，说："蒙哥已故世多日，哈拉和林仍无班师的命令，大王想过其中的蹊跷吗？"

"莫非是忽都台皇后和阿里不哥还没有决绝吧？"忽必烈猜测道。

"这不过是缓兵之计。"郝经继续说，"大王虽然素有人望，且手典重兵，我看还是要重演金朝海陵王的故事。知晓进退存亡并能立于不败之地者乃为圣人。现已国内空虚，窥伺汗权者比比皆是，若有一人捷足先登，局势很难掌控。况且，阿里不哥已令脱里察赤据有燕都（北京），收缴图籍，号令诸道，事实上已在行使皇帝职权了。再退一步说，倘若阿里不哥宣称受有遗诏，强行登上汗位，你还能够安然北归吗？凡事应该以祖宗为念，以社稷为念，以天下苍生为念，不能鲁莽行事。"

忽必烈听后沉吟不语，若有所思，神情变化多端。

"现在我们的处境实在太危险了。"郝经说到动情处，声泪俱下，"前面有贾似道的大军；后面襄阳有吕文德的重兵；北面驻牧在洮儿河畔的东道诸王之塔察儿长，态度含混；西边旭烈兀大王隔着察合台诸王，不能呼应。断然班师，亟定大计，销祸于未然。"

听完郝经利害关系的分析，才知汗权争夺兹事体大，忽必烈不由得倒吸一口凉气，忙问郝经应对之策。郝经娓娓说道："王爷一错再错，渡江已是错了，屯兵坚城之下，更是错上加错。如今良策，与南宋的战争万万不可再拖延下去，应速与他们议和。你轻骑简从返回燕都，亟定汗权大计，防患于未然。只有如此，则大宝有归，乾坤方定，社稷方安矣！"

郝经献上《班师议》，分析了蒙哥死后，蒙、宋双方的政治、军事等内外因素，指出不做出积极反应可能导致的后果，建议忽必烈迅速北上：

> 国家（指蒙古）自平金（国）以来，惟务进取，不遵养时晦，劳师费财，卒无成功，三十年矣。蒙哥汗立，政当安静以图宁谧，忽无故大举，进而不退，舁王东师，则不当亦进也而遽进。以为有命，不敢自逸，至于汝南，既闻凶讣，即当遣使，遍告诸帅，各以次退，修好于宋，归定大事，不当复进也而遽进。以有师期，会于江滨，遣使喻宋，息兵安民，振旅而归，不当复进也而又进。既不宜渡淮，又岂宜渡江？既不宜妄进，又岂宜攻城？若以机不可失，敌不可纵，亦既渡江，不能中止，便当乘虚取鄂，分兵四出，直造临安，疾雷不及掩耳，则宋亦可图。如其不可，知难而退，不失为金兀术也。师不当进而进，江不当渡而渡，城不当攻而攻，当速退而不退，当速进而不进，役成迁延，盘桓江渚，情见势屈，举天下兵力不能取一城，则我竭彼盈，又何俟乎？且诸军疾疫已十四五，又延引月日，冬春之交，疫必大作，恐欲还不能。
>
> 彼既上流无虞，吕文德已并兵拒守，知我国疵（指蒙哥汗暴崩之事），斗气自倍。两淮之兵尽集白鹭，江西之兵尽集隆兴，岭广之兵尽集长沙，闽、越沿海巨舶大舰以次而至，伺隙而进。如遏截于江、黄津渡，邀遮于大城关口，塞汉东之石门，限郢、复之湖浭，则我将安归？无已则突入江、浙，捣其心腹。闻临安、海门已具龙舟，则已徒往；还

抵金山，并命求出，岂无韩世忠之俦？且鄂与汉阳分据大别，中挟巨浸，号为活城，肉薄骨并而拔之，则彼委破壁孤城而去，溯流而上，则入洞庭，保荆、襄，顺流而下，则精兵健櫓突过浔、黄，未易遏也，则亦徒费人命，我安所得哉！区区一城，胜之不武，不胜则大损威望，复何俟乎！

宋人方惧大敌，自救之师虽则毕集，未暇谋我。第吾国内空虚，塔察国王与李行省肱髀相依，在于背胁；西域诸胡窥觎关陇，隔绝旭烈大王；病民诸奸各持两端，观望所立，莫不觊觎神器，染指垂涎。一有狡焉，或启戎心，先人举事，腹背受敌，大事去矣。且阿里不哥已行赦令，令脱里赤为断事官、行尚书省，据燕都，按图籍，号令诸道，行皇帝事矣。虽大王（指忽必烈）素有人望，且握重兵，独不见金世宗、海陵（完颜亮）之事乎！若彼果决，称受遗诏，便正位号，下诏中原，行赦江上，欲归得乎？

先命劲兵把截江面，与宋议和，许割淮南、汉上、梓夔两路，定疆界岁币。置辎重，以轻骑归，渡淮乘驿，直造燕都，则从天而下，彼之奸谋僭志，冰释瓦解。遣一军逆蒙哥汗灵舆，收皇帝玺。遣使召旭烈、阿里不哥、摩哥及诸王驸马，会丧和林。差官于汴京、京兆、成都、西凉、东平、西京、北京，抚慰安辑，召真金太子镇燕都，示以形势。则大宝有归，而社稷安矣。[①]

在扑朔迷离且尚不明朗的局势下，郝经能审时度势，具有高瞻远瞩、洞察全局的战略眼光，对蒙古汗位争夺战争的分析，鞭辟入里，言辞恳切，深得忽必烈及其他谋士的敬佩。

忽必烈遂下定决心撤军北上，赴哈拉和林争夺汗位。为了迷惑宋军，他接受郝经的建议，采取声东击西的战术，声称要发兵直趋南宋首都临安。

另外，廉希宪说："殿下太祖嫡孙，而且收召才杰，悉从人望，率土归

---

① ［元］郝经．陵川集（卷三十二）［M］．

心。愿速还京，正大位以安天下。"

"我看大王应该抢在他们之前，率先登上汗位，不要再召开忽里台会议了。"郝经说，"再说，中国历来的皇帝不是父死子继，就是兄终弟及，不必由诸王推戴。"

"至于如何即位，微臣倒有一个两全之策。"廉希宪说，"我们可召集部分宗亲，先开忽里台会议，不就名正言顺了吗？当年，蒙哥不也是这样继承汗位的吗？"

忽必烈觉得言之有理，但举行忽里台会议总要有一定参会人数才行。团结在他身边的有庶弟末哥、旭烈兀、兀良合台等，如果东方诸王能参加就好了，关键是塔察儿，他身为东方诸王之长，能带动一大批贵族拥护自己。

当初，塔察儿为东路军元帅，因攻伐不力，蒙哥命令忽必烈接替了他的军务。现在有事求他，忽必烈怕他心怀不满，不拥戴自己为汗。

于是，忽必烈派遣廉希宪带着赏赐宗王塔察儿的饮膳，前往洮儿河流域，去试探一下塔察儿的心思。到达塔察儿的驻帐地后，廉希宪先盛赞忽必烈的"圣德神功，天顺人归"，又力劝塔察儿"大王位属为尊，若至开平，首先推戴，无为他人所先"，塔察儿欣然从命。

廉希宪出色地完成了说服塔察儿的任务，不但塔察儿满口答应参会，而且还鼓动他自告奋勇扮演当年拔都的角色，带头在忽里台上提名忽必烈为汗。

听后，忽必烈喜不自胜，觉得整个局势，逐渐变得于己有利，争夺汗位的信心一时倍增。

当时，闻听忽必烈率领蒙军前来攻伐的消息后，驻守鄂州的南宋新任宰相、大奸臣贾似道十分惊恐，瞒着朝廷，偷偷派亲信到蒙军阵营求和。

贾似道字师宪，号悦生、浙江天台藤桥松溪人。贾涉之子，生母胡氏是贾涉的小妾。青少年时代，因父亲贾涉早逝，使家道逐渐败落，又疏于无人管教，贾似道曾一度落魄于街头小巷，在社会游手好闲，不务正业，经常酗酒赌博，沾染了一身流氓习气。在1234年，以父做过制置使的"恩荫"（皇帝赐官职给大臣或功臣的子孙），做了嘉兴司仓、籍田令。后来，因其姐姐成为宋理宗的贵妃，贾似道便官运亨通，到四十岁时已是权倾朝野，富甲一方。他十分热衷于收集艺术品和古玩，在俯瞰西湖的山坡上建造一处豪华庄园，内设奇花异草，穷极奢华，占尽胜景，然而取名为"后乐园"。北宋范仲淹"先天下之忧而忧，后天下之乐而乐"的名句脍炙人口，却被昏君奸臣滥用于此，实乃践踏。门庭戒律森严，只有年轻时结识的酒朋赌友方能随意出入贾府，其他人等不得擅自进入。贾似道声色犬马之事无所不能，尤其擅长斗蟋蟀，人称"蟋蟀宰相"。为得到一只能征善战的蟋蟀，许多地方官甚至疏于公务，带领着衙役们走出衙门，专门为他捕捉蟋蟀。捉到优秀的蟋蟀，命几十名公差把蟋蟀押送给贾似道。

的确，对蟋蟀的捕捉、识别、饲养、斗法了然于胸的贾似道，编撰出我国也是世界上第一部蟋蟀专著《促织经》。此后，各朝的蟋蟀文献均以《促织经》为蓝本。一日，贾似道又趴在地上，专心致志地与群妾斗蟋蟀玩，一位专管给他豢养蟋蟀的近侍嬉笑着问他："相爷，这也算得上平章的军国重事吧？"

孰料，贾似道竟大言不惭地说："当然！如果前线的将军们都擅长玩蟋蟀的话，他们早就能百战百胜了，这里面藏匿着许多克敌制胜的谋略呢！"

纵观南宋一代代的皇帝，身边无一例外都有几个奸臣陪伴着。从秦桧往下数，真可谓奸臣辈出，佞臣当道，社稷最终毁于一旦。

南宋表示只要蒙军退兵，愿意向蒙古帝国俯首称臣，降为藩属；并答应以长江为两国疆界，将南宋长江以北土地划归蒙古帝国所有；每年纳贡银二十万两，绸缎二十万匹。出来混，迟早要还的。多年以后，贾似道为自己欺世盗名的行为付出惨重的代价。

顺水推舟，十一月初，忽必烈下令停止对鄂州的攻伐，把东路军的兵权交给霸突鲁、兀良合台，并令其率军撤至江北，轻装简从，带着姚枢、刘秉忠、张易等儒士，策马赶赴开平城以角逐汗位。可以预见，一轮新的角逐汗权的战斗蓄势待发。

忽必烈北撤时，让部将张杰通知从云南经过广西北上进至潭州（今湖南长沙）城下的兀良合台迅速北上，回师开平。张杰便在长江江面上搭建起一座浮桥，以便兀良合台大军饮马长江时，迅速通过。

忽必烈北撤之举看似严密，但还是被宋军将军刘整看出破绽。刘整心怀邀功请赏之心，在后营找到忙于斗蟋蟀的贾似道，说："大人！蒙军本来不同意与宋廷议和，后来又答应了。签订'鄂州之盟'后，不等我方履行盟约内容，便匆匆引兵北撤。末将以为这里面肯定藏有玄机。"

"我身为一军之主，蒙军那点儿雕虫小技，岂能瞒我？"贾似道每天除了忙于斗蟋蟀就是围着姬妾的裙子转，根本没把心思放在安邦定国和如何抵御蒙军上，尽管于军中拜为右丞相兼枢密使，对此事真不知所以，但也不能在部将面前露短啊。眨了眨狡黠的眼睛，说道："我倒要听听刘将军的高见，看看与贾某的愚见是否一致？"

话已至此，刘整不便隐瞒，说："在下窃以为，蒙古帝国必定出了大事，派人四下打探方知，原来蒙古大汗蒙哥鞭折钓鱼城下，忽必烈匆忙北下，是去争夺汗位呢。"

"哦，前几天快马早已飞报了此事，我还怀疑其中有诈。没料到击灭大理国、横扫西亚、又把南宋巴蜀之地收入囊中的蒙哥，却殒命于小小的钓鱼城，真是大意失荆州啊。不过，刘将军的消息虽说晚了一步，但也证实了蒙哥呜呼哀哉的事实。"贾似道仰天长笑后，问道："下一步，刘将军打算如何行事？"

怕被别人知晓秘密似的，刘整伏在贾似道的耳畔，透露出心里的想法。贾似道听完，挽了挽袖口，轻拍桌案，说："不谋而合，就依你的计策行事。"

接到忽必烈北撤的命令后，兀良合台无心恋战，昼夜驰骋，六天后，兵临鄂州城下，与在此接应的张杰碰头后，率军通过浮桥过江。奇怪的是，当队伍快要通过浮桥时，浮桥突然起火，火势凶猛，工夫不大，便把浮桥烧成两截，使兀良合台军中一百多名蒙军兵卒滞留于长江南岸。兀良合台赶路心切，狠心丢下那一小撮蒙军兵卒，继续引师北进。

等蒙军部队的背影消失在长江北岸时，贾似道才指挥宋军将这一百多名断后的蒙军兵卒围在伏击圈内射杀而死，全部枭首后，送往临安报捷，并大言不惭地说自己解了鄂州之围。消息闭塞的宋理宗竟然信以为真，照例对贾似道嘉奖一番。从此，南宋军权落在贾似道手里。

其实，刘整原计划等蒙军队伍北渡一半时发起袭击，把蒙军打个措手不及，争取获得更大的胜利。但贾似道觉得那样太危险了，能斩获一百多名蒙军将士足以去宋廷邀功请赏。

独揽朝政大权的贾似道回到临安，却虚报军情，把私自签订和约之事隐瞒得滴水不漏。不但如此，还大肆鼓吹各路宋军大获全胜，取得了歼敌一万余人的捷报，不但击退了蒙军，还把长江一带的蒙军全部肃清。"宗社危而复安，实万世无疆之福。"同时，贾似道又大造舆论，指使幕僚廖莹中和属吏翁应龙等撰写《福华编》，竭力鼓吹他的所谓"援鄂之功"。

不辨真伪的宋理宗听信了贾似道的弥天大谎，认为他抗蒙有功，下诏赞扬他在前线奋勇抗敌，指挥有方，并加封其为少傅、卫国公，赏赐金银无数。

贾似道怕私自与蒙古帝国订立"鄂州之盟"的事败露，为了掩人耳目，把在鄂州保卫战中勇立战功的曹世雄、白士璧，被以莫须有的罪名，流放到边远军州去了。甚至连平时给他出谋划策的刘整，在他的逼迫下也投奔了元朝。

第六十三章

大元帝国

　　蒙哥、忽必烈、旭烈兀及阿里不哥均为唆鲁禾帖尼所生。蒙哥已仓促离世。旭烈兀正志在必得地征服波斯阿拉伯世界，着手筹建他的伊利汗国，遥远的路程使他对争夺蒙古帝国的汗位失去信心。

　　现在，忽必烈直面的强劲对手是阿里不哥。在拖雷家族中，阿里不哥以"斡赤斤"（灶主）身份，继承了拖雷夫妇的大部分蒙古千户和分地。蒙哥离开哈拉和林征伐南宋前夕，他奉命镇守哈拉和林，主持蒙古帝国庶政，管理漠北千户军队和诸斡耳朵宫帐。

　　当蒙哥猝死钓鱼城下的消息传至哈拉和林后，阿蓝答儿、脱里赤等亲信开始挑唆阿里不哥策划继承汗位之事。在忽必烈攻伐大理国后，蒙哥曾派阿蓝答儿成立钩考局，大肆对忽必烈身边的幕府谋士进行严厉审查，造成死者甚重。后来，忽必烈采纳姚枢的劝谏，主动率妻子及子女回到哈拉和林，向蒙哥坦白忠心，钩考局才撤退。

　　如今，蒙哥已死，若论声望和战绩，最具有继承汗位资格的当属忽必烈。一旦忽必烈登上蒙古帝国的汗位，首先遭到报复的便是阿蓝答儿、脱里赤等。

除此之外，窝阔台的后裔阿迷带和察合台的后裔阿鲁忽也是支持阿里不哥的坚强后盾。汗位从窝阔台系转移到拖雷系，阿迷带和阿鲁忽便对此耿耿于怀，视蒙哥汗和忽必烈为眼中钉、肉中刺。再阻止忽必烈继承汗位，使阿里不哥登上汗位，也算一解他们的心头之恨。

此时，阿蓝答儿便极力撺掇阿里不哥利用镇守漠北之便，趁机角逐汗位。阿里不哥深谙自己唯一的竞争对手便是忽必烈，趁忽必烈尚在鄂州与南宋朝廷酣战的机会，尽快扼控漠南主要军队和军需，以便自己顺利登上汗位。

于是，阿里不哥便命阿蓝答儿深入漠南抽调兵力，试图直接控制蒙古帝国境内的主要兵力。趁热打铁，阿蓝答儿手持阿里不哥的符节，乘驿传抽取兵力，以哈拉和林为中心向四周辐射，已行至距开平一百里的草原地带。

忽必烈的妻子察必敏锐地捕捉到笼罩在草原上方的空气中弥漫着一丝不祥的气息，当她闻听阿蓝答儿已率军行至开平，便推测其中定有文章。与儿子真金商议防御之策后，便遣使臣前去质问阿蓝答儿："发兵是国家大事，开平是太祖曾孙真金驻跸之地，你们在这儿附近征兵，为什么不察报他？"

阿蓝答儿自知理亏，语塞不能答。

因此，才引出前文察必派亲信大臣太丑台和也苦飞驰骋鄂州向忽必烈禀报，并告诫他速班师返回蒙古的事宜。

尽管忽必烈手握重兵猛将，但根基不稳，蒙哥死后，夺汗的形势对他一点儿都不利。忽必烈在征询谋士计策时，郝经亦支持班师返蒙夺取汗位。

1259 年年底，未等南宋履行盟约，忽必烈便轻骑简从，离开鄂州，倍道兼程，疾驰北归，弭平内乱。是年，忽必烈在燕京驻冬。

北上前，忽必烈曾命廉希宪一路先行，留心勘察事态变化。接着，派赵良弼乘驿西入关中，假以他故，访察秦、蜀、陇等地军政动态。不久，赵良弼回来向忽必烈报告，驻守四川的末哥，忠贞不贰；关中诸军和甘、川一带的将领也都归心已久；但屯军六盘水的浑都海，想回漠北的态度十分可疑。

1260 年一月十日，一身征尘的忽必烈抵达燕京。在黄河畔汴梁一带，见阿里不哥遣官正在民间征集兵丁。由于此类征集兵力之事尤甚，民愤沸反盈天，怨声载道。忽必烈质问脱里赤："为何行此事？"

含糊其词的脱里赤搪塞说："这是蒙哥临终托命。"

目光犀利的忽必烈马上洞察其居心叵测，立即下令解散脱里赤所征集起来的军队。一石双鸟，在确保漠南道路畅通与安全的同时，也解除阿里不哥对开平的威胁。

三月，忽必烈率蒙古劲旅抵达开平（今内蒙古正蓝旗东北闪电河北岸），召集塔察儿等宗王大将举行忽里台会议。

合丹（窝阔台第六子）、阿只吉（察合台孙）、只必帖木儿（窝阔台的孙子、阔端的儿子）等西道诸王，塔察儿、也孙哥（合撒儿子）、忽剌忽儿（哈赤温孙）、爪都（成吉思汗弟别勒古台孙）、纳邻合丹（哈赤温孙）等东道诸王等前来与会。

会议议程都是事先拟好的，这为忽必烈即位披上了一件"合法"的外衣。在会上，塔察儿率先对忽必烈进行劝进，"诸侯王议未一"，忽必烈当众公布了塔察儿的劝进书，"书出而决"。

遵照蒙古习俗，与会者把帽子放在地上，把腰带披在肩后，恭立在忽必烈面前劝其出任大汗。在一片狂热的欢呼声中，忽必烈在刘秉忠建造的汉式宫殿里，而不是在蒙古传统的帐篷里，登上了汗位。

然后，与会者经商议后齐声说："旭烈兀已到达大食地区，察合台的子孙在远方，术赤的子孙也很遥远。与阿里不哥勾结在一起的人正在做蠢事。兀鲁忽乃（察合台汗国的女领袖）已到达阿里不哥的住处。如果不拥立一个合罕，我们如何生存呢？"

与会的幕府谋士孟速思、廉希宪、商挺等率先合辞劝进忽必烈，说："蒙哥皇帝奄弃臣民，神器不可以久旷。太祖嫡孙，唯大王最长且贤，宜即皇帝位。"

忽必烈坚决推辞再三，与会诸王勋贵也不甘示弱，纷纷劝道："您乃成吉思汗的嫡孙、蒙哥汗的母弟，以贤以长，当有天下。"

于是，西道诸王拉着忽必烈的左臂，东道诸王拉着忽必烈的右臂，连推带拥把他摁到事先准备好的大汗宝座上。忽必烈才说："汝等能叶心辅翼，吾意已决。"是年，忽必烈四十六岁。

1260 年三月二十四日，是值得忽必烈永远缅怀的日子。

登上汗位仪式结束后，忽必烈命姚枢、廉希宪等亲信草拟的《泰定皇帝登基诏》颁告天下：

朕惟祖宗肇造区宇，奄有四方，武功迭兴，文治多缺，五十余年于此矣。盖时有先后，事有缓急，天下大业，非一圣一朝所能兼备也。先皇帝即位之初，风飞雷厉，将大有为。忧国爱民之心虽切于己，尊贤使能之道未得其人。方董夔门之师，遽遗鼎湖之泣。岂期遗恨，竟勿克终。

肆予冲人，渡江之后，盖将深入焉，乃闻国中重以金军之扰，黎民惊骇，若不能一朝居者。予为此惧，驿骑驰归。目前之急虽纾，境外之兵未戢。乃会群议，以集良规。不意宗盟，辄先推戴。左右万里，名王巨臣，不召而来者有之，不谋而同者皆是，咸谓国家之大统不可久旷，神人之重寄不可暂虚。求之今日，太祖嫡孙之中，先皇母弟之列，以贤以长，止予一人。虽在征伐之间，每存仁爱之念，博施济众，实可为天下主。天骥道助顺，人谋与能。祖训传国大典，于是乎在，孰敢不从。朕峻辞固让，至于再三，祈恳益坚，誓以死请。于是俯徇舆情，勉登大宝。自惟寡昧，属时多艰，若涉渊冰，罔知攸济。爰当临御之始，宜新弘远之规。祖述变通，正在今日。务施实德，不尚虚文。虽承平未易遽臻，而饥渴所当先务。

呜呼！历数攸归，钦应上天之命，勋亲斯托，敢忘烈祖之规？建极体元，与民更始。朕所不逮，更赖我远近宗族、中外文武，同心协力，

献可替否之助也。诞告多方，体予至意！ ①

　　这份通篇全力阐述忽必烈继承汗位合理性的诏书，文辞秀丽，言简意赅，思路清晰，合情合理，显然出自汉儒王鹗之手。在诏书中，忽必烈开创蒙古帝国先河，称蒙哥"先皇"，他自称"朕"。此份诏书也可以看成是忽必烈登上汗位后提出一条崭新的文治路线，大致反映出忽必烈即位后的政治倾向和治国方略。

　　在汉族谋士王鹗的建议下，忽必烈为刚刚草创的王朝命名一个中统的年号，这是继承中华正统改造蒙古帝国的第一步。之前，蒙古帝国的诸汗是不用年号的，忽必烈这一变革意义重大。它旨在表明，蒙古地方政权正逐渐向包括中原在内的全国范围政权转移。在广颁天下的"中统建元"的诏告中写道：

　　　　祖宗以神武定四方，淳德御群下。朝廷草创，未遑润色之文；政事变通，渐有纲维之目。朕获缵旧服，载扩丕图，稽列圣之洪规，讲前代之定制。建元表岁，示人君万世之传；纪时书王，见天下一家之义。法《春秋》之正始，体大《易》之乾元。炳焕皇猷，权舆治道。可自庚申年五月十九日，建元为中统元年。惟即位体元之始，必立经陈纪为先。故内立都省，以总宏纲；外设总司，以平庶政。仍以兴利除害之事、补偏救弊之方，随诏以颂。於戏！秉箓握枢，必因时而建号；施仁发政，期与物以更新。敷宣恳恻之辞，表著忧劳之意。凡在臣庶，体予至怀！ ②

　　在诏书中追溯唐虞夏殷、秦汉隋唐的国号，自许要上承"古制"，"绍百王而纪统"，又以本国"舆图之广，历古所无"，申明不愿仿效秦汉和隋

---

①② 　[明] 宋濂，等.元史（卷四）[M].北京：中华书局，1976.

唐以初起之地名或所封之爵邑为国号，而取《易经》"大哉乾元！万物资始，乃统天"之意，"元"者，大也。大不足以尽之，而谓之元者，大之至也。

同年十二月，忽必烈在燕京赏赐拥立诸王，封八思巴为国师，授以玉印，令其统领天下释教。八思巴投奔忽必烈八年后，华丽转身，成为忽必烈一家宗教上的导师。八思巴作为国师的首要任务是为皇帝、贵妃、宗王、皇子们传法受戒，传授灌顶。

同年，八思巴在西藏新落成的大金顶殿召集西藏各派僧俗大会，八思巴正式宣布：赖佛祖释迦牟尼的恩德，和圣祖成吉思汗的威力，吐蕃正式纳入中国版图，根据大汗"四海为家，因俗而治"的原则，吐蕃实行政教合一的行政体制。

第六十四章

同室操戈

即位后，忽必烈随即派出一百名使者组成使团到达哈拉和林，向阿里不哥"告即位"。使团按照忽必烈的旨意，对阿里不哥宣谕："我们这些宗王和异密（大臣）们商议以后，已经一致拥立忽必烈为合罕。"他们请求阿里不哥做出让步，对忽必烈称汗一事表示认可。

恼羞成怒的阿里不哥非但不承认忽必烈称汗的正统地位，而且把这个使团成员全部关押了起来。作为对忽必烈的公然挑衅和报复，丧心病狂的阿里不哥竟然把这一百名使者悉数处死。冲动是魔鬼，失去理智的阿里不哥竟然轻挑战端，正中了忽必烈的下怀。

四月末，阿里不哥为蒙哥主持了葬礼后，效仿乃兄，立即纠合漠北诸宗王、蒙哥之子阿速台、玉龙答失，察合台之孙阿鲁忽，木华黎五世孙乃蛮台，只必帖木儿弟也速，合丹之子忽鲁迷失、纳臣，斡儿答之子合剌察儿等，及汗廷旧臣，在哈拉和林城西驻夏地阿勒台召开忽里台会议，也被拥立为大汗。

其实，从当时族长别儿哥发行了刻有阿里不哥名字的钱币来看，是阿里不哥被公认为蒙古帝国第五任大汗的确凿证据。史料中所谓的"阿里不哥之乱"，实际上是"忽必烈之乱"。作为这一纷争的结果，趁局势混乱而建立的伊利汗国的旭烈兀，一直坚持忽必烈为蒙古帝国第五任大汗的立场。但是，正统性与否另当别论，汗位的归属和唯一性只有靠武力解决。

一山难容二虎，一国难容两汗。两汗之间的斗争剑拔弩张，蒙古帝国的政治版图被撕成两半。

在这场争霸赛中，忽必烈显然技高一筹，略施小计，逼阿里不哥先斩杀使团，使其陷入不义的泥沼。

在黄金家族的诸多成员眼中，阿里不哥不过是一个成事不足败事有余的稚口小儿，极端的杀人狂，蛮横的粗人，无理取闹者，怎么能有资格来继承至高无上的蒙古帝国的汗位呢？

尽管阿里不哥仿效忽必烈，遣多路使团到各个汗国不厌其烦地命令诸王承认他是符合蒙古帝国正统的大汗，并扬言："旭烈兀、别儿哥和宗王们已同意并宣布我为合罕，不要听忽必烈、塔察儿、也松哥、也可合丹的话，也不要服从他们的命令。"旭烈兀和钦察汗别儿哥对这种愚蠢的行为，嗤之以鼻。

整个漫长的夏季，忽必烈与阿里不哥纷纷派出双方使者，络绎不绝，口干舌燥地争执究竟谁是蒙古帝国"正统"大汗的问题。尽管使者费尽九牛二虎之力，大汗的正统问题非但不明朗，反而画虎不成反类犬，越描越黑。

当时，忽必烈的主要兵力屯扎在中原，他之所以在开平举行忽里台，也与此有关，而阿里不哥的势力尽在漠北。双方都管窥蠡测，谁夺得关右（既函谷关以西，包括今天的陕甘宁一带），谁就能扼控着夺权战争的主动权。

于是这场蒙古帝国汗位争夺战一触即发，这绝非忽必烈和阿里不哥两个人的战争，而是各自代表着蒙古帝国的两个重要派别的权力之争。深受汉化的忽必烈希望在被征服的地区安定下来，再企图寻找一种更科学的管理方法和模式；而阿里不哥则是作为传统蒙古游牧方式及准则的捍卫者身份出现的，靠武力征服和大肆屠杀是他所崇信的唯一对决方式。

为了南下与其兄忽必烈争夺汗位，阿里不哥不甘雌服，"分遣腹心，易置诸将"，对汉地的军事、行政都重新做了部署，命刘太平、霍鲁海行省事于关右，收关中诸处钱谷，控制关陇，接应川蜀。将军政大权交给阿蓝答儿，从哈拉和林分遣两军，东路军由玉木忽儿、合剌察儿率领，向开平、燕京方向挺近；西路军由阿蓝答儿率领，穿越河西走廊，企图与驻兵于六盘山的浑都海会师，反扑京兆。

针对阿里不哥的军事部署，忽必烈也灵活地采取了相应措施。五月，忽必烈征调诸路兵力约七千于延安等处扼守要隘，又命汪良臣统领陕西汉军沿河守隘，防行省于关右的刘太平、霍鲁海等军，还征调诸道兵三万拱卫燕京，以作后备。同月三日，忽必烈的宿将廉希宪、商挺及赵良弼抵达京兆，十余日后，命万户刘黑马捕杀刘太平和霍鲁海，接着，又遣刘黑马、巩昌总帅汪惟正分赴四川诛杀乞台不花、明里火者。同时，命廉希宪、八春征集川蜀诸军，进军六盘山，以防浑都海东犯。又授予汪良臣金虎符，用于征集巩昌、秦州、平凉等二十四城诸军，稳定川陕形势。

八春、汪良臣二军奉命西去御敌，与浑都海对峙两月，胜负未分。

七月，等兵力部署就绪后，忽必烈率领蒙汉联军，向北驰进，前去讨伐阿里不哥。又命西线总指挥亲王合丹率一万人马及时赶到。亲王合丹是窝阔台的庶子，西道诸王的中坚人物，威望极高，对战胜叛军起到决定性作用。全军由亲王合丹统一指挥，兵分三路迎敌，合丹列阵于北，八春列阵于南，汪良臣列阵于中。

八月，阿蓝答儿与浑都海合兵，南军诸将首战失利。后来，合丹、合必赤与八春、汪良臣等联军再战于平凉，大获全胜，俘虏阿蓝答儿、浑海都。东路军移相哥也败于北军先锋玉木忽儿。

九月，经过春夏丰沛降雨的滋润，蒙古帝国东部的草原开始由微绿变成深绿，最后迎来了金色的秋天。穿上金色质地锦袍的牧场上成群的牛马都被逃避战乱的牧人撵到别处去了。草原显得空阔落寞，就像一片深沉的大海。远处时隐时现一抹淡淡的山影，才彰显出草原的浩渺和无际来。

一场恶战在西凉（今甘肃武威）地区拉开序幕，时值漠风劲吹，飞沙走石，天色灰暗，草原上空弥漫着冷兵器的金属气味和人马汗水混合的气息。空气瞬间凝固，战争一触即发。

汪良臣令骑兵下马步战，首先用短兵器破其左翼，绕至阵后，再溃其右翼。八春迎面对敌，合丹率领精锐骑兵断其后路。交战时突然刮起一阵风沙，使逆风列阵迎战的浑都海的人马都迷住了眼睛。合丹乘势冲杀，大获全胜，把玉木忽儿和合剌察儿打得如鸟兽散。此战以阿蓝答儿、浑都海被枭首而告终，关陇叛乱遂平。从此，川、秦、陇、漠南等地悉数被忽必烈收入囊中。

此外，阿里不哥率领的军队也一败如水，他打算阻挡玉木忽儿的逃遁，不仅没拦住，自己也被溃逃的败军裹挟着一直退到哈拉和林。尽管处境堪忧，他仍给身边的将士鼓气，说："我手拥数万重兵，忽必烈要想拔除哈拉和林比登天还难。"

忽必烈并没有直接派兵攻打哈拉和林，只略施小计，便使阿里不哥陷入绝境。

哈拉和林的物资大多是通过车载马驮取自汉地，接着，忽必烈下令封锁漠南通向哈拉和林的交通，掐断了哈拉和林的物资供应路线。数日后，哈拉和林物价飞涨，粮荒日重，民心浮动，阿里不哥一度陷入困境。当忽必烈御驾亲征的消息后传至哈拉和林时，惊魂甫定的阿里不哥早已带着一支疲惫不堪而又饥饿的军队退回谦州①。

躲在谦州的阿里不哥见关陇援绝，兵食皆匮，又怕忽必烈举兵前来追剿，为拖延时间，才遣使假意请和，用歉意和臣服的口吻对忽必烈说："我这个弟弟因为无知，犯了罪，并且由于无知而僭越。你作为我的兄长，可以对我任意处罚，无论你吩咐我到什么地方，我绝不会违背汗兄的命令。等养壮了牲畜，就将唯你马首是瞻。"

忽必烈知道弟弟阿里不哥是个缺少主心骨的人，终究成不了气候，他之前疯狂夺位的举止，完全是受身边叛臣的蛊惑。摆摆手，很大度地对来使

---

① 元属岭北行中书省，在今苏联西伯利亚叶尼塞河上流克穆契克河畔。

说："浪子现在回头了，清醒过来、聪明起来、回心转意了，他承认自己的过错了。"

年底，忽必烈命移相哥率十万大军镇守哈拉和林，自己南返驻东于汪吉沐涟（今蒙古国翁金河）一带，后来回到开平。忽必烈在开平翘首以待阿里不哥前来归降的消息，等得脖子都麻木了，也不见阿里不哥归降的身影，却等来了一场恶战。

翌年，也就是1261年九月，阿里不哥经过夏秋两季养壮了战马，充实了他的军队战备后，他那颗骚动难安的野心又膨胀起来。联合几位不甘臣服的诸王（蒙哥的儿子阿速台等），又率领蒙古骑兵佯装向屯兵于哈拉和林的移相哥"投降"。

当移相哥放松警惕前去迎接时，却遭到阿里不哥的兜头痛击。忽必烈和阿里不哥各胜一个回合。现在阿里不哥不仅重新收复哈拉和林，而且乘势南进，兵锋直指开平，要和忽必烈进行决定最后胜负的第三回合。

听闻阿里不哥的行径，忽必烈怒发冲冠地嚷道："这次，我非杀了这个不讲信义的小子不可。"

忽必烈暗自猜度，要彻底战胜阿里不哥，并非易事。阿里不哥麾下的皇宫怯薛军和西北诸王的骑兵，骁勇善战，长于冲刺。当然，自己的军队在人数上优于他，但是蒙古人对垒，常常以少胜多。

于是，忽必烈急忙调集优势兵力。一面命亲王合丹和驸马纳陈、帖里垓等率各军充任先锋，迎击阿里不哥；一面亲率张柔、邸浃、王文干、解诚、张荣实、张宏、塔察儿等蒙军，向草原边缘迎战。两军在昔木土脑儿（约在今内蒙古达来诺尔湖西南）遭遇，战况越发激烈。

待阿里不哥的大军汹涌而至，两军在相距几里处分别列阵对垒。阿里不哥的兵力尽管在数量上不占优势，但兵强将勇，羽翼渐丰。忽必烈不敢掉以轻心，吩咐各翼将领不要妄动，骑兵和步兵相互配合，步步为营，谨防阿里不哥的骑兵冲击。

这时，阿里不哥的军队突然分成几支，呈禽类翼状向忽必烈军队的两侧进行突击。或许看到忽必烈军队两翼多数是汉军，战斗力比较薄弱，想以此为突破口，以期达到瓦解整军的目的。

孰料这种在战场上惯用的战术，早被忽必烈猜测中了。见对方的骑兵掩杀过来，步兵立马将手中的盾牌左右上下紧密相连，铸成一堵坚固的铁墙，有效抵御了阿里不哥骑兵的冲杀。

一计不成，阿里不哥又生一计，把一群狂野不羁的野马驱赶到阵前充当一支攻坚力量，骑兵随后跟进，试图冲垮忽必烈军的铁墙。见阿里不哥变换战术，当野马群腾起滚滚尘土雷鸣般奔腾而来时，忽必烈急忙命董文炳率领千余名弓箭手，在盾牌的掩护下，冷不防地抛洒着箭雨，在疾驰着渐渐逼近的马蹄声和嗖嗖的弓箭声中，混杂着野马中箭的悲鸣和伤者的哀号。身中数箭的野马栽倒在地，后面奔驰的野马躲闪不及，也被绊倒在地。见攻势又受到有效的遏制，阿里不哥便鸣锣收兵。

不忍让阿里不哥白白跑掉，塔察儿想率领麾下的几万骑兵追击，忽必烈不肯，怕孤军深入，中了埋伏。

"像这样能打就打，败了就跑，这仗要打到几时？"

"他求胜心切，不会把眼下的小败当回事的，过几天还会来战。"

果然被忽必烈言中，十天后，待蒙哥之子阿速台率后继部队赶到，军威复振后，阿里不哥又驱使整军进行疯狂反扑。这次，他决定与忽必烈正面交锋，一决雌雄。这次战场还是设在昔木土脑儿草原上。等两军疾驰如风的先锋军进入彼此的射程内，双方张开硬弓，尽情地对射。顿时，飞蝗骤雨般的箭矢长矛，呼啸着在空中飞舞往来，杀声震天，血肉横飞，双方均有不等死伤。

经过短暂箭雨的"问候"后，便收起弓箭，持刀操盾，等势不可遏的两军接壤后，开始下一轮的肉搏战。两股浪潮般的队伍搅成一团。这场要比上次更加激烈和残酷，只见蒙古弯刀挟着冷风，闪耀着冷冷的光泽，相互猛切乱砍。前面的兵卒倒下一片，后面的兵卒鼓勇而上，接着持锐继续上前拼搏。

这场战斗，从清晨一直厮杀到夜幕低垂时分。漠风劲吹，漫卷的漠沙很快掩盖了血迹和尸体。双方兵力各有伤亡，阿里不哥渐渐暴露出兵力不足的劣势。亲王合丹率领的军队击溃其右翼的三千人马及大将合丹火儿赤，但中军和左翼伯仲难分。

塔察儿与合必赤等分兵数路追击五十余里，又斩杀阿里不哥兵马无数。在忽必烈疾驰如风的追击下，部将阿脱等被降服，阿里不哥率领残兵败将仓皇北遁。

耶律铸曾赋诗《昔木台》，颂扬此次战争：

辟易天威与胜风，一场摧折尽奇锋。
西北龙荒三万里，并随驱策入提封。

看到被击败的阿里不哥向北仓皇逃窜时，忽必烈挥了挥手，大度地说："不要去追他们，他们都是些不懂事的孩子，应当使他们明白过来，后悔自己的行为。"

其实，并不是忽必烈不想追击，而恰在此时，盘踞在山东益都长达三十年的世侯李璮举起叛旗，忽必烈只好匆匆南下山东扑灭叛军，才使阿里不哥得以逃脱。

阿里不哥却以为忽必烈临阵怯战，十天后，又纠集一些散兵游勇后，掉转兵锋，再次向忽必烈发起进攻。在失烈延塔兀之地两军酣战在一起，忽必烈亲自率军击溃阿里不哥军右翼，但左翼胜负难分，激战竟日，不分胜负，战至黄昏，各自收兵回营。

对峙了几日，因粮饷器械严重匮乏使阿里不哥陷入绝境，遂引兵退还。由于粮饷奇缺又引发一些新的矛盾，使争汗的战局向忽必烈这边扭转了。

原来，阿里不哥之前战争的开支，主要靠察合台汗国的宗王阿鲁忽供给。蒙古帝国第五任大汗蒙哥去世后，争夺汗位的忽必烈和阿里不哥分别派支持自己的察合台系宗王莫图根之孙阿必失合和察合台第六子拜答儿之子阿鲁忽去虎牙思夺取汗位。

　　阿必失合从忽必烈控制的区域前往察合台汗国，在经过阿里不哥控制的范围时，被阿里不哥处死。于是，阿鲁忽带着阿里不哥的诏书，顺利接管了当时察合台汗国监国摄政的兀鲁忽乃（阿鲁忽寡居的堂嫂）的权力。为了在乱世中保全自己，兀鲁忽乃只好前往哈拉和林找阿里不哥理论，被阿里不哥扣下。

　　阿鲁忽的父亲拜答儿是蒙古帝国第三代著名将领，在"长子西征"中率领一军全歼波兰日耳曼条顿骑士团联军。阿鲁忽秉承了其父的谋略，但这位名将之后绝非忠贞不贰之辈。他首鼠两端，忽必烈和阿里不哥谁是战争的最后胜利者，他便依附于谁。

　　接连的战事失利，使阿里不哥损失了大量的兵马钱粮，在没有告知阿鲁忽的情况下，加大了对察合台汗国的勒索力度，又征集了大量牲畜、器械和粮草。阿鲁忽见阿里不哥屡败兵竭已失去继续依附的价值，遂在派人接管了撒马尔干、不花剌和河中地区的同时，又将东自金山、西至阿母河的土地据为己有后，将阿里不哥的使者杀掉，并没收了他们征集来的军需，宣布归顺忽必烈。旭烈兀也倾向于忽必烈，并遣使责备阿里不哥。于是，他们各自控制区的统治权也得到了忽必烈的认可。

　　这种难以意料的打击，使阿里不哥几乎丧失了理智，为发泄私愤，在不顾和忽必烈对峙的严峻形势下，毅然从前线撤回军队，转而向察合台国进军，想狠狠教训一下这个昔日盟友。

　　1261 年春，见阿鲁忽胆敢背叛自己，阿里不哥立即率兵前去攻伐阿鲁忽。虽然先遣部队在速惕阔勒被阿鲁忽打败，但阿里不哥的军队趁其不备，攻取伊犁河地区及察合台汗国的京城阿力麻里。阿里不哥的疯狂报复，使天山南北一带简直变成了一座人间地狱。牧民们的牲畜、毡房均被洗劫一空，成年男子全部处死。阿鲁忽见狂妄难敌，便退居于阗，后败走撒马尔干。

　　其实，阿里不哥拥有相当富庶的根据地，倘若悉心经营，肯定会营造出一番锦绣气象来。但他屯兵阿力麻里后，经常作威作福以彰显自己大汗的威严，处置政事不公允，常常大肆杀掠属地军民，时值大饥，民怨沸腾，四面树敌。令许多原来拥护他的诸王、那颜大失所望，相较之下，他们觉得忽必烈在为人处世上要仁慈厚道得多。于是，他们便相继弃他而去，转投至忽必烈的帐下。临走时，他们说，阿里不哥"如此残酷地糟蹋成吉思汗征集起来的蒙古军队，我们怎能不感到愤怒而离开他呢"。甚至连最拥戴他的玉龙答失（蒙哥之子）向阿里不哥索回蒙哥的玉玺后，便偕同一些千夫长扬长而去。

陷入孤家寡人、粮尽援绝的泥沼里，阿里不哥才幡然醒悟，原来战争并不是依靠单枪匹马一决胜负的，还必须依靠强大雄厚的后盾来支撑。抢劫固然逞勇于一时，但绝非长久之计。1264 年春，使阿里不哥雪上加霜的是，阿力麻里发生大面积饥荒，造成大批牲畜和兵卒死亡。

值阿里不哥势力衰败之际，阿鲁忽趁机举兵来伐，使他无法在那里立足。阿里不哥难以抵御阿鲁忽的攻伐，便放回兀鲁忽乃作为缓兵之计，结果，阿鲁忽顺势娶了兀鲁忽乃为妻，立木八剌沙为自己的继承人，更加维持了察合台汗国的稳定性。

在忽必烈和阿鲁忽的双重夹击之下，阿里不哥的兵力孱弱，已濒临绝望的边缘，败局无力挽回。

1264 年七月，阿里不哥在穷蹙不支之下，南下开平降顺忽必烈。当阿里不哥抵达上都开平时，忽必烈故意聚集很多军队，命阿里不哥按照蒙古草原上的罪人请罪的旧俗，披着大帐的门帘入帐觐见。为严厉惩罚阿里不哥，起初，忽必烈仅允许他站在侍从们待的地方。后来，经过塔察儿的再三恳请，忽必烈才招了招手，同意阿里不哥与宗王们坐在一起宴饮。

望着这位在疆场上与自己自相残杀长达四年之久的同胞兄弟，忽必烈的脑海里又浮现出父亲拖雷去世后，在寡母唆鲁禾帖尼严厉的教育下一起度过的那段美好而难忘的时光。忽必烈仰首把一杯美酒倒入口中，家族荣誉感和手足之情一齐涌来，顿时热泪长流。阿里不哥像一个做错事的小学生，也流下悔恨的泪水。

当时，这个场景碰巧被旭烈兀的使者看到，返回伊利汗国后，把忽必烈和阿里不哥兄弟俩相见的情况汇报给旭烈兀，他对忽必烈以这种接见一奶同胞兄弟的方式深表不满，认为这"使宗亲蒙受了耻辱"。当时，忽必烈也承认自己的做法确实有点儿过火。以后，为了让阿里不哥对自己行为忏悔，他整整一年时间没有接见阿里不哥。

但对于那些纵容阿里不哥与忽必烈抗衡的叛臣就没有阿里不哥幸运，都受到应有的惩罚。当时，被拘捕的阿里不哥党羽数千人，究竟如何处理，忽必烈绞尽脑汁，难以定夺。许多将领认为，这些人罪大恶极，使多少蒙古人的性命断送在他们手里，不杀不足以平民愤。

当时安童在忽必烈左右，参与审问阿里不哥叛党。安童是开国元勋木华黎之孙，霸突鲁之子，因祖父的功劳"召入长宿卫，年方十三，位在百僚上"。但是，安童不是凭借祖荫而立足元廷的。他聪明好学，志气非凡。一天，忽必烈与安童的母亲和姨母谈话，问起安童的情况时，安童的母亲介绍说："安童虽幼，公辅器也。"忽必烈问其故。安童母亲答道："每退朝必与老成人语，未尝狎一少年，是以知也。"忽必烈听后，大为赞赏，因而时时注意培养、考察这位少年得志的年轻人。

针对如何惩办阿里不哥党羽之事，忽必烈遂向安童讨主意："朕欲置此属于死地，何如？"

安童却提出不同的建议："人各为其主，陛下甫定大难，遽以私憾杀人，将何以怀服未附。"

忽必烈听后，惊讶地说道："卿年少，何从得老成语？此言正与朕意合。"

对此，忽必烈又遣使去征求旭烈兀和阿鲁忽等四大汗国的意见。他们回复说，看在同是成吉思汗子孙的分儿上，可以赦免。

忽必烈决定赦免阿里不哥，为了立威，还是挑了十名首犯，以教唆罪处死。这些人的儿子，仍保留官职。

随后，忽必烈把阿里不哥叫来，向其讲述了汗廷对他的宽大处理的态度。桀骜不驯的阿里不哥勉强地礼拜谢恩。忽必烈快意恩仇地问："我亲爱的兄弟，在这场纷争中究竟是谁错了呢？是你还是我？"

阿里不哥长舒一口气，哽咽着说："从前是我，现在是你。"

这就是阿里不哥执拗的性格，尽管已投降忽必烈，并不打算把所有的错误都归咎于自己。也就是说，虽然他在两雄争霸中一败涂地，但对自己称汗漠北的事实，认为是长生天的旨意。

得到忽必烈宽容的阿里不哥，于翌年秋天，忧郁而死，被葬在草原母地。阿里不哥的投降，确立了忽必烈在蒙古帝国的正统地位，帝国的中心也渐渐由哈拉和林转移至中原地区。

为庆祝阿里不哥归降和蒙古汗国的重新统一，同年八月，忽必烈特将中统五年改为至元元年，以示鼎新革故之意。

第六十五章

经营天下

虽然平定了阿里不哥之乱，漠北仍然不太平。以窝阔台系后裔海都为首的几个宗王，表面上归顺，但一直不肯到开平朝见忽必烈，分明是心怀鬼胎。另外，忽必烈觉得开平在漠北的眼皮底下，漠北骑兵疾驰如风，说来就来；加上南方的财货运输路程遥远，费时费力。他决定距离中原更近一步，把首都搬到中都去。

耶律铸赋诗《征不庭》以示庆贺：

闻说天兵下八埏，自临华夏益精妍。

龙拿虎掷三千国，岳镇渊渟五十年。

应欲昭章新日月，更为弹压旧山川。

可怜棘霸皆儿戏，不似神微计万全。

在击溃阿里不哥的叛乱后，忽必烈经营天下的重心开始南移，着手进行大元帝国的建设工作。

早在 1214 年，成吉思汗率领蒙古铁骑数次围攻金朝中都后，将其付之一炬。四十余年后，其孙忽必烈遣刘秉忠来燕京相地，决定放弃金朝中都旧址，以其东北部的原本属于金朝的琼华岛离宫（即现在北海公园）为中心兴建新都。忽必烈即位后，为便于控制汉地，将燕京升为都城，所以燕京称为元朝的大都。而原来的都城开平仍保留着都城的地位，方便联络草原诸王，同时满足蒙古人的生活习惯。忽必烈时，冬在大都，夏则在上都（开平）。

总设计师是汉族人刘秉忠，总工程师是阿拉伯人也黑迭儿。元大都周长六十里，设有十一个城门，分别是：东面的光熙门（今和平里东）、崇仁门（今东直门）、齐化门（今朝阳门）；南面的文明门（今东单南，又称哈达门）、丽正门（今天安门南）、顺承门（今西单南）；西面的平则门（今阜成门）、和义门（今西直门）、肃清门（今学院南路西端）；北面的健德门（今德胜门小关）、安贞门（今安定门小关）。东南西三面均为三座城门，北面仅为两座城门，将城门奇偶相配。每个城门都设有壮丽辉煌的门楼。正南中央的叫丽正门，皇宫就设在丽正门内。皇宫右侧有一个马蹄状的太液池（今北海与中海的总称），景色优美。太液池名叫同乐园。据说在同乐园内，辟治了瑶池、蓬瀛、柳庄、杏村等名胜。

城内的道路井井有条，把全城整齐地划分成五十个方块，能居住十万户人家。大街宽二十四步，小街宽十二步，马车可以畅通无阻。此外，还设有各种市集三十处，围绕在城中心钟鼓楼的周围。

元大都建设中最突出的成就，是北京以宫城为中心的向心式格局和自永定门到钟楼长七点八公里的城市中轴线，这是世界级城市建设历史上最杰出的城市设计范例之一。中国建筑大师梁思成曾赞美这条中轴线是"一根长达八公里，全世界最长，也最伟大的南北中轴线穿过全城。北京独有的壮美秩序就由这条中轴的建立而产生；前后起伏、左右对称的体形或空间的分配都是以这中轴线为依据的；气魄之雄伟就在这个南北引申、一贯到底的规模"。

建立中轴线，目的是强调封建帝王的中心地位，正如中国之名，意为"世界中央之国"一样。城市总体布局是以中轴线为中心，左面为太庙，右面为社稷坛；前面是朝廷，后面为市场，即"左祖右社""前朝后市"，因此元大都在城市布局上成为世界上最辉煌的城市之一。

元大都城的整个城垣均为夯土版筑而成，呈南北略长于东西的矩形，为防止雨水对城墙的冲刷侵蚀，采用苇编蓑城的办法，城墙如同穿上"荷叶裙"。

到1258年，元大都的宫殿、皇城、王府等工程陆续竣工，新一代帝都竣工了。

元朝沿袭金制，从忽必烈起按照中原封建王朝的继承制度，先后有十一位皇帝分别在元大都和元上都登基，历时九十八年。直到1368年正月妥欢铁木儿从大都败出，朱元璋建立大明朝称帝，元大都对元朝政治作用才基本结束。

早在即位前，忽必烈就对蒙哥把西藏分封给诸兄弟的做法不甚赞同，认为藏地"地广而险远，民犷而好斗"，教派林立，无所统属，因而"思有以因其俗而柔其人"，除保留旭烈兀的封地外，其余封地悉数收回。经过斟酌和准备，于1264年五月一日，在八思巴动身返回萨迦前，忽必烈给他颁发"珍珠诏书"，派遣他和其弟白兰王恰那多吉完成建立西藏行政体制的任务。诏书全文如下：

> 长生天气力里，大福荫护助里，
>
> 皇帝圣旨，晓谕众僧人及俗民等：
>
> 此世间之完满，由成吉思汗皇帝之法度而生，后世之福德，须依法积聚。明察于此，即可对佛陀释迦牟尼之道生起正见。朕善知此意，已从明白无误之上师八思巴处接受灌顶，封彼为国师，任命其为所有僧众之统领。上师亦已对敬奉佛法、管理僧众、讲经听法修习等项明降法旨。僧人们不可违了上师之法旨，应敬奉佛法。懂得教法者讲经，年轻心诚者学法，懂得教法而不能讲经听法者可依律修习。如此行事，方合乎佛陀之教法，合乎朕担任施主、敬奉三宝之愿望。
>
> 汝僧人们如不依律讲经听法修习，则佛法又何在？佛陀曾谓："吾之

教法犹如兽王狮子，体内不生损害，外敌不能毁坏。"朕驻于通衢大道之上，对遵依朕之圣旨，懂得教法之僧人，不分教派一律尊重服事。如此，对依律而行的僧人，无论军官、军人、守城子官、达鲁花赤、金字使者俱不准欺凌，不准摊派兵差赋税劳役，使彼等遵照释迦牟尼之教法，为朕告天祝祷着。朕并颁发下圣旨使彼等收执。僧人之佛殿及僧舍里，金字使者不可住宿，不可索取饮食及乌拉差役，寺庙所有之土地、水流、水磨等，无论如何不可夺占、收取，不可强逼其售卖。僧人们亦不可因为有了圣旨而违背释迦牟尼之教律而行。

朕之诏命于鼠年孟夏月一日在上都写来。

采用"珍珠诏书"这种特殊形式，是为了表明忽必烈对八思巴此行的极端重视和八思巴地位的崇高，成为帝师和萨迦派在西藏权力的标志。

忽必烈即位后曾积极推行汉法，如沿袭宋朝的职官制度，中央设中书省、枢密院、御史台等机构，除中书省（称为腹地）直辖山东、山西、河北和山外之地，宣政院辖吐蕃及诸王封地外，全国分置十个行省：岭北、辽阳、河南、陕西、四川、甘肃、云南、江浙、江西、湖广。行中书省的权力很大，它统辖路、府、州、县的政务、钱粮、兵甲、屯种、漕运、军事等。行省最高长官一般是平章政事，另设有右左丞、参知政事等。这就做到了"都省握天下之机，十省分天下之治"，中央和地方政体合一，行政机构有机结合在一起。吐蕃虽直属宣政院管辖，然而它的管理方式与行省制相仿。

元朝创设的行省制度，是秦朝以来郡县制度的延续，也是中国历史上行政区划和政治制度前沿的一大变革。它使偏远地区和中原地区的联系大大加强，不仅有利于巩固我国多民族国家的统一，而且对后世的政治制度的影响深远。元朝以后，行省这一名称历经明清（明代改行省为布政使司，但口语仍相沿不改），一直沿用至今。元朝行省的划分，也初步奠定了今天中国的行省格局。

作为蒙古帝国的统治者，忽必烈懂得只有保持中原地区原有的政治经济制度，社会才能日趋安定，从而保证国库充盈，使新建立的元朝得以巩固发展。因此，为恢复和发展元朝经济，在府邸谋士的谋划下，制定了一系列措施，又设司农司，置劝农使，兴修水利，施行屯田，清理户籍，整顿钞法，注意恢复和发展农业生产，其中以劝农桑、建设交通设施尤为突出。

忽必烈在致南宋降将高达的信中说："夫争国家者，取其土地人民而已，虽得土地而无民，其谁与居？今欲保守新附城邑，使百姓安业力农。蒙古人未知之也。尔熟知其事，宜加勉旃（zhān）。湖南州郡皆汝旧部曲，未归附者何以招怀？生民何以安业？听汝为之。"①

即位伊始，忽必烈便诏告天下："国以民为本，民以衣食为本，衣食以农桑为本。"1261年八月，忽必烈"以农桑为急务"，设立"司农司""劝农司"等管理农业的政府机构，以劝农成绩为考核官吏治绩优劣的依据。同年十二月，改为大司农司，命张文谦为大司农卿（后升大司农），专掌农桑水利，以重其事，增设各道劝农使、副使为四员，并拨都水监归大司农司领导。忽必烈还欲以御史中丞孛罗兼大司农卿（后升大司农），右丞相安童认为台臣兼领，史无前例。

劝农司奉忽必烈之命，根据各地情况，拟定和颁布了农桑之制十四条，又"遍求古今所有农家之书，披阅参考，删其繁重，撮其切要"，最后汇编成综合性农书《农桑辑要》，推广先进的农耕与蚕桑技术。并刊行四方。"用之则力省而功倍"，卓见明效。

元世祖时官撰颁行本也。前有至元十年翰林学士王磐序，称诏立大司农司，不治他事，专以劝课农桑为务。行之五六年，功效大著。农司诸公又虑夫播植之宜，蚕缫之节，未得其术，于是遍求古今农家之书，删其繁重，撮其切要，纂成一书，镂为版本进呈，将以颁布天下云云。案《元史》司农司设于至元七年，分布劝农官，巡行郡邑，察举农事成否，达于户部，以殿最牧民长官。史又称世祖即位之初，《鹤经》《鹰

---

① ［明］宋濂，等.元史（卷四）［M］.北京：中华书局，1976.

经》《蟹录》至于《相贝经》，而《香谱》《钱谱》相随入矣。因五谷而及《圃史》，因《圃史》而及《竹谱》《荔支谱》《橘谱》至于《梅谱》《菊谱》，而唐昌《玉蕊辨证》《扬州琼花谱》相随入矣。因蚕桑而及《茶经》，因《茶经》及《酒史》《糖霜谱》至于《蔬食谱》，而《易牙遗意》《饮膳正要》相随入矣。触类蔓延，将因四民月令而及算术、天文，因田家五行而及风角、鸟占，因《救荒本草》而及《素问》《灵枢》乎。今逐类汰除，惟存本业，用首诏天下崇本抑末，于是颁《农桑辑要》之书于民，均与王磐所言合。惟至元七年至十年不足五六年之数，磐盖据建议设官之始约略言之耳。焦竑《国史经籍志》、钱曾《读书敏求记》皆作七卷，《永乐大典》所载仅有二卷，盖编纂者所合并，非有阙佚。《永乐大典》又载有至顺三年印行万部官牒。苏天爵《元文类》又载有蔡文渊序一篇，称延祐元年，仁宗特命刊版于江浙行省，明宗、文宗复申命颁布。盖有元一代，以是书为经国要务也。书凡分典训、耕垦、播种、栽桑、养蚕、瓜菜、果实、竹木、药草、孳畜十门，大致以《齐民要术》为蓝本，芟除其浮文琐事，而杂采他书以附益之，详而不芜，简而有要，于农家之中，最为善本。当时著为功令，亦非漫然矣。[①]

　　乡间村疃五十家立一社，择高年晓农事者为社长，敦本业，抑游末，设庠序，崇孝悌。北方的社，建于 1264 年。平江南后，社也推广到南方。忽必烈曾下达"立社是好公事也"等圣旨，亲自推动立社劝农桑。还命探马赤军户同样立社。此类军人立社，后改在万户建制内举行。

　　另外，还禁止占农为牧，禁止牧畜糟蹋农桑，推广农业技术，开凿陂塘河渠，兴建水坝水闸，安辑流亡人丁，限制"抑良为奴"，鼓励人民垦荒。蒙古帝国入驻中原以来，诸王贵族和蒙古军队肆意罢田为牧，"近于千顷，不耕不稼，谓之草场，专放孳畜"，"行营军士多占民田为牧地，纵牛马坏民禾稼桑枣"。这一措施的贯彻有利于中原农耕的迅速恢复和发展。

---

① 　本段选自《永乐大典》第七卷《农桑辑要》。

忽必烈屡次下令，严禁蒙古权贵和军队践踏田园，不准牲畜毁坏庄稼。从 1265 年起，忽必烈还将黄河南北荒芜田土和僧侣所占良田，分配给蒙军战士耕种。于是，迁居汉地的蒙古人逐步适应了农桑之事，专心发展农桑生产，使农业日趋稳定。

元朝还大规模兴办屯田和重农桑措施，使中原和江淮地区由于战争破坏而出现的大片荒地，通过军垦和招募农民，很快得以恢复。当时不仅中原地区，屯田还遍及北方、东北、西北、西南等地区。因此，北方一带的农业经济，在一定程度上得以发展。南方由于遭受战争破坏的程度较轻，元朝统一后，农业生产在南宋原有的水平上有了大幅度的提高。南粮源源北运，每年达三百五十多万石，最多时高达五百万石。两淮一带遭受战争影响比较严重，南宋末年几乎是十室九空，到了元朝中期，才出现桑麻蔽野的繁荣景象。

忽必烈作为蒙古帝国的第五任大汗，入驻中原后，能知晓农业生产在经济和政治上的重要作用，并且果断采取相应措施，这是他迥异之前蒙古帝国前四任大汗的一大特点。

在交通设施建设方面，忽必烈也极为重视，过去以哈拉和林为中心的驿传网，也与上都连接在一起。在上都和大都之间，以三条干线与一条旁路作为连接。然后，从大都开始，往东亚地区，都发散着放射状的道路网。在陆路交通方面，驿站沟通了中央与地方，地方与边疆的联系。驿站制度在蒙古早期已经建立，忽必烈即位后在全国加以推广，北起黑龙江及西伯利亚，南至越南、缅甸、西藏等东亚全境，西南到云南，全国范围约有一千五百处。就驿传网的规模和范围而言，是史无前例的。

驿站分陆站和水站，陆站用马、牛、狗（主要用于黑龙江流域），水站用船。大约每隔二十五里，就有一座驿站，内设旅馆以便招待过往的客人。全国共有驿站一千三百八十三处，仅辽阳行省就有一百二十多处。

每一个驿站常常备有四百匹良马，以供忽必烈的信使换马使用。又命百姓移居至驿站附近居住，以便开垦农田，并保证信使的通道畅通无阻。王道两侧挖掘有清水流淌的沟渠，沟渠旁边种植白杨或柳树，夏天为信使遮阴，雪天充当路标。

因为，中央的文书和地方的公文，必须以最快的速度加以传递。公文用木匣封锁，随到随送。这时，策马前进的信使随身携带一块刻有白隼的牌子，作为紧急通报的标志。倘若在紧急关头，信使在夜间也照样策马前行，如果没有月亮，就由步行人手持灯火在前面引路，这样一站接着一站，朝着目标传递下去。

与驿站相辅而行的还有急递铺，每十里、十五里或二十里设一急递铺，供步行信差居住。步行信差身缠腰带，并挂着几颗小铃铛，以便在距急递铺很远的地方就能引起下一站信差的注意。下一站信差听到铃声就准备接上他的包袱或信件立马出发。由于驿站和急递铺星罗棋布般布置，在元朝境内形成了网状的局面，保证信息迅速传递。

驿站的交通工具，不是随意使用的，要出具由中书省等机构颁发的凭证。乘驿凭证有三种，即圆牌、铺马圣旨和札子。圆牌也称圆符，按规定专为军情急事遣使之用，由朝廷铸造、掌管，牌面上铸有海东青鹰的图案。铺马圣旨也称御宝圣旨，用蒙古文字书写，每道圣旨上都分别标明骑马数目，颁发给诸王贵族以及中央、地方各官府，限定在职责范围内使用。札子是由各官府出具的乘驿证明，元初中书省、御史台、枢密院及行省、行台曾有施行。

1263 年中书省拟定的驿站祗应条例。对各类乘驿人员的祗应标准做了详细规定："乘驿使臣换马处，正使臣支粥食、解渴酒。从人支粥。宿顿处，正使臣白米一升，面一斤，酒一升，油盐杂支钞一十文。冬月一行日支炭五斤，十月一日为始，正月三十日终住支。从人白米一升，面一斤。长行马使臣如赍圣旨、令旨及省部文字，干当官事者，其一二居长人员，支宿顿处分例，次人与粥饭。仍支给马一匹、草一十二斤、料五升，十月为始，至三月三十日终止。白米一升，面一斤，油盐杂用钞一十文。投呈公文曳剌、解字，依部拟宿顿处批支。"[①]

由于站赤管理井然有序，使"四方往来之使，止则有馆舍，顿则有供帐，

---

①　［明］宋濂，等 . 元史（卷一百一）［M］. 北京：中华书局，1976.

饥渴则有饮食，而梯航毕达，海宇会同，元之天下，视前代所以为极盛也"。站赤的快速发达标志着元朝国内交通的发达，也标志着元朝对外交往的频繁与广泛。

水利是中原农业的命脉，也是北方游牧民族的根本之源。元朝初期，由于连年战乱，使一些水利设施遭到不同程度的破坏，如"京兆旧有三白渠，自元伐金以来，渠堰缺坏，土地荒芜，陕西之人虽欲种莳，不获水利，赋税不足，军兴乏用"。由于忽必烈积极提倡水利设施建设，"内立都水监，外设各处河渠司，以兴举水利、修理河堤为务"。

1261 年，提举王允中、大使杨端仁奉忽必烈的诏令，开凿的广济渠，引沁水经济源等地，达于黄河，全长六百七十七公里，灌溉农田三千余顷。

据不完全统计，整个元朝时期，兴修的大型水利工程多达二百六十余处，北方六十处，南方二百余处。这些水利设施，都是在元廷有关法令、政策以及地方官员的亲自督促、指导下完成的。当地居民充分利用这些渠道进行灌溉，取得了农业的可喜收成。十余年后，忽必烈的劝农桑之举，"功效大著，民间恳辟种艺之业，增前数倍"。"野无旷土，栽植之利遍天下"[1]，以齐鲁之地最为繁盛。

中国历史的政治中心始终在黄河流域，而经济上特别是粮食供给方面，却需要仰仗富庶的江南，即所谓"百司庶府之繁，卫士编民之众，无不仰给于江南"。远距离的交通运输方面靠水陆，南粮北运通过运河从内陆北运漕粮，称为"河漕"；通过海路运输漕粮，称为"海漕"。

翌年，元朝水利专家郭守敬在《水利六事》中就运河的疏浚提出具体实施建议，受到忽必烈的高度重视，并责令他负责各路河渠的整修和治理工作。1264 年，郭守敬同咳脱颜到原西夏属地调查河渠情况后，便以副河渠使的职衔在当地官员张文谦、董文用等人的支持下，疏浚西夏旧有的唐来、汉延等二渠，灌溉田地近十万顷。另外，1281 年，元朝开通了从泗水到汶水的一段河道；1289 年，又修通会通河；1292 年，忽必烈根据郭守敬的建议，授命

---

① ［元］苏天爵.元朝名臣事略［M］.

他把从江南纵贯中国大陆的运河，投入巨额资金与巨大人力再行开凿，可沿着通惠河从昌平航行至通州（今江苏南通）。至此，南北大运河全线贯通，把我国黄河、淮河、长江、钱塘江四大水系连接在一起。直到1901年北京至通州的铁路建成之前，京杭大运河一直是我国南粮北运、公私商旅往来的唯一漕运通道，可见其用途之重要。

1287年，忽必烈设立行泉府司，专管海运。海运的开辟对于商业发展，大都繁荣，南北交通的畅通以及造船业的扩大和航海技术的提高，都具有重大意义，是我国海运史上划时代的大事。

直沽作为现在天津的前身，当时不仅与江南贯通，也与东南亚、印度洋、西亚方向相连的海运港口。通州与外港天津的连接形式，其实始于元朝。

大都所需的大批粮食，以及元初不断对外发动战争所需的大量军需，大多要依靠南方供给。据《元史·食货志》记载，元朝一年征粮一千二百一十一万四千七百〇八石，其中江浙行省（江苏、安徽、江西部分，浙江、福建两省）即占四百四十九万四千七百八十三石。

所以，元廷十分重视南粮北运交通措施，由于河运漕粮常因天旱水浅，河道淤塞，致使漕粮船不能如期到达，无法满足南粮北运的迫切需求。为了改变这种被动局面，于是开辟了海上漕运线，最终成为元朝沿海海运的主要航路。自1282年到1293年的十二年内，元朝三易航线，经过不懈努力，一条较为理想的航线最终开辟成功。这是朱清、张瑄、殷明略等元朝漕运主事者经过顽强探索的结果。他们"先用十数船，付与驾驶，给与月粮，逐一访问居民、捕鱼渔户、煎盐灶丁、行船家长，俾其沿海港汊山岛，沙石多寡，洲渚远近，是何地方，可行则行，可避则避，可止则止，立为标识画图开款，以立沿海水程"。这样有组织的调绘活动，使民间通行的地名被官方记录了下来，最后通过筛选和甄别，最终确定了一条最为理想的航线。据《大元海运记》记载，元代漕运初期航线为沙洲所苦，"沿由求吞"历时半年，经过航海实践，"踏开新路"，找到了避开沙洲区较为简明安全的远岸航线，"不旬日而达于京师"。

据《中国海洋学史》记载了元朝十二年间先后变更的三条航线：

一是，至元十九年（1282）开辟的第一条航线，自刘家港（今江苏省太仓市浏河）入海，向北经崇明岛（今崇明县）之西，再北经海门市附近的黄连沙头及其北的万里长滩，沿海岸线北航，经连云港、胶州，又转东过灵山洋（今青岛市以南的海面），沿山东半岛的南岸向东北航，以达半岛最东端的成山角，由成山角转而西行，通过渤海南部向西航行，到渤海湾西头进入界河口（今海河口），沿河可达杨村码头（今天津市武清区）。这一航线离岸不远，浅滩甚多，航行不便；加上我国东部的近海，自渤海以至长沙口，全年均受由北向南的东中国寒流的影响，船逆水北上，航程迟缓，且多危险；沿岸航行，海岸曲折，使全程长达六千五百千米，再加上风信失时，往往要长达数月或近一年时间，才能到达。显然，这一航线并不能满足漕运需要。

二是，至元二十九年（1292）开辟的第二条航线，自刘家港入海，过了长江口以北的万里长滩后，驶离近岸海域，如得西南顺风，一昼夜约行一千千米，到青水洋，然后顺东南风行三昼夜，过黑水洋，望见沿津岛大山（在山东文登区南，又作延真岛或元真岛），再得东南风，一昼夜可至成山角，然后行一昼夜至刘家岛（今刘公岛），又行一昼夜至芝罘岛，再行一昼夜到沙门岛（今蓬莱市西北庙岛），最后再顺东南风三昼夜就直抵海河口。这条航线，自刘家港至万里长滩的一段航程，与第一条航线相同，但自万里长滩附近，即利用西南风，向东北航经青水洋，进入深海（黑水洋），利用东南季风，改向西北直驶成山角。这一大段新开航线比较直，在深海中航行，不仅不受近海浅滩的影响，而且可以利用东南季风，还可以利用黑潮暖流来帮助航行，这样就大大缩短了航行的时间，快的时候半月可到，"如风、水不便，迂回盘折，或至一月、四十日之上，方能到彼。"[①]这条新航线的开辟，突破了以往国内沿海航线只能近岸航行的局限性，使航行时间大为缩减，这是元朝海上漕运业对我国沿海航路发展的一个重大贡献。

---

① 柯劭忞.新元史（卷七十五）［M］.1922.

三是，至元三十年（1293），即在第二条航线开辟后一年，第三条航线又开辟出来。新航线仍从刘家港入海，至崇明州的三沙直接向东驶入深海，然后向北直航成山角，再折而西北行，经刘家港、沙门岛，过莱州湾抵达直大沽河口。这条航线南段的航路向东更进入深海，路线更直，全航程更短，加以能更多地利用黑潮暖流，顺风时只用十天左右即可到达，使航行时间大大缩短。从此以后，元朝海运漕粮皆取此路，没有再做更大的变更。

元朝时海漕的规模之大是今人难以想象的。据史料记载，元朝最大漕运年份是1329年，运粮三百五十二万二千一百六十三石；之前，1314年自刘家港（时属浙西平江路）开洋的漕船（载量：小者二千石，大者八、九千石）多达一千六百五十三艘，但当年仅运粮二百四十万三千二百六十四石，不到最大年份的百分之七十。足见地方志书记载其时刘家港"粮艘商舶，鳞次栉比，高檣大柁，集如林木"的盛况，绝非虚言。但是，漫长的海漕沿线使运载风险悉数增大。如1292年运粮损失二十四万五千六百三十五石，损失率高达百分之十六。

元朝的远洋船舶制造业较之宋朝也有很大的发展，较大的远洋船舶能承载千余人，有十余道风帆。著名旅行家摩洛哥人伊本·巴都在游记中写道："元朝大型海船有十二张帆，可载一千人，其中六百人为水手，四百人为护勇、弓箭手、铳手。每艘大船随带三艘较小的船，大小短宽狭约等于大船的二分之一、三分之一或四分之一，船无论大小均造于刺桐城（泉州）和克兰穗城（广州）的船厂。每艘船有四个舱面甲板，内设客房、套间、商号。套间包括客房和盥洗室。套间的房门钥匙由旅客自己掌管。乘船商人可以携带妻妾女婢同居一所，等眷属可住在这里，完全和其他乘客隔绝，水手们常常携带家眷随行。"元朝远洋船舶不但船体更为庞大，容载量更多，又多水密隔舱，如船行触礁，水由破处涌入，不致淹漫全船，而且大小船只配合得力，自成体系，可以发挥多种功能，反映出当时远洋船舶在适应海洋环境和实用方面，都比宋朝有了长足的进步。

在成书于 1349 年的汪大渊的《岛夷志略》，记载了自己数度到南洋诸国所见到的情况，其中在有关当时中国对外交易记述中，多次提及"青白花碗""青白花器""青白花瓷器"等记载，其中青白花瓷指的就是青花瓷（即日本的染付），对频繁来往于东西的商船队而言是最为高级的贸易商品。

第六十六章
财赋整顿

与劝课农桑相媲美的事，是中统和至元之初的财赋整顿。

从成吉思汗起，蒙古贵族为了满足对财富的占有欲，主要通过战争对外进行大肆掠夺来实现，平时则十分重视通商。忽必烈掌权后，面对阿里不哥围绕汗位归属的争夺战，使军需开支直线上升，及新设军政机构廪禄和迫切需要恢复的农桑水渠，财政问题成为新政权是否能存活的试金石。巨额的经费开支，完全依仗中原汉地的财赋已难以为继，因此，发展商业、重用商人成为忽必烈解决财政问题的撒手锏。

在这种背景下，通过塔察儿王的推荐，出身汉族的财政官员王文统走进忽必烈的视野，以理财、经商为桥梁平步青云。

早在忽必烈率兵渡江攻伐鄂州时，刘秉忠和张易即向他举荐道："山东王文统，才智士也。"

王文统，字以道，金北京路大定府（今内蒙古宁城县）人，金朝末年曾中经义进士。年轻时，曾搜集研读历代权术谋略之书，好以言辞打动人。适逢乱世，王文统以所学权谋之术游说各地手握兵权的诸侯。受到益都行省李瓒的赏识，留为幕僚，听其谋划决策军政诸事。李瓒命其子彦简拜王文统为师，桃来李答，王文统则将女儿嫁给李瓒为妻，两人关系迅速升温。王文统足智多谋，帮助李瓒从南宋手中夺取了久攻不下的涟水（今江苏涟水）和海州（今江苏连云港），一时名声大噪。

忽必烈即位伊始正值用人之际，迅速把王文统提拔至朝廷，晤谈以后，印象颇佳，便破格提拔为中书省的平章政事，负责改革政务。当时，燕京行中书省在平章政事之上既无中书令，又无右左丞相，并且没有第二个平章政事。"行中书省"的一切事务，凡民间差发、征收盐铁税等事宜，均委派他全权裁处。是年，诏告天下，立十路宣抚司，草拟各种例式规定。这十路宣抚使与副使：一、燕京路：宣抚使二人，赛典赤·瞻思丁、李德辉；副使一人，徐世隆。二、益都济南路：宣抚使宋子贞，副使王磐。三、河南路，宣抚使史天泽，副使姓名不详，可能根本未派，以表示对史天泽的信任与尊重。四、北京路，宣抚使杨果，副使赵炳。五、平阳太原路，宣抚使张德辉，副使谢瑄。六、真定路，宣抚使布鲁海牙（又称勃鲁海牙，廉希宪的父亲，畏吾儿人），副使刘肃。七、东平路，宣抚使姚枢，副使张肃。八、大名彰德路，宣抚使张文谦，副使游显。九、西京路，宣抚使粘合南合，副使巨济。十、京兆等路，宣抚使廉希宪，副使商挺。十九位地方官吏中，除布鲁海牙、粘合南合、赛典赤·瞻思丁、廉希宪四人外，其余十五人皆为汉人。除史天泽肩挑军阀之名外，其余均是以知识分子的身份来为忽必烈效力。他们为忽必烈争夺地盘，对稳固元朝在汉地的统治起到关键的作用。

王文统亲率诸路宣抚使，接受忽必烈的耳提面命，为元朝建立高级文官制度功不可没。

忽必烈对王文统的经邦理财之术颇为赏识，大有相见恨晚之叹，念及诸事繁多，特许他不必事事奏请，平时可运筹于中书省，遇上大事再向他面陈。

王文统在理财方面，极具韬略。在位仅二十二个月，把元廷内外百司之政料理的井然有序，尤其是财政。1260年，以王文统为首的中书省在全国发行了中统交钞，在颍州、涟水、光化军设立"封桩库"（即中统交钞和白银的交易市场）。窝阔台灭金后，各路都在本境内使用自己印制的钞票，使国家没有统一的钞票，造成混乱不堪和诸多流通上的诸多不便。中统交钞取代了各路原先使用的钱钞，成为一种有准备、能兑现的纸币。同年冬，初次发行的中统交钞，面值自十文、二十文、三十文、五十文、一百文、二百文、五百文、一贯，至两贯，凡十等。从换算单位上来讲，一贯等于一千文。不限年月，诸路通行，民众可以钞交纳赋税。

中统交钞作为纸币携带起来，比笨重的白银要便捷多了。如此优良的通货制度，备受百姓的喜爱。中统交钞的市场流通，不仅使忽必烈的大元帝国在财政方面步入正轨，也使社会经济因安定日趋繁荣起来（等到其后阿合马当政时，中统交钞才由于各路"封桩库"的现银被挪用，从而丧失掉百姓对它的信任度）。

关于中统交钞不同面额的纸币，马可·波罗在《马可·波罗游记》中曾这样记载：

汗八里城中，有一个大汗的造币厂，大汗用下列的程序生产货币，真可以说是具有炼金士的神秘手段。

大汗令人将桑树——它的叶可用于养蚕——它的皮剥下来，取出外皮与树之间的一层薄薄的内皮，然后将内皮浸在水内，随后再把它放入石臼中捣碎，弄成浆糊制成纸，实际上就像用棉花制的纸一样，不过是黑的。待使用时，就把它截成大小不一的薄片儿，近似正方形，但要略长一点。最小的薄片当作半个图洛使用，略大一点的当作一个威尼斯银币，其他的当作二个、五个和十个银币，还有的作为一个、二个、三个以至十个金币。这种纸币的制造，它的形状与工序和制造真正的纯金或纯银币一样，是十分郑重的。因为，有许多特别任命的官员，不仅在每张纸币上签名，而且还要盖章。当他们全体依次办过这些手续后，大汗任命的一个总管将他保管的御印先在所台油中浸蘸一下，然后盖在纸币上，于是印的形态就留在了纸上。经过这么多手续后，纸币取得了通用货币的权力，所有制造伪币的行为，都要受到严厉的惩罚。

　　这种纸币大批制造后，便流行在大汗所属的国土各处，没有人敢冒生命的危险，拒绝支付使用。所有百姓都毫不迟疑地认可了这种纸币，他们可以用它购买他们所需的商品，如珍珠、宝石、金银等。总之，用这种纸币可以买到任何物品。

王文统的另一建树，即整顿户籍和差发，自1260年，王文统对汉地的户口进行整顿和分类，编定漏籍的老户幼户，核实新增户口，这些措施初步改变了蒙古帝国时期户籍归属和差发征收的历史遗留问题，国家得以直接掌控较多的户籍和赋税。

另外，王文统制定"盐酒宣课法"即食盐榷卖，1261年，王文统在忽必烈颁布诏谕"申严私盐"等禁的同时，将榷卖食盐的价格由每引白银十两降至七两，使初创的元廷获得一项稳定而可观的财赋收入。

王文统在经邦理财方面，成绩显赫，明显超过前燕京行台的政绩。二十多天后，燕京帑藏财富运至上都，忽必烈亲自观看，赞誉之情溢于言表。忽必烈对陪同前往的廉希宪感慨道："吏驰法而贪，民废业而流，工不给用，财不赡养，先朝尝已戚矣。自相卿等，朕无此戚。"[1]就连对王文统的人品颇有微词的姚枢，也给予王文统公允的评价："民安赋役，仓廪粗实，钞法粗行，国用粗足，官吏转换，政事更新。"[2]

王文统善于理财，"钱谷大计，虑无遗策"，他所推行的改革措施，在一定程度上限制了蒙古、色目贵族的任意搜括，使国家财政收入大增，换取忽必烈的信任。忽必烈有意升任他为丞相，但因他出身布衣，资望不足而作罢。

花无百日红，人无千日好。因卷入私通李璮"造反"旋涡中，惊世天才王文统和其子王荛一齐被忽必烈杀掉。

① ［元］苏天爵.元文类（卷六十五）［M］.
② ［元］姚燧.牧庵集（卷七十五）［M］.

第六十七章

李璮起叛

本来，历史的车轮会沿着既定的车辙缓缓前进，但在突发事件面前，往往会惊扰历史前进的速度。

1262年，正值忽必烈与阿里不哥争夺汗位的斗争鏖战正酣时，汉人世侯李璮趁机叛乱山东，使忽必烈在驾驭元朝政治历史的进程中有点儿措手不及。内政的整顿初见成效，经济的恢复和发展还没有完全步入正轨。可以说当时元朝的形势内乱迭起，百废俱兴。

现在让我们把目光定格在世侯李璮身上。李璮是金末割据鲁南军阀李全之子（一说养子），李全起兵于潍州，后与杨妙真所部红袄军合并，转战于鲁南、山东沿海岛屿历数年。归降蒙古帝国后，领军攻伐宋江北重镇扬州时，导致军败。李全于退败途中因坐骑陷泥淖不能拔，被追赶而至的兵卒乱枪刺死。李全死后，残部推举他的妻子杨妙真主理军务，后杨妙真引退，益都行省之职由李璮继承。十年不到，李璮的势力逐渐伸展到益都以东和东南的差不多整个山东半岛。

李璮于 1252 年攻占南宋北境的海州，遂将州治从位于海岛的东海县移回旧址。蒙哥后期，他又出兵攻拔涟水相连四城，与南宋隔河相峙，直逼淮南东路。李璮在处心积虑拓展地盘的同时，利用各种方式培植和扩展自家势力。娶斡赤斤（成吉思汗幼弟）之孙塔察儿的妹妹为妻，通过政治联姻与黄金家族中"东诸侯"之长缔结起"肱髀相依"的关系，这是李璮在北方诸侯中立足发展的重要资本。另外，李璮以益都地处与南宋军事对峙的战略要冲为由，经常"挟敌国以要朝廷，而自为完缮益兵计"。

在蒙哥兴兵伐宋之际，几乎所有汉军万户均受命领兵参战，唯有李璮"诡辞不至"，竟以益都此处要津前线，分兵不便为由断然拒绝。而他攻取涟水等四城后，却向蒙古朝廷要求从东平等路份运饷给军，即使运输代价高昂也在所不惜。

忽必烈即位后，为稳住这位地处益都的汉人万户，蓄意怀柔，将江淮大都督的桂冠掷给李璮，希望他能感恩知报，不再处处掣肘元廷的大略方针。但他却屡次以拒宋为名，频繁向元廷索取大批箭矢、益都路盐课和官银，以扩充兵力和军备。人心不足蛇吞象，李璮日益扩大的胃口，继而引起蒙古帝国的高度警觉。

1261 年，阿里不哥降而复叛，忽必烈御驾亲征，汉地诸万户世侯奉命调兵北方应战，李璮又故技重演，独以抵御南宋为托词拒不出兵。不仅如此，他还有意干扰忽必烈暂时与南宋修好议和的策略，要挟忽必烈"请选轻骑，倍道来援"，并借此获得大量赏赐来加紧修益都城防。

蒙古帝国把华北收入囊中之后，普遍禁止各路诸侯修置城壁，李璮的举动，确实是超乎寻常。北方各地的马匹，当时"无论军民，概属括买"，而此令独不及李璮地盘，李璮并散遣部下到辖境外以高价与元廷争购军马。北方各路通用的中统交钞，唯在李璮境内依然使用南宋政府发行的涟州会子。纳于朝廷的盐课也被他恶意侵吞，以作扩军养兵之用。

以上种种举止表明，蓄养精兵七八万的李璮成为汉地世侯中一个异数。

另外，曾做过李璮幕臣，也是其岳丈的王文统，在元廷任中书省平章政事，列宰相位，与李璮沆瀣一气，密切往来。趁忽必烈与阿里不哥同室操戈之际，李璮认为时机成熟，将王文统暂缓举兵的劝告置之脑后，遂策动叛乱。他用早已布置妥当的私驿召回在燕京作留质的其子李彦简，三四天后，正式传檄山东，即全歼境内蒙古戍军，杀掉塔察儿的妹妹，发动武装叛乱。

李璮起兵反叛后，宣布以涟水、海州等三城献于南宋，换取了保信宁武军节度使、督视京东河北军马、齐郡王的官爵。宋理宗赵昀闻讯大喜，赋诗《古杭杂记》以贺：

> 力扶汉鼎赖元勋，
> 泰道宏开万象新。
> 声暨南郊方慕义，
> 恩渐东海悉来臣。
> 凯书已奏三边捷，
> 庙算全消万里尘。
> 坐致太平今日事，
> 中兴宝运喜环循。[①]

作为应答互和，李璮也作词明志：

> 腰刀首帕从军，戍楼独倚闲凝眺。中原气象，狐居兔穴，暮烟残照。投笔书怀，枕戈待旦，陇西年少。欢光阴掣电，易生髀肉，不如易腔改调。世变沧海成田，奈群生，几番惊扰。干戈烂漫，无时休息，凭谁驱扫。眼底山河，胸中事业，一声长啸。太平时、相将近也，稳稳百年燕赵。

---

① 李全死后，其子松寿有山东，骎骎踰淮，据及涟水，连年为患。景定庚申八月，忽有书贻贾相，系两淮制置李庭芝缴进其书，往来十数。始疑中信，其终则直壬戌，诏改涟水为安东州，仍降德音，特授李璮保信武宁军节度使、督视京东河北等路军马。齐郡王宣赐奖谕，追复其父官爵，改正历日，御制赐贾相云。

词中"眼底山河，胸中事业，一声长啸"三句激情澎湃迸发，让人不禁联想起那大呼"还我河山"的抗金英雄岳飞所高歌的"抬望眼，仰天长啸，壮怀激烈"。不过，李璮"稳稳百年燕赵"的雄心壮志终究未能实现，仅仅是延续了短短四月有余的一枕黄粱而已。

得到李璮布檄举事的消息时，阿里不哥已兵败放弃哈拉和林，本应乘势收复哈拉和林，并继续兵伐阿里不哥的忽必烈，没料到李璮反叛来势如此迅猛，不得不从哈拉和林撤兵返回开平，仓皇调师南下，赴山东讨逆平叛。

在赴山东途中，就如何讨伐山东叛贼李璮，忽必烈问计于姚枢。姚枢缜密分析片刻，才缓缓说道："李璮举事，有三种战略可供选择：使璮乘吾北征之衅，濒海捣燕，闭关居庸，惶骇人心，为上策；与宋连和，负固持久，数扰边，使吾罢于奔救，为中策；如出兵济南，待山东诸侯应援，此成擒耳。"

忽必烈急切地问："估计李璮会出何策？"姚枢断然回答："出下策。"

姚枢果然料敌如神。李璮起兵之后，自海州乘舰回师益都后，大发府库犒其麾下将士。又发兵攻取济南，妄想出兵济南登高一呼，山东、河北及周边各世侯必将群起而响应，乘机点燃汉地抗蒙的战火，蒙古人的统治顷刻间危如累卵，他便能实现占据燕赵而雄霸一方的宏愿。二月二十六日，布防空虚的济南府被一举攻破。没想到，他一声长啸呼出，辖内汉民响应者寥若晨星。李璮在鲁南鱼肉民众长达几十年，百姓听说他举起叛旗的消息，皆筑寨自保，或逃入山林，数百里内，四野寂然，寥无人烟田稼。李璮与其父长期在金、蒙、宋之间首鼠两端、投机坐大、摇摆不定的行径使其丧失了最基本的信誉。南宋虽然收纳涟海诸城，也怒其举止无常，对其心怀戒备，始终没有给予坚强有力的军事援助。而李璮手握精兵仅仅五六万，幻想用这支军队从益都劳师奔袭燕京，显然是一步险棋。

在极为不利的背景下，残酷的环境留给李璮的唯一出路，乃是集中兵力，固守济南，待汉地世侯纷纷群起响应后，再以山东为据点伺机扩大战果。因此，也就应了姚枢预言的下策。

李璮把此次起叛成功的赌注完全压在不切实际的空想上，结果一步步把自己引向安坐待毙的深渊。此时，忽必烈利用汉法治汉地和置劝农司等政策已深入民心，蒙、汉矛盾已日趋锐减，汉人世侯如果没有充分的把握，绝不肯轻易举兵，与蒙古帝国抗衡的。

因此，李璮称乱后即传檄各路，结果，山东、河北汉地世侯响应者寥寥无几，只有太原路总管李毅奴哥、达鲁花赤戴曲薛以及邳州万户张邦直（张荣子）等几支散兵游勇举旗响应，尚未采取什么军事行动，很快因所部忻州监州阿八赤等告发而被剿灭。

就在李璮屯兵观望的时候，忽必烈以迅雷不及掩耳之势完成了围攻济南的军事部署。

在诸路大军尚未抵达之际，忽必烈命水军万户解诚、张荣实，大名万户王文干及东平万户严忠范于东平会师，命济南万户张宏、归德万户邸浃、武卫军炮手元帅薛军胜等部主力会滨（治在今山东滨县东北）、棣（今山东惠民）等地开始树栅凿堑，围困济南，严防李璮伺机进犯。

二十日，忽必烈命合必赤总督诸军，因派兵平复汉人的叛乱，自然要委命一名蒙古宗王来统率三军。接着，又诏右丞相史天泽专征山东后，与前线统帅宗王合必赤商定，急增深沟高垒，"以岁月毙之"。

其后，忽必烈又命贴身近侍赵璧行中书省事于山东，并密诏"蒙古汉军听其节制"的旨意，此乃应急之举，希望蒙军和汉地侍候所率汉军密切配合，以达到攻伐叛军的目的。

此次平叛，忽必烈同时委任三名最高统帅，自有道理。他之所以授史天泽和赵璧密诏而不出示，实际上为了维护宗王合必赤的最高统帅地位。一旦有人对元廷心怀二志，其他两人就可以借用手中权力，彼此节制。

李璮见响应他的世侯屈指可数，知道自己称霸一方的如意算盘落空后，便指挥麾下将士与蒙古朝廷据理力争，唯有孤注一掷。战争伊始形势对李璮极为不利，从三月十七日起，李璮刚与史枢、阿术所率军交手，便受到重挫，被斩首四千。接着，万户韩世安率军在高苑一带又痛击李璮军，权府傅珪被擒获。

五月初，蒙军兵临济南城下，又在原有围城工事的基础上进一步构筑环城，将济南府团团围住。命史天泽督军，用火炮昼夜不息地轰击济南城垣，间或用云梯攻城。接连受到打击的李璮不敢迎战，退保济南城内，抗蒙的积极性受到挫败，继而转为消极防守。许多将领明里守城，暗里与城外蒙军交好，瞅准机会投诚。

六月初，宋将夏贵应李璮之请，由蒙宋边境向北推进，占领亳、滕、徐、宿、邳等州；另一支宋军约定由海路绕过山东半岛，在滨州海滩登陆，克利津等县，转战至沧州。企图从两翼接应李璮军队，被滨棣安抚使韩世安部蒙、汉联军合击，被迫节节南退。除济南、益都等大城市外，山东东路大部分地区很快被蒙军规复。进至滨州、沧州等地的宋军亦因势单力薄难以有所作为。

李璮率五六万人马被困守在济南长达四个月之久，城中粮草难以为继。李璮真正体会到劫数难逃，但仍作垂死挣扎。先"取城中子女赏将士，以悦其心"。以后粮饷日渐不支，又"分军就食民家，发其盖藏以继"。至六月中旬，城内粮尽力竭，锅底结网。"甚至截屋檐拌盐饲马；已而亦无，相将食人。"全城人心涣散，冒死呼号出城降蒙。李璮命令杀无赦，城中将士不愿滥杀无辜，哗变出降者一日数起。李璮本人也情绪低落，自知劫数将至。

至七月十三日，李璮纠集所有将士，孤注一掷作最后一次突围，胜败在此一举。终因缺粮乏力，被元军掩杀，仓皇退入济南城内。

七月二十日晨，李璮见大势已去，无力回天，遂吩咐部众各讨出路。其麾下将士近六七千人纷纷解甲倒戈降蒙。

济南府危在旦夕。李璮知道自己的皇帝梦马上就要破灭了，手持佩剑走进夫人的房间，手刃夫人和爱妾后，他朝济南府望去，只见烟尘滚滚，已经听见全城铁蹄奔腾，百姓哭号连天，证明蒙军已经破城而入。

李璮眼睛充血，命侍卫牵过坐骑，飞身上马，溜出后门，向不远处的大明湖奔去。湖边恰好泊着一艘小船。李璮弃马后匆忙跳上去，使劲划起桨来，但是小船扎根般在原地打转，没有离开岸。原来，李璮心急如焚，忘记解开缆绳了。

正待弯腰解缆之际，见数十名蒙军赶来，李璮仰天长啸后，两眼一闭，纵身跳入湖中，孰料湖水浅及腰部。这一年，济南降雨稀少，加上湖中的泉口不再喷涌，造成湖水下落几尺。他领兵打仗不在行，即使寻死也不得要领。李璮吞咽了几口湖水后，没被淹死，站起身来，湖水仅及其胸部。身上的佩剑在他杀死妻妾后，被随手丢在房里了，现在他连自杀的机会都没有。他连连惊呼："天要灭我！天要灭我！"

一名蒙军狰狞狂笑着，手持套索，在空中甩了几甩，向在湖中挣扎的李璮掷去，正好套中他的脖颈。数名蒙军合力，把落汤鸡般的李璮给拖上岸来。做了俘虏的李璮，被押到宗王合必赤的帐前接受史天泽、严忠范、董文柄等人的审讯，立而不拜。

见李璮浑身沾满泥水、落汤鸡般狼狈不堪的模样，东平万户严忠范嘲笑说："李将军又去大明湖里游了一圈啊。"

李璮乜了他一眼，不屑一顾地说："你这个出尔反尔的黄口小儿，没资格在我面前指手画脚。"

严忠范臊红了脸，拔出腰刀，刀锋指着李璮，怒声问道："你这个乱臣逆子，死到临头了，还敢这般傲气。"

李璮冷然一笑道："我的儿，还轮不着你来教训大爷。我与你父亲严大帅是至交好友，严大帅死后，我对你们兄弟几个关怀备至。当初，我要起兵反对忽必烈时，你首先写信说当我起兵时，你就动员严家几个兄弟入伙共谋大业。孰料，当我举兵时，你却当起了缩头乌龟。现在倒也来了，是帮着忽必烈来斩杀你的恩人。"

"信口雌黄，我何时给你写信了？"严忠范情急之下，挥刀刺向李璮的肋下，"唰"的一声，鲜血喷涌而出。

李璮依旧面不改色，似乎这一刀，只是给他挠痒痒。

见没有达到预期效果，严忠范欲挥刀又刺，被董文柄及时制止了，说：

"等问完话，再让你杀个痛快的。"

史天泽问道："你这个喂不熟的白眼狼，陛下待你不薄，你为何举兵造反？"

李璮的额上沁满了细密的汗珠，双目睁圆，吼道："几年前，咱们曾在一起把酒论时势，是何等凛冽，何等舒心，现在你翻脸不认人了。不过，你曾给俺写过共同起兵的黑字白纸的文书，现在为何背弃盟约？"

李璮的挑衅，吓得史天泽魂飞魄散，他一挥手，严忠范手持利刀，就等这句话了，利刀一闪，砍断了李璮的一只胳膊。

李璮疼得咝咝哈哈地咧着嘴，照旧狂然颤抖地冷笑道："你们这些背信弃义的家伙，几年前，我们曾约好，等我振臂一呼，你们便会唯我马首是瞻。看来你们想要杀人灭口，只要你们不杀死我，我会把你们的文书全部呈给忽必烈，叫你们死无葬身之地；今天即使杀了我，确凿的物证也在。"

见李璮誓死不低头认输，史天泽又挥了一下手，董文柄也手起刀落，砍断他的另一只胳膊。

李璮继续狂笑不已，两股战战，硬是支撑着没有倒地。

"哼，想得倒美，你等不到那一天了。"史天泽打心底佩服李璮的硬气，但浓眉紧锁，建议："砍下他的双腿，看他还能坚持多久？"

身边的卫士们飞起一脚，把浑身溅满鲜血的李璮踢倒在地。因失去双臂，李璮触地时以头接地，只听见咕咚一声，头上起个血泡，他挣扎了几下，没有站起来。此时，严忠范和董文柄站在左右两旁，手中两道寒光擎在空中，只等凌然划下，李璮将身首异处。

"且慢动手！"严忠范、董文柄应声回头看，只见赵璧带领着十余人急火火地赶过来，大声制止道。

两人手举利刀，罔知所措地望着史天泽，请他拿主意，是杀还是留。

"史丞相，杀不得，杀不得啊。"赵璧站稳脚步，喘息未定地说："活捉了叛贼李璮，应该押往燕京，交给陛下发落。"

"兵法云，将在外君令有所不受。不就是区区一反贼嘛，陛下日理万机，哪有时间去审讯他？"史天泽丝毫不理会赵璧的提议。

"应该要交付陛下发落啊，与李璮一起造反的乱党甚众，经过严加审讯，拔起萝卜带出泥，把他们一扫而光，让大元帝国永葆安宁，岂不更好？"

"赵平章是不是有点儿耸言听闻了吧。像李璮这样的反贼，在世上多留一刻，就会对陛下造成一刻的危险，定当立刻受戮，以绝后患。"史天泽说着，手往下狠狠劈下，接着两道白光凛然闪过，李璮的腿脚即刻分家，他大叫一声，昏死过去。

"丞相！"赵璧见史天泽意气行事，不听劝阻，正告道："急于处斩，小心有杀人灭口之嫌。"

严忠范极不耐烦地说："你这个臭秀才，少在这里嚼舌根。"说完这话，又在李璮的肚子上补了一刀。

"严将军！"赵璧想伸手阻拦严忠范，见他杀意正浓，忙把手缩回来，劝道："小心违背了圣命。"

"天塌下来由我顶着。"严忠范吼叫一声，把刀尖插向李璮的心窝。严忠范收刀，在李璮身上将刀上的血迹揩尽。这下，李璮缺少四肢的身体，捅出许多血窟窿，鲜血汩汩直流，他的身体抽搐了几下，几乎发不出声音来了，不久，便一动不动了。

"丞相。"赵璧眼看着李璮命丧于严忠范和董文柄的刀锋之下，瞪着史天泽，愤然说："这一下，我看你回去如何向陛下交代？"

史天泽坦然说道："陛下命令微臣率兵铲除叛贼，微臣早已将生死置之度外。现在反贼已除，正合圣意。反贼不杀，倘若在押回燕京的路上，被同党救走，这个责任将由谁承担？"

赵璧知道史天泽是在强词夺理，用颇为牵强的理由来掩饰自己的擅杀行为，厉声警告道："那就回去找陛下评理吧。"

史天泽冷冷一笑说："赵平章，你负责粮草军需的押运，我负责率领蒙军讨伐叛贼，各司其职，不要在我的职责之内横插一杠子吧。"

　　史天泽一反"缜密谦逊"的稳健作风，当机立断在军前擅命处死李璮，而没有按惯例献俘于朝廷，无异于明智之举。史天泽很担心临死前的李璮会更多地暴露北方世侯之间在私下窥测时局，议论不满，指摘朝政，甚至语涉反意的隐秘。

第六十八章

叛乱余震

　　李璮之乱犹如昙花一现，仅短短四个月便匆匆凋零了。但是，对忽必烈的统治政策，乃至时局产生的影响是深远而绵长的。

　　忽必烈依靠盘踞各地、世袭兵权的世侯的支持取得汗位，也依靠他们的力量迅速平叛了李璮，但李璮的叛乱也暴露出汉地世侯势力的壮大对蒙古政权的严重威胁。被李璮的起叛事件牵扯进去的世侯诸多，忽必烈趁机削弱了他们手中兵权。以史天泽为首的各地军阀纷纷主动交出手中的兵权，这样忽必烈解除了内患。与此同时，忽必烈又在地方上实行军民分治，分益都军民为二，董文炳领军，撒吉思领民。以后这一制度在各地普及推广，诸路管民官理民事，管军官掌控兵戎，从而把各地的兵权进一步集中到皇帝手中。取消汉人诸侯的封邑，归还朝廷。禁止民间私造私藏兵器等，甚至两户以上合用一把菜刀，连同枢密院设立和中书省的加强，使集权统治更加巩固。

　　李璮叛乱事件结出最硕大的一枚恶果，便是忽必烈痛下狠手杀掉极为器重的平章政事王文统，这次余震带来的破坏力甚至比李璮叛乱本身更让忽必烈始料未及。王文统勾结叛党及知奸不报之罪，开始在忽必烈心里投下对汉

135

人质疑的阴影。

李璮举兵叛蒙后，忽必烈风闻王文统暗中遣其子王荛向李璮通风报信的消息，赶回朝中，立刻召见王文统，质问其李璮谋反之事。等王文统在几名蒙军卫士的押解下走进汗帐时，心中极为悲凉，他相信能够把李璮起叛的来龙去脉向忽必烈解释清楚，加上忽必烈爱才如命，自己罪不至死。起初，他尽量装出一副无辜的架势，似乎唯有如此，才能彰显出他的清白。

现在，王文统从一个位至极品的朝廷重臣沦为阶下囚，又一次来到忽必烈身边，大有沧桑之感。

面对忽必烈的质问，王文统拒不认罪，企图存全蚁命。这时，忽必烈摆出王文统曾写给李璮的三封书信，信中有"期甲子"（景定五年，1264年）之语，便逼问是何用意。当王文统见到书信后，"错愕骇汗"，供认不讳，"李璮久蓄反心，以臣居中，不敢即发，臣欲告陛下缚璮久矣，第缘陛下用兵北方，犹未靖也。比至甲子，犹可数年，臣为是言，姑迟其反期耳"。

忽必烈闻言，厉声斥问道："勿多言。朕拔汝布衣，授之政柄，遇汝不薄，何负而为此？"

此时，王文统不敢直视忽必烈，仍枝辞傍说，终不自言"臣罪当死"。不待王文统百般解释辩白，忽必烈厉声怒吼道："事已至此，都是你咎由自取，自作自受。"

见忽必烈杀意已决，王文统吓得顿时脸色煞白慌了手脚，强装的镇定不复存在了。

忽必烈喝道："罪大恶极的叛臣逆子，定斩不饶。"

王文统泪流满面，身体哆嗦着，身体再也跪不直了，如稀泥般瘫软在地上，押解他的卫士连忙提着他重新跪好。

忽必烈一挥手，走过来几名彪悍的卫士架起王文统，拖到帐外就地正法。

1262年二月二十三日，忽必烈以与李璮同谋之罪，诛杀王文统及其子王荛。王文统犯知情不报之罪，处以死刑而罪有应得，但其子招致被诛，实属冤枉。再有王文统平时为人较为苛刻，得罪了众多儒家义理派名臣，关键时刻无人搭手相救，也是被处以死刑的重要原因。

肱股之臣的背叛，接连几天，使忽必烈寝食难安。接着，忽必烈回溯王文统的来路，他必须弄清楚是谁把王文统举荐到自己身边的，并位居平章政事之职。

包括现在仍身居要职的廉希宪、张易、商挺、赵良弼、刘秉忠等旧勋汉臣，都是相互举荐而云集于忽必烈身边的。多人向他举荐、推崇或赞誉过王文统，毫无疑问，他们统统被列入重点怀疑对象。恰巧这时，兴元同知费寅又上告廉希宪是王文统在西南的朋党，同时牵连到商挺、赵良弼等人。忽必烈极为愤怒，急忙下令悉数逮捕，连日审讯。后因姚枢替他们讲情，极言商挺、赵良弼对元廷披肝沥胆、别无二心，并且以阖门百口担保。忽必烈查明费寅乃为诬告，廉希宪、商挺和赵良弼得以无罪释放。

蒙古谚语："牧人的胸中能驰骋九十九匹骏马，却拴不得一只虱子。"忽必烈虽贵为皇帝，也是如此。汉臣投在忽必烈心里的阴影，始终抹杀不掉。

另外，汉臣党同伐异，相互攻讦。王文统本来是他们举荐来的，可是凭借言利而晋升为平章政事，却为他们所嫉。对刚刚草创的元朝帝国而言，急功近利是必然的，善于理财的王文统在忽必烈眼里当然比那些只善于舞文弄墨的谋士更为实用。

王文统刚刚走马上任，窦默就依傍王鹗、姚枢多次在忽必烈面前，斥责王文统学术不正，并扬言："久居相位，必祸天下！"

当忽必烈强抑着心中的愤懑，反问道"那么，你说谁可为相"时，窦默推荐许衡，许衡又推荐窦默，始终没有举荐出最佳人选。

说实话，忽必烈真看不惯他们只善于纸上谈兵的伎俩，便怒气冲冲地拂袖而去。

工于心计的王文统也不甘示弱，便以平章政事的身份奏请忽必烈，授予姚枢为太子太师，窦默为太子太傅，许衡为太子太保。王文统如此安排，实际上是调离三人在中书省当顾问。一句话，就是用明尊暗贬的办法，调离他们参与朝政、日侍忽必烈的职位。

窦默因屡次攻讦王文统而惹得忽必烈心烦意乱，与姚枢商议，欲以教授太子到东宫避祸。而耿直倔强的许衡却据理力争，擎着麻纸诏书，跪在忽必烈必经通道之处，坚持辞请，一连数日，不肯受命。对于此举，朝臣交头接耳窃窃私语，对元廷造成很大的负面影响。王文统无奈之下，只好再呈请圣上：改授姚枢为大司农，窦默为翰林学士，许衡为国子祭酒。

经此李璮叛乱的风一吹，忽必烈和金莲川幕僚们的"蜜月期"俨然已逝。

第六十九章

蒙古文字

在成吉思汗建立蒙古帝国前，蒙古人还没有文字，仍保持着本民族的文化习俗，在早期的放牧和征战中，蒙古贵族压根儿没认识到文字的重要性和迫切性，凡是发布命令，都是派遣使者往来，"刻指以记之"。随着疆域的不断扩大、军政事务的增多才感到使用文字更能使政令畅达，并能保证其准确性和机密性。

1204 年，成吉思汗灭乃蛮部太阳汗时俘获了为太阳汗掌印的畏兀儿人塔塔统阿，才知道出纳钱谷、委任官员以印信为验的用途，也知晓了文字在处理军国政务中的实际功效。于是，乃命塔塔统阿教太子诸王以畏兀儿字书写国书，也就是用畏兀儿文字母拼写蒙古语。但这仅仅是一种记音符号而已，很不完整。但塔塔统阿所创制的蒙古畏兀儿字（后世称为回鹘式蒙古文），极其简略，表辞达意不尽如人意，用起来不太方便。但能应用畏兀儿字来拼写蒙古语言，对蒙古民族来说，已是一个了不起的进步。

从成吉思汗到窝阔台再到贵由最后到蒙哥，随着灭金、西征等战争的扩大，蒙古帝国在与中亚各国交往中使用波斯文（回回字），在与金、南宋交往中使用过汉文。窝阔台时期曾出使蒙古帝国的南宋使臣徐霆在提到当时蒙古人使用文字的情况时说："霆尝考之，鞑人本无字书，然今之所用，则有三种。行于鞑人本国者，则只用小木，长三四寸，刻之四角，且如差十马则刻十刻，大率则其数也。其俗淳而心专，故言语不差，其法说谎者死，故莫敢诈伪。虽无字书，自可立，此小木即古木契也。行于回回者，则用回回字，镇海主之，回回则有二十个字母，其余只就偏旁上凑成。行于汉人、契丹、女真诸亡国者，只用汉字，移剌楚材主之，却又于后面年月之前，镇海亲写回回字'付与某人'，此盖专防楚材，故必以回回字为验，无此则不成文书。"

实际上，除回回字、汉字外，当时蒙古帝国的一些地区根据实际还使用畏兀儿字、西夏字等。从徐霆留下的资料推测，当时塔塔统阿所创制的蒙古畏兀儿字并没有在百姓中大力普及，只在"太子诸王"蒙古贵族等少数人中使用。蒙古百姓仍沿用口传或刻木的记事方式。这种蒙古畏兀儿字因不能统一使用，不利于突出蒙古人的特殊地位，不利于民族文化的传播发展，也不利于蒙古汗国的统治。

语言文字的不统一所带来的诸多弊病和问题，使刚即位不久的忽必烈意识到文字语言的重要性，决意创造出一种更适宜流通的文字。他在诏书中说："朕惟字以书言，言以纪事，此古今之通制。我国家肇基朔方，俗尚简古，未遑制作，凡施用文字，因用汉楷及畏吾字（畏兀字），以达本朝之言。考诸辽、金，以及遐方诸国，例各有字，今文治浸兴，而字书有阙，于一代制度，实为未备。故特命国师八思巴创为蒙古新字，译写一切文字，期于顺言达事而已。自今以往，凡有玺书颁降者，并用蒙古新字，仍以其国字副之。"

美籍苏联学者尼·鲍培也曾分析过忽必烈急于创制文字的原因："忽必烈执政时期，引起创造文字的原因是什么呢？波兹德涅耶夫曾试图回答这一问题。他认为，为了使不甚准确且符号又少的畏兀蒙古字更加准确起见，才创造了八思巴字。他还列举了一个事实：还在 1251 年蒙哥汗登极之前，就曾责成一个汉族学者赵璧研究蒙古文,将《大学衍义》译成蒙古文;1264 年,即颁布修纂《国史》和翻译典籍的命令,据此成立了国史修纂馆。波兹德涅耶夫介绍说,正是出于进行此类翻译时必然会遇到的大量困难,畏兀蒙古文对汉字注音的不便,才产生了创制一种比畏兀蒙古文更准确的新文字的想法。符拉基米尔佐夫的解释与此不同,按照他的意见,八思巴文字的被创制,乃是忽必烈皇帝当时企图以统治过中国的非汉族王朝为例,创制元朝自己的独特文字。这种文字不仅为蒙古人,而且也为帝国所属的其他语言服务。符拉基米尔佐夫的这个看法,无疑是值得重视的,在蒙古史籍上,曾把多民族的蒙古帝国称为无色之国。当发布使用八思巴文的诏书时,元朝的疆域已有大扩展,许多民族已被统一。与此相适应,创制了一种全国共用的文字的必要性,自然就更感迫切了。元朝政权正式宣布建立的时间是 1270 年,但新文字的使用,对新政权的正式宣布起到了不小的作用。换言之,元朝建立前一年颁布了使用新文字的诏书,同时,这种文字不仅适用于当时的蒙古语,而且还要适合于汉语,以及元帝国所辖领土内诸民族的语言。"①

忽必烈封八思巴为国师,赐玉印,统管蒙藏地区的佛教事务。又命八思巴重新创制蒙古新文字,以便能够"译写一切文字,期于顺言达事"。

忽必烈将创制蒙古新文字的任务交给八思巴,出于两方面的考虑:一方面可能是处于宗教信仰的原因,另一方面可能是蒙、宋对立,加上中亚诸王不承认忽必烈的整个蒙古汗国的大汗地位,为向南宋及西方诸汗显示自己崇高的地位,在文字上就需要一种与以前蒙古汗国使用过的几种字都不相同的新字。可能忽必烈还要求这种蒙古新字的字母可以用来拼写其统治下的各民族的语言,这更增加了创制蒙古新字的难度。②

八思巴受命后,遍阅藏文、畏兀儿文和汉文字书,显然考虑了非同类语

① ［美］尼·鲍培.《八思巴蒙古语碑铭》译补［M］.郝苏民,译.呼伦贝尔:内蒙古文化出版社,1986:2-3.

② 陈庆英.帝师八思巴传［M］.北京:中国藏学出版社,2007:127.

言的对象，并且在各种语言之间进行了平衡折中，在内容上进行过一定的照顾。如仿照藏文字母创造了蒙古新字字母四十一个（后来又增加两个字母），行款仿照畏兀儿文字，以音节为单位自上向下拼写，行序从左到右。

八思巴在蒙古宫廷生活过多年，通晓蒙古语，又利用藏族学者掌握的印度及西藏的语言学知识，对利用这一套字母拼写蒙古语作了一些拼写和文法上的规定，于1269年，将这套成熟的方案呈给忽必烈。

帝师八思巴能在短短的八年时间创制出蒙古新字，实在不是一件轻而易举的事。八思巴能够顺利完成此项工作，得益于他深厚的语言学功底，加上以印度文字的字母为基础创制藏文的经验和以藏文字母转写梵文经典的经验。早在吐蕃王朝时期，随着佛教的传入和发展，西藏需要将大量的梵文翻译成藏文，并积累了丰富的实践经验，树立了典范，确定了对佛教密宗的陀罗尼咒语只能音译不用意译的规定。然后，一些经咒词语若纯用音译又可能与藏文词语混用，于是出现了用藏文字母转写梵文辞语的一系列规则和办法。

八思巴幼时就师从萨迦班智达学习，在声明学方面得到更多的指点，《萨迦世系史》中收录了八思巴留给同辈及后代的许多著作、书信、教诫和赞颂词等，"都是词句流畅、意义清晰、动听悦耳之作品"，可以肯定地说八思巴在声明学方面的造诣是很高的。

另外，八思巴身边云集的一批懂得多种语文的高僧、学者和弟子也起到一定的辅助和帮衬作用，他们中一些人大概就是八思巴创制蒙古新字的主要助手和实际工作者。对于译师阵容的庞大，我们只能从史籍的记载中去领略。如，噶阿年胆巴·贡噶扎巴、桑哥、扎巴俄色、叶辇国师湛阳宜思、阿尼哥、沙罗巴、阿鲁浑萨里、法闻等。

八思巴对蒙古新字的创制成功，是藏、汉、维吾尔、蒙古等民族的学者，乃至印度、尼泊尔的学者共同配合和分工协作的结果，八思巴和他的藏族弟子们在这一文化工程中所起的作用不可估量。

1269年二月，忽必烈下诏，凡是诏书及各地方公文等均必须使用蒙古新字，试图在全国范围内推行这种新文字。后来又下诏，禁止把这种蒙古字称作"新字"，只称"蒙古字"，目的是要确立这种蒙古新字唯一的合法地位。八思巴所创制的这种蒙古新字，后人习惯称为"八思巴字"。此后，元朝中央的一般诏书、政令等用蒙、汉、畏兀和藏四种文字共同颁布。

八思巴字有正体（楷书）、篆体、双钩体三种书写方式，其中最常用的是正体，多用于记录各种事务；而篆体具有整齐、对称、均匀、饱满等特点，一般用于官印、碑额等场合，有时在碑刻的边框左右两侧有双钩体的八思巴字出现。八思巴字既能译写汉语、藏语、蒙古语，也能译写梵语、畏兀语等，亦包括目前还不能确定的其他语言。

八思巴字创制后，忽必烈曾多次以行政命令在全国大力推行，1269年七月，"立诸路蒙古字学"；1270年，"设诸路门股字学教授"；1271年，"诏天下兴起国字学"；1272年七月，"诏自今凡诏令并以蒙古字行，仍遣百官子弟入学"；1274年三月，王磐和窦默等上书，请求分置翰林院，以专门掌管蒙古文字。忽必烈同意；1281年五月，敕中书省"奏目及文册，皆不许用畏吾字（畏兀字），其宣命、札付并用蒙古书"。

在忽必烈的鼎力支持下，八思巴字在元后期及以后得以广泛运用。历经仁宗、英宗至顺帝时期，蒙古字学发展较快，出现了"巷南巷北痴儿女，牵衣把臂学番语"的现象。

从保存下来刻有八思巴字的实物如印章、牌符、铜钱、纸币、瓷器和一些敕令及佛经来看，八思巴字在元廷官方文字中广泛使用，具有"国字"的官方地位。元末明初人叶子奇所著《草木子》说："元朝一品衙门用三台金印，二品三品用两台银印，其余大小衙门印，虽大小不同，皆用铜。其印文皆用八思麻（巴）帝师所制蒙古字书。"又说："元朝止行钞法而不铸钱，独至大官里行至大二等钱，当五以蒙古字书，小钱以楷书。"

今天，在居庸关云台刻写的《佛顶尊胜陀罗尼经咒》及《佛顶放无垢光明入普门观察一切如来心陀罗尼经》的佛经的八思巴文保存得十分完整。1965年，在北京明代的北城墙夯土层中发现一枚八思巴文官铜印。其印正方形，每边各长 7.6 厘米、厚 0.8 厘米，印把呈椭圆形，三行共九字，汉字意为"提举诸路通行宝钞印"。

1368 年，随着大元帝国的灭亡，八思巴字亦被逐渐废弃。由于八思巴字"字势方古严重"，给人以庄重大方的感觉，所以从元代到清代，藏族和蒙古族地区的领袖人物的印章上，仍沿用八思巴字。我们今天仍能在各种八思巴文钱币及其他元代文物上见到它，至于八思巴其人，也应得到历史公正的评价，因为他的一生毕竟为加强西藏与中原地区的联系，促进汉藏文化的交流，起到中流砥柱的作用。

1270 年，八思巴被忽必烈封为帝师，更赐玉印。帝师乃全国佛教最高领袖。受封的经过，据《萨迦世系史》记载："其后，八思巴到达朝廷后，在他 36 岁的阳铁马年（1270），当皇帝再次请求八思巴传授灌顶之时，改西夏甲郭王的玉印为六棱玉印，连同封诰一并赐给，封八思巴为'皇天之下、大地之上、西天佛子、化身佛陀、创制文字、辅治国政、五明班智达八思巴帝师'。所封献大供养为白银 1000 大锭、绸缎 59000 匹。"并令宫廷画师绘制八思巴画像十一幅，颁行各省，为之塑像，同时规定从第二年起，"帝师涅槃节"与佛诞、国忌日、千秋节和圣节一样，作为全国性的节日予以纪念。足见忽必烈对八思巴的尊崇和怀念。

第七十章

风雨飘摇

　　就在忽必烈相继镇压阿里不哥和李璮叛乱后，随后又设官分职，大力稳定各地秩序，在国力蒸蒸日上的大好形势下，南宋这块刀俎上待宰的鱼肉，究竟在干什么呢?

　　南宋理宗赵昀是一位荒淫无耻、昏庸无度的皇帝。从 1224 年九月十七日至 1264 年十一月十六日在位，当政长达四十一年。

　　宋理宗并非皇子，此乃赵匡胤之子赵德昭的九世孙。在南宋第四位皇帝宋宁宗死后，宰相史弥远在宁宗枢前矫诏废太子赵竑，把赵昀扶上皇位。为报答史弥远的恩德，宋理宗继位前十年把一切大权都交给史弥远，自己对政务完全撒手不管，直到史弥远于 1233 年死后，他才开始亲政。

　　执政后期，"由其中年嗜欲既多，怠于政事，权移奸臣"[1]曾一度擢用董槐为相，但不久，朝政大权相继落入丁大全、马天骥及爱妃阎贵妃之手。三人狼狈为奸，掌控朝政，为非作歹，导致国势衰微。

　　1259 年，丁大全因刻意封锁蒙军征伐南宋的消息，而被罢相，贾似道

---

[1]　［明］宋濂，等.元史（卷四五）［M］.北京：中华书局，1976.

开始一手控制南宋政权。贾似道入相后，大权在握，更加飞扬跋扈，不可一世。靠姐姐——宋理宗早年宠幸的贾贵妃的关系，平步青云，在丁大全被罢时任右丞相，并率军援助鄂州。身为大军统帅的贾似道却以宋理宗名义与忽必烈私自订立"鄂州之盟"，向蒙古帝国俯首称臣、纳岁币，并将长江以北的土地完全割让给蒙古帝国。鄂州解围后，贾似道却极力隐瞒事实真相，佯称大捷，百官郊迎犒劳，红得愈加发紫。

马可·波罗在《马可·波罗游记》中不仅描绘南宋王宫的奢华和壮观，还绘声绘色地描述南宋皇帝宋理宗的艳事，在西湖畔：

> 每一院子中都设有花园，还有五十间房子，住着一千宫女，服侍国王。由大院可以到达一个有屋顶的六步宽的走廊，这条走廊可以直达湖边。国王有时由一些少女服侍，有时则有王后陪伴，游览湖边的众多寺庙。他们一起坐在绸缎覆盖的画舫中游湖玩乐。
>
> 这个王宫的其余两部分建有人工湖、小树林、饲养着各种动物的动物园，以及栽满果树的美丽花园。这些动物有羚羊、鹿、赤鹿、家兔和野兔，是供游猎用的。君主也同样带着妃子在此寻欢作乐，妃子们也习惯用狗追逐前面所说的各种动物。其他男子是不可以参加这些活动的。当妇女们对这些运动感觉厌倦时，就退入湖边的小树林中，脱去衣服，然后跳入水中裸体游泳，她们有的游向那方，有的游向这方，而国王则在旁边大饱眼福，她们游完泳后便回王宫去了。小丛林里的大树枝繁叶茂，阴凉宜人，国王有时下令就在小丛林中野餐，那些妃子也同样在这里伺候他。国王完全沉浸在妇女们的艳丽春光中。

讲完宋理宗的风韵艳事，马可·波罗还不忘画龙点睛般"啰唆"一句："他（宋理宗）这种对于军事毫不过问的腐败生活使大汗（忽必烈）能够逼他退位，并夺取他的大好河山，正如前面所讲的一样。"

不仅如此，宋理宗某些爱好像他的先辈徽宗，还有狎妓的嗜好。南宋理宗晚年眷恋杭州美妓唐安安，不时召入宫中享乐。以至于大臣牟子才疏言："元夕张灯侈靡，倡优下贱，奇技献笑，媟污清禁，此皆董宋臣辈坏陛下素履。今困震霆示威，臣愿圣明觉悟，天意可回。"

宋理宗赵昀于 1264 年病死后，贾似道置国事于不顾，凭自己的好恶，拥立赵禥即位，是为宋度宗。度宗赵禥做太子时就"以好内闻，既立，耽于酒色"之中。在史学界广为传闻，度宗有一则桃色新闻，他性欲超强，一夜召幸三十名宫妃。据史料记载："故事，嫔妾进御，晨诣合门谢恩，主者书其月日。及帝之初，一日谢恩者三十余人。"

如果贾似道的心思仅用在玩女人和斗蟋蟀上，南宋朝廷还不至于如此糟糕，此外，他还费尽心机地排挤朝廷上的忠臣义士和主张抗蒙的将领。贾似道向理宗谗谮在军营中对他"无礼"的曹世雄与向士璧，称其曾在军中贪污及盗取官钱，结果两人被流放外地。另一位将领高达曾在军中讽刺贾似道"巍巾者何能为哉"，于是贾似道在理宗面前乱说高达的不是，希望可以除掉高达，幸而理宗还有点儿智慧，没有依言杀死高达。潼川府路安抚使刘整等武将，就是因贾似道嫉功妒能，先后被排挤出宋廷，因而投降蒙军。南宋朝廷的正气几乎被他扫荡殆尽，徒留下一些蝇营狗苟之徒。

而宋度宗更加昏庸无能，因贾似道有拥立之功，对其感恩戴德，两人之间不再行君臣之礼，每逢贾似道朝拜，度宗必定答拜，并且不呼其名而称之为"师臣"，满朝文武百官跟着称贾似道为"周公"。

贾似道更加炙手可热，一手遮天，权倾朝野，甚至将度宗皇帝把玩于股掌之间，常常以罢官为由，要挟度宗，借此加官晋爵。贾似道虽然腹无诗书，但晓得以退为进、借敌自重的权术。给宋理宗办完丧事后，他突然提出弃官而去，一面又遣人伴报元兵攻下沱甚急。儒弱无能的度宗赶紧下诏，遣人请贾似道入朝。贾似道欲以翰林侍读拜太师，虽于礼制不合，度宗还是答应了他。

度宗登基三年后，贾似道又在度宗面前以年事已高为由，欲告老还乡。度宗一天四五趟派大臣、侍从传旨挽留他，直到加拜为太师、平章军国重事，并降旨准许他一月三赴经筵，三月一朝，赴中书堂治事为止，贾似道方答应留下来。

是年，宋度宗在西湖的葛岭特赐给贾似道一处宅邸，贾似道从此五天一次乘湖船入朝，不再赴都堂办理政务。各级官吏只好抱着文书到葛岭请求贾似道指示签署，他懒得亲自动手，大小朝政，全交给馆客廖莹中、堂吏翁应龙处理，其他宰执大臣都形同虚设，只在文书后面署名而已。

贾似道处理公务政事，公理全无，一切均按私意行事，"正人端士，斥罢殆尽。吏争纳赂求美职，图为帅阃、监司、郡守者，贡献不可胜计，一时贪风太肆。兵丧于外，匿不以闻，民怨于下，诛责无艺，莫敢言者"。在受到排挤的忠义之士中，文天祥最具代表性，先后受抑于贾似道、陈宜中、留梦炎等宰相，其远大志向没有获得伸张的机会，在宋末政治舞台上，一直处于被排挤弹劾之列。

贾似道为相后，"权倾中外，进用群小"，多次提拔与重用附己者，严厉排斥和打击正直忠良之士。官僚大夫要想加官晋爵，必然要对权贵进行巴结和逢迎。各级官爵均明码标价，大大助长了受贿及奢靡的风气，也扰乱了士大夫正常的晋升途径，文官晋升制度受到严重破坏。"一时贪风大肆"，"引荐奔竞之士，受纳贿赂"，社会风气之坏，略见一斑。其实，士大夫利用各种机会逢迎贾似道，人数之多，范围之广，整个宋代，难出其右！

除此之外，贾似道滥施淫威，派鹰犬与爪牙，对异己者大加摈斥和打击，致使宋末台谏制度不能正常运转，往往议论一些无关痛痒的琐事，很少涉及国政要事。当时，"一相去，台谏以党去；一相拜，台谏以党进"的畸形状态，司空见惯。

贾似道不但把南宋社会环境搞得贿赂成风，个人生活也相当奢靡。他在葛岭依湖山之胜起造楼阁亭台，美其名曰"半闲堂"，又将宋高宗遗留的集芳园据为己有，在里面营建飞楼、层台、轩榭、燠馆，更名为"通乐园"。从宫女、娼妓、尼姑中遴选出一大批年轻美丽的女子充实其中，贾似道日夜淫乐于群姬众妾中。

贾似道除了擅长斗蟋蟀，还酷嗜珍宝古玩，专门建了座"多宝阁"，强迫人们贡献各种珍宝、书画藏于其中，每天都登临玩赏。听说"余玠有玉带，求之，已殉葬矣，发其冢取之"。

史书记载贾似道"益恃宠不检，日继游诸妓家，至夜即燕游湖上不返。理宗尝夜凭高，望西湖中灯火异常时，语左右曰：'此必似道也。'明日询之果然。"

不仅如此，贾似道还大量发行会子，并巧立名目征收经总制钱、身丁钱、免丁钱、月桩钱等苛捐杂税，横征暴敛，民不聊生。

上行下效，南宋奢靡之风弥漫，外戚奸臣奢恣淫乐，政治腐朽到病入膏肓的地步，台谏之路严重堵塞，卖官鬻爵日益盛行。贾似道倾权的南宋宛如一叶孤舟，在狂风漫卷、浊浪排空的大海中飘摇不定。南宋王朝的毁灭，固然有蒙古帝国的崛起造成的压力，而当权者贾似道等自毁干城也是一个重要原因。

针对南宋末年的特点，黄震总结了当时四大弊端："曰民穷，曰兵弱，曰财匮，曰士大夫无耻。"仅仅宋将刘整弃宋投蒙，就是南宋王朝在自凿坟墓之前，送给蒙军的一份厚礼。

第七十一章

郝经南下

　　蒙哥任蒙古帝国第五任大汗期间，征服南宋已成为既定国策，但因其意外阵亡，使攻伐南宋的战争一度中断。接下来，忽必烈与阿里不哥争夺汗位，蒙古帝国内部并不安稳。基于这种背景，忽必烈并不希望同时开辟南北两个战场，造成初创的元朝四郊多垒的不利局面。对南宋实施以预防为主的策略，力求宋、元两国保持和平或休战状态。

　　登上汗位的第二个月，即1260年四月，忽必烈念念不忘与贾似道签订的南宋称臣、割江为界、发奉银两绢匹各二十万的盟约，遂采纳廉希宪"遣信使，谕以息兵讲和"的建议，派翰林侍读学士郝经佩戴金虎符为国信使，翰林待制何源、礼部郎中刘人杰为副使，出使南宋，一则告知忽必烈已做蒙古大汗的喜讯，一则希望南宋恪守"鄂州之盟"，兑现割地、纳币等协议。

　　作为忽必烈藩邸的心腹重臣，郝经在策划班师争位，直到把忽必烈扶上皇帝宝座过程中，施展文武才略，功不可没。跟随忽必烈南征途中，身为儒臣的郝经发表《东师记》《班师记》等治国用兵高见，毫不亚于一位深谙韬略的三军统帅。忽必烈选郝经为国信使者，是经过深思熟虑过的，也表明忽必烈对南宋议和之事抱有诚意。倘若南宋很痛快地签订这条和议，其灭亡的速度也许不会如此迅速。

明知此次出使南宋之行凶险，疾病缠身的郝经没有听从保定父老乡亲"宋人谲诈叵信，盍以疾辞"之劝，面对如此重任朗朗答道："自南北遘难，江、淮遗黎，弱者被俘略，壮者死原野，兵连祸结，斯亦久矣。圣上一视同仁，务通两国之好，虽以微躯蹈不测之渊，苟能弭兵靖乱，活百万生灵于锋镝之下，吾学为有用矣。"

史载，派郝经出使南宋虽"出自圣意（指忽必烈）"，但也是"时相王文统忌公（即郝经）重望"，将其"排置异国"的一个阴谋。郝经与王文统素来水火难容，受其排挤，或许极有可能。

视死如归的郝经"为得解两国之斗，活亿万生灵"，1260年四月欣然接受了忽必烈"翰林侍读学士"的封诏，充任国信大使。临行前，忽必烈用元廷中最珍贵的葡萄酒为他壮行，并恳切动情地说："朕初即位，庶事草创，卿当远行，凡可辅朕者，亟以闻。"

自蒙攻金到与南宋开战，北方人民久历兵灾，渴望安定。因而，郝经赴南宋议和的消息一经传出，"百姓无不遮马快睹，至有涕泣者曰：不图今日复见盛事"。目睹此景，更坚定了郝经输平退师，"坠仇崇好"的信心。

但混迹于蒙军内部少数世侯并不支持蒙古帝国与南宋议和，这批雄霸一方、手握兵权的世侯出于维护"各土其地，各分其民，擅赋专杀"的世袭特权，且试图通过战争"挟敌国以要朝廷，而自为完缮益兵之计"。蒙、宋一旦议和成功，蒙方汉族世侯伺机割据坐大的幻想将化为泡影。其中盘踞济南的江淮都督李璮就是这批世侯的中坚人物。

当郝经等人行至济南境内时，中书省平章政事王文统指使李璮，先以书信试图阻止郝经南行，未果，便又暗中嘱咐李璮擅自"潜师侵宋"，欲假手南宋加害郝经，伺机破坏蒙、宋议和的计划。李璮率军突袭淮安时，结果被制置使李庭芝挫败。结果导致李庭芝认定郝经使宋为蒙军重操故技，打着议和的幌子，掩护其军事行动。

六月，郝经一行抵达宿州，派遣副使移文①于南宋，要求对方接洽并安排进入南宋境内的时间。

七月，郝经使团到达淮河北岸的无河口，宋廷才派遣朱宝臣、秦之前来接洽。一月后，才准许郝经等三十七人在潘拱伯监护下进入南宋境地，继而乘船南下。至昭信（今江苏盱眙）时，潘拱伯传达南宋两淮制置使李庭芝的命令，要求郝经使团出示国书后，方能继续南行。郝经严词拒绝李庭芝这一无理要求。

九月，郝经到达真州（今江苏仪征），先派副使带信给贾似道。

之前，贾似道对南宋朝廷隐瞒了鄂州议和及许以割地、纳币的真相，反而声称是他率兵击退了蒙军，致使鄂州解围，江淮肃清等"再造（南宋）之功"。不明真相的宋理宗轻信了贾似道的弥天大谎，认为他抗蒙有功，特下诏，褒扬他指挥有方，并加官晋爵。现在好了，正当这位卫国公入宫受封完毕，正令其门客廖莹中等杜撰歌颂其扞鄂之功时，蒙古帝国却派使团前来，催征南宋履行鄂州城下之盟求和时答应的岁币，这如何向宋理宗及朝中大臣交代呢？

贾似道生怕阴谋败露，遂密令李庭芝将郝经一行押送至真州忠勇军营新馆。忠勇军营的布置，可谓戒备森严，"驿吏棘垣钥户，日夜守逻"。郝经一行没有穿越南宋的边界，国书尚未递给宋廷，便被囚禁起来，整整囚禁了十六年。

郝经被囚禁期间，忽必烈先后派出五批使者，前往南宋诘问郝经等人下落，都有去无回，被地方守将给斩尽杀绝。可见，南宋的峻山秀水间弥漫着一股极力破坏议和的力量，这股力量像一双幕后黑手，把南宋推向灭亡的深渊。南宋冷酷地拒绝了蒙古帝国和谈的态度，大大激怒了蒙廷中的中原儒士。

---

① 移文，也称"移""移书"，是一种起源很早的平行文种。这种文书，用于劝喻训诫，故文辞或明晓，或刚健，或简约，而义理则必须清晰明显。战国时，"移书"成为各国之间，各国官员之间或国内不相统属的各官署之间交往的一种平行文书。由于当时各国兼并剧烈，国与国之间交往很频繁，所以"移"的使用是很常见的。到了汉代，"移书"成为各衙署之间、平级官员之间正式使用的平行文书，用于不相隶属机关的往来公务联系。

张范作为郝经的入室学生，师父郝经在南宋长年累月被囚的事实，对他造成的刺激很大，在追击南宋残兵败将时，手腕极其残酷而无情。屠杀生灵太多的缘故，良心欠安，南宋灭亡不久，张范终究郁愤而亡。

1261年秋，忽必烈以南宋扣押信使不还为由，下诏命将士举兵伐宋，但因当时正与阿里不哥激战正酣，无力大举南下。另外，南宋对忽必烈的警告全不在意，仍然听任贾似道擅权作恶，将官之间相互倾轧，白白浪费了几年可用以加强备战的有利时机。

追究郝经一行被南宋长时间囚禁的原因，首先是丞相贾似道对宋理宗刻意隐瞒在鄂州私定的城下之盟，找借口让宋理宗压根儿不知道之前有鄂州之盟现在有蒙古帝国派出使团之事。另外，就是江淮都督李璮挑起边衅，引起误解，也给郝经出使南宋带来撕扯不清的麻烦。此事在宋制置使李庭芝给郝经的书信中得以证明"信使美意而来，松寿（指李璮）乃怀奸以逞""幸我先备，得以胜之，以此知，和殆类款我"。

为消弭南宋对蒙古帝国使团的误解，郝经在被囚禁的十六年间，连连上书南宋皇帝、丞相和三省枢密院，极陈和战利害及福祸存亡之理，希望宋廷高瞻远瞩，辨明形势，尽快与蒙古帝国达成和议，使无辜黎民百姓免遭荼毒。但诸多努力皆是徒劳，前后累计十万字的书信均如泥牛入海，音信全无。为了策反郝经，贾似道谎称元廷兵乱，几次派人诱降，均遭到郝经痛斥。又派人假扮强盗夜闯囚所威逼、断绝生活供应等，也未能动摇郝经的意志。

郝经累年滞留于真州忠勇军营，遭受非人的磨难。随从数十人久被羁困，多怨声载道。经不住长期囚禁的折磨，意志完全瓦解，屡次发生随从之间反目，"斗殴相杀死者"数人。在此背景下，宋廷将他们分批隔离，郝经及其他六名随从移到别馆，继续在忠勇军营中饱受煎熬。

大儒出身的郝经在狱中"讲学不辍"，常常敦促从行者讲课授经，"从者皆通于学"。而他本人，也以节操自诩："心苦天为碎，辞穷海欲干。起来看北斗，何日见长安。"以长安拟"大都"，郝经日夜思早归元京。

汉有苏武在北海边牧羊十八年，元有郝经被南宋拘禁真州十六年。昔日，苏武靠大雁传书，当时，郝经也演绎了一个借大雁传书的故事。相传在被困十五年后，也就是 1274 年九月，郝经很想让忽必烈知道自己的行踪和处境，但苦于束手无策。"公羁旅日，有以雁四十饷公，内一雁体质稍异，命畜之于后。雁见公，辄张翮引吭而鸣。公感悟，择日率从者二十七人，具香北拜，三人舁雁跽其前，手书尺帛，亲系雁足，且致祝曰：'累臣某，敢烦雁卿通信朝廷？雁其保重！欲再拜，雁奋身入云而去。'"

翌年三月，此雁果然被负责养鹰蓄兽的虞人王时中在汴梁金明池所获，但见帛书长二寸，宽五寸，背面有陵川郝氏印方一寸，文透于面，可辨识。帛书上赋诗一首：

> 霜落风高恣所如，归期回首是春初。
> 上林天子援弓缴，穷海累臣有帛书。

> 中统十五年九月一日放雁，获者勿杀
> 国信大使郝经书于真州忠勇军营新馆

帛书背面盖着"陵川郝氏"印。因郝经被拘数年，不知已经改国号为元，故仍用中统年号（即至元十一年）。

1275 年二月，伯颜率领元军渡过天险长江，占领建康（今江苏南京），南宋丞相贾似道深感震恐，迫于压力，才把郝经送还元朝。郝经已被南宋关押了长达十六年之久，元气大伤，本来就虚弱的身体变得老态龙钟。在北上赴京的途中，郝经不幸身染重病，忽必烈闻讯特派枢密院太医迎候照拂，并予医疗。抵大都后，忽必烈又厚予赏赉，关怀备至。但事与愿违，在狱中受尽折磨、身染疾患的郝经终究一病不起，于是年七月病故，享年五十三岁。

濒死之际，郝经手书"天风海涛"四字，表达了他万般努力皆付诸东流的悲凉心境。

　　或许早知郝经已经北归的缘故，虞人王时中将所获雁书收藏，而未及时上奏忽必烈。时间推迟到四十四年后的 1318 年春，集贤学士郭贯出任淮西廉访使之际，才见此雁书，上奏朝廷，经集贤大学士李邦宁持雁书呈送元仁宗。

　　仁宗皇帝特下诏，将雁书装潢成卷，藏于秘书监（东观），遂令翰林、集贤文臣缀文题记，一时在朝野传为美谈。

第七十二章
兴兵借口

1126 年，金朝兵犯北宋，占领了东京开封，并纵兵大肆搜刮宋朝宫廷内外的府库以及官、民户的金银钱帛。1127 年四月初一，金军俘虏徽、钦二帝和后妃、皇子、宗室、贵戚等三千多人北撤，宋朝皇室的宝玺、舆服、法物、礼器、浑天仪等也被搜罗一空满载而归，北宋由此灭亡。同年，宋徽宗第九子、康王赵构在南京应天府登基，即宋高宗。后来又被逼无奈，出海逃亡，最后在临安（今杭州市）落脚，史称南宋。

亡国之恨，失亲之痛，并没有使南宋统治集团励精图治，奋发有为，却依然沉醉在声色犬马中醉生梦死。南宋诗人林洪有诗为证：

> 山外青山楼外楼，西湖歌舞几时休？
> 暖风熏得游人醉，直把杭州作汴州。

南宋因政治腐败，导致权臣贾似道得以擅权网罗亲信，极力打击陷害有功将领，内部倾轧，致使民心相悖，将士离心，战备松弛，错失强兵固边的大好良机。在南宋统治江河日下的背景下，蒙古帝国的崛起为南宋加速灭亡安上引擎。

初创的元朝如朝阳般血气方刚，处处彰显出旺盛的生命力。忽必烈在平定阿里不哥和山东李璮之乱后，政权得以巩固，即着手整顿军队，督造战船，组训水军，积极进行灭宋准备。在总结窝阔台及蒙哥攻宋得失的基础上，制定了先取襄阳与樊城、实施中间突破、沿汉入江、直取临安（今浙江杭州）的灭宋方略，从而把举兵征伐南宋早已提上议程。

尽管蒙哥不幸殒命于久而无功的四川战事上，但胜败乃兵家常事，忽必烈不会因暂时的挫败而丧失伐宋的斗志。再说，早在1259年，围攻鄂州时，忽必烈曾对张柔说："吾犹猎者，不能擒圈中豕，野猎以供汝食，汝可破圈而取之。"忽必烈把南宋看成一头只知贪图享乐的"圈中豕"，就如何破圈，蒙军与南宋摩擦了四十余年，直到忽必烈即位后才苦苦寻觅到南宋的七寸——那就是先图襄阳。

襄阳地处汉水南岸，与北岸樊城隔江相望，是南宋扼守长江的咽喉，誉为南宋的"国之西门"。金灭亡后，宋、蒙多次争夺襄阳，但自1239年孟珙收复襄阳以来，蒙军一直没有机会占领。

听到忽必烈即将伐宋的意图，蒙军将领慷慨激昂；汉人将领也跃跃欲试，意欲在此次征伐中勇立战功，再度恢复忽必烈对他们的信任。

襄阳与樊城南北夹汉水互为依存，"跨连荆豫，控扼南北"，地势十分险要。"襄者，东南之脊，无襄则不可立国。吕祉常谓得襄阳则可以通蜀汉而缀关辅；失襄阳则江表之业可忧者，正此也。"[①]宋军在汉水中密插两排巨木，用铁链相连加固，又在上面架设浮桥，通行军马，保持两城的通联。另外，樊城城墙外，还密置栅栏、拒马，防止骑马冲突，称为"硬寨"。

攻伐南宋，先取襄、樊，再由汉水进入长江，平定南宋，不失为一个极佳的火宋战略，这已成为朝中不少诸王将帅的共识。由于易守难攻，一时还

---

① ［元］刘一清．钱塘遗事（卷六）［M］．上海：上海古籍出版社，1985．

形不成既定的作战策略。

在窝阔台和蒙哥统兵伐宋时，杜瑛和商挺就先后提出过将整个战略进攻的重点由川蜀向荆襄倾斜的部署，忽必烈当时身为东路军的统帅，人微言轻，无力更改蒙哥既定的灭宋战略。等忽必烈即位后，史天泽部将郭侃也向其建言："宋据东南，以吴越为家，其要地则荆襄而已。今日之计，当先取襄阳。既克襄阳，彼扬、庐诸城，弹丸地耳，置之勿顾，而直趋临安，疾雷不及掩耳，江淮、巴蜀不攻自平。"

其实，南宋城防除巴蜀重庆钓鱼台外，江南半壁江山就靠荆、襄两州来苦苦支撑了。而郭侃建议先克襄阳，而后直取临安，孤立钓鱼城，不能不说是一条直指要害的计策。此建议一经提出，即遭到蒙古将领的一致反对，忽必烈因忙于同阿里不哥交战，最终，此建议没有施行。

直到 1267 年，南宋降将刘整入朝觐见忽必烈时，积极献策道："宋主弱臣悖，立国一隅，今天启混一之机。臣愿效犬马劳，先攻襄阳，撤其扞蔽。"他认为南宋如果"无襄则无淮，无淮则江南唾手可下也"。

刚进京不久的儒士徒单公履反对，说："驱师江南，要慎之又慎。宋廷虽然羸弱枯朽，但根基深厚，万不可轻易用兵。"

徒单公履话音刚落，在枢密院任职的张易也不支持用兵南宋，说："蒙古骑兵横刀立马善于野战，汉军步兵长于步战和攻城略地。与南宋作战，必须有强大的水军力量的支持。现在我们虽有少量水军，应付运送粮草和搭桥渡河都力不从心，根本不能用来水上攻伐。"

"我朝水军虽然力量薄弱，是不争的事实，但要取长补短，建造战舰，训练水师，舟骑并驱，水陆并用，攻伐南宋易如反掌。"刘整对上面的诘难，准备充足，"襄、樊守军实则两万余人，攻下襄、樊，南宋北方的屏障撤除，门户大开，其余州郡便望风而降。"

蒙古帝国名将速不台之孙阿术同意刘整的建议，他曾追随忽必烈攻伐大理国，并主持多年对宋作战的军务，他的话自然分量十足。他建议道："我同意刘整将军的建议，应该从襄阳下手，趁南宋尚未调派大军在襄樊两侧构成坚固防线之前，一举拔除。"

刘整是原潼川十五军州安抚使、知泸州军州事，他"沉毅有智谋，善骑射"。原在荆湖制置使孟珙麾下效力，在攻金、抗蒙战争中屡立战功，深受孟珙的器重。"珙攻金信阳，整前锋，夜纵骁勇十二人，渡堑登城，袭擒其守，还报。珙大惊，以为唐李存孝率十八骑拔洛阳，今整所将更寡，而取信阳，乃书其旗曰赛存孝。"①

在抵御蒙哥三路攻伐川蜀的战争中，刘整屡建奇功，多次升迁，先后被任命为泸州知府和潼川路安抚副使，成为四川制置司下四大主力将领之一。刘整频繁的升迁，招致另一将领吕文德所嫉，对他的军事部署加以阻挠，对他所建军功隐瞒不报。恰好此时权臣贾似道为排除异己，在各路武将中推行"打算法"，派遣官会计查核各地军费，凡在战争中支取官府钱物用于军需者，一律加以侵盗掩匿的罪名治罪。名将向士璧和曹世雄皆因贪污军费的罪名而惨遭杀戮。还把在钓鱼城保卫战中屡立奇功的王坚将军调至和州，并罢了兵权，王坚不久抑郁而死。当吕文德欲与四川制置使俞兴勾结，以"反叛"的罪名迫害刘整时，恐慌难安的刘整在投靠无门的情况下，决定背宋投蒙以求自保。他在宋领兵近三十年，知宋虚实，故而降蒙后连续两年得到忽必烈的召见。

对忽必烈而言，这是意外的收获，在后来伐宋的战争中，刘整对元朝政权的巩固起到重要作用。

当元廷中部分朝臣认为大举攻宋的时机尚未成熟时，胸有成竹的刘整再次上奏道："自古帝王，非四海一家，不为正统。圣朝有天下十七八，何置一隅不问，而自弃正统邪！"

今日，刘整之言，与阿术（速不台之孙，兀良合台之子）等诸将不谋而合。之前，已率军攻打过襄阳的征南元帅阿术，看出攻打山水寨必须有汉军参加，不能单靠蒙军部队，向忽必烈建议"宜令史枢（史天泽侄）率汉军协力征进"，忽必烈欣然同意。

_____

① ［明］宋濂，等.元史（卷一百六十一）［M］.北京：中华书局，1976.

　　经与谋士商讨，又对这一方略加以细化。此时，北方业已巩固，忽必烈的雄心壮志顿时被激发起来，面朝南方方向，兴奋地说道："朕意决矣。"

　　从 1267 年开始，元朝不再在黄淮与南宋斡旋，而是重新回到蒙哥时代所既定的战略：先取荆襄，再图临安，然后一统天下。

　　当刘整以泸州十五郡、三十万户投降元朝的消息传至上都，忽必烈迅速降手诏给刘整："勇冠诸将，名配古人，知大义之可为，籍诸城而来附，献以金带，示以告牒，载详终始之诚，宜示褒崇之礼。可赐虎符，充夔府路行省兼安抚勾当，更宜招怀未附，共底丕平。但桑荫不移，能立其功；虽苑土至重，而朕无所措。其赐卿莫物，至可领也。"

　　在南宋军队围攻泸州准备讨伐刘整时，刘整在成都元军将领刘黑马、刘元振的协助下，击败俞兴、吕文德的重兵围攻。翌年，刘整入朝觐见，忽必烈改授成都、潼川两路行省，还获赐白银万两的奖赏。

　　宋史专家王曾瑜给予了刘整中肯的评价，认为"宋元后期战争的关键决策人物并非丞相伯颜，而是刘整"。《宋史》评价："亡宋贼臣，整罪居首。"可以说刘整向忽必烈策划绕过长江、嘉陵江上易守难攻的山城，改从襄阳中路突破的策略，元兵遂得以长驱南宋都城临安，导致南宋灭亡，从而当之无愧地成了南宋的第一汉奸叛将。对华夏民族的打击是空前绝后的。

　　1268 年七月，忽必烈遣使赴南宋，"问执行人之罪"。与此同时，以南宋扣押国使郝经为由，正式下诏举兵伐宋。诏书如下：

　　　　朕即位之后，深以戢兵为念，故前年遣使于宋，以通和好。宋人不务远图，伺我小隙，反启边衅，东剽西掠，曾无宁日。朕今春还宫，诸大臣皆以举兵南伐为请，朕重以两国生灵之故，犹待信使还归，庶有悛心，以成和议。留而不至者，今又半载矣，往来之礼遽绝，侵扰之暴不已，彼尝以衣冠礼乐之国自居，理当如是乎？曲直之分，灼然可见！今遣王道贞往谕卿等，当整尔士卒，砺尔戈矛，矫尔弓矢。约会诸将，秋高马肥，水陆分道而进，以为问罪之师。尚赖宗庙社稷之灵，其克有

勋！卿等当宣布腹心，明谕将士，各当自勉，毋待朕命！曲直有归，故
全录诏救。

改变进攻策略后，忽必烈救令陕西五路、四川行省建造战舰五百艘交付
刘整统辖，为攻取襄、樊做准备。1268 年六月，立东西两川统军司，任命阿
术为征南都元帅，刘整为镇国将军、都元帅，统领蒙汉大军围攻襄、樊。

南征军由两个军队组成：一种是称为来自蒙古的"探马赤军"，包括隶
属于各部的其他民族的百姓；另一种是来自中原地区的"汉军"，少数是投
降元朝的宋军。

宋、元双方似乎都知道襄、樊大战的最终结局，将决定天下归属。对南
宋而言，襄、樊失守，长江中上游门户洞开，南宋的防御体系被突破，长江
天险已经不能阻挡元军的前进；对元朝而言，占领襄、樊，元军乘胜自两湖
长驱南下，加速了元朝统一中国的进程。所以，双方都不敢掉以轻心，严阵
以待。

当时，襄、樊城坚池深，兵储可支十年之久，两城相为固守，唇齿相依。
南宋将帅吕文焕和樊城守将牛富率重兵驻守襄、樊，凭山之峻，据江之险，
早已做好了抵御元军的准备。而襄阳城位于长江支流汉江的中游，与北岸樊
城相对，中有浮桥互通往来。

阿术和刘整采用元军最擅长的筑长围攻城之术，屯兵于鹿门堡，围绕城
墙筑起一圈围墙，并建起一系列的碉堡和敌楼。这只解决了阻塞陆地交通的
问题，宋兵还可以借助水军力量，通过汉水将粮草、兵力不断送进城去。见
一计不成，元军企图在汉水中密布战船，企图阻拦宋军的来往，但效果不佳。
于是，索性在汉水面上修建了一座楼台，下面设有五个石囤，上面排列着弩
炮，用来阻遏宋军的战船。由于工程浩大，费时耗力，加上宋兵不时出城滋
扰，拖了几年时间才得以完工。

长围攻城，主要是断绝外援，使城中粮草军需武器消耗殆尽，不攻自破。
蒙军屡用不爽的战术，似乎在这里不奏效。因为襄、樊城内，粮草和武器储

备丰富，足够用十余年的。当元军切断了宋军的水陆补给线，并没有影响到襄、樊城内的日常生活，只是布匹稍有短缺罢了。

另外，城内守将吕文焕和牛富用兵十分谨慎，依靠两城城高墙厚的优势，以逸待劳，绝不敢贸然派遣宋兵出城与元军直接对决。元军动用千方百计，诱使宋军出城，均没有成功。

在襄、樊战役拉开序幕之后，阿术和刘整久攻不下，发觉元、汉大军面对滔滔江水和穿梭往来的战舰，无法奈何。刘整便与阿术商议道："我精兵突骑，所当者破，惟水战不如宋军。夺彼所长，造战舰，习水军，则事济矣。"阿术见此计可施，两人遂修书请示忽必烈："若胜南军，必当教以水军，以造战舰为先务。"

忽必烈以诏令批准，并派董文炳与汉军万户李庭、水军万户解汝辑率两万两千步兵和原有的一支水军开往前线听从调遣。刘整和阿术齐心协力，很快造山战舰五千艘，昼夜训练水军和建造战舰。即使雨天不能外出训练，便在军帐内画地为舰，进行练习，最终得水军精兵七万。[①] 这两组数字过于整齐和刻意，令人难以置信，平均每艘战舰配备水军十四名，且参加襄阳战役的援军兵力过半变成水军，显然与事实有悖的。

刘整降前，元朝军队根本不熟悉水战，更不用提和强大的南宋水军进行决战；而刘整到来后，积极筹建水军，使得元朝水军迅速形成战力。刘整又提出水陆协同三面夹击战法更使其战力逐渐超越了南宋水军，成为元军主力部队之一。使南宋掌握水军优势荡然无存了，宋军无法阻挡元朝水军效力的发挥。虽史书中对宋元战争的描写中并未直接提及，但经过研究，不难看出元朝水军在最终灭亡南宋重大战役中的重要地位。

为解襄、樊之围，贾似道督促两淮制置使李庭芝、淮西安抚使夏贵、殿前都指挥使范文虎、沿江制置副使孙虎臣、荆湖制置副使高世杰等领兵直指襄、樊。贾似道命范文虎从中牵制李庭芝。李庭芝多次发兵，范文虎每天携带美妾骑马游乐，借口宋廷命令未到而拒绝发兵。

---

① ［明］宋濂，等．元史（卷一百六十一）［M］．北京：中华书局，1976.

元军以战舰为骑，江河为疆场，强行攻城。由于襄、樊两城通过浮桥相互支援，加上城坚粮足，元军仍然攻取不下。

一计不成又生一计。阿术和刘整又采取筑城围襄、樊之策，始于鹿门山筑土墙。早在 1261 年，根据刘整建议，元朝遣使向南宋荆湖制置使吕文德（吕文焕之哥）贿赂玉带，蒙方以严防盗贼、保护货物为由，请求在襄、樊城外的鹿门山设置榷场，见利忘义的吕文焕果然应允。

榷场到底为何物？就是在两国接界地点设置的互市市场。榷场贸易是因各地区经济交流的需要而产生的。对于各政权统治者来说，还有控制边境贸易、提供经济利益、安边绥远的作用。所以榷场的设置，常因政治关系的变化而兴废无常。

吕文德之举，无异于卖国。于是，元军很快建起外为山墙内设堡垒的鹿门堡。这是元军建立的第一个包围襄、樊的堡垒。进攻退守，收放自如。元军不费一刀一枪，便把战线推进至襄、樊城下。

1268 年九月，阿术在襄、樊东南鹿门堡和东北白河城修筑堡垒，彻底切断了援襄的宋军之路。宋襄阳知府兼京西安抚副使吕文焕看出刘整、阿术此举的厉害，急忙遣使至鄂州报告其兄吕文德。吕文德掉以轻心，没有发兵进行援助。

十一月，吕文焕指挥襄阳守军攻击蒙军诸寨，被阿术率领蒙军击败。

为了尽快拔除襄、樊两城，忽必烈不断给阿术和刘整派发援军，一度使围城的元军人数增至十万。不仅如此，他先任命畏兀儿人阿里海牙以河南行省长的身份，协助阿术、刘整攻城，后来于 1269 年二月，又增派史天泽和驸马忽剌出率兵奔赴襄、樊战场，继续增加了进攻襄、樊的力量。史天泽在襄、樊西部的万山修筑长围，包围百丈、楚山，止于鹿门。又在岘山、虎头山筑城，连接诸堡，向襄阳推进，并"于要害处连珠扎寨，围数十里不得通"。

三月一日，阿术自白河以兵围樊城。三月十日，元军城鹿门。六月，阿术率军一万五千人，拒守万山、射垛冈、鬼门关樵苏之路，进一步收紧了对襄、樊的包围之势。十二月，史天泽以张弘范之策，筑城堡于万山，调张弘范部戍守，"筑一字城逼襄阳"。从此，襄阳东南、西北道完全断绝。

在进行陆路层层包围的同时，元军还特意切断了襄阳的水路交通。七月，南宋沿江制置副使夏贵率领水军增援襄阳，在鹿门山，被元朝水军击败。其他前来增援的宋军，也被阿术和刘整先后击败，使距襄阳二百里外的几十万宋军不得近前，而襄、樊城里的两万宋军，被十万元军包围的插翅难飞。

同年十一月，元军又在汉水西岸构筑新城，与东岸的鹿门堡遥遥相对，成为控制襄阳南面汉水交通的主要据点。

史载，这一时期元军在襄、樊城外所筑城堡计有牛首、安阳、古城、红崖、白河、沙河、渔兰、新城、淳河、滚河等十余处。完成包围圈之后，襄阳外围"重营复壁，繁布如林，遮山障江，包络无罅"，直把一座襄阳城围得犹如铜墙铁箍，令守军着实喘不过气来。

时间一久，导致襄、樊城内供饷困难，物资短缺，襄、樊城陷入内忧外患的境地。就这样，襄、樊攻守战已僵持了五年之久。

五年期间，襄、樊军民团结一致，奋起抗蒙，浴血奋战，击溃了元军的一次次围攻。南宋方面内有误国之臣，外无御敌之将帅。原先经营襄、樊防御颇有建树的高达，因鄂州被围时，曾奚落贾似道"巉巾者何能为哉"，而被贾似道排挤调离。

1270 年春，襄阳守将吕文德的弟弟吕文焕率步骑共一万五千人、兵船百余艘，由襄阳出攻万山堡。在元军反击下，宋军崩溃，突围的尝试又遭失败。吕文焕派人赴鄂州报告吕文德，反遭训斥说："汝妄言邀功，设有之，亦假城耳，襄阳城池坚深，兵储支十年。"

吕文德具有指挥才能和作战经验的战将潜质，本应在南宋末年创建丰功伟绩的，但他太过于聪明，染上了八面玲珑的习气，使他在后来的历史舞台上扮演了一个极不光彩的角色。

　　四月，宋殿前副都指挥使范文虎两次率舟师十万来援襄阳。元军一直养精蓄锐耐心地等待这一天的到来，耗时数年的布阵和演习，终于可以一展身手。结果被阿术所率元军在灉滩、鹿门被等处击溃，范文虎乘轻舟仓皇逃遁，宋军损失战舰百余艘，伤亡兵马难以计数。

第七十三章

定都燕京

　　与风雨飘摇的南宋朝廷相较，忽必烈主政的蒙古朝廷在政权建设上又跨出一步。

　　为了继承华夏正统，让中原百姓更加归心。1271 年十一月，时年七十五岁的忽必烈再一次效法中原历代王朝，发布诏书，宣布废弃"大蒙古国"，建国号"大元"。这表明元朝已经超出一个民族政权的概念，而是中原历代王朝的延续。在大元诏书中，宣称：

　　诞膺景命，奄四海以宅尊；必有美名，绍百王而纪统。肇从隆古，匪独我家。且唐之为言荡也，尧以之而著称；虞之为言乐也，舜因之而作号。驯至禹兴而汤造，互名夏大以殷中，世降以还，事殊非古。虽乘时而有国，不以利而制称。为秦为汉者，著从初起之地名；曰隋曰唐者，因即所封之爵邑。且皆徇百姓见闻之狃习，要一时经制之权宜，概以至公，不无少贬。我太祖圣武皇帝，握乾符而起朔土，以神武而膺帝图，四震天声，大恢土宇，舆图之广，历古所无。顷者耆宿诣庭，奏章申请，谓既成于大业，宜早定于鸿名。在古制以当然，于朕心乎何有！可建国号曰大元，盖取《易经》乾元之义，兹大冶流形于庶品，孰名资始之功。予一人底宁于万邦，尤切体仁之要，事从因革，道协天人。于戏！称义而名，固非为之溢美；孚休惟永，尚不负于投艰。嘉与敷天，共隆大号！

于是，一个新兴的以蒙古贵族统治者为首、以汉法治汉地的大元帝国便确立了。作为少数民族政权的总代表，在统治幅员如此辽阔、人口如此众多的国家时，忽必烈推行了一系列汉化措施，包括建制，大都顺应了历史的流向，从而在全国范围内巩固了专制统治。

在国名的立场上，忽必烈更是顶着数祖忘典的巨大压力。在蒙古守旧贵族眼里，"蒙古帝国"是成吉思汗定下的国号，改变蒙古长期传承下来以族名为国家名称的传统无疑是冒天下之大不韪。忽必烈破旧立新，这种魄力和气度，赚取了他平步青云的政治资本。

诏书中所宣扬的"天下一家"，其用意是为了争得汉地的广泛支持。忽必烈欲放弃蒙古草原上的勒勒车，换乘千里马在物阜民丰的中原大地上肆意驰骋。

至此，成吉思汗各系子孙共同组成的蒙古帝国地崩山摧。以后，它的含义已经严重发生错位，徒剩下掩耳盗铃的形式。

大元国号正式确立，忽必烈成为元朝开国皇帝。接着定都燕京，并把燕京改名为大都。忽必烈宣布改国号为"元"时，有意识地引用儒家经典来解释这个字，不仅仅暗示其自身的杰出，也预示他统率的元朝在中国开启一个全新的时代。

大都的建设历经二十六年，1267 年初，正式兴工筑城。四月，做宫城，1268 年十月，宫城初步建成。1272 年二月，忽必烈根据刘秉忠的建议，宣布开平改为上都，以中都为京城，并改名叫大都。从此，元大都成为以后历代王朝的统治中心，历经元、明、清三代，长达五百余年。

同年，迁都元大都。等迁都就绪，忽必烈在大都城内巍峨雄伟的大明殿里接受宗王和群臣的朝贺。大明殿的正门成为大明门，是专供皇帝出入的。左右有日精、月华两门，供文武百官上下朝时出入。

为皇帝"登极、正旦、寿节会朝之正衙"的大殿东西长两百尺，深一百二十尺，高九十尺，殿中的建筑、装饰、陈设极为考究。地面是用从浚州运来的花版石铺成，经核桃细心打磨后，光洁如镜；方形的殿柱长约八十尺，直径为五六尺，柱面上装饰起花金云龙，柱子顶端盘着黄金双龙；大殿四周都是朱锁窗，绘金并装饰着燕石，并在殿前悬挂红边绣帘。

冬季，大殿的四壁张挂着兽皮壁障，又用黑色貂皮制成褥垫和暖帐更为保暖。尽管是汉人设计建造的宫殿，但殿内的布置和摆设显然源于蒙古族的生活习俗，令忽必烈感到十分满意。

大殿的中央，摆设着"山字玲珑金红屏台"，台上正中放有一张七宝云龙御榻。御榻，就是蒙古人使用的金裹龙头的"胡床"。在铺设着织金锦坐褥的御榻旁，稍低的位置还并排铺着供皇后坐的绿色褥。在御塌的两旁，摆设数排供诸王、大臣就座"坐床"。

这次朝贺，采用了刘秉忠、许横等人制定的礼仪制度。待身穿冕服的忽必烈、察必坐上御榻，响起震耳欲聋的鞭炮声。负责司礼的官员开始高声唱号，一批批皇亲国戚、文臣武将依次沿着日精门、月华门入朝。

朝拜结束后，门外露阶前，乐工、歌者、舞童、舞女，在鼓、磬、琴、瑟一齐奏出《大成之乐》的节奏中翩翩起舞。侍仪使令丞相安童上前进酒。安童踏着乐曲的节奏，来到忽必烈跟前。他代表大家向忽必烈、察必祝贺。

安童三进酒，高呼："溥天率土，祈天地洪福，同上皇帝、皇后亿万岁寿。"

进酒结束后，退出大明殿。接着，又轮到僧、道、外国时节上前祝贺，同时敬献礼物，然后在各自位置上站定。

御榻左侧站立着手持"劈正斧"的武士。此斧二尺多长，用苍水玉碾造而成，自殷商时代流传下来，被视为镇殿之宝。

御榻的右侧，站立着当值的怯薛长。怯薛长分成四班，三天一换，轮流宿卫，不但担负起保护皇帝安全的责任，还向皇帝转呈诸臣的奏折，并要具体安排皇帝的衣食住行等事宜，所以当值时要形影不离地伴随在皇帝左右。

忽必烈身穿龙袍，坐在高高的御榻上。尽管这身龙袍已试穿多次了，他还是不太习惯，不时伸手调整一下紧箍的袍领。当看到几百名大臣排成方队，全穿着焕然一新的"质孙"服（元朝朝服的名称），腰系丝带，随着司礼官员的口令声，一起毕恭毕敬地朝拜，肩膀如波浪般起伏着的阵势，他顿感心旷神怡。忽必烈即位十余年，直到今天才真正感到皇帝应有的排场和皇宫中的庄严，不由得心花怒放，忽然出人意料地咧开嘴哈哈大笑起来，那笑声仿佛一只苍狼在号叫。不明就里的诸臣一脸惊骇地望着大笑的忽必烈。

笑过之后，忽必烈对身边的怯薛命令道："来人，能有今天都是诸臣的功劳，朕要与诸臣痛饮一番，今天是个值得庆贺的日子。"

敬酒后，忽必烈传令赐宴，左右丞相按例升殿侍宴。秩序井然，四品以上的官员和诸王，在殿上饮酒。五品以下官员，在日精门、月华门下赐酒。

饮着醇香的美酒，望着舞者扭动着腰肢，忽必烈突然想起郝经（两年后，才被南宋释放）来。记得在蒙哥驾崩的关键时刻，郝经曾不止一次劝他抓牢即位的机会。现在正是他，无法参加这次迁都大典，想来不失为一件憾事。郝经已在南宋关押了整整十四年了，至今生死不明。想到这里，忽必烈觉得杯中的美酒一下子变得索然无味。

第七十四章

拔掉襄樊

1272 年春，元军围攻樊城数日，不幸攻入外城，杀死宋军两千余人，生擒宋军十六人，守将牛富率领宋军退到内城自保。围困了五年，才取得这点微薄战绩，并没有讨得忽必烈的褒奖。另外，连接襄、樊两城的浮桥依然控扼在宋军手里。接下来的一幕，更让忽必烈震怒不已，宋将张顺、张贵竟然率领着船队，冲破元军的层层重围，将弥足珍贵的救援物资送进了襄阳城。

入夏以后，元军围困襄阳已达五年之久。守将吕文焕竭力据守，城中粮食尚有，但食盐、布匹发生短缺。驻扎郢州（今湖北钟祥）的宋将李庭芝见襄、樊危急，心焦如焚，试图对襄、樊做最后支援。在襄、樊西北，有一条发源于房州（今湖北房县）房山的青泥河，注入汉水。他们试图通过青泥河，把救援物资输送到襄阳，尽管此举险象环生，危险系数很大，但除此之外，无计可施。他们发现围城的元军把兵力重点屯于南面和东南方向，而西北兵力比较薄弱。

在屡次请求南宋朝廷出兵未果的情况下，张顺、张贵只好在汉水西边重金招募彪悍将士三千名。所有参战的人，都是水性极好的死士。他们事先在房州北面的钧州（今湖北武当）秘密制造了一百余艘战船，每三艘小船连成一舫，中间的船上装载着军需物资，左右船上载着护送的将士，备有火炮、弓弩、巨斧等器械，准备驱船前进。

五月二十三日，这支由张顺、张贵统领的百余艘战船组成的敢死队，沿汉水上游的青泥河而下，停泊在团山脚下。翌日，船队开到高头港，装上布匹、食盐、粮食等援襄物资，每艘战船上载有三十名士兵，伺机突破元军封锁，赴襄阳雪中送炭。

轮船是一种特制的轻便战船，在船舷两侧装有击水的转轮，用脚蹬踏，不但比划桨省力，最重要的是速度很快。尤其在无风的情况下，帆船行驶艰难，轮船照样行驶如飞，船上装有风帆，顺风踏轮，行驶的速度更快。

五月二十四日夜漏三刻，救援船队起碇出发，张贵领先，张顺殿后，乘风破浪，直冲重围向襄阳方向驶去。船行不久，前方的江面上出现了几盏灯火，那是元军在江中布置的巡逻船队。张贵沉着迎战，命船上的勇士加快速度，迎头撞去。

能见度很低的江面上，冷不丁地冲过来一支船队，使元军惊慌失措，未来得及搭话，前面的一艘战船被撞翻，船上执勤的元军全部倾泻进江中。等轮船与元军的战舰接触后，操刀持斧的宋军，纷纷跳到战舰上，见人就砍，手起刀落，把元军士兵斩杀殆尽，凿沉战船后，不敢停留，急速前进。

救援船队且行且战，逼近磨洪滩时，江面上出现一大片辉煌的灯火。那是元军设置的拦江水寨，江面上密布着撒星桩，封锁数十里，还把战船连成方阵，严阵以待。张贵下令各船以红灯为号，相互照应，便率军强攻，救援将士一鼓作气，先用强弩和火炮狙击元军战舰，短兵相接时，挥舞着巨斧砍断铁锁，力踏飞轮撞开正在燃烧的元军战舰，冲破重重封锁，引导船队继续顺流而下，元军被杀溺而死者不计其数。转战一百二十余里，所向披靡，多次拼死冲破元军战舰的阻拦，渐渐向襄阳逼近，襄、樊二城的地标关头的东畔鹿门山处已隐约可见。

张顺等手持巨斧，砍断星桩，突围成功，于五月二十五日黎明时分，援军终于抵达襄阳，时襄阳被困已有五年之久。宋廷援军首次将大批军需物资运到襄阳城下，送来最初的也是最后的补给。襄阳城内守军一片欢呼雀跃，没等吕文焕下令就启城迎接援军。

这时，元军驾驶的船队也蜂拥而至，企图夺走援军冒死送来的军需物资。受到援军的鼓舞，守军士气大振，不消几个回合，便成功击退元军的滋扰。

襄阳城守将吕文焕看到极为稀缺的补给时，激动得热泪盈眶，持着张贵的手迎进城中。他感激涕零地说："襄阳被围困多日，岌岌可危，只是盼望援军，如大旱之望云霓。张将军真是襄阳城的大救星啊。"

张贵摆摆手，轻描淡写地说："吕将军言重了，倒是您矢志守城御敌的壮举，激励着南宋上下同仇敌忾。此次救援，一路险阻，运到这里的物资所剩不多了，对襄阳守军来说，无疑杯水车薪。"

"话不能这样说，你们用实际行动带给襄阳军民精神上的鼓舞，比起这些实物来，要宝贵得多。让他们知道，大宋朝廷并没有忘记他们。"

卸完船上的补给，清点数目后，吕文焕吩咐守军通过浮桥也给樊城送去一些，以激励他们抗元的士气，让他们知道南宋上下握成一个铁拳，和襄、樊军民一起抗元。

半天了，断后的船队仍然没有跟上，迟迟不见张顺等人的踪影。张贵把此事报告给吕文焕，他派人在襄阳城外的水域寻找多遍，未果。原来，主将张顺与一批敢死队员为保护前面救援船队的安全，拼死抵抗元军，导致全部壮烈阵亡。数日后，其尸体溯流而上至襄阳的浮桥边，张顺身中三枪六箭。张贵认出，正是哥哥张顺的尸体，引来城中军民的号啕大哭，安葬并修庙纪念。

张贵滞留襄阳期间，派人潜回郢州，联络郢州的殿帅范文虎，约定南北夹击元军，打通襄阳外围交通线。原计划范文虎率精兵五千驻龙尾洲接应，两军在此会师。七月七日，在吕文焕的号令下，张贵率部突破重围，期与驻扎于龙尾洲的范文虎部会师。等张贵杀出险境，抵达龙尾洲时，在灯火中远远望见龙尾洲方向战舰如云，旌旗招展，以为是范文虎接应大军，举火晓示，对方船只见灯火后便迎面驶来。等到近前，却发现来船全打着元军旗号。两天前的一个风雨之夜，范文虎派来五千水军以为元军来攻，混乱中顺流退避三十里之外。

得知江中的敌情后，阿术和刘整急忙调集大批战船停泊在龙尾洲，准备全歼从襄阳突围后漏网的宋船。张贵命令轮船南宋将士与元军殊死一搏，由于力量悬殊，元军占绝对优势。等元军战舰靠拢过来，手持长矛的元军纷纷跳上轮船，来擒获张贵。

力战而竭后，致使张贵身中数十创，终因体力不支倒在轮船上，成为元军的俘虏。元军营帐一片欢腾，终于洗去张贵突围驰援襄阳给元军留下的耻辱。汉军万户张弘范，赋题为《襄阳战》的小令一首，记载此事：

鬼门关，朝中宰相五更寒。锦衣绣袄十万，枝剑摇环，定输赢此阵间。无辞惮，舍性命争功汗。将军战敌，宰相清闲。

张贵被押至元军阵营，宁死不降，被元军杀害，随后又派四名南宋降卒抬着张贵的尸体晓示襄阳城中军民说："认识矮张吗？这个就是！"迫使吕文焕献城投降，他杀掉四名降卒，把张贵与张顺合葬，立双庙祭祀。安葬当日，百姓沿街夹道跪拜，哭声震天。

后来，吕文德又率兵来救，虽历经激战都未果，吕文德为救弟弟吕文焕而战死。援襄努力，至此彻底失败。

1272 年十一月，正当元军集中兵力幻想一举拔下襄阳城时，南宋荆湖制置使李庭芝建议朝廷敕封刘整为汉军都元帅、卢龙军节度使，加封燕郡王，并派永宁寺一个和尚为密使，携带着金印、牙符和李庭芝的亲笔书信，企图招降刘整。能使刘整浪子回头更好，不回头的话，也可略施一个反间计，假借元廷之手铲除刘整。这个结果没有丝毫的悬念，和尚注定被永宁县令截获，立即驰驿奏报忽必烈。

忽必烈闻讯大惊，立命姚枢和张易负责处理此案。张易奉命把刘整从襄阳前线召回京师，看到李庭芝的亲笔书信及金印、牙符，辩解说："宋怒臣画策攻襄阳，故设此以杀臣，臣实不知。"

忽必烈断定，在襄、樊危在旦夕之际，刘整不可能反水叛蒙重新降宋的。如此考虑，忽必烈命刘整在给李庭芝的回信中写道："整受命以来，惟知督厉戎兵，举垂亡孤城耳。宋若果以生灵为念，当重遣信使，请命朝廷，顾为此小数，何益于事！"

一旁的姚枢和张易见南宋的反间计不攻自破，才长舒了一口长气。

忽必烈大肆赏赐了刘整，让其担任汉军及水军统帅，重新返回前线继续率军攻伐襄阳的战争。并诛杀挑拨离间的永宁寺和尚及党羽。

蒙军虽然屡次打败南宋援军，但襄、樊两城仍然是久攻不下。在1272 年十一月前后，针对襄、樊围困五年，没有取得实质性进展，元朝平章政事阿里海牙向阿术建议道："襄阳之有樊城，犹齿之有唇也。宜先攻樊城，樊城下则襄阳可不攻而得。"

1273 年初，元军要做的首要之事就是通过摧毁浮桥以阻止宋军增援的方式，将樊城孤立起来，一举拔下。正在犯愁的阿术闻言大喜，立即依计而行。先用火炮轰击浮桥两端的两城出口，使宋军不敢出城。再派几百名死士手持铁锯、巨斧攀上浮桥，用铁锯截断襄、樊两城之间的江中木柱，砍断铁链，然后再焚毁架于其上的浮桥。

襄、樊守军当然知道浮桥是他们救命的稻草，便使出浑身解数与元军抗衡。他们厮杀一夜，守军虽勇，怎奈在逼仄的浮桥上施展不开兵力，最终被元军彻底切断两城间的交通，木桩扯着铁索顺水漂走，襄、樊二城遭到完全孤立。

尽管如此，其内城仍然难以攻克，守将吕文焕仍坚持与元军死拼到底，对军民稍加勉励，持续笼城与还击。

为加快拔除襄、樊的步伐，忽必烈向同母弟、伊尔汗国可汗旭烈兀求援，请其代为寻找若干制炮大师。因为忽必烈曾听旭烈兀提及过，其身边就有几位建造过抛石机的制炮大师，曾在巴格达、阿勒颇与大马士革攻城中施展威力。

二月，回回人亦思马因及其助手阿老瓦丁因制成威力无比的回回炮（巨型抛石机），把炮口对准了貌似坚如泰山的樊城下，准备轰击樊城。回回炮——又名西域炮、巨石炮、襄阳炮。是一种以机抛石，用于战争攻守的武器。中古时，波斯、阿拉伯等伊斯兰国家之抛石机炮十分发达，能发射八百磅重巨石。元世祖时召回回人阿老瓦丁和亦思马因督造，并教回回军士演习，于至元十年（1273），用之于攻克樊城、襄阳。南宋亦曾仿制，并用于战守。明中叶以后，因大型火铳兵器已用于战争，渐废。①

在阿里海牙的传记中，也总结了此事："会有西域人亦思马因献新炮法，因以其人来军中。十年正月（1273年的一至二月，《元史》将进攻日期载为1272年十二月）为炮攻樊，破之。"

感谢马可·波罗，曾对回回炮进行过十分形象而逼真的描述："当机器开始投掷后，响声震天动地，石弹砸到任何东西，目标都会立刻被粉碎，被摧毁。"

这种新型大炮产自西域，发射的石弹重达一百五十余斤，发炮时地动天摇，所击之处，无坚不摧。

元军分成五道力量集中炮轰樊城，襄阳城内守军曾出兵驰援，均被元军的铁炮逼进城内。城内守军只能向攻城的元军射箭，因臂力所限，射出的箭矢飞不了多远，便落入水中。火炮不时把大小石弹抛入城中，使城内几乎没有完整的建筑。樊城失去襄阳的援助，渐渐招架不住。

这时，阿术吹响了登城的号角，几百架云梯搭在城墙上，蚂蚁般的元军从四面八方涌向樊城，沿着云梯向城上爬去。城内的守军不敢有丝毫的懈怠，很多百姓也拿起武器自愿加入守城的行列，冒着城下飞来的石弹箭雨，把云梯用竹竿推翻，攻城的元军便号叫着从云梯上跌落下去。城下跌落的尸体叠在一起，高达数人，其中也有不幸中箭坠落城下的守城军民的尸体。守军减员迅速，而攻城的元军不断补充，依然人多如麻。

三日后，樊城终于被攻破。据阿里海牙传记载："先是，宋兵为浮桥以

① 郑天挺，谭其骧，主编.中国历史大辞典［M］.上海：上海辞书出版社，2000.

通襄阳之援，阿里海牙发水军焚其桥，襄援不至，城乃拔。"守将范天顺仰叹"生为宋臣，死为宋鬼"，在守地自杀身亡。另一守将牛富率死士与元军展开巷战，渴饮血水，转战而进，杀敌无数，终因众寡悬殊，身负重伤，投火而死。其大义凛然之举，吓得元军瞠目结舌。

接着，便拉开了屠城的序幕。尽管自忽必烈即位以来，在身边汉人儒士的百般劝阻下，已经下达约束部下不得随意屠城的旨令，但对坚决抵抗的城市，还是不能免除屠城的惩罚。樊城抵抗元军长达六年的时间，屠城在所难免。除了工匠、儒士外，甚至连被俘的城内守军都一概处死，尸体几乎堆积成一座高山。

樊城被破，襄阳孤立无援，危在旦夕。这些事实像重锤，一下一下地敲击着襄阳城守军的神经。

守将吕文焕的告急文书接二连三传至南宋朝廷，贾似道照旧斗他的蟋蟀，对此置若罔闻。一天，贾似道觐见宋理宗，被问道："听说襄阳已经被元军围困三年，丞相看如何是好呢？"

贾似道故作惊讶地说："元军早已被打退，陛下从哪儿知道这件事的？"

可怜的宋理宗说："刚才听到一个宫女提及此事。"

散朝之后，贾似道便查明了那个透露消息的宫女，污蔑其行为不检点，令人将其处死。从此以后，宋理宗再也听不到边疆任何战事的讯息了，落了个两耳清净。

樊城沦陷后，襄阳便沦为元军最后角逐的猎物。襄阳危在旦夕，粮食的储备即将告罄，焦虑与忐忑蔓延开来，以致出现"襄阳饥，人相食。扬州谷价腾踊，民相食"的惨状。守将吕文焕每次巡城必南望恸哭，一再向朝廷告急。贾似道假惺惺屡屡上书宋廷请行边事，但他却私下让台谏上章挽留自己，说是宋廷大业离不开他。等襄阳城被元军攻克，他反而责问宋理宗："臣始屡请行边，陛下不许之，向使早听臣出，当不至此。"

权臣如此无耻，皇帝如此懦弱，南宋灭亡已成定局。

因回回炮攻伐襄阳有功，造炮师亦思马因战功显赫而获得忽必烈奖励的二百五十两白银，当时相当于一个工匠十年的收入。后被任命为回回炮手首领，佩带虎符。可惜其年不永，次年便患病去世，其职位和工作由儿子阿卜·巴克来继承。后来，阿卜·巴克也因制炮多次立功，先后被任命为镇国上将军、回回炮手都元帅、军匠万户府万户、刑部尚书、通奉大夫、浙东道宣慰使等职。

阿老瓦丁于 1280 年，入朝觐见忽必烈时，得赐钞五千贯。随后，奉命率散居于各郡的回回炮手俱赴南京（今河南开封）屯田。其后，任回回炮手军匠上万户府副万户。

元军在攻城的同时，忽必烈派原宋将唐永坚持诏书入城谕降吕文焕。在元军围攻猛击，又久久不见援军的情况下，是战是降，吕文焕一时举棋未定。

当整个襄阳城守军只剩余一二百人时，仍死守不投降，阿术实在恼火，命令继续发动火攻。一炮击中襄阳城谯楼，火光冲天，全城震动，军心大乱，士卒纷纷坠入火中，诸将多逾城投降。

曾与吕文焕素有冤仇的刘整（刘整被吕文焕用箭射伤过），竭力主张元军按拒降来狠狠惩处襄阳，用回回炮将其夷平，"刘整欲立碎其城，执文焕以快其意"。唯独元军统帅、参知政事阿里海牙仍坚持招降吕文焕，不愿伤及无辜。

1273 年三月，阿里海牙亲自临襄阳城下再三劝说吕文焕降元："公以孤军御我数年，今鸟飞路绝。帝实嘉能忠而主信。降必尊官重赐，以劝方来，终不仇汝，置死所也。"

见吕文焕"狐疑未决"，阿里海牙又折断一支箭，表示违心愿不得好死的承诺，一连重复了四次。折箭而誓，是北方人最为倚重的誓约。此时，襄阳守将吕文焕对宋廷绝望已久，于 1273 年三月十七日携其子举城归顺元军，孤军奋战五年的英名尽付流水。襄、樊战役宣告结束，前后相持五年之久的笼城，在回回炮的一声声怒吼中画下句号。

弃宋降元后，信守诺言的阿里海牙陪同吕文焕北上觐见忽必烈，果然受到优待，吕文焕被命为昭勇大将军、侍卫亲军都指挥使、襄汉大都督，仍守襄阳。另外，其麾下将士也得到较为妥当的赏赐与安置。接下来，吕文焕也极力用辉煌的战绩向元军证明自己是一个举足轻重的人。

至此，长达六年之久的襄、樊之战宣告结束，元军取得了元宋战争以来前所未有的胜利，牢牢掌握了通向长江中下游的管钥。在战略上元军处于主动地位，首先建立包围襄、樊的堡垒，又注重弥补战术上的不足，制造战船，训练水军，在襄、樊战役中发挥了巨大作用。襄、樊之战充分表明，元朝水军实力和攻坚作战的能力大为提高，其整体军事实力已略胜南宋一筹。

襄、樊两城失陷后，南宋门户洞开，形势急转直下。南宋依仗的长江天险，已经丢掉了一半。进军东南的时机日趋成熟。四月，忽必烈召开御前军事会议征求姚枢、许衡、徒单公履等身边汉族参谋、学者、策士们的意见。

徒单公履赞成元军一举攻伐南宋，他认为："乘破竹之势，席卷三吴，此其时矣。"只有迂腐的大儒许衡却以两国生灵之念，则以为不可："切不可为，应以仁义，感化宋国。"

接下来，元军顺汉水长驱东下，强渡长江，次年鄂州投降。至此，忽必烈的既定目标——上阻四川、下达江左的战略目标得以实现。

1273年初，当被元军围攻达五年之久的重镇襄、樊陷落的消息传至杭州时，南宋朝野一片鼎沸。襄阳失守后，南宋实权派人物贾似道依然置南宋王朝存亡于不顾，不是不予理睬，就是把执意上书者罢免流放，继续文过饰非，歌舞升平，延续着荒淫无耻的萎靡生活。

南宋除了贾似道之流的权臣祸国殃民外，也有像京湖制置使汪立信的忠臣良将，积极上书图救南宋于危亡。汪立信在给贾似道的书信中写道：

> 今天下之势十去八九，而君臣宴安不以为虞。夫天之不假易也，从古以然，此诚上下交修以迓续天命之几，重惜分阴以趋事赴工之日也。而乃酣歌深宫，啸傲湖山，玩岁愒月，缓急倒施，卿士师师非度，百姓郁怨非上，以求当天心，俯遂民物，拱揖指挥而折冲万里者，不亦难乎！为今日之计者，其策有三。夫内郡何事乎多兵，宜尽出之江干，以

实外御。算兵帐见兵可七十余万人，老弱柔脆，十分汰二，为选兵五十余万人。而沿江之守，则不过七千里，若距百里而屯，屯有守将，十屯为府，府有总督，其尤要害处，辄参倍其兵。无事则泛舟长淮，往来游徼，有事则东西齐奋，战守并用。刁斗相闻，馈饷不绝，互相应援，以为联络之固。选宗室亲王、忠良有干用大臣，立为统制，分东西二府，以莅任得其人，率然之势，此上策也。久拘聘使，无益于我，徒使敌得以为辞，请礼而归之，许输岁币以缓师期，不二三年，边遽稍休，藩垣稍固，生兵日增，可战可守，此中策也。二策果不得行，则天败我也，若衔璧舆榇之礼，则请备以俟。

这封呕心沥血的御敌之书，现在读起来都令人动容，而贾似道拿到书信看罢后，气愤地投掷于地，因汪立信"目微眇云"，骂道："瞎贼狂言敢尔。"

翌年七月，毫无征兆的宋度宗赵禥在内忧外患的风雨中离世，与此同时，位于杭州西部的天山山脉的天目山发生山崩，"水涌流安吉，民溺死者无算"。奸臣贾似道扶持年仅四岁的赵㬎继承帝位，体弱多病的祖母谢太后、母亲全太后摄政。孤儿寡母对三朝元老的权臣贾似道更加倚重，政治更为腐败。

第七十五章

风吹雁来

1273 年四月，攻克襄、樊两城后，由于中亚情势日渐紧迫，忽必烈欲终止用兵南宋。当时，南宋已日益衰朽，兵疲财溃，势在必亡。朝中大臣阿术、吕文焕等一致认为这是一鼓作气吞并南宋的绝佳机会，皆请求传檄讨伐南宋。

襄、樊前线主将阿里海牙利用朝觐机会，也向忽必烈陈述及时伐宋的好处："襄阳自昔用武之地也，今天助顺而克之，宜乘胜顺流长驱，宋必可平。"平章阿术也赞同阿里海牙的观点："臣久在行间，备见宋兵弱于昔，削平之期，正在今日。"

忽必烈一时难以定夺。遂将此事交付中书省相臣议论，中书省也没拿出一个统一的结果。犹豫不决的忽必烈便征求丞相史天泽的建议，史天泽说："朝廷若遣重臣，如丞相安童、同知枢密院事伯颜者一人，都督诸军，则四海混同，可立待也。"

史天泽虽年逾七十，其麾下的汉军，仍是忽必烈较为倚重的一支军力，石天泽本人也受到忽必烈的重用，先后担任中书右丞相、枢密副使、中书左丞相等要职。忽必烈本来考虑到石天泽年老体衰，不宜冲锋陷阵，已经允许他辞去所担任的要职，但对南宋战场非同小可，别人去忽必烈不放心，所以还是把老将石天泽派到襄樊战场上督阵。石天泽不顾年老体衰，在前线忙碌奔波，回来后给忽必烈提了一番建议，忽必烈岂有不重视之理。

忽必烈听罢，遂采纳了史天泽的建议，果断说道："大将伯颜可胜其重任。"

举兵伐宋是忽必烈历时一年反复推敲的关键性战役，不想给任何错误留下可乘之机。

南宋长江防线未破时，江南一带盛传民谣曰："江南若破，百雁来过。"

刘因《白雁行》诗中曰：

北风初起易水寒，北风再起吹江干。

北风三起白雁来，寒气直薄朱崖山。

乾坤噫气三百年，一风扫地无留残。

万里江湖想潇洒，伫看春水雁来还。

被南宋军民喻为"百眼"的伯颜为蒙古八邻部人，世代为八邻左手千户长。曾祖父述律哥图曾在成吉思汗手下当差，任八邻部左千户职位。祖父阿剌因为平定忽禅有功，又扩充了忽禅的地盘。父亲晓古台继任了其祖父的职位，并跟随宗王旭烈兀夺取西域。伯颜就是出生在西征的途中。长大后，他相貌堂堂，智勇双全，以深略善断著称，信奉也里可温教（基督教）。一次奉使入朝，深受忽必烈赏识，留作侍臣，与谋国事。朝中大小诸事，有难办的，伯颜往往三言两语就能搞定。在参与谋划国事时，伯颜常常比诸臣技高一筹，提出问题的论断，高屋建瓴，令众人信服，越发受到忽必烈的器重，逐渐提拔为中书左丞相，后迁中书右丞。便敕令中书右丞相安童的妹妹许配给他为妻，并说："做伯颜的老婆，不令你的姓氏失色。"

1274 年正月，忽必烈决定任命出身八邻族年轻的左丞相伯颜为统帅，总领攻伐南宋军事，大将阿术副之，南宋降将吕文焕担任向导和招降沿江州郡守将。他还诏令中书省征调十万人马，总兵分三路直指南宋都城临安。

伯颜临行前，忽必烈嘱咐道："这次兵伐南宋，宋将如有不战而降的，朕授予卿自行封赏的权力，不必每事都禀报朝廷，免得贻误战机。如果二十万兵马不够，可再向朝廷请援。灭宋后，卿记着先把郝经搭救出来。关押了那么多年，他吃尽了苦头。"

伯颜领命刚要告退，忽必烈又把他叫住，说："曹彬不嗜杀人，一举而定江南。汝其今体朕心，古效彬事，毋使吾赤子横罹锋刃。"

"臣遵旨。"

忽必烈"不嗜杀人"的思想，贯穿于整个伐宋的始终。伐宋本身不是目的，让南宋诸将士归附才是最终的目标。在赢得胜利的前提下，把平民的痛苦尽量降到最低程度。于是，忽必烈郑重其事地告诫伯颜："毋使吾赤子横罹锋刃。"

荆湖等路行枢密院，更名为荆湖等路行中书省，由伯颜和石天泽同任左丞相，阿术任平章政事，阿里海牙任右丞相，吕文焕任参知政事，统领元军二十万，作为南征军主力，直下鄂州方向，横渡长江，然后顺江东进，攻取南宋都城临安。

淮西等路行枢密院，更名为淮西等路行中书省，由合答任左丞相，刘整任右丞相，塔出和董文炳任参知政事，统领元军八万，作为偏师，直击安庆、扬州方向，以牵制两淮地区宋军出击，配合元军主力攻取临安。

同年六月十五日，忽必烈发布元帝国动员令，晓谕元朝将士：

　　自太祖皇帝以来，宋与使介交通，殆非一次。彼此曲直之事，亦所共知，不必历举。逮我宪宗之世，朕奉命南伐，师次鄂渚，贾似道复遣宋京诣我近臣博鲁欢、前河南路经略使赵璧请罢兵息民，愿奉岁币于我。朕以国之大事，必须入计，用报而还。即位之始，追忆是言，乃命翰林侍讲学士郝经等奉书往聘，盖为生灵计也。古者兵交，使在其间，惟和与战，宜俟报音，其何与于使哉？而乃执之，卒不复命。至如留此一介行李，于此何损，在彼何益？以致师出连年，边境之间，死伤相藉，系累相属，皆彼宋自祸其民也。襄阳被围五年，屡拒王师，义当不贷。朕先有成命，果能出降，许以不死，既降之后，朕不食言，悉全其命，冀宋悔过，或启令图。而乃执迷，固有悛心，所以问罪之师，有不能已者。

　　今遣尔等水陆并进，布告遐迩，使咸知之。夫以天下为事，爰及干戈，自古有之。无事之民，初无与焉。若彼界军民官吏人等，去逆效顺，与众来附，或别立奇功者，验等第官资迁擢。其所附军民，宜严敕将士毋得妄行杀掠，杀母妻孥毋致分散，仍加振给，令得存济。其或固拒不从，及迎敌者，俘戮何疑！甲子，忙古带、八都、百家奴分率武卫军南征。丙寅，合刺合孙为中书左丞，崔斌参知政事，仍行河南道宣慰司。

　　这是一篇灭宋的全军总动员令，短短二百余字，便把行师理由和对敌政策都讲清楚了。站在元朝的立场上来看，说得有理有据。从发布这篇诏书起，仅用一年零八个月，就彻底灭掉了南宋。与此同时，元朝诸将士也被忽必烈这满纸的正义言辞，激励得心潮澎湃，热血沸腾，完全达到忽必烈预期的效果。

　　这必将是一场规模极为宏大的军事征伐行动，旧时代蒙军铁骑战无不胜的历史已然过去，现在，骑兵仅是三军（陆、骑、水）中的一翼。

　　1274年九月十三日，伯颜统率元汉联军主力部队二十万，在吕文焕的引导下，自襄阳分三路南下，水陆合进沿汉水而下，进驻汉口，进至鄂州（今湖北武汉市武昌）。

　　南伐前，石天泽赶到上都，求见忽必烈，奏道："启奏圣上，南征军已南下，陛下传命分建荆湖、淮西两个行省，地位势均，发号施令时必将相互掣肘，影响整个伐宋局势。"

　　忽必烈闻言一惊，只想着全军分东西两路南下，各设指挥机构，没有细想两军会合后由谁统一指挥的问题，不假思索地说："偏师当然要服从主师指挥，把淮西等路行中书省，降为淮西等路行枢密院。"

忽必烈把此事交给身边当值的怯薛长玉昔帖木儿，让中书省和枢密院发个诏令，命合答官职以下官员，一律听从行省官伯颜、石天泽的调度。

史天泽率军南下伐宋途中，至郢州（治今湖北钟祥）病重而还，弥留之际仍奏请忽必烈："臣死不足惜。但愿天兵渡江，慎勿杀掠。圣上应以天下一家为怀，思大有为于天下。"。翌年（1275）病逝于真定（今河北正定县），享年七十四岁，基本上未参与伐宋战争。赠太尉，谥号忠武，后加赠太师，封镇阳王，立庙。

郢州新旧两城夹汉水位于东、西两畔，依山而筑，以石建城，矢石皆不能近，无法强攻。宋都统制张世杰率领沿江九郡精锐屯兵于此，以水军控扼江面，横铁绠，锁战舰，密植木桩于水中，阻断往来的舟楫；步军列阵于两岸，配以炮弩，使元军难以接近江岸。

为减少损失，早日入江，伯颜果断令军舍郢经黄家湾、藤湖（今湖北钟祥东、东南）迂回而进。

伯颜一边耀兵郢州，围而不攻；一边暗遣总管李庭、刘国杰攻拔郢州南汉水下游的黄家湾堡，继而遣兵修治平江堰，破竹为席铺地，拖船入湖，迂回入汉。随后，元军集中强兵攻破沙洋、新城（今湖北钟祥南），又谕降蔡店（今武汉汉阳西），接着欲渡江攻取鄂州（今武汉武昌）。

鄂州地处汉水入江口，为长江咽喉，南北要冲，是南宋的江防重镇。

宋廷为阻止元军浮汉入江，命淮西安抚制置使夏贵率战船万艘，控扼汉水入江口，权知汉阳军王仪守汉阳，权知鄂州张晏然守鄂州，都统王达守阳逻堡，荆湖宣抚使朱祀孙以游击军扼大江中流。"伯颜大会亲将议渡江"。军将马福献计，"回舟沦河口，穿湖中，从阳逻堡西沙芜口入大江"[1]。但沙芜口已有宋军精兵驻防。

对此严峻形势，伯颜采取声东击西之策，尔后，"遣阿剌罕率骑兵倍道

---

① ［明］宋濂，等.元史（卷一百二十八）［M］.北京：中华书局，1976.

兼行，击破沙芜堡"，控制江口，对阳逻堡实行警戒。与此同时，派发大军自江开坝，引船入沦河，"径趋沙芜，遂入大江"。元军以战舰数千艘泊于沦河口，数十万步骑屯驻江北。"旌旗弥望"，"宋人夺气"。继而避实击虚，强渡长江成功。

这场争夺战中，致使南宋数十万兵马死伤殆尽。尤为重要的是，江防的突破意味着南宋失去了一道天然屏障，沿江州郡为之震动，其后数十座城池不战而落入元军之手，完成了灭宋战争的重大转折。

是年，元廷改授吕文焕为荆湖行中书省参知政事，他向忽必烈建言："江汉未下之州，请令吕文焕率其麾下临城谕之，令彼知我宽仁，善遇降将，亦策之善者也。"吕文焕摇身变成替元朝招降宋将的工具。

鄂州、汉阳两城降元后，伯颜命阿里海牙率兵四万留守鄂州，经略荆湖，剿杀残敌，巩固后方，而自率元军主力顺流东下，直取临安。主要得益于襄阳城前守将吕文焕的疏通，曾作为下游驻防部队的首领，吕文焕的离间和劝降令许多守将不战而降。

南宋诸城守将开城投降的浪潮势不可当，在江南境内发生了巨大的骨牌连锁效应。元军兵锋所指之处，各城市及守城将士皆开门迎降，悉数被伐宋的伯颜军所收编，使元宋联军的阵容更为强大，渡过长江天险，临安隐约可望。

从占领鄂州截至1275年二月，伯颜率领元军沿途一帆风顺，从未遇到任何剧烈抵抗，兵不血刃地进占长江下游的池州。沿江所过州郡黄州、涟州、蕲州、江州、南康、安庆等相继迎降。与此同时，忽必烈同意枢密院的建议，下诏招降嘉定、重庆、江陵、郓州等拥兵自重的诸州县。

第七十六章

进逼临安

元军已渡江进逼临安的消息传来，南宋局势愈加动荡。对南宋朝廷早已失去信心的王钥，不待朝廷批准就离职而去，成为南宋末年第一个自动离职的丞相。这期间，宋理宗赵昀欲迁都平江或庆元，其皇后谢道清以大局为重，恐怕动摇民心，坚决力谏劝止。谢道清虽有心回天，力挽狂澜，但南宋王朝延续到度宗、恭宗时期，已是强弩之末。面临元军重兵压境的兵灾刀祸，谢太后御侮之心矢志不移，她几番亲书急诏，调集各路军马奋力抗元。"强敌压境，社稷将倾。谢太后要各地起兵'勤王'。"万般无奈之下，她令人将《哀痛诏》张贴于朝堂之上，号召天下勤王，保卫京师临安，懿旨道："我国家三百年，待士大夫不薄。吾与嗣君遭家多难，尔大小臣不能出一策以救时艰，内则畔官离次，外则委印弃城，避难偷生，尚何人为？亦何以见先帝于地下乎？天命未改，国法尚存。"

在南廷勤王诏令的指引下，一批英雄豪杰，奋起与元军力战。赣州知州文天祥和郢州（今武汉市武昌）张世杰招募数万义兵赶赴护卫临安；台州杜浒招募义兵四千奔赴临安，江南大地涌动着抗击元军入侵的风云。但是，与锐气旺盛的元军抗衡，宋军明显寡不敌众，加上南宋上下人心浮动，主和派势力抬头，对于谢道清的抗敌诏令，响应者日渐减少。

张世杰为涿州范阳（今属河北范阳）人，少时随金将张柔戍守杞州，张柔降蒙，他投宋，后被吕文德征召为小校。在多次战斗中作战勇猛，被迁调官职十阶。鄂州破城后，他领兵入卫，途中收复平江、安吉、广德、溧阳诸城。

文天祥，字履善，赐字宋瑞，自号文山，吉州庐陵（今江西吉安市）人，以状元任赣州知府。宋廷下达勤王诏令后，他把全部家资用作军费，率领着招募来的三万壮士至临安，朝廷命其屯兵平江。当时，元军已攻破常州、平江，临安告急。丞相陈宜中命文天祥弃平江、守余杭。

有人劝文天祥，说："元军三路进攻，势如破竹。你以乌合之众迎敌，岂不是驱羊群去斗猛虎吗？"

文天祥回答说："我知道情况确实如此，但国家危急，竟无人起兵勤王。我只好不自量力，以身赴难。"

1276年，被派往元军军营谈判，被扣留，后脱险经高邮嵇庄到泰县塘湾，由南通南归。

此时，主幼国危，内忧外患，群臣纷纷上书宋廷，认为非"师相"亲征，才能旋转乾坤。万般无奈，贾似道被迫开都督府于临安，总揽南宋大权，全面负责对元军的整体作战部署。

刘整本来不愿意在淮西任职，凭他的军事才能，应该带领元军主力打过长江，而不是仅仅担任一支偏师的统帅，但军令难为，实属无奈之举。1274年九月，淮西行枢密院属下诸军在正阳誓师出发，董文柄等率领右路军直趋安庆，伺机与伯颜主力军会合。合答与塔出等率领中路军渡过淮河，在庐州和扬州之间屯驻，切断淮东宋军和淮西宋军的联系。刘整则与博罗欢一道，被派作左路军，驻军下邳，节制淮东的宋军。这个决定几乎把刘整给毁了，元军主力南下，他反而离攻伐南宋的主战场长江越来越远。期间，刘整多次请求率领元军直赴长江，均遭到合答的拒绝。1275年正月六日，当刘整得知元军主力渡过长江、攻克鄂州的捷报时，不禁长叹道："首师阻止我建立功勋，使我不能先成功于他人。天下之事，果真是善作者没有善成！"当晚，在忧愤和痛惋的交加打击下，刘整溘然长逝。

之前，贾似道畏惧刘整，迟迟不敢出兵，现在刘整已死，贾似道才敢督促诸路军马十三万，战船二千五百艘，"抽诸路精兵以行，金帛辎重之舟，舳舻相衔百余里（相当于今天的四十公里）"，离开临安赴前线，溯江西上。

遗憾的是，原定在安庆设立都督府的计划泡汤了。范文虎、吕师夔等人已经投降元军，安庆、江州均落入敌手。宋、元两军主力相距二百余里，坏消息接踵而至，元军还攻陷了池州。贾似道身边连个商量如何行事的将帅都没有，他如滚油浇心，焦灼不安，后悔当初把多数忠臣良将排挤出朝廷。

二月九日前后，贾似道军行至芜湖，与从阳逻堡败来的夏贵会合。补充了上千艘战船，宋军军威似乎更为壮观了。可夏贵一见贾似道，未谈及军事，先从袖中抽出一张字条，在贾似道眼前晃了晃说，写道："宋历三百二十年。"言下之意，从宋朝开国皇帝赵匡胤草创大宋至今，宋朝历时已近三百二十年，国势已尽，犯不上为其丢了性命，夏贵是不打算认真备战了。贾似道也心照不宣，仅俯首而已。

屯兵芜湖后，贾似道没有积极布防备战，先下令释放元朝俘虏，迫不及待地遣使给伯颜送荔枝、黄柑等物，重施故技，愿"约贡岁币"以换取元军退师北还。但此时元军的目标在于灭亡南宋，称臣纳币已不能满足元廷的贪欲。

伯颜断然拒绝了贾似道和议的请求，回答得十分干脆："未渡江，议和入贡则可。今沿江诸郡皆内附，欲和，则当面议也。"又补充道："我奉旨举兵渡江，为尔失信之故，安敢退兵。如彼君臣相率纳土归附，即遣使闻奏。若此不从，备尔坚甲利兵，以决胜负。"

贪生怕死的贾似道，视个人性命远胜于国家前途，岂敢冒险赴元军阵营与伯颜面议。议和宣告失败，只好排兵布阵，强为抵抗。宋元两军在丁家洲一线（距铜陵十五里）遭遇，爆发激战。

对蟋蟀颇有研究的贾似道，在布兵作战方面却是外行生手，再加上贪生怕死，始终没敢与元军直接对垒。他命步军指挥使孙虎臣为先锋，淮西制置使夏贵率战舰二千五百艘，横列江上。兵力总数为十三万，与元军相比略占优势。

十六日，伯颜率水陆大军至丁家洲，与宋军相距数里。见南宋军阵势过于强大，伯颜考虑寡不敌众，想以计取胜。便召集诸将商议破敌之计，最后决定以火攻取胜。命军中制作了几十个大木筏，上面放置着柴草、硫黄等物品，假称要焚烧宋军的船只，致使宋军昼夜严阵以待，兵疲力竭。二十二日，伯颜下令步骑军沿江两岸进攻，同时让战船向南宋军发起冲击，双方展开一场激烈的决战。

在元军火炮的轰击下，南宋军力损失惨重。宋军前锋将姜才方与元军接战，前军主将孙虎臣竟弃阵先遁，诸军于是纷纷溃败。元军将领阿术趁机率领战船数千艘，乘风急进，像一枚楔子突入宋阵，横击宋舰。水战本是宋军的强项，但夏贵恐贾似道督师获胜，而自己因鄂州之败受到责难，竟然不战而逃，翻身上马直奔庐州而去。那里早已准备好逃遁的快船，此时不用，更待何时。夏贵所乘扁舟还特意从贾似道船边擦肩而过时高呼道："彼众我寡，势不可支！"

见夏贵不战而逃，南宋军将领苏刘义急忙下令掉转船头，向北岸开去，准备弃船登陆，骑马逃跑。

在岸上正与元军酣战的姜才和刘师勇，见几名宋军将领纷纷争先溃逃，气得怒火冲天。姜才停止与元军对决，急忙率领骑兵挡在阵后，把伺机溃逃的将士拦回去，继续与元军厮杀。刘师勇则手持利剑，一连斩杀了几名逃跑的兵卒后，才算稳住了摇摇欲散的阵势。

贾似道听闻前军接连溃败的凶讯后，惊愕失措之际，急忙下令鸣金收兵，企图乘船逃往扬州，整军再战。

南宋军被杀的杀，降的降，能与元军交战的所剩无几。见贾似道下达了收兵的命令，陆地上的姜才和刘师勇再也坚持不住了，只好下令退兵。步兵先退，骑兵断后，慌乱之下没有秩序可言，人马自相践踏，致使很多宋兵纷纷倒在撤退的洪流中。

不料元军乘胜追杀，宋军不战自溃，一败涂地，纷纷四散奔逃。元军统帅伯颜下令全线追击，一直追杀一百五十余里。

宋军溺死者无数，岸上一片皑皑白雪，"水为之赤"，惨叫声不绝于耳。其他如战船、军资器杖、图籍印符也尽为元军所获。此战，南宋水、陆两军主力几乎全部覆没，南宋气数已尽，为元军直下临安扫清了道路。

元军获取大批军资器械后，乘胜东进。丁家洲一战以元军大胜而告终，元军不费吹灰之力共俘获宋将三十余人，士卒数万，战船一千余艘。此战，使南宋主力军尽失，元气大伤，从此一蹶不振。

早在965年，北宋大军历时一个月就平定了割据四川的后蜀政权，后蜀皇帝孟昶的夫人曾赋诗一首："君王城上竖降旗，妾在深宫那得知？十四万人齐解甲，更无一个是男儿！"没料到，三百一十一年后，这一幕在丁家洲之战上重现。

堂堂平章军国重事、都督诸路军马、度宗尊之为"师臣"、众臣视之为"周公"的贾似道，竟如此不堪一击，时人讽之曰："丁家洲上一声锣，惊走当年贾八哥。寄语满朝诿佞者，周公今变作周婆。"

丁家洲之战后，元军大举进犯，继续沿长江顺流东下，兵锋直指建康。因慑于元军声势，两岸诸郡太平、无为、镇巢、和州、溧阳、镇江、江阴、宁国等地的守臣、武将大多丧失斗志，非逃即降，使得伯颜率领的元军风卷残云，势如破竹，很快逼近建康。在元军东进过程中，当时在建康城内曾向贾似道提出"抗元三策"的汪立信"竟扼吭而卒"。

是年二月，宋廷任命汪立信为端明殿学士、沿江置使、江淮招讨使，在建康招募兵源，负责支援沿江诸州郡。汪立信接到诏书后，即日上路，将妻子托付给爱将金明，紧握他的手叮嘱道："我不负国家，尔亦必不负我。"

当行至芜湖，与溃败南逃的贾似道相遇，贾似道一改昔日的嚣张气焰，面露愧色，上前拊着汪立信的背，哽咽着说："不用公言，以至于此。"汪立信回敬道："平章，平章，瞎贼今日更说一句不得。""平易近人"的贾似道问汪立信："此行何向？"

汪立信茫然四顾，痛心疾首地说："今江南无一寸干净地，某去寻一片赵家地上死，第要死得分明尔。"

南宋军在丁家洲被元军一举击溃的消息传至建康，汪立信本想激励建康守将组织军队固守城池，但看到将逃卒溃，四面皆敌，自知败局既定，仰天长叹道："吾生为宋臣，死为宋鬼，终为国一死，但徒死无益耳，以此负国。"

于是，他在建康城内外召集旧部数千人，把他们带到高邮驻扎，"欲控引淮汉以为后图"，当获悉贾似道军溃败于芜湖，江汉守军皆望风降遁时，汪立信又哀叹说："吾今日犹得死于宋土也。"

形势越来越于己不利，汪立信也越来越灰心丧气。于是置办一桌酒宴，打算与同僚、朋友诀别，并亲书三份表章，分别呈送给皇上、谢太后及全太后，以表心迹。然后又给其子写了一封书信，叮嘱家事。料理完诸事后，汪立信夜半起身在庭院中引吭悲歌，紧握拳头抚案三次，失声不语三日后，遂"扼吭而卒"。

汪立信竟然亲手扼住自己的咽喉而死，需要多大的毅力和视死如归的浩然之气啊。

伯颜率元军进入建康后，汪立信的部将金明向元军投降，并向伯颜如实相告汪立信生前诸事。伯颜身边诸将扬言此人宁死不降，与元朝誓不两立，应"策及其死告"。伯颜闻言却叹息不已，扼腕叹息道："宋有是人，有是言哉！使果用，我安得至此。忠臣之家，当予厚葬。"

同时，元军在长江两岸发起总攻，使南宋军全线崩溃，狼狈不堪的贾似道只身仓皇逃回扬州。此时，贾似道欺君的罪行已大白于天下，陈宜中以为贾似道已死于乱军之中，遂假惺惺地请求宋廷诛杀贾似道。陈宜中本是依附权臣贾似道，才迁为监察御史，贾似道授意他参劾程元凤。贾似道兵败以后，他却率先提出处死贾似道的建议，以提高自己的声望，毫无廉耻之心。

擅权误国的贾似道已被罢黜，此时南宋朝廷如果能够重新振作起来，任用贤臣，或许还有机会扭转目前将败的局势。恰恰这时，南宋朝廷又犯下一个不可饶恕的错误，太皇太后竟然任命朝三暮四的陈宜中为右丞相，并都督诸路军马。在陈宜中的主持下，岌岌可危的宋朝终于陷入万劫不复的深渊。

宋朝草创初始就立下不杀谏官及士大夫的禁令，为文臣及知识分子预留出前所未有的宽松言论空间，事实上，无形中形成了一种对皇权的制约。这种制约当然不能与现代民主社会的分权制度相比，但仍然弥足珍贵。加上历经半个世纪的磨砺而变得泰然坚强的谢太后并不会完全屈服于这种舆论压力，她回答道："似道勤劳三朝，岂宜以一旦罪而失遇大臣礼？"

为了给愤懑难平的南宋臣民一个满意的交代，谢太后削贬贾似道，并下令将其安置于婺州（今浙江金华）。婺州百姓听说后竟相张贴布告，明确表示本州官员百姓不欢迎这个奸臣。婺州去不成了，贾似道只好转赴宁府（今福建建瓯）安置。贾似道便带着数十个侍妾前往建宁。

建宁是名儒朱熹的故里，三尺童子都知道辨善恶、讲礼仪。当地百姓听说贾似道要来的消息，都感到恶心，紧闭城门，拒绝放他进入。无奈之下，宋廷只好再将贾似道贬为高州团练使，发配到循州安置，并查抄其家产。

抄家的命令一经下达，贾似道苦心营造的养乐园、后乐园里冲进去许多宋廷官兵，把贾似道搜集的天下珍宝都统统搬上了车，搬不动的统统砸烂。有人谣传贾府地下埋藏着大批的金银财宝，于是，不惜耗费大量的人力物力，掘地三尺，结果一无所获。就这样，几个好端端的名园竟然毁在自己人手里。倒是缴获一批御书、团龙锦袍之类的违禁物品，回去交差。

同时，授权执政的陈宜中开始清理朝中贾似道之党羽、爪牙，尽皆驱逐于外。又赶快放还被贾似道拘禁了十六年的国使郝经回国，同时以宋廷的名义诏谕降元叛将吕文焕、范文虎等人，让他们"协助"与元朝通和。可笑的是，南宋边境守将仗着手中的利剑，还肆意斩杀元使。几拨元使走到半路，均被宋军杀掉，犯下不可饶恕的"外交"大忌。

建宁到循州，陆路有两千多里，主要在福建境内。痛恨贾似道的福王准备在其赴贬地的途中将他置于死地，便特意招募曾遭受贾似道迫害过的山阴（今浙江绍兴）县尉郑虎臣作护送官。

在宋廷权倾朝野的某天夜里，贾似道做了个梦，梦中有仙人指点，提醒他将被姓郑官员害死。于是，贾似道竟然信以为真开始着手处置宋廷中姓郑的官员，被罗织各种罪名，发配到偏远地区。郑虎臣的父亲就是其中一位，被发配至岭南之后，再也没有回来。郑虎臣曾发誓要亲手杀死贾似道，为父亲雪恨，现在机会终于来了。

福王觉得郑虎臣是最佳人选，立即禀报太后，请她准许派郑虎臣把贾似道送往循州。太后不知其中恩怨，自然准了福王的奏请。

郑虎臣到达建宁之后，立刻催促贾似道动身，贾似道离家启程时尚有几十个姬妾随行，郑虎臣将她们全部遣散。她们只好自雇小轿，远远地跟随在押送队伍后面。在骄阳似火的天气里赶路，滋味很不好受。等出了建宁，郑虎臣又扯下贾似道随身佩戴的珠宝，掀开他所乘坐的轿顶，让他接受烈日的暴晒。还让轿夫们唱起杭州俚曲，指名道姓，对其百般羞辱奚落。

> 冬至后，
>
> 一九二九，召唤不出手，见着贾公忙叩首；
>
> 三九二十七，篱头吹觱篥，周公众妾难分离；
>
> 四九三十六，夜眠如露宿，养乐园里梦逍遥；
>
> 五九四十五，太阳开让户，太师不能荡西湖；
>
> 六九五十四，笆头抽嫩刺，鲁港风来事不济；
>
> 七九六十三，破絮担头提，死了群玉泪涟涟；
>
> 八九七十二，黄狗相阳地，发配荒州太偏僻；
>
> 九九八十一，犁耙一齐出，到头必把奸臣除。

昔日权倾朝野的相国，现在变得唯唯诺诺，忍气吞声。

途中在一座古寺中歇息时，墙壁上正好有被贾似道贬斥南行的吴潜的题字，郑虎臣把贾似道叫到面前，大声呵斥道："贾团练，吴丞相为何到此？"贾似道自知个中原委，羞愧难言，低首不语。在押解的途中，护送官郑虎臣多次提醒贾似道自尽，但他苟且偷生，害怕就死。郑虎臣想尽办法，勒逼折磨。

九月，当他们行至漳州城南二十里的木棉庵后，贾似道自知再也活不下去，便服冰片自杀。怎奈一时并不得死，仅仅造成腹泻而已，郑虎臣气愤不过，在厕所内击碎其肋骨而死，结束贾似道擅权误国的一生。

当贾似道的死讯传至临安，有人在被查抄后的养乐园的大门上题诗云：

> 深院无人草已荒，漆屏金字尚辉煌。
> 只知事去身宜去，岂料人亡国亦亡。
> 理考发身端自有，郑人应梦果何祥。
> 卧龙不肯留渠住，空使晴光满画墙。

> 事到穷时计亦穷，行此难倚鄂州功。
> 木棉庵上千年恨，秋壑堂中一梦空。
> 石砌苔稠猿步月，松庭叶落鸟呼风。
> 客来未用多惆怅，试向吴山望故宫。

第七十七章

临安梦断

1275年三月，元军除分兵向江西进攻外，主力由伯颜统率，以董文炳为前锋长驱直下，顺利开进长江下游重镇建康。国信使廉希宪南下传旨："令诸将各守营垒，毋得妄有侵掠。"伯颜受命以行中书省驻节建康，对既定的部署做了一些调整，以原淮西行枢密院的阿塔海、董文炳驻守镇江，阿术则分兵北上攻伐扬州，为下一步军事行动做准备。

在此期间，适逢疫病流行，百姓贫病交加，饥饿难耐。伯颜下令"开仓赈饥，发医起病"，百姓们大为感激，都称颂伯颜的军队为王者之师。

四月稍晚些时候，江南已提前进入炎炎夏日，元军和南宋军都因酷热难耐而萎靡不振。四月二十四日，忽必烈以"时暑方炽，不利行师"为由，遣使命元军暂缓进军的诏旨，"俟秋再举"。其实，忽必烈命伯颜暂缓对南宋"停战"的想法绝非天气原因，恰恰是因为元廷内部统治不稳，他的注意力还大半放在北方，准备彻底搞定诸王叛乱后再大举灭宋。

于是，忽必烈命令阿剌罕为行省参加政事，暂管行省诸军。五月，伯颜北上到达上都述职，忽必烈急欲伯颜挥师北征西北诸王海都势力。元军南伐一度搁浅，给宋廷重整军队和收复失地预留下很大的机会。二十二日，陈宜中派刘师勇在殿帅张彦的协助下，收复常州。

七月，张世杰与平江都统刘师勇、知泰州孙虎臣率战舰万艘。这次，他吸取丁家洲兵溃的教训，将大船用铁索连在一起，每十舟为一舫，连以铁索，定于江中，横列于焦山南北江面，摆开阵势，欲与元军决一死战。结果，被阿术以水陆协同进击，配以火攻击败，损失惨重。此次战役，使南宋的几十万军队，除了逃到海上去的几千人，全被歼灭，活捉的士兵近万人。七百余艘海船成为元军的战利品。焦山之战前，宋朝的统治已进入瘫痪状态。兵败如山倒，宋朝已无力抵抗长江防线彻底崩溃，临安危在旦夕。

时值忽必烈南下灭宋的关键时刻，西北诸王海都与察合台王八剌、术赤后王忙哥帖木儿，大会于塔剌思河上，结成联盟，袭击西北，骚扰成吉思汗的基业和根本之地。得知消息后，忽必烈甚为担忧，此次招伯颜进京，是暂缓对南宋的用兵，先率大军北上平定海都之乱。在忽必烈心中，漠北毕竟是草原故地，其政治意义大于正举兵征讨的南宋。

但伯颜向忽必烈据理力陈道："宋人之据江海，今已扼其吭，稍纵之则逸而逝矣！宋朝建国近三百二十年，时已病入膏肓。不仅主幼国疑，母后干政；而且贾似道之后，朝内无得力之臣，军中无统帅之将，实乃上天亡宋之时。我军攻克襄、樊之后，宋朝借以立国的长江天堑已成为大元军队的运兵水道。经过丁家洲和焦山之战，我军已消灭了宋军的中央禁军和水军主力，宋人鸟兽四散。此时一鼓作气，可以势如破竹，毕其功于一役。而此前南征，并非轻松。仅襄、樊一地，就攻守长达五年！那还是因为南宋朝中贾似道弄权误国，逼反刘整，不救襄、樊，我军才攻下其城。如今贾似道失权已死，如果南宋朝廷真能起用能臣治国、名将整军，而我不能一鼓作气将其灭亡，待其得以休养生息恢复元气，再要将其彻底击败，不知将要迁延时日到何年何月了！何况从战略上看，平宋乃统一华夏之举，只有乘胜进军，方能收其全境。"

"伯颜将军所言极是，但是西北宗王起叛也总要有人去坐镇。"

伯颜现已明白，忽必烈此次招他回来，是准备把他派往西北去讨伐宗王。倘若真下达了诏命，也只能听从忽必烈的安排，虽然心里极不情愿，不想把即将到手的伐宋功劳拱手让给他人。

忽必烈又问道："以伯颜将军之见，派谁去西北合适？"

见忽必烈忽然改变了主意，伯颜心里窃喜不已，表面依然不动声色，说："陛下不是让微臣去西北吗？"

"不是伯颜将军，你先去踏平残宋吧，倘若以后有机会再赴西北剿灭乱匪。"

见心中的疑虑被忽必烈三言两语给解除了，伯颜会心地笑了，马上想到一个合适的人选，说："那就让安童丞相去西北坐镇最为合适。"

"伯颜将军跟朕想到一块去了。"

伯颜对形势中肯的分析，是令人信服的。于是，忽必烈放弃"先下江南，后赴西北"的用兵战略，同意伯颜返军，继续对临安的攻伐，一举灭掉南宋，统一华夏；另外，派儿子那木罕、右丞相安童驱兵西北辅佐皇子那木罕，抵御西北海都势力。

八月五日，伯颜离开上都，携招降宋室国书南返，在路上延续了两个多月。南返途中，他调淮东都元帅孛鲁欢部元军"溯淮而进"，又指挥淮东元军攻打淮安城，拔其南堡，召诸将围攻扬州的"指授方略"。显然，旨在加强了元军在长江以北的防御体系，剪除淮东地区宋军对元军侧翼的后顾之忧。

1275 年九月，伯颜回到建康，开始部署攻伐临安的具体行动。为慎重周密起见，伯颜兵分三路攻略临安。十一月，三路元军分头进发，直趋临安：参知政事阿剌罕率右军骑兵，自建康出溧水、广德一线，向独松关内挺进，伺机切断宋室逃往内地的道路；参知政事董文炳、相威、张弘范率左军舟师，自江阴，出长江口，循海岸线，入杭州湾，堵截宋室从海道逃亡的路线；伯颜、阿塔海率中军，自镇江、常州、平江，水陆并进。

自伯颜率元军拔下襄、樊两城，挥师东进，一路上宋军纷纷献城受降。

但没想到越接近临安，遇到的反抗越激烈。尽管伯颜临近南下伐宋时，忽必烈曾拿曹彬征南唐不杀一人的典故叮嘱他，并多次颁布止杀之诏，但在战场上遇到视死如归的拒降者，想要对方无血开城，是何其难啊。

伯颜率领中路军出发后先抵常州，此城原已降元，后又反正归宋。常州城守姚訔、通判陈照等坚决抵抗元军的进攻。伯颜见招降不成，乃亲自督战攻城。伯颜在此投入二十万兵力，猛攻常州城。元军驱使城外的百姓运土填充护城河，堆砌高于城墙的高台，以便从高台上向城上守军发射弓箭和弩炮。由于建造进度撵不上元军的要求，元军将运土百姓杀戮后也充当了堆砌材料，与泥土混杂在一起，最终筑成环城堤防。

万事俱备，于十一月十八日，元军向常州发起总攻。刘师勇孤军坚守常州城，激战一昼夜。宋军两次来援均被击败，常州坚守两日后失守。元军把从百姓尸体上刮下来的皮肉扔进大锅里熬煮，提炼出人油喷洒到城墙上点燃。不久，城墙被大火烧塌，刘师勇突围而出，元军蜂拥入城。作为政治恐吓，元军在常州城内实行了大屠杀，在城里挨家挨户地毯式搜索，见男人即杀，见女人先奸后杀，全城几万名百姓只有七个人幸免于难，因为他们伏在桥下才得以生存。常州城百姓遭受屠杀，在以后发挥出威力无比的震慑作用。此后元军在无锡、平江、嘉兴、湖州等地再未遇到有效的抵抗。

面对富丽堂皇的临安城，元军将士希望早日杀入城内，趁机抢夺珠宝财物和佳丽美女，以中饱私囊。伯颜希望如能顺利进取临安，并取城而不掠，保证城内百姓安居乐业。在向临安进军前夕，他问计于行省郎中孟祺。孟祺说："宋人之计，唯有窜闽尔。若以兵迫之，彼必速逃，一旦盗起临安，三百年之积，焚荡无遗矣。莫若以计安之，令彼不惧，正如取果，稍待时日耳。"

伯颜以孟祺计谋而行，立即修书信遣囊加歹为使，送往临安，在保证赵氏皇室人身安全和全城百姓带来和平的前提下，敦促南宋君臣尽快开城受降。

随着元军铁骑逼近，临安告急，南宋朝中官员纷纷逃匿，外地守臣也纷纷弃印而去。宋廷内，赵㬎幼冲，太后全氏善懦，执政的太皇太后谢氏年迈昏聩。朝中既无运筹帷幄的将帅，又无主持朝政的宰相。主和、主战两派意见分歧，各行其是，谁也说服不了谁。文天祥、张世杰主战，两人联名奏请朝廷背城一战，危中求安。丞相陈宜中却加紧策划议降，太皇太后也准备"奉表（降书）称臣""乞存境土""封为小国"。

十二月，伯颜率师抵达无锡，距离杭州四百余里。接下来整整六周的时间，谢太后先后派出几批特使前来寻求最佳解决方案。

先是宋将作监柳岳在襄加歹的陪同下，带着宋朝皇帝和太皇太后的书信来见伯颜，在无锡大营里，哭诉道："太皇太后年高，嗣君幼冲，且在衰绖中。自古礼不伐丧，望哀恕班师，敢不每年进奉修好。今日事至此者，皆奸臣贾似道失信误国耳。"

伯颜答道："主上即位之初，奉国书修好，汝国执我行人一十六年，所以兴师问罪。去岁又无故杀害廉奉使等，谁之过欤？如欲我师不进，将效钱王纳土乎？李主出降乎？尔宋昔得天下于小儿之手，今亦失于小儿之手，盖天道也，不必多言。"

柳岳企图以眼泪和哀求来感动元军统帅伯颜，以求得元军退兵，却被一口回绝。当初陈桥兵变，太祖皇帝赵匡胤黄袍加身时，何曾想到过后周禁宫里的孤儿寡母，如今，三百多年后，同样是孤儿寡母，同样面临亡国之危，不同的仅仅是亡国者由柴姓变成了赵姓，也算是一种有趣的历史轮回吧。不过，这些历史典故恐怕都是汉族儒士教授给他的，伯颜不会知道这些。

柳岳铩羽而归，宰相陈宜中仍旧执迷不悟，二十日后，又派宗正少卿陆秀夫、尚书夏士林等到平江乞和，向伯颜表示只要元军为宋廷留下一条生路，宋帝愿尊元帝为伯父，"世修子侄之礼"，且岁贡银二十五万两、帛二十五万匹。

宋廷曾接连派出几拨使者到伯颜军中求和，太后也发出罢兵诏书，向元朝显示求和的诚意。但为时已晚，伯颜毫不理会，只是不断遣人将宋使逐回临安促降，不接受任何条件的议和。

见求和不成，大规模南逃的道路被元军阻断，假如临安城中军民奋起抵抗，只会招来屠城之灾。谢太后不得不做出投降的让步，眼下，也只有这条独木桥可走了。

1276 年正月十六，宰相陈宜中、张世杰说服杨太妃奉拥所生二王赵昰、赵昺，由国舅杨亮节陪同，在谢道清密命摄行军中事的江万载父子所带殿前禁军的护卫下，逃至福州。随后，派杨镇、陆秀夫等连夜护送二王逃至温州。左丞相留梦炎竟不辞而别，悄悄逃遁，小朝廷慌乱成一团。伯颜急遣阿剌罕、董文炳等据守要津，防止南宋皇室成员再度逃逸，另派一支劲旅追捕益、广二王，但追之不及而返。

误国之臣右丞相陈宜中，也决议三十六计走为上策。他先率群臣入宫，向谢太后面陈迁都之事。谢太后起先不同意，他竟像个女人一般恸哭在地。在陈宜中的软磨硬泡下，谢太后才勉强答应，吩咐太监、宫女们做好出发的准备，又把全太后唤来，安排好小皇帝随身携带的东西，一直忙碌到午后，连饭都没顾上吃。终于一切收拾稳妥，单等着陈宜中前来接驾。

到相约天黑时分出发时，却迟迟不见陈宜中的踪影。已经沉不住气的谢太后，派人到宰相府上打听虚实。派去的人回来，说是陈丞相又把动身的日期改为明天了。

见事已至此，谢太后大怒道："我本不欲迁，经大臣固请，才有是命。哪知竟来诳我呢？安排明天启程，为啥不早说，让我们在这里傻等着。他陈宜中眼里，根本就没有我这个太后。"说完，把头上的簪珥拔下来狠狠地投掷到地上，气咻咻地返回宫中闭门而泣。

翌日，陈宜中备好车马，到宫中接驾时，孰料吃了个闭门羹，竟被谢太后挡在宫门外。陈宜中急了，发动群臣求见谢太后，谢太后一律不予理睬。

城外凶讯传来，嘉兴守将已降元，元军已开进嘉兴城。伯颜、董文炳、阿剌罕率领三路大军在临安近郊皋亭山会师，遵照忽必烈"直趋临安"的旨意，元军抓紧对临安的包围和谕降，局势千钧一发。

文天祥、张世杰联名上请，愿移三宫入海，自率城防军民与来犯元军决一死战。但因投降派的百般刁难阻挠，终归未能奔赴前线御敌，实为一桩憾事。

在南宋危在旦夕之际，陈宜中却离开临安，逃至远离前线的南部沿海地区，他拒绝宋廷派来请他回朝的命令，要求朝廷在这一地区给他重新任命官职。太皇太后只好给他母亲写信，在其母亲的干预下，陈宜中才回到都城任职。胆小怕事的陈宜中否决了这项提议，别无他顾，一意求和。随后，他与谢太后密谋后，决定向元军投降。

谢太后遣监察御史杨应奎奉传国玺及降表至伯颜军中请降，哀乞伯颜念上天好生之德，对宋朝皇室从宽处理。降表曰：

> 大宋国主显，谨百拜奉表于大元仁明神武皇帝陛下：臣昨尝遣侍郎柳岳、正言洪雷震捧表驰诣阙庭，敬伸卑悃，伏计已彻圣听。臣眇焉幼冲，遭家多难，权奸似道，背盟误国，臣不及知，至于兴师问罪，宗社阽危，生灵可念。臣与太皇日夕忧惧，非不欲迁辟以求两全，实以百万生民之命寄臣之身，今天命有归，臣将焉往？惟是世传之镇宝，不敢爱惜，谨奉太皇命戒，痛自贬损，削帝号，以两浙、福建、江东西、湖南北、二广、四川见在州郡，谨悉奉上圣朝，为宗社生灵祈哀请命。欲望圣慈垂哀，祖母太后耄及，卧病数载，臣茕茕在疚，情有足矜，不忍臣祖宗三百年宗社遽至殒绝，曲赐裁处，特与存全，大元皇帝再生之德，则赵氏子孙世世有赖，不敢弭忘。臣无任感天望圣，激切屏营之至。

恭帝在降表中称臣，请求削去皇帝称号，并将两浙、福建、江东、江西、湖南、湖北、两广、四川等尚属南宋管辖的州郡全部拱手奉给元朝，"欲望圣慈垂哀，祖母太后耄及，卧病数载，臣茕茕在疚，情有足矜，不忍臣祖宗三百年宗社遽至殒绝"。

正月十九，伯颜受了宋廷进献的玺表，遣回杨应奎，命人传语宰相陈宜中出议降事。贪生怕死的陈宜中几乎被伯颜的邀请吓破了胆，便再一次抛弃了谢太后和年幼的皇帝，于当天夜里逃离了临安。

社稷拱手相让，张世杰、刘师勇等因朝廷不战而降而义愤填膺，率领少数水师泛舟海上。伯颜遣都统卞彪前去劝降，被张世杰割断舌头，磔死中子山。不久，刘师勇忧患成疾，纵酒而亡。

文天祥和张世杰虽作战勇敢，但南宋王朝的大厦将倾，他们独木难支，无力阻止元军渐渐逼近的铁骑。陈宜中逃走后，元军已兵临城下，紧张的局面已到无可挽回的地步。谢太后只好就议降问题，硬着头皮维系下去。遂命文天祥为右丞相兼枢密使，与左丞相吴坚到伯颜帅帐商议降约之事。受任于军败之际，奉命于危难之间，对宋廷始终忠心耿耿，勇赴国难。文天祥见事已至此，不可推辞，答应出使元军大营，以便一窥虚实，见机行事。

文天祥奉旨以资政殿学士赴元营谈判，见到伯颜，却根本不提求和之事，上来就义正词严地进言道："北朝若以宋为与国，请退兵平江或嘉兴，然后议岁币与金帛犒师，北朝得全师而还，是为上策。若必欲毁宋宗社，恐淮、浙、闽、广，尚多未下，兵连祸结，利钝难料，请执事详察！"

听了文天祥的一席话，伯颜气得哭笑不得，说道："文丞相是来降服元朝，还是前来威胁本帅的？"

文天祥立即回敬道："讲解一段乃前宰相首尾，非予所与知。今大皇以余为相，予不敢拜，先来军前商量。"

"文丞相来勾当大事，说得是。"

"本朝承帝王正统，衣冠礼乐之所在，北朝欲以为国欤？欲毁其社稷欤？"

"社稷必不动，百姓必不杀。"

"尔前后约吾使多失信。今两国丞相亲定盟好，宜退兵平江或嘉兴，俟讲解之说达北朝，看区处如何却续议之。"

伯颜猛然把脸一沉，用威胁的口吻说："能如予说，两国成好，幸甚；不然，南北兵祸未已，非尔利也。"

文天祥也毫不畏惧地回敬道："吾南朝状元宰相，但欠一死报国，刀锯鼎镬，非所惧也。"

伯颜企图诱降文天祥，利用他的声望来尽快收拾南宋残局。见文天祥态度强硬，慷慨陈词，斥责元军南下一路烧杀抢掠，军民死伤无数。伯颜惧其浩气，嫉妒文天祥的才华和威望，担心放其回去势必推迟南宋投降的进程，思忖再三，便放吴坚一人回去，把文天祥拘禁在明因寺。

文天祥在被拘禁期间，作诗三首，以明其志：

三宫九庙事方危，狼子心肠未可知。
若使无人折狂虏，东南哪个是男儿？

春秋人物类能言，宗国常因口舌存。
我亦濒危专对出，北风满野负乾坤。

单骑堂堂诣虏营，古今祸福了如陈。
北方相顾称男子，似谓江南尚有人。

第七十八章
南宋亡国

　　临安城作为南宋的都城，繁华富足，金玉珍异，应有尽有，但伯颜从不为所动。曾到过临安的马可·波罗，惊叹其为"世界上最美丽华贵之天城"，在游记中写道："通往市场的街道都很繁华，有些市场还设有相当多的冷水浴室，有男女侍者分别担任招待。杭州人不管是男是女，终年都用冷水沐浴。他们从小就养成了这个习惯，认为冷水对身体有益。当然，也有热水浴室，不过专供外国人使用，因为外国人不能忍受那冰一样的冷水。杭州市民每天都要沐浴，沐浴的时间，大都在晚饭之前。杭州主要街道的两旁，楼阁林立。男人跟女人一样，皮肤很细，外貌很潇洒。不过女人尤其漂亮，眉清目秀。她们的服装都很讲究，除了衣服是绸缎做的外，还佩戴着珠宝，这些珠宝价值连城。"

　　攻入临安后，伯颜首先将临安设为两浙大都督府，命令大将忙兀台及降臣范文虎入城治事，再命张惠、阿剌罕、董文炳、张弘范、唆都等人入封府库，登记钱谷，收缴史馆礼寺图书及各有司的符印告敕。他们还罢黜宋官府，改编三衙诸司宋军，同时派遣新附降官分赴湖广、四川，招谕未下州郡。

清点完临安城中的祭器、仪仗、典籍后，元军就开始清理南宋宫内的宫女、内侍及诸乐官。数以百计的宫女赴水自尽，剩下数百位年轻貌美的宫女因想到会发生什么事情而两股战战。一些太学生不愿北上为元朝做事，也用各种手段自杀。其中一部分与太监、宫乐捆绑在一起，将被元军押送往气候偏低的北方。

伯颜把文天祥囚禁于明因寺后，不断遣使敦促南宋君臣尽快投降。太皇太后只好命贾余庆为右丞相，与左丞相吴坚、签书枢密院事家铉翁等至元军营帐面见伯颜。伯颜引文天祥与亡宋时节们同坐。

贾余庆对伯颜说了很多阿谀奉承之言。文天祥实在听不下去了，拍案而起，怒斥贾余庆卖国投元，并谴责伯颜言而无信。吕文焕怕文天祥过激的言辞把伯颜激怒，连忙从中斡旋。见此，文天祥勃然大怒，指着吕文焕说道："君家受国厚恩，不思图报，合族为逆，尚有何言。"

吕文焕被文天祥谴责得满面羞惭，低头缩脑地出了帐门。伯颜大怒，放走宋臣，仍拘禁文天祥。

经过两年多的南伐，伯颜终于以胜利者的姿势入驻临安城，又率左右翼万户巡城，到钱塘观潮，又登狮子、云峰、览临安名胜古迹后，伯颜到宫里去见太皇太后。临安百姓走出家门，纷纷涌上街头，争睹元军将帅的阵容。

无奈之下，南宋亡臣程鹏飞、贾余庆、谢堂、家铉翁、刘岊等在谢太后的带领下至湖州，向伯颜献上校正过的归降表和谕告各地的诏书。伯颜设宴款待来人，把文天祥也请来入席。文天祥滴酒不沾，粒米未进，只是怒目而视地干坐着。等宴席结束，把南宋一行人打发走了，文天祥仍被留下。

这时，忽必烈下达诏书，命令伯颜速把宋朝君臣送往大都觐见。谢太后不知此行是吉是凶，便推说自己年老多病，被允许暂时留在临安。

1276 年二月，六岁的幼主赵㬎亲自率领文武官员到祥曦殿，面北望阙，上表拜伏，乞为藩服时，便迎来最后的投降仪式。

当日，伯颜下令将赵㬎迁出原来居住的宫殿，另行安置住所。

南宋投降的交接仪式已经结束，自此，延续了三百多年的大宋王朝正式宣告灭亡。其后南宋境内虽然滋生多种抵抗，都无法改变被征服的厄运。

因元朝灭南宋，大宋灭后周做对比，指出南宋的灭亡，与后周的灭亡一样，都毁在孤儿寡母之手，著名诗人和理学家刘因赋诗《书房》一首：

卧榻而今又属谁？江南回首见旌旗。

路人遥指降王道，好似周家七岁儿。

1276 年三月，伯颜将南宋国库、衮冕、圭璧、符玺；宫中图籍、宝玩、车辂、辇乘、卤簿、麾仗、经版图书等物以及幼帝赵㬎、全太后、福王与芮、沂王乃猷、度宗母、隆国夫人黄氏、驸马都尉杨镇等宋皇室成员全部用海船押解至上都。襄、樊二城，无血"直趋临安"的胜利，是元朝草创迄今，围猎史上最大的收获。

稍微深感欣慰的是吉王昰、信王昺被陈宜中、张世杰等拥出临安，南下福建、广东。

内侍、乐官、太学生等同时出临安北上，内廷琴师汪元量也在其中。汪元量不仅善琴供奉宫掖，还长于写词度曲。他以琴师身份在通往北方的漫长旅途中，目睹了南宋奉表降元的悲惨一幕，留下诸多具有强烈纪实性的诗史作品，以独特的视角记录宋元更替时期的真实事件，以补史书之不足：

醉歌十首

吕将军在守襄阳，十载襄阳铁脊梁。

望断援兵无信息，声声骂杀贾平章。

援兵不遣事堪哀，食肉权臣大不才。

见说襄阳投拜了，千军万马过江来。

淮襄州郡尽归降，鞞鼓喧天入古杭。

国母已无心听政，书生空有泪成行。

六宫宫女泪涟涟，事主谁知不尽年。

太后传宣许降国，伯颜丞相到帘前。

乱点连声杀六更，荧荧庭燎待天明。

侍臣已写归降表，臣妾签名谢道清。

衣冠不改只如先，关会通行满市廛。

北客南人成买卖，京师依旧使铜钱。

北师要讨撒花银，官府行移逼市民。

丞相伯颜犹有语，学中要拣秀才人。

涌金门外雨晴初，多少红船上下趋。

龙管凤笙无韵调，却挝战鼓下西湖。

南苑西宫棘露芽，万年枝上乱啼鸦。

北人环立阑干曲，手指红梅作杏花。

伯颜丞相吕将军，收了江南不杀人。

昨日太皇请茶饭，满朝朱紫尽降臣。

　　与1215年的金朝首都汴京相比，临安能躲过一劫，是值得庆幸的事。在接受南宋投降的过程中，伯颜严格奉行忽必烈"臣奉扬宽大，抚戢吏民"的政策。这是一次和平的交接，整个受降交接过程井然有序，避免了以前改朝换代之际惯有的毁灭和破坏。未经允许元军诸将士一律不得擅自离城，敢于暴掠者，一律按军法严惩不贷。这使南宋皇室成员的人身安全得以保障，皇家陵园依然如故，另外贾市商业区热闹非凡，生意照常进行，甚至没有任何扰乱发生。这方面，就像伯颜向忽必烈报告的那样：

　　臣伯颜等诚欢诚忭，顿首顿首，恭惟吾皇陛下。道光五叶，统接千龄。梯航日出之邦，冠带月支之域；际丹崖而述职，奋瀚海而为家。独此岛夷，弗遵声教，谓江湖可以保逆命，舟楫可以敌王师。连兵负固，逾四十年，背德食言，难一二计。当圣主飞渡江南之日，遣行人乞为城下之盟。逮凯奏之言旋，辄诈谋之复肆。拘囚我信使，忘乾坤再造之恩；招纳我叛臣，盗涟海三城之地。我是以有六载襄樊之讨，彼居然无一介行李之来。祸既出于自求，怒致闻于斯赫。臣肃将禁旅，恭行天诛。爰从襄汉之上流，移出武昌之故渡。藩屏一空于江表，烽烟直接于钱塘。尚无度德量力之心，荐有杀使毁书之事。属庙谟之亲廪，谓根本之宜先。乃命阿剌罕取道于独松，董文炳进师于海渚，臣与阿塔海忝司中闻，直指伪都。掎角之势既成，水陆之师并进。常州已下，列郡传檄而悉平；临安为期，诸将连营而毕会。彼知穷蹙，迭致哀鸣。始则有为侄纳币之祈，次则有称藩奉玺之请。顾甘言何益于实事，率锐卒直抵于近郊。召来用事之大臣，放散思归之卫士。崛强心在，四郊之横草都无；飞走计穷，一片之降幡始竖。其宋国主并于二月初五日，望阙拜伏归附迄。所有仓廪府库，封籍待命外，臣奉扬宽大，抚戢吏民，九衢之市肆不移，一代之繁华如故。兹惟睿算，卓冠前王，视万里如目前，运天下于掌上。致令臣等获对明时，歌《七德》以告成，深切龙庭之想，上万年而为寿，更陈虎拜之词。臣无任瞻天望圣，激切屏营之至，臣等诚欢诚忭，顿首顿首，谨言。

在此之前忽必烈对业已降服的"临安新附府州司县官吏军民人等"颁布了第一道圣旨：

间者行中书省右丞相巴延遣使来奏，宋母后、幼主暨诸大臣百官，已于正月十八日赍玺绶奉表降附。朕惟自古降王，必有朝觐之礼，已遣使特往迎致，尔等各守职业，其勿妄生疑畏。凡归附前罪，悉从原免，公私逋欠，不得征理，一应抗拒王师及逃亡啸聚者，并赦其罪。百官有司、诸王邸第、三学、寺、监、秘省、史馆及禁卫诸司，各宜安居。所在山林、河泊、巨木、花果外，馀物权免征税。秘书监图书、太常寺祭器、乐器、法报、东工、卤簿、仪卫、宗正谱牒、天文、地理图册，凡典故文字并户口、版籍，尽仰收拾。前代圣贤之后，儒、医、僧、道，通晓天文、历数并山林隐逸名士，所在官司以名闻。名山、大川、寺观、庙宇并前代名人遗迹，不许拆毁，鳏寡孤独不能自存之人，量加赡给。

元朝接手南宋都城临安后，治理江南的问题迫在眉睫。大批官员走马上任，那些没有征服的城池，伯颜北上之前，命阿术、阿里海牙、阿剌罕、阿塔海、宋都带等人来收拾，收归元朝版图不过是个时间问题。

同年六月，伯颜率领着庞大的押运车辆及南宋皇室成员及朝臣抵达元大都，受到忽必烈的热烈欢迎。

在率领元军讨伐南宋的战争中，伯颜立了头功，但他一贯谦虚低调，没有摆出居功自傲的架势。尽管如此，还是得罪了忽必烈的宠臣阿合马。忽必烈以元朝最高礼遇，命太子真金率文武百官在城郊外相迎。而中书平章政事阿合马竟比百官多走出十余里，率先迎到伯颜。

伯颜见阿合马单人前迎，无非是以为他作为灭宋主帅，必定囊括大量金银财宝，竟公然向伯颜索贿。显然，阿合马无法理解伯颜行事的原则。自然，伯颜身上没有什么拿得出手的珍宝送给阿合马，只好解下身上所佩的玉钩相赠，坦诚地说："宋宝玉固多，吾实无所取，勿以此为薄也！"

然而大人物身上所折射出来的光风霁月，在小人看来是难以置信的。阿合马见伯颜用身上佩戴的玉钩来搪塞自己，以为伯颜轻视他，遂怀恨在心，便在忽必烈面前诬蔑伯颜平宋时私取宋宫玉桃盏。忽必烈听信谗言，竟然拘禁了伐宋功臣伯颜，又命人调查伯颜，因为缺乏证据此案不了了之。后来等到阿合马死后，有人献上玉桃盏，忽必烈才愕然说道："几陷我忠良！"当然，此为后事。

四月二十八日，幼帝赵㬎、全太后一行在阿塔海和李庭的护送下抵达元朝。忽必烈遣阿塔海、阿剌罕、董文炳前去宣诏迎接。当行省郎中孟祺宣读诏书，读到"并免牵羊系颈之礼"时，全太后闻言为元廷的宽宏大量而顿时热泪盈眶，感激之情无以言表，对幼帝赵㬎说："荷天子圣慈活汝，当望阙拜谢。"按照全太后的提示，年幼的赵㬎向北跪拜。宋主拜毕，母子乘肩舆出宫，被安置在明德门内的官舍住下来，等待忽必烈的召见。

按照忽必烈的安排，五月一日清晨，东方天际露出一抹薄如蝉翼的鱼肚白。祭拜仪式由伯颜主持，百官贵族皆参加。伯颜率领元朝诸臣在大都城中，祭拜太庙并祭告大地，向列祖列宗及天地神灵报告灭宋的捷报。南宋皇室成员及百官奉命，要到上都西门外五里处的元朝太庙进行礼拜。拜庙完毕，伯颜又带领百官到附近的龙冈举行祭天仪式。

降元的南宋皇室成员及百官在枢密院官员的带领下，分为两班参加拜庙仪式，并有专人致辞。返回上都后，全太后让人把礼物清点一遍，准备明日迎接忽必烈的召见。五月二日，正式举行忽必烈接见宋朝降君的仪式，在距上都城南十余里处的昔剌斡耳朵举行。全太后、赵㬎，加上祈请使团的全班人一早出上都南门，赶到十里外的昔剌斡耳朵里耐心等候。他们把准备进献的金银玉帛等摆在一百张桌子上，在草地上排成几行。

察必与忽必烈商议，问是否能让前来朝觐的南宋皇室成员及遗臣"不要改变服色，只依宋朝甚好"，也可以借机欣赏一下宋朝宫廷中的服饰。忽必烈点头答应，他知道察必柔顺的内心，表示对亡国君臣的体恤之情。

召见时，忽必烈与皇后察必并排坐在大安阁宫的御榻上，蒙古宗王、文武百官分坐两侧。忽必烈先封赏平宋功臣伯颜，作为奖赏，忽必烈赐给伯颜二十袭"银鼠青鼠只孙衣"（只获得一袭便是一个至高无上荣誉），并重新任命他为右丞相、同知枢密院事。伯颜十分谦虚地说："奉陛下成算，阿术效力，臣何功之有。"随后，阿术、阿里海牙等伐宋有功将士，根据功劳大小，均获得忽必烈不同程度的赏赐。

接着，宣全太后、赵㬎、福王、隆国夫人的朝觐。南宋君臣穿着宋朝的旧日朝服冠冕，按职位高低肃然站立，一拨一拨地向忽必烈及察必皇后行朝拜大礼。看着昔日高贵的南宋皇室成员向自己行礼表示臣服，忽必烈满面春风，诏令封赵㬎为开府仪同三司、瀛国公。其制书曰：

时逢屯否，岳渎分疆；运值休明，乾坤一统。眷靖康之余裔，擅吴会之奥区，远隔华风，久暌邻好。我国家诞膺景命，奄有多方。炎风朔雪之乡，尽修职贡；若木虞渊之地，靡不来庭。罄六合以混同，岂一方而独异？用慰苏之望，爰兴问罪之师，戈船飞渡而天堑无凭，铁马长驱而松关失险。宋主赵某乃能察人心之安背，识天道之推移，正大奸误国之诛，斥群小浮海之议，决谋宫禁，送款军门，奉章奏以祈哀，率亲族而入觐。是用昭示大信，度越彝章，位诸台辅之尊，爵以上公之贵，可开府仪同三司、检校司徒、瀛国公，主者施行。

随后，忽必烈封南宋太皇太后谢道清为寿春郡夫人，其余诸人都得到较好的安置。对此，法国著名历史学家勒尼·格鲁塞评价道："伯颜将幼帝送到忽必烈处，忽必烈待之以礼。在此，人们可以设想自成吉思汗以来蒙古人所进的一大步：只经过两代，鄂嫩河流域的半开化人便提升到古老的文明的民族的水平。"[1]

朝觐仪式结束后，在悦耳动听的音乐中，忽必烈大摆诈马宴，与文武百官庆祝平宋的重大胜利，并犒劳平宋诸将士伯颜、阿术、阿里海牙及招待全太后、赵㬎、福王等南宋旧主降臣。大家皆额手称庆，开怀畅饮。宋廷降将也学着蒙古人操刀割肉，宋室皇族与元朝君臣举杯把盏，觥筹交错，但美酒下肚后，品出来的滋味却迥异不同。唯独察必皇后愁眉不展，面对琳琅满目的美酒佳肴，难以下咽。忽必烈不解地问道："我今平江南，自此不用兵甲，众人皆喜，尔独不乐，何耶？"

察必慌忙跪下，意味深长地答道："妾闻自古无千岁之国，毋使吾子孙及此，则幸矣。"

察必以"前事不忘，后事之师"的道理，劝诫忽必烈不要被短暂的胜利冲昏了头脑，认真治理国家，永葆帝位长久流传下去，子孙永享荣华富贵，才是王道。

为讨察必欢心，忽必烈将从南宋府库收罗来的珍宝器物陈列于上都殿庭内，请皇后察必前往观看。察必心不在焉地看了一遍，便匆匆离去。忽必烈命宦官追问其故，察必说："宋人贮蓄以遗其子孙，子孙不能守，而归于我，我何忍取一物耶！"说完，头也不回地走了。作为一名蒙古族女子，在举国欢庆胜利之时，能为国家的长远前途考虑，说出上面一席话，其品性实在令人敬佩。

忽必烈愣怔了片刻，传诏把珍宝归库留以后分赏给诸王和功臣。伯颜奏报："臣此次南征，收降了不少南宋降将，请陛下接见一下，以示升上洪恩。"

"都有谁啊？说说看。"

"范文虎、夏贵……"伯颜报了几个人的名字。

听到伯颜上报的这些降将的名字，忽必烈轻轻地摇着头，说："这都是些什么人啊？"

尤其是号称常败将军的范文虎，因为善于阿谀奉承贾似道，尽管多次在前线动不动就导致全军覆没，仍然受到祖护，在南宋朝廷中身居要职。当贾似道出师不利时，他却突然在昔日的"恩相"背后捅了一刀，率部下投降了元朝。像他这样不做任何抵抗就屈膝变节的将领，怎能不令人生厌呢？

伯颜似乎察觉到忽必烈的心思，便婉转地说："臣在江南时，为了稳定人心，防止反复，仍让降将统领本部人马。像范文虎，已封他为两江都督，管辖着几万新附军。"

"能替朕分忧解难，不错。别人都夸你智略过人，果真名不虚传。"为了顾全大局，安抚民心，忽必烈不得不笼络这些降将，"那就去见见他们吧。"

会见结束后，忽必烈又对降将们进行不等的赏赐、封侯，接着，又若有所思地问了一句："众位爱卿当时为何轻易就弃宋降元了呢？"

众降将听后愤然难平地回答："贾似道专权擅政、玩弄朝堂，他重文轻武，尤其对战功卓著的将领，不但隐功不报，还借机肆无忌惮地陷害忠良。致使我们心惊胆战，所以元军一到，我们就立马投诚了。"

听完这个冠冕堂皇的投降理由，陪坐的董文忠冷笑一声，说："对你们这些卑躬屈膝的降将来说，贾似道陷害你们也是应该的。"

范文虎等人闻言，臊得面红耳赤，如坐针毡，差点儿没钻到桌子底下去。

忽必烈并非故意让他们当众出丑丢人，连忙打圆场，说："朕经营天下，当以招纳贤士为要务，你们归附大元后，要励精图治，不要顾及别人的猜忌和嫉妒，朕会宽待你们的。"

"谢主隆恩！微臣愿有生之年，鞠躬尽瘁死而后已。"夏贵连忙跪下说。

喝了一杯贺功的美酒，忽必烈又问伯颜："听说南宋宰相文天祥很有气节，他投降了吗？"

"不肯投降，至今还在浙江与元军对峙。"

"朕就喜欢文天祥这样矢志效忠本朝的忠臣。他若肯降，朕一定予以重用。"

伯颜凄然一笑说："希望能顺遂陛下的圣意。"

全太后从临安初到京师，水土不服，也不习惯北方日常风俗。察必皇后得知后，善心大发，一连三次恳求忽必烈释放全太后返回江南。这次，忽必烈没有准许，还为此数落道："尔妇人无远虑，若使之南还，或浮言一动，即废其家，非所以爱之也。苟能爱之，时加存恤，使之便安可也。"

忽必烈拒绝放还全太后南返是有深层原因的，当时江南政治时局不稳定，加上全太后是刚刚灭亡的南宋国母，重返江南，人身安全难以保障。察必皇后兰心蕙芷，以后再也没有提及此事。

全太后和幼帝赵㬎见南归无望，便先后出了家，以断绝七情六欲和虚浮的俗缘。全太后出家为尼后，忽必烈令其入正智寺。为解决母子俩生活上的后顾之忧，察必特此拨了三百六十公顷免去租税的地皮作为二人的米饭钱。于1288年，忽必烈突然"赐瀛国公赵㬎钞百锭"，并遣瀛国公赵㬎"学佛法于吐蕃"，"讨究大乘，明即佛理"。一对母子被元朝安排出家后，从此骨肉分离，天各一方。

在众多元朝将士和僧人的陪同下，赵㬎从上都出发，经蒙古草原、青海，抵达雪域萨迦大寺。随后，更名为合尊法师、号木波讲师。不数年，赵㬎已经在藏佛界崭露头角，成为把汉文佛典译成藏文的翻译家，通晓藏文，贯通佛学，成为一名学问僧，担任过萨迦大寺主持，成为当时西藏的佛学大师，四处讲经、潜心研究佛学，一生如此。翻译过众多经文，为佛学界做出了突出贡献。

赵㬎在雪域研修佛法，弘扬佛教。对山清水秀的江南念念不忘，于1323年，题写绝句《在燕京作》：

寄语林和靖，梅花几度开？
黄金台下客，应是不归来。

这首诗寄托了赵㬎对南宋的思念之情，也隐藏着他对当年元朝政府无理攻取南宋的谴责之意，因而触犯了文字狱。1223年四月，元英宗硕德八剌怀疑赵㬎参与了反叛事件，遂下令赐死赵㬎，享年五十三岁。被杀时，"出白血"，后世对赵㬎含恨而死给予同情。可以肯定，他在西藏定居了三十五年，其间再也没有机会踏入中原和那朝思暮想的江南故乡！

南宋非同于金国。蒙古人对南宋并没有直接的仇恨，金国被蒙古帝国灭亡后，完颜皇家宗室被全部杀死，没留一个活口。但南宋赵氏、皇亲投降了元朝后，基本都没有被加害。这从蒙宋之战开始以来就不断招降南宋可以看出。有人说，正是蒙古人的这点儿仁慈，一百年后的朱元璋反元时，让元顺帝以及宗室能以安全地从北京退回大漠。

元军占领临安及宋主的投降，意味着宋王朝正式灭亡，中国历史进入了元代。接下来，继续攻打尚未降服的南宋残余势力，成为元廷丞待解决的军事任务。不仅如此，元廷让谢太后以南宋皇帝的名义给南宋继续坚持反元势力降下谕旨，劝导各地守军纷纷放下手中武器，归顺元朝，使百姓免遭兵燹战祸之苦。

其中，谢太后下诏令招降坚守扬州的两淮制置李庭芝之事最具典型。

李庭芝，字祥甫，本汴梁人，十二世同居一门，号"义门李氏"。北宋末期战乱四起，李氏家族迁至应山。金国被灭后，襄汉之地兵祸不断，李庭芝十八岁时，李氏又迁徙到随州（故成随州人）。宋将孟珙屯守江南时，李庭芝乡试不中，于是弃文就武，前去谒见孟珙。李庭芝相貌堂堂，孟珙一见称奇，提拔他为军中将校。淳祐年间，李庭芝又考中进士，得功名后，担任孟珙的幕僚，主管机密、文字事宜。孟珙去世前，极力推荐李庭芝，上表朝廷推荐其代替自己的军职。

伯颜知道南宋名将李庭芝对宋廷赤胆忠心，至今据守扬州，元军久攻不下。便让谢太后给李庭芝下了道懿旨，命他放弃抵抗，大元皇帝定当重用。瀛国公赵晟送来首道诏谕劝降，李庭芝登上城楼大义凛然地对来使说："奉诏守城，未闻以诏谕降也。"谢太后以为李庭芝不明就里，又诏令李庭芝说："比诏卿纳款，日久未报，岂未悉吾意，尚欲固圉耶？今吾与嗣君既已臣伏，卿尚为谁守之？"李庭芝不予理睬，下令守城将士"发弩射使者，毙一人，余皆奔去"。

接着，南宋守将夏贵归降元朝后，元军统帅阿术又玩心理战术，驱赶身穿宋朝军服的淮西降卒至扬州城下，"旌旗蔽野"。当时的场面既壮观又令人气愤，数万宋军降卒身着齐整的军服，排列整齐，在扬州城下立定，一言不发地望向扬州城头。在他们身后，是一眼望不到边际的元军骑兵，皆执坚披锐，虎视眈眈。见此情状，李庭芝惨然一笑，对身边幕僚说："我唯有以死报国！"

阿术见扬州城上没有动静，又派使者持诏书前去招降。李庭芝命士卒打开城门放进元军使者。然后，李庭芝命人把元军使者押上城头，当着数万淮西降兵与元军骑兵的面，一刀砍落使者的人头扔到城下，并焚烧了招降的"诏书"，以决元军劝降之心。阿术无奈，只得暂时挥兵返回。

不久，扬州城内粮尽。见元军势盛，宋朝的知淮安州许文德、知盱眙军张思聪、知泗州刘光祖等人，皆以粮尽为由向元军投降。

但李庭芝仍征收民间积粟供给士兵，民粟食尽，又命令扬州官员出粮，不久官员家的粮食也告罄，就令军中将校出粮掺杂上牛皮、麸蛐供应士兵。

食尽粮绝，宋军将士，"然犹力战不屈"。士兵们感激庭芝的抚恤，纷纷表示誓死效命，有的甚至烹子而食，仍然天天登城苦战，其状十分惨烈。

在此背景下，元朝统帅阿术不仅从水路上断绝高邮方向的宋军运粮船，又在陆路邀击宋军运粮兵卒，杀死宋军数千人，完全断绝了扬州守军的粮草、军需等供应。为了使扬州尽快降服，阿术又派人从大都的忽必烈处取得特赦诏书，"赦（李）庭芝焚诏、杀使之罪"，当然，元军这次不敢再派人送入城中，只敢城下喊话，以箭射诏书于城上。李庭芝看也不看，命人立焚诏书于城上，守城之心十分坚决。

长期坚守扬州的李庭芝获悉福州政权建立，被刚继位的南宋端宗赵昰遥授为左丞相和保康军承宣使，召他赴福建共图抗元复宋大事。李庭芝接到命令后，欣然从命，报国热情空前高涨。临行前，李庭芝命姜才选出精兵五千人，准备带走，把突围将士的家属，全部滞留于扬州城内。

精兵既出，扬州城必失，与其让妻儿落入元军之手，遭受蹂躏，不如就此了断，于是，不少兵卒含泪手刃妻儿。李庭芝获悉此情况后，急忙传令，将士不得再为难家属，并将突围将士的家属集中起来，交付朱焕照顾。并委托朱焕坚守扬州，亲率七千军队泛海南下应诏，准备继续效力"行朝"政权。

六月二十九日，整装待发，一声炮响，扬州城东门徐徐开启，姜才开路，李庭芝断后，五千步、骑兵浩浩荡荡涌出城外，向东开拔。

元军巡逻兵把此情况飞报给阿术，当李庭芝率部行至泰州时，阿术率领一百余名骑兵追踪而至，被围困在台州城内。接着，博罗欢、史弼带领三千骑兵闻报赶来，加入围城的行列。阿术命博罗欢返回扬州，指挥军队围攻扬州，而阿术继续攻伐泰州，对付李庭芝和姜才。

等元军步、骑兵两万来援时，阿术下令把泰州紧紧围住，命人修筑长堑，不放过一个宋人突围。阿术在泰州城的东南角督战，切断李庭芝入海的后路。

再说，博罗欢在扬州也是采取围而不攻的战术，扬州率先坚持不住了。李庭芝和姜才率领五千名精兵出城后，扬州城内只剩下老幼弱残，粮食也告罄，执意硬撑下去，肯定没有好果子吃。

七月十二日，守卫扬州的朱焕开城投诚。博罗焕进城要做的第一件事，就是从城外运来粮食，救济灾民。另外，朱焕告诉博罗焕，突围将士的家属，全部滞留于扬州城。博罗焕征得阿术的同意后，李庭芝手下将士的妻儿全部被俘。元军将这些妻儿老小全部驱赶到泰州城下，逼使泰州的宋军投降。

天气酷热难耐，加上身心疲惫，姜才疽发于胁，无法出战，宋军只好死守孤城。李庭芝忍着疼痛，天天坚持在城上巡视，防止发生哗变。

李庭芝对妻儿被俘并不理会，仍坚守在城内指挥抵抗。结果，泰州裨将孙贵、胡惟孝等四人知扬州不守，又见元军四涌如潮，果然动摇，大惧之下，开北门纳元兵入城，向元军投降，导致元军蜂拥而入。

李庭芝闻听此变，知事已不济，遂投莲池自杀，但因水太浅，未被淹死，被叛军所执，交给元军。而疽疮发作的大将姜才也被活捉，与李庭芝一起被押至扬州。在招降无果的情况下，两人不屈就义。当日，扬州民众闻听李庭芝和姜才的死讯时都悲痛不已，热泪直流。仍在坚持抗元的文天祥听说李庭芝遇害，也赋诗悼念："空留玉帐卫，那免白头翁。死者长已矣，淮海生清风。"

义门出身的李庭芝，在国家面临危难之际，能从容投笔从戎，为保卫大宋江山鞠躬尽瘁，死而后已。在襄樊之役和扬州保卫战中，他英勇善战，多次杀退元军的袭击，且屡次怒斥劝降者，焚其降书，其浩然正气，令人敬佩不已。虽然希望渺茫，但他仍苦撑坚守。即便是在南宋朝廷已经投降的情况下，他仍拒绝投降，为一方百姓守住一片河山。无论从牵制元军还是从威胁元军上讲，其功劳都是不可埋没的。他的凛凛风骨实在令人钦佩。最后虽然兵败遇害，然而其浩然正气却彪炳千古。

扬州被破后，元军集中优势兵力猛攻真州。众寡如此悬殊，趁天降大雾，南宋参谋赵孟锦率少数宋军忽然击袭元军大营，趁乱斩杀不少元兵。天不助宋，大雾不久散去，元军望见南宋兵力尚少，立刻精神抖擞奋起组织反攻，赵孟锦登舟败走之际不慎失足落水而死。元军乘势攻取真州城。城破后，安抚使苗再成血战，力竭而死。此后，通州、滁州等相继降元，淮东尽失。

1276 年正月，被忽必烈封为帝师的八思巴，对元军征讨南宋的战争是持支持的态度。在八思巴返藏途中，听到元军渡江后节节胜利、江浙诸地望风受降、临安不日可下的捷报后，给忽必烈写了一封题为《赞颂应赞颂的圣事》的贺信，全文如下：

顶礼上师三宝！

向一切福德之源、三界之依怙、殊胜之佛陀虔诚顶礼！

陛下仗仙先世所积善业海之福德，安定各方及边土之众生。陛下之国政不劳而自成，以一身之福德智慧，任运治理，今人叹为神奇。陛下亲属王族中，或有受他人欺惑而反叛者，复迷途而知返，前来归顺，此亦足称神奇。较之先世众多帝王亲率大军讨伐不臣，陛下未曾亲征，亦未劳神费力，而能治理各地。以此福德，施政于各方，臻于安乐。如此威德，大地之上前无人有过，故陛下声名遍及三界。陛下一人之福德，世上实无匹敌。亲见陛下之福德受用者，莫不眼神迷离，以为所见俱是幻化神功，不敢置信；听闻陛下之功业威力者，莫不心动志摇，犹如受干渴煎逼之人，闻山雨欲来之风响。陛下之福德使社稷安宁、江山一统，奋转轮之威，合四洲为一。须弥山之上所居众神睹此，亦当疑惑浊世何以竟有如此伟业。如此福业之果已成，众生唯愿享陛下之福荫，具足圆满。能使天下众生享受如此安乐者，先前帝王中未曾有过。颂扬陛下子育黎民、亘古所无之欢悦声，犹如铙钹击响。伏愿陛下圣心喜乐，众生亦得欢悦。

陛下除以法度治理臣民，复播下教法之种，施以水肥，使安乐之幻芽生，解脱之果实熟，自他俱享各种欢乐。犹如福德黄金大地，吉祥之水绕流，无论自他，无论何时，布富足自在之种。陛下洞悉诸种教法，于诸物无不察，于诸教无不通，陛下之英明天纵，非言语所能说明。闻陛下之名声，余心即得康乐。犹莲花之芳香，因轻风而传之偏远，弱小蜜蜂觉之，亦振翅而作响，逢此应赞之圣事，余亦寄此二示贺。所有十方佛陀，亦为此赞颂吉祥。愿陛下圣体坚如须弥，福德广如大海，常以如意之宝，满足众生之愿！

因蒙古第五传大皇帝忽必烈之福德，所有国土终成一统，尤其立国已久、王统未尝断绝、社稷稳固、疆土广大之蛮子国归降于人主脚下之莲台，使皇帝福运之光遍照于直抵大海之大地坛城。为赞颂此圣业，比丘八思巴阴木猪年秋八月二十二日吉时写于马尔康地方之赞多新寺。①

---

① 　陈庆英.雪域圣僧帝师八思巴传［M］.北京：中国藏学出版社，2002.

第七十九章

最后追剿

古语曰："草之精秀者为英，兽之拔群者为雄。"在历史发展的进程中，尤其是面临国破家亡、民众危难之际，才突然涌现出一大批永垂青史的民族英雄，他们崇高的民族气节、以身殉国的英雄气概都令人肃然起敬。

接下来的斗争已经超出了捍卫南宋王朝的概念，而是为民族尊严和精神家园而战。战斗的主角是被元朝铁骑尚未践踏的几位民族英雄，除文天祥、李庭芝、姜才外，还有张世杰和陆秀夫。

1276 年二月，文天祥冒死逃出元营，一路夜行前往真州，后逃往通州，受到通州守将杨师亮的热情接待。几日后，文天祥一行南下永嘉（今浙江温州），投奔吉王赵昰和广王赵昺的元帅府。

文天祥在元营里及押解途中死里逃生的经过，在其后来写的《指南录后序》里有着详尽的描述："呜呼，死生昼夜事也。死而死矣，而境界危恶，层见错出，非人世所堪。痛定思痛，痛何如哉！"

元军统帅伯颜继续对益王、广王穷追不舍，他辗转逃到温州，张世杰、陆秀夫、陈宜中等人相继赶来会合。温州距临安太近，绝非久留之地，所以二王被奉拥着张帆南下，逃至福安府，准备在福安府拥立新皇帝。

五月一日，九岁的赵昰被拥立继位（史称端宗），改元景炎，改福州为福安府。皇太后和新登基的皇帝一起坐在都督府的大唐内，接受陈宜中、张世杰率领诸臣朝贺。尊生母、宋度宗的杨淑妃为杨太后，垂帘听政，仍由老臣江万载秘密摄行军中事，统筹全局。公开加封弟弟赵昺为卫王，陈宜中为左相兼枢密使，都督诸路军马；遥授远在千里之外扬州的李庭芝为右丞相；张世杰为枢密副使，统管内外军队；陆秀夫为签书枢密院事，苏刘义主管殿前司，王刚中知福安府。虎口脱身的文天祥授观文殿学士侍读。随后，新成立的班子成员便积极组织一些军事力量抗击元军。

文天祥率军转战江西，重创元军，收复诸多沦陷的州县，但与实力雄厚的元军相较，力量过于悬殊，实在是杯水车薪。再加上百姓饱尝战争的煎熬和家散人离的重创，心依和平，期盼社会安定。

元朝加快了灭宋步伐，1277 年，福州沦陷，宋端宗的南宋流亡小朝廷直奔泉州，泉州市舶司、阿拉伯裔商人蒲寿庚前来迎接，请求皇帝登岸，遭到张世杰的拒绝，他认为现在江南到处兵荒马乱，哪里都不如船上安全。张世杰要求借船，却遭到蒲寿庚的拒绝，随即早有异心的蒲寿庚投降元朝。张世杰抢夺船只起锚出海，南宋流亡朝廷只好退至泉州、潮州、香山（今广东中山）。

1278 年，逃至广州，又至碙洲（今广东湛江麻章区硇洲岛）。赵昰在井澳乘船时，遭遇突如其来的飓风，被掀落海中差点溺死，被江万载及时救回，但南宋实际统帅江万载却因此被台风海浪卷走而殉国，端宗也因此惊悸成疾。

左丞相陈宜中建议带宋端宗到占城（今越南南部），并只身前往占城，但后来二王（宋端宗、宋怀宗）数次召其回来都不返；最后逃到暹罗（今泰国），死在那里。

赵昰本来身体羸弱，加上连日在海上颠簸，四月在碙洲病死，是年十一岁，葬于永福陵（今广东新会南）。

幼主不幸宾天，海上漂流的多数宋臣提议就此解散"行朝"，各赴前程。陆秀夫急忙对张世杰、苏刘义等人说："度宗皇帝一子尚在，将焉置之。古人有以一旅一成中兴者，今百官有司皆具，士卒数万，天若未欲绝宋，此岂不可为国邪？"

张世杰、苏刘义等人承认陆秀夫此话有理，遂打消了各奔东西的念头，同意拥戴赵昺为帝，与元朝抗衡到底。

两天后，陆秀夫、张世杰又拥立赵昺为帝（史称帝昺、末帝、宋怀宗），改元祥兴，赵昺是年八岁。杨太妃听政，实际政事由陆秀夫、张世杰掌管。先升碙洲为翔龙县，又移至新会海中厓山。厓山，即崖山。"崖山者，在新会县南八十里，巨海中与奇石山相对立，如两扉，潮汐之所出入也。山故有镇戍，世杰以为此天险，可扼以自固，始不复事转徙矣。"①

在元军凛然的攻势下，文天祥节节败退，不但自身难保，连妻子欧阳夫人、女儿柳娘也悉数落入元军手中。

距新会城南五十多公里的崖山，银洲湖水由此出海，也是潮汐涨退的出入口。东有崖山，西有汤瓶山，两山之脉向南延伸入海，如门束住水口，故称崖门。这里地势险要，易守难攻，进可出海御敌、逃亡，退可据守内陆，可谓粤西海域之咽喉。宋廷在此设立根据地御敌，是明智之举。

张世杰认为凭天险可守，决定不再出海漂荡，用了半年时间，在此修建行宫三十间、葺军屋三千间及简易工事。内正殿以杨太妃之名，故立名慈元殿。制器仗，造舟楫，继而升广州为祥兴府，以图偏安一隅。赵昰和赵昺"行朝"政权在闽广的复辟，使对南宋朝廷渐渐失去信心的江南民众，重新燃起星星之火。在短时间内，收编军民二十余万，其中数十万是官员、家眷、民兵、太监及跟随朝廷逃难的百姓，而训练有素、久经疆场的士卒只有万余人。

这时，忽必烈任命张弘范为都元帅，负责对闽广二王的用兵。决定统帅人选后，忽必烈断然拒绝招降赵昺、张世杰和陆秀夫的请求，迅速调度元军

---

① ［元］黄溍，撰. 金华黄先生文集［M］.

千人和扬州"水陆之师二万"，执意南下寻歼这支最后的抗元残余势力。

离京南下时，张弘范向忽必烈上奏道："国朝制度，无汉人典蒙军者。臣汉人，恐乖节度，猝难成功，愿得亲信蒙古大臣与俱。"

忽必烈闻言，开导道："尔忆而父与察罕之事乎！其破安丰也，汝父欲留兵守之，察罕不肯，师既南，而城复为宋有，进退几失据，汝父至不胜其悔恨也。由委任不专、令岂可使汝复有汝父之悔乎？尚能以汝父宣力国家之心，则予汝嘉。今付汝大事，勖之哉！"

忽必烈当面赐给张弘范锦衣、玉带，张弘范谢绝不受，请求道："遗孽未息，延命海渚，奉词远征，无所事于衣带也。苟以剑甲为赐，则臣也得以仗国威灵，率不听命者，则臣得其职矣。"

忽必烈遂拿出尚方宝剑和名甲，任张弘范挑选。又对他说："剑，汝副也，有不用命者，以此处之。"

临行前，张弘范推荐有谋有勇的西夏王后裔李恒为副都元帅，其弟张弘正被任命为先锋，然后率领水陆之师两万，分道南征，张弘范率水师沿海道出漳州、潮州；李恒率陆师出梅岭。另外，元朝令江西行省右丞塔出负责南征军的军需供应。

元军兵锋所指，沿海的漳、潮、惠、潭、广、琼等诸州县，相继陷落于元军之手。

1278 年十二月，文天祥撤出潮阳，转至海丰，准备屯兵南岭山中，养精蓄锐，与元军抗衡到底。当行至海丰北的五坡岭（今广东海丰）安营时，在叛徒陈懿的引领下，张弘范的弟弟张弘正率领轻骑两百余名，兼程追袭，很快到达五坡岭。

这时，文天祥和将士正在五坡岭上做好饭，文天祥从军士手中接过盛好的饭，尚未来得及吃，忽然听到元军已至的谍报。文天祥愤然把饭碗扔掉，叹息道："我的错，都是我的错。"

仓促迎战，士兵措手不及，都埋头藏匿在荒草中。文天祥逃走未逞，被元军千户王惟义抓住。几位亲信幕宾刘子俊、杜浒、邹沨一起被俘。杜浒忧愤而死，邹㲽自刎颈项，众士兵扶着他走到南岭才死。文天祥想吞食龙脑自杀，因身边无水，毒药咽不下去，被一名元卒发现，逼他吐出。

一起被元军俘虏的刘子俊不忍文天祥被俘，想替他赴死，便走到元军头目跟前，诡称自己是文天祥。

文天祥知道刘子俊的用意，说："事已至此，为国捐躯是我的光荣。"对元军头目辩解道："他不是文天祥，我才是文天祥呢。"

刘子俊却坚持说："我是真正的文天祥，他不过是我的亲信而已，身份低微，你们不要难为他，放他走吧。"

他们彼此争执不下，各争真赝，元军头目把他们带到元军大营里。张弘范轻易辨认出真正的文天祥。刘子俊因犯欺诈之罪，被扔进沸腾的油锅里烹死。

处置完刘子俊，元军将领要求文天祥向张弘范下跪。文天祥坚定地说："我文天祥可死，但不能跪。"张弘范用宽宏大量的口吻说："我不杀你，杀了你倒成全了你的忠义之名。我不是狭隘之人，我对你将以礼相待。"说罢，亲自为文天祥松绑，礼敬有加。文天祥说："既以礼待我，那就给我一把剑，我当自刎。"

张弘范劝文天祥投降元军，被严词拒绝。无奈之下，张弘范只好先把文天祥押至军中，与李恒合军进攻南宋最后的据点崖山。

1279年一月，张弘范组织了所有水军，大举进攻崖山，一场事关南宋流亡朝廷生死存亡的海战触机便发。早在海丰被俘的文天祥，以战俘的身份被软禁在元军船舰上，也目睹了宋军大败的全过程。当张弘范这支舰队经过珠江口外零丁洋时，文天祥感触万端，赋诗一首，以表誓不投降的心迹：

> 辛苦遭逢起一经，干戈寥落四周星。
>
> 山河破碎风飘絮，身世浮沉雨打萍。
>
> 惶恐滩头说惶恐，零丁洋里叹零丁。
>
> 人生自古谁无死？留取丹心照汗青。

这时，张弘范要求文天祥给据守崖山的张世杰写一封劝降书信，文天祥说："吾不能扞父母，乃叫人叛父母，可乎？"对此事坚决不答应。后来，当张弘范读到"人生自古谁无死，留取丹心照汗青"两句时，不禁也受到感染，不再强逼文天祥了。

虽然，张弘范与文天祥在政治立场上是对立的，但他对文天祥的人格则是充满崇敬和钦佩之情的。当部下劝告他"敌国的丞相，居心叵测，不可亲近"时，张弘范笑着说："他是个忠义至性的男儿，决不会有其他。"

张弘范知道让文天祥去招降张世杰是不可能，只好下令军中，准备攻打崖山。

有幕僚建议张世杰："北兵以舟师堵塞海口，则我不能进退，不如先行占据！幸而胜，国之福也；不胜，犹可西走。"

张世杰道："频年航海，何时能已？今须与决胜负。"

于是南宋将领张世杰命人"结巨舰千余艘，下碇海中，中舻而外舳，大索贯之，为栅以自固，四围楼橹如城"，一字排开，碇列海中，四周建起楼栅，如城堞一般，结成水寨方阵，誓死与元军抵抗到底。为稳妥起见，把赵昺乘坐的"龙舟"布置在战舰中间，为了避免重蹈火烧赤壁连营的覆辙，"以舟载茅，沃以膏脂，乘风纵火焚之。舰皆涂泥，缚长木以拒火舟，火不能爇"，同时战舰四周还布有桶板的保护，以便挡开横冲直撞的火船。

张弘范率领元朝水军由山东转南，逼近崖山，入大洋时，与张世杰的军队相遇。元军出奇兵切断宋军供给线，点燃载满茅茨、涂满膏脂的小船，乘风冲向宋军水寨方阵。张世杰早有准备，战舰都涂满灰泥，绑着水桶，火势虽旺，却始终无法烧及船身。

对此，张弘范只好派部将韩某，也就是张世杰的外甥，三次劝降其舅，晓以祸福，企图说服张世杰投降元军。张世杰誓死不从，回道："吾知降，生且富贵。但为主死，不移也！"他在给张弘范的回信中历数古代忠臣，作为仿效的榜样。

张弘范又派人向崖山士民喊话："陈丞相逃了，文丞相被捉了，你们还能干什么，不如尽早投降！"崖山的士民亦不为所动，无人背叛。

见招降无效，张弘范率舟师占据崖山港的西南出口，并在南宋舰队与海岸之间筑起一道屏障，切断了宋军的淡水供应。被围困在银湖口的宋军"樵汲道绝，兵茹干粮十余日，渴甚，下掬海水饮之，海咸，饮即呕泄，兵大困"。"人食干饮咸者十余日，皆疲乏不能战"。张世杰率领苏刘义、方兴突围几次，均以失败而告终。

几日后，副将李恒从广州率兵在崖山北与张弘范会合，决议对南宋残军发动正面总攻。决策后，元军兵分四路，张弘范在做战前对诸将部署道："宋舟西舣崖山，潮至必东遁，急攻之，勿令得去。闻吾乐作，乃战，违令者斩！"

三月十九日癸未，海面上飘着黏稠的雨雾，张弘范认为吉兆，预备对宋军发起总攻。元军中有将士建议动用火炮攻击，弘范认为火炮会打乱宋军的一字阵形，令其容易撤退。

翌日，张弘范将其军分成四路，宋军的东、南、北三面皆驻一军；张弘范自领一军与宋军相去数里，下令道："宋舟西舣崖山，潮至必东遁，急攻之，勿令得去。闻吾乐作，乃战，违令者斩！"元军战舰来势汹汹，南宋将领张世杰急忙率领精锐水师，作殊死抵抗，但见银州湖上矢石往来不绝，杀声震天，硝烟弥漫，亮如白昼。

宋、元两军酣战了六个小时，中午时分，值海水涨潮，元南路军顺流进攻，致使南宋水师八方受敌。宋军经过殊死抵抗，伤亡惨重。见势已到，遂下令元军奏乐，宋军听到音乐，以为元军将进午餐（闻乐进食是元军的惯例），士气上稍微有些懈怠。此时，海水退潮，水流南泄，李恒率兵从北面顺流痛击。

而后，宋军忽觉有诈，张世杰才下令向元军战舰射箭，矢如雨下，全部射在布障、船帆及桅杆上，但为时已晚。揣度宋军的箭快射尽时，元军才传命鸣金。

听到元军的鸣金，宋军士兵都愣住了，怎么两军对接了，却要鸣金收兵。

其实，宋军估计错了，元军不是收兵，而是启动进军的号令。

只见张弘范屹立在船头，手持宝剑下令撤下布障，伏兵四起，弓弩、箭矢、礌石、火筒齐发并进。在猛烈的攻伐下，舰上的宋军士兵纷纷倒下，元军士兵一鼓作气，纷纷跳到宋舰上，斩杀宋军士兵无数，夺得宋军战舰一艘，损坏战舰七艘。两军将士皆殊死混战，声震天海，宋军大溃。

傍晚时分，宋军坚持了几个时辰，直到有一艘战舰上的桅杆倒下，连桅杆上的宋旗坠入海里。仿佛受到传染，随后又有几艘战舰上的桅杆接连倒下。张世杰感觉整个战场形势对宋军不利，将精兵抽至中军，准备鸣金收兵。

当时，天色已晚，风雨骤至，烟雾弥漫，咫尺不能相辨，只有四面元军的厮杀声清晰入耳。张世杰派人来接小皇帝，守卫在小皇帝身边的陆秀夫担心被人出卖被俘受辱，坚决不肯登船。小皇帝所乘的船很大，且与诸舟连在一起，一时难以解脱。

杀声四起，硝烟弥漫，烈火熊熊，在无路可退的情况下，陆秀夫先将自己的妻儿推入大海，然后，登上赵昺的船，然后跪在小皇帝赵昺面前，说道："国事至此，陛下当为国死。德佑皇帝辱已甚，陛下不可再辱！"

说罢，陆秀夫抓起船舱里的玉玺，胡乱捆在赵昺身上，然后把他抱起来，跑到船舱外面。御船开始倾斜，火势迅猛无比。情急之下，陆秀夫毅然抱起小皇帝赵昺跳海自溺。小皇帝年仅九岁，葬于宋帝陵。经九帝，南宋历经一百五十三年至此灭亡。

后宫及诸臣见小皇帝跳海，也跟着纷纷跳入海中。兵败如山倒，残存亦末路，本来已呈败势的宋军瞬间弃甲曳兵，绝望的士兵、自发前来助战的义民也纷纷跳海，一发不可收拾。

等硝烟散尽，海面上只剩八百余艘残破的战船仍留有宋朝的痕迹，不久，也尽被张弘范掠获，换上元朝的旗帜。"越七日，尸浮海上者十余万人"，场面颇为悲壮。大海仿佛是一个巨大的盘子，里面盛满了挤挤压压的尸体。

元军发现其中一具尸体，幼小白皙，身着帝王的黄袍，腰间挂着刻"诏书之宝"字样的南宋黄金玺印，于是将宝物上献。张弘范命人去寻尸体，竟不可得。只好以宋广王（小皇帝旧日的封号）溺死上报元廷。

杨太后听说赵昺已死，抚膺恸哭，哽咽着说："我忍死艰关至此者，正为赵氏一块肉尔，今无望矣。"言罢，也绝望赴海而死，后被张世杰葬于海滨。

杨太后墓在崖山附近的延安村旁，是一座没有碑文的坟墓，墓的四周用蚝壳围起。蚝壳可为石灰，是海边极为普通的物质，在这里为一个殉身的女性做了特殊的坟墓。每年的四月初二是杨太后诞辰日，附近百姓前来祭拜，逐成风俗。据说侥幸逃脱的赵氏皇族后代受到忠义之士的保护，直到元朝灭亡才恢复本来姓氏，崖门附近于是有了赵氏皇族村及宋代十八位皇帝灵位永久供奉的祠堂。

张世杰见大势已去，果断抽调精兵，指挥着预先和苏刘义带领余部十余艘船舰斩断大索，率领着十几艘大舰突围而去，准备召集旧部，寻找赵宗室后裔再图恢复。幸亏浓雾掩护，又赶上退潮，他们顺利冲出崖门，向外海驶去。

张弘范发现宋舰逃遁，立即发出信号，命元军李恒率领二十艘舰队追至大洋，没有追上。张世杰一行在南恩之海陵山，遭遇飓风，诸将士纷纷劝张世杰登岸，张世杰说："无以为也。"他登上柁楼，焚香祷告："我为赵氏，亦已至矣，一君亡，复立一君，今又亡。我未死者，庶几敌兵退，别立赵氏以存祀耳。今若此，岂天意耶！"言罢，堕于风涛之中。至此，闽广皆平，南宋残余力量扫荡殆尽，忽必烈正式君临华夏。

后人诗云：

> 碧血涤波情未尽，
> 激浪穿空起怒涛。
> 代有才人伤往事，
> 不变崖石伴海潮。

攻破崖山，元将张弘范在军中置酒大会，大肆庆祝。席间，张弘范邀请文天祥入座，对他说："汝国已亡，丞相忠孝已尽，若能把事宋的诚心，改作事元，难道不好做太平宰相吗！"

文天祥丝毫不为所动，回答道："国亡不能救，作为臣子，死有余辜，怎能再怀二心？"力请以死报国，未能实现。

张弘范又说："先生意欲留取丹心照汗青，今'国亡矣，即死，谁复书之'。"

文天祥回答道："商王，而夷齐不食周粟，亦自尽其心耳，岂论书与不书。"

张弘范见文天祥视死如归，拒不投降，只好遣使奏报忽必烈如何处理。

文天祥目睹了南宋的最终覆灭，痛心疾首，在《集杜诗·南海》的序言中写道："厓山之败，亲所目击，痛苦酷罚，无以胜堪。"他深感自己也无回天之力，便"坐北舟中，向南恸哭。"作诗悼念：

> 长平一坑四十万，秦人欢欣赵人怨。
>
> 大风扬沙水不流，为楚者乐为汉愁。
>
> 兵家胜负常不一，纷纷干戈何时毕。
>
> 必有天吏将明威，不嗜杀人能一之。
>
> 我生之初尚无疚，我生之后遭阳九。
>
> 厥角稽首并二州，正气扫地山河羞。
>
> 身为大臣义当死，城下师盟愧牛耳。
>
> 间关归国洗日光，白麻重宣不敢当。
>
> 出师三年劳且苦，咫尺长安不得睹。
>
> 非无虓虎士如林，一日不戈为人擒。
>
> 楼船千艘下天角，两雄相遭争奋搏。
>
> 古来何代无战争，未有锋猬交沧溟。
>
> 游兵日来复日往，相持一月为鹬蚌。

南人志欲扶昆仑，北人气欲黄河吞。

一朝天昏风雨恶，炮火雷飞箭星落。

谁雌谁雄顷刻分，流尸漂血洋水浑。

昨朝南船满崖海，今朝只有北船在。

昨夜两边桴鼓鸣，今朝船船鼾睡声。

北兵去家八千里，椎牛酾酒人人喜。

惟有孤臣雨泪垂，冥冥不敢向人啼。

六龙杳霭知何处，大海茫茫隔烟雾。

我欲借剑斩佞臣，黄金横带为何人。

后来，元朝诗人张宪作《厓山行》诗记述此战：

三宫衔璧国步绝，烛天炎火随风灭。

间关海道续荧光，力战厓山犹一决。

午潮乐作兵合围，一字舟崩遂不支。

樯旗倒仆百官散，十万健儿浮血尸。

皇天不遗一块肉，一瓣香闻海舟覆。

犹有孤臣卧小楼，南面从容就胡戮。

清人陈恭尹《崖门谒三忠祠》：

山木萧萧风更吹，两崖波浪至今悲。

一声望帝啼荒殿，十载愁人来古祠。

海水有门分上下，江山无地限华夷。

停舟我亦艰难日，畏向苍苔读旧碑。

忽必烈指挥着元军，利用三年多的时间，才确立了在四川、两淮、江西、福建、浙江、两广、两湖等地的统治地位。随着南宋灭亡，一个规模空前、全国统一的元朝横空出世，中原数百年的混乱从此结束。大体上与清朝乾隆全盛时期的疆域相等，奠定了我国统一的多民族国家的疆域基础，功不可没。元朝在中国历史上的地位，赫赫荣光，不能不令人叹服：

自封建变为郡县，有天下者，汉、隋、唐、宋为盛，然幅员之广，咸不逮元。汉梗于北狄，隋不能服东夷，唐患在西戎，宋患常在西北。若元，则起朔漠，并西域，平西夏，灭女真，臣高丽，定南诏，遂下江南，而天下为一，故其地北逾阴山，西极流沙，东尽辽左，南越海表。盖汉东西九千三百二里，南北一万三千三百六十八里，唐东西九千五百一十一里，南北一万六千九百一十八里，元东南所至不下汉、唐，而西北则过之，有难以里数限者矣。

第八十章
碧血丹心

南宋退出历史舞台，为挽救摇摇欲坠的王朝而涌现出来的英雄豪杰，或凛然就义，或蹈海而亡。而文天祥不幸作为南宋灭亡的目击者，国破家亡的苍凉心绪及贡献一己生命的决然情怀，升华了忠君报国由观念到践行的跨越，无疑是伟大而不朽的。

战后，从 1279 年十月抵达大都到 1282 年十二月被杀，文天祥一共被囚禁了三年零两个月。被囚禁期间，元朝千方百计对文天祥进行劝降、逼降、诱降，参与劝降的人物之多、威逼利诱的手段之毒、许诺的条件之优厚、等待的时间之长久，都超过了其他南宋降臣。甚至连元朝开国皇帝忽必烈汗不惜屈下千金之尊亲自劝降都未能说服他。文天祥所经受的考验之严峻，其意志之坚定，是极为罕见的，从《正气歌》惊天地泣鬼神的气魄可以体现出文天祥宁死不屈的精神。

当元军横扫临安，南宋将士朝臣纷纷缴械投降，忽必烈在召见他们时，问道："汝等降何容易？"

南宋降将回答道："贾似道专国，每优礼文士而轻武臣。臣等久积不平，故望风送款。"

忽必烈闻言，觉得这些背主弃忠的降臣没有骨气，轻蔑地说道："似道实轻尔曹，特似道一人之过，汝主何负焉？正如尔言，则似道轻尔也固宜。"

就在忽必烈为南宋严重匮乏将帅之才而倍感失望之际，在崖山战役中取胜的张弘范遣使到达大都，向忽必烈禀报南宋文天祥拒不投降的事迹。听说南宋竟然有如此之才，忽必烈惊诧不已，"既壮其节，有惜其才"。

1279年四月二十二日，忽必烈下了一道圣旨，赞赏"谁家无忠臣"，要张弘范尽快将文天祥等人押送到大都，随行的由贾余庆、吴坚、刘节、家铉翁等组成的北上祈请使团。随文天祥北行的还有其部下及家人总计十一人，他们是杜浒、金应、张庆、夏仲、吕武、王青、邹捷、余元庆、李茂、吴亮、肖发，其中八人是他生死与共的战友，另外三人携带着一百五十两银子中途离去。

当押送队伍行驶至江西境内时，文天祥决定开始绝食，希望船行驶到自己故乡吉安时像为不食周粟的伯阳、叔齐一样饿死守节，"饿死真吾志，梦中行采薇"。稍微遗憾的是，文天祥没有能够在家乡殉节。路上一连绝食八天，以死明志，却没有饿死，由于他的家乡吉安已被远远地抛到船后，看守便捏着文天祥的鼻子强行灌食。

文天祥被囚于顺着赣江而下的船上百感交集，国破家亡，功业未遂，他也只有"孤臣腔血满，死不愧庐陵"了。过万安、泰和一路心酸一路悲叹："传语故园猿鹤好，梦回江路月风清""丹心不改君臣谊，清泪难忘父母邦"。经过庐陵城时，城外江边跪着许多百姓，他们是前来为文天祥北上送行的。被押行的还有宋朝官员邓光荐，他们虽为囚徒，但一路上谈诗论史，还计划着有朝一日再举义旗，驱逐元军，复辟南宋。后来，邓光荐因病重被留在金陵就医。

文天祥本是南宋亡国遗臣，又是阶下囚，一而再地举旗反元，给元廷制造诸多麻烦，忽必烈正广纳中原人才，却不计前嫌，对素重名节的文天祥，倾慕高名激赏其忠，亲自召见文天祥，劝其降，却被严词拒绝。

十月初，辗转万里，文天祥被押送到元大都。被带到接待投降者的"会同馆"，像凯旋者一样受到美酒佳肴的款待，又安置在高贵的房间里，但文天祥并不买账，"义不寝食，乃坐达旦"。于是，开始了长达三年多的狱中生涯。

文天祥身为元廷重犯，但活动的空间超乎想象的自由。当忽必烈下诏，让"千户所好好给茶饭者"时，文天祥以"不食官饭已数年矣"的理由予以拒绝，他只吃友人送来的食物，这在历史上是鲜见的。

被囚禁在元大都期间，忽必烈派遣一拨一拨的大臣、亡宋的故知旧友劝说文天祥归顺元朝。于是，劝降使者接踵而至，如过江之鲫，甚至以宰相之职诱降，但他始终不为所动，拒不降元，唯求一死，以报宋室。

第一个来劝降的是留梦炎，此人与文天祥都是南宋状元，官至丞相，在江南也号称名士。他在临安危急时弃官逃走，降元后，任元朝礼部尚书，成了元朝招降的旗帜，帮助元朝统治者招降了一批宋臣。

对此，文天祥作《为或人赋》诗云：

> 悠悠成败百年中，笑看柯山局未终。
> 金马胜游成旧雨，铜驼遗恨付西风。
> 黑头尔自夸江总，冷齿人能说褚公。
> 龙首黄扉真一梦，梦回何面见江东。

已降元朝的留梦炎作为南宋旧臣，前来劝降文天祥，真有点儿现身说法之嫌，说："早点归降元朝吧，为你的妻子儿女想想。"

文天祥见到留梦炎便厉声斥骂："国已不存，何以家为？还是为你自己操心吧。"

"我没说虚妄之言，请三思而行。"

"状元曾受宋廷俸禄，却摇身变成元奸，来蛊惑我劝降，岂有此理？"

"人各有志，我为元朝效力也是迫不得已。"

"是非功过留于后人说，龙首黄扉真一梦，梦回何面见江东。"

"你是鬼迷了心窍，不知好歹。"

"一个卖国求荣的奸佞，却在这里给我谈好歹，真是贻笑大方。"

见文天祥把话说绝了，留梦炎只好窘然退下，口中喃喃自语："一个疯子，一个不可理喻的疯子。"

接着，九岁的宋恭帝赵㬎又来劝降，文天祥立即跪到地上，痛哭流涕，连声说"圣驾请回"后，便闭口不语。

接着，元朝宰相阿合马来文天祥囚所劝降，文天祥长揖就座，没把他放在眼里，阿合马劈面喝问文天祥："见了宰相为何不跪？"

文天祥冷冷地说："南朝宰相见北朝宰相，何跪？"

阿合马见文天祥威武不屈，便讥讽道："你何以至此？"

文天祥正言厉色地说："南朝若早用我为相，你去不了南方，我也不会到你这里来，你有什么可神气的。"

阿合马无言答对，色厉内荏地环顾左右说："此人生死尚由我。"

文天祥正义凛然道："亡国之人，要杀便杀，道甚由不由你。"阿合马自讨没趣，碰了一鼻子灰便悻悻离去。

年底，能言善辩的元丞相孛罗亲自开堂审问文天祥。文天祥被押到枢密院大堂，昂然而立，只是对孛罗行了一个拱手礼。元廷卫士见状，忙喝令："跪下！"文天祥冷静言道："南人行揖，北人下跪，我乃南人，当然行南礼，岂可对你下跪！"

闻听此言，孛罗心里更来气，喝令左右强制文天祥下跪。文天祥竭力挣扎，始终不肯屈服。文天祥凛然说："天下事，有兴有废，自古帝王以及将相，灭亡诛戮，何代无之？吾今日至于此，幸早施行。"

孛罗见文天祥不吃硬，自恃儒学、历史功底深厚，便语带讥讽地问："汝谓有兴有废，且问从盘古帝王至今日，几帝几王？"

文天祥轻蔑一笑，回答道："一部十七史，从何处说起？吾今日非应博学鸿词，何必泛论。"

孛罗接着问："汝不肯说兴废事，倒也罢了，但汝既奉了主命，把宗庙、土地与人，何故复逃者乎？"

文天祥正色答道："奉国与人，是谓卖国，卖国的人，只知求荣，还愿逃去吗？吾前辞宰相不拜，奉使军前（指入伯颜兀营议和），即被拘执，已而贼臣献国，国亡，吾当死，所以不即死者；但因度宗二子，犹在浙东，老母亦尚在粤，是以忍死奔归！"

孛罗听文天祥说到二王，觉得终于抓牢了话柄，忙问："弃德佑嗣君（投降的宋恭帝）。别立二王，此举算忠臣所为吗？"

文天祥义正词严："古人云，'社稷为重，君为轻'。吾别立新君，乃出于宗庙、社稷之大计。昔日晋朝，从怀、愍北去者，非忠臣，从元帝者为忠臣。而我大宋，从徽、钦北去，非忠，从高宗为忠。"

此语，有理有节，孛罗一时语塞。低头思虑半天，才开言斥责道："晋元帝、宋高宗，皆有所受命，你立二王继位，并非正道，莫非是图篡不成？"

见孛罗信口开河，污蔑自己的人格，文天祥高声质问道："景炎皇帝乃度宗长子，德佑亲兄，不可谓不正。德祐去位，景炎乃立，难道是图篡吗？陈丞相奉太皇命，奉二王出宫，难道是无所受命吗？"

一席话，噎得元丞相孛罗直翻白眼，见文天祥依然理直气壮，便恼羞成怒地在"无所受命"这一问题上强辩："你立二王，究有何功？"

文天祥闻言，悲怆泪涌，哽咽着说："立君所以存宗社，存一日，臣子尽一日之责，何言成功！"

孛罗颇为得意，穷追不舍道："既知无功，何必再立？"

文天祥泪如雨下，愤然道："汝亦有君主，汝亦有父母，譬如父母有疾，明知年老将死，断没有不下药的道理！总教吾尽心，才算无愧，若有效与否，听诸天命！今日我文天祥至此，有死而已，何必多言！"

一席话，气得元丞相孛罗几乎发疯，直欲杀之。可是，孛罗没有肆意斩杀文天祥的权限，而"元主（忽必烈）及大臣皆不可"。元朝丞相孛罗出马审讯文天祥，本想挫败一下文天祥的锐气，结果适得其反。禀告忽必烈后，更加重视其民族气节。

见外力纷纷在文天祥面前碰壁，忽必烈便甩出借用亲人劝降的撒手锏。当早已在元朝居官的弟弟文璧前来劝降时，文天祥作诗一首作为回答，即为清代俞樾在《茶香堂丛钞》所录的一首：

去年我别旋出岭，今年汝来亦至燕。
弟兄一囚一乘马，同父同母不同天。
可怜骨肉相聚散，人生不满五十年。
三仁生死各有意，悠悠白日横苍烟。

对文璧降元行径，文天祥没有过多的指责。临走时，文天祥令文璧带走自己整理好的诗稿，并请求将文璧的一个儿子过继到自己名下。在举家南迁逃离元军时，文天祥对南宋毫不动摇的忠诚，导致其母和二子四女皆死于战乱，他的妻子、两位侍从和另外两个女儿被俘。结果，其妻在监狱中被囚禁三十年，两个女儿被永久流放。文天祥深知自己也不久辞世，所以用此法不绝宗祀，以履行为身死他乡的母亲举灵柩归乡的孝道。

元廷把文天祥的妻子欧阳夫人和两个女儿柳娘、环娘俘虏后送到大都，想利用骨肉亲情软化文天祥。文天祥一共育有二子六女，当时在世的只剩此二女，年龄都是十四岁。文天祥的两个女儿及妾都做过元朝的说客，她们"哀哭劝公叛"。元廷暗示，只要文天祥一屈膝，家人即可团聚。接到女儿的信，文天祥虽然痛断肝肠，但他不愿因妻子和女儿而丧失民族气节，仍然坚定地说："汝非我妻妾子女也，果曰真我妻妾子女，宁肯叛我而从贼耶？""人谁无妻儿骨肉之情，但今事到这里，于义当死，乃是命也。"

在利诱和亲情都在文天祥面前接连受挫的情况下，元朝又变换手法，用酷刑折磨他，企图用时间来消磨他的意志。

见屡次劝降未果，元军给文天祥戴上木枷送到大都兵马司的监狱关押起来，围在一圈土墙内。南房和北房都是大囚室，关押着五花八门的社会流犯蟊贼。而坐东朝西的一间一间小囚室里，关押着朝廷命犯。囚室都是用黏土夯实的土屋，由于地方逼仄，建筑简陋不堪，地处低洼地段，每逢雨天便水汽弥漫，房墙上沁出水珠，连日不干。很多犯人关押在一起，造成囚室内空气污浊不堪，几近窒息。

关押文天祥的囚室面积不大，长约三丈，宽只有八尺，室内仅有一张小床和一个矮桌而已。与别的囚室稍微不同的是，室内还备有笔墨纸砚。元军把文天祥囚禁在此，并不限制他舞文弄墨。纸张用完了，可以向狱卒索要。

文天祥每天吃不饱，睡在高低不平的木板上，又被穷凶极恶的狱卒呼来唤去，过着艰难度日的牢狱生活。由于他誓不低头，元丞相孛罗威胁他说："你要死，偏不让你死，就是要监禁你！"文天祥毫不示弱回敬道："我既不怕死，还怕什么监禁！"

但文天祥始终抱定"备位将相，义不得不殉国"的坚定信念，矢志不移，不为亲情所困。在写给自己妹妹的信中说："收柳女信，痛割肠胃。人谁无妻儿骨肉之情？但今日事到这里，于义当死，乃是命也。奈何？奈何！……可令柳女、环女做好人，爹爹管不得。泪下哽咽哽咽。"一纸书信，泪痕斑斑，竟不能写完。骨肉至情，相比为国家为民族殉身立节，仍旧在文天祥心中退而居其次。当然，草木非是英雄心，文天祥为此作《得儿女消息》一诗：

> 故国斜阳草自春，争元作相总成尘。
>
> 孔明已负金刀志，元亮犹怜典午身。
>
> 肮脏到头方是汉，娉婷更欲向何人。
>
> 痴儿莫问今生计，还种来生未了因。

元朝一直封锁文天祥与朋友之间的书信来往，但允许与其女儿柳娘写信，无非是欲以骨肉亲情动摇文天祥的心志。但诗歌的后两句，"峰回路转，英雄生悲"，足以表明文天祥誓不降元的心迹。希望与女儿"莫问今生计"，来世再结为父女，来弥补今生对女儿的亏欠。

无奈之下，忽必烈又派王积翁去牢狱，传达欲封文天祥为元朝宰相的旨意。文天祥表示："国亡，吾分一死矣。倘缘宽假，得以黄冠归故乡，他日以方外备顾问，可也。若遽官之，非真亡国之大夫不可与图存，举其平生而尽弃之，将焉用我？"

王积翁相信文天祥"以黄冠归故乡"的话，朝会上，他联合宋官谢昌元等十人，奏报忽必烈允许释放文天祥归乡为道士，忽必烈亦有此心，可谓爱才切切。但汉奸留梦炎却唱反调，劝阻道："天祥出，复号召江南，置吾十人于何地！"一句话，把释放文天祥的路给堵得死死的。

忽必烈招降文天祥之心不死，又囚禁了三年。在囚禁的岁月里，生活很苦，可是文天祥强忍痛苦，写出了不少气壮山河的不朽诗篇。其中，在《正气歌并序》，表露了耿耿忠臣文天祥的拳拳报国忠心：

余囚北庭，坐一土室。室广八尺，深可四寻。单扉低小，白间短窄，污下而幽暗。当此夏日，诸气萃然：雨潦四集，浮动床几，时则为水气；涂泥半朝，蒸沤历澜，时则为土气；乍晴暴热，风道四塞，时则为日气；檐阴薪爨，助长炎虐，时则为火气；仓腐寄顿，陈陈逼人，时则为米气；骈肩杂沓，腥臊汗垢，时则为人气；或圊溷、或毁尸、或腐鼠，恶气杂出，时则为秽气。叠是数气，当之者鲜不为厉。而予以孱弱，俯仰其间，于兹二年矣，幸而无恙，是殆有养致然尔。然亦安知所养何哉？孟子曰："吾善养吾浩然之气。"

彼气有七，吾气有一，以一敌七，吾何患焉！况浩然者，乃天地之正气也，作正气歌一首。

天地有正气，杂然赋流形。下则为河岳，上则为日星。于人曰浩然，沛乎塞苍冥。皇路当清夷，含和吐明庭。时穷节乃见，一一垂丹青。在齐太史简，在晋董狐笔。在秦张良椎，在汉苏武节。为严将军头，为嵇侍中血。为张睢阳齿，为颜常山舌。或为辽东帽，清操厉冰雪。或为出师表，鬼神泣壮烈。或为渡江楫，慷慨吞胡羯。或为击贼笏，逆竖头破裂。是气所磅礴，凛烈万古存。当其贯日月，生死安足论。地维赖以立，天柱赖以尊。三纲实系命，道义为之根。嗟予遘阳九，隶也实不力。楚囚缨其冠，传车送穷北。鼎镬甘如饴，求之不可得。阴房阗鬼火，春院闭天黑。牛骥同一皂，鸡栖凤凰食。一朝蒙雾露，分作沟中瘠。如此再寒暑，百沴自辟易。嗟哉沮洳场，为我安乐国。岂有他缪巧，阴阳不能贼。顾此耿耿在，仰视浮云白。

悠悠我心悲，苍天曷有极。哲人日已远，典刑在夙昔。风檐展书读，古道照颜色。

此时，忽必烈虽年事已高，但开疆拓土的雄心犹存，正在他准备稳定国内、军事向外时，有一位僧人说："土星犯帝坐，疑有变。"不久中山府薛宝住自称"宋主"，纠集一千人马，扬言"欲取文丞相"。大都流传匿名书信，"言某日烧蓑城苇，率两翼兵为乱，丞相可无忧"。

主持元廷庶政的太子真金获悉情报后，立即奏闻。忽必烈深感事态严重，迅速采取措施，下令京师戒严的同时，又按中书省的提议，将宋德佑皇帝（宋恭帝即瀛国公）及南宋宗室迁往上都。

在各位大臣纷纷劝说处置文天祥的时候，忽必烈听说文天祥誓死不屈，更加敬重其民族骨气，更要引为己用。然而文天祥之心坚如磐石，无法撼动。遂忽必烈亲自召见文天祥，这在历史上是极其罕见的。披头散发，脸色憔悴，身穿长衫的文天祥被元军押进便殿。他见了忽必烈，只作了个长揖，便昂然站立在阶下。左右强之跪拜，伤其膝，文天祥仍然岿然不动。

忽必烈也没有怪罪文天祥没在自己面前行君臣之礼，问："汝在此久，如能改心易虑，以事亡宋者事我，当令汝为中书省一处坐。"

文天祥不屑一顾地说道："天祥受宋朝三帝厚恩，号称状元宰相，安事二姓，非所愿也。"

忽必烈又说："汝不为宰相，则为枢密。"

　　文天祥决然道："天祥是宋朝丞相，忠臣不事二主，愿赐之一死足矣。"

　　"像吕文焕、范文虎等许多宋臣投诚后，为朕所重用，你何必百折不挠呢？"

　　"我担心这些临阵变节的叛臣的名字会玷污我清净的耳廓，就此打住吧。"

　　忽必烈遂吩咐先把文天祥押下去，听候处置。孛罗又上奏说："以臣看，陛下心怀爱才之心，已经仁至义尽，不如早做圣断，成全他的一世英名吧。"

　　忽必烈还是沉默不语。几位大臣也说，如今南方几个省民变蜂起，文天祥留在狱中于元廷不利，应该早日处决。

　　在群臣屡次劝说下，忽必烈也害怕释放文天祥后，再"复号召江南"，为绝后患，才勉强同意斩杀文天祥。身为堂堂元朝之主忽必烈，曾号令千军万马平滇、灭大理国、讨伐南宋王朝，却在人格上彻底输给南宋遗臣文天祥。

　　1282年十二月初九，兵马司监狱内外，布满了全副武装的卫兵，戒备森严。当载着文天祥的囚车缓缓驶往大都柴市（今北京市交道口）刑场时，上万市民纷纷涌来为忠贞不屈的文丞相送行。数年的囚禁生涯，使披头散发的文天祥已面容憔悴，虚脱了人形，围观的百姓都黯然伤怀不忍视之。

　　从监狱到刑场，文天祥走得神态自若。临刑前，由于多年被囚禁于斗室，文天祥已经完全丧失方向感。等问明了方向，随即朝着南方拜了几拜。

　　监斩官问："丞相有什么话要说？回奏尚可免死。"

　　文天祥又索笔为诗一首：

> 昔年单舸走淮扬，万死逃生辅宋皇。
> 天地不容兴社稷，邦家无主失忠良。
> 神归嵩岳风云变，气入烟岚草木荒。
> 南望九原何处是，关河暗淡路茫茫。

衣冠七载混毡裘，憔悴形容似楚囚。

龙驭两宫崖岭月，貔貅万灶海门秋。

天荒地老英雄丧，国破家亡事业休。

惟有一腔忠烈气，碧空常共暮云愁。

写毕，他对执刀的剑子手说："吾事毕矣"，便伏首受刑。时年四十七岁。上万百姓观刑，皆感动流泪。死后，剑子手发现文天祥的遗服里有一篇《衣带赞》（又称《衣带诏》），表现了其"金石之性，要终愈硬"的本性，曰："吾位居将相，不能救社稷，正天下，军败国辱，为囚虏，其当死久矣。顷被执以来，欲引决而无间。今天与之机，谨南向百拜以死。以赞曰：死曰成仁，孟曰取义，惟其义尽，所以仁至。读圣贤书，所学何事？而今而后，庶几无愧。宋丞相文天祥绝笔。"

这位在民族危亡时刻表现出一身浩然正气的英雄，从容就义，为八年前和四年前两度亡国的南宋王朝完节殉国，演绎出中国历史上一场震撼人心的爱国壮举。

下达了处斩文天祥的旨令后，忽必烈虽然置身于深宫里，但心里泛起波澜。他并没有放弃文天祥幡然悔悟的希望。也许诚如王积翁所言，把他释放回家乡未尝不可？风传而已，江南的反元起义，与囚居在狱中的文天祥有何干系。

翌日，忽必烈又有些后悔，紧急飞马传诏停止行刑。可惜晚了一步，文天祥的碧血已经倾洒在大都柴市口。

文天祥死后，忽必烈脑海中多次闪过文天祥那张坚毅的脸颊，曾惋惜地说："好男子，不为吾用，杀之诚可惜也。"敬重之情亦溢于言表。

文天祥被杀的第二天，张弘毅（文天祥的同窗，在押解途中自请随行，三年来一直负责其饮食起居）与欧阳夫人、文天祥的女儿和十余名义士一起，暂时将文天祥的遗体安葬于京城小南门外约五里道旁。1284年，由张弘毅将文天祥遗体的牙齿、指甲、胡须和头发暗中收藏起来，亲自背着送回文天祥的家乡——江西庐陵安葬，使其能在故土安息。文升（文升乃天祥之弟文璧之子）泣立。

忽必烈担心在柴市口刑场处决南宋宰相文天祥，怕大都市民造反、举火燃城，特意下令将城垣上覆盖的草席全部撤下来，以免引火。

那场被严加预防的火灾未能及时发生，但只不过推迟到八十五年后（1368），终于燃起，一发而不可收。元大都就这样毁于复仇之剑。

第八十一章

克勤克俭

文天祥死后，忽必烈搜罗南宋忠良、贤才的雄心丝毫未减。刘炳忠、郝经、赵璧等人告世后，他更加求贤若渴了。1287 年，忽必烈命行台侍御史程钜夫代表元廷到江南访求隐逸。这一旨意初下，即遭到许多蒙古贵族的强烈反对。因为当时元朝百姓按等级分成蒙古、色目（西域人）、汉（北方人）、南（南方人）四等，认为忽必烈不能把第四等人列为特使。

消息传至忽必烈的耳中，他十分不满地说："你们不用南人，怎么知道南人不可重用？从今以后，不管哪个官府，都要参用南人。"

程钜夫临行前，忽必烈特意召见了他，并告诫道："此次南行，务必把一个人设法招来。"

"臣遵旨。但不知道陛下究竟所言何人？"

"此人是叶李，是南宋太学生中最具有胆识和才识的人。在贾似道欺上瞒下、专横跋扈时，宋朝内外无人敢于指责非议，而叶李冒死向宋朝皇帝上书弹劾，贾似道大怒，便唆使党徒临安府尹刘良贵诬告叶李，在他脸上打上金印，贬到漳州。对朝廷真是忠贞不贰。"

"臣领旨。"

程钜夫在江南活动了近一年，为元廷搜寻了二十余名隐士，包括忽必烈叮嘱的叶李。到京师后，忽必烈当即封叶李为副丞相。

程钜夫还把誉满江南的赵孟𫖯给搜寻过来，博学多才，能诗善文，懂经济，工书法，精绘艺，擅金石，通律吕，解鉴赏，但碍于他是宋太祖赵匡胤的十一世孙，不知能否录用。对此，忽必烈很坦然："我祖父生前把许多仇人的子孙、家奴都留在军队，有人还拜为大将呢。"

忽必烈在宫中单独召见了赵孟𫖯，见他才气豪迈，神采焕发，如同神仙，非常高兴。当时朝廷刚刚设立尚书省，命赵孟𫖯起草诏书，颁布天下。

吸纳了这批江南贤士，官僚习气浓郁的元廷像吹进来一阵清新的春风。他们都是来自民间，常常提出一些比较贴近民情的建议。

忽必烈之前的贵由和蒙哥两位大汗均以挥霍无度而著称，他们购买奢侈品主要以贵金属支付，国库入不敷出时，对部分拖欠的债务甚至以未来战争的战利品做抵押。登上汗位的忽必烈也不例外，沿袭了以前诸大汗对蒙古贵族挥霍赏赐的惯例，来换取诸王贵戚为他在疆场上厮杀卖命。一部《元史·世祖本纪》就是一部忽必烈向诸王、将帅发放金银珠宝的流水账。

如中统元年（1260）岁末，忽必烈对诸将的赏赐清单如下：亲王穆哥（同母弟末哥）银二千五百两；诸王按只带、忽剌忽儿、合丹、忽剌出、胜纳合儿银各五千两；文绮帛各三十匹，金素半之；诸王塔察（儿）、阿术鲁钞各五十九锭有奇，棉五千九十八斤，绢五千九十八匹，文绮三百匹，金素半之；海都银八百三十三两，文绮五十匹，金素半之；觐儿赤、也不干银八百五十两；兀鲁忽带银五千两，文绮三百匹，金素半之；只必帖木儿银八百三十三两；爪都、伯木儿银五千两，文绮三百匹，金素半之；都鲁、牙忽银八百三十三两，特赐棉五十斤；阿只吉银五千两，文绮三百，金素半之；先朝皇后帖古伦银二千五百两，罗绒等折宝钞二十三锭有奇；皇后斡者思银二千五百两，兀鲁忽乃妃子银五千两。这仅仅是一部分赐赏名单，而更重要的是，忽必烈规定每年岁末都按这个数目赏赐，"自是岁以为常"①。

每年九月二十八日的万寿节来临时，忽必烈便身着华丽高贵的金袍与数千名贵族和文武百官聚集在大安殿内，举行声势浩大的庆典活动。当时，大汗曾选出一万二千名忠臣良将为男爵，并赏赐给他们每人十三套不相同的衣服。这些衣服上镶有宝石、珍珠和其他宝物，十分华丽高贵。每套一万二千件都是一个颜色，十三套即有十三种颜色。和男爵一样，大汗自己也有十三套这样的衣服，只不过更加华丽名贵。可以想象，仅是服装方面花费的金银就已经无法估算了。另外，忽必烈拥有的五千头大象在这一日也都披上金银线绣成鸟兽图案的富丽堂皇的象衣，排成队伍。每头象的肩上都放着两个匣子，里面装满宫廷所用的金属器具和其他器具。象队后面则为骆驼队，同样载有各种各样必需的用具。

曾在元廷供职多年的马可·波罗在游记中描绘过元朝宫廷中豪华的摆件：在大汗的御案之前即在大殿的中央、摆着一件宏大的器具。它极其精美，外形像一个方匣，每边各长三步，上面雕有各种鸟兽的图案，整个器具都是镀金的。匣子中间是空的，装着一个巨大的纯金容器，足可以装下很多加仑的液体。这个方匣的四边各摆着一个较小的容器，大约能盛五十二加仑半，其中一个容器盛着骆驼乳，一个容器盛着马乳，其余各个容器都盛着一种饮料。这个匣子中还放着大汗的酒瓶、酒杯等物品。这些器具有些是由镀了金的漂亮金属制成的，可用来盛酒或其他汁液，容积极大，每件容器盛的饮料都可供八人共同饮用。

记住忽必烈生活中惯常的奢侈，修建上都、大都，开支巨大和连年征战耗费天文数字开支，会帮助我们理解忽必烈的朝政以及施政、用人思想，甚至理解忽必烈连年马不停蹄地四处攻伐的举止。

在大都即将落成之际，忽必烈命人"俾取所居之地青草一株，置于大内丹墀之前，谓之'誓俭草'"②。忽必烈种誓俭草于大殿台阶之下，目的是

---

① ［明］宋濂，等.元史［M］.北京：中华书局，1976.
② ［明］叶子奇.草木子［M］.

让它时刻提醒自己并警示后继者要体会"元世祖皇帝思太祖创业艰难"，珍惜前人留下的成果，做到勤于政事、俭于生活的淳朴作风。奇怪的是，身为帝王，忽必烈的个人生活却自奉较为俭薄，注意节约，力倡淳朴之风。这优良品质也许来自草原财物匮乏而游牧民族在生活开支上都极其节俭的缘故。

至于忽必烈节俭到何种程度，可以在史料中，获得一些确凿的信息。

罗马教皇派出的"军事间谍"柏朗嘉宾（一译普兰·迦尔宾）出使蒙古帝国后，谈及蒙古习俗时说："蒙古人从来不用水刷洗盘碗器皿，偶尔也许会用肉汤来洗一下，洗完后还要把刷碗水与肉一起倒回锅里。骨头也是一样，在吸尽骨髓之前，绝不会将骨头抛给狗。"作为一个称职的间谍，柏朗嘉宾不会在报告中揣测虚构的。

追随忽必烈多年、曾担任御史台的第一任监察御史王恽在其《秋涧集》中写道："临御以来，躬先俭素，思复淳风，如轻纨衣而贵绅缯，去金饰而朴鞍履，至衣服等物，销织镀砑之类一切禁止。"

忽必烈"敕宫烛毋彩绘"，又敕"鞍、靴、箭镞等物，自今不得以黄金为饰"[①]。到1292年，"回回人忽不木思售大珠，帝以无用却之"。

相传，忽必烈曾将自己穿过的旧衣服储于箱中，以教育子孙勿忘操守勤俭之风。史载，武宗曾与皇太后等设宴于大安阁，大安阁中有一"故箧"，不知什么原因，特问宦官李邦宁说："此何箧也？"李邦宁回答："此世祖贮裘带者。臣闻有圣训曰：'藏此以遗子孙，使见吾朴检，可为华侈之戒。'"

武宗听了，大为感动，下令打开箱子观看，看到了世祖忽必烈所用过的裘带，十分惭愧地说："非卿言，朕安知之。"当时，旁边的宗王接着武宗的话说："世祖虽神圣，然啬于财。"李邦宁听了，不赞成那位宗王所说的话，反驳道："不然。世祖一言，无不为后世法；一予夺，无不当功罪。且天下所入虽富，苟用不节，必致匮乏。自先朝以来，岁赋已不足用，又数会宗藩，资费无算，且暮不给，必将横敛掊怨，岂美事耶。"武宗及皇太后听了，深表赞许。

---

① ［明］宋濂，等.元史［M］.北京：中华书局，1976.

忽必烈不仅身体力行大倡克勤克俭之风，对家人的要求十分严格。一次，太子真金患病，忽必烈前去看望，发现铺的竟是织金卧褥。忽必烈十分动怒，责备他亲自选定的儿媳阔阔真："我总认为你贤淑，为什么这么奢华呢？"阔阔真连忙跪下解释道："平时不敢用，只是太子病了，恐有湿气，才铺了它。"说完，马上撤掉。

还有一次，他最宠爱的皇后察必从太府监支取缯帛表里各一，忽必烈批评妻子："这是军需品，是属于国库的，不是私人的，你怎能随意支取？"察必皇后诚心接受批评，自此，更加严格要求自己，勤俭自持。她带领宫中女工，执弓操弦，纺织丝绸，亲自裁制衣服。察必皇后常常亲率宫女，将宣徽院丢弃的羊臑皮缝成地毯。

忽必烈的俭朴在历代帝王中是罕见的，他所提倡的俭朴之风被终元一代的皇帝和大臣奉为楷模，皇帝以忽必烈为榜样，大臣劝谏也举忽必烈的例子，均以忽必烈为法。

在英宗登基后的第一个元宵节，"欲于内庭张灯为鳌山"。参议中书省事张养浩得知后，毅然决然，上疏左丞相拜住劝谏："世祖临御三十余年，每值元夕，间阎之间，灯火亦禁；况阙庭之严，宫掖之邃，尤当戒慎。今灯山之构，臣以为所玩者小，所系者大；所乐者浅，所患者深。伏愿以崇俭虑远为法，以喜奢乐近为戒。"拜住收到张养浩的上疏后，立即袖其疏入谏英宗，英宗看了张养浩的上疏，最初大怒，继而转怒为喜，接受了张养浩的建议，撤掉了张灯之令。从张养浩的上疏中可以知道，世祖忽必烈为了节约，禁止搞张灯结彩等奢靡活动。

一方面豪奢无度，另一方面节俭到吝啬的程度，这就构成了忽必烈矛盾交织的性格。

第八十二章

察必皇后

　　元朝也实行一夫多妻制，忽必烈拥有众多后妃。在众多妃嫔中确立四位为正宫，称为第一、第二、第三、第四皇后，沿袭蒙古帝国旧制，分别守四个斡耳朵①。当忽必烈想要她们中某人陪伴时，或是召进宫，或是亲自前去。

　　据史料记载，察必（昭睿顺圣皇后）守第一斡耳朵，南必皇后守第二斡耳朵，塔剌海皇后、奴罕皇后守第三斡耳朵，伯要兀真皇后、阔阔伦皇后守第四斡耳朵。守斡耳朵的正宫，遂都被册立为皇后，但地位并不平等，只有第一皇后所生的嫡长子才有继承皇位的权力，如果第一皇后无嗣，则由第二皇后的嫡长子继承，以此类推。

　　由嫡长子来继承皇位是从周朝开始的，周王实行以嫡长子时代继承最高执政权力，为天下的大宗宗法制，宗法制按照血缘宗族关系分配政治权力，维护政治联系。

---

① 辽宫帐名，亦作斡鲁朵、斡里朵。辽太祖起，各帝及太后之执政者皆置斡耳朵，有直属军队、民户及州县，构成独立的军事、经济单位。帝、后死后由家族继承。金、元沿用为官署之称。

忽必烈时代的选美程序颇为复杂，除皇后外，大量妃嫔均来自一个叫弘吉剌部的地方。马可·波罗用赞美的笔触写道："吉剌的居民以面貌秀丽、肤色光洁著称。"

当年，成吉思汗的父亲也速该抢来的新娘就是弘吉剌部落的美女诃额仑，成吉思汗娶弘吉剌部特薛禅之女孛儿帖（忽必烈的祖母）为妻，又特下谕旨："弘吉剌氏生女，世以为后；生男，世尚公主，世世不绝。"此后，黄金家族与弘吉剌部结为世代姻亲关系。蒙哥、成宗、武宗、泰定帝、文宗、宁宗、顺宗的皇后都为弘吉剌氏。

得益于"近水楼台先得月"，蒙元时期，弘吉剌部共走出十八位皇后，十六位驸马。

当选美大臣到达弘吉剌部，先把所有年轻女子召集起来，由指派的审美专家对她们的面貌、头发、口、唇、眉毛和其他部位是否与全身的搭配相称，进行极其精细的甄别考察，以评分标准定出等级，分为十六、十七、十八、二十或十二等级。只有获得二十分以上者，才有幸被选美大臣送入元朝的宫廷。

进宫以后，忽必烈又任命另一组更为高级而苛刻的选美大臣根据美丑等再次审查，精选出三四位美貌绝伦的女子填充忽必烈的寝宫。接下来，这些尊贵的宫娥被一些年长资深的伺宫夜间认真照看考察。确认她们的玉体是否有什么隐秘的瑕疵，睡态是否安静，是否打鼾，体香是否芳香如兰，全身各处有无异味。

经过严格审查择优录取后，剩下的少女才被最后分为五组，轮流在忽必烈的内官服侍三昼夜。一组在寝宫里言听计从，接下来的一组在寝室外随时候命。忽必烈需要什么饮食，寝宫内的一组可传令寝宫外的一组办理，忽必烈马上就可以得到所需之物。侍奉忽必烈寝宫的责任全由这些女子来担任。

至于姿色稍次的女子就被分派到诸王的府邸，练习裁缝，学习烹饪和其他适合女子承担的工作。凡元廷中的文武百官想要娶妻，忽必烈便在这些女子中选出一人赐婚给他，且陪送一大笔丰厚的妆奁。

在元朝众多的皇后中，察必皇后以敏锐的政治眼光，辅佐丈夫忽必烈建立帝业，治国安邦，是中国历史上一名功勋卓著的女政治家。忽必烈虽然妻妾成群，但他一生中最宠爱的是皇后察必。不仅因为她美轮美奂，思维敏捷；此外，她还勤俭质朴，仪态娴雅，统率后宫，具有蒙古妇女的传统美德。她还兼具经纬天下的政治手腕，帮助忽必烈"鼎新革故"，在蒙古妇女中无人能及。

察必出自弘吉刺部，是元朝外戚济宁忠武王按陈之女。史载："其生性仁明，随事讽谏，多裨时政。世祖在位三十年，察必立为皇后，始终勤俭自律，事事用心。"

忽必烈在位期间，察必皇后生性仁明，随事讽谏，多裨时政，忽必烈对其建议往往也采纳。同时又勤俭自律，事事用心。在生活中以丈夫的事业为重，无论忽必烈如何待她，都绝无半点儿怨言，这一点，许多女人都做不到。所以，她得到了忽必烈的敬重。

生活中，无论王孙贵族还是黎民百姓，夫妻之间，爱情是可以拥有的，敬重不是谁都能轻易得到的。察必以一个女人的淡泊姿态，在丈夫忽必烈未得志和当皇帝后，能始终如一得到他的尊重，与她的修为和品德是分不开的。

一个成功男人的背后，总站着一个默默无闻的女人——察必，就是站在忽必烈身后睿智女人。

察必在政治舞台上一登场，就惊诧了所有历史学家的目光。察必嫁给忽必烈后，先后发生了两件大事，这两件大事足以成就忽必烈的一生。一是忽必烈以治理漠南的政绩和财力、威信、武力对蒙哥汗权造成威胁之际，被解除兵权，忽必烈为避嫌，按幕府之计把妻子、子女送到汗庭做人质，亲见蒙哥，表明心无二志。这件事情中，察必和子女，与忽必烈生死与共，这份大义，一般柔弱的女子根本无法企及。察必的另一明举，就是忽必烈继承大汗之位时所需的当机立断。没有察必适时的提醒，忽必烈仍蒙在鼓里，在南方攻伐中原呢。所以，察必在忽必烈主汗这件大事上，在元朝乃至中国的历史上，都可以当之无愧地称为功不可没。1259年，蒙哥汗战死蜀中前线，留守漠北的幼弟阿里不哥（元人将此名译为阿里不哥有循儒家思想指斥其对兄长不忠顺之意）伺机夺取汗位，遣阿蓝答儿四处签发蒙、汉兵，留守开平的察必凭借敏锐的政治嗅觉察觉到和林上空弥漫着一种黑云压城的气息，一面抵制签军，一面派脱欢、爱莫干，驰往忽必烈军营，请忽必烈停止伐宋，火速北归，问鼎汗位。

身为皇后的察必，并不颐指气使，依然简朴谦逊，以自己的贤淑聪敏，尽心尽责地辅佐忽必烈，不管富贵贫贱，始终不离不弃。值得庆幸的是，忽必烈对察必皇后，也有情有义，并不始乱终弃，就算有新欢，总未忘结发之情。

大都建成后，以游牧见长的忽必烈，为讨草原诸王的欢心，同意割取京师城外百姓的土地辟为狩猎场。当怯薛官将圈定的征收土地绘成蓝图呈给忽必烈时，闻讯而至的察必，谴责在场的刘秉忠："陛下要征收京郊的农田为游猎场，像这样的大事，你作为国家重臣，怎么不知道呢？土地在国都没迁来之前，已经分配了。如今，新征收游猎场，土地的主人岂不要流离他乡，会引起百姓的怨气，势必造成社会混乱。皇上事多，日理万机，像这样的小事想不到也是情有可原的，你们做臣子的应及时提醒。若陷陛下于不仁不义之中，可怎了得？"刘秉忠会意地笑了笑说："我马上带蓝图亲自查看，然后再作禀报。"察必皇后说："这么做就对了！"察必皇后与刘秉忠对话，忽必烈听得一清二楚，掀起他对国计民生的歉意，后来便命令刘秉忠先去视察，然后收回成命。

对被俘入元廷的南宋小皇帝，察必极力阻劝忽必烈不要行侮辱性的受俘之礼，说："自古无不亡之国，奈何辱其末帝，本朝子孙若能幸免亡国，方可庆幸！"这与西晋末年匈奴对西晋怀、愍二帝的"青衣侑酒""洗爵张盖"的侮辱形成了强烈的反差。

不仅在紧急关头，察必提醒忽必烈其中轻重，对服装设计也很有造诣。之前元朝人戴的胡帽没有前檐，一次，忽必烈打猎回来，不无遗憾地告诉皇后："今天打猎时，因阳光刺眼，竟然让一只猎物从眼皮底下跑掉了。"察必想了想，便在忽必烈的帽子上缝了一个檐，后来再一试，果然解决了阳光刺眼的问题，忽必烈非常高兴，以后就成为蒙古帽的定式。

还有一次，察必发现忽必烈穿着宽袍大袖的衣服不便骑马弓射，于是就尝试着做了一种新式衣服，用旧衣改制而成，后边比前边长，没有领子和袖子，两边各缀一排襻扣，穿起来舒适方便。察必还给这种新颖的衣服起了一个漂亮的名字，叫"比甲"。这种衣服便于弓马，而且形式特别，穿上去感觉非常潇洒，因此时人争相仿效，或许这就是现在马甲的由来。这两件小发明都是缘于察必对忽必烈的爱。

另外，察必亲煮宫弦，自织丝帛，富有创新的精神，一时被朝臣传为佳话。察必让宫女收集废弃的弓弦，继而煮之练之，织成绸帛，然后做成衣服，竟然非常坚韧密实。后来，有人专门赋诗褒扬察必的俭朴美德。诗赞曰："深宫篡组夜迟眠，贴地羊皮步欲穿。漫道江南绫绮好，织绸方练旧弓弦。"一百多年后，明太祖马皇后听说前朝有此轶事，以为贤德，于是效仿元朝的察必皇后，在宫中亲自织布纺纱，也被传为美谈。

察必缝制的衣服，不仅让忽必烈视为珍宝，有时还被他用作笼络人心的利器。忽必烈对于汉学儒术非常感兴趣，在他还没做皇帝之前，闻听儒士赵璧很有才干，就把赵璧召至身边重用。为表示尊重，只呼赵璧为"秀才"，而不直呼其名。此外，忽必烈还让察必亲自给赵璧缝制一件蒙古长袍。做好后，忽必烈让赵璧试穿一下，有不合适的地方，还叫察必一一修改。由此可见，察必不但能够为夫君缝补衣物，也可以缝补天下。

史载为贫穷丧志的男女不计其数，而在富贵之中不忘勤简之人，除了察必之外还真很少见。一般都是富时贪图享受，贫时不能共患难，就这一点上来说，察必确实与众不同，难怪史称"其性明敏，达于事机，国家初政，左右匡正，后有力焉"。

虽然历史上弘吉剌部出了十八位皇后，察必只是其中一位皇后，但却是极具代表性的一位。她容貌美丽，贤淑知礼，从不把钱财放在第一位，始终以社稷利益为重，忠诚辅佐忽必烈皇帝，呕心沥血，操劳一生。创业守业，她当之无愧为一代国母的典范。

　　1281 年二月，察必逝世于燕京，死后追尊昭睿顺圣皇后。忽必烈的心情非常沉痛，感叹世上再没有人像察必一样关心自己了。看来，忽必烈把备受宠爱的察必看成政治和生活中的终身伴侣。

第八十三章

海都王子

　　从拖雷系蒙哥继承汗位开始，窝阔台后系渐渐失势，当时不到二十岁的窝阔台汗之孙海都一同被迁往偏远的海押立（今巴尔喀什湖东南）。次年，当蒙哥与放逐者握手言和时，海都也得到属于自己的封地。其封地据哈拉和林两千公里，年仅十六岁的海都就在这里长大，渐渐与忽必烈汉化严重的世界背道而驰。

　　在蒙元历史上，海都这位昙花一现的杰出王子，在忽必烈与阿里不哥进行生死较量时，他纠集一伙蒙古旧式贵族也跻身于政治纷争的旋涡之中。在整个亚洲，海都是唯一能够左右忽必烈命运的人，忽必烈甚至在自己权力的鼎盛时期也没有彻底战胜他。海都的厄运在于生不逢时，当时忽必烈在中原创建的大元帝国已根深叶茂，不可能轻易被撼动。

　　海都聪明机智，甚至接近奸佞的地步，在他身上洋溢着君主的才能。他是一个天才的军事指挥家和卓越的行政管理家。马可·波罗就对海都在战场上英勇无比的表现赞叹不已。

　　在《马可·波罗游记》中，像讲述神话一样讲述了海都的女儿库图伦的故事。库图伦因其矫健英武的作战能力和无人匹敌的竞技而闻名遐迩。海都希望她早日嫁出去，便下了一道谕旨，如果有哪个勇士能战胜她，就把她嫁给他。挑战的规则是如果前来迎战的勇士一旦败给库图伦，必须献上一百匹马作为赔偿。经过一百场较量之后，库图伦除拥有了上万匹好马外，还没有找到能够战胜她的丈夫。这时，像安徒生笔下的童话故事的情节，一位高贵的王子出现了。据说这位王子年轻英俊，家财万贯，并事先宣布倘若自己输给公主，就献上一千匹马作为赔偿。一心想招他为婿的海都曾私下告诉公主，让她有意输给他，让对方获胜。库图伦公主决然回答道，那是不可能的，他必须光明正大地战胜自己，比赛才算数。在众多的围观者的注目下，比赛正式开始。在场的所有人都希望这位王子能成为公主库图伦的丈夫。但事与愿违，求胜心切的库图伦突然将其摔倒在地，公主又一次获胜了，并因此获得一千匹好马。此后，海都常常带着女儿走上战场，有时她冲入敌阵如鹰隼捕捉小鸟般，将擒获过来的敌人交给父亲。

历史上确有其人，但库图伦身手不凡到如此精湛的程度，令人生疑。提及海都时，把他婚姻失败的女儿顺带一笔。

在忽必烈与阿里不哥为争夺汗位骨肉相残时，海都在自己的封地上精心训练纯蒙古血统的骑兵，他骨子里对祖先弯弓射雕、策马驰骋的原始草原生活方式简直眷恋到近乎痴迷的程度。毋庸置疑，他一点儿也不欣赏忽必烈与幕府谋士的融洽，从对草原的感情而言，海都是阿里不哥的真正拥护者。很快加入阿里不哥的阵营，并肩对抗忽必烈，支持阿里不哥攫取汗位。

早在窝阔台即大汗位时，全体宗王曾在忽里台会议上立下"只要是从窝阔台合罕子孙中出来的，哪怕是一块肉，我们仍要接受他为汗"的誓言，因此，海都认定拖雷后人占据大汗之位是非法的，故而很早就萌生反叛之心。换句话说，海都就是要宣布自己是合法汗位继承者，或者，要牺牲忽必烈在蒙古帝国的利益和察合台家族在突厥斯坦的利益，以便自己能在中亚创建一个大汗国。

起初，海都势力相对赢弱，纠集的部众仅二三千人。借助阿里不哥的势力，海都趁机取代禾忽做了该兀鲁思君主。阿里不哥与忽必烈的汗位之争，终以失败而告终，海都依然不甘臣服于忽必烈。尽管忽必烈对海都的态度依然宽容，在犒赏诸王时，忽必烈曾遣使十分和气地对海都说："其他宗王全到了开平，你们为何迟迟不来呢？我衷心希望当面会晤，我们一起把诸事都商议好，你们将获得各种恩典返回。"

海都曾派人捎口信给忽必烈，要求其按照成吉思汗的札撒，将黄金家族征服的中原汉地也分给他应该得到的一份。

忽必烈闭口不提分地的事，则要求他南下赴会。海都敷衍忽必烈说："我们的牲畜很瘦，等养肥之后，我们遵命前去。"

马可·波罗也坦言："但海都不相信自己的伯父——大汗（忽必烈）的话。他拒绝了所有这些条件，表示愿意在自己的封地内听从大汗的命令，但绝对不会前往大汗的朝廷。他害怕被大汗处死。"

一晃三年过去了，海都的牲畜依然没有养肥。就这样，忽必烈和海都之间相互猜忌，争执不断，最后势必引发战争。海都因支持阿里不哥继承汗位未遂而对忽必烈心存芥蒂，在这三年的时间里，他一方面抓紧扩充自己的军事实力，一方面改善术赤后王的关系，乘机占领了窝阔台原来的封地和察合台的封地，割据称雄，并厉兵秣马，扩大实力，准备武装反叛，兵强马壮到足以与忽必烈势力抗衡的地步。

1264 年，忽必烈派八剌到达察合台封地后，欲与刚即位不久的木八剌沙共同执掌兀鲁思。不久，八剌施展阴谋诡计，废黜木八剌沙而自立为王。接着，遵照忽必烈的旨意，率兵攻伐海都，且初战告捷。后来，海都得到忙哥帖木儿五万大军的攘助，合力夹击八剌。八剌大败，向西败走阿姆河。

为了对付忽必烈这个共同的敌人，海都与八剌旋即握手言和。并于1269 年，与八剌、钦察汗国君主忙哥帖木儿在塔剌思草原会盟，并举海都为盟主，公开反对忽必烈。并扬言忽必烈已被汉族同化，试图通过武力让其摆脱中原汉族的迂腐、恢复蒙古人的游牧本性。

为初试牛刀，于 1268 年，他们举兵东犯忽必烈。

由于元军主力伐宋正酣，忽必烈命自其子那木罕去阻挡海都势力。两军短兵相接，直杀得星月黯然，双方均伤亡惨重。感谢意大利人马可·波罗为我们讲述了忽必烈与海都间那场气势如虹的战争：

> 海都大王征集大军，兵马无数。他知道在哈拉和林地方有大可汗的儿子那木罕和长老约翰的儿子佐治。……海都大王既征集他所有的兵力以后，率领他的全军，离开他的国，出发打仗。他们骑着马前行，很久很久……于是一直走到哈拉和林，那两位大臣带着大军进驻之处。那两位大臣，大可汗的儿子与长老约翰的儿子的儿子，听到海都带领大军来到他们的国里，预备与他们开战，他们并不惊异。更加体现他们的英猛，他们谨慎预备。他们和他们的军士合起来共有六万多人。准备完毕，出发前进去抵抗敌人……他们骑马前进，一直到离海都尚有十迈耳路程的地方，把营垒驻扎得又好又妥当。应该明白，海都大王带着他的大队人马，也驻扎在这同一个平原上面。两面皆休息，尽力地为未来的战事预备……大可汗的儿子与长老约翰的儿子的儿子到后第三天清早时候，双方都带上武器。尽力预备好。越好越妙。似乎两者在力量方面不相上下。因为双方各有六万人，皆备足武器如弓、箭、刀、锤、盾牌、矛等。每方分作六队，每队有一万马兵，统带官都很优秀。两方都在战场排好阵伍，预备好了。只等待罐鼓声……罐鼓声一起，他们就不再耽搁，马上前进攻打敌人。

> 取弓张弩，互相厮杀，空中飞箭如流星。许多人马皆受伤倒毙。两边喊叫呼号的声音很高，就是天上打雷也听不到了……只要他们有箭，尚且有能战斗的人，不停地放射……所有的箭皆放射以后，他们把那些弓藏在筒里，拿起他们的刀和锤矛互相砍杀。他们用这些刀锤起始用重力打击，开始了恐怖的凶杀。有的用尽全身的气力去砍杀，有的受到这重砍，手与臂被砍落了。很多人倒地而死……海都大王做事实在十分勇敢。假如没有他在场，他的军队不止一次要从战场逃走，被打败了。但

他出战如此勇敢，想办法抚慰他的兵士，使他们振奋，勇武拒敌。在那一方面，大可汗的儿子与长老约翰的孙子，也非常勇敢。在这徒手搏战当中，他们展现了他们的勇武……夕阳西下，地下数不清死了多少人。到那时不得已，仗事只得停止。他们离开战场，各方都回到自己的帐幕里，所有人都很疲倦……第二天早晨，海都大王接到警报，大可汗另派一支大军，内有无数兵士，来攻打他和逮捕他。他自己说道，这对我们不好，不可再战了。天一亮，他穿上甲胄，率领所有他的兵士，跨上马身，出发回到自己国中去了。大可汗的儿子与长老约翰的孙子看见海都大王与所有他的兵卒都已离开，他们不去追他们，因为都很疲倦……

最后，他感叹道：战斗持续到黄昏时分，双方都不计生死，全力搏杀，最后没有一方能将另一方赶出战场。战场上死尸遍地，惨不忍睹。在这天，有许多妇女变成寡妇，有许多孩子成了孤儿。①

海都日益频繁的侵扰，严重危害了忽必烈对漠北的统治及部众的正常生活。对此，忽必烈非常震怒："如果海都不是我侄儿的话，一定会把他处以极刑，碎尸万段。"

战后第二天，忽必烈派来了一支生力军，海都察觉氛围异常，当机立断班师撤退。忽必烈军队败之于别失八里②，复长驱直捣海都的新巢阿力麻里。为避其兵锋，海都远遁二千多里。那木罕进驻阿力麻里。

此战并没有伤及海都叛军的筋骨，更没有破坏海都、八剌和忙哥帖木儿等三系的同盟。他们羽翼渐丰，积蓄更多的军事力量与忽必烈抗衡。

1269 年春，三系后王把酒言欢于塔剌思河畔的草原上，经过一周的醉生梦死，第八天，海都首先发言："我们荣耀的祖先成吉思汗，以其明智审慎，用剑和箭征服了世界。筹划好交给了我们，按照血统，我们都是至亲，其他

---

① 　[意大利]马可·波罗. 马可·波罗游记[M]. 梁生智，译. 北京：中国文史出版社，1998.

② 　又译别十八里、别石八里、鳖思马、别石把等，突厥语"五城"之意。也称为北庭。故城在今新疆吉木萨尔境内。

宗王也是我们的兄弟，我们之间有什么不可能解决的问题而纷争呢？”

八剌接着海都的话，说：“是啊……我也是那棵树上结出的果实。察合台和窝阔台是成吉思汗的儿子。窝阔台合罕的后人是海都，察合台的后人是我，他们的兄长术赤的后人是忙哥帖木儿，而幼弟拖雷的后人为忽必烈。如今他夺得了东方汉地和摩至那（指南宋），其境土之广大只有伟大的上帝知道。阿八哈汗及其兄弟们占有了西方，从阿姆河直到叙利亚和密昔儿的辽阔土地，在这两个兀鲁思之间则是海都你的辖境突厥斯坦和钦察巴失地区。作为成吉思汗的后人，也该给我指定兀鲁思，而如今你们都反对我。我想了又想，不管想了多少次，都想不通我究竟犯了什么罪。”

海都宽厚地说：“你言之有理。就这样决定吧，我们把夏营地和冬营地公平划分，迁居到山地和草原上去。河中地区三分之二归你八剌所有，三分之一则归我和忙哥帖木儿。”实际上，海都是这次塔剌思忽里台会议的最大受益者。

三系后王对保持蒙古传统的游牧风俗和根深蒂固的习惯“嚼金起誓”，会议最后决定，“由八剌明春渡过阿姆河带领军队进攻伊朗，夺取阿八哈汗的某些领土，以扩大八剌军队的牧场、土地和畜群”。

散会后，他们又遣一个使团气势汹汹地去厉声质问忽必烈：“蒙古传统与汉法迥异，如今，你留居汉地，建造都邑城郭，创设仪礼制度，遵从汉法，你还身体力行地实行，究竟想干什么？”甚至扬言，忽必烈若不改弦易张的话，他们将联兵前来讨伐。

针对三系后王的质问，忽必烈也曾遣西夏人高智耀予以答复。不幸的是，高智耀临行前突然在上都病逝，答复未果。自此，以海都为代表的西北藩王与忽必烈在政治立场上的分歧日益明显，最终完全分道扬镳。

1270年，八剌践行诺言集结大军，渡过阿姆河向呼罗珊疾进。海都也遵约派窝阔台孙乞卜察兀、贵由孙察拔特斡忽勒率领少量兵卒充点门面。战幕尚未启开，八剌因袒护仆人以用刀子扎破乞卜察兀的肚子相威胁，使乞卜察兀愤然率领援军离开八剌。八剌气急败坏地在阿八哈的土地上进行肆意屠杀和掠夺。阿八哈不动声色，采取诱敌深入之术，次日，组织蝗虫般的军队反扑过来，八剌不敌，败逃阿姆河东畔。

八剌收集残兵败将，想以雪旧恨，向海都求援派兵征讨阿八哈。海都早藏剪除八剌之心，旋即纠集军队，包围了八剌的营盘。八剌不敌，在惊厥中死去。1271 年，海都主持了八剌的丧礼，乘机蛇吞了八剌的势力，从此成为中亚的真正合罕。企图将蒙古帝国的大汗之位从拖雷系手中重新夺回到窝阔台系，这对忽必烈而言是一个无法绕行的灾难。

是年，忽必烈派皇子北平王那木罕（1266 年，被封为北平王，赐螭纽金印）驻守阿力麻里。1273 年，尼克拜与海都相攻，元军又乘机进兵察合台封地。

1274 年，元朝在天山南北的别失八里、斡端（今新疆和田）、鸭儿看（今新疆莎车）、沙州（今甘肃敦煌）等设立水陆驿站，加强西北与内地的交通往来，以便及时支援前线。

1275 年，海都叛军抵达漠北，围兵皇室祖陵，三日不去。八月，忽必烈再命那木罕率领诸王屯兵漠北，总领诸军，又命木华黎玄孙、丞相安童辅佐，备御海都。

1276 年，脱黑帖木儿、昔里吉、玉木忽儿、灭里帖木儿等相约叛乱。元朝将领八鲁浑、粘闽积极响应，并率领麾下的兵卒投奔海都。宗王牙忽都率兵追击，擒获八鲁浑。

起叛的主谋脱黑帖木儿拿帝位来诱惑昔里吉，说："帝位将归于你，合罕使我们和我们的父亲们受了多少侮辱啊。""我们把那木罕和安童那颜抓起来交给敌方吧。"于是，他们劫持了北平王那木罕、诸王阔阔出、牙忽都和丞相安童，将皇子送往钦察汗忙哥帖木儿处，将安童押往海都阵营，希望以此为筹码与海都结成共同讨伐忽必烈的军事联盟。

但海都并没有与他们结盟，却企图利用他们在漠北牵制元军，以减轻自身的压力，回话说："我们很感激你们，我们正希望你们这样做，请留驻于原地，因为（你们）那里水草很好。"

受海都的指使，他们向窝阔台、察合台的斡耳朵发起进攻，并扬言拔都的儿子们、海都和宗王们正挥师从后面赶来，迫使游牧于那里的蒙古部落迁往别处。

秋天，昔里吉等率兵进犯漠北，抄掠诸部，掠祖宗所御大帐，占领吉利吉思，俘虏益兰等州断事官刘好礼。

1277 年，叛王分道东进。四月，驻兵应昌（今内蒙古阿巴哈纳尔旗东南）的弘吉刺部首领只儿瓦台起兵响应，把忽必烈之女囊加真公主围困在应昌城内。忽必烈急忙遣诸王伯木儿、彻彻都，中书左丞相博罗欢等北上驰援。博罗欢等在应昌打败叛军，擒获只儿瓦台。

忽必烈又命伯颜率军征讨，与昔里吉等军相遇于斡鲁欢河，双方"夹水而阵，相持终日"。两军相持一天，至晚，昔里吉军有些倦怠，加上被叛王劫持的诸王牙忽都与土土哈暗通消息，从叛军内部扰乱其阵，伯颜分军两队，乘其不备，掩杀过去，打败叛军。昔里吉军溃败后急忙逃遁，后来死去。大漠南北局势，暂时得以稳定。

1278 年二月，海都串通东部斡赤斤后王乃颜叛变，元廷闻讯后，急命伯颜深入其地探察。伯颜领命，乃多载衣裘入其境，遇到驿站，则赠衣与驿人，后来抵达乃颜处。乃颜假意设宴款待，预谋伺机将伯颜拘捕。伯颜察觉到乃颜的阴谋后，遂带其随从急忙冲出营帐外，分三路直奔驿站。到达驿站后，驿人因收取过伯颜相赠的衣裘，争相给伯颜提供马匹。伯颜等骑马才得以脱身，幸免于难，驰还京都，向忽必烈详细禀报乃颜的动向。不久，乃颜果然揭竿反元。

1279 年，脱黑帖木儿领兵南下，袭击杭海岭东部驻军。元军将领别吉里迷失采纳刘国杰之计，趁其"全军而来，巢穴空虚"，直捣谦河。元军迅速占领了谦谦州，把其部众追击到乌斯。见老巢被端，脱黑帖木儿慌忙驱师营救，败于谦河。元军大胜，"俘获生口畜牧万计"。

站在大汗的高位上，忽必烈环视一下蒙古帝国，悲哀地发现，钦察与伊儿已经独立成汗国，另外，察合台贺窝阔台的兀鲁思已附属于海都。

第八十四章

跳板高丽

中国历史上有关朝鲜最早的记载是西周灭商之后。根据《史记》记载，商代最后一个国王纣的兄弟箕子在周武王伐纣后，带着商代的礼仪和制度到了朝鲜半岛北部，被那里的人民推举为国君，并得到周朝的承认，史称"箕子朝鲜"。

战国末期，随着秦国统一战争的加剧，东方的燕、齐、赵等国百姓为了躲避战乱，开始由辽东徒步，或者由黄海渡船，纷纷逃往朝鲜半岛。秦统一中国后，移民潮持续未减。由于秦朝实行苦民政策，使得很多秦民为了躲避力役负担，继续逃往朝鲜半岛。秦末农民大起义爆发后，"天下叛秦，燕、齐、赵民避地朝鲜数万口"。

汉朝刘邦为巩固对过去燕地的统治，刘邦封卢绾为燕王，几年之后，卢绾叛汉，被刘邦兴兵平定，卢绾本人逃到了匈奴地区。在汉初两次平定燕王叛乱的过程中，一些燕民又为了躲避战火而逃往朝鲜半岛。此时箕氏王朝已经衰落，为了扩充实力而采取了一种积极吸收中国逃亡流民的政策，在一定程度上也助长了燕地人民的逃亡热情。但是，这股移民从秦末一次就达"数万口"，足见移民规模之大。大量移民的到来，无疑加快了对朝鲜半岛的经济开发。

193 年，箕氏的最后一个国王箕准，被燕人卫满篡了位。卫满推翻箕子第四十代孙，建立了"卫氏朝鲜"。卫氏朝鲜前后存在近九十年，于 108 年被汉武帝所灭。汉朝在卫氏朝鲜旧地置郡统治，创造了光辉灿烂的"乐浪文化"。再后来，高句丽趁西晋局势的混乱和衰落，吞并了带方、乐浪，继而迎来所谓"高氏高丽"时代。668 年，唐朝在新罗的配合下灭高句丽。918 年，后高句丽的王建杀弓裔自立为王，创立高丽国。

高丽建国后，乘靺鞨族渤海国衰落之机向北扩张，把疆界延伸到鸭绿江下游南岸。高丽自建国后，先后接受过唐、后晋、后周、宋、辽、金、元的册封。并于 935 年灭新罗，翌年又灭掉了尚州豪族甄萱建立的后百济国，高丽建国初期，北边大概在今大同江以北的龙兴江一线与渤海国对峙，大致实现了朝鲜半岛的统一。993 年，高丽与契丹战争后王氏高丽按协议与宋朝断交，契丹人对鸭绿江以东故地保州地区做出让步，并在以后两次战争中击退契丹的入侵。

与宋朝断交的高丽国时值崔氏武人专权位于朝鲜半岛，与蒙古人兴起的漠北之地相距不远，因此，蒙古帝国兴起不久便与高丽有了官方往来。1212年，不堪忍受女真暴行的契丹遗民在千户耶律留哥的率领下举兵反金，在蒙古首领铁木真的援助下，打败金军于迪吉脑儿，占据辽东州郡。郡王趁耶律留哥不备之际，率众反叛，孤立无援的耶律留哥只身逃往蒙古帝国，恳请蒙古人帮他肃清契丹叛军。

蒙古人悍然出兵攻伐，溃败的契丹人流窜逃入高丽境内，占领高丽江东城，并以此为据点，攻城略地，四处寇掠。蒙古帝国不愿意给他们留丝毫喘息之地，于是派哈真、札剌等统率大军进入高丽，以追击契丹叛军。看到蒙军入境，高丽国王王皞十分高兴，拿出好酒好肉犒军，并派遣大将赵冲率领兵马联军镇压了契丹武装，札剌与赵冲盟誓，相约为兄弟之国。在这种背景下，高丽与蒙古首次官方建交，贸易往来日趋频繁。

但亲兄弟也得明算账，既然对方帮了大忙，总得有所表示才合乎江湖规矩。于是，在赵冲的提议下，高丽国每年向蒙古帝国缴纳岁贡。在纳贡方面，高丽国做得似乎差强人意，不仅态度一点都不积极，提供的贡品也绝非昂贵之物，多数是像獭皮、细苎、龙团墨等土特产。高丽国小民困，物产不多，敌视蒙古帝国的情绪逐渐升温。

但蒙古统治者连年遣使到高丽国索取贡物，诛求无厌。1221 年，成吉思汗的幼弟斡赤斤开出一份天价索贡单：獭皮一万领，细绸三千匹，细苎两千匹，绵一万斤，墨一千只，笔百管，纸十万张，以及其他诸物。

蒙古使者骄横贪婪，任意要索"撒花"（酬金、小费、奖励。又作"扫花、撒和"）的行径，使高丽人的抵触情绪被迅速激化，到一定程度便会爆发。

1225 年，是高丽与蒙古帝国两国关系的转折点。是年正月，蒙古帝国派往高丽开展贸易的特使着古与等十一人被杀，随行财物也被洗劫一空。历史对此并无详细记载。《元史》只说"盗杀之于途"，《高丽史》和《新元史》更是惜墨如金，仅有"为盗所杀"。不过，蒙古人曾怀疑是高丽国王王皞所为，便简单地断绝了彼此之间的往来。高丽天真的国王王皞运气不错，度过了几年较为和平日子。因为，当时的蒙古帝国因忙于征讨西夏的战事，等成吉思汗去世后，他的四个儿子把注意力集中在汗位上，更无暇顾及此案。

窝阔台即位后，以高丽杀使者为由，于 1231 年八月命大将撒礼塔挥师远征高丽。当蒙军进入高丽境内，对其展开大举进攻。高丽军无力抵抗，节节败退，并在攻克铁州后屠城，引起高丽国的无比惶恐。高丽人洪福源率一千五百户编民来降，附近州郡也有来降者。蒙军在洪福源的协助下，先后攻取四十余座城，连战连捷的蒙军兵锋直指高丽王京开城。高丽国王王皞见战局于己不利，与蒙军对峙下去，将会带来亡国的危险，忙遣其弟淮安公王侹向蒙军请和。窝阔台汗欣然应允。之后，蒙军在高丽境内京、府、县设置达鲁花赤①共七十二人，以便监督高丽政事，方班师回营，洪福源因投诚有功被蒙古人任命为高丽东京总管。但这短暂的和平维持不到一年又被打破了，1232年六月，高丽实权派武臣崔瑀发动政变，并袭杀蒙军先前设置的七十二名达鲁花赤，事后率领高丽王室、朝中大臣、京城及诸州县百姓集体搬迁到开城附近海里的江华岛上以避蒙军的复仇。

八月，获悉洪福源的急报后，愤怒到极点的窝阔台再次遣撒礼塔率军万余前来兴师问罪，福源亦招集民兵数千从军。但四面环水的江华岛对蒙军占有优势的兵力而言，没有任何优势可言。尤为不幸的是，在攻取开城南一处叫处仁城的卫城时，主帅撒礼塔中流矢身亡，蒙古副将帖哥引兵撤退。

十月，高丽国王王皞再次请和，遣将军金宝鼎、郎中赵瑞章向窝阔台汗陈述内情。

1233年四月，窝阔台诏汗谕高丽国王来朝悔过，并且历数他犯下的五条罪状，据朝鲜李朝郑麟趾在其《高丽史》中所载：

> 平定契丹乱寇之后，没有派遣一人来朝觐，此罪一；慢待并逐回蒙古使者，此罪二；谋害蒙古使者着古与，还谎称是盗贼所为，此罪三；杀死达鲁花赤并窜入江华岛，此罪四；妄言上奏，此罪五。

但王皞并没有臣服，同年十月，仍乘势出兵攻陷已归附蒙古帝国的西京等处，并劫走洪福源的家眷。为此，窝阔台再次下令讨伐。1235年春，命唐古再征高丽，至1237年先后占领龙冈、咸从等余城。1238年十二月，王皞再遣将军金宝鼎、御史宋彦琦等人奉表入朝请降，但不亲赴朝觐，只遣使入朝。蒙古帝国则一再促其还都陆上，履约朝觐，然高丽王总是拖延不动。

在窝阔台屡次下诏命王皞入朝觐见而不至的情况下，1240年，蒙古帝国又派兵攻克昌州、朔州等州郡。1259年四月，王皞只好派世子王绰及十名贵

① 由成吉思汗设立，广泛通行于蒙古帝国和元朝。一作"达鲁噶齐"，是蒙古语，原意为"掌印者"，是蒙古帝国历史上一种官职称谓。

族子弟送入蒙古朝廷充当人质。

王皞就这么不痛不痒地拖延下去，自始至终都没去入朝觐见窝阔台汗。窝阔台汗去世后，先后即位的贵由和蒙哥，曾四次大举入侵高丽，迫令王皞出陆迎降，王皞不得已派次子淐入朝。蒙哥汗仍不满意，1254年初，召还也古，以札剌儿带为征东元帅代之。这一年，蒙军在高丽肆行杀掠，"所掳男女，无虑二十六万六千八百余人，杀戮者不可胜计，所经州郡，皆为煨烬"。此后札剌儿带军连年留屯高丽，多次出兵攻掠其南境各地和进逼江华岛对岸，坚持以高丽国王王皞出陆迎降和派王太子王倎入朝为退兵条件。

1258年，高丽文官们利用对崔氏专权不满的金俊、林衍等武臣发动政变，杀死了主张弃陆保岛的权臣崔氏。1259年为表明真心臣服，王皞终于派出他的儿子王倎出使蒙古，他本人仍然未至。

同年六月，即王倎入质蒙古帝国约两个月后，王皞去世，国事暂由王倎之子王愖代理。

第八十五章

元朝驸马

  应蒙古帝国要求，高丽国王王皞之子王倎前往正在四川前线督战的蒙哥军营，在中原跋涉了两年之久，依然没见到蒙哥的面。当王倎到达六盘山时，听到蒙哥死于钓鱼台的噩耗。于是在改道向南挺进的途中，正巧遇到从鄂州班师北归的忽必烈。此时，忽必烈听从皇后察必的急报，暂时放弃伐宋，火速北归，问鼎汗位。

  王倎随忽必烈同往北行，一起抵达开平。在汗帐里，忽必烈亲切地与王倎交谈着。宾主一起回顾了蒙古帝国和高丽两国之间的诸多恩恩怨怨、是是非非，并就共同关心的置驿、籍户、出军、输粮、纳质等诸如此类的问题交换意见。

  1260年三月，即大汗位只有十余天的忽必烈，采纳廉希宪、赵良弼"遣立世子倎、不烦兵而得一国"的建议，派兵沿途护送王倎（后改名禃）回国继位（即高丽元宗），令他"完复旧疆，安尔田畴，保尔家室"，"永为东藩"，并宣布对以前反抗过蒙古帝国的高丽官吏、军民，"罪无轻重咸赦除之"。

1260 年，是一个特殊意义的年份。四十五岁的忽必烈、四十一岁的王倎分别成为蒙古帝国的新汗、高丽国新的国王。两位新君揭开蒙、高双边关系新的一页。忽必烈在诏书中写道：

我太祖皇帝肇开大业，圣圣相承，代有鸿勋，芟夷群雄，奄有四海，未尝专嗜杀也。凡属国列侯，分茅锡土，传祚子孙者，不啻万里，孰非向之勍敌哉。观乎此，则祖宗之法不待言而章章矣。今也，普天之下未臣服者，惟尔国与宋耳。宋所恃者长江，而长江失险；所藉者川、广，而川、广不支。边戍自彻其藩篱，大军已驻乎心腹，鼎鱼幕燕，亡在旦夕。尔初以世子奉币纳款，束身归朝，含哀请命，良可矜悯，故遣归国，完复旧疆，安尔田畴，保尔室家，弘好生之大德，捐宿构之细故也。用是已尝戒敕边将，敛兵待命，东方既定，则将回戈于钱塘。迨余半载，乃知尔国内乱渝盟，边将复请戒严，此何故也？以谓果内乱耶，权臣何不自立，而立世孙？以谓传闻之误耶，世子何不之国而盘桓于境上也？岂以世子之归愆期，而左右自相猜疑，私忧过计而然耶？重念岛屿残民，久罹涂炭，穷兵极讨，殆非本心。且御失其道，则天下狙诈咸作敌；推赤心置人腹中，则反侧之辈自安矣。悠悠之言，又何足校。申命边阃，断自予衷，无以遘逃间执政，无以飞语乱定盟。惟事推诚，一切勿问。宜施旷荡之恩，一新遐迩之化。自尚书金仁隽以次，中外枝党、官吏、军民，圣旨到日已前，或有首谋内乱，旅拒王师，已降附而还叛，因仇衅而擅杀，无所归而背主亡命，不得已而随众胁从，应据国人但曾犯法，罪无轻重咸赦除之。世子其趣装命驾，归国知政，解仇释憾，布德施恩。缅惟疮痍之民，正在抚绥之日，出彼沧溟，宅于平壤。卖刀剑而买牛犊，舍干戈而操耒耜，凡可援济，毋惮勤劳。苟富庶之有征，冀礼义之可复，亟正疆界，以定民心，我师不得逾限矣。大号一出，朕不食言。复有敢踵乱犯上者，非干尔主，乃乱我典刑，国有常宪，人得诛之。于戏！世子其王矣，往钦哉，恭承丕训，永为东藩，以扬我休命。

诏书大意说，忽必烈表示"解仇释憾，布德施恩"，答应王倎恢复高丽往日疆土，并保证王氏皇室家族成员安全等，而高丽必须"永为东藩"。对此，王倎欣然答应。以后，蒙古帝国和高丽国结束了几十年的战争，互使络绎不绝，两国进入宗主和藩邦的和平相处时期。

一个月后，忽必烈同意王倎的请求，召回驻扎高丽境内的蒙军及送还被掳的高丽人，禁止蒙古帝国的边将侵扰高丽，以抚民心。六月，王倎派他的儿子王僖、叛司宰事韩即来蒙古朝廷贺拜忽必烈即位之喜，而忽必烈则授予王倎封册、虎符和高丽国王印。

王倎即位后，多次或亲身入朝，或派世子王愖入朝，又频频遣使入贡次数多达三十六次，"恪守臣责"，名义奉元为君，实际上欲谋求政治上的独立。而忽必烈则视高丽为元朝属国和进攻日本的跳板。双方各自为谋，不过同床异梦而已。

其实，刚确立新君的高丽国内并不安定，权臣林衍和金俊一直把持着朝政。高丽元宗即位后一直采取亲元立场，引起朝内诸多大臣的不满。1268年夏，忽必烈责令高丽新国王在高丽制造可载四千石的海船一千艘，以备元军攻打日本或南宋之需。元朝对高丽的控制和榨取，使高丽朝野对亲元的元宗的不满达到了顶点。

在这种严峻的形势下，1269年八月，高丽权臣林衍发动政变，废掉元宗，拥立王倎弟安庆公王淐为国王。林衍担心元朝不满，谎称王倎病危，不得不传位给王淐，并上书元朝，企图欺骗忽必烈批准，蒙混过关。这时，世子王愖入朝未归，走到婆娑府（今辽宁丹东一带）时，闻听高丽国内发生政变，立即返回元朝向忽必烈报告此事。

忽必烈闻讯大怒，立刻命从王綧、洪茶丘（洪福源子）所管高丽民户中签军马三千随从王愖"赴其国难"，并下诏谴责林衍擅废立，召其入朝觐见；

又命头辇哥国王与赵璧行省于东京，以兵压境；同时派兵部侍郎里德（史书写为里德）一行出使高丽，限期高丽权臣林衍等来京陈情，听候决断。在元朝强大的军事压力下，高丽都统领崔坦、李延龄等以西京（今朝鲜平壤）五十余城归降。十一月，林衍被迫恢复了王俧的王位，王俧随即入朝，委任脱脱朵儿、焦天翼为高丽达鲁花赤。此时，林衍已死，其子仔和同党或处死，或流放，发动政变者受到应有的惩罚。

接着，忽必烈遂设耽罗国诏讨司，屯兵驻守；于高丽置征东行省（全称征东等处行中书省），由元朝直接统治；在王京（今朝鲜开城）设达鲁花赤管理征东事务及监管高丽国政；迁于辽阳行省沈州的"高丽军民总管府"主要负责高丽侨民事务；设于黑龙江下游奴儿干的"征东诏讨司"负责骨嵬、吉里迷等族事务；设于耽罗岛上的"耽罗军民总管府"负责防倭和高丽海外侨民事务，从政治、军事方面加强对高丽国的控制。

忽必烈力助王俧恢复了王位，王俧感激涕零，于 1270 年，亲赴大都拜见忽必烈，以示感激之情，同时上书中书省为世子王愖请婚："降公主于世子，克成合卺之礼，则小亲征而不能服，今其世子自来归我，此天邦万世，永倚供职惟谨。"

忽必烈见高丽国王为世子王愖请求和亲，也有意通过这种政治联姻进一步笼络控制高丽政府，他没有拒绝高丽元宗的联姻请求。但忽必烈认为通婚是件大事，不能因为来上都办其他事顺带着求婚，显得不够郑重其事，如果确实有联姻之念，就请国王回国后再遣使专程前来和亲。

1271 年正月，王俧再次遣使入元朝上表请婚。七月，王俧又派王愖等二十八名贵族子弟入侍元朝，以便达到请婚目的。见高丽国王执着请婚，忽必烈便同意了这桩婚事。为讨取忽必烈的欢心，在"开剃"的同时，王愖主动换下与中原汉人服饰一致的高丽王室服装改穿蒙古式服装。他短期回国时，已经是"辫发胡服"了。

三年后，忽必烈将女儿齐国大长公主忽都鲁揭里迷失（为阿速真妃子所生）嫁给高丽王室。王愖在大都完婚不到一个月，其父王俧死，诏遣王愖归国袭位。七月，忽必烈下诏正式册封王愖为"驸马高丽国王"。八月，王愖回到高丽，举行声势浩大的登基仪式，史称忠烈王。忽必烈以兵卫送王愖归国，将驸马王愖扶上高丽国王的宝座，把元朝和高丽的关系推向一个全新的阶段。可以说，元朝忽必烈执政时期，是元朝和高丽两国关系最为友好的时期。

尽管忽必烈时期的蒙高两国关系是友好的，却是不平等的，一个是宗主国，一个是臣下藩国。

忽必烈决不允许一个藩国的国王与他平起平坐，因此，在政治制度及风俗习惯上都制定严格的规定。过去，高丽国王模仿元朝帝王，自称"朕"，对下面的指示命令曰"宣旨"，国王宣布的减罪免罪令称"赦"，百官向国王的报告和建议也称"奏"。忽必烈认为高丽国王作为藩王不应该使用这些中原皇帝御用字眼儿，责令其改正。高丽国王只好唯命是从，把自称的"朕"改为"孤"，把对下的命令"宣旨"改为"王旨"，把减免罪行的"赦"改为"宥"，把百官向国王报告和建议的"奏"改为"呈"。

在政治制度方面，忽必烈虽然允许高丽官僚机构保留原有的政权和制度，但"遣使谕旨，凡省、院、台、部官名爵号，与朝廷相类者改正之"，高丽遂将政府官称改为佥议府、密直司、监察司等。不仅如此，元朝又在高丽首都及其重要地区派驻达鲁花赤，以监视高丽国王和各级官吏，干涉高丽军国政务。

由于高丽为臣下之国，高丽国王在接见元朝诏使或达鲁花赤时，都是东西相对而坐，也就是通常所说的分庭抗礼，说明高丽国王已经降到与元朝大臣平等的地位。与元朝的联姻让高丽王室有了一个意外的收获。后来，由于忠烈王王愖成为忽必烈的驸马，身价倍增，接见元朝诏使和达鲁花赤时，王愖坐北向南，元朝诏使和达鲁花赤分列东西而坐，虽然较以前高丽国王屈辱地位大为改观，但仍不允许和忽必烈平起平坐。

尝到甜头的高丽王室将迎娶元朝公主作为增加政治筹码的首要任务，自1273年到1368年元朝灭亡这段时期，高丽的七位国王中，有五位是元朝驸马。高丽忠烈王之后，除忠穆王和忠定王因在位时过于年幼，不宜娶妻外，其他国王娶的都是元朝的公主，其中忠肃王因丧偶，故前后迎娶了三位元朝公主。

福祸相依，高丽国王迎娶元朝公主，虽然在政治上获得了诸多利益，但在个人感情上损失多多。这些嫁给高丽王室的元朝公主们在高丽享有极大的特权，她们一旦下嫁高丽国王，无论高丽国王是否已有嫔妃，元朝公主立刻被册封为正宫王后，其生的儿子则自动获得嫡子的地位，并且优先立为世子。同时，元朝公主们依仗"娘家"大元帝国的撑腰，把持高丽国内宫权柄，甚至还多次干预朝政，甚至决定人事的任免。而从忠烈王开始，高丽国王们则普遍患上了惧内的病症。

虽然忠烈王比忽都鲁揭里迷失公主年长二十三岁，飞扬跋扈的齐国大长公主动辄对忠烈王伸手就打，张口即骂，乃至棍棒相加。忠烈王不敢回应一句，唯有暗自落泪的份，最激烈的反抗只是"露坐于外"而已。当然，这种忍让也换来了不少好处，忠烈王偕齐国大长公主第一次朝见忽必烈时，提请废除元朝专设的高丽达鲁花赤一职，忽必烈欣然允诺。后来，高丽还收回了元朝侵占的两处领土。为了表示对元朝的敬意，原本与中原汉人服式一致的高丽王室在服装和发式上开始效仿蒙古。忠烈王不仅平时穿着蒙式服装，头发也结成辫子，高丽民众见之都摇头叹息，甚至痛哭流涕。

从元朝的角度看，与高丽的联姻只是控制高丽的一种手段，归根结底还是要加强对高丽的统治。元朝对高丽控制与盘剥除了粮食、牛马和人参之外，还包括索要妇女。但即使是高丽国极其配合，也满足不了元朝对女人的需求。除了高丽的王室之女或高官之女献给元朝帝室或王公大臣作为妻妾或侍女以供淫乐外，元朝需要大量女子供军人作配偶。前一类要求必须是处女。军人的配偶要求标准降低了，可以是孤儿、逆贼之妻、僧人之女、罪犯的妻女等。于是，高丽国为此专门成立结婚都监和寡妇处女推考别监，搜求已婚妇女。一旦妇女被选，只给妆资绢十二匹，即被带走。元朝的恶行令高丽民怨甚重。无奈之下，高丽人生下女儿都秘而不宣，甚至连邻居都不让知道，以防被官府送给元朝。

1287 年，忽必烈下旨要求高丽的处女必须先告官登记，否则不得出嫁。1307 年，高丽王廷下令全国十三岁以上十六岁以下的女子，不得擅自出嫁。自 1275 到 1347 年，高丽共遣使赴元献处女十六次之多。

通过姻亲关系，使元朝和高丽国更加亲近，以至于元朝皇帝虽然换了不少，但与高丽的关系却一直十分亲密。而高丽贡女的地位在元顺帝时达到了顶峰。

这种联姻关系一直持续了很久，自忽必烈后，高丽的历代国王几乎都是元朝皇帝的女婿（尽管其王后不一定是元朝皇帝的亲生女儿），而高丽的美女也成为一种特殊的贡品，元朝灭亡后，明朝继续接收这种贡品，后来的清朝也不例外。而赏赐高丽女子给大臣当小妾也成了皇帝的一种恩赐。

忽必烈向外扩张的野心已众目昭彰，好似一位资深吸毒者，欲罢不能。早在 1260 年三月，立基未稳的忽必烈就对高丽派过来的信使说："今普天之下未臣服者，惟尔国与宋耳。"高丽自然不敢与疾驰如风的蒙古铁骑抗衡，只能在元朝开具的苛刻条件中寻求妥协。

如《元史》所言："自耽罗（今韩国济州岛）海道往南宋、日本甚易。"忽必烈正是出于攻伐南宋和日本战略上的考虑，与高丽保持着特殊的关系，高丽在元朝眼里只不过是一块征服日本、南宋的跳板而已。

第八十六章
出使日本

　　日本作为中国一衣带水、隔海相望的邻邦，很早就与中国发生过官方往来。早在元朝之前，中国很多史书就出现有关日本的记载。《三国志》载："倭人在带方东南大海之中，依山岛为国邑。旧百馀国，汉时有朝见者，今使译所通三十国。从郡至倭，循海岸水行，历韩国，乍南乍东，到其北岸狗邪韩国，七千余里，始度一海，千余里至对马国。"《晋书》载："倭人在带方东南大海中，依山岛为国，地多山林，无良田，食海物。旧有百余小国相接，至魏时，有三十国通好。"《南史》载："其南有侏儒国，人长四尺。"《北史》载："倭国，在百济、新罗东南，水陆三千里，于大海中依山岛而居。魏时，译通中国三十余国，皆称子，夷人不知里数，但计以日。其国境，东西五月行，南北三月行，各至于海。其地势，东高西下。"《旧唐书》载："倭国者，古倭奴国也。去京师一万四千里，在新罗东南大海中。依山岛而居，东西五月行，南北三月行，世与中国通。其国，居无城郭，以木为栅，以草为屋。四面小岛五十余国，皆附属焉。"《后汉书》载："建武中元二年，倭奴国奉贡朝贺，使人自称大夫，倭国之极南界也。光武赐以印绶。"

综合以上史料可知，中国古人除了把日本地形定性为东西长，南北短外，其他认识还是非常准确的。尽管这一错误的论断延续了近千年，甚至明朝研究日本的专著《日本考》都还说："地势东高西下，东西数千里，南北数百里。"

在忽必烈执政的元朝，有关日本的信息仍然稀少。之所以出现这种情况，除了因为隔海相望、对日本了解不彻底外，政府对商业及商人重视力度有限，政府与佛界人士交流匮乏，是至关重要的原因。

《异域志》可以证明这一点。据《异域志》载："在大海岛中，岛方千里，即倭国也。其国乃徐福所领童男女始创之国。时福所带之人，百工技艺、医巫卜筮皆全。福因避秦之暴虐，已有遁去不返之意，遂为国焉。而中国诗书遂留于此，故其人多尚作诗写字。自唐方入中国为商，始有奉胡教者，王乃髡发为桑门，穿唐僧衣。其国人皆髡发，孝服则留头。"

当蒙军骑兵在欧亚大陆上风驰电掣时，日本进入了由武士阶级掌握政权，实行军事封建统治的"幕府政治"时代。到 13 世纪中叶，镰仓幕府的统治不仅在政治上日趋巩固，而且国家的农业经济也有了较大的进步。幕府为了增加税收，对手工业和商业采取了奖励政策，同时将起初以米、绸、布等实物计算改为用中国宋朝的铜钱作货币，更加促进了商业的兴盛。日本本州西部的武士们，为了获得宋朝的铜钱、奢侈品和日用品，便和南宋进行了频繁的海上贸易。

纵观忽必烈的一生，生性可以用"好大喜功，嗜利黩武"来概况。如果忽必烈把毕生的精力全部用在元朝帝国的建设和发展上，元朝肯定会更加光辉灿烂。忽必烈既然视"太阳能照射到的地方均是吾土"，怎么会对拥有无数黄金、珍宝、钻石、玉器的日本视而不见呢？

忽必烈之前的蒙古帝国的前四汗，都对马蹄所不能及的岛国日本没有留意过，直到 1265 年，也就是忽必烈登上蒙古汗位的第六年，日本开始进入蒙古帝国的战略视野。当年，忽必烈听高丽人赵彝谏言"日本国可通，择可奉使者"时，闻言后忽必烈开始寝食难安地考虑出使日本的合适人选。关于日本另一个信息来源是《马可·波罗游记》中富有煽动性的描述："（日本）这个岛面积很大，黄金产量极其丰富，该国皇帝的宫殿极其富丽堂皇，屋顶全是用金箔覆盖，宫殿的天花板也同样是用黄金做成，许多房屋内都摆有很厚的黄金小桌，窗户也用黄金装饰。"

忽必烈这只雄鹰，在高丽国的上空盘旋时，其锐利的目光已紧紧盯上了大海深处的日本。发生在忽必烈执政时期较为著名的两次征日，不仅没有捞到半点便宜，差点毁了元朝。一个人拥有太多不契合实际的目标，看来未必是一件好事。

忽必烈知道与元朝隔海相望的日本国，是如此富有和繁华。何况元朝建立后，成功征服高丽和攻取南宋的战绩，更加助长了忽必烈目空一切的霸气。

1266 年八月，忽必烈开启了征服日本的序幕，决定派兵部侍郎黑的、礼部侍郎殷弘分别担任国信正副使和计议官伯德孝先等出使日本。

由于首次与日本打交道，不熟悉那里的地理环境和风土人情，忽必烈给日本近邻高丽国王王倎下了一道圣旨："今尔国人赵彝来告，日本与尔国为近邻，典章政治，有足嘉者，汉、唐以下，亦或通使中国。故今遣黑的等往日本，欲与通和。卿等导达去使，以彻彼疆，开悟东方，向风慕义。兹事之贵，卿宜任之，勿以风涛险阻为辞，勿以未尝通好为解。恐彼不顺命，有阻去使，故托卿之忠诚，卿其勉之。"

这两位国信使临行前，忽必烈交给他们一封国书，让他们转交给日本国王，试图兵不血刃让日本臣服。国书内容如下：

大蒙古国皇帝奉书日本国王：朕惟自古小国之君，境土相接，尚务讲信修睦。况我祖宗，受天明命，奋有区夏，遐方异域，畏威怀德者，不可悉数。朕即位之初，以高丽无辜之民久瘁锋镝，即令罢兵还其疆域，反其旄倪。高丽君臣感戴来朝，义虽君臣，欢若父子。计王之君臣亦已知之。高丽，朕之东藩也。日本密迩高丽，开国以来，亦时通中国，至于朕躬，而无一乘之使以通和好。尚恐王国知之未审，故特遣使持书，布告朕志，冀自今以往，通问结好，以相亲睦。且圣人以四海为家，不相通好，岂一家之理哉。以至用兵，夫孰所好，王其图之。

这封措辞客气的国书，字里行间明显带有威胁和警告的语气，表面上要求和日本建交，即元朝与高丽的关系像"父子"一样邦交，实质上就是不怒自威地敕令日本乖乖臣服于元朝。这种污蔑性的称谓，让早在隋朝大业三年（607）就在给隋炀帝杨广写信时就说出"日出处天子致书日没处天子无恙"措辞的日本来说，显然是无法接受的，无异于与虎谋皮。

元朝使团经过三个月的长途跋涉，于同年十一月二十四日，终于抵达高丽江都的江华岛。在那里，高丽国王倎以枢密院副使宋君斐、借礼部侍郎金赞等人为向导，准备帮助元使赴日。元使黑的、殷弘等人坐船从合浦出发，刚抵达巨济岛上的小港松边浦就打起了退堂鼓，致使这次出访"不至而还"。

颇具有讽刺意味的是，最终促使元使黑的中止出使任务的不是"风涛蹴天"，而是高丽宰相李藏用草拟给忽必烈的一封奏折中，宋君斐解释了"不至而还"的原因："至巨济县，遥望对马岛，见大洋万里，风涛蹴天，意谓危险若此，安可奉上国使臣冒险轻进。虽至对马岛，彼俗顽犷无礼仪，设有不轨，将如之何？是以与俱而还。"

数日后，黑的、殷弘一行立刻由高丽返回元朝，高丽枢密院副使宋君斐随行前往，朝觐忽必烈解释"不至而还"的缘由。

1267 年七月，高丽使臣宋君斐在上都朝觐了忽必烈，并呈上由李藏用替高丽国王王倎写给忽必烈的表章。大意说，大海风高浪急，风涛蹴天，高丽国不能眼睁睁地看着大元帝国的使臣冒险轻进呢？再说即使抵达对马岛，日本人素来蛮横无理，万一冲撞了贵国的使臣，民穷财尽的高丽国可承担不起这个责任。

黑的、殷弘从去年九月出发，距今返回差不多有一年的光景，不要说出使日本，甚至连个日本人影都没见到，让忽必烈震怒无比，认为这次出使日本无功而返，不在于黑的胆小如鼠，而在于高丽国王王倎没尽力。

首次出使日本失败后，1267 年九月二十三日，通使心切的忽必烈又派黑的、殷弘等人出使高丽，并给高丽国王王偡带去一封措辞十分强硬的诏令：

> 向者遣使招怀日本，委卿向导，不意遂令徒还。意者日本既通好，则必尽知尔国虚实，故托以他辞，然尔国人在京师者不少，卿之计亦疏矣。且天命难谌，人道贵诚，卿先后食言多矣，宜自省焉。今日本之事，一委于卿，卿其体朕此意，通谕日本，以必得要领为期。

高丽国王王偡认为海道险阻艰难，不能让元朝使臣遭受颠沛流离之苦。于是，九月，派起居舍人潘阜为国信使、书状官李挺为国信副使代元朝使臣传达国书（还是那封忽必烈上次诏谕日本的国书），另外还带上一封高丽国王给日本政府的国书。这封国书仍由李藏用执笔，短短数行字几易其稿才成，由此能体会当时高丽如同风箱里的老鼠般的窘态。全文如下：

> 臣事蒙古大国，禀正朔有年矣。皇帝仁明，以天下为一家，视远如迩，日月所照，咸仰其德。今欲通好于贵国，而诏寡人云，"日本与高丽为邻，典章政治有足嘉者，汉唐而下屡通中国，故特遣书以往，勿以风涛阻险为辞。"其旨严切，兹不获已，遣某官某奉皇帝书前去。贵国之通好中国，无代无之，况今皇帝之欲通好贵国者，非利其贡献，盖欲以无外之名，高于天下耳。若得贵国之通好，必厚待之。其遣一介之使，以往观之，何如也？贵国商酌焉。拜覆日本国王左右。

十一月，潘阜一行抵达了日本对马岛。坐等一月后，在盼来顺风的情况下，于 1268 年一月抵达九州的管理机构太宰府。当时，主管太宰府的长官是守护武藤祐吉。两封国书首先交给武藤祐吉，他又转交给担任朝廷大宰少式兼幕府镇西奉行的是少式资能。少式资能阅信后如遇三伏惊雷，元朝通使日本的国事不是一个太宰府胆敢拍板的，于是遣人火速将两封国书交给了镰仓幕府。

在幕府上奏的次日一早，掌握政权的后嵯峨上皇（龟山天皇之父）在政院召集诸位公卿召开激烈的朝议会议。与会者阵容庞大，不仅包括在任的公卿，还有早已卸任的老臣如关白二条良实、洞院实雄等。正如时任关白的近卫基平在日记中提到的"此事，国家之珍事，大事，万人惊叹无外"一样，可见这两封国书给京都公卿上层所带来的影响可以说完全不啻一记惊雷。

之后数日，日本的朝议夜以继日地进行下去，从二月八日一直开到四月二十六日，最终勉强达成共识，当时宗族认为元朝国书言辞无礼，拒不理睬。

日本深受中国儒家思想影响，对夷狄的鄙视一如汉儒。当时，日本是龟山天皇和镰仓幕府执政，根本不可能听从元朝的调遣。遂将潘阜、李挺拘留于太宰府六个月，馆待甚薄，"亦不得要领而归"。

第八十七章
你来我往

　　同时，1267年底，高丽派元宗的弟弟王淐为贺正使派往大都，把派潘阜去日本交涉的消息奏报给忽必烈，期望邀功请赏。没想到却招来忽必烈的一顿斥责，狠狠数落高丽严重缺乏诚意，高丽宣布臣服元朝那么久了，都城依然没有从江华岛上撤出；不让元朝的达鲁花赤坚持当地贵族的统治；平时与日本交情深厚，协助元使出使时，你们竟然否认同日本的通好。

　　这里，不得不佩服忽必烈的记性好，把元朝与高丽建交来的陈年旧事都给抖搂出来，再配上绝佳的口才，把跪在地上的王淐吓得冷汗涔涔，几欲失禁。

　　王淐于1268年二月返回江华岛，元朝使团三月就接踵而至。元朝北京路总管于也孙脱和礼部郎中孟贾带来了忽必烈致高丽国王王倎的诏谕，其重点还是把上次骂王淐的事又复述了一遍，并召唤高丽国文武两班的首臣金俊和李藏用去大都朝觐，既然从王倎和王淐兄弟两人嘴里掏不出实话，不如直接找来大臣探探实底。

　　金俊因之前高丽与元朝交锋时率武士奋力抵抗过，怕忽必烈找他算旧

281

账，没敢前往。李藏用同元朝使臣于也孙脱一起抵达大都。接下来，忽必烈和李藏用围绕高丽履行出军助战这个问题，进行一次太极拳式的对话。

忽必烈对李藏用说："朕命尔国出师助战，尔国不以军数分明奏闻，乃以模糊之言来奏。王綧曾奏：'我国有四万军，又有杂色一万。'故朕昨日敕尔等云：'王所不可无军，其留一万以卫王国，以四万来助战。'"

见忽必烈摆事实讲道理，李藏用在心里把王綧的先人默默问候了数十遍，才倍感无辜地辩解道："我国无五万军，綧之言非实也，苟不信试遣使与告者偕往点其军额，若实有四万陪臣受罪，不则反坐诬告者。"

忽必烈不想在这个问题上与李藏用过多纠缠，极不耐烦地说道："尔还尔国速奏军额，不尔将讨之，尔等不知出军将讨何国，朕欲讨宋与日本耳。今朕视尔国犹一家，尔国若有难，朕安敢不救乎，朕征不庭之国，尔国出师助战，亦其分也。尔归语正造战舰一千艘，可载米三四千石者。"

李藏用虽极力陈情高丽国内兵穷财尽，恐不能符合规定期日，还是勉强答应了忽必烈的要求："助师之命则虽是残民随所有而检俭，其办舟舰、输粮饷之事，则惟力是任，亦期将供。"

从忽必烈与李藏用的对话中可以看出来，"惟力是任"，也就是量力而行，与其说是答复，不如说是敷衍。

八月，高丽国王王倎派遣使臣崔东秀向忽必烈上奏，说高丽国内丁壮骁勇者少，只征到一万军人。造舟舰之事，已经命沿海官吏监督营造。十月，忽必烈派脱朵儿、王国昌、刘杰等人去高丽督促征兵造船情况。此外，脱朵儿等人还简单视察了通往日本的全罗南道的黑山岛，命令耽罗建造战船百艘待用。

就在高丽国内忙着伐木拆房，建造战船，拉夫抓丁，扩充兵力之际，潘阜一行终于从日本回来了，依然是一无所获。既然送佛就送到西天吧，潘阜既然陪元使出使日本，不妨再去元廷报告此次出使情况。

宽宏大量的忽必烈倒是没难为潘阜，使团一而再再而三地无功而返，使忽必烈对高丽已完全丧失了信心。使团向忽必烈透露了日本人的态度。忽必烈难以置信，他不相信一个蕞尔小国会有如此胆量，居然敢不理睬自己。他断定朝鲜使者根本就没有去日本，于是，又把黑的踢到朝鲜，并命黑的、殷弘势必亲自抵达日本，不得无功而返，必须带着日本的"态度"回来，否则就跳海自杀吧。

忽必烈在诏书中对高丽提出严厉的批评："向委卿道达去使，送至日本，卿乃饰辞以为风浪险阻不可轻涉，今潘阜等何由得达？可羞可畏之事，卿已为之，复何言哉。今来奏有潘阜至日本，逼而送还之语，此亦安足信？今复遣黑的、殷弘等充使以往，期于必达，卿当令重臣道达，毋致如前稽阻。"

1268 年九月，忽必烈因潘阜能抵达岛国日本，再次派遣黑的、殷弘复为使，持着国书赴日本，期于必达。王俔见忽必烈大怒，忙遣高丽重臣申思佺和潘阜全程陪同。1269 年三月，一行十余人抵达对马岛，找到当地官府，质对日本，日方拒而不纳。对方一听说是元朝人和高丽人，立即招呼出来一大帮岛上居民用棍棒欢迎，差点拔刀相向了，使团没有达成向日本索取返牒的目的。

无奈之下，在一个夜晚，黑的、殷弘不惜用生命做代价，活捉两个日本岛民塔二郎、弥二郎回朝复命。

忽必烈对这次出使极为满意，不但踏上日本地盘，还活捉回来两个日本对马岛岛民。尽管他们两人连正经名字都没有，也不会有重要的战略价值，但这并不妨碍忽必烈心情大悦。他慰问使者，并褒扬他们"使尔等往日本，尔等不以险阻为辞。入不测之地，生还复命，忠节可嘉，厚赐匹帛，以至从卒"。

那两个日本对马岛岛民不懂中文，更不懂蒙古语，黑的懂日文，所以在充当翻译的过程中，极力把两个日本岛民说成是前来朝贡的日本使节。尽管那两个日本岛民怎么看都不像是日本使节，但忽必烈还是相信了。他竟然对塔二郎、弥二郎礼遇有加，道："尔国朝觐中国，其来尚矣，今朕欲尔国之来朝，非以逼汝也，但欲垂名于后耳。"

随后，为向他们展示大元帝国国威，命人带塔二郎、弥二郎游览宫殿，日俘高兴地感叹道："这正是我们听说的天堂佛刹。"忽必烈闻言更加高兴，又让两人遍观燕京万寿山玉殿与诸城阙。

这两个对马岛岛民受宠若惊了小半年，直到六月，忽必烈派于娄大把他们送回去，并命高丽派金有成护送，并让中书省对此事致信日本。中书省牒节按例被送往镰仓，幕府照例仍由朝廷率先处理，召集公卿们连夜评议后，意见达成一致，认为此书信并非国书，可以用太政官的名义给予回复。于是，由五辻长成起草，世尊寺定朝誊写。全文如下：

日本国太政官牒蒙古国中书省。附高丽国使人牒送。牒。得太宰府去年九月二十四日牒状，去十七日申时，异国船一艘，来著对马岛伊奈浦。依例令存问来由之处，高丽国使人参来也。仍相副彼国并蒙古国牒，言上如件者，就解状案事情。蒙古之号，于今未闻，尺素无胫初来，寸丹非面仅察。原汉唐以降之踪，观使介往还之道，缅依内外典籍之通义，虽成风俗融化之好礼，外交中绝。骊迁翰转，粤传乡信，忽请邻睦，当斯节次，不得根究。然而呈上之命，缘底不容。音问纵云雾万里之西巡，心夐忘胡越一体之前言。抑贵国曾无人物之通，本朝何有恶之便。不顾由绪，欲用凶器，和风再报，疑冰尤厚。圣人之书，释氏之教，以济生为素怀，以夺命为黑业，何称帝德仁义之境，还开民庶杀伤之源户。凡自天照皇大神耀天统，至日本今皇帝受日嗣，圣明所覃，莫不属左庙右稷之灵。得一无二之盟，百王之镇护孔昭，四夷之修靖无紊。故以皇土永号神国，非可以智竞，非可以力争，难以一二，乞也思量。左大臣宣。奉敕。彼到著之使，定留于对马岛。此丹青之信，宜传自高丽国者。今以牒状，牒到准状，故牒。文永七年正月日。

这张未有损于其"国体"之处的牒状，由于镰仓幕府态度的蛮横强硬，未能交到蒙古人手中。甚至，太宰府方面为感谢元朝送还弥二郎等人，以

"日本太宰府守护所"的名义发给"高丽国庆尚南道安东道按察使"的感谢信也未发出。留给忽必烈的坏印象是，日方依然不予理睬。

1271年初，忽必烈见日本累次拒使，"以忻都、史枢为凤州等处经略使，领军五千屯田于金州。又令洪茶丘以旧领民二千屯田。阿剌帖木儿为副经略司，总辖之"，"是时东征日本，欲积粮饷，为进取之计"，同时遣女真人赵良弼为国信使，持国书去日本"招谕"，期于必达。

赵良弼为忽必烈藩邸旧臣，聪敏智谋，敢于劝谏，深受赏识，常纳其谏。曾随忽必烈南征，赵良弼指挥战斗，五战五捷；禁止士卒焚百姓房屋、杀害降民，"所至宣布恩德，民皆按堵"。总领秦、川蒙古各军期间，深得秦、蜀两地民心。

此次，赵良弼见数名赴日使臣不得要领而还，遂主动请缨出使日本国。忽必烈开始念他年老，不准。赵良弼再三请求："陛下，元廷曾多次派使者出使日本，都无功而返。臣想，自隋唐以来，日本一直与中国通好，怎会对本朝如此态度？一定是嫌使者的身份低了。臣虽年迈，还想在有生之年报答陛下厚恩。如能派臣当赴日使节，哪怕死在远方，只要有翰林为臣写段碑文，臣死而无憾。"

见赵良弼出使日本心切，忽必烈才授予他国信使赴日，或许担心他的人身安危，封他做秘书监，命三千人士卒随行。赵良弼坚辞不要，只带了二十四位书状官随行。

忽必烈在带给日本方面的书信里，显得十分焦躁，警告日本国王：

盖闻王者无外，高丽与朕既为一家，王国实为邻境，故尝驰信使修好，为疆场之吏抑而弗通。所获二人，敕有司慰抚，俾赍牒以还，遂复寂无所闻。继欲通问，属高丽权臣林衍构乱，坐是弗果。岂王亦因此辍不遣使，或已遣而中路梗塞，皆不可知。不然，日本素号知礼之国，王之君臣宁肯漫为弗思之事乎。近已灭林衍，复旧王位，安集其民，特命少中大夫秘书监赵良弼充国信使，持书以往。如即发使与之偕来，亲仁善邻，国之美事。其或犹豫以至用兵，夫谁所乐为也，王其审图之。

1271 年秋，赵良弼一行乘舟途经高丽出海，航行了半个月，抵达日本的今津岛（又名绝景岛）。日本人望见元朝使船，包围了他们，欲举刀来攻。见势不妙，赵良弼连忙舍舟登陆，用日本话向他们阐明来意，才稳住这群骚动的岛人。赵良弼遂被今津岛守官引入太宰府西面的西守护，然后列兵围赵，灭烛大噪，兵刃交举，赵良弼泰然自若，不为所动。

其实，赵良弼并不是第一次直面生死。早年，他还是陕西参议，蜀人费寅，因私人恩怨而告廉希宪、商挺在京兆有图谋不轨的九条罪状，并说赵良弼可以做证。忽必烈召问赵良弼，他一听这事，泪眼婆娑地说："二臣忠良，保无是心，愿剖臣心以明之。"忽必烈没杀他，怀疑并未因此消除。王文统案发后，更加怀疑廉希宪、商挺二人心怀异志。置身于风口浪尖上的赵良弼仍力言辩白，正在气头上的忽必烈"欲断其舌"。良弼誓死也不乱说，忽必烈的疑心才消弭。

翌日清晨，日本太宰府官员陈兵四山，召见了赵良弼。当时，日本由藩臣北条时宗执政，奉行闭关自守政策，对外国使者都不予理睬。赵良弼能受到接待，运气已经不错了。见面伊始，赵良弼慷慨陈词，历数不恭之礼，仍喻以礼意。又胁迫索取国书，转呈日本天皇，谁知赵良弼摆起中原大国的架势，声称："见到国王时方递交国书。"与十一年前，出使南宋的郝经所持的态度不谋而合。

守护所少式资能说道："我国自太宰府以东，上古使臣，未有至者，今大朝遣使至此，而不以国书见授，何以示信！"

赵良弼反问道："隋文帝遣裴清来，王郊迎成礼，唐太宗、高宗时，遣使皆得见王，王何独不见大朝使臣乎？"显然，赵良弼是有备而来。

赵良弼被滞留太宰府西守护期间，为先呈国书还是先见国王这一条件，双方僵持不下。日本方面多次索要国书，不惜以武力相威胁。官员声称大将军以兵十万来求书，赵良弼说："不见汝国王，宁持我首去，书不可得也。"但赵良弼始终无法东行面见日本国王，最后勉强找到一个折中的办法：赵良弼把国书的副本交给了太宰府官员，太宰府官员先交给了镰仓幕府，随后转达到天皇手中。

这次国书与前次大致相同，尽管日本政府想回复，但幕府借口国书词语不逊，仍旧置之不理，只派遣弥四郎等十二名日本使者（《元史》载为二十六人）随赵良弼遣派使团的书状官张铎回到中都（同月改名为大都）觐见忽必烈，冒称日本使者交差。赵良弼则被少式资能送到国境线上的对马岛安顿下来，等候消息。

在为张铎一行接风洗尘的欢迎宴上，张铎按照赵良弼的授意向忽必烈解释道："赵良弼遣臣来言，去岁九月与日本国人弥四郎等至太宰府西守护所。守者云：'曩为高丽所绐，屡言上国来伐，岂知皇帝好生恶杀，先遣行人下示玺书。然王高潮去此尚远，原先遣人从使者回。'故良弼遣臣偕弥四郎等至京师。"

但是，在对日本国情知之甚少的情况下，忽必烈暗自揣测，日本为弹丸之国，国都距离太宰府再远能有多远？更何况，这些人居然连国书都拿不出来。另外，忽必烈见赵良弼没有返还，心中起疑。后来听副使说赵良弼甚至连日本国王的面都没见，心生不快。他认为，赵良弼一行是代表元朝出使日本的，日方怠慢了使者等于怠慢了他。为慎重起见，他又征求姚枢、许衡等智囊建议："此次日使前来，恐怕是受主子的差遣，来打探虚实。卿等意下如何？"结果，姚枢、许衡意见一致地认为："诚如帝算。此辈探听我方强弱，不宜听其入见。"忽必烈听从了他们的建议，最终没有接见日方使者。

一月后，忽必烈命中书省把日方使者送还日本。就这样，镰仓幕府派来的使者团，与元朝派往日本的使者一样，均两手空空，无功而返。在日本逗留一年后，赵良弼在没有得到日方正面答复的情况下，只好返回元朝。在向忽必烈禀报时，赵良弼对日本之行吹嘘得神乎其神。说日本派了许多武士手持锐器包围了他，强迫他拿出国书，他仍然不肯。

日本镰仓幕府野蛮到近乎鄙视元朝的态度让忽必烈意识到，武力是迫使日本开口说话的唯一途径，除此之外别无他法。

临行前，忽必烈曾三次向赵良弼征询对日本用兵的意见，赵良弼本来是为了邀功，一看要惹出祸端，连忙用不屑一顾的语气说："臣居日本岁余，睹其民俗，狠勇嗜杀，不知有父子之亲、上下之礼。其地多山水，无耕桑之利，得其人不可役，得其地不加富。况舟师渡海，海风无期，祸害莫测。是谓以有用之民力，填无穷之巨壑也，臣谓勿击便。"

忽必烈愤然说："日本过于放肆，还从来没有哪个国家敢对朕这样。"

除了赵良弼，忽必烈身边的智囊，特别是汉臣幕僚，对忽必烈远征海外之举，曾提出异议。

其中，深受忽必烈器重的老臣王磐，对忽必烈征日之举大极力劝阻，说："日本岛夷小国，海道险远，胜则不武，不胜则损威，不伐为便。"

然而，急于耀兵海外的忽必烈，对赵良弼和王磐的力谏置之不理，仍一意孤行。屡次遣使诏谕都无功而返，甚至连回牒都不给一封，忽必烈确信无法通过传檄而定诏谕日本。恼羞成怒的忽必烈，决计诉诸武力来迫使其就范。1273 年六月，忽必烈又派赵良弼出使日本，抵达太宰府后，仍然空手而归，中日关系史上首次冲突便爆发了。接下来，忽必烈倾高丽国之力，连续发动两次侵日战争。

随后，忽必烈决计挥师征日，召忻都、金方庆等至元大都商议征日事宜。1274 年初，命高丽征发军士、水手两万五千人，造大小战舰三百艘，其中千石舟三百艘，拔都鲁（蒙语：勇士）轻疾舟三百艘，汲水船三百艘，并规定于正月十五日动工，限期完成。

值得庆幸的是，同年六月，九百艘军舰完工。忽必烈立即下达征日命令，于是，一支由蒙、汉、高丽三族军队组成的联军，向日本进发，计划用七个月的时间征服日本。

　　这支联军的主力是蒙汉军二万人、高丽军五千六百人，加上高丽水手六千七百人，共三万二千三百人，又设立东征元帅府，以忻都为都元帅、高丽军民总管洪茶丘及刘复亨为右、左副元帅。

第八十八章
舟师十万

　　1273 年二月，襄阳陷落，元军终于攻破南宋的大门。与此同时，高丽的叛乱业已平息。在高丽和南宋的港湾里泊着数量庞大的战舰等待发动进攻。在忽必烈看来，征讨日本已万事俱备，就等一声令下。

　　征日联军开拔前夕的六月十八日，高丽国王王倎忧病暴亡，既定计划被打乱，使攻伐计划拖延到十月才成行。

　　十月三日，忽必烈命东征元帅凤州经略使忻都、由右副帅高丽军民总管洪茶丘和左副帅刘复亨率所部屯田军、女真军及水军共一万五千人（当时，南宋尚未完全灭亡，抽调不出更多兵力），组成东征大军，分乘大小船只九百艘从高丽合浦出发（今镇海湾马山浦附近），挥师东下，跨海五十公里抵达对马诸岛。

　　十月五日，元朝舰队出现在对马岛守军的视野内。对马岛的代官宗助国在少式家的委派下，集合起岛上全部武士共八十余骑，仓皇迎战。战舰停靠在佐须浦，一千名元军登上码头，向宗助国率领几十骑试图拦阻。宗助国所率守军在阵容庞大的元军面前，并未发怵，奋勇迎战，"其时宗马允（助国）

自阵中发射，其矢中异国人不知数"，"（元军）此中有骑马者四人，宗马次郎（助国子）向其先头乘苇毛马者右乳上射去，中箭落马，弥次郎亦射马，倒落者四人"。由于力量悬殊，孰败孰胜均在情理之中。只一天时间，便出现了战争的结果，日军被全歼，元军插立赤旗为标记。

十月十四日天快黑时，东征军抵达壹岐岛海面（日本福冈西对马海峡中），从两艘战船上下来四百余人跳上拔都鲁船，选择较为平缓的西海岸成功登陆。壹岐岛虽小，但并不能埋没其地理位置的重要性。早在平安时代，中大兄在岛上遍修烽火台和防御工事，以防御大唐或新罗的进攻。

壹岐岛的守军是少弍家的代官平景隆率百余骑，列阵于海岸上，企图阻止元军的进犯。高丽将领朴之亮率先冲上海岸，平景隆率骑兵英勇迎战。元军采用集团军兼密集战术，在使用弓箭、长矛的同时，把"铁炮"等化学武器也派上用场。日军根本招架不住，几个回合便溃败下来，退守城内，以逸待劳。翌日城破，代官平景隆等人自杀，日军防护失守。

元军的首战连连告捷，士气大振，于十月十六日，一鼓作气又连破平户岛、鹰岛、能古岛及西部沿海一带。每破一处，元军大开杀戒，对俘获的男子肆意杀戮，而获取的妇女则用铁索贯穿手心，穿成串系在战船的两侧。

对马、壹歧二岛沦陷的消息传至太宰府守护所，太宰府守护感到惊恐无比，立即派人将战况上奏幕府和朝廷，并且传檄九州各地的武士们为保卫家园而积极备战。由于连日暴雨，使得筑后国千年川大水频发，冲毁河道主要桥梁，使萨摩、大隅、日向、丰后、肥后方面的军兵不能顺利渡河，继而影响到九州日军的集结。幸亏御家人（将军的直属封臣）神代良忠指挥部下临时架起一座简易桥，才让日军各路兵力顺利渡河。

但是，联军并没有把握好有利战机，在肥前登陆向纵深进军，而是把主力转移向博多湾（今日本福冈附近）。十月十九日，东征联军舰队成功登陆博多湾，进逼今津，杀散海滨守军占领今津一带。由于今津一带地形不利于大部队作战，且距离太宰府（日本的指挥部）尚有一日的行程。于是，联军于当晚又撤到战船上，准备次日清晨重新抢滩登陆进攻太宰府。

二十日晨，金方庆所部的高丽军遭遇到日本幕府聚集少式景资、大友赖泰、菊池武房、岛津久经、竹崎季长等的九州诸国部队总数约十万三千名大军抵抗。

征日联军都把新式武器派上战场，如涂抹着毒液的小箭矢及铁炮设备，日本武士闻所未闻，更不要说见过了。按照国内交战惯例（这种惯例是自杀式的，无论对方是多少人，都要在对方准备好后才主动进攻。首先是由一名武士单骑搦战，冲在前边，大队骑兵随后冲杀），日军首先向来袭的高丽军的阵势射出响箭，接着高丽联军"凭高鸣鼓，指挥兵士，进退应鼓声"。震耳欲聋的鼓声使日军战马受惊后嘶鸣着尥起蹶子，马背上的日军武士们抓紧缰绳才手忙脚乱地控制住受惊的战马，而失去有利还击的机会。兵刃相接时，联军避免与日军武士一对一单挑的战术，而是采取集团军作战方案，造成日军死伤惨重，节节败退。"为画一备，以承我（日军）冲击，左右回围之，协力合击。"可以预料，日本军队的这种战术开始时把联军吓了一跳，但一交锋，联军发现这些人都是虚架势，他们的作战技术不能与正规军队的作战技巧相提并论。孰胜孰败已一目了然，在百道原战场上，日军招架不住，被砍得"伏尸如麻"。再加上联军毒箭和铁炮的威胁，日军更是"气夺胆丧，惘然昏迷"，松浦一族死伤惨重，百道原的防御阵地被攻破。

日本许多史籍，均记载了元军与日本人作战的情况，《八幡愚童训》载：（元军登陆部队同日军作战时，元军操纵的）"飞铁炮，火光闪闪，声震如雷，使人肝胆俱裂，眼晕耳聋，茫然不知所措"。另外，《太平记》也描述了元军使用铁火炮轰击日本人的情景："击鼓之恨，兵刀相接，抛射出球形铁炮，沿山坡而下，形如车轮，声震如霹雳，光闪似雷电，一次可发射二至三个弹丸，日本兵被烧害者多人，城上仓库着火，本应扑灭，但无暇顾及。"

随后，联军兵分两路，展开登陆战，一路向鸟饲进发，另一路向别府的松原挺进。元军将领忻都所率蒙、汉联军主力也在博多、箱崎一线登陆，占领岸边松林，从背后夹击与百道源元军作战的日军。该地守军大友赖泰的武士队伍十日并出，死伤惨重，向东南方向撤退。由于大友赖泰部队的撤退，导致与百道源元军作战的日军进退路穷，余部被迫向太宰府水城（前代建筑的一座巨大水坝）方向撤退。

十月二十日，联军与日军激战了一整天，天色向晚，元军先后占领了博多湾、箱崎等地，日军被迫全军撤退，但联军没留给日军撤退的机会，决定痛打落水狗。元军左副帅刘复亨简直杀红了眼，为了更好地追击逃遁的日军，居然跳下马来步战。少式景资见他身披将服，便猜测极有可能是一位元军将领，便抱着试一试的态度射了他一箭。结果刘复亨中箭，联军被迫停止追击。在强悍善战的元军攻伐下，日军败退后，只得退守水城，联军把日方没有来得及逃跑的老幼妇女的一千五百余人全部杀掉。

日本一幅题为《蒙古袭来绘词》的画卷形象生动地描述了这次战争的局部情景。此画的主人是一位名叫竹崎季长的肥后国御家人，因在抗元战场上的特殊表现而获得丰厚的财产后便委托画家制作的一系列绘画，这些画作被粘贴在一起形成了两幅描述文永之战以及后来 1281 年入侵的卷轴画。前卷约成于文永之役后至弘安之役前的数年间，而后卷则绘于 1293 年，即弘安之役后十二年；绘画并非出自一人之手，但皆出身九州。绘词原有一套两份各二卷，后因两份皆残破，修补时唯有将两份四卷互补其缺，拼贴成完整的一套两卷，辗转流传。能幸存下来与其说是靠精心收藏倒不如说是靠运气，这幅画卷曾被抛入海中，画板上的胶水因此脱落，从而使精准的次序被打乱。打捞上来后，它们又被重新粘在一起，于 1890 年由大矢野家上献皇室，现藏东京千代田区宫内厅三之丸尚藏馆，成为研究元朝入侵日本的铁证，弥足珍贵。

画轴前卷（以粘贴后的顺序而言）显示，竹崎季长险些被从血流如注的战马上掀翻下来，而一颗 13 世纪的陶瓷爆破弹在头顶爆炸，火光四溅，当时，一个来自肥前省的御家人所率援军及时赶到，驱散元军，竹崎季长方无性命之忧。

画轴后卷（亦以粘贴后的顺序而言）最右端是执锐披铠的元军，画中锣鼓齐鸣之声盈盈入耳，在战船中央的旌旗下，元兵从头到脚，被鱼鳞状的金属片连缀在一起的铠甲保护的严丝合缝，与日兵的装束，形成鲜明的对比。

接下来，看看竹崎季长在抗元战斗中的突出表现。1274年十月二十日，竹崎季长擅自主张离开属于肥后国警备的箱崎地段，带着四名随从直奔战事正酣的博多。博多的指挥官少式景资正积极备战，打算借助崎岖的地势，将来犯的元军引入峡谷之中聚而围歼。这时，竹崎季长一行五人赶赴那里，找到少式景资言称到前线打头阵，便带着随从辗转于赤坂战场。正碰到肥后国的武士菊池武房一行斩获而归。求胜心切的竹崎季长见到在鹿原一带集结的元军时，大叫一声"弓箭之道，唯进得赏"，便迅速投入元军阵营。几乎毫无商量可言，元军诸将士纷纷搭弓射箭，转眼间，战马身中数箭，把竹崎季长掀翻在地。几个元军见状纷纷跑来欲取其首级，被肥前国御家人白石通泰率百余骑人马冲散了元军，竹崎季长和其他身负重伤的随从才捡得一命。

在文永之役中，像竹崎季长这样完全沉溺在个人荣誉中，无视集中化指挥，又缺乏战术策略，而逞一时之勇的鲁莽之士，在元军集团面前，无异于以卵击石。尽管竹崎季长凭借孔勇的表现，被日方树立为楷模，但其滑稽之举影响甚广，无数个"竹崎季长"在前线都利用猪突式战术袭击元军。

夜晚降临后，伤亡惨重的日军放弃了博多和箱崎两地，避开海滨退居到距海岸线只有十六公里的太宰府。尽管太宰府背靠一座小山，但很难阻挡已经熟稔攻城的元军的步伐。

当晚，在赤坂山上东征都元帅忻都的帅帐中，各路将领洪茶丘、金方庆，包括遭受箭伤的刘复亨等主要将领召开军事会议，研究元军下一步军事行动。尽管略有斩获，但联军（包括蒙军）对日本武士的勇猛之举颇有惧意，不过这并不可怕，可怕的是不知道日方究竟隐藏着多少个竹崎季长。

诸将众说纷纭，莫衷一是。在百道原之战中表现出色的高丽将领金方庆建议忻都、洪茶丘道："我兵虽少，已入敌境，人自为战，即孟明焚舟、淮阴背水计也，请复决战。"然而，都元帅忻都则认为："小敌之坚，大敌之擒，策疲兵入敌境，非完计也，不若班师。"对金方庆滋生嫉妒之心的忻都，宁可借故退兵，也不愿意让金方庆夺取头功，最终导致了这次征日行动的功亏一篑。

《元史》所载的联军退兵，是因为"至元十一年冬十月，入其国，败之。而官军不整，又矢尽，惟掳掠四境而归"，实为搪塞忽必烈的借口罢了。

于是，作为伐日前线最高将帅，忻都下令元军撤军。刘复亨因遭受箭伤，一时斗志全无，率先退到船上，躺在床上痛苦得要死，其他各路军陆续撤退。遗憾的是，上天有意阻止他们撤退。一场突如其来的风暴正在酝酿之中，一种不祥的气氛使忻都深感不安，这对元军而言是一个无比煎熬的夜晚。

日本岛国四面环海，除东北部沿海外，均被来自热带太平洋的暖流所环绕，也就是常说的黑潮，形成了较温和潮湿的海洋性季风气候。在每年八、九、十月间，岛国西部和南部常遭台风袭击；博多湾恰好正位于台风的袭击区内，恰好就在元军准备回国的最后时刻，台风也恰好赶到了。

当晚的博多湾，狂风怒号，巨浪滔天，大海如暴跳如雷的瘟神，向联军示威。为防范日本水军的骚扰，东征舰队收拢战线，使船与船之间紧紧相挨，结果在暴风巨浪的作用下，体型再庞大的船只也像一片树叶一样，上下飘飞，一会儿被举到浪尖，一会儿被抛向谷底。在惊涛骇浪之下，战舰相互碰撞挤压，致使很多战舰撞到礁石上，粉碎成木片。碰撞之音夹杂着海浪的咆哮声，宛如雷霆般轰鸣震耳。午夜后，台风渐停，但暴雨又至，加上海面上漆黑一片，联军大多数战舰醉汉般听任大海的摆布，不计其数的元军士兵在睡梦中被甩出舰舱，坠入冰冷的海水中，溺水而亡。

二十一日早晨的海面上，东征战舰变成一些凌乱的木片被海水推到海岸上，"战舰触岩崖多败"，高丽的左军指挥官金侁也落入海水中淹死。高丽方面的记载称"军不还者无虑万三千五百余人"。

第二天一早，日军在太宰府水城列阵，但不见联军进攻，派出士兵侦察，才知联军战舰在博多海面上遭遇台风的袭击，伤亡惨重。把军队开到海边，捕杀漏网之鱼的联军。于是，这些在台风中幸免于难的元军士兵的命运更加凄惨，手无寸铁，被海水折腾得上吐下泻，浑身乏力，几乎全成了日军的活靶子。被日军捕获的元军士兵，在水城附近被一一枭首。此役，元军死亡兵卒达一万三千五百人。发生在日本龟山天皇文水十一年，日本历史上称为"文水之役"。

分析东征舰队损失惨重的原因：首先是台风来袭；其次是高丽造船时，为赶进度，偷工减料，使用了不少旧船上拆卸下来的废物。后来考古学家对元军战舰的研究发现，元军战舰碎片上有"川船"的字样，"川船"就是平底的河船，河船平衡性太弱，在海里行驶时经不住海浪的撞击，很容易翻船。

战舰之于海军，相当于战马之于骑兵，倘若哪天胯下的战马都变成猪羊，后果可想而知。如果战舰的质量过关，元军在第一次战役中横扫日本的把握极大。高丽将领金方庆因征日本有功，得到忽必烈的大加赏赐。

第八十九章

弘安之役

十一月六日，元军败退的消息传至京都，日本朝野弹冠相庆，欣喜若狂。而年轻的北条时宗并没有完全被胜利冲昏头脑，在冷静地分析了眼前的形势之后，担心争强好胜的元军不会轻易善罢甘休，肯定会卷兵再犯，在加强防御工事的同时，又下达"异国警固番役"的诏令，征发日本六十五岁以下的成年男子充当预备役士兵。

同时，他对各国武士也做出了较为细致的分工：四国、九州地方的武士在本地加强防御；中国地方的武士防守堪称西门锁钥的周防、长门，并随时准备支援四国、九州的抗战；京畿、关东地方的武士驰援京都；奥羽地方的武士也要随时做好应战准备。

此外，幕府还在博多湾修建一堵高约二公尺、宽三四公尺、长约二十公里的防御墙，距离海岸线约五十米。其主要功能是阻挡驰骋在沙滩上的元军铁骑，所以它的高度不超过两米。原计划从 1276 年三月起建造，花了小半年的时间建成。但日本缺乏修建石墙时所需的技术精湛的瓦工、砌墙技师以及黏合剂，导致萨摩国负责的那一段石墙直到 1277 年初才建成。

另外，幕府鼓励皇宫和朝臣都厉行节约，以便国库充裕的财富足够用于国防建设。

动武不行，灭日之心不死的忽必烈在初战失利后沉思了三个月，于1275年二月初九，再次派出以礼部侍郎杜世忠为首，兵部侍郎何文著、计议官撒都鲁丁等人随行的使团去通好。

三月十日，杜世忠一行抵达高丽国都开城，国王王愖委派舌人郎将徐赞担任向导兼翻译，并遣水手三十余人随行。四月十五日，元朝使团在日本长门国的室津浦（今山口县丰浦郡丰浦町）登陆，想必是绕过太宰府官员的阻挠，希望直接与京都朝廷或镰仓幕府交涉。态度比以前更加强硬的幕府，把他们送至九州的太宰府。五月，镇西方面得到幕府答复，同意杜世忠等四人在太宰府的看护下东行，前往镰仓。

八月，杜世忠一行四人进入镰仓，受到北条时宗的召见。他们出示了国书，并传达了忽必烈诏谕日本之意。谁知强加的战争已严重挫伤了日本政府的感情，刚愎自用的幕府看完措辞盛气凌人的国书后怒气冲天，说："你元朝战败而归，还有何颜面以胜利者的姿态要求我与你通好？"遂把元朝伐日的国仇统统发泄到元朝使团身上，于九月七日极不客气地将四名元使在竜口全部处死，高丽送行使徐赞充当了陪葬品，一如既往地保持沉默。

1279年，中原战事已消弭，西部防线已建立。忽必烈翘首以待的杜世忠等已出使日本四年有余，仍音信全无，不免想入非非。直到1280年二月，有四个护送元朝使团的高丽水手从日本驾驶小船侥幸回到高丽，元朝使臣被害的消息才辗转禀报给元朝。

忽必烈自登上皇位以来，南征北战，气势如虹，从来没有遇到过大的挫折。这使他产生一种错觉，认为自己掌控下的大元帝国是所向无敌的。孰料，作为弹丸之国的日本竟敢龙头锯角，使他颜面扫地，为了挽回败局，他下令沿海各省抓紧造船，准备进行一次规模更大的东征。

忽必烈原以为可以用武力征服日本，孰料第一次东征以失败而告终，使者又被枭首，不得不发动第二次东征。

为确保第二次伐日的成功，元朝需要一支比之前更为庞大的舰队来运输陆军及军需。忽必烈在遣使团出使日本的同时，命令高丽继续建造战船和征集水手。而高丽还没有从 1274 年伐日的溃败中舒缓过来，粮食被征用，青壮年男子被征丁，近乎荒芜的田地里，只有老人和孩子艰难耕种，生灵涂炭。在将近五年的时间里，不得不靠元政府的接济艰难度日，几乎无力完成忽必烈摊派的军事任务。

不堪重负的高丽国王王愖上书忽必烈，恳请放缓征日的步伐。书曰："小邦近因扫除逆贼，惟大军之粮饷既连岁而户收，加以征讨倭民，修造战舰，丁壮悉赴工役，老弱仅得耕种，早早晚水禾不登场，军国之需敛于贫民，至于斗升罄倒以给。已有采木实草叶而食者，民之凋敝，莫甚此时而。况兵伤水溺不返者多，虽有遗噍不可以岁月期其苏息也。若复举事于日本，则其战舰、兵粮，实非小邦所能支也。国已皮之不存，是为无可奈何矣。天其眼所未到应谓岂至于此欤，伏望俯收款款之诚曲谅，哀哀之诉。"

在忠烈王恳切的哀求下，忽必烈于 1276 年正月收回成命，让高丽停止造战船、兵械、屯聚粮食的战备，延迟了伐日的军事计划。

随后，踌躇满志的忽必烈把建造六百艘战舰的任务交给刚接收的南宋新置的四行省：扬州、湖南、赣州、泉州制造战舰。元朝成功接收南宋，也成功接收了南宋王朝发展了一个半世纪的造船技术和航海史，一跃成为一个拥有巨大海上舰队的大元帝国。在忽必烈灭日野心的督导下，让世界史上阵容最庞大的舰队华丽登场。

极具有讽刺意味的是，五月，忽必烈将第二次征日的宝押在南宋降将范文虎身上。

范文虎自率部降元以来，除了零星镇压反元起义之外，几乎没立过战功。他想利用此次征伐日本，来赚取在元廷立足的政治资本。他想当然地以为，只要多用兵，攻伐日本不在话下。再说，蒙古将领都不善于指挥水战，他倒是个合适人选。

七月，命范文虎去江南召集降服南宋的蒙古、回回等残部十万余人，成为第二次征日的主力军。忽必烈与范文虎商议了伐日的行动细节，范文虎建议："臣奉诏征讨日本，比遣周福、栾忠与日本僧赍诏往谕其国，期以来年四月还报，待其从否，始宜进兵。"

1279 年六月，忽必烈采纳其建议，派周福、栾忠等为使诏谕日本。周福一行在没经过高丽，也没有高丽人做向导的情况下，于六月二十五日（说二十六日）抵达日本的对马岛。七月二十四日，周福一行等所赍诏书经镰仓送到京都朝廷。经过朝廷的审议，仍与前次一样，所有的使臣在博多被斩首。

两次元朝使臣被日方斩杀的事实已证明，诏谕日本臣服无疑枉费心机，劳而无功。元朝试图通过和平外交手段达到让日本臣属的目的，而日本民族则强烈要求独立自主，极力拒绝受别国的节制。

1279 年正月，元朝在高丽设置征东行省，主持征伐大计。由高丽国王王愖任行省左丞相，范文虎、忻都、洪茶丘为右丞，驻高丽；李庭为左丞，张禧为参政，驻庆元（今浙江宁波）。实际上，日本行省一分为二，分别设置在高丽、江浙一带。

九月，忽必烈加封高丽国王王愖为开府仪同三司、中书左丞相、行中书省事，借此提高高丽国在元朝体系中的地位，将其牢牢地捆绑在征日的战舰上。

南宋灭亡之后，兵力大增，1281 年正月，忽必烈下达征日的命令。范文虎向忽必烈提出增设汉军万人和为回回炮匠调拨两千马匹，忽必烈断然否定后者，驳斥道："战船安用马匹。"忽必烈把征日诸将招至京师，训谕道："始因彼国使来，故朝廷亦遣使往，彼遂留我使不还，故使卿辈为此行。朕闻汉人言，取人家国，欲得百姓土地，若尽杀百姓，徒得地何用。又有一事，朕实忧之，恐卿辈不和耳。假若彼国人至，与卿辈有所议，当同心协谋，如出一口答之。"

从忽必烈的担心看来，第二次伐日战幕未启，就弥漫着某种不祥之兆。

年初，受命西征的阿术，病卒于哈剌火州（今新疆吐鲁番）；二月，忽必烈的皇后弘吉剌氏（帖古伦大皇后）病逝于兴圣宫；三月，忽必烈帐前智囊人物许衡"以疾归"。

训谕后，忽必烈强调："此间不悉彼中事宜，阿剌海辈必知，令其自处之。"

五月三日，忽必烈再次发兵两路，东路军由忻都、洪茶丘率领四万作战部队，战船九百艘，仅携带"三个月军粮"，从高丽合浦出发，月底侵袭日本对马、壹歧两岛；江南军由范文虎率领十万屯田部队，战船三千五百艘，从庆元（今浙江宁波）、定海起航，张珪、李庭所部作为预备队在港口待命。总计蒙古人四万五千人，高丽人五万，汉人约十万（绝大多数为屯田兵，携带很多农具、种子等农资）。作战部队主管作战，屯田部队在被占领区屯田，生产米粮，作为长久之计，两军约定于六月会合。

东征伐日的阵容之大，在当时历史上是绝无仅有的，此项纪录直到最后才被打破。

但是，立功心切的东路军没有按既定计划行事，便自作主张贸然向博多湾进军。在日本沿岸建起了石墙（石堤）"元寇防垒"阻碍下，元军的战舰无法顺利登陆。元军以索连舟，设弩而守，日本驱船进攻者，大多中炮击沉。在海上停泊了一个月，战斗持续到六月十三日，元军舰艇几次强行登陆作战均以失败而告终，并且一直遭到河野通有（河野党）以及竹崎季长等人的袭扰。由于南路军未到，东路军仅余一月的粮食，箭矢也即将告罄。时值盛夏，船上的蔬菜和饮水供应都非常困难，加上陆地士兵长期在海上作战，不但疲惫不堪，还染上各种疫病。看来率先抢占博多湾的计划已成为泡影。遂决定于六月十五日从志贺岛撤退，驶向壹歧岛，与江南军会师。

在等待江南军到来的同时，六月中旬至七月初东路军在壹歧岛与日军进行了激烈的争战。据《高丽史节要》中载："忠烈王七年六月壬申金方庆、金周鼎、朴球、朴之亮、荆万户等与日本战，斩首三百余级。日本军突进，官军溃，茶丘乘马走，王万户复横击之，斩五十余级，日本兵乃退，茶丘仅免。

翼日复战败绩。军中大疫，死于兵疫者凡三千余人。"

抢滩登陆后，与日军酣战在一起的元军早已把忽必烈要求诸军攻入日本后"擅杀"的谕训抛到脑后，无论男女老幼，逢人便杀，无一人幸免。元军拉网式的杀戮，使岛民纷纷逃匿于深山中，志忑藏身。尽管如此，被元军搜捕出来后，仍难逃杀戮的厄运。把岛民洗劫殆尽后，杀上瘾的元军把下一个目标锁定在壹歧岛。

江南军方面出师不利。征日战舰尚未扬帆远征之际，主帅阿剌海生病不能成行，命阿塔海为征东行省丞相前往接替。江南军统率范文虎认为先遣舰队早已发出，不宜久等，遂在阿塔海尚未到任的情况下，即命江南军于六月十八日分批开航出海。当阿塔海赶到出发地点庆元时，范文虎已率军扬帆东渡了。

与此同时，比计划迟到一个月的江南军，于七月才与东路军在日本鹰岛、平户岛会师。加上李庭、相威等原定作为预备军也先后赶到。两路大军会师后，军势大振，本应立即进攻太宰府，却迟疑未发一兵一炮，估计是海上天气恶劣所致。

东路军与驻守壹歧岛的日军酣战多日，军需消耗严重，仅剩下一个月的粮草。东路军与江南军将领在继续战斗和班师的问题上，意见存在严重分歧。加上洪茶丘与高丽军统帅金方庆积怨颇深，南宋宿将范文虎属于南人，遭蒙古诸将轻视，军令之行不力，果然发生了忽必烈临行前担忧的状况。

征日诸将各抒己见的争吵，出现在《高丽史节要》中："忻都、茶丘等累战不利，且范文虎过期不至，议回军。曰：'圣旨令江南军与东路军六月望前必会于壹歧岛，今南军不及期，我军先到，大战者数矣。船腐粮尽，其将奈何？'方庆默然，经十余日，又议如初，方庆曰：'奉圣旨赍三月粮，今一月粮尚在矣，俟南军来，合而攻之，必灭岛夷矣。'诸将莫敢复言。"

公说公有理，婆说婆有理，谁也不服输。忻都和洪茶丘等认为东路军军粮所剩不多，江南军又预期不至，建议班师。而高丽统帅金方庆则认为军需至少还够维持一个月，等江南军一到，定能灭掉日本诸岛，取得伐日的胜利。

正当这次远征军对日本发起最后攻势时，一场突如其来的台风又登陆博多湾，多变的海洋忽然掀起惊天动地的台风。一时间，海风怒吼，乌云翻滚，一座座山峰般的浪头席卷而来。元朝的舟师还没靠岸，被海浪吞噬了二三成，进而搅乱了这次军事行动。多行不义必自毙，被日本视为"神"的台风似乎有意惩罚渡洋前来伐日的元军。

元军与日军对峙两个月后，刁钻的上帝再次伸出那双翻云覆雨之手，元军的厄运再次降临。八月一日夜里，西南太平洋台风渐渐逼近，其剧烈程度似乎比 1274 年的逆风更强劲一些，杀伤力度更大一些。惊涛骇浪把为防止日军偷袭用绳索连在一起的几千艘元军战舰彻底击碎，侥幸剩余的战舰，不是帆歪桅断，就是篷毁舱漏。元军将士哭号着溺死在海中，尸体随潮汐进入浦口，造成浦口阻塞，以致行人可以从上面踩踏而过。元军士卒被吓得斗志全无，死于台风的不可胜数。这场噩梦般的台风持续肆虐了五天，幸免于难的士卒每逢忆起此事便不寒而栗。

只有平章政事张禧等部未雨绸缪，采取了避风的措施，事先筑垒平户岛，各船的间隙为五十余米止泊，才避免风涛触及，得以保全战舰。台风袭击之后，范文虎收拾残部和补救船只试图再举征日之事时，发现高丽将帅洪茶丘、金方庆带着亲兵偷偷地乘坐尚未碰坏的数十艘建造精良的战舰，乘风破浪远去。

老天好像故意阻挠元军的征日计划，在漫长的一个月的时间里，日本海的夏季台风活动频繁，没有停息的时候。在南宋历史上，以逃跑著称的范文虎见大军进退不得，不由得六神无主。他本来就怀有轻敌之心，根本没有做任何应变的准备。也不甘示弱，被张禧的战舰从海里捞上来之后，在一天夜里，便"自择坚好船乘之，弃士卒十余万于山（五龙山）下"。

军中无帅，数万名元军士兵被残酷地遗弃在鹰岛上，既无主帅，也无完好无损的战舰，简直是赤手空拳，其惨状可想而知。他们恸哭咆哮之后，推举一位张姓百户做残部主帅。张主帅乘风势减弱，指挥将士登山伐木，修造船只，企图归还，但为时已晚。

镰仓幕府决不允许他们活着，八月五日，日本大军在鹰岛周围集合后，向散布于沿海各岛和抱着木板漂浮于海面上的元军发动袭击。七日，以少式景资为主帅的日军驾驶着数百艘战舰，对处于穷途末路的数万元军大开杀戒。加上语言沟通不畅，张百户不可能在短时间内把残余的元军有序组织起来。张百户率军与日军进行肉搏，六七万人，一半丧身利刃之下，一半溺毙于海中，"伏尸蔽海，海可步行"，余下的二三万人被驱至八角岛。

八月九日，元军将士也饱尝了蒙古铁骑分类屠戮败军的滋味，日本将全部的蒙古人、高丽人和汉人悉数杀掉，而日本镰仓幕府将南方汉人视为唐人，认为新附军是"唐人"，为表示对唐人的友好，遂"不杀之而奴之"。十余万人，只有三名士兵拼凑小船，逃至元朝，前去通风报信。

原来，日本与唐朝友好，他们认为南宋才是继承中原的正统，所以对南方人持宽容的态度。这也许是日本对元朝极不友好的原因。

《元史》载有元军此次伐日的损失程度："至元十八年八月壬辰诏征日本军回，所在官为给粮。忻都、洪茶丘、范文虎、李庭、金方庆诸军，船为风涛所激，大失利，余军回至高丽境，十存一二。"作为元军伐日的帮凶，高丽军也损失惨烈。元军的第二次东伐日本又以惨败而告终。

令人惊诧不已的是，范文虎逃归后，佯称他们欲扬帆征讨日军，突遇台风，导致船毁兵亡，欲举兵再战时，厉德彪、王国佐率先逃跑，扰乱军心，不得已才撤军，至高丽合浦后解散的谎言，忽必烈对此深信不疑。

此次全军覆没的真相直到败卒于闾脱身归来，方才大白于天下。险些被范文虎愚弄的忽必烈大怒，将尽罢免大小将校，召刘国杰为征东行省左丞相。后经劝说，才全部恢复他们的官职。据此，忽必烈苦心策划的第二次东征日本之役又以失败告终。是年是日本后宇多天皇弘安四年，日本史上称之为"弘安之役"。从此，处于鼎盛期的大元帝国开始一步步走向衰退。

日军将台风对元军的第二次惩罚，视为"神"的行为，并从此继续依赖于神灵的福佑。甚至继续在卷轴的绘词中走动的竹崎季长把自己"弓与箭一样的人"归因于神灵。正视历史的话，元军第二次伐日败于"人祸"。临行前，忽必烈明知诸多将帅之间不和，却执意委以重任执行东征任务；况且，伐日军队士卒的成分，从 1281 年二月，忽必烈的诏中可以略见一斑，"敕以耽罗新造船付洪茶丘出征，诏以刑徒减死者付忻都军"；加上中途易帅，无人指挥，无限度地拖延了非常珍贵的会师时间。

　　日本江户时代后期的儒学者、诗人赖襄（号山阳）就 13 世纪忽必烈两次"征伐"日本失败所作的乐府歌：

　　　　筑海飓气连天黑，蔽海而来者何贼？
　　　　蒙古来。来自北。东西次第期吞食。
　　　　吓得赵家老寡妇，持此来拟男儿国。
　　　　相模太郎胆如瓮，防海将士人各力。
　　　　蒙古来。吾不怖。
　　　　吾怖关东令如山，直前斫贼不许顾。
　　　　倒吾樯，登虏舰，擒虏将，吾军喊。
　　　　可恨东风一驱附大涛，不使膻血尽膏日本刀！

第九十章
伐日流产

虽然元军大举伐日接连招致两次惨败，忽必烈征日之心仍旧不死。为维护声望，"弘安之役"两年后，忽必烈命阿塔海为东征行省丞相，高丽国王王愖为左丞相，同时命舟师习水战，储备粮草，募集兵卫两万余人，准备秋季再次大举伐日。

1282 年七月，高丽国王王愖请缨，愿意举国之力建造战舰一百五十艘，臂助元朝征日之举。1283 年，忽必烈命高丽筹集军粮二十万石，并命"右丞阁里帖木儿及万户三十万人，蒙军习舟师者二千人，特默齐万人，习水战者五百人，征日本"。并责令江南各行省大造船只，按人头摊派造船数量和造船材料，加上修缮兵器，弄得民生凋敝，怨声载道。

四月，第三次征日的准备工作已达到巅峰，忽必烈不惜血本，并从五卫军①中抽调两万人以填充讨伐日本的军事力量。五卫军是忽必烈设置的中央军队，由亲军都指挥统辖，分前、后、左、右、中五卫，以汉军为主体，称之为汉人卫军。

尽管如此，第三次东征日本的步履仍然迟缓不展，无论是元廷官员，还是民间，反对举兵伐日的呼声一天高过一天。

1283年五月，刑部尚书崔彧见状，上言百姓黎民之苦，请求忽必烈暂停征日之举，奏曰："江南盗贼，相挺而起，凡二百余所，皆由拘刷水手，兴造海船，民不聊生，激而成变。日本之役，宜姑止之。又，江西四省军需，宜量民力，勿强以土产所无。凡给物价与民者，必以实。召募水手，当从其所欲。伺民气稍苏，我力粗备，三二年后，东征未晚也。"又曰："昨中书奉旨，差官度量大都州县地亩，本以革权势兼并之弊，欲其明白，不得不于军民诸色人户通行核实。又因取勘畜牧数目，初意本非扰民，而近者浮言胥动，恐失农时。"又言："各路每岁选取室女，宜罢。宋文思院小口斛出入官粮，无所容隐，宜颁行。"

淮西尉宣使、西夏将军世家之后昂吉儿上奏说："臣闻兵以气为主，而上下同欲者胜。比者连事外夷，三军屡衄，不可以言气；海内骚然，一遇调发，上下愁怨，非所谓同欲也。请罢兵息民。"

南台御史大夫姜卫亦遣使上奉曰："倭不奉职贡，可伐而不可怒，可缓而不可急。向者师行期迫，战船不坚，前车已覆，后当改辙。为今之计，预修战舰，训练士卒，耀兵扬武，使彼闻之，深自备御，迟以岁月，俟其疲怠，出其不意，乘风疾往，一举而下，万全之策也。"

---

① 侍卫亲军组织始建于中统元年（1260），是忽必烈仿照中原王朝禁军制度组建的中央军队。第一个卫军组织沿承金制，称为武卫军，兵员三万人左右，士兵来源于中原各汉军万户属下的军队。至元元年（1264），武卫军改名为侍卫亲军，分成左、右两翼。至元八年，左、右翼侍卫亲军改建为左、右、中三卫。至元十六年以后，在侍卫亲军中按照不同的民族分类。原有的三卫军扩充成前、后、左、右、中五卫，以汉军为主体，称之为汉人卫军；后又陆续增设了武卫（1280）、虎贲卫（1297）、大同侍卫（1308，后改为忠翊卫）、海口侍卫（1309）等汉人卫军。

因伐日之心空前高涨，崔彧、昂吉儿及姜卫的劝谏之言根本入不了忽必烈的耳朵，诚然，江南风生水起的反叛及越南抵抗，使东征的难度日趋增高。

为反对东征日本带来的沉重负担，南方人民的反抗斗争渐成风起云涌之势。致使造船的进度年复一年地拖延下来，忽必烈的伐日计划几乎严重受挫。据史料统计，至元二十年（1283），大小起义二百余起，至元二十六年（1289），增加到四百余起。几乎南方各地都有起义事件的发生，尤以浙、闽、广、交界地区最为剧烈。从1280年到1286年间，漳州陈吊眼、许夫人，福州林天成，南康杜可用，廉州霍公明、郑仲龙，福建黄华，四川的赵和尚都先后起兵。起义的首领大都是南宋抗战将领张世杰的旧部，多打着恢复南宋的旗号。

两月后，江西道宣慰使史弼上奏忽必烈说，连日建造东征船只，致使百姓怨声载道，建议忽必烈放缓东征步伐，采取宽舒民怨的政策。

为稳定大元帝国内动荡不安的因素，忽必烈下诏，命令诸地暂缓造船事宜，"所造征日本船，宜少缓之，所拘商船悉给还"。而后，征日工作时紧时缓地进行着，只要条件允许，忽必烈荡平日本之心仍沸腾不已。

既然利用军事手段在短期内难以实施平日的计划，忽必烈认为日本"倾向佛乘，欲聘有道衲子，劝诱以为附庸"，便另辟蹊径，试图借助佛教手段迫使日本俯首称臣。1283年八月，派普陀山僧人如智与提举王君治前往日本，后遇台风而还。

1284年，忽必烈再次派遣江西行省参政王积翁与僧人如智出使日本。王积翁原为南宋的福建制置使，元军越仙霞岭进兵入闽时，王积翁献闽图籍降元有功。他任职福建时，曾监管过和高丽、日本、马来亚、暹罗诸国海上通商，自诩"能谕日本"，对忽必烈说："日本难以力服，可以计取。如令臣去，事成，不至劳师丧财；事不成，亦无损于国威。"愿赴日本为元朝再立大功。便命王积翁、普陀僧如智一行乘"巨舶四艘"赴日，途中王积翁自恃元朝委任的高官，习惯于平时的作威作福，无恶不作，常鞭打水手。七月抵达日本对马岛，结果不愿赴日的舟人任甲"诸舟人共谋，杀积翁"抛尸大海而还，导致这次出使过早夭折。

从早期黑的、殷弘开始，一直到王积翁、如智，从蒙古到元朝，历经十八年的外交努力，所有的努力都付诸东流，最终以失败而告终。

1284年，礼部尚书刘宣上书道："近议复置征东行省，再兴日本之师，此役不息，安危系焉。唆都建伐占城，海牙言平交趾，三数年间，湖广、江西供给船只、军需粮运，官民大扰，广东群盗并起，军兵远涉江海瘴毒之地，死伤过半，即日连兵未解。且交趾与我接境，蕞尔小邦，遣亲王提兵深入，未见报功，唆都为贼所杀，自遗羞辱。况日本海洋万里，疆土阔远，非二国可比。今次出师，动众履险，纵不遇风，可到彼岸，倭国地广，徒众猥多，彼兵四集，我师无援，万一不利，欲发救兵，其能飞渡耶？隋伐高丽，三次大举，数见败北，丧师百万。唐太宗以英武自负，亲征高丽，虽取数城而还，徒增追悔。且高丽平壤诸城，皆居陆地，去中原不远，以二国之众加之，尚不能克，况日本僻在海隅，与中国相悬万里哉！"

对刘宣上书的结果，史载忽必烈"嘉纳其言"。

1286年正月，忽必烈终于做了一个异常艰难的决定，以"以日本孤远岛夷，重困民力，罢征日本，召阿八赤赴阙，仍散所顾民船"为由，取消征讨日本的诏令。

1286年，即第二次伐日后的五年，忽必烈先后对安南（今越南北部）、占城（今越南南部）、爪哇（今印度尼西亚爪哇岛）、缅国（今缅甸）等地用兵，但均没取得进展性的胜利。精疲力竭的忽必烈才意识到元朝虽疆域辽阔，也有力不从心的时候。再对日本执意攻伐下去，不仅劳民伤财，恐怕大元帝国的安危都成了问题。

忽必烈吩咐安童传诏下去，撤销征东行中书省，停止造船，征日之事，容以后再说。《元史》称："帝以日本孤远岛夷，重困民力，罢征日本，召阿八赤赴阙，仍散所顾民船。"江浙一带军民久苦于是役，消息传来，欢声雷动。后来虽又几次复征之议，但都遭到诸臣的竭力反对，加上连年征讨安南、缅甸、爪哇，造成国力衰弱，兵力不足，才又延缓下来。

忽必烈于 1294 年去世后，元成宗铁穆耳即位。1298 年，好事的江浙省平章政事也速答儿乞用兵日本。成宗回答说："今非其时，朕徐思之。"

1299 年三月，元成宗命妙慈弘济大师、台州临海僧人一山一宁持国书出使日本。国书写道：

> 有司奏陈，向者世祖皇帝尝遣普陀禅僧如智及王积翁等两人奉玺书通好日本，咸以中途受阻而还。爰自朕临御以来，绥怀诸国，薄海内外，糜有遐遗。日本之好，宜复通问。今如智已老，普陀僧一山一宁道行素高，可令往谕。附商船以行，庶可必达。朕特从其请，盖欲成先帝遗意耳。至于惇好息民之事，王其审图之！

这份国书言辞恳切，绝没有杀伐之气，字里行间洋溢着睦邻友好的诚恳愿望。

一山一宁在平山万寿寺僧西涧土昙及弟子石梁仁恭随行下，于 1299 年三月，自庆元搭乘日本来华商船远涉重洋，并顺利抵达日本博多。由幕府迎抵镰仓，受到日本朝野僧俗的热烈欢迎。一山一宁访日，阐明朝廷修复中日睦邻友好本意，结束了当时中日之间的战争状态。留居日本近二十年，为日本佛教界造就了一大批颇有影响的人才。日本后宇法皇在其去世后赐谥"一山国师妙慈弘济大师"封号。这促使了中日战争状态结束，官方友好往来发展。

第九十一章
重用色目

由于穷兵黩武，元朝耗费庞大的财政开支，加上忽必烈为了巩固皇位，争取蒙古贵族的支持而挥金如土地大肆赏赐功臣，致使元朝国库渐渐入不敷出。姚枢的权谋、许衡的儒学、阿术的武略，在元朝建立之初是不可或缺的，但现在，忽必烈觉得像隔靴搔痒，解决不了实际问题。为解决财政开支问题，忽必烈遂重用善于敛财的官员，即所谓"经世济用"，敲骨吸髓般搜刮民脂民膏，给社会造成极大的灾难。

当时人分为四级：蒙古人、色目人、汉人和南人。蒙古人是天生的战士，豪迈而勇敢。色目人是天生的商人，缜密而灵活。牙剌瓦赤、奥都剌合蛮就是色目人杰出的代表。在前四汗时期，色目理财的臣僚一直深受器重，活跃于蒙古汗廷。

南人多指南宋南方的遗民旧臣，他们是刚刚被征服的，对忽必烈来说，缺乏最基础的信任度。汉人指北方的汉人，自从山东李璮及王文统勾结反叛被镇压后，大臣廉希宪、商挺等人也因推荐过王文统，统统遭到忽必烈的猜忌，连率兵平乱、屡立大功的史天泽也被迫交出兵权。自此，忽必烈对汉人幕府累年培养起来的感情和信任，都消耗殆尽。并且汉人中真正有本事的多为儒家，一贯主张"仁治"，对理财兴趣不大，甚至持反对心理。

元廷根据职业的性质，把帝国人民，分为十级：一、官（政府官员）；二、吏（吏佐，不擢升为官员的政府雇员）；三、僧（佛教僧侣）；四、道（道教道士）；五、医（医生）；六、工（高级技术人员）；七、匠（低级技术人员）；八、娼（娼妓）；九、儒（儒家·道学家）；十、丐（乞丐）。

可以说，1262年是忽必烈对汉人幕府信任度滑坡的分水岭。是年三月，忽必烈下令："禁民间私藏军器。"次年正月，又多次重申上述禁令。二月，又颁布诏书曰："诸路置局造军器，私造者处死；民间所有，不输官者，与私造同。"[1] 1284年，又禁止汉人猎户执持弓箭，并禁止庙宇里供列真刀真枪。次年，忽必烈又下令征收江南汉地的弓箭及其他武器，并分为三等，下等的毁掉，中等的赐给近居的蒙古人，把上等的收缴起来留作日后军用。后来，连南人、汉人畜养鹰犬打猎也不允许。不难看出，杨果草、刘肃、史天泽、耶律铸等人拟了条格；史天泽上奏的《省规十条》；耶律铸"奏定法令三十七条"及门类繁多的民约，显然是针对北方汉人的。

在压制和牵制汉人策略的同时，一批以"功利成效自负"的色目人开始得到忽必烈的重用。长着络腮胡子，浓眉环眼的花剌子模人阿合马以此为契机，登上元廷政坛，并受宠擅权长达二十余年。

阿合马势力的崛起与骤衰，基本反映了忽必烈掌权时期1282年前的政局走向。二十年间以1271年为分界线，分为前后两个时期：前期阿合马悄然崛起，后期阿合马受宠擅权。

回纥人阿合马出生于花剌子模细浑河（今锡尔河）畔的费纳喀忒城（今乌兹别克斯坦境内）一个胡商的家庭。蒙军西征时被弘吉剌部按陈那颜掳掠为属民或家奴。伶牙俐齿的阿合马在察必还是个姑娘时就深得她的欢心，所以察必在出嫁忽必烈时作为斡耳朵侍臣和陪嫁的媵人进入元廷。

也许因为察必的推荐，忽必烈把阿合马作为可倚重的近臣。忽必烈即位

---

[1] ［明］宋濂，等.元史（卷五）［M］.北京：中华书局，1976.

后不久，于 1260 年，阿合马担任上都留守同知兼太仓使，专以掌管宫廷仓廪钱谷，并形成了"一种对完全控制征服财政的冷酷的占有欲"。次年五月十日，忽必烈命令阿合马到燕京行省清点万亿库的货物，到达燕京后，建议设立和籴所，以增加粮食储备，崭露头角，其理财之能深得忽必烈的赏识。

1262 年二月，擅长理财的中书平章王文统因受李璮之乱的影响被杀，忽必烈对汉人的戒心和不信任感滋生暗长。于是，一批色目人开始受到元廷重用，阿合马被提拔为中书左右部兼诸路都转运使，元廷专门把国家的财赋职权委托于他管理。阿合马当权之后，为了迎合忽必烈迫切敛财的心理，久有存心，多处搜刮。先于 1263 年，垄断河南钧州、徐州等州的冶铁，请朝廷授予宣牌，铸造各种农器。尽管器具制作粗劣，但价格昂贵，也强行兜售给百姓，数量庞大的商品赚取的差价使元朝国库迅速充盈起来。

其次是增收盐税，于 1264 年正月，阿合马奏报忽必烈说："太原的百姓熬煮私盐，越境到处贩卖。各地百姓贪图他们的盐价钱便宜，争相购买食用，解州的官盐因此销售不动，每年上缴的盐税银子只有七千五百两。请朝廷从今年开始增加太原的盐税银子五千两，不论和尚、道士、军士、匠人等各户都要分摊缴纳盐税，这样元廷既省事又增加了收入，何乐而不为。"

"哦，这桩事，卿不妨试办一下，看看效果如何。"阿合马实施了一年，为朝廷增收了数量可观的粮食和银子。忽必烈认为阿合马生财有道，同年秋天，裁撤领中书左右部归中书，拜阿合马为中书平章政事，进阶荣禄大夫。又吩咐他有什么好主意，尽管拿出来。

1266 年，设立制国用使司，阿合马又以平章政事的身份兼任制国用使司的事务。上奏忽必烈道："真定、顺天所冶金银不中程者，宜改铸。桓州峪所采银矿，已有十六万斤，百斤可以得银三两、锡二十五斤。采矿所需要的费用，可由出卖锡来供给。"忽必烈很开心地批准上述计划。

1271 年三月，尚书省再次把清查核实户口的事情上奏请求分条规划下诏通告全国。这一年，上奏请求增加太原的盐税，以纸币一千锭为经常的数额，仍然让本路兼管。

阿合马"多智巧言，以功利成效自负，众人咸称其能"，并非一般察言观色的佞臣。在朝廷上，阿合马常常施展非凡的辩论口才，将中书右丞相线真、史天泽驳得哑口无言。忽必烈"由是奇其才，授以政柄，言无不从"。阿合马一朝权在手，就把令来行，并向忽必烈表示，"事无大小，皆委之臣，所用之人，臣得自择"，忽必烈允诺。这样，阿合马在元廷，宠眷日隆，独领风骚。

有忽必烈做靠山，阿合马更加肆无忌惮。"举贤不避亲"，转年，其子忽辛被任命为大都路总管兼大兴府尹。右丞相安童见阿合马擅权日甚，乃奏大都路总管以次多不称职，要求派人代替，其矛头指向忽辛。说阿合马"挟宰相权，为商贾以网罗天下大利，厚毒黎民"。不久，枢密院秉承阿合马的旨意，奏请忽必烈以忽辛任"同金枢密院事"。枢密院的最高官员是"枢密使"，也是真金太子挂名。结果，忽必烈把任命予以驳回，讽刺道："彼贾胡事犹不知，况可责以机务耶！"

但是，两年后，忽辛还是升任中书右丞，又出任浙江省平章政事。阿合马的另一个儿子抹速忽出任杭州达鲁花赤。阿合马有子四十余人，多居要职，致使中书省形同虚设。

1275年，元军大将伯颜提兵伐宋，捷报频传。忽必烈命阿合马、姚枢、徒单公履、张文谦、陈汉归、杨诚等人，商讨在江南推行盐法、钞法和药材贸易的事情。姚枢等人极力反对以元货币更换江南交会[①]，认为这样做，"必致小民失所"且"失信于民"。忽必烈对汉臣幕府的建议，不予采纳，说："枢与公履，不识事机。朕尝以此问陈岩，岩亦以宋交会速宜更换。今议已定，当依汝言行之。"忽必烈支持阿合马，力主更换江南交会。元灭宋后，统一货币是必要的，但阿合马滥发钞币，致使中统钞贬值五倍以上，造成"物重钱轻，公私俱弊"。实际上，以中统钞更换江南交会，是阿合马搜刮江南财富的一个重要举措。阿合马奏道："北盐药材，枢与公履皆言可使百姓从便贩鬻。臣等以为此事若小民为之，恐紊乱不一。拟于南京、卫辉

---

① 交会：交子和会子的合称，为南宋货币。

等路，籍括药材，蔡州发盐十二万斤，禁诸人私相贸易。"忽必烈慷慨批准了他的建议。

同年，阿合马又奏："比因军兴之后，减免编民征税，又罢转运司官，令各路总管府兼领课程，以致国用不足。臣以为莫若验户数多寡，远以就近，立都转运司，量增旧额，选廉干官分理其事。应公私铁鼓铸，官为局卖，仍禁诸人毋私造铜器。如此，则民力不屈，而国用充矣。"乃奏立诸路转运司，并派遣亦必烈金、札马剌丁、张暠、富珪、蔡德润、纥石烈亨、阿里和者、完颜迪、姜毅、阿老瓦丁、倒剌沙等私党为使。忽必烈一一照准，说："此财谷事，其与阿合马议之。"

1278年正月，忽必烈因西京发生饥荒，发放粮食一万石加以赈济，又告诉阿合马"宜广贮积，以备阙乏"。阿合马上奏说："自今御史台非白省，毋擅召仓库吏，亦毋究索钱谷数。及集议中书不至者，罪之。"接着，他便阻挠压抑监察部门。四月，中书左丞相崔斌上奏说："先以江南官冗，委任非人，遂命阿里等澄汰之。今已显有征验，蔽不以闻，是为罔上。杭州地大，委寄非轻，阿合马溺于私爱，乃以不肖子抹速忽充达鲁花赤，佩虎符，此岂量才授任之道？"又说："阿合马先自陈乞免其子弟之任，乃今身为平章，而子若侄或为行省参政，或为礼部尚书、将作院达鲁花赤、领会同馆，一门悉处要津，自背前言，有亏公道。"

忽必烈遂下旨全都加以罢免，但始终不把这归咎于阿合马的罪过。忽必烈曾对淮西节度使昂吉儿说："夫宰相者，明天道，察地理，尽人事，兼此三者，乃为称职。阿里海牙、麦术丁等，亦未可为相，回回人中，阿合马才任宰相。"

1281年，搜刮江南户口税。当时陕西等路岁课，一增再增，还填不满阿合马巨大的胃口，想进一步搜刮。户口税的增加，大大加重了民间的负担，造成人民极度贫困，也严重破坏了战后经济的复苏和发展。

第九十二章
妻妾成群

独揽元廷大权的阿合马，刚愎自用，凡事独断专行，决策从不咨询中书省，从而激起儒臣及太子真金的强烈反对。

1276年，中书省左丞张文谦见阿合马总司财赋，不谘会中书省，便奏报忽必烈道："分制财用，古有是理。中书不预，无是理也。若中书弗问，天子将亲莅之乎？"忽必烈认为张文谦言之有理，使阿合马的阴谋未能得逞。

从此，张文谦自知为阿合马所嫉，力求离开御史台。1267年降职为参知政事，至1270年，改任大司农卿，估计与阿合马的弹劾有关。

1261年，中书省平章政事廉希宪在按察司废立问题上，曾与阿合马发生过激烈的争执。阿合马认为："庶务责成各路，钱谷付之转运，必绳治若此，胡能办事？"廉希宪毫不示弱，据理力争道："立台察，古制也。内则弹劾奸邪，外则察视非常，访求民瘼；裨益国政，无大于此者。如阿哈玛特（阿合马）所言，必使上下专恣，贪暴公行，事岂可集耶？"阿合马被驳斥得无言以对。

当廉希宪罢相居家时，阿合马乘机污蔑廉希宪每天与妻子儿女欢宴取乐。

幸好忽必烈深知廉希宪清寒苦贫，无资设宴，阿合马的污蔑没有给廉希宪带来负面影响。几年后，廉希宪自江陵行省归京，忽必烈想委任他为首任门下省长官侍中，因阿合马从中作梗，未能如愿。

1265 年，藩邸理学家群的领袖许衡主张以仁义为本，竭力反对言利理财，阿合马升任平章政事不久，许衡便上疏议论朝政，特别强调为君者要警惕那些心险术巧、善于"窥人君之喜怒而迎合之，窃其势以立己之威，济其欲以结主亲"的奸诈小人，以免造成"爱隆于上，威擅于下，大臣不敢议，近亲不敢言，毒被天下而上莫之知，至是而求去之亦已难矣"的被动局面。当阿合马欲让其子出任枢密院佥事而典兵柄时，许衡立即向忽必烈上奏道："国家事权，兵民财三者而已。今其父典民与财，子又典兵，不可。"忽必烈反问道："卿虑其反邪？"许衡回答说："彼虽不反，此反道也。"阿合马得知后，当着忽必烈的面质问许衡："君何以言吾反？"许衡答道："吾言前世之反者，皆由权重。君诚不反，何为由此道？"阿合马阴险地反咬一口："君实反耳。人所嗜好者，势力、爵禄、声色，君一切不好，欲得人心，非反而何？"许衡回答得掷地有声："果以君言得罪，亦无所辞。"为此，阿合马怀恨在心，先是"亟荐（许）衡宜在中书，欲因以事中之"。许衡觉察其阴谋，遂"以老疾辞中书机务"，不久被任命为集贤大学士兼国子祭酒。奸诈卑鄙的阿合马竟然以破坏国子学的后勤供应为手段，达到既摧毁汉法，又报复许衡的目的，此即史书所载："权臣屡毁汉法，诸生廪食或不继，（许）衡请还怀。"

1278 年四月，中书左丞崔斌弹劾阿合马。为平息公愤，忽必烈下旨"并罢黜之"。不久，又都官复原职。而弹劾阿合马的崔斌则被贬为江淮行省左丞，崔斌到任后，"凡前日蠹国渔民不法之政，悉厘正之，仍条具以闻"。不久，被阿合马污以"盗官粮四十万，及擅易命官八百余员"的罪名处死。一同被杀的还有行省平章阿里伯、右丞燕帖木儿。身在东宫的太子真金，"闻之，方食，投箸恻然，遣使止之，已不及矣"。

有关阿合马的作恶多端，《马可·波罗游记》中毫不夸张地记载：

他约有二十五个儿子，全都身居要职。有些还仗着父亲的权势，也犯下了和父亲同样的罪恶，甚至其他更可耻的罪恶。同时阿合马又积蓄了大量的金银财宝，因为凡想要当官的人，都必须送他大量的钱财。

阿合马掌权日久，益肆贪横，援引奸党，骤升同列，阴谋交通，专事蒙蔽，通赋不蠲，众庶流移，京兆等路岁办课至五万四千锭，犹以为未实，如此狂征暴敛，搞得民不聊生，致使天下沸反盈天。

阿合马在元廷的威望日隆，益肆贪横。援引奸党郝祯、耿仁、骤升同列，阴谋交通，专事蒙蔽。阿合马多智巧言，以功利成败自负，颇能迷惑一些人的心智。忽必烈急于富国，遂加重用。又见他屡次与丞相史天泽争论不休，阿合马占据上风，因此日益信任他。

洛阳宿卫士秦长卿，曾愤然上书忽必烈，揭露阿合马为政擅权杀人，并说"观其禁绝异议，杜塞忠言，其情似秦赵高，私蓄逾公家资，觊觎非望，其情似汉董卓"，"请及未发诛之为便"。阿合马听说后，任秦长卿兴和宣德同知铁冶事，然后诬以折阅课额数万缗，将他逮捕入狱，籍没其家产偿官，并派人转告兵部尚书张雄飞说："诚能杀此三人，当处以参政。"张雄飞拒绝道："杀人以求大官，吾不为也。"阿合马怒气冲天，贬张雄飞为澧州安抚使，累迁御史中丞，行御史台事，并指使狱吏将秦长卿等人杀死狱中。

马可·波罗无不用惊诧的口吻说：阿合马独揽所有罪犯的判罚和所有政府官员的升迁。每当他想把他所恨的人置于死地时，或是经过审问，或是不经过审问，就对大汗（忽必烈）说："这样的一个人真该死，因为他曾做了这样或那样的事，冒犯了圣上。"这时大汗必定会说："按你的意思去办吧。"于是阿合马便马上处死那个人。

如果谁被阿合马在忽必烈面前污蔑犯下弥天大罪，即使想为自己洗清冤屈，也无法提出确凿的证据，在阿合马的淫威下，致使许多忠臣良将含冤而死，造成朝中百官互相用眼神表示不满，再也没人敢站出来做证。另外，还有一些人莫名其妙地失踪了，被以一种变态的方式除掉了，正如阿合马死后在他府邸中发现的那样。

阿合马专权纳贿，敲剥搜刮，世人皆曰可杀，唯有忽必烈对其信任有加，深信不疑。凭借忽必烈的信任和已经羽翼俱丰的权势，阿合马在各地强占民田，掠为己有。他拥权经商，在家中设"总库"，号称"和市"，四方牟利。他家中仅良马就有八九千匹，培植党羽多达七百一十四人，珍珠宝石不计其数。对于女人，他更是胃口大开。

马可·波罗在游记中描述道：此外，如有漂亮的妇女被他看中，没有一个能逃出他的魔掌。如果是未出嫁的姑娘，阿合马便可以强迫娶来，不然也要强迫她遵从自己的意思。当阿合马听说某人有一个美丽的女儿时，他手下的爪牙就会对她父亲说："你这个漂亮的女儿，如嫁给阿合马，他让你当三年大官。你觉得怎样？"这个人只好忍痛舍弃自己的女儿。然后，阿合马便来到大汗面前说道："某个地方出缺，或某日将出缺，某人担当这个职务最适当。"大汗一定回答道："你以为怎样好就怎样做吧。"于是，这个女儿的父亲，便马上被任命去主持这个地方的政务。如此一来，许多美丽的女子或因为自己父母的野心，或因为对他的恐惧，一个一个都做了阿合马的妻妾或情妇。根据波斯史学家拉施特记载，阿合马一共有五十名妻子和四百多个侍妾。四五百美女，日御一人，阿合马一年也轮不过来。

卤水点豆腐，一物降一物。尽管阿合马在元廷飞扬跋扈，但只惧怕一人，那就是汉法派的代表人物太子真金。真金自幼接受汉族儒臣的教诲，性格温厚，甚至对下人也绝不高声大气，颐指气使。但对阿合马的所作所为极为不满，素"恶其奸恶，未尝少假颜色"[1]，曾当着忽必烈的面用弓殴伤阿合马的脸，并再次对他拳打脚踢。鉴于此，阿合马最忌惮太子真金。

但是，依仗忽必烈作为后盾，真金太子不敢拿阿合马如何，最多是"恶其奸恶，未尝少假颜色"。

拉施特谈及太子真金与阿合马的关系时写道：汉人异密们由于嫉妒而仇

---

[1]　[明]宋濂，等.元史（卷一百一十五）[M].北京：中华书局，1976.

视。真金也对他没有好感，甚至有一次用弓打他的头，把他的脸打破了。当他到了合罕处，合罕就问道："你的脸怎么啦？"他回答道："被马踢了。"真金在场，他就生气地说："你说得无耻，真金打的。"还有一次，他当着合罕的面狠狠地用拳头打了他。阿合马一直都怕他。[①]

但阿合马的聚敛政策完全符合忽必烈的胃口，忽必烈并没有因为太子真金的不满而降低对阿合马的信任度。

连忽必烈较为器重的怯薛执事宝儿赤（掌烹饪饮食者）答失蛮，乘"侍上左右"之机，抨击阿合马蠹政病民，忽必烈严厉制止道："无预若事。"

① ［波斯］拉施特．史集［M］．余大钧，周建奇，译．北京：商务印书馆，1985.

第九十三章

东宫喋血

天欲其亡，先令其狂。阿合马在近二十年的恃宠专权和贪赃荒淫的政治生涯中，在元廷内外树立了一批政敌，尤其引起众多汉族谋士的愤懑。尽管阿合马平日"极为小心和警惕，常有卫士随从，其寝处不为人所知"，整日里提心吊胆，以防不测，但他终究未能逃脱灭亡的厄运。

此刻，一个谋杀阿合马的阴谋出炉，并伺机付诸实施。"燕赵多慷慨悲歌之士"，同谋者共计两人，主谋者为山东益都人王著，沉毅而有胆气，因充胥吏不得志，弃职军人后，升任代理千户长，他每日沉浸在对阿合马的仇恨中，以至于密铸大铜锤，发誓要击碎阿合马的头颅。其同谋是一位名叫高和尚的可疑僧人，掌控秘术，并诈言身死后四十日复生。

王著与高和尚相识于北边军中，南归后，闻听阿合马的斑斑劣迹，愤怒于胸，暗中除掉阿合马的谋划一拍即合。在遥遥无期而耐心的等待中，千呼万唤的机会终于姗姗来临。

1282 年三月，根据两部制的传统，忽必烈照例驻跸上都，太子真金和朝廷主要官员随行，只留下左丞相阿合马和枢密副使张易等留守大都。

此刻，诛杀阿合马的行动正有条不紊地严密进行着。鉴于阿合马平素戒备森严，白日常有护卫簇拥，夜间寝所诡秘不定，王著和高和尚决定伪装成太子真金，引出阿合马后一锤令其毙命。

三月十七日行动开始。两个密谋者先在居庸关集结。高和尚率两千人在此扼守，以抵挡大营回城之军；王著等八十余人伪造太子真金的仪服器物，簇拥着"太子"缓缓回京。到达京城东门，天已黄昏，这次行动占尽天时。

翌日黎明，王著派遣两名藩僧传旨中书省，言称当夜太子真金与国师八思巴到相国寺做佛事，令其置办斋品供物。省官疑惑不定，让太子东宫宿卫高觿前来盘问。两名僧人说不出让人信服的理由，遂被逮捕。中书省也没有针对此事做进一步调查，只是加强戒备而已。

至中午，王著又派崔总管矫传太子真金令旨，召枢密副使张易发兵，夜间会于东宫之前。张易闻旨信以为真，即令指挥使颜义领兵前往。王著亲自驰骋入见阿合马，面告太子真金将至，令留守在大都的中书省官全部到东宫前恭候。

阿合马平素最惧怕太子真金，"领命"后岂敢怠慢，急忙派中书省右司郎中脱欢察儿等数人出关迎接。北行十余里，遇到高和尚所率众部。"太子"骑在马上，以指责脱欢察儿等无礼为由，将他们全部处死，并夺下他们的马匹，向东驰入健德门，逼近中书省所在的东宫西门外。

见"太子"及打着数百只灯笼的仪仗喧嚣而来，以尚书忙兀儿、张九思、高觿为首的宿卫将士连忙平息凝神地观察动静。等仪仗至西门后，王著上前呼叫宿卫开门。高觿认为，以前太子殿下回宫，必令他的两位侍卫完泽和赛扬先行报信，必须见到完泽和赛羊两人，方敢开门。高觿高声呼唤二人，无人应答。于是，对叫门的王著说："皇太子平日未尝行此门，今天为何来此宫门？"

王著所率人马怕拖延时间而暴露行踪，不得不沿着宫墙转趋南门。这时，高和尚也赶来，与王著合兵一处，直到东宫内殿门前下马，唯有"太子"镇定地坐在马背上指挥。阿合马闻报后，慌忙率领中书省、枢密院、御史台等官吏在南门迎接。他们跑到太子的车辇前躬身侍立。

因有前车之鉴，骑在马上的"太子"不敢随意答言，怕别人从声音上识破诡计。阿合马正狐疑间，王著伸手牵住阿合马，甩出袖中铜锤猛击其脑袋，阿合马当场毙命。紧接着，王著又杀死左丞郝祯，逮捕右丞张惠。

当时，由西门赶至的张九思和高觿看出其中有诈，急命"怯薛"（即禁卫军）拼死迎击。留守司的达鲁花赤蒙古人博敦持梃将伪太子王著击落马下，一时箭矢齐发，共有八十余人被擒获。见势不妙，高和尚仓皇逃窜，王著却神色自若，挺身就囚。随即下令关闭八大城门，挨家挨户搜索反贼。

当日黎明，中丞也先帖木儿驰往上都，把阿合马被击毙之事奏报忽必烈。忽必烈闻言极为震怒，命枢密使孛罗、司徒和礼霍孙、参政阿里等奔赴大都，赶快调查事件的原委，并确保阿合马得以厚葬。

尽管蒙古大臣素日对阿合马如此憎恶，但他们对此事的立场是一致。认为这是汉人对蒙古人的一种严重挑衅行为，主张大肆严惩反叛者。

两天后，并不走运的高和尚于高梁河被捕，尽管王著、高和尚咬紧牙关，没有攀扯任何人，但他们还是看出破绽，把枢密副使张易也捉了去。

阿合马被击毙的消息不胫而走，大都城内的市民们狂欢相庆，甚至出现"贫人亦莫不典衣，歌饮相庆，燕市酒三日俱空"的盛况。

案件迅速得以审结："诛王著、高和尚于市，皆醢之，并杀张易。"王著临行时大呼："王著为天下除害，今死矣，异日必有为我书其事者。"要仁得仁，可见王义士事前早已做好舍生取义的准备。王著被杀时，还不到三十岁。他们三人"醢之"的尸体都被弃到荒山喂狼，而张易的头被收藏起来，准备"传首天下"。

当时，任职江南行御史台侍御史的王恽为王著舍身诛杀阿合马的行为，在所写的《王子明传赞》一文也表明了同样观点，他写道："古人称，杀身易，成事难。虽然，事有大小，公私之间，如不有己私，专以公心除天下之害，此其成尤为难能而可重。"他所赋长诗《义侠行》以赞颂他：

君不见悲风萧萧易水寒，荆轲西去不复还。

狂图只与蛪蛛靡，至今恨骨埋秦关。

又不见豫让义所激，漆身吞炭人不识。

劀躯止酬一己恩，三刜襄衣竟何益。

超今冠古无与俦，堂堂义烈王青州。

午年辰月丁丑夜，汉允策秘通神谋。

春坊代作鲁两观，卯魄已褫曾夷犹。

袖中金锤斩马剑，谈笑馘取奸臣头。

九重天子为动色，万命拔出颠崖幽。

陂陀燕血济时雨，一洗六合妖氛收。

丈夫百年等一死，死得其所鸿毛辌。

我知精诚耿不灭，白虹贯日霜横秋。

潮头不作子胥怒，地下当与龙逢游。

长歌落笔增慨慷，觉我发竖寒飕飕。

灯前山鬼忽悲啸，铁面御史君其羞。

当时翰林学士王磐（字文炳）在他所写《铁椎铭》一文更将王著事与张良相比，写道：

朱亥贡金，张良受之。

合以忠义，锻成此锤。

铜山可破，锤不可缺。

金玙可碎，锤不可折。

噫！乱臣滔滔，四海嗷嗷。

长蛇其毒，封豕其饕。

上帝愤之，以锤畀著。

锤不自奋，假手于女。

数未莫先，时来敢后。

曾是一挥，元凶碎首。

匪锤之重，唯人之勇。

虽锤之功，唯人之忠。

长仅数尺，重才数斤。

物小用大，策此奇勋。

锤在人亡，再用孰堪。

藏之武库，永镇奸贪！

阿合马死后，忽必烈"犹不深知其奸"，估计只知道这位宠臣贪污多，念其旧功，令中书不要追究其家人的罪责。十天后，孛罗带着有关阿合马作恶多端的证据以及时人对此事的反映返回上都，禀报忽必烈。闻听后，忽必烈勃然大怒，并对王著、高和尚诛杀阿合马的行为极力赞赏道："王著杀之，诚是也！"

接着紧急下诏在大元帝国内逮捕阿合马家族的所有成员及党羽，把他所委任的一切职务都废黜，拥有的一切都没收。

在抄家时，阿合马爱妾引住为了逃命，躲藏在由两张人皮包裹的橱柜里。人皮全须全尾，"两耳俱存"。一名太监掌管着橱柜的钥匙，抄家的兵丁把她拖出来，严加审讯，也不知道受害者是谁，引住招供说："诅咒时，置神座其上，应验甚速。"由于，忽必烈笃信密宗和萨满教，他认定阿合马诅咒自己早死，所以就把阿合马的党羽剥皮以示惩戒。而当他们发现一位陈姓画师为阿合马所画的两幅帛画时，他们的疑虑更进一步加重，"画甲骑数重，围守一幄殿，兵皆张弦挺刃内向，如击刺之为者"。帛画上被众剑所刺之人，究竟是谁，一时难以定论。这些令人揣度的细节引起与魔法相关的话题，也与马可·波罗看似迷信的叙述同脉共振："在他（阿合马）死了之后，根据事实证明，他是用巫术控制了大汗，从而赢得了大汗对他的信任，凡是他所说的，大汗深信不疑，所以他不可一世，肆意横行。"

忽必烈遂下令将原先向阿合马献纳妻女姐妹而得官者一律罢职，阿合马抢占的民田物归原主。罢黜党羽竟达七百一十四人，其中一百三十三人被革职，五百八十一人后来也被免职。由阿合马滥设官府二百零四所，保留三十三所，其余罢黜。忽必烈这还不解恨，又下令将阿合马发墓剖棺，戮尸于通玄门外，"纵犬啖其肉"。围观的百官士庶，聚观称快，奔走相告。党羽郝祯也被剖棺戮尸。

王著、高和尚、张易几人也得以平反，诏命树碑修墓，优抚家属。朝臣百姓皆赞皇上圣明，此举为忽必烈赢得无数赞誉。

宠臣阿合马被诛杀后，忽必烈失去了敛财收赋的机器，于是，卢世荣、桑哥之流作为补充乃相继登场。

第九十四章

储君真金

自成吉思汗于 1206 年建立蒙古帝国以来，在汗位继承的问题上，确立了忽里台制度。汗位必须在家族内传承，即由黄金家族世袭，为慎重起见，这一规定还载入法典。成吉思汗的法典（《大札撒》）规定：大蒙古国选举汗位继承者、任命札尔忽赤（断事官）、发动战争和进行重大决策实行忽里台制度。

忽里台会议决定大汗位继承者的合法性、正统性和权威性，但并没有规定汗位继承者必须是嫡长子，也没有确立汗位继承者制度。这种不严密性，是汉位交替时出现的汗位争夺和政局动荡中的直接诱因。纵观历史，从窝阔台到贵由，从贵由到蒙哥，汗权争夺愈来愈烈。更有甚者，蒙哥去世后，忽必烈和阿里不哥相继宣布继承汗位，两位大汗在蒙古草原上双足鼎力，引发长达四年的军事对抗，乃至蒙古帝国的决裂。

在依靠汉地儒臣和部分蒙古宗王的支持下，忽必烈建立元朝，和其他汉族王朝一样，皇位继承人的问题渐渐提上日程。预立太子，避免蒙古帝国汗位的纷争。

1260 年，元朝初创不到一个月，藩邸儒臣郝经首先提出立太子，以定国本的建议。他在《便宜新政》提出"定储二以塞乱阶"，并说："国家数朝代立之际，皆仰推戴，故近世以来，几致于乱，不早定储二之失也。若储二早定，上下无所觊觎。则一日莫敢争者。且使朝夕视膳，或出而抚军，守而监国，练达政事，此盛事也。"

郝经为忽必烈分析了蒙古帝国前四汗因汗位争夺引起战乱的原因，又阐述储君的实际意义，总体思路，应及早将储君确定下来，不会出现大统久旷的争夺汗位危机。当时，忽必烈正忙着施行汉法，把注意力放在"立国规模"上，加上正值壮年，并不急于解决储君这个问题。

1267 年，汉族儒臣姚枢在评论中统以来的政务时，提出了八条建议，其中把"建储副以重祚"放在第二条。

翌年，卫辉路总管陈祐又上《三本疏》，提出："一曰太子国本，建立宜早；二曰中书政本，责成宜专；三曰人材治本，选举宜审。"三条提议，把立太子问题放在首位。陈祐的贡献在于，把预立太子当作国本，认为"建皇储于春宫，隆帝基于圣代，俾入监国事，出抚戎政，绝觊觎之心，一中外之望，则民心不摇，邦本自固矣"。

实际上，以上诏书均出白汉臣儒士之手，这对一位不懂汉语的皇帝而言，会引发诸多语言沟通上的不便，在很大程度上妨碍了忽必烈对上述建议的直接理解。郝经、姚枢和陈祐上奏言立太子之事，未见忽必烈有明显的反应。接着，张雄飞的上奏促使忽必烈欣然接受汉法立太子之事。

张雄飞，为琅琊临沂人，其父张琮为金国名将，驻守盱眙。张琮受到金朝的质疑，罢去兵权，将其徙居到许州（今河南许昌）。不久，又派张琮驻守河阴（今河南无涉附近），其家人却滞留在许州。张雄飞生母早死，随庶母住在许州。1230 年元兵破许州，庶母李氏带雄飞诈为工匠家属逃往朔方，定居在潞州。等张雄飞长大后，前往赵城（今山西洪洞北），师从进士王宝英学习。待金朝灭亡后，张雄飞思父心切，徒步乞讨还往于山西、河北、河南、陕西一带寻找父亲十余年，终未果。后来，他北上燕京，由于聪明好学，在短时间内便通晓了蒙古语言和部落土语。1265 年，经廉希宪举荐，受到忽必烈的召见，张雄飞陈述当世之务，论点新颖。忽必烈欣然授张雄飞为平阳路（治所在今山西临汾）同知转运司事。张雄飞任职后以政绩显明，境内大治，深讨忽必烈的欢心。不久，处士罗英推荐张雄飞"真公辅器"。忽必烈特命驿召其入京，询问当今军国大政。张雄飞第一句话就说："太子天下本，愿早定以系人心。闾阎小人有升斗之储，尚知付托，天下至大，社稷之重，不早建储二，非至计也。"又说："向使先帝知此，陛下能有今日乎？"

侧卧在床榻上的忽必烈闻听此言，"矍然起，称善者久之。"

忽必烈膝下有十个儿子，长子朵尔只，次子真金，三子忙哥剌，四子那木罕，五子忽哥赤，六子爱牙赤，七子奥都赤，八子阔阔出，九子脱欢，十子忽都鲁帖木儿。真金是忽必烈的次子，为察必皇后所生，长子朵尔只早逝后，真金成为实际上的嫡长子。

真金出生于 1242 年，适逢禅僧海云在漠北，为这个新生婴儿取名真金。当时忽必烈在潜邸思大有为于天下，广泛招集人才，一时北方精英之士尽会聚于其左右，他也深谙学习各民族先进文化的重要性。十岁那年，忽必烈就命他师从姚枢、窦默学习《孝经》，以后刘秉忠的弟子王恂成为真金的专职教师。王恂对真金要求严格，对其起居饮食甚为调护，非所宜接之人，勿使侍其左右。王恂向真金讲述了儒家三纲五常以及历代治乱兴亡之道，又以辽、金二朝为例启发真金对儒治的认识。在王恂等儒人的教育下，真金在青年时期逐渐接受了儒家思想及治国理念，在一定程度上成为其短暂一生的行世准则。

1262 年，真金受封燕王，担任中书令。翌年，兼判枢密院事务。中书省为最高行政机关，枢密院是最高军事机关，真金兼任中书省和枢密院职务，实际上并未参与国政。以后，真金亲自参加的政治活动有两次：一次是跟随忽必烈巡视宜兴（今河北滦平县）；另一次为 1270 年受忽必烈之命巡抚称海（今内蒙古科布多东南）。虽然他还没有正式参与朝政，但仍表现出对治理国家的强烈兴趣。

1273 年二月，忽必烈正式册立真金为皇太子，其册文曰：

> 咨尔皇太子真金，仰惟太祖皇帝遗训，嫡子中有克嗣服继统者，豫选定之。是用立太宗英文皇帝，以绍隆丕构。自时厥后，为不显立冢嫡，遂启争端。朕上遵祖宗宏规，下协昆弟佥同之议，乃从燕邸。马上立尔为皇太子，积有日矣。比者儒臣敷奏，国家定立储嗣，宜有册命，此典礼也。今遣摄太尉、左丞相伯颜持节授尔玉册金宝。于戏！圣武燕谋，尔其承奉。昆弟宗亲，尔其和协。使仁孝显于躬行，抑可谓不负所托矣。尚其戒哉，勿替朕命。

针对册立真金为皇太子一事，皇幼子那木罕所持的态度，在拉施特的《史集》中略见一斑：

> 合罕在数年之前，当海都的军队还未去那木罕之时，曾无意中说出了由他继承大位，这个热望都存在心中。但后来，合罕注意到真金很聪明能干时，就很喜欢他。当脱脱蒙哥把那木罕送回来之后，合罕命令立真金为合罕。那木罕难过起来，他说道："他继位后，将怎样称呼你呢？"合罕生了气，把他大骂一顿，从自己身边赶开，并说道："不许再来见我！"他过了几天就死了。

当年九月，应刘秉忠等建议，设置东宫官师府，詹事以下官属三十八员。1282 年十月，又设詹事院，以完泽为右詹事，赛阳为左詹事。随后，东宫的官职日趋完备，詹事以下设有副詹事、詹事丞、院判、宫臣宾客、左右谕德、左右赞善、家丞、长史、校书郎、中庶子、中允等职位。

光天殿七间，东西九十八尺，深五十五尺，高七十尺；柱廊七间，深九十八尺，高五十尺。寝殿五间，两夹四间，东西一百三十尺，高五十八尺五寸，重檐，藻井琐窗，文石地，藉花毳裀，悬朱帘，重陛朱阑，涂金雕冒，正殿缕金云龙樟木御榻。从臣坐床重列前两旁。寝殿亦设御榻，裀褥咸备。青阳门在左庑中，明晖门在右庑中，各三间一门，鸁凤楼在青阳南，三间，高四十五尺。骖龙楼在明晖南，制度如鸁凤，后有牧人宿卫之室。寿昌殿，又曰东暖殿，在寝殿东，三间，前后轩，重檐。嘉禧殿、又曰西暖殿，在寝殿西，制度如寿昌。中位佛像，傍设御榻。针线殿在寝殿后，周庑一百七十二间，四隅角楼四间，侍女直庐五所，在针线殿后，又有侍女室七十二间，在直庐后，及左右浴室一区。在宫垣东北隅。文德殿在明晖外，又曰楠木殿，皆楠木为之，三间，前后轩一间，顶殿五间，在光天殿西北角楼西，后有顶小殿。香殿在宫垣西北隅，三间，前轩一间，前寝殿三间，柱廊三间，后寝殿三间，东西夹各二间。①

1279 年七月，设置侍卫亲军都指挥司，辖军一万，归东宫管辖。1284 年，又将重新组建五投下探马赤军划归东宫（次年改为蒙古侍卫亲军都指挥司）。

1280 年十一月二十二日，八思巴奉命平定贡噶桑布之乱后，在萨迦南寺的拉康拉章盛年圆寂，享年四十六岁。

《萨迦世系史》记载了八思巴圆寂前撼人之兆：八思巴以这些不可思议的神异业绩，大利益于教法和众生。此时，他以预知的神通察知他今生的时间已到，所以他向达玛色拉合吉塔讲述萨迦派先辈大师的事迹，以及佛教各位大师的功德："现在你也应当如此去做。"此前，当八思巴年幼时，曾梦见自己手中拿着一根有八十节的藤杖，到第四十六节处弯曲了。次日清晨向萨迦班智达说起此梦，萨迦班智达说："这节数象征你的寿数，第四十六节上弯曲是预兆着你四十六岁时有难，到时需要当心。"当喜爱佛法的诸天神预知八思巴圆寂的时刻已经临近时，他们因为"如此伟人即将不在人世，佛陀教法由何人执掌？"而变了颜色。太阳变得阴晦，星辰也离开轨道。众人也因此心神昏乱，事理不明。就是一心修习佛法的人，也难以控制自己的悲痛心情，静不下心来。说法听经的人也变得无精打采，所说所听颠倒错乱。因为地神不悦，庄稼也不成熟。如是，正像太阳在西山顶上落下时山影先显

---

①　［元］陶宗仪 . 南村辍耕录［M］. 上海：上海古籍出版社，2012.

现出来一般，八思巴将要去世时突然出现了这些先兆。但凡世间圣人去世前皆会出现类似先兆，是因为众生的幸福皆系于此圣人身上的缘故。当圣人即将去世时，即为众生显示这些先兆，然后圣人前去极乐世界，在阿弥陀佛像山一样的莲花树下由诸部菩萨献上如彩云聚集般的供品，列入佛地，现证誓愿。在1280年十月三日夜晚，法王八思巴梦见自己在吉祥山上的一株高大难测的菩提树下听龙树大师讲中观六论，天空中诸天女献无数奇异大供养，还有明王妃大孔雀显现，并对他说："请从梦中醒来！"其后这种异象昼夜出现，因此八思巴从十月一日起即为法主萨迦班智达设立期供，奉献比以前更为丰盛的供品。随侍的人都说："法主的期供以前不是在十一月举行吗？"八思巴说："虽是这样，但我曾立誓每月向法主祝寿，十一月恐不能全月献供，不能献曼荼罗，故提前设立期供。"至十一月十一日三天八思巴住在寝殿。就在此月二十二日上午，八思巴说："请摆列供品！"然后手执金刚杵，为使持常见者断除常见之误，使怠惰者产生勤奋，为使应教化的众生得到教化，八思巴随着天空中的巨声、光明和花雨等异兆，于当天在拉康拉章示现涅槃。

此时，山摇海啸，大地震动。天空传来各种乐器声，闻到了以前未闻过的各种香味，天空不断降下花雨，诸善天神献的各种供品遍布大地。此后火葬遗体，由于八思巴的福禄极大，故建有许多经堂。汉藏之间来往行人皆按两种不同的风俗以差税等尽力护持，但因部分福薄世俗百姓的信仰的誓言稍有过失，故使他的大部分尸骨变为黑色。此时大师扎巴宣奴走到没有开门的灵塔前，以自己的头触灵塔之间，长时间祝祷。此后从灵塔门缝飞出一块木炭，捡起来一看，原来是一块如大拇指般大的佛骨，上由针尖大的五种图形组成佛身。此后又祝祷，佛面和佛手等亦十分清晰地显现出来。[①]

当八思巴圆寂的噩耗传至元廷，忽必烈"不胜震悼，追怀旧德，建大窣堵波于京师，宝藏真身舍利；轮奂金碧无俦"，下令在大度崇国寺（今护国

---

① 阿旺贡噶索南.萨迦世系史［M］.陈庆英，高禾福，周润年，译注.拉萨：西藏人民出版社，2002：148-150.

寺）建立纪念塔，密藏真身舍利，以示纪念，并赐号为"皇天之下，一人之上，开教宣文辅治，大圣至德，普觉真智，佑国如意，大宝法王，西天佛子，大元帝师"。

1282 年底，元朝在大都为八思巴造舍利塔。1320 年，元仁宗因八思巴弟子河西僧人沙罗巴建言，认为八思巴之功可比孔子，应庙享祭，下诏令各郡建帝师八思巴殿，岁时致祭，"其制视孔子有加"。1324 年八月，元泰定帝令"绘帝师八思巴像十一，颁各行省"，让各地塑像祭祀，同时规定从第二年起，"帝师涅槃节"与佛诞、国忌日、千秋节和圣节一样，作为全国性的节日予以纪念，足见忽必烈对八思巴的尊崇和怀念。

第九十五章
宦海沉浮

阿合马被诛杀后，忽必烈便委任和礼霍孙为中书省右丞相，主持朝政。不久，和礼霍孙又奏请忽必烈开科取士。但是，和礼霍孙雅重儒术而"讳言财利事"，元廷财政收入锐减，使忽必烈日感不悦。

卢世荣，名懋，大名（今河北大名）商人。阿合马掌管元朝财政大权时，卢世荣以贿赂进用，曾任江西榷茶运使，后因罪废黜。在阿合马死后的两年中，元廷朝臣讳言财利，无法应付大元帝国内外征伐的巨大财政开支。1284 年，畏兀儿人桑哥时任总制院使，向忽必烈推荐卢世荣，称此人"能救钞法，增课额，上可裕国，下不损民""能使天下赋入倍其旧十"。忽必烈闻言极为兴奋，他急需要把朝政拉回"理财"为中心轨道的治国奇才。

十一月，忽必烈召见了卢世荣，一席密谈，奏言之间，忽必烈甚为欣赏。十八日，忽必烈召集以和礼霍孙为首的中书省官员和卢世荣进行御前辩论，专门辩论大元帝国的理财和亟待解决的朝廷财政入不敷出的问题。卢世荣大有阿合马伶牙俐齿之风范，巧言能辩，又精熟蒙古语，在辩论中滔滔不绝，驳得和礼霍孙及右丞麦术丁等人理屈词穷。忽必烈兴奋之情溢于言表，当即罢免了中书省右丞相和礼霍孙、右丞麦术丁、参政张雄飞、温迪罕，随即重新组建中书省。被海都拘留八年刚刚放回元廷的原中书右丞相安童官复原职，另外擢升卢世荣为右丞。并以卢世荣所推荐的史枢为左丞，不鲁迷失海牙、撒的迷失并为参知政事，前户部尚书拜降为参议中书省事。由于忽必烈的过度信任，卢世荣掌握了中书省的大权，实为汉法义理派的失策。

卢世荣上任当天，即奉旨中书整治钞法，"官吏奉行不虔者罪之"。次日，同右丞相安童奏，对已被罢黜的阿合马专政时所用大小官员，其间有才能的，"宜择可用者用之"。忽必烈"诏依所言汰选，毋徇私情"。

走马上任伊始，卢世荣所采取的措施，非常有利于民，诸如重新规定金银和纸钞的比价，允许民间买卖金银，增加印钞发行量，给内外官吏适当加俸，官府收赎江淮贫民所鬻妻子为良民，免逃逸复业者差税等。针对钞法虚弊，又倡导汉唐两朝，括天下铜钱而铸造元铜钱，并在国内推行新的绫券，与纸钞同步使用。这些建议均被忽必烈一一采纳，主观愿望不错，并非如反对者所言"欲以释怨要誉而已"。看到卢世荣的改革初见成效，忽必烈给予他足够的权力，总是说："便益之事，当速行之。"

每逢安童请示问题，忽必烈总是问："世荣的意见如何？以世荣言。"故意摆出一副天下唯卢世荣独能的姿态。

听忽必烈如此说，卢世荣先入为主说："臣之行事，多为之所怨，后必有谮臣者，臣实惧也，请先言之。"

忽必烈忙为他打气道："汝无防朕，饮食起居间可自为防。疾足之犬，狐不爱焉，主人岂不爱之！汝之所行，朕自爱也，彼奸伪者则不爱耳。汝之职分既定，其无以一二人从行，亦当谨卫门户。"随后，忽必烈命安童给卢世荣增派侍从，足见卢世荣在忽必烈心目中的地位何其之重要，尽管如此，忽必烈也担心卢世荣成为第二个阿合马。

见忽必烈对自己倚眷到如此地步，卢世荣别出心裁，新的改革方案频频迭出：

于杭、泉二州立市舶都转运司，造船给本，令人商贩，官有其利七、商有其三。禁私泛海者，拘其先所蓄宝货，官买之；匿者，许告，没其财，半给告者。今国家虽有常平仓，实无所畜。臣将不费一钱，但尽禁权势所擅产铁之所，官立炉鼓铸为器鬻之，以所得利合常平盐课，籴粟积于仓，待贵时粜之，必能使物价恒贱，而获厚利。国家虽立平准，然无晓规运者，以致钞法虚弊，诸物踊贵。宜令各路主平准周急库，轻其月息，以贷贫民，如此，则贷者众，而本且不失。又，随朝官吏增俸，州郡未及，可于各部立市易司，领诸牙侩人，计商人物货，四十分取一，以十为率，四给牙侩，六为官吏俸。国家以兵得天下，不藉粮馈，惟资羊马，宜于上都，隆兴等路，以官钱买币帛易羊马于北方，选蒙古人牧之，收其皮毛筋角酥酪等物，十分为率，官取其八，二与牧者。马以备军兴，羊以充赐与。

卢世荣先后奏请忽必烈，设置诸多理财官署，如常平盐局、市舶都转运司、上都等路群牧都转运司、诸路常平盐铁坑冶都转运司等。不久，当卢世荣奏立新机构规措所时，忽必烈不清楚新增的规措所有何用途，询问："此官署职司如何？"卢世荣忙答道："规划钱谷者。"忽必烈当即批准。

实际上以太子真金为首的汉法派也在行动。何况卢世荣又身为汉人，在等级地位上比起色目人阿合马又低一等，将其置于不利的地位。他上任不到十天，曾弹劾过阿合马的御史中丞崔彧即"言卢世荣不可为相"，以忤旨罢职。四月初，在卢世荣所上的奏章中，再次表明他内心的忧惧，他希望得到右丞相安童的更多支持，并盼世祖能"与臣添力"。

为培植亲信和党羽，毫无人望的卢世荣重新纠集原来阿合马身边的一些理财官吏，又奏请忽必烈："天下能规划运钱谷者，向日皆在阿合马之门，今籍录以为污滥，此岂可尽废。臣欲择其通才可用者，然惧有言臣用罪人。"忽必烈轻描淡写地答复道："何必言此，可用者用之。"

乘着忽必烈浩荡的皇恩，经卢世荣的提拔，昔日与阿合马共舞的一众党羽，又纷纷得到重新擢用。原河间路转运司张弘刚、撒都丁、孙桓等重新录用为河间、山东等路转运盐司。令人费解的是，卢世荣竟然蹬鼻子上脸，准备提拔阿合马党人宣德和王好礼为浙西道宣慰司。连忽必烈都觉得卢世荣做法有点过分，甚为不悦地说："宣德，人多言其恶。"卢世荣强词夺理道："彼人状中书，能岁办钞七十五万锭，是以令往。"没想到，忽必烈竟然批准了卢世荣的推荐。

倚势恃宠作祟，卢世荣擅权期间更加肆无忌惮，跋扈飞扬，甚至不把右丞相安童放在眼里。在事先不禀报安童的情况下，擅支中统钞二十万锭，擅升六部为二品；没有经过枢密院商议下，调动江南三行省兵一万二千人置济州，委任漕运司陈柔为万户管领。与左司郎中周戴建议稍微不合，竟罗织废格诏旨的罪名，上奏杖周戴一百，然后杀掉。

更有甚者，卢世荣处心积虑地削弱御史台势力，于 1285 年正月，以中书省的名义奏请，欲废江南行御史台，把御史大夫玉速帖木儿为左丞相，中书撒里蛮为御史大夫。对此，忽必烈十分慎重，答复道："此事朕自处之。罢行御史台者，当如所奏。"

1285 年二月，御史台两次奏请，以示抗议："中书省请罢行台，改按察为提刑转运司，俾兼钱谷。臣等窃惟：初置行台时，皇宫老臣集议，以为有益，今无所损，不可辄罢。且按察司兼转运，则纠弹之职废。请右丞相复与皇宫老臣集议。"又奏请："前奉旨，令臣等议罢行台及兼转运事。世荣言按察司所任，皆长才举职之人，可兼钱谷。而廷臣皆以为不可，彼所取人，臣不敢止，惟言行台不可罢者，众议皆然。"忽必烈则说："世荣以为何如？"大臣奏曰："欲罢之耳。"忽必烈裁定道："其依世荣言。"

同月，忽必烈北赴上都，在大都城北大口，突然发问中书省官："行御史台何故罢之？"安童趁势奏言："江南盗贼屡起，行御史台镇遏居多，臣以为不可罢。然与江浙行中书省并在杭州，地甚远僻，徙之江州，居江浙、湖南、江西三省之中为便。"忽必烈批准恢复江南行御史台，立真定、济南、太原、甘肃、江西、江淮、湖广等处宣慰司兼都转运使司，以治课程，仍立条制。江南行御史台的恢复，是安童等中书省大臣与台察官联手打击卢世荣的措施。

四月初八，监察御史陈天祥上章弹劾卢世荣贪赃劣迹，执政后所奏行者多无成效，章文曰：

> 世荣素无文艺，亦无武功，惟以商贩所获之资，趋附权臣，营求入仕；舆赃辇贿，输送权门，所献不充，又别立欠少文券银一千锭，由白身擢江西榷茶转运使；于其任专务贪鏊，所犯赃私，动以万计，已经追纳及未纲见追者，人所共知。今不悔前非，狂悖愈甚，既怀无厌之心，广蓄攘掊之计。而又身当要路，手握重权，虽位在丞相之下，朝省大政，实得专之，是犹以盗跖而掌阿衡之任。朝廷信其虚诞之说，俾居相位，名为试验，实授正权。校其所能，败阙如此；考其所行，毫发无称。此皆既往之真迹，已试之明验。若谓必须再试，亦止可叙以它官；宰相之权，岂可轻授！夫宰天下譬犹制锦，初欲验其能否，先当试以布帛，如无能效，所损或轻。今捐相位以验贤愚，犹舍美锦以较量工拙，脱致隳坏，欲悔何追！
>
> 国家之与百姓，上下如同一身，民乃国之血气，国乃民之肤体。血气充实，则肤体康强，血气损伤，则肤体羸病，未有耗其血气，能使肤体丰荣者。是故民富则国富，民贫则国贫，民安则国安，民困则国困，其理然也。夫财者，土地所出，民力所集，天地之间，岁有常数，惟其取之有节，故用之不乏。今世荣欲以一岁之期，将致十年之积，危万民之命，易一己之荣，广邀增美之功，不恤颠连之患，期锱铢之诛取，诱上下以交征，视民如仇，为国敛怨，肆意诛求，何所不得！然其生财之本，既已不存，敛财之方，复何所赖！将见民间由此凋耗，天下由此空虚。
>
> 计其任事以来，百有余日，今取其所行与所言不相副者，略举数端：始言能令钞法如旧，钞今愈虚；始言能令百物日贱，物今愈贵；始

言课增三百万锭，不取于民而办，今却迫胁诸路官司增数包认。凡今所为，无非败法扰民者。若不早有更张，须其自败，正犹蠹虽除去，木病已深，事至于此，救将何及！臣亦知阿附权要，则荣宠可期，违忤重臣，则祸患难测，止以事在国家，关系不浅，忧深虑切，不得无言。

章文由御史大夫玉昔帖木儿手中转奏忽必烈，忽必烈阅文后震动很大，引起对卢世荣的怀疑。即日派唆都八都儿、秃剌帖木儿等带诏令南还大都，命陈天祥与卢世荣同赴上都，御前对质。

抵达上都之后，在对质和审问过程中，卢世荣承认主要罪状如下：第一，不经右丞相安童同意，私自支钞二十万锭；第二，擅升六部为二品；第三，未与枢密院商议，擅自征调行省一万二千人置济州；第四，擢用阿合马党人，害公扰民。

卢世荣在忽必烈面前“一一款服”。由于得知真金太子对卢世荣的憎恶，连推荐卢世荣上台的桑哥也“钳口不敢言”，没有“挺身”而出以救卢世荣于水火之中。

延至年底，忽必烈见敛财无方，愈想愈气，就问另一位近侍忽剌出：“汝于卢世荣有何言？”忽剌出自然厌憎卢世荣，忙回禀说：“近汉人新居中书者，言世荣款伏，狱已竟矣，犹日縻之，徒费廪食。”

忽必烈闻听言之有理，遂降旨于闹市诛杀卢世荣，并“刲其肉以食鹰獭”。

卢世荣下场可谓悲惨，他是否真的害公扰民，罪有应得？卢世荣的理财措施和思想实有不少值得称道之处，他被忽必烈始而信之，继而杀之，这是值得思索的原因所在，把他列入《奸臣传》，同大聚敛者阿合马、桑哥一起相提并论，实属冤枉。

第九十六章

真金之死

　　尽管真金被册立为皇太子，忽必烈并没有交给他实权。在阿合马势力膨胀到使朝政失衡的情况下，董文忠上书，奏请给太子真金参政的机会，"夫事以奏决，而始启太子，是使臣子而可否君父之命，故唯有唯默避逊而已"。1279年十月，忽必烈召集大臣，宣布以后奏事先启禀太子，旨在限制阿合马的权力。

　　真金崇尚儒术，做太子期间，身边聚拢一批儒臣群体，继而形成自己的怯薛班子。他们朝夕不出东宫，亲密无间，在身边汉族儒臣的影响下，真金酷爱儒学到喜欢属下及子弟读汉书而厌习蒙古文字的地步。

　　在肃清阿合马及党羽前后，太子真金直接参与到汉族儒臣反对权臣阿合马的斗争。表面上是和礼霍孙主持朝政，而实际是真金在幕后操纵。真金曾明确告诉和礼霍孙："汝任中书，诚有便国利民者，毋惮更张。苟或阻挠，我当力持之。"并激励新上任的儒士何玮、徐琰说："汝等学孔子之道，今始得行，应该尽平生所学，力行之。"

　　太子真金近乎偏激的汉化和对汉族儒臣的极度信任和依赖，与忽必烈的思想本源庞杂形成鲜明的对比，这或许是忽必烈对储君的做法持怀疑态度的诱因。特别是在对待富国和理财等问题上，父子俩的观点更是南辕北辙，他们之间的分歧日趋扩大。

1284 年，忽必烈任用卢世荣改组中书省，卢世荣又罢行御史台，以按察司掌诸路钱粮，大索天下，极尽搜刮之能事。同时，卢世荣自恃忽必烈的信任，肆无忌惮，滥杀无辜，造成朝中凛凛。真金对此极为不满，曾说："财非天降，安得岁取赢乎？恐生民膏血，竭于此也。岂惟害民，实国之大蠹。"

而真金的母亲、察必皇后已于 1281 年去世。察必的死使忽必烈伤心欲绝，两年后，他特意将面貌酷肖察必的侄女南必晋升为皇后，守第二斡耳朵。老夫少妻，造成忽必烈的精神和体力渐渐不支。另外，南必少不更事，有时她偏要干预朝政，大臣须向南必奏事，再由她转达给忽必烈。像安童这样的元老级大臣，奏事时要向一个小女子躬身作揖总觉得脸面挂不住。尽管都是忽必烈的皇后，但南必在朝臣心中的地位，与昔日的察必不可同日而语。

当有人在安童面前提及让真金及早继位的事时，安童没有反驳，他们想当然地以为这位元廷重臣默认让忽必烈退位的事实。

这就犯下了致命错误。尽管忽必烈年事已高，体力和精力渐渐低迷，但他征服八方的雄心丝毫未减，他一生计划的战事有待进一步实施，谁如果在这时建议他禅位，无疑是以身试法，必然要付出沉重代价。

1285 年，江南行御史台监察御史马云武上封事说："言上春秋高，宜禅位皇太子，皇后不宜预外事。"这对身体赢弱多病的太子真金而言，简直是一道催命符。

按照蒙古习俗，大汗死后须通过忽里台会议的通过才能继承汗位。所以江南行御史台这个建议，在忽必烈及蒙古贵族看来是非常荒诞不经的，势必会引起忽必烈对真金的猜忌，给他惹来杀身之祸，所以真金得知消息后极为恐惧，惶恐不可终日。

御史台官员接到此奏章后，觉得事关重大，于是便秘密扣押下来，以杜谗隙。

忽必烈的理财官阿合马被诛杀之后，经畏兀儿人桑哥举荐的卢世荣仅上台四个月，便被御史台查出弊端，予以正法。如今主持理财工作的是一个名叫答即古阿散的阿合马党人。阿合马党人得知此事后，欢呼雀跃，认为这是搞垮御史台的天赐良机，甚至连太子真金的根基也能动摇。

于是，答即古阿散向忽必烈上奏道："海内财谷，省、院、台内外监守，里魁什长率有欺蚀，请收内外百司吏案，大索天下埋没钱粮。"显然，他欲收御史台案牍，借此揭发南台御史的奏章。

忽必烈得奏后，命令诸有司不得阻挠，将钩考的矛头直指御史台，派宗正府官员薛彻干赴御史台搜罗案牍。

见风吹草动，尚文惊呼："事急矣！"

危急关头，尚文向御史大夫玉昔帖木儿禀报说："是欲上危太子，下陷大臣，流毒天下之民，其谋至奸也。且答即古阿散乃阿合马余党，赃罪狼藉，宜先发以夺其谋。"

事关重大，玉昔帖木儿遂与安童商议后，只好以尚文计，主动入宫向忽必烈奏明原委，请求谅解。

忽必烈听罢，不由龙颜大怒，厉声质问二人："汝等无罪耶？"

安童惶惶然进奏道："臣等无所逃罪，但此辈名载刑书，此举动摇人心，宜选重臣为之长，庶靖纷扰。"

听完丞相安童的奏报，忽必烈知道太子真金并无急于即位取代汗权的私念，怒气才渐渐消解，遂批准了玉昔帖木儿和安童的奏报。

1285 年十二月，答即古阿散与其同党蔡仲英、李蹊等因奸赃罪处死。诚然，这得益于尚文的协助。自此，南台御史的禅位奏报之事便不了了之。

但较为遗憾的是，自幼深受儒术熏陶的太子真金敬畏父皇如神，对父皇的不忠是大逆不道之事，闻听父皇的震怒，心中恐惧不安，病情愈重。不久，即溘然长逝了，年仅四十三岁。

耶律铸怀着悲悯之心，赋诗悼念太子真金，诗云：

象辂长归不再朝，痛心监抚事徒劳。

一生盛德乾坤重，万古英名日月高。

兰殿好风谁领略，桂宫愁雨自萧骚。

如何龙武楼中月，空照丹霞旧佩刀。

太子真金不慎惊厥而死，使忽必烈受到很大刺激。忽必烈那么喜欢真金，培养他，教育他，没想到却死在自己的雄威之下，这成为忽必烈晚年一个难以愈合的心病。

真金之死，是汉法儒臣在与阿合马党羽答即古阿散的抗衡中付出的惨重代价，对汉儒们来说，也是一件憾事。真金这棵大树轰然倾倒，使汉法儒臣在元廷高层失去了依靠，在此后桑哥专权跋扈时所受到的压制，远远超过阿合马当权时期。

两位亲人接踵去世后，忽必烈变得寂寞消沉，不再关心世事。不去狩猎，沉溺于暴饮暴食，身体变得臃肿不堪。

第九十七章

飞扬跋扈

　　1287 年二月，推翻卢世荣后，以安童为首的新中书省开始执政。但自从卢世荣失败之后，元廷再也没有敢于理财的人，导致国库年年空虚，财政入不敷出。旋即，畏兀儿族桑哥靠迎合上意，自告奋勇说能为元廷筹集钱谷，受到忽必烈的重用。

　　在感恩戴德之心驱使下，起初桑哥还是殚精竭虑地为元廷操劳。前述卢世荣被任命为中书右丞，主持政务，就是因为桑哥的力荐。随后，卢世荣被诛，而桑哥在元廷的地位并未受到影响，桑哥成为历史上在中央朝廷中担任过丞相官职的唯一一位藏族人。

　　桑哥出身于畏兀儿族，长于吐蕃，少年时代，曾拜吐蕃国胆巴为师，识字读经，"能通诸国语言，故尝为西番译史"。曾担任过八思巴的速古儿赤（即掌管衣物的薛怯执事）。在商旅往来频繁、商贸兴盛的西番长大的桑哥，耳濡目染，学会经商牟利，并深知商道的门径，并且时刻暴露出贪婪狡黠、好言时利的特征。1269 年，八思巴偕同胆巴和十三名侍从官回京师，进呈所制"国字"（即八思巴字）；桑哥大概也是此次随八思巴来京，由八思巴推荐而被忽必烈召用。桑哥由于"好言财利事"，深受忽必烈的喜爱。

桑哥发迹于佛教，因懂得吐蕃以及其他多种语言，被忽必烈从译史提升到总制院正院使，负责全国佛教事务兼治吐本政教。桑哥由此进入元廷政教中心，开始有更多接触忽必烈的机会。

1280 年，乌思藏发生反对元廷的骚乱，帝师八思巴被谋害。忽必烈遣"大臣"桑哥率领十万大军赴吐蕃。次年，桑哥率军到达乌思藏，先后攻卜叛乱者所据朗卓康马土城（在今西藏康马县境）和甲若仓之城（在今西藏江孜县境），处死叛首、前任本钦功嘉藏卜，到了萨斯迦。他修建了东甲穷章寺，其门楼采用汉地式样建造；在乌思藏各个要害之地留下精兵镇戍，并整顿当地驿站，维护了吐蕃地区的稳定，然后班师回朝。

1284 年，中书省曾令一汉人市油（当为佛事所需用），"桑哥自请得其钱市之，司徒和礼霍孙谓非汝所宜为，桑哥不服，至与相殴，并谓之曰：'与其使汉人侵盗，易若与僧寺及官府营利息乎？'乃以油万斤与之。"① 其后桑哥交上所营息钱，表现出非凡的理财天赋。一天，他在忽必烈面前论和雇和买事，忽必烈对桑哥理财的本领更是刮目相看，遂有意重用他，给他更大的参与中枢政务的权力。

桑哥得宠以后，藏匿在骨子里贪婪的本性即刻暴露无遗。擅权朝廷的阿合马因侵盗财赋，最终受到没收财产、殃及子孙的严惩。此时，桑哥却幸灾乐祸，他早已对阿合马的一位美妾垂涎已久。阿合马倒台后，妻妾皆贬为平民，桑哥利用手中权力，将这位美妾据为己有。

1286 年七月，桑哥居然在草拟的中书省官员候选名单奏上，桑哥虽然作为掌管佛教和吐善事务的总制院使，竟然受命拟定中书省官员的人选，此事颇不寻常。针对这份候选名单，忽必烈答复道："右丞相安童、左丞相麦术丁，参知政事郭佑、杨居宽，并仍前职。以铁穆耳为左丞。其左丞相瓮吉刺带、平章政事阿必失合、忽都鲁皆别议。"②

---

① ［明］宋濂，等. 元史（卷二十五）［M］. 北京：中华书局，1976.
② ［明］宋濂，等. 元史（卷十四）［M］. 北京：中华书局，1976.

1287年，在大都近郊打猎的忽必烈，召集麦术丁、铁穆耳、杨居宽与集贤院大学士阿鲁浑撒里及南人官僚叶李、程钜夫、赵孟頫等，议论钞法。麦术丁将议论结果奏报忽必烈道："自制国用使司改尚书省，颇有成效，今仍分两省为便。"[①] 这就意味着麦术丁等中书省官员理财失败，被迫把财政大权交给桑哥为首的尚书院。

同年二月，忽必烈颁诏，在中书省之外，另设尚书省，两省各设官员六名。尚书省以桑哥及铁穆耳为平章政事，阿鲁浑撒里为右丞，叶李为左丞，马绍为参知政事。数日后，又诏告天下，以六部改属尚书省，称尚书六部，改行中书省为行尚书省。

十月，桑哥进言："北安王相府无印，而安西王相独有印，实非事例，乞收之。诸王胜纳合儿印文曰：'皇仔贵宗之宝'，实非人臣所宜用，因其分地改为'济南王印'为宜。"后来，桑哥又奏："先是皇子忙哥刺封安西王，统河西、土蕃、四川诸处，置王相府，后封秦王，绾二金印。今嗣王安难答仍袭安西王印，弟按摊不花别用秦王印，其下复以王傅印行，一藩而二王，恐于制非宜。"以上都是触及蒙古贵族以至皇室成员的权益，桑哥也勇于提出，并被忽必烈采纳。

十一月，进桑哥为尚书右丞相，仍兼总制院使（元二十五年，桑哥奏改总制院为宣政院，仍兼院使），于是主持财计大事，独揽了朝政大权。

桑哥掌权不久，即别出心裁，提出更换币钞，颁布新钞至元宝钞，原来的"中统旧钞"仍然通用。但是调整了钞值，相当于旧钞五贯。桑哥曾奉旨清查、检校中书省事务，查出亏欠钞四千七百七十万锭，昏钞一千三百四十五万锭。仅此一项，就在发行新钞的戏法中，将五分之四的亏欠数目转嫁给黎民百姓，致使社会"物价增踊，奸伪日萌，民用匮乏"。桑哥采取贬值旧钞的伎俩，使元朝官府获财甚多，从而也使忽必烈对其高度信任。三月，再改确定钞法，向全国发行至元宝钞，中统宝钞仍旧流通。

另外，桑哥实施的最重要、影响最大的一项举措是钩考中书省和全国各

---

① ［明］宋濂，等.元史（卷十四）［M］.北京：中华书局，1976.

地钱谷。共查出亏欠钞四千七百七十锭，昏钞一千三百四十五锭。桑哥旨在严厉整治中书以张声威，遂审问省官。平章麦术丁当即服罪，而参政杨居宽自辩"实掌铨选，钱谷非所专"，桑哥令左右拳击他的脸，斥责他用人不当。以此为把柄，进而诬陷杀害了郭佑和杨居宽。

参议伯降以下的官员，凡是检核有违反规定、损耗丢失等事，以及参议王巨济曾说新钞不便而违背圣旨，都各自服罪。

桑哥借钩考中书省亏欠，诬陷郭佑和杨居宽致死事件，引发一些汉族儒臣的愤懑情绪。御史台王良弼和前江宁县达鲁赤花吴德声称："尚书钩校中书不遗余力，他日我曹得发尚书奸利，其诛籍无难。"桑哥闻讯，竟以"此曹诽谤，不诛无以惩后"为由，捕杀王良弼和吴德，籍没他们的家财。

桑哥掌控的尚书省经过几个月的风卷残云，中书省仅留下安童及麦术丁等两三名官员，元气大伤。在桑哥的淫威下，元廷官员敢怒而不敢言，随后桑哥奏准将设在大都凤池坊北的中书省迁至皇城大内前，把铨选天下官员的权力移交尚书省，桑哥更是在元廷呼风唤雨，如日中天，不可一世。

1289年十月，把中书省当作尚书省附庸的桑哥又技高一筹，奏请忽必烈设置征理司，专门负责追查财谷，派出尚书参政忻都、户部尚书王巨济等十二人，每省两人，钩考天下，特授印章，并配备使令和护卫，以增其声威。各仓库诸司，尤为清查的重点，旨在多征钱粮，所委任钩考官又多贪饕邀利之人，行省承风，严厉督责下属，唯求增羡，除责偿于亏、盗钱粮的官吏外，势必主要榨取百姓。

至于钩考的目的，桑哥在上奏中说得很明白："国家经费既广，岁入恒不偿所出，以往岁计之，不足者余百万锭。自尚书省钩考天下财谷，赖陛下福，以所征补之，未尝敛及百姓。"桑哥通过遍及全国的钩考、逋欠和赃钱，"已征者数百万，未征者数千万"，确实给元廷国库暂时增添了一笔不菲的财富。

然而，钩考导致天下骚动，特别是江南理算，追征逋欠甚急，"胥卒追逮"相望于道，"民至嫁妻卖女，祸及亲邻"，扬州、杭州两地受害最惨，"延蔓以求，失其主者，逮及其亲；又失，代输其邻。追系收坐，牢狱充初，掳掠百至"，被逼死者达五百余人。

某些良心未泯的官员，不愿意这样横征暴敛，被桑哥冠上各种罪名枭首。仅杭州一带的官员就杀掉数百人。

1288 年十一月，大都人史吉等为桑哥立"德政碑"，忽必烈闻奏，欣然吩咐道："民欲立则立之，仍以告桑哥，使其喜也。"诏准之，并命翰林学士阎复撰文，详列桑哥功德，题为《王公辅政之碑》。次年闰十月，刊石勒碑成，矗立在尚书省衙前，碑高巍峨，"楼覆其上而丹艧之"。可见忽必烈对财富的追逐欲和对桑哥的宠幸程度达到极点，连阿合马都无法与之相提并论。

怕重蹈阿合马遇刺的覆辙，忽必烈命怯薛秃鲁花散班护卫及侍卫亲军一百人充当桑哥的贴身护卫，还允许他每天乘坐小舆视察内帑诸库。这是甚至连宗王都不能享受的待遇。忽必烈提供的宠幸待遇，更加助长了桑哥的嚣张气焰和跋扈作风。

第九十八章

日落西山

　　四面楚歌的桑哥像一块面团，被忽必烈那双贪婪的巧手揉捏成形，又通过大元帝国这个高压蒸笼的强力加热，一个类似权臣阿合马的馒头就热气腾腾地新鲜出炉。

　　不久，狡黠的桑哥又打着推行新制的幌子，重新调整任用一批官员，他借此机会买官纳贿，中饱私囊。同时，乘机安插一批狐朋狗党；其昆弟、故旧、妻族皆安置在元廷显赫的位置。"桑哥委弟"吉由任为燕南宽慰化，另一妻党"要束木任为湖广行省平章""江浙省臣乌马儿、蔑列、忻都、王济"等皆为桑哥"姻党"。桑哥新任的一批死党及其一大批贪徒，上任之后，即拼命搜刮，公开收取贿赂，此时官场贪污成风，污浊不堪。据《元史》记载，桑哥"以刑、爵为货而贩之"，犯法、求官之人"咸走其门，入贵价以买所欲。贵价入，当刑者脱，求爵者得，纲纪大坏，人心骇愕"。但由于忽必烈信任桑哥，使反对他的人都惧不敢言。

　　桑哥占有大量财富，又不断通过手中的财富向忽必烈邀功恃宠，以求继续加官晋爵。当时，总制院所统属的各个宣慰司，主要掌管当地的军民钱谷，是一个相当重要的政府机构。桑哥向忽必烈提出，应将宣慰司改为宣政院，品级提高为从一品，并且用三台银印。忽必烈问："谁能肩此重任？"桑哥大言不惭地说："臣最合适。"忽必烈一生穷兵黩武，谁能为他聚敛财富，他就可以慷慨封谁官职。于是，忽必烈马上满足了桑哥的要求，命他兼任宣政院使，并赐给开府仪同三司的待遇。

桑哥卓有成效的聚敛财富、铁腕政治及骄横放纵的秉性，虽然深得忽必烈的器重和宠信，但也引起诸多官僚的参奏弹劾。揭露桑哥罪行的奏章雪片般纷纷飞向元廷，足以表明，厄运像一条吐着信子的眼镜蛇正渐渐向桑哥款步靠近。

从阿合马开始的两派斗争再度爆发。此时，许衡等老臣存世的不多，这次斗争的主角是许衡的学生、已故太子真金的好友不忽木和董文炳的弟弟董文用、大臣程钜夫等。他们常常当着忽必烈的面在朝廷上与桑哥争吵得面红耳赤。这几位大臣位高权重，桑哥怀恨在心，也奈何不了他们。

小自己三十三岁的勋臣安童病故后，忽必烈感觉自己老已将至，大多数时间在上都休养，朝廷诸事都让桑哥做主。在上都，他和身边的几位近臣宴饮游乐，不理朝政。在绘画和书法上颇有成就的赵孟頫，就是忽必烈身边的宠臣之一。

1291年初，忽必烈曾向赵孟頫打探叶李、留梦炎孰优孰劣？赵孟頫思考了一下，回答说："梦炎，臣之父执，其人重厚，笃于自信，好谋而能断，有大臣器；叶李所读之书，臣皆读之，其所知所能，臣皆知之能之。"

忽必烈对此回答略微不满，笑着反问道："汝以梦炎贤于李耶？梦炎在宋为状元，位至丞相，当贾似道误国罔上，梦炎依阿取容；李布衣，乃伏阙上书，是贤于梦炎也。"

受到忽必烈的嘲笑，赵孟頫不由得羞愧满面，连忙告退。原来，他和叶李同时被程钜夫从江南搜寻而来，但在仕途上叶李升迁快，他心里未免滋生缕缕妒意，所以才在忽必烈面前对其有意贬低。而忽必烈对叶李十分器重，才使他深感惭愧。

在宫殿门口，赵孟頫遇到蒙古大臣彻里，便把忽必烈对他的批评重述了一遍。彻里说："你如果知道陛下对文天祥的态度，就不会如此回答了。"

"陛下责备留梦炎讨好奸臣贾似道，我想，"赵孟頫无所顾忌地直抒胸臆："桑哥罪甚于似道，而我等不言，他日何以辞其责！然我疏远之臣，言必不听，侍臣中读书知义理，慷慨有大节，又为上所亲信，无逾公者。夫损一旦之命，为万姓除残贼，仁者之事也。公必勉之！"

"那你为何不直接向陛下禀报此事呢？"

"微臣来自偏远的江南，有幸为陛下写字作画而已，但官卑位轻。你身为蒙古贵族，又饱读书籍，为何不竭力谨言，为天下百姓除害，留名青史呢？"

彻里自幼在中原长大，在母亲蒲察氏的教导下潜心读书，深受儒家思想的熏陶，他的忠义之心被赵孟頫鼓动起来，他早已对桑哥的恃权跋扈也愤懑不平。

一天，忽必烈在大都东南的柳林狩猎时，彻里便趁机向他声色俱厉地控告桑哥奸贪误国害民等罪行。忽必烈狩猎的心情被破坏后，怒责他："丑诋大臣，失几谏体。"命左右批其颊，"血涌口鼻，委顿地上"。

忽必烈看到彻里受到体罚后躺在地上满脸血迹的样子，心生怜惜之情。彻里担任自己的宿卫多年，肝脑涂地，对忽必烈的忠诚之心日月可鉴。看来，他并非口吐虚言妄语。

待彻里苏醒过来，用衣袖擦了擦嘴边的血迹，辩论更加激昂，又慷慨陈词道："陛下，臣与桑哥素无冤仇，所以力数其罪而不顾身者，正为国家计耳，才斗胆犯颜直谏。苟畏圣怒而不复言，则奸臣何由而除，民害何由而息！且使陛下有拒谏之名，臣窃惧焉。"

凝视着声音哽咽，脸上涕泪交流，对上赤胆忠心的近臣，恍如隔世，忽必烈感觉眼前站着的是昔日为阿合马专横而引退的廉希宪，被海都等叛王关押了几年的安童，重刑之下矢志不渝的赵璧等，这些老臣都先后离世了，多年来再也没有人敢向他直谏了。身为元帝国最高统治者的忽必烈陷入深思之中。看似风平浪静的政治河流中，其实暗流涌动，旋涡遍布。

随即，怯薛长（宣徽院使）月赤察儿根据时任尚书平章的怯薛也速答儿的密报，也奏劾了桑哥"口伐大奸，发其蒙蔽"。另一名近侍根脚的上都留守贺仁杰以及也里审班、也先帖木儿等也相继在忽必烈面前弹劾桑哥"奸欺"。

经多方弹劾奏报，财神桑哥在忽必烈心里的信任度锐减，忽必烈疑信参半地询问原刑部尚书不忽木。

西域康里人不忽木，属于色目，他谙熟古史，崇儒尊长，纲常观念浓厚，是个完全汉化的"纯儒"。他早年在东宫侍奉真金太子，师从王恂，又继师许衡。从征以后，经常为忽必烈讲解四书五经等"古今成败之理"，忽必烈曾赞扬道："仲平许衡不及汝远甚。"可见，不忽木早就成为儒家思想的忠实信徒，成为真金、许衡等"义理派"的代表。不忽木早就对桑哥聚敛财富的行径极为不满，曾几次在忽必烈面前与桑哥辩论。桑哥曾指着不忽木，对妻子说："他日籍我家者，此人也。"不幸的是，桑哥一语成谶。

"陛下，彻里虽然言语直快，但他说的句句属实。"见忽必烈征求自己对桑哥的意见，不忽木实事求是地回答说："桑哥壅蔽聪明，紊乱政事，有言者即诬以他罪而杀之。今百姓失业，盗贼蜂起，召乱在旦夕，非亟诛之，恐为陛下忧。"

忽必烈见桑哥的奸恶之举早已触犯众怒，又从近臣口中得以核实。于1291年正月二十三，桑哥被罢去相位，交付审讯。

二月，忽必烈诏谕御史大夫玉昔帖木儿说："屡闻桑哥沮抑台纲，杜言者之口；又尝捶挞御史。其所罪者何事，当与辨之。"玉昔帖木儿依圣意召集御史台、中书省和尚书省的官员，在大都门口举行辩论。

起初，桑哥等拿着御史李渠已审查的文卷前来，忽必烈命侍御史杜恩敬等查验，并与桑哥进行廷辩。在廷辩中，官员们纷纷检举桑哥欺上瞒下，卖官受贿的罪行，在大量确凿的事实面前，桑哥噤若寒蝉，不得不当场认罪。

翌日，尚书省官员手持文卷上前进奏说："前浙西按察使只必，因监烧钞受赃至千锭，尝檄台征之，二年不报。"杜恩敬驳斥道："文之次第，尽在卷中，今尚书省拆卷持对，其弊可见。"速古儿彻里抱着卷宗上前进奏道：

"用朱印以封纸缝者，防欺弊也。若辈为宰相，乃拆卷破印与人辩，是教吏为奸，当治其罪。"

忽必烈表示同意，责备御史台说："桑哥为恶，始终四年，其奸赃暴著非一，汝台臣难云不知。"中丞赵国辅回答说："知之。"忽必烈说："知而不劾，自当何罪？"杜思敬等应对说："夺官追俸，惟上所裁。"辩论数日悬而未决。玉昔帖木儿上奏说："台臣久任者当斥罢，新者存之。"

忽必烈立即下诏，罢免桑哥所有职务，停止钩考，清算桑哥旧账，并没收其家产。十日后，派近侍彻里率三百羽林军包围了桑哥住宅，抄出金银财宝无数，几乎是内附所藏的一半，元廷上下无不震惊得瞠目结舌。

1291 年七月，桑哥伏诛。桑哥被诛杀前后，其党羽也先后得到惩办。其妻党湖广平章政事要束木伏诛。妻弟燕南宣慰使八吉由因受贿罪殃及性命，桑哥的党羽纳速剌丁灭里、忻都、王巨济统统归西。

《汉藏史集》中详尽记载了桑哥被元廷奏劾及诛杀的经过，曰：

由于桑哥丞相具有智慧、财用充足，使许多蒙古人忌恨难忍。又由于他不虚耗国库钱财，对怯薛们加以限制，怯薛们就传出丞相贪污了钱财的话，并在皇帝回京的路上由怯薛们向皇帝控告。皇帝说："对怯薛如何压制，朕知之，与桑哥何干？你们受人贿赂，跟在别人后面，仅听说桑哥有财宝，就找他的罪名，这怎么行！"拒绝了他们的控告。各怯薛长又鼓动怯薛们再次向皇帝控告，皇帝仍设法平息这一事端，对桑哥说："你与月吕鲁二人，应设法和解。"桑哥领旨，陈设盛宴宴请月吕鲁，还献上自己的帽子、衣服、腰带，请求结成安答。月吕鲁回答："对帽子、衣服、腰带，我并不那么想要，此宴乃皇上所赐，故已享之。"说毕离去。众怯薛受怯薛长及月吕鲁诺颜的鼓动，又以以前的罪名向皇帝控告桑哥。皇帝说："怎么能只看他富有就定他的罪呢，国家的财富也不都是我的。既然你们这样（非要告倒他），我亲自来审讯。"皇帝将以前由于信用和爱惜桑哥而替他隐瞒下来的只有皇帝自己知道的罪过揭露出来，皇帝说："桑哥，我派你从上都去大都时，在斡耳朵迁移的路上，一棵大树底下，有我乘凉时坐的座位，你坐了。从大都给我送来的果子箱，你把封蜡开了，吃了送给我尝鲜的果子。你没有罪吗？另外，我身体易出汗，衣服容易脏，洗后再穿就窄小了，所以汉人织匠为我织了无缝的衣服，献给我两件，你手里却有三件，甚至超过了我，这不是你的罪过吗？"①

忽必烈诛杀桑哥后，罢去尚书省，重新以六部归属于中书省。另外，忽必烈欲启用不忽木为中书右丞相，于是对不忽木说："朕过听桑哥，致天下不安，今虽悔之，已无及矣。朕识卿幼时，使卿从学，征欲备今日之用，勿多让也。"

孰料，不忽木竟然谦逊地推让说："朝廷勋旧，齿爵居臣右者尚多，今不次用臣无以服众。"

忽必烈反问道："卿看谁最合适呢？"不忽木力荐管理太子府事务的完泽，并解释道："向者籍没阿合马家，其赂遗近臣，皆有簿籍，唯无完泽名；又尝言桑哥为相，必败国事，今果如其言，是以知其可也。"

不忽木风格高尚，居功而不求封赏，具有淡泊明志、谦让贤才的美德，真是难得。于是，忽必烈任命完泽为中书省右丞相，不忽木为平章政事。"完泽入相，革桑哥弊政，请自中统初积岁逋负之钱粟，悉蠲免之，民赖其惠。"

但是完泽也因此得罪了一些朝廷勋戚，一些人便向忽必烈进谗言说完泽徇私。忽必烈为此向不忽木了解情况。不忽木极力为完泽解释，对忽必烈说："完泽与臣俱待罪中书，设或如所言，岂得专行。臣等虽愚陋，然备位宰辅，人或发其阴短，宜使面质，明示责降，若内怀猜疑，非人主至公之道也。"忽必烈遂依不忽木的建议，令进谗言者对簿公堂，此人果然张口结舌。

完泽最初以大臣子选为真金燕王府幕僚，后任太子詹事，深受儒家思想熏陶，也是属于真金"义理派"人物。

---

① 达仓宗巴·班觉桑布.汉藏史集［M］.陈庆英，译.拉藏：西藏人民出版社，1986：183.

此外，麦术丁被任为中书平章政事，何荣祖为中书右丞，马绍为中书左丞，贺胜、高翥为参知政事，彻里为御史中丞。从这些相臣阵容来看，汉儒和真金为代表的"义理派"官员明显压倒色目官僚为主的"功利派"。元廷选拔贤才，任用能人，官员各得其所，使得当时的朝政井然有序，清正廉洁，政治局面大为改观。此后两三年的时间里，老百姓终于过上了短暂的舒心日子。

第九十九章

叛王海都

不忽木和完泽同心辅助忽必烈，一起支撑起忽必烈晚年政局。然而，叛王海都不甘心臣服，不久，又提兵大举犯边。这次，海都唆使明理帖木儿前来攻打哈拉和林，使战火死而复燃。忽必烈急命伯颜率军前去讨伐，派玉昔帖木儿押送粮草援助，并命皇孙铁穆耳镇守哈拉和林。

1292 年秋，海都指示明理帖木儿犯边，伯颜奉命征讨。伯颜与明理帖木儿在阿撒忽秃岭遭遇。叛军抢先一步，占领了岭上有利地势，依险为营，与伯颜军对峙。

伯颜查看地形后，当机立断，擎起令旗，身先士卒，手持长枪，率领元军向岭上冲去。叛军据高凭险，一时矢下如雨，把元军压得寸步难行。伯颜见状，命令道："汝寒君衣之，汝饥君食之，政欲效力于此时尔。于此不勉，将何以报！"说罢，伯颜挥舞着长枪指挥诸军向岭上掩杀过去，后退者格杀勿论。叛军见元军如潮水般漫上山岭，纷纷放弃抵抗，四散溃逃。

明理帖木儿见兵溃如山倒，一时难以聚拢他们，遂也掉转马头，带领着退潮般的残兵败将仓皇逃遁。

伯颜率领轻骑穷追不舍，至别竭儿，遇到海都一支伏兵，双方展开一场激战。伯颜挥抢纵马威风凛凛地杀入敌营，只见他左挑右砍，东突西冲，所过之处叛军兵士纷纷毙命。随后，一波接一波的叛军把他层层围住，不料他越战越勇，长枪抡得如飞轮，所向披靡。

这时，速哥、梯迷秃儿率领元军前来会合，前后夹击叛军。此战，元军大获全胜，共斩杀叛军二千余人。元军活捉叛军的谍探，忻都想斩杀掉，伯颜及时制止，赏给他一些钱财，让他回去给明理帖木儿带封书信："开导明理帖木儿应以国家为念，不要再与海都犯上作乱，并祈以祸福。"明理帖木儿收到书信后感动得热泪横流，并回书发誓自己再也不与忽必烈对抗了，率领残部返回封地。

不久，海都复犯边境，伯颜带领元军镇守防线，命令各处关隘严防死守，不要轻易与海都交战。伯颜设计欲诱敌深入，在长途行军中消耗有生力量，然后一举全歼海都等叛军。这时元廷有人大放厥词，诬陷伯颜曾放走了明理帖木儿的谍探，现在又不与海都军直接交锋，明显是私下与海都通好，才拥兵不前，未获尺寸之地。

1293 年六月，忽必烈闻听传言，也半信半疑，命令铁穆耳总兵漠北，以知枢密院玉昔帖木儿辅佐以行。让伯颜居于大同待命。

玉昔帖木儿协同皇孙铁穆耳从京城出发，刚走三驿之地，海都又来进犯。伯颜只好派人转告他说："公姑止，待我剪此寇而来，未晚也。"

玉昔帖木儿信任地点点头，便以伯颜的建议，兵权推迟数日再行交接。

于是，伯颜率元军继续与海都交锋，但且战且退，连续七天都如此。诸将认为伯颜怯敌怕战，都愤然对玉昔帖木儿说："果惧战，何不授军于大夫！"

玉昔帖木儿笑而不语。伯颜解释说："海都县军涉吾地，邀之则遁，诱其深入，一战可擒也。诸军必欲速战，若失海都，谁任其咎？"

孰料，诸将都信誓旦旦地说："请任之。"

无奈之下，伯颜只好向海都发起猛攻，果然诚如伯颜所料，海都和叛军纷纷迅速逃遁。伯颜乃召玉昔帖木儿至军中，将军权移交完毕。

这时，铁穆耳以皇孙身份奉诏抚军北边，见伯颜将行，特设酒宴为他践行。铁穆耳举起酒杯说："公去，将何以教我？"

伯颜盯着酒杯，语重心长地说："可慎者，惟此与女色耳。军中固当严纪律，而恩德不可偏废。冬夏营驻，循旧为便。"

伯颜劝解铁穆耳远离酒色，也是对症下药。铁穆耳嗜酒成性，为此，忽必烈没少拎他进宫里吊起来抽他，都于事无补。忽必烈甚至把铁穆耳锁进院子里，派护卫监视和阻止他酗酒。直到铁穆耳登上汗位，才渐渐改掉酗酒的恶习。看来伯颜的劝告，绝非空穴来风。

此时，伯颜接到忽必烈病危的诏命，要他回去受命，便和不忽木匆忙返回大都，来到忽必烈的病榻前。

这位昔日风驰电掣的帝王，如今已形容枯槁，行将就木了，说不上几句话便手捂着胸口气喘一阵子。忽必烈知晓事情的原委后，面赏其功，"赐诸王术伯银五万两，币帛各一万匹"，仍授丞相之职，命他统率大都。

某日，已步入风烛残年的忽必烈就继承人的问题，征求伯颜的建议："朕年纪大了，身体也大不如从前，用一生的金戈铁马换来大元朝的锦绣江山，你看朕把汗位传给谁合适呢？"

闻听此言，伯颜双膝跪下，肃然慎言道："皇上垂询于臣下如此要事，使臣不胜惶恐。臣披肝沥胆地向皇上举荐皇孙铁穆耳。他德才齐天，大有皇上的风范，现在就浩浩然有帝王之相。皇上把汗位传承于他，此乃国家之幸，黎民社稷之幸！"

另外，南必、阔阔真、玉昔帖木儿、伯颜都是受儒家思想熏陶较深的人，他们既懂儒教的礼仪，又富有仁政思想，他们全力举荐铁穆耳继承汗位。于同年六月，忽必烈命回回政治家赛典赤·赡思丁之孙伯颜平章（仅与前述知枢密院事伯颜同名而已）把铁穆耳从赴漠北途中临时召回。六月二十二日，派阿鲁浑萨里把皇太子宝送到铁穆耳府邸，便确立了铁穆耳汗位继承人的身份。

据拉施特《史集》载：

（铁穆耳）合罕的母亲阔阔真召了他（回回人伯颜）去，说道："因为你获得了这样一些奖赏，并且合罕又把国事委托给了你，请你去问一问：'真金的宝座被封存九年了，你对此有何吩咐？'"而当时，（铁穆耳）合罕正在征讨海都和都哇的军队。伯颜平章把这话禀过了（合罕）。合罕由于过分高兴，从病床上起来，召见异密们说道："你们说这个撒儿塔兀勒是个坏人，然而他却出于怜悯作了有关臣民的报告，他谈到了宝座和大位，他关心到了我的子女。为的是在我身后他们之间不致发生纷争！"于是，他又一次奖赏了伯颜平章，并以其祖父的崇高的名字赛典赤来称呼他……对伯颜平章说道："现在就骑马去把我那率军向海都方面出征的孙子铁穆耳叫回来吧，把他扶上他父亲的宝座，举行三天宴会，授予他帝位，然后让他在三天之后出征，到军队里去。"赛典赤伯颜奉旨出发，把铁穆耳合罕从途中召回来，在开平府城中，扶他登上了真金的宝座。

为了阻止海都的叛乱，皇孙、未来的皇帝铁穆耳替代伯颜后，率领元军对海都展开了大举征伐。此时，海都占领了哈喇火，铁穆耳用大炮轰塌了哈喇火的城墙，活捉了叛军首领笃哇的妻女。笃哇率一部分叛军逃走，铁穆耳率军穷追不舍，在别失八里与海都叛军主力遭遇。由于铁穆耳率领一支轻骑军，兵力少，又缺乏火炮，初战受挫，并被围困在色楞格河附近，在努力挣扎后才勉强得以逃脱。

三日后，玉昔帖木儿率元军主力赶到。见直接与海都叛军交战，似乎占不到便宜，便与玉昔帖木儿商议，趁海都叛军尚未提防元军主力到达的情况下，将主力埋伏在一条峡谷的两侧。翌日，铁穆耳率领轻骑军与海都交手时，先奋力抵抗一阵子，再佯装军力不逮，仓皇遁入峡谷中。等海都叛军追至峡谷的埋伏圈里，元军箭矢如蝗，火炮齐鸣，一举歼灭叛军主力，一千余人逃脱。元气大伤的海都放弃了别失八里，慌忙西逃，元军彻底粉碎了海都入吐蕃援助反叛者的阴谋，但是，他仍是杭爱山以西的西蒙古和突厥斯坦的君主。

第一〇〇章

亲征乃颜

　　宗王乃颜为成吉思汗幼弟铁木哥斡赤斤玄孙，塔察儿之孙，所继承的封地以今呼伦贝尔地区为中心，控制了东起松花江，西逾大兴安岭，南抵辽河，北达嫩江的辽东大部分地区，成为辽东实力强大的"东道诸王"之首。

　　之前有山东军阀李璮叛乱的教训，忽必烈在全力以赴对付西北诸王进攻的同时，一只眼睛也在紧盯着雄踞辽东的乃颜。西北烽火正浓，辽东也起了狼烟。

　　1286年，"廷议以东北诸王所部杂居其间，宣慰司望轻，罢山北、开元等路宣慰司，立东京等处行中书省"，初治辽阳，后移至咸平（今辽宁开原）。因东京等处行中书省的设置限制"东道诸王"势力向辽东的蔓延，加强元廷对东北地区的控扼，损害了乃颜的既得利益。乃颜继立后，遂于1287年起兵反叛。

　　"东道诸王"之首乃颜纠集合撒儿后王势都儿、合赤温系诸王哈丹秃鲁干、胜纳合儿等在漠北份地举兵反元，宣布不再做忽必烈的臣属。乃颜作为领头拥护忽必烈登基的塔察儿的孙子。多少年来，以塔察儿为首的"东道诸王"一直是忽必烈的坚定拥护者,曾经并肩讨伐阿里不哥、灭亡南宋、抗击海都。塔察儿去世后,他的继承人乃颜便背叛自己的祖父,公然向忽必烈举起叛旗。

叛军的活动,西面直达土拉河中游,东面则从大兴安岭东麓洮儿河地区及松嫩流域向水达达居地乃至辽河流域扩展。乃颜试图争取西道诸王接应,由东向西打通岭北,占领"国家根本之地"的战略计划。

由于乃颜叛军势力地盘距哈拉和林及上都较近,年迈的忽必烈闻讯后,极为重视,当机立断,果断采取一系列措施。传旨下去:为防止东、西道诸王夹攻岭北,合兵南下的危险,特命北安王那木罕(1282年,被封为北安王,三年后,赐北安王螭纽金印)所部土土哈从杭爱岭、和林驻地东行,"疾驰七昼夜"在土拉河一带布防,挫败乃颜叛军西掩的兵锋。接着又沿克鲁伦河而下,破其后续部队万余骑。乃颜试图争取西道诸王接应,由东向西打通岭北,占领"国家根本之地"的战略计划,在叛乱之初即宣告失败。

针对乃颜的起叛,御史大夫博罗欢分析道:"昔太祖分封东诸侯,其地与户,臣皆知之。以二十为率,乃颜(按指斡赤斤后王)得其九,忙兀、兀鲁、札剌儿、弘吉剌、亦乞烈思五诸侯得其十一。"[①]

此战成功与否,都关系着大元帝国的命运,七十三岁高龄的忽必烈不顾年老体衰,决定御驾亲征讨伐乃颜叛军。甚至发誓说:"假若他不能得胜而去处死那两个不忠的叛逆,他将不要再戴皇冠或去保守他的领土了。"同为"黄金家族"的子孙,因为汗位之争,现在成为势不两立的敌人。双方对阵,"时将校多乃颜部人,或其亲旧,立马相向语,辄释杖不战"。

1287年五月初九,忽必烈亲乘象辇,率博罗欢所领五部军及李庭所领诸卫汉军,从上都出发,途径应昌(今克什克腾旗达来诺尔),沿大兴安岭西麓北上,以迅雷不及掩耳之势逼近乃颜领地。北征元军主力由玉昔帖木儿率领,与忽必烈分道行进。之前,派伯颜率军进驻哈拉和林,封锁乃颜与叛王海都的联系,使他们得不到来自忽必烈任何行动的讯息。

---

① [明]宋濂,等.元史(卷一百二十一)[M].北京:中华书局,1976.

乃颜是一位受洗过的聂思托里安教徒，叛军的旗帜（或称纛）上都绣有一个十字标志。乃颜所继承的封地以哈剌哈河（今哈尔哈河）为中心，包括辽东大部地区。国土占东道之王领土的十分之九，军队约有十二万人，自斡赤斤至乃颜五世，一直雄踞辽东，早有蔑视元廷之心。

乃颜叛乱的深层原因是长期以来铁木哥·斡赤斤家族同蒙古帝国之间的矛盾，特别是铁木哥·斡赤斤被贵由处死的阴影长时间滞留在后代宗王们心中挥之不去，伺机复仇的野心时时刺激着他们。乃颜做梦也没想到，年事尚高且有关节酸痛缠身的忽必烈在二十天之内迅速集结起大都、上都附近的全部军队，从长江下游的海口，元朝帝国的兵船运载着大批军需一直抵达辽河口，势如破竹般向他的营地靠拢。拉施特记载，这次行军异常艰巨，在一段时期内，势均力敌，胜负难分。

六月三日，兵贵神速，忽必烈大军突进撒儿都鲁（今呼伦湖东南沙尔土冷呼都克），乃颜所部六万骑兵逼象辇而阵。先后与叛将黄海、塔不台、金家奴等叛军"众号十万"遭遇。

时值大兴安岭阴雨连绵，元军兵马劳顿，加上元军在数量上居于劣势，且军中粮草匮乏，因此，两军交战，旗鼓相当。忽必烈亲临督战，依然乘象辇临阵，"意其望见车驾，必就降"。

但叛军强弓劲射，悉力攻击象辇，忽必烈被迫下辇，改乘马匹。幸亏依靠元军将士奋力抵御，才压住叛军凌厉的攻势。等夜幕降临，元军以兵车环绕为营卫，不复出战，加以疑惑叛军。入夜，阴雨稍停。李庭身先士卒，率领壮士十余人，手持火炮，潜入叛军营地。一时火炮齐鸣，箭矢如蝗倾泻如雨，刀剑砍杀声铿锵入耳。从睡梦中惊醒的叛军惊慌失措，混乱中自相残杀，全军尽溃，忽必烈转危为安。

此战之后，留下部分军队镇守哈尔哈河，复选精骑扈驾，至失剌斡耳朵（译言黄帐，即斡赤斤后老营），元军继续围剿叛军残余势力。另外，玉昔帖木儿率领元军主力击败了叛王哈丹秃鲁干后，也赶来与李庭等汉军会合，包围了乃颜的军帐。

忽闻炮声轰鸣，正与妻妾同枕而眠的乃颜慌忙披挂上阵迎战元军。在微曦中，但见忽必烈亲率怯薛军、汉军屯守在一座土山顶上，居高临下，挥舞着军旗，排兵布阵。忽必烈乘坐在四头象驮着的木楼上，楼上飘扬着绘有日月图案的大汗皇旗，与乃颜叛军绣有十字架的战旗遥遥相对。三万元军分为三队骑兵，左右两翼的军队向两侧雁翅般张开包抄叛军的侧面，各骑兵之后跟着排列五百手持短矛和剑的步兵，步兵全队皆如是阵。

鼓响之后，忽必烈亲雷战鼓，向两翼骑兵发起冲锋的号令，战幕徐徐启开。"锋既交，两阵矢急射，几蔽天。"刹那间，双方骑兵坠马而死者无以计数。当双方的弓箭都射完毕，就开始短兵相接。元军将士竭力厮杀，用矛、剑和短锤等器械陷阵力战，直杀得血流成河，堆尸如山。玉昔帖木儿以钦察将领玉哇失为前锋，突骑先登，得到后续兵力的大力支持。会战自寅时至午时，叛军溃败，乃颜狼狈东撤到大兴安岭西侧哈尔哈河与诺木尔金河交汇处以东三角地带的不里古都伯塔哈山地。此山位于连接大兴安岭东、西两侧的交通枢纽地带。

元军在玉昔帖木儿的指挥下追逐乃颜残军，两军列阵于不里古都伯塔哈山，玉昔帖木儿力挫叛军。乃颜手刃爱妾后仓皇逃窜，至失列门林之地被元军追擒。乃颜残存的兵力全部投降元军，发誓永远效忠忽必烈。

忽必烈听到乃颜被擒获的消息后，没有像当初对待阿里不哥那样宽容，下令立即将其处死，弃尸木斋河。乃颜是按照蒙古大札撒"教杀时血不教出"的方式来受刑的，即经捆绑后裹进毡毯，然后被反复拖曳抛甩，受簸震至死。

处死乃颜后，元军继续进兵，北至海剌儿河，东逾哈剌温山，进至那兀江（嫩江）流域，追击乃颜余党。哈丹秃鲁干降，不久又叛，后逃窜高丽，1291 年始被平定。

乃颜叛乱平定后，忽必烈随即将叛王的分民、财产没收，另分于他人；又命在乃颜故地立肇州城（今黑龙江肇源西），并将其所领的部分蒙军分置于河南、江浙、湖广、江西诸省。经过这次打击，东道诸王的势力大为削弱，受朝廷所置行省的节制。

在漠北地区乘象督战是一件空前绝后的事情，因此这个细节也被马可·波罗记录了下来。另外，王恽作《东征诗》，纪念这场扭转大元帝国乾坤的战争：

> 东藩擅良隅，地旷物满盈。
> 漫川计畜兽，荡海驱群鱨。
> 盛极理必衰，彼狡何所惩。
> 养虺得返噬，其能遁天刑。
> 远接强弩末，近诔乳臭婴。
> 一朝投袂起，毡裘拥矛矜。
> 天意盖有在，聚而剿其萌。
> 芈蜂有螫毒，大驾须徂征。
> 寅年夏五月，海甸观其兵。
> 凭轼望两际，其势非不劲。
> 横空云作阵，裹抱如长城。
> 嚣纷任使前，万矢飞檑枪。
> 我师静而俟，衔枚听鼛声。
> 夜半机石发，万火随雷轰。
> 少须短兵接，天地为震惊。
> 前徒即倒戈，溃败如山崩。
> 臣牢最忾敌，奋击不留行。
> 卯乌唱都间，天日为昼冥。
> 僵尸四十里，流血原野腥。
> 长驱抵牙帐，巢穴已自倾。
> 彼狡不自缚，鼠窜逃余生。
> 太傅方穷追，适与叛卒迎。
> 选锋不信宿，逆颈縻长缨。
> 死弃木裔河，其妻同一泓。
> 彼狡何所惜，重念先王贞。

择彼顺祝者，其归顺吾珉。

万落胁阇治，无畏来尔宁。

王师固无敌，况复多算并。

君王自神武，岂惟庙社灵。

三年哂东山，殪戎营柳清。

都人望翠华，洗兵雨何零。

长歌入汉关，喜气郁两京。

小臣太史属，颂德职所承。

虽非平淮雅，动荡耳目精。

赫赫桓拨烈，仰之如日星。

泚笔为纪述，发越吾皇英。

召穆美常武，且莫夸雷霆。

忽必烈不顾年迈，以闪电般的速度迅疾扑灭了乃颜叛火，掐断了海都继承汗位的苗头。然而，海都疯狂报复的贼心依旧颠扑不灭。因海都采用游击战术，使元廷多年无法集中剿灭。1289 年，海都又攻哈拉和林，忽必烈亲统大军北上征讨。海都不敌，率部逃遁。忽必烈先后派伯颜、玉昔帖木儿等主持西北军事，海都势力被驱出阿尔泰山以外。

当忽必烈去世后，其孙子兼继承者铁穆耳接过剿灭叛军的接力棒，继续歼灭海都叛军的战争。1301 年，海都做了进攻大元帝国的最后一次努力。这次有窝阔台系和察合台系的许多宗王参加。他向哈拉和林进军，和林当时由铁穆耳皇帝的侄子海山王子镇守。八月，两军在和林与鄂尔浑河左岸支流塔米尔河之间展开一场大战。元军改取大规模的凌厉攻势，顺谦河北进，接着折向西南，结果海都战败，并在撤退中死去。1306 年，海都的儿子察八儿率部归顺元朝。

海都等兴兵与元朝长期对抗，迫使忽必烈全力应付，耗尽大量的人力、物力，致使东亚、中亚、西亚人民大量流徙死亡，田野荒芜；同时也扩大了黄金家族的内讧，进一步加深了各汗国的分裂。

第一〇一章

马可·波罗

忽必烈对东方周边诸国发动侵略战争，意欲统一东方，做整个东方世界的大皇帝。而对西方，隔着钦察汗国和伊利汗国，鞭长莫及。但这并不妨碍他对西方各国采取十分友好的态度，频繁地与欧洲各国进行商贸往来。其中，既具有代表性的，就是马可·波罗出使元朝事件。

长期以来，马可·波罗游历元朝的真实性备受争议，觉得《马可·波罗游记》是由捉刀人鲁斯蒂谦杜撰出来的，另外在元朝的正式官文档案中也没有提及他的名字。

马可·波罗于1254年出生于意大利半岛北部的一个威尼斯商人家庭。他的父亲尼柯罗和叔父马菲奥都是威尼斯巨商兼旅行家。在马可·波罗出生前不久，尼柯罗和其弟马菲奥就从威尼斯启程前往东方经商。于1265年到达上都，忽必烈亲切接见了他们，并询问了许多西方之事，"先询诸皇帝如何治理国土，如何断绝狱讼，如何从事战争，如何处理庶务。复次询及诸国王及其他男爵""已而大汗询关于故皇、教会及罗马诸事，并及丁人之一切风俗"。尼柯罗兄弟对其做了详细回答，忽必烈听了他们对西方国家的介绍后，倍感兴趣，决定遣使随同他们返回西方国家观摩学习，并致书罗马教皇，请求派遣一百名通晓基督教义并且精通修辞、逻辑、语法、数学、天文、地理和音乐这七种艺术的传教士来中国，并且从基督圣城耶路撒冷取来耶稣圣墓上的长明灯的灯油以帮助驱除灾厄与疾病。

途中，接受出使罗马任务的元使因病停留。尼柯罗兄弟仍持元朝国书继续西行，1269 年达到地中海东岸阿克拉城（今海法北），恰巧教皇格肋孟多四世于去年冬天病卒，新教皇未立，遂向教廷呈递了元朝国书，而后返回威尼斯，尼柯罗第一次见到十五岁的儿子马可·波罗。两年后，尼柯罗兄弟二人携带着十七岁的马可·波罗准备东返元廷复命。他们先到阿克拉觐见新任教皇格雷戈里十世，当机立断，教皇派两名传教士随同他们东行。接着，又到耶路撒冷取来圣油，与教皇派遣的传教士尼古勒和吉岳木等正式踏上漫长的东行之旅。在途中，两名传教士畏难不前，将教皇致忽必烈的书信和出使特许状委托给尼柯罗兄弟和马可·波罗后，便折返而去。

于是，马可·波罗等三人取道伊利汗国境内，经过其都城桃里寺（今伊朗阿塞拜疆大不里士），至波斯湾口忽里模子，沿着古代丝绸之路，越过巴达哈伤高原和帕米尔高原，进入元朝辖境，历尽艰险，跋山涉水，于 1275 年抵达上都，向忽必烈复命。

纵观忽必烈的一生，最大的喜好就是把不同民族的人才都纳入麾下，如同喜欢把不同民族的女人纳入后宫。

忽必烈热情地接待了他们，后来还委以官职，使马可·波罗有机会走遍半个中国，为后来游记的撰写积累多了丰富的素材。就这样，马可·波罗在中国生活了十七年。

时间一长，马可·波罗及其父、叔父久居中国，未免滋生思乡之情，遂开始上书忽必烈请求重返威尼斯。

1289 年，伊利汗阿鲁浑因元妃伯岳吾氏去世，派遣使者来元朝请求续娶其亡妻本部女子，忽必烈答应将伯岳吾氏贵族之女阔阔真嫁给伊利汗国阿鲁浑汗，并答应马可·波罗及其父、叔父护送阔阔真公主前往中东，与远房亲戚伊利汗国的阿鲁浑汗成婚。当时，时值西北诸王叛乱，陆路交通很不安全。马可·波罗等人便随送亲队伍，于 1291 年由海路启程西行，在海上航行了两年多，历尽颠簸，才到达波斯湾口的忽里模子。

令人意想不到的是，阿鲁浑汗已死，其弟亦邻真朵儿只（海合都）即位。1293 年，马可·波罗和使者又奉亦邻真朵儿只之命，将阔阔真公主送到阿八哈耳，与阿鲁浑之子合赞成婚。完成使命后，马可·波罗等三人从桃里寺动身回国，于 1295 年，回到了阔别二十四年的故乡威尼斯。

仅仅三年之后，担任一艘战舰舰长的马可·波罗参加了威尼斯与热那亚的战争，并于同年九月七日被热那亚人俘虏，投进了战俘监狱。在狱中，他讲述了游历东方的所见所闻，引起狱友热那亚人的极大兴趣。同狱中的小说家鲁斯蒂谦执笔，将马可·波罗口述的内容笔录成《马可·波罗游记》一书，于 1298 年完稿。

对于长期被阿拉伯人封锁在欧洲大陆、与外界隔绝的欧洲人来说，《马可·波罗游记》无异于一部天书，他们阅读后的新鲜、兴奋和激动之情简直难以言表。一时之间，人们争相传阅、翻印，人们称之为"世界一大奇书"。事实证明，《马可·波罗游记》打开了欧洲人的地理视野，引起了他们对东方的向往，并给这个世界带来了巨大的影响，其积极的作用是不可抹杀的。

《马可·波罗游记》打开了欧洲的地理和心灵视野，掀起了一股东方热、中国流，激发了欧洲人此后几个世纪的东方情结。许多人开始涌向东方，学习东方，以致欧洲经历了翻天覆地的变革。许多中世纪很有价值的地图，都是以游记为蓝本绘制而成的。许多伟大的航海家如意大利的哥伦布、葡萄牙的达·伽马、鄂本笃，英国的卡勃特、安东尼·詹金森和约翰逊、马丁·罗比歇等，读了《马可·波罗游记》后，纷纷扬帆远航，探索世界，寻访中国，打破了中世纪西方神权统治的禁锢，大大促进了中西交通和文化交流。可以说，马可·波罗和他的《马可·波罗游记》给欧洲开辟了一个新时代。事实上，美洲大陆的发现纯属意外，因为游记的忠实读者哥伦布原本目的地是物阜民丰的中国。当时欧洲人相信，中国东面是一片广阔的大洋，而大洋彼岸，便是欧洲老家了。

　　自从《马可·波罗游记》问世以来，七百多年来关于他的争议就没有停止过，一直不断有人质疑他真的是否到过中国？《马可·波罗游记》是否伪作？并形成了马可·波罗学的两种观点：怀疑论者和肯定论者。

　　面对质疑，值得奇怪的是中国史学家们的态度更令人耐人寻味。国学大师钱穆的回答妙趣横生，或许代表了他们普遍的想法和观点。他说他"宁愿"相信他真的到过中国，因为他对马可·波罗怀有一种"温情的敬意"。看看《马可·波罗游记》叙述的那些大事件和小细节，没有在元朝多年的生活经历，就可知道杜撰之事不可能如此印证真实。

第一〇二章

弥留之际

在死亡面前人人平等，人类得到唯一平等的权利就是死亡。忽必烈的生命已进入倒计时，死神正悄悄地向他逼近。

1293 年底，大都紫檀殿里，七十九岁的忽必烈萎卧病榻，大臣们为他请来元廷御医和各地名医，百般调治仍不见好转。年除夕，忽必烈病情渐重，进入弥留之际。

忽必烈躺在龙床上，似乎听到紫檀殿里死神拍打翅膀低低盘桓的声音。忽必烈迟迟不愿向大元帝国道别，不愿向围拢在病榻前坐着的皇后南必、皇孙铁穆耳、儿媳阔阔真和中书右丞相不忽木道别，似乎还有一场更加波澜壮阔的战争等着他御驾亲征。

除夕的爆竹声形成乐阵，隐约传进宫来，也没有冲淡忽必烈心中无限的伤感、悲戚和感激之情。他强挣扎着肥硕的病体，从枕侧摸出一块白璧，颤抖着双手递给了不忽木，吃力地说道："他日持此以见朕也。"刚说完这句话，忽必烈又颤抖着嘴唇，昏迷过去。他的生命力是顽强的，就像他一生总能化险为夷。终于，忽必烈熬过年关，迈入新的一年。

1294 年正月十九，忽必烈在昏沉的睡梦中依稀看到了成吉思汗、拖雷、窝阔台、唆鲁禾帖尼、蒙哥、阿里不哥、察必、真金等逝去的亲人，他们走马灯般在他的梦境中一晃而过。耳边一片嘈杂之音，夹杂着兵刃相撞后的金属声和马阵的嘶鸣声，忽必烈又看到自己的四个儿子和五个女儿，真金袖手恭立在病榻一侧，毕恭毕敬的架势似乎正在接受训诫，身后还站着其他三个儿子。

作为大元帝国的缔造者，忽必烈建立起一个避免汗位纷争的皇位继承制度，即"立嫡以长不以贤，立子以贵不以长"。按此制度，每位皇帝都要在生前将皇后所生的长子确定为皇位继承者。他成功地安排了汗权从太子真金手中向皇孙铁穆耳的转移。恍惚间，忽必烈似乎穿透历史的帷幕看到了未来汗位之争的刀光剑影。时间证明，政治斗争一直困扰着蒙古皇室，悲剧将要轮番重演。

尽管忽必烈已预感到未来大元帝国上空电闪雷鸣、凄风冷雨，他也竭力阻止黄金家族内讧的发生。但他永远也想不到自己竟然是内讧的肇事者。未来三十年间，大元帝国竟相拼杀出十位皇帝，皇室内部的权力斗争大大削弱了元廷的力量，成为导致元朝于 1368 年最后崩溃的重要因素之一。

另外，大元帝国内部的腐朽，加上铨叙制度的混乱，导致尚未抵达盛世的大元帝国便刮起衰世颓风，在元人刘埙的实政议中，可以窥出忽必烈晚年的帝国是如此令人担忧："官吏奸贪，盗贼窃发，士鲜知耻，民不聊生，号令朝出而夕更，簿书斗量而车载。庠序不立，人才无自出之由；律令不修，官府无常守之法。舍真儒，用苛吏，弃大本而求小功，空中国而事外夷，取虚名而获实祸。"

再者，军队逐渐丧失了战斗力，这是大元帝国衰退的重要标志。到武宗时期，"诸将沿禄，军事多失训练"，以致骄奢淫逸，竟出现"兵白昼挥刀戟走市，怖人夺资货，纵火焚庐舍，自郡守以下皆畏慑不敢治"的恐怖局面。

现在，从历史峰巅高处跌落至病榻的忽必烈，在徐徐跃动的炭火、暖意融融的紫檀殿里却感受到大山般的严寒压迫而来。他想用裘皮大衣裹紧大元帝国，留给子孙几丝温暖，但勉强扬起的手似乎失去思维控制，又颓然落下。

1294年正月二十二，弥留数日的忽必烈终于滑入死亡的深渊，在位三十五年，享年八十岁。

按照蒙古有关礼仪，临时殡殓于萧墙后面临时扎的帐殿里。二十四日晨，忽必烈的灵枢出健德门迤逦北去。随行的人员面带悲伤，神色肃穆。长长的号角，奏着悲凉的曲调。在近郊北苑祭奠祖先完毕后，文武百官告别灵枢，将忽必烈安葬于漠北起辇谷（在今克鲁伦河上游肯特山南麓）黄金家族的祖陵。

具体方位，难以搞清，据《历代陵寝备考》记载："起辇谷在漠北，元诸帝皆从葬于此，不加筑为陵，无陵名。"如此看来，整个元朝皇帝都没有陵寝，至今是个未解之谜。

忽必烈在历史长河中铸就了许多辉煌，但也给他一生难以化解的矛盾。忽必烈一生知人善任，重视建军治军，维护国家统一。他主张政治与军事并用，战抚兼施，注重集中兵力，避免两线作战；善于运用远程奔袭、迂回、围歼以及步兵、骑兵、炮兵、水兵联合作战等战法，夺取胜利，为元朝的建立和巩固做出了重大贡献。

忽必烈去世后，其孙铁穆耳在其母阔阔真与大臣伯颜等人的支持下即位，在位十三年。从成宗到顺帝继位这二十六年里，出现了八个皇帝。汗位的转移往往伴随着阴谋、弑夺、宫闱政变，甚至大规模的内战，致使元朝政局动荡不安。之后，元朝最后一个皇帝妥懽帖睦尔即位，在位长达三十五年之久，直到明起义军逼近大都时，仍沉浸在后宫淫乐之中才如梦方醒，但为时已晚，只好仓促带着后宫妃子逃回蒙古草原，使元朝在中国历史上成为一个被驱逐出境的朝代。

百年前，蒙古军队犹如上帝之鞭，铁骑弯刀，凭借一腔野蛮的豪情，以极少的兵力，完成了人类历史上史无前例的征服壮举。百年后，蒙军铁骑的霸气已在长期养尊处优中消磨殆尽，面对元朝后期风起云涌的起义军，曾经往来如风的蒙古铁骑一触即溃，画了一个圆，又退回到当初草飞水美的蒙古草原。

重要参考文献

［1］［明］宋濂，等．元史［M］．北京：中华书局，1976.

［2］［波斯］拉施特．史集［M］．余大钧，周建奇，译．北京：商务印书馆，
1985.

［3］唐唯目．钓鱼城志［M］．重庆：重庆出版社，1983.

［4］［波斯］志费尼．世界征服者（上下册）［M］．何高济，译．呼和浩特：
内蒙古人民出版社，1980.

［5］［美］尼·鲍培．《八思巴蒙古语碑铭》译补［M］．郝苏民，译．呼和
浩特：内蒙古文化出版社，1986.

［6］陈庆英．帝师八思巴传［M］．北京：中国藏学出版社，2007.

［7］郑天挺，谭其骧，主编．中国历史大辞典［M］．上海：上海辞书出版社，
2000.

［8］［法］勒内·格鲁塞．蒙古帝国史［M］．龚钺，翁独健，译．北京：
商务印书馆，1989.

［9］［法］勒内·格鲁塞．草原帝国［M］．魏英邦，译．西宁：青海人民出
版社，1991.

［10］陈庆英．雪域圣僧帝师八思巴传［M］．北京：中国藏学出版社，
2002.

［11］ ［意大利］马可·波罗.马可·波罗游记［M］.梁生智，译.北京：中国文史出版社，1998.

［12］ 阿旺贡噶索南.萨迦世系史［M］.陈庆英，高禾福，周润年，译注.拉萨：西藏人民出版社，2002.

［13］ 达仓宗巴·班觉桑布.汉藏史集［M］.陈庆英，译.拉萨：西藏人民出版社，1986.

［14］ 班布日.雄踞欧亚——蒙古四大汗［M］.呼和浩特：内蒙古人民出版社，2015.

［15］ 杨讷.世界征服者——成吉思汗及其子孙［M］.北京：华夏出版社，1996.

［16］ 普兰·迦儿宾行记　鲁布鲁克东方行记［M］.余大钧，蔡志纯，译.呼和浩特：内蒙古大学出版社，2009.

［17］ ［美］杰克·威泽弗德.成吉思汗与今日世界之形成［M］.姚建根，温海清，译.重庆：重庆出版社，2006.

［18］ ［德］傅海波.剑桥中国辽西夏金元史（907-1368年）［M］.［英］崔瑞德，编，史卫民，等，译.北京：中国社会科学出版社，1998.

［19］ ［日］杉山正明.忽必烈的挑战［M］.周俊宇，译.北京：社会科学文献出版社，2013.

［20］ 徐鸿儒.中国海洋学史［M］.济南：山东教育出版社，2004.

［21］ 柏杨.中国人史纲［M］.太原：山西人民出版社，2008.

［22］ 秦进才，主编.中国帝王后妃大辞典［M］.石家庄：河北人民出版社，1998.

［23］ 许慕羲.元宫十四朝演义［M］.北京：北京古籍出版社，1998.

［24］ 蔡东藩.白话宋史演义［M］.澎湃，编译.太原：山西人民出版社，1995.

［25］ 蔡东藩.元史演义［M］.北京：中央编译出版社，2014.

［26］ 戴逸，主编.二十六史大辞典［M］.长春：吉林人民出版社，1993.

图书在版编目（CIP）数据

王者的荣耀：拖雷家族 / 李兆庆著.—北京：中国国际广播出版社，2019.1
ISBN 978-7-5078-4362-0

Ⅰ.①王… Ⅱ.①李… Ⅲ.①蒙古（古族名）－民族历史－中国 Ⅳ.①K289

中国版本图书馆CIP数据核字（2018）第228997号

王者的荣耀：拖雷家族

著　　者	李兆庆
策　　划	张娟平
责任编辑	笑学婧
版式设计	国广设计室
责任校对	徐秀英

出版发行	中国国际广播出版社［010-83139469　010-83139489（传真）］
社　　址	北京市西城区天宁寺前街2号北院A座一层
	邮编：100055
网　　址	www.chirp.com.cn
经　　销	新华书店
印　　刷	环球东方（北京）印务有限公司

开　　本	710×1000　1/16
字　　数	780千字
印　　张	49
版　　次	2019 年 1 月 北京第一版
印　　次	2019 年 1 月 第一次印刷
定　　价	120.00 元（上下册）